中華書局校刊

聚珍仿宋版

# 十三經注疏

四

毛詩注疏

中華書局

豳不當大康之世鄭據外傳之文取不窋之事以爲說耳本紀云公劉雖在戎狄閒復修后稷之業民賴其慶百姓懷之周道之興自此始也又公劉之篇具述公劉居豳愛民之事是民歸之而成國也其封域在禹貢雍州岐山之北原隰之野〇正義曰禹貢雍州云荆岐既旅原隰厎績是岐山原隰屬雍州也大王始入居岐之陽明豳在岐山之北公劉之篇說公劉居豳度其原隰以治田是豳居原隰之野〇至商之末世大王又避戎狄之難而入處於岐陽民又歸之〇正義曰詩綿傳及書傳略說皆有其事〇公劉之出大王之入雖有其異由有事難之故皆能守后稷之教不失其德〇正義曰本紀云公劉復修后稷之業古公復修后稷公劉之業是皆能守后稷之教不失其德也旱麓序云周之先祖世修后稷公劉之業而鄭獨言公劉大王者以周公之作七月主意於此二人故特言之〇成王之時周公避流言之難出居東都二年〇正義曰金縢云武王既喪管叔及其羣弟流言於國曰公將不利於孺子周公乃告二公曰我之弗辟無以告我先王周公居東二年則罪人斯得是周公避流言之難出居東都二年也金縢直云居東不言東都周公避居固當不出畿內自然在東都於時實未爲都而云都據後營洛而言之耳周公在東實出入三年言二年順金縢之成文思公劉大王居豳之職憂念民事至苦之功以比序己志〇正義曰此釋作七月之意也以公劉遭夏人之亂大王有戎狄之難或出或入其居豳之時教民以農爲務使衣食充足憂念民事有至苦之功由其積德勤民子孫卒成王業周公既出居東都恐王業毀壞亦憂念民事庶成周道其意與公劉大王之志同不得自言己身憂國之心矣無以發明己志故作七月之詩仰陳公劉大王以比己身序己志知周公之作七月其意必如此者以序云周公遭變故陳先公風化之所由致王業之艱難言遭變是遭流言乃作也襄二十九年左傳季札見歌豳曰美哉樂而不淫其周公之東乎明在東都作之也七月之詩非刺成王非美成王無故說先公之風化陳王業之艱難則是思念先公用以比序己志也本詩周公所作大師題之曰豳明其然矣而先公在豳凡經十世知唯念公劉大王者以公劉初居豳之主大王終去豳之君俱

珍倣宋版印

是先公之。後皆有事難之故周公身遭事難追念處豳先君明是念其後者故
知周公所念念此二人若然大王既遭事難能守后稷之教乃在居岐之後周
公思居豳之事知其亦念大王者緜篇說大王之德云民之初生自土沮漆言
居豳之時得民之意民戀其德故與俱遷明知思念豳事其意亦及大王也鄭
於上句言周公居東二年此句說其作詩之意欲明七月之作在此二年之中
因尚書有二年之文故言之耳非謂居東二年始作七月也何則序云周公遭
變卽作不應坐度二年方始爲詩七月之作當是初出之年也○後成王迎之
反之攝政致大平其出入也一德不回純似於公劉大王之所爲大師大述其
志。主意於豳公之事故別其詩以爲豳國變風焉○正義曰金縢云惟朕小子
其新逆是成王迎而反之代成王治國政而致大平其出居東都也其入攝王
政也常守專一之德不有回邪純似公劉大王之所爲也周公作詩之時有自
比二人之意及其終得攝王政其事又純似之此詩用於樂官當立題目太師
於是大述周公之志以此七月詩。主意於豳公之事故別其詩不合在周之風
雅而以爲豳國之變風焉此乃遠論豳公爲諸侯之政周公陳之欲以比序己
志不美王業之本不得入周召之正風也又非刺美成王不得入成王之正雅
周公王朝卿士不得專名一國進退既無所繫因其上陳豳公故爲豳之變風
若所陳本非豳事無由得繫於豳周公事若不似於理亦不可繫此詩追述豳
公事又相似故繫之爲宜也春官籥章云吹籥以歌豳詩則周制之前已繫豳
矣謂之變者以其變風變雅各述時之善惡七月陳豳公之政東山以下主述
周公之德正是變詩美者故亦謂之變風公劉亦陳豳事不繫豳者召康公陳
公劉以戒成王猶召穆公陳文王以傷大壞主者意爲雅不得列爲風也鴟鴞
以下不陳豳事亦繫豳者以七月是周公之事既爲豳風鴟鴞以下亦是周公
之事尊周公使專一國故幷爲豳風故鄭志張逸問豳七月專詠周公之德宜
在雅今在風何答曰以周公專爲一國上冠先公之業亦爲優矣所以在風下
次於雅前在於雅分周公不得專之逸言詠周公之德者據鴟鴞以下發問也
鄭言上冠先公之業謂以七月冠諸篇也以先公之業冠周公之詩故周公之

德繫先公之業於是周公爲優矣次之風後雅前者言周公德高於諸侯事同於王政處諸國之後不與諸國爲倫次之小雅之前言其近堪爲雅使周公專有此善也此豳詩七篇七月鴟鴞是出居時作其餘多在入攝政後鄭以爲周公避居之初是武王崩後三年成王年十三也居東二年罪人斯得成王年十四也迎周公反而居攝成王年十五也十年致政成王年二十一也故金縢注云文王十五生武王九十七而終終時武王年八十三矣於文王受命爲七年後六年伐紂後二年有疾疾瘳後二年崩崩時年九十三矣周公以武王崩後三年出五年秋反而居攝四年作康誥五年作召誥七年作洛誥伐紂至此十六年也作康誥時成王年十八洛誥時年二十一也卽政時年二十二也然則成王以文王終明年生也是鄭辨武王崩及周公出入之事知然者案大戴禮文王世子篇云文王十三生伯邑考十五生武王則武王之年少於文王十四歲文王世子云文王九十七而終武王九十三而終武王既少文王十四歲文王九十七而崩知武王於時年八十三也書傳云文王受命七年而崩是文王崩時受命七年尚書序云十有。一年武王伐殷作泰誓案經泰誓上篇說武王觀兵時事是受命十一年泰誓下篇云還歸二年而後伐紂是伐紂之時受命十三年也文王崩至十三年始伐紂是崩後六年也金縢云武王既克商二年王有疾弗豫是伐紂後二年有疾從文王之崩至武王有疾積八年矣文王崩時武王已八十三矣至此則九十一也武王九十三而崩故知瘳後二年崩也知周公以武王崩後三年出者禮君薨百官總己而聽政於冢宰三年定四年左氏云周公爲太宰以右王室周公既爲太宰武王初崩總攝王政自是常事管蔡不應流言成王不應致疑明是三年喪畢周公不授王政故流言耳按周書武王以十二月崩則崩後一年十二月朞而練二年十二月祥而祭除崩後三年管蔡乃流言也金縢云管叔及其羣弟乃流言於國周公乃告二公曰我之不辟無以告我先王是周公於流言之年避位而出是武王崩後三年也金縢又云周公居東二年罪人斯得注云罪人周公之屬與知攝者周公出皆奔二年盡爲成王所得言三年者并數出年是崩後四年也又曰於後公乃爲詩注

珍倣宋版印

云於二年後也上既言二年又别言於後明是二年之後也又曰秋大熟未穫注云秋謂周公出二年之後明年秋也此秋文承於後之下於後既是二年之後明此秋是二年之後謂居東二年武王崩後五年也金縢云秋大熟未穫之下即云惟朕小子其新逆是周公即以其年反也周公將攝出避流言今成王自新迎之明其反即居攝武王崩後五年即是攝政之元年書傳稱周公攝政四年建侯衛五年營成周七年致政成王言建侯衛是封衛侯康誥論封衛之事是四年作康誥也召誥論營洛邑成周之事是五年作召誥也洛誥論致政成王之事是七年作洛誥也鄭言作康誥時成王年十八作洛誥時二十一然則成王以文王終明年生所以知者書傳略說云天子太子年十八曰孟侯孟侯者於四方諸。來朝迎於郊注云孟迎也按康誥經云王若曰孟侯則封康叔之時成王年十八書傳言周公攝政四年建侯衛據孟侯之文知攝政四年成王年十八又攝政七年成王年二十一也逆而推之則知成王於攝政元年年十五周公出年年十三武王崩年年十歲計文王崩後十年武王始崩自然文王崩之明年生成王也由此而驗之故知成王年十三之時周公初出居東二年十四之時罪人斯得十五年之時反而居攝也此譜言居東二年思公劉太王以比序己志則七月之作在出居二年之中不知其作之在何年當在鴟鴞之前鴟鴞之作則在居東三年金縢云居東二年罪人斯得于後公乃爲詩以貽王名之曰鴟鴞既言二年别言於後既與罪人斯得别年則上文居東二年并初出之年爲二年作詩之時爲三年是周公居東三年成王十五年之時作鴟鴞也伐柯序云刺朝廷之不知言刺朝廷則是刺羣臣不刺成王宜在雷雨大風之後啓金縢之前知者若在雷風之前則王與羣臣悉皆未悟不得獨刺羣臣若啓金縢之後則羣臣亦悟無所復刺故伐柯箋云成王既得雷雨大風之變。故迎周公而朝廷羣臣猶惑於管蔡之言不知周公之聖德疑於成王迎之是以刺之是鄭以伐柯爲既得雷雨之後金縢之前作也九罭序與伐柯序同刺朝廷之不知首章言王欲迎周公二章以下說迎之事當是周公既反而作也書傳稱周公居攝一年救亂二年克殷三年踐奄多方云惟五月丁亥王來自奄注云奄國在淮夷之傍周公居攝之時亦叛王與周公征之三年滅之自此而來歸然則周公之歸在攝政三年東山勞歸士之時經云自我不見于今三年明周公以秋反而居攝其年則東征三年而後歸既歸乃大夫美之作東山也若然周公以秋反而卽東征必是秋冬進兵而東山經云倉庚于飛熠燿其羽箋云倉庚仲春而鳴嫁娶之候也歸士始行之時新合昏禮秋冬行而云新合昏者周公悅勞歸士言其新昏也非是六軍之。事皆新新昏設令發兵之前一二年爲昏猶是新昏不必以起兵之月始爲昏也破斧經稱東征則是征時之一事其作必是東山之前未知定是何年狼跋序云美周公也美不失其聖經云公孫碩膚言周公遜遁去位避成功也案書序云召公爲保周公爲師相成王爲左右周公致政之後留爲大師是狼跋之作在致政之後也計此七篇之作七月在先鴟鴞次之今鴟鴞次於七月得其序矣伐柯九罭與鴟鴞同年東山之作在破斧之後當於鴟鴞之下次伐柯九罭破斧東山然後終以狼跋今皆顛倒不次者張融以爲簡札誤編或者次詩不以作之先後鄭所不說未可明言毛氏之意傳訓不明唯鴟鴞傳曰寧亡二子不可毀我周室二子謂管蔡以爲爲鴟鴞之詩爲管蔡而作然則毛解金縢之文其意皆異於鄭金縢云武王既喪管叔及其羣弟流言於國周公乃告二公之曰我之不辟無以告我先王周公居東二年罪人斯得於後公乃爲詩以貽王名之曰鴟鴞毛以鴟鴞爲管蔡而作則罪人斯得爲得管蔡周公居東爲東征也居東二年既爲征伐則我之不辟當訓辟爲法謂以法誅之如是則毛氏之說周公無避居之事矣但不知毛意以周公攝政爲是喪中卽攝爲在除喪之後此不明耳王肅之說祖述毛氏傳意或如肅言王肅金縢注云文王十五而生武王九十七而終時受命九年武王八十三矣十三年伐紂明年有疾時年八十八矣九十三而崩以冬十二月其明年稱元年周公攝政遭流言作大誥而東征二年克殷殺管蔡三年而歸制禮作樂出入四年至六年而成七年營洛邑作康誥召誥洛誥致政成王然則文王崩之年成王已三歲武王八十而後有成王武王崩時成王已十三周公攝政七年致政成王年二十肅意所以然者以家語武王崩時成王

珍倣宋版印

年十三又古文尚書武成篇云我文考文王克成厥勳誕膺天命以撫方夏惟九年大統未集孔安國據此文以爲文王受命九年而崩其後劉歆班固賈逵皆亦同之肅雖不見古文以其先儒之言必有所出本從先儒以爲文王受命九年而崩依大戴禮武王之年少文王十四歲故亦同鄭爲文王崩時武王年八十三也受命九年武王八十三故至十三年伐紂武王八十七也金縢云武王既克殷二年有疾者并數伐紂之年與疾年共爲二年故云伐紂明年有疾時武王八十八也禮記云武王九十三而終是爲伐紂後六年而崩也金縢云武王既喪卽云管蔡流言周公居東則是武王崩之後管蔡卽流言周公卽東征也又書序云武王崩三監及淮夷叛周公相成王將黜殷命作大誥言武王崩三監叛明武王崩後卽叛周公卽征可知故以爲武王崩之明年稱元年周公攝政遭流言作大誥而東征也金縢云居東二年罪人斯得故知二年而克殷殺管叔也東山序云周公東征三年而歸明堂位稱周公踐天子之位六年制禮作樂故知三年歸制禮作樂至六年而成也東征實三年金縢言二年者王肅於彼注云或曰詩序三年而歸此言居東二年其錯何也曰書言其罪人斯得之年詩言其歸之年也知營洛邑作康誥召誥皆在七年者以召誥說營洛邑之事洛誥說致政成王治於新邑之事明此二篇同是致政之年作也康誥經云惟三月哉生魄周公初基作新大邑於東國洛亦言洛邑之事明與召誥同時故知三篇皆七年作也肅又云然則文王崩之年成王已三歲致政時年二十所以知者以周公居攝七年而致政明是二十成人故致之耳致政之時成王年二十逆而推之攝政元年年十四武王崩二年年十三文王先武王十年而崩是文王崩之年成王已三歲也由此而驗之則武王崩之明年成王年十四其年周公攝政管蔡流言周公東征之作七月也所以作七月者王肅之意以爲周公以公劉太王能憂念民事成此王業今管蔡流言將絕王室故陳豳公之德言己攝政之意必是攝政元年作此七月左傳季札見歌豳曰其周公之東乎則至東居乃作也居東二年既得管蔡乃作鴟鴞三年而歸大夫美之而作東山也大夫既美周公來歸喜見天下平定又追惡四國之破毀禮義

珍倣宋版印

追刺成王之不迎周公而作破斧伐柯九罭也伐柯序云刺朝廷之不知王肅云朝廷斥成王也肅又云或曰東山既歸之詩而朝廷不知猶在下何曰同時之作破斧惡四國而其辭曰周公東征四國是皇猶追而刺之所以極美周公是肅意以破斧伐柯九罭作在東山之後故編東山於前也狼跋美周公遠則四國流言近則成王不知進退有難而不失其聖當是三年歸後天下太平然後美其不失其聖耳最在後作故以為終此則王肅義耳未知傳意必然以否其纖緯史傳言文王受命七年而崩又言周公攝政四年建侯衛五年營成周及大子十八稱孟侯此等皆肅所不信

七月陳王業也周公遭變故陳后稷先公風化之所由致王業之艱難也周公遭變者管蔡流言辟居東都王業于況反又知字下同○疏七月八章章十一句至艱難○正義曰作七月詩者陳先公之風化是王家之基業也毛以為周公遭管蔡流言之變舉兵而東伐之憂此王業之將壞故陳后稷及居豳地之先公其風化之所由緣致此王業之艱難之事先公遭難乃能勤行風化己今遭難亦欲勤修德教所以陳此先公之事將以比序己志經八章皆陳先公風化之事此詩主意於豳公之事則所陳者處豳地之先公公劉大王之等耳不陳后稷之教今輒言后稷者以先公脩行后稷之教故以后稷冠之艱亦難也但古人之語字重耳無逸亦云不知稼穡之艱難與此同也鄭以為周公遭流言之變避居東都非征伐耳其文義則同○箋周公至東都○正義曰變者改常之名周公欲攝管蔡毀之是於攝事變改也金縢云管叔及其羣弟流言於國曰公將不利於孺子周公乃告二公曰我之不辟我無以告我先王即云居東二年是其避流言居東都也流謂水流造作虛語使人傳之如水之流然故謂之流言彼注云管國名叔字封於管羣弟蔡叔霍叔武王崩周公免喪服意欲攝政小人不知天命而非之故流公將不利於孺子之言於京師孺子成王也我今不避孺子而去我先王以謙謙為德我反有欲位之謗無怨於我先王言愧無辭也居東者出處東國待罪以須君之察己是說避居之意也周公避居東

都史傳更無其事古者避辟扶亦反譬辟皆同作辟字而借聲爲義鄭讀辟爲避故爲此說案鴟鴞之傳言寧亡二子則毛無避居之義故毛讀辟爲辟此八章皆是周公陳先公在豳教民周備使衣食充足寒暑及時民奉上教知其早晚各自勸勉以勤事業故同我婦子饁彼南畝及嗟我婦子曰爲改歲此述民人之志非序先公號令之辭首章陳人以衣食爲急餘章廣而成之計民之所用食急於衣宜先陳耕田之事但耕種收斂終年始畢每事及時然後能穫則禦一年之飢非時日之用衣則不然唯是寒月所須又當及時營作故蠶月條桑八月載績若此月不作則寒時無衣事之濟否在此一月偏急於衣故首章上六句先陳人以衣褐爲急三之日以下五句陳人以穀食爲急故陳人耕饁之事人之爲衣絲帛爲先故二章言女功之始養蠶之事一章之中而再言春日者此章先言執筐養蠶因論女心傷悲感物但傷悲在蠶生之初陳之於求桑之下顛倒不順故更本春日采蘩記傷悲之節所以再言春日也衣之所用非絲即麻春既養蠶秋當緝績絲帛染爲玄黃乃堪衣用故三章又陳女功自始至成也麻三章既言絲麻衣服女功之正故四章陳女功助取皮爲裘以助布帛冬月衣裳雖具又當入室避寒故五章言將寒有漸閉塞宮室女功衣服之事既終矣乃說男女飲食之事黍稷麻麥男功之正故六章先陳男功之助七章言男功之正首章已言耕田之事故此章唯說收斂之事所以成首章也衣食已具卒章乃言備暑藏冰飲酒相樂皆是先公憂民之風教周公陳之以比序己志言己之憂民憂國心亦然也民之大命在溫與飽八章所陳皆論衣服飲食首章爲其總要餘章廣而成之首章上六句言寒當須衣故二章三章說養蠶緝績衣服之事以充之首章下五句言耕稼飲食之始故七章說治場納穀稼穡終事以充之論衣則舉須衣之時論食不言須食之時者衣必寒時所須故可舉寒爲戒食則無一日而不須不可言須食之時諸衣言裳避寒之事則引物記候言飲食耕田之事則不記時候皆此意也卒章說饗飲之禮獨言九月肅霜者饗飲之禮必農隙乃爲故言肅霜滌場以見農功之畢若其餘飲食則不得記時故六章七章無記時之事絲麻布帛衣服之常故蠶績爲女功

珍倣宋版印

之正皮裘則其助四章箋云時寒宜助女功言取皮爲裘助女絲麻之功也黍稷菽麥飲食之常故禾稼爲男功之正菜果則其助六章箋以鬱薁及葵棗助男功又云瓜瓠之畜助養農夫言取瓜瓠葵棗助男稼穡之功也女功之助在四章男功之助在六章者二章三章是女功之正故四章爲女功之助七章是男功之正故六章爲男功之助欲令男女之功正助各自相近者也女功之正及秋而止其助在成冬之月事在正後故在正後也男功之正冬初乃止男功之助在於夏秋事在正前故在正前也又養蠶時節易過恐失其時殷勤言之故二章三章皆言養蠶之事耕稼者一年之事非時月之功民必趨時不假深戒首章已言其始七章略言其終不復說其芟耨耘耕之事故男功之正少女功之正多也絲麻之外唯有皮裘可衣者少黍稷以外果瓜之屬可食者多故男功之助多女功之助少也女功助在正後故五章女功助下言女功畢男功正在助後故七章男功正下言男功畢男功正後猶有茅索之事女功正後不言有事孟子稱冬至之後女子相從夜績則冬亦有績麻但言不備耳先公之教急於衣食四章之末說田獵習戎卒章之初說藏冰禦暑非衣食之事而言之者廣述先公禮教具備也閑於政事然後饗燕卒章說飲酒之事得其次也毛鄭注雖小有異文意則同

七月流火九月授衣火大火也流下也九月霜始降婦功成可以授冬衣矣箋云大火者寒暑之候也火星中而寒暑退故將言寒先著火所在一之日觱發二之日栗烈無衣無褐何以卒歲一之日十之餘也一之日周正月也觱發風寒也二之日殷正月也栗烈寒氣也箋云褐毛布也卒終也此二正之月人之貴者無衣賤者無褐將何以終歲乎是故八月則當績也○觱音必說文作畢發音如字栗烈並如字說文作颲颲褐音曷三之日于耜四之日舉趾同我婦子饁彼南畝田畯至喜三之日夏正月也豳土晚寒于耜始脩耒耜也四之日周四月也民無不舉足而耕矣饁饋也田畯田大夫也箋云同猶俱也喜讀爲饎饎酒食也耕者之婦子俱以饟來至於南畝之中其見田大夫又爲設酒

食焉言勸其事又愛其吏也此章陳人以衣食爲急餘章廣而成之○耜音似饁炎輒反野饋也字林于劫反畯音俊喜王申毛如字鄭作饎尺志反下同夏戶雅反下染夏夏小正同晚寒如字謂晚節而氣寒也饋其愧反饟式亮反又爲于僞反

【疏】七月至至喜○毛以爲周公云先公教民周備民奉上命於七月之中有西流者是火之星也知是將寒之漸至九月之中云可以相授以冬衣矣九月之中若不授冬衣則一之日有觱發之寒風二之日有栗烈之寒氣此二日者大寒之時人之貴者無衣賤者無褐何以終其歲乎故至八月則當績也又豳人從君之教三之日於是始脩耒耜四之日悉皆舉足而耕俱時我耕者之婦子奉饋食餉彼南畝之中耕作者田畯來至見其勤農事則歡喜也豳公憂念民事教之若此周公言己憂民亦與之同故陳之也○鄭唯田畯至喜言田畯來至農夫爲設酒食爲異餘同○傳火大火至冬衣矣○正義曰春秋昭十七年有星孛於大辰公羊傳曰大辰者何大火也哀十一年左傳曰火伏而後蟄者畢今火猶西流司歷過也謂火下爲流故云流下○言六月昏見而中則流下也可以授冬衣者謂衣成而授之○箋大火至所在○正義曰昭三年左傳張趯曰火星中而寒暑退服虔云火大火心也季冬十二月平旦正中在南方大寒季夏六月黃昏火星中大暑退是火爲寒暑之候事也知此兩月昏旦火星中者月令季夏昏火星中六月既昏中以衡反之故十二月旦而中也若然六月之昏火星始中堯典云日永星火以正仲夏注云司馬之職治南岳之事得則夏氣和夏至之氣昏火星中所以五月得火星中者吳志孫皓問月令季夏火星中前受東方之體盡以爲火星季夏中心也不知夏至中星名答曰日永星火此謂大火也大火次名東方之次有壽星大火析木三者大火爲中故尚書云舉中以言焉又每三十度有奇非特一宿者也季夏中火猶謂指心火也如此言中則日永星火謂大火之次非心星也堯典四時言中星者春夏交舉其次言星鳥星火秋冬舉其宿言星虛星昴故注云星鳥鶉火之方星火大火之屬虛玄武中虛宿也昴白虎中宿也其東方南方皆三次鶉火大火居其中西方北方俱七宿虛星昴星居其中每時總舉一方故指中宿與次

而五言之耳其實仲夏之月大火之次亦未中也是鄭以日永星火大火之次
與此火之心星別〇傳一之月至寒氣〇正義曰一之日二之日猶言一月之日
二月之日故傳辨之言一之日者乃是十分之餘謂一數從一起而終於十更有
餘月還以一二紀之也既解一二之意又復指斥其一數之。日周之正月謂建子
之月也二之日者殷之正月謂建丑之月也下傳曰三之日夏之正月謂建寅
之月也正朔三而改之既言三正事終更復從周爲說故言四之日周之四月
卽是夏之二月建卯之月也此篇。說文自立一體從夏之十一月至夏之二月
皆以數配日而言之從夏之四月至於十月皆以數配月而稱之唯夏之三月
特異常例下云春日遲遲蠶月條桑皆是建辰之月而或日或月不以數配參
差不同者蓋以日月相對日陽月陰陽則生物陰則成物建子之月純陰已過
陽氣初動物以牙櫱將生故以日稱之建巳之月純陽用事陰氣已萌物有秀
實成者故以月稱之夏之三月當陰陽之中處生成之際物生已極不可以同
前不得言五之日物既未成不可以類後不得稱三月故日月並言而不以數
配見其異於上下四章箋云物成自秀葽始明以物成故稱月也稱月者由其
物成知稱日由其物生也若然一之日二之日言十之餘則可矣而三之日四
之日者乃是正月二月十數之初始不以爲一二而謂之三四者作者理有不
通辭無所寄若云一月二月則羣生物未成更言一之二之則與前無別以其
俱是陽月物皆未成故因乘上數謂之三四明其氣相類也春秋元命包曰周
人以十一月爲正殷人以十二月爲正夏人以十三月爲正建寅之月乃是十
月之初亦乘上以爲十三與此同也四月云冬日烈烈飄風發發以發是風故
知烈是氣故以觱發爲寒風栗烈爲寒氣仲冬之月待風乃寒季冬之月無風
亦寒故異其文〇箋褐毛至當續〇正義曰毛布用毛爲布今夷狄作褐皆織
毛爲之賤者所服卒終釋詁文言此二正之月大寒之時無衣無褐不可終歲
是故八月則當續。衣絲蠶爲重箋不云蠶月則當蠶而言八月則當續者以此
章先言流火則是已見火流於時蠶事已過唯續可以當之且下章蠶事別言
流火故不以蠶事屬此〇傳三之日至大夫〇正義曰于訓於三之日於是始

珍倣宋版印

脩耒耜月令季冬命農計耦耕事脩耒耜具田器孟春天子躬耕帝籍然則脩治耒耜當季冬之月舉足而耕當以孟春之月者今言豳人以正月脩耒耜二月始耕故云豳土晚寒鄭志答張逸云晚温亦晚寒是寒晚温亦晚故脩耒耜始耕皆校中國一月也易鼎卦注云無事曰趾陳設曰足對文則爲小異散則趾足通名訓趾爲足耕以足推故云無不舉足而耕無不者言其人人皆然也饁饋釋詁文孫炎曰饁野之餉釋言云畯農夫也孫炎曰農夫田官也郭璞曰今之嗇夫是也然則此官選俊人主田謂之田畯典農之大夫謂之農夫以王者尤重農事知其爵爲大夫也案鄭注周禮載師云六遂餘地自三百以外天子使大夫治之或於田農之時特命之主其田農之事以周禮無田畯正職故直云田畯大夫春官籥章掌擊土鼓以樂田畯鄭司農云田畯古之先教田之官者但彼說祈年之祭知其祭先教者傳不解至喜之義但毛無破字之理不得以爲酒食當謂田畯來至見勤勞故喜樂耳○箋喜讀至成之○正義曰箋以田畯至喜文承饁彼之下若是喜樂其事便是喜其餉食非復悅其勤勞何當於饁彼之下而說田畯喜乎饁既是食明喜亦是食故知喜讀爲饎饎酒食釋訓文李巡曰得酒食則喜歡也孫毓云小民耕農妻子相饁雖有冀缺如賓之敬大夫儼然銜命巡司何爲辱身就耕民田嫗釀畝草間共飲食乎鄙亦甚矣而改易經字殆非作者之本旨斯不然矣飲食之事禮之所重大夫之勸迎周公籩豆有踐鄭人之愛國君欲授之以飧何獨田畯之尊不可爲之設食也說其爲設酒食言民愛其吏耳何必大夫皆仰田間食乎

七月流火九月授衣箋云將言女功之始故又本作此春日載陽有鳴倉庚女執懿筐遵彼微行爰求柔桑倉庚離黃也懿筐深筐也微行牆下徑也五畝之宅樹之以桑箋云載之言則也陽温也温而倉庚又鳴可蠶之候也柔桑穉桑也蠶始生宜穉桑○離本又作鸝同力知反穉直吏反本亦作稚春日遲遲采蘩祁祁女心傷悲殆及公子同歸遲遲舒緩也蘩白蒿也所以生蠶祁祁衆多也傷悲感事苦也春女悲秋士悲感其物化也殆始

始及與也豳公子躬率其民同時出同時歸也箋云春女感陽氣而思男秋士感陰氣而思女是其物化所以悲也悲則始有與公子同歸之志欲嫁焉女感事苦而生此志是謂豳風○祁巨之反一音上之反殆音待

【疏】七月至同歸○毛以爲七月之中有流下者火星也民知將寒之候九月之中則可以授冬衣矣又本其趨時養蠶春日則以溫矣又有鳴者是倉庚之鳥也於此之時女人執持深筐循彼微細之徑道於是求柔稺之桑以養新生之蠶因言養蠶之時女有傷悲之志更本之言春日遲遲然而舒緩采蘩以生蠶者祁祁然而衆多於是之時女子之心感蠶事之勞苦又感時物之變化皆傷悲思男有欲嫁之志時豳公之子躬率其民共適田野此女人等始與此公子同時而來歸於家○鄭唯下句異言始與豳公之子同有歸嫁之志餘同○傳倉庚至以桑○正義曰倉庚一名離黃卽葛覃黃鳥是也懿者深邃之言故知懿筐深筐行訓爲道也步道謂之徑微行爲牆下徑五畝之宅樹之以桑孟子文引之者自明牆下之意○傳遲遲至時歸○正義曰遲遲者日長而暄之意故爲舒緩計春秋漏刻多少正等而秋言淒淒春言遲遲者陰陽之氣感人不同張衡西京賦云人在陽則舒在陰則慘然則人遇春暄則四體舒泰春覺晝景之稍長謂日行遲緩故以遲遲言之及遇秋景四體褊躁不見日行急促唯覺寒氣襲人故以淒淒言之淒淒是涼遲遲非暄二者觀文似同本意實異也釋草云蘩皤蒿孫炎曰白蒿也傳於采蘩云皤蒿也此云白蒿變文以曉人也今定本云皤蒿也白蒿所以生蠶今人猶用之傷悲感事苦感養蠶之事苦既感事苦又感陽氣故傳明其二感之意春則女悲秋則士悲感其萬物之化故所以悲也因有女悲遂解男悲言男女之志同而傷悲之節異也釋詁云胎始也說者皆以爲生始然則胎殆義同故爲始也及與釋詁文諸侯之子稱公子言與公子同歸則公子時亦適野故豳公之子身率其民也王肅云豳君既脩其政又親使公子躬率其民同時歸也○箋春女至豳風○正義曰箋又申傳傷悲之意女是陰也男是陽也秋冬爲陰春物得陽而生女則有陰而無陽春女感陽氣而思男春夏爲陽秋物得陰而成男則有陽而無陰故秋士感陰氣而思女是由

珍倣宋版印

其萬物變化故所以思見之而悲也婦人謂嫁爲歸經於傷悲之下即言與公子同歸是說女之思嫁不得爲公子率民故易傳以言悲則始有與公子同歸之志欲得嫁焉雖貴賤有異感氣則同故與公子同有歸嫁之意雖感陽氣使然亦是感蠶事之苦而生此志中傳感二事之意也莊元年公羊傳說築王姬之館云於羣公子之舍則以卑矣是諸侯之女稱公子也此章所言是謂豳國之風詩也此言是豳風六章云是謂豳雅卒章云是謂豳頌者春官籥章云仲春晝擊土鼓吹豳詩以迎暑仲秋夜迎寒氣亦如之凡國祈年於田祖吹豳雅擊土鼓以樂田畯國祭蜡則吹豳頌以息老物以周禮用爲樂章詩中必有其事此詩題曰豳風明此篇之中當具有風雅頌也別言豳雅豳頌則豳詩者是豳風可知故籥章注云此風也而言詩詩總名也是有豳風也且七月爲國風之詩自然豳詩是風矣既知此篇兼有雅頌則當以類辨之風者諸侯之政教凡繫水土之風氣故謂之風此章女心傷悲乃是民之風俗故知是謂豳風也雅者正也王者設教以正民作酒養老是人君之美政故知穫稻爲酒是豳雅也頌者美盛德之形容成功之事男女之功俱畢無復飢寒之憂置酒稱慶是功成之事故知朋酒斯饗萬壽無疆是謂豳頌也籥章之注與此小殊彼注云豳詩謂七月也七月言寒暑之事迎氣歌其類也籥言寒暑之事則首章流火觱發之類是也又云豳雅者亦七月也七月又有于耜舉趾饁彼南畝之事是亦歌其類也則亦以首章爲豳雅也又云豳頌者亦七月也七月又有穫稻釀酒躋彼公堂稱彼兕觥萬壽無疆之事是亦歌其類也兼以穫稻釀酒亦爲豳頌皆與此異者彼又觀籥章之文而爲說也以其歌豳詩以迎寒迎暑故取寒暑之事以當之吹豳雅以樂田畯故取耕田之事以當之吹豳頌以息老物故取養老之事以當之就彼爲說故作兩解也諸詩未有一篇之内備有風雅頌而此篇獨有三體者周召陳王化之基未有雅頌成功故爲風也鹿鳴陳燕勞伐。事之事文王陳祖考天命之美雖是天子之政未得功成道洽故爲雅天下太平成功告神然後謂之爲頌然則始爲風中爲雅成爲頌言其自始至成别故爲三體周公陳豳公之教亦自始至成述其政教之始則爲豳風述其政教

之中則爲豳雅述其政教之成則爲豳頌故今一篇之內備有風雅頌也言此豳公之教能使王業成功故也七月流火八月萑葦。薍爲

萑葭爲葦豫畜萑葦可以爲曲也箋云將言女功自始至成故亦又本於此○萑戶官反葦韋鬼反薍五患反葭音加畜本又作蓄同勑六反下同蠶月

條桑取彼斧斨以伐遠揚猗。彼女桑斨方銎也遠枝遠也揚條揚也角而束之曰猗女桑荑桑也箋云條條桑枝。落采其葉

也女桑少枝長條不枝落者束而采之○條徒彫反注條桑同又如字沈暢遙反斨七羊反猗於綺反徐於宜反銎曲容反說文云斧空也荑徒兮反七

月鳴鵙。八月載績載玄載黃我朱孔陽爲公子裳鵙伯勞也載績絲事畢而麻事起矣玄黑而有赤也朱深

纁也陽明也祭服玄衣纁裳箋云伯勞鳴將寒之候也五月則鳴豳地晚寒鳥物之候從其氣焉凡染者春暴練夏纁玄秋染夏爲公子裳厚於其所貴者說

也○鵙圭覓反字林工役反纁許云反暴蒲卜反染如琰反疏七月至子裳○正義曰言七月流下者火星也民知將寒之候八月萑葦既成豫畜之以

擬蠶用於養蠶之月條其桑而采之謂斬條於地就地采之也猶束彼女桑而采之謂柔穉之桑不枝落者以繩猗束而采之也言民受先公之教能勤蠶事

也蠶事既畢又須績麻七月中有鳴者是鵙之鳥也是將寒之候八月之中民始績麻民又染繒則染爲玄則染爲黃云我朱之色甚明好矣以此朱爲公子

之裳也績麻爲布民自衣之玄黃之色施於祭服朱則爲公子裳皆是衣服之事雜互言之也○傳薍爲至爲曲○正義曰釋草云菼薍樊光云菼初生葸息

理反騂色海濱曰薍郭璞曰似葦而小又云葭。華舍人曰葭一名華樊光引詩云彼茁者葭郭璞曰即今蘆也又云葭蘆郭璞曰葦也然則此二草初生者爲

菼長大爲薍成則名爲萑初生爲葭長大爲蘆成則名爲葦小大之異名故云薍爲萑葭爲葦此對文耳散則通矣蒹葭云白露爲霜。之時猶名葭行葦云敦

彼行葦夏時已名葦也月令季春說養蠶之事云具曲植。筐。筥注云曲薄也植槌也薄用萑葦爲之下句言蠶事則萑葦爲蠶之用故云豫畜萑葦可以爲曲

也○箋將言至於此○正義曰養蠶女功之始衣服女功之成上章止言蠶生之事故箋云女功之始此章并說爲裳故云自始至成也○傳斨方至。葉桑○正義曰破斧傳云隋銎曰斧方銎曰斨然則斨即斧也唯銎孔異耳故云斨方銎也此蓋相傳爲然無正文也劉熙釋名曰斨戕也所伐皆戕毀也言遠枝遠者謂長枝去人遠也揚條揚者也謂長條揚起者皆手所不及故枝落之而采取其葉襄十四年左傳云譬如捕鹿晉人角之諸戎掎之然掎角皆遮截束縛之名也故云角而束之曰掎女是人之弱者故知女桑桑柔言柔弱之桑其條雖長不假枝落故束縛而采也集注及定本皆云女桑。柔桑取周易枯楊生荑之一義荑是葉之新生者○傳鵙伯至纁裳○正義曰鵙伯勞釋鳥文李巡曰伯勞一名鵙樊光曰春秋云少皞氏以鳥名官伯趙氏司至伯趙鵙也以夏至來冬至去郭璞曰似鶷鶡而大陳思王惡鳥論云伯勞以五月鳴應陰氣之動陽氣爲仁養陰爲殺殘賊伯勞蓋賊害之鳥也其聲鵙鵙故以其音名云陳風云不績其麻績緝麻之名八月絲事畢而麻事起故始績也玄黑而有赤謂色有赤黑雜者考工記鍾氏說染法云三入爲纁五入爲緅七入爲緇注云染纁者三入而成又再染以黑則爲緅緅今禮記作爵言如爵。弁色也又復再染以黑乃成緇矣凡玄色者在緅緇之閒其六入者與染法互入數禮無明文故鄭約之以爲六入謂三入赤三入黑是黑而有赤也士冠禮云爵弁服纁裳注云凡染絳一入謂之縓再入謂之赬三入謂之纁朱則四入矣以上染朱入數書傳無文故約之以爲四入也三則爲纁四入乃成朱色深於纁故云朱深纁也陰陽相對則陰闇而陽明矣朱色無陰陽之義故以陽爲明謂朱爲光明也易下繫云黃帝堯舜垂衣裳蓋取諸乾坤注云乾爲天坤爲地天色玄地色黃故玄以爲衣黃以爲裳象天在上地在下土。記位於南方南方故云用纁是祭服用玄衣纁裳之義染色多矣而特舉玄黃故傳解其意由祭服尊故也○箋伯勞至者說○正義曰五月陰氣動而伯勞鳴是將寒之候也月令仲夏鵙始鳴是中國正氣五月則鳴今豳地晚寒鳥初鳴之候從其鄉土之氣焉故至七月鵙始鳴也此篇箋傳三云晚寒上言于耜舉趾下云載纘武功唯校中國一月此獨校兩月者豳處西北遠於諸華寒氣之來大率晚耳未必皆與中國常校一月何則蠶月條桑八月其穫七月食瓜八月剝棗九月肅霜十月滌場如此之類皆與中國同也既云同於中國不得齊校一月自然有大晚者得校兩月也王肅云蟬及鵙皆以五月始鳴今云七月其義不通也古五字如七肅之此說理亦可通但不知經文實誤不耳豳地大率晚寒箋傳略舉三事又以月令校之豳地之寒晚於中國者非徒此三事而已月令仲春之月倉庚鳴此云蠶月始鳴月令季秋草木黃落此云十月隕蘀月令季秋令民云寒氣總至其皆入室此云曰為改歲入此室處月令季秋天子嘗稻此云十月穫稻月令仲秋云天子嘗麻此云九月叔苴月令季冬命取冰此云三之日納于凌陰皆是晚寒所致箋傳不說者已舉三事其餘。後可知也上云三之日于耜言晚寒者猶寒氣晚至故耕田晚也七月鳴鵙言晚寒者謂溫氣晚則鵙鳴晚也上傳言晚寒則此箋當言晚溫而亦言晚寒者鄭答張逸云晚寒亦晚溫其意言寒來既晚故順上傳舉晚寒以明晚溫耳孫毓以為寒鄉率早寒北方是也熱鄉乃晚寒南方是也毛傳言晚寒者豳土寒多雖晚猶寒非謂寒來晚也毓之此言似欲有理但案經上下言九月肅霜與中國氣同穫稻乃晚於中國非是寒來早也明是寒來晚故溫亦晚也凡染春暴練夏纁玄秋染夏天官染人文彼注云暴練練其素而暴之纁玄者可以染此色玄纁者天地之色以為祭服石染當及盛暑。熟潤浸湛研之三月而後可用考工記鍾氏則染纁術也染玄則史傳闕矣染夏者染五色謂之夏夏者其色以夏翟為飾夏翟毛羽五色皆備成章染者擬以為深淺之度是以放而取名引此者證經載玄載黃謂以夏日染之。四八月染也實在夏而文承八月之下者以養蠶績麻是造衣之始故先言之染色作裳是為衣之終故後言之言蠶績所得民亦自衣而特言公子裳厚重於其貴者故特說之以下于貉不言為民之裘而狐狸云為公子裘亦是厚於貴者與此同

四月秀葽五月鳴蜩八月其穫十月隕。蘀不榮而實曰秀葽葽草也蜩螗也穫禾可穫也隕墜蘀落也箋云夏小正四月王萯秀葽其是乎秀葽也鳴蜩也穫禾也隕蘀也四者皆物成

珍倣宋版印

而將寒之候物成自秀葽始○葽於遙反蜩徒彫反穫戶郭反下同隕於敏反蘀音託螗音唐墜直類反蕡音婦

一之日于貉取彼狐貍爲公子裘于貉謂取狐貍皮也狐貉之厚以居孟冬天子始裘箋云于貉往搏貉以自爲裘也狐貍以共尊者言此者時寒宜助女功○貉戶各反獸名貍力之反獸名搏音博舊音付自爲于僞反

二之日其同載纘武功言私其豵獻豜于公纘繼功事也豕一歲曰豵三歲曰豜大獸公之小獸私之箋云其同者君臣及民因習兵俱出田也不用仲冬亦豳地晚寒也豕生三曰豵○纘子管反豵子公反豜古牽反又音牽

【疏】四月至于公○正義曰四月秀者葽之草也五月鳴者蜩之蟲也八月其禾可穫刈也十月木葉皆隕落也此四物漸而成終落則將寒之候時既漸寒至大寒之月當取皮爲裘以助女功一之日往捕貉取皮庶人自以爲裘又取狐與貍之皮爲公子之裘絲麻不足以禦寒故爲皮裘以助之既言捕貉取狐因說田獵之事至二之日之時君臣及其民俱出田獵則繼續武事年常習之使不忘戰也我在軍之士私取小豵獻大豜於公戰鬭不可以不習四時而習之兵事不可以空設因田獵以閑之故因習兵而俱出田獵也美先公禮教備矣○傳不榮至蘀落○正義曰釋草云華榮也木謂之華草謂之榮不榮而實者謂之秀榮而不實者謂之英李巡曰分別異名以曉人則彼以英秀對文故以英爲不實秀爲不榮出車云黍稷方華生民說黍稷云實發實秀是黍稷有華亦稱秀也言其秀實知葽是草也釋蟲云蜩蜋蜩螗蜩舍人云皆蟬方言曰楚謂蟬爲蜩宋衛謂之螗蜩陳鄭謂之蜋蜩秦晉謂之蟬是蜩蟬一物方俗異名耳釋蟲又云蜺寒蜩郭璞曰寒螿也似蟬而小青赤引月令云寒蟬鳴與此鳴蜩不同者夏小正云五月螗蜩鳴七月寒蟬鳴是其異也八月其穫者唯有禾耳故知其穫謂禾可穫也隕墜釋詁文○箋小正至葽始○正義曰夏小正者大戴禮之篇名也葽之爲草書傳無文四月已秀物之鮮矣故疑王蕢正與葽爲一言葽其是乎爲疑之辭也月令孟夏王瓜生注云今曰王蕢生夏小正云王蕢秀未聞孰是鄭以四月生者自是王瓜今月令與夏

小正皆作王萯而生秀字異必有誤者故云未知孰是本草云萯生田中葉青刺人有實七月采陰乾云七月采之又非四月已秀是萯以否未能審之物之成熟莫先萯草故云物成自秀萯始微見言月之意由有物成故也○傳于貉至始裘○正義曰于謂往也于貉言往不言取狐貍言取不言往皆是往捕之而取其皮故傳言于貉謂取狐貍皮并明取之意也狐貉之厚以居論語文言其毛厚服之居於家也孟冬天子始裘月令文言自此之後臣民亦服裘也引二文者證取皮爲裘之義孟冬已裘而仲冬始捕獸者爲來年用之天官掌皮秋斂皮冬斂革春獻之注云皮革踰歲乾。冬乃可用獻之以入司裘是其事也孟冬始裘而司裘仲秋獻良裘季秋獻功裘者豫獻之以待王時服用頒賜故也○箋于貉至女功○正義曰以經狐貍以下爲公子裘耳明于貉是民自用爲裘也禮無貉裘之文唯孔子服狐貉以居明貉裘賤故也定九年左傳稱齊大夫東郭書衣貍製服虔云貍製狐貍裘也禮言狐裘多矣知狐貍以供尊者言此時寒宜助女功以布帛爲正女功皮裘爲助女功非謂男助女也○傳纘繼至私之○正義曰纘繼功事皆釋詁文豵入私豜入公則豜大豵小言其一歲三歲蓋相傳爲然無正文也大獸公之小獸私之大司馬職文彼云小禽私之禽獸得通因經言獸故言獸也○箋其同至曰豵○正義曰大司馬云仲春教振旅遂以蒐田仲夏教茇舍遂以苗田仲秋教治兵遂以獮田仲冬教大閱遂以狩田是皆因習兵而田獵也禮云仲冬此言二之日即是季冬也不用仲冬者豳地晚寒故習兵晚也四時皆習兵而獨說冬獵者以取皮在冬且大閱禮備故也豕生三曰豵釋獸文箋既易傳不以豵爲一歲之名則豜亦非三歲之稱釋獸釋鹿與麕皆云絕有力豜箋意蓋以豜爲鹿麕有力者也

五月斯螽動股六月莎雞振羽七月在野八月在宇九月在戶十月蟋蟀入我牀下斯螽蚣蝑也莎雞羽成而振訊之箋云自七月在野至十月入我牀下皆謂蟋蟀也言此三物之如此著將寒有漸非卒來也○螽音終莎音沙徐又素和反沈云舊多作莎今作沙音素何反宇屋四垂爲宇韓詩云宇屋霤也蟋音悉蟀

珍倣宋版印

所律反蚣相容反又相工反蝑相魚反又相呂反訊音信本又作迅同卒寸忽反

穹窒熏鼠塞向墐戶

穹窮窒塞也向北出牖也墐塗也庶人蓽戶箋云爲此四者以備寒○穹起弓反窒珍悉反徐得悉反熏許云反塞向如字北出牖也韓詩云北向窗也墐音覲牖音酉蓽音必

嗟我婦子曰爲改歲入此室處

箋云曰爲改歲者歲終而一之日觱發二之日栗烈當避寒氣而入所穹窒墐戶之室而居之至此而女功止○曰爲上音越下音于僞反一讀上而實反下如字漢書作聿爲

【疏】五月至室處○正義曰言五月之時斯螽之蟲搖動其股六月之中莎雞之蟲振訊其羽蟋蟀之蟲六月居壁中至七月則在野田之中八月在堂宇之下九月則在室戶之內至於十月則蟋蟀之蟲入於我之牀下此皆將寒漸故三蟲應節而變蟲既近人大寒將至故穹塞其室之孔穴熏鼠令出其窟塞北出之嚮墐塗荊竹所織之戶使令室無隙孔寒氣不入豳人又告妻子言己穹窒墐戶之意嗟乎我之婦與子我所以爲此者曰爲改歲之後觱發栗烈大寒之時當入此室而居處以避寒故爲此也○傳斯螽至訊之○正義曰斯螽蚣蝑釋蟲文又云螒天雞樊光曰謂小蟲黑身赤頭一名莎雞李巡曰一名酸雞郭璞曰一名莎雞又曰樗雞陸機疏曰莎雞如蝗而班色毛翅數重其翅正赤或謂之天雞六月中飛而振羽索索作聲幽州人謂之蒲錯是也○箋七月至卒來○正義曰以入我牀下是自外而入在野在宇在戶從遠而至於近故知皆謂蟋蟀也退蟋蟀之文在十月之下者以人之牀下非蟲所當入故以蟲名附十月之下所以婉其文也戶宇言在牀下言入者以牀在其上故變稱入也月令季夏云蟋蟀居壁是從壁內出在野○傳穹窮至蓽戶○正義曰窒塞釋言文以窒是塞故穹爲窮言窮盡塞其窟穴也士虞禮云祝啓牖嚮注云嚮牖一名也明堂位注云嚮牖屬此爲寒之備不塞南窗故云北出牖也備寒而云墐戶明是用泥塗之故以墐爲塗也所以須塗者庶人蓽戶儒行注云蓽戶以荊竹織門以其荊竹通風故泥之也○箋曰爲至功止○正義曰月令云孟冬命有司閉塞而成冬此經穹窒墐戶文在十月之下亦當以十月塞塗之矣云曰爲

改歲者以仲冬陽氣始萌可以爲年之始故改正朔者以建子爲正歲亦莫止謂十月爲莫是過十月則改歲乃大寒故言改歲之後方始入室若總言一歲之事則寒暑一周乃爲終歲寒氣未過是爲未終故上言無衣無褐不得終歲謂度寒至春二者意小異也言入室者夏秋以來亦在此室欲言避寒之意故云入此室耳非是別有室也從養蠶而至此時一歲之女功止故告婦子令之入室避寒也

六月食鬱及薁七月亨葵及菽八月剝棗十月穫稻爲此春酒以介眉壽

鬱棣屬薁蘡薁也剝擊也春酒凍醪也眉壽豪眉也箋云介助也既以鬱下及棗助男功又穫稻而釀酒以助其養老之具是謂豳雅○薁於六反亨普庚反菽音叔本亦作叔藿也剝普卜反注同介音界棣大計反蘡於盈反或於耕反凍丁貢反醪老刀反釀女亮反

七月食瓜八月斷壺九月叔苴采荼薪樗食我農夫

壺瓠也叔拾也苴麻子也樗惡木也箋云瓜瓠之畜麻實之糝乾荼之菜惡木之薪亦所以助男養農夫之具○瓜古花反字或加艸非苴七餘反荼音徒樗勑書反又他胡反食音嗣瓠戶故反拾音十糝素感反

【疏】六月至農夫○正義曰此鬱薁言食則葵菽及棗皆食之也但鬱薁生可食故以食言之葵菽當亨煑乃食棗當剝擊取之各從所宜而言之其實皆是食也穫稻作酒云以介眉壽主爲助養老人則農夫不得飲之其鬱薁葵棗瓜瓠農夫老人皆得食之其荼樗云食我農夫則老人不食之矣○傳鬱棣至豪眉○正義曰鬱棣屬者是唐棣之類屬也劉稹毛詩義問云其樹高五六尺其實大如李正赤食之甜本草云鬱一名雀李一名車下李一名棣生高山川谷或平田中五月時實言一名棣則與棣相類故云棣屬薁蘡者亦是鬱類而小別耳晉宮閣銘云華林園中有車下李三百一十四株薁李一株車下李卽鬱薁李卽薁二者相類而同時熟故言鬱薁也棗須樹擊之所以剝爲擊也春酒凍醪者醪是酒之別名此酒凍時釀之故稱凍醪天官酒正辨三酒之物云一曰事酒二曰昔酒三曰清酒注云事酒今之醳酒也昔酒今之酋久白酒所謂舊醳者也清酒今之中山冬釀接夏

而成者然則春酒卽彼三酒之中清酒也人年老者必有。豪毛秀出者故知眉謂豪眉也○箋介助至豳雅○正義曰釋詁云介右也右助也展轉相訓是介爲助也鬱下及棗總助男功穫稻爲酒唯助養老故辨之以黍稷菽麥爲正男功果實菜茹爲助男功非是女助男也○箋壺瓠至惡木○正義曰以壺與食瓜連文則是可食之物故知壺爲瓠謂甘瓠可食就蔓斷取而食之說文云叔拾也亦爲叔伯之字喪服注云苴麻之有實者然則叔苴謂拾取麻實以供食也樗唯堪爲薪故云惡木此經食瓜斷瓠拾麻亦食之也荼以爲菜樗以爲薪各從所宜而立文耳下章納穀有麻在男功之正此說男功之助言叔苴者以麻九月初熟拾取以供羹菜其在田收穫者猶納倉以供常食也

九月築場圃春夏爲圃秋冬爲場箋云場圃同地。自物生之時耕治之以種菜茹至物盡成熟築堅以爲場○場直羊反下同本又作塲塲依字失陽反今亦宜直羊反圃布古反一音布茹如豫反十月納禾稼黍稷重穋禾麻菽麥後熟曰重先熟曰穋箋云納內也治於場而內之囷倉也○重直容反注同先種後熟曰重又作種音同說文云禾邊作重是重穋之字禾邊作童是穜埶之字今人亂之已久穋音六本又作稑音同說文云稑或從翏後種先熟曰稑囷丘倫反嗟我農夫我稼既同上入執。宮功入爲上出爲下箋云既同言已聚也可以上入都邑之宅治宮中之事矣於是時男之野功畢○上時掌反注同晝爾于茅宵爾索綯宵夜綯絞也箋云爾女也女當晝日往取茅歸夜作絞索以待時用○索素落反綯徒刀反絞古卯反亟其乘屋其始播百穀乘升也箋云亟急乘治也。七月定星將中急當治野廬之屋其始播百穀謂祈來年百穀于公社○亟紀力反定都佞反

疏九月至百穀○毛以爲此章說農夫作事之終故言九月之時築場於圃之中以治穀也十月之中納禾稼之所收穫者黍稷重穋禾麻菽麥之等納之於囷倉之中粟既納倉則農事畢了民嗟乎我農夫之等我之稼穡既已積聚矣野中無事可以上入都邑之宅執治於宮中之事宮中所治當是何事卽相謂云晝日

爾當往取茅草夜中爾當作索綯以待明年蠶用也汝又當急其升上野廬之屋而脩治之以待耘耔之時所以止息亟明公又其始爲民播種百穀之故而祈祭社稷田事不久故豫脩廬舍美農人趨時也○鄭唯以乘爲治謂急治野屋爲異餘同○傳春夏至爲場○正義曰地官載師云場圃在園地注云圃樹果蓏之屬季秋於中爲場樊圃謂之園然則園者外畔藩籬之名其內之地種樹菜果則謂之圃蹂踐禾稼則謂之場故春夏爲圃秋冬爲場東山云町畽鹿場是謂蹂踐之名箋云種菜茹者烝民云柔亦不茹茹者咀嚼之名以爲菜之別稱故書傳謂菜爲茹○傳後熟至曰穋○正義曰後熟者先種之先熟者後種之故天官內宰鄭司農云先種後熟謂之重後種先熟謂之穋相傳爲然無正文也○箋納內至囷倉○正義曰宅在都田在野上言場此言納故知納是治於場而內於倉也苗生既秀謂之禾種殖諸穀名爲稼禾稼者苗幹之名此言納禾稼謂納於場但既言治於場遂內於倉下句唯言既同不見納倉之事故箋連言之耳禾稼禾麻再言禾者以禾是大名也徒黍稷重穋四種而已其餘稻秫苽粱之輩皆名爲禾麻與菽麥則無禾稱故於麻麥之上更言禾字以總諸禾也此文所不見者明其皆納之也○箋既同至功畢○正義曰既納囷倉已是聚矣言治宮中之事則是訓功爲事經當云執於宮公本或公在宮上誤耳今定本云執宮功不爲公字於是男之野功畢宮內之事則未畢故入之執於宮功○傳綯絞○正義曰釋言文李巡曰綯繩之絞也○傳乘升○正義曰乘車是升其上其乘屋亦升其上故爲升也○箋亟急至公社○正義曰亟急釋言文以民治屋不應直言升其升上而已故易傳以乘爲治下句言其始播百穀則乘屋亦爲田事且上云塞向墐戶是都邑之屋故知此所治屋者民治野廬之屋也播種百穀乃是明年之事今於十月之中則是預有所營與播種者爲始與穀爲始不過祈祭社稷故知其始播百穀祈來年百穀於公社治屋者民自治之祭社者則公爲之祭非祭也所以二句得相成者以民所以治屋者見公家祭社爲祈來年播種百穀故民亦治屋爲來年鋤耘而止舍月令孟冬天子乃祈來年於天宗大割牲祀于公社及門閭臘先祖五祀注云此周禮所謂

珍倣宋版印

蜡也天宗謂日月星辰大割大殺羣牲割之臘謂以田獵所得禽祭五祀門戶中霤竈行或言祈年或言大割或言臘互文是十月之時爲民祈來年百穀也月令天子之事故云祈於天宗此陳豳公之政指言公社以諸侯之事不得祭天故也

二之日鑿冰沖沖三之日納于凌陰四之日其蚤獻羔祭韭

冰盛水。腹則命取冰於山林沖沖鑿冰之意凌陰冰室也箋云古者日在北陸而藏冰西陸朝覿而出之祭。司寒而藏之獻羔而啓之其出之也朝之祿位賓食喪祭於是乎用之月令仲春天子乃獻羔開冰先薦寢廟周禮凌人之職夏頒冰掌事秋刷上章備寒故此章備暑后稷先公禮教備也○鑿在洛反沖直弓反聲也凌力證反又音陵說文作縢音凌蚤音早韭音九字或加艸非複音福覿徒歷反祭司寒本或作祭寒朝之直遙反刷所劣反爾雅云清也三蒼云埽也

九月肅霜十月滌場朋酒斯饗曰殺羔羊

肅縮也霜降而收縮萬物。滌場功畢入也兩樽曰朋饗者鄉。人以狗大夫加以羔羊箋云十月民事男女俱畢無飢寒之憂國君閒於政事而饗羣臣○滌直歷反掃也曰音越或人實反非縮所六反閒音閑

躋彼公堂稱彼兕觥萬壽無疆

公堂學校也觥所以誓衆也疆。竟也箋云於饗而正齒位故因時而誓焉飲酒既樂欲大壽無竟是謂豳頌○躋子兮反升也兕徐履反本或作兕觥號彭反本亦作觵疆居良反或音注爲境非校戶教反樂音洛

【疏】二之日至無疆○毛以爲豳公教民二之日之時使人鑿冰沖沖然三之日之時納于凌陰之中四之日其早朝獻黑羔於神祭用韭菜而開之所以禦暑言先公之教寒暑有備也又九月之時收縮万物者是露爲霜也十月之中埽其場上粟麥盡皆畢矣於是設兩樽之朋酒斯爲飲酒之饗禮其牲用犬若有大夫來至則相命曰當殺羔羊尊大夫故特爲殺羊乃升彼公堂序學之上舉彼兕觥之爵以誓告衆人使無違於禮於是民慶豳公使得萬年之壽無有疆境之時美先公禮教周備爲民所慶賀也鄭以爲朋酒斯饗民事畢國君閒暇設朋輩之尊酒斯饗勞羣臣作大飲之禮曰殺羔羊以爲殽羞羣臣皆升彼

公堂之上有司乃舉彼兕觥以誓羣臣使無犯禮者羣臣於是慶君使君萬壽無疆餘同○傳冰盛至冰室○正義曰月令季冬冰方盛水澤腹堅命取而藏之注云腹堅厚也此月日在北陸冰堅厚之時昭四年左傳說藏冰之事云深山窮谷於是乎取之是於冰厚之時命取冰也左傳言取冰於山耳此兼言林者以山木曰林故連言之冲冲非貌非聲故云鑿冰之意納於凌陰是藏冰之處故知爲冰室也案天官凌人云正歲十有二月令斬冰三其凌注云凌冰室也三之者爲消釋度也杜子春云三其凌者三倍其冰此言凌陰始得爲凌室彼直言凌。此亦得爲凌室者凌冰一物既云斬冰而又云三其凌則是斬冰三倍多於凌室之所容故知三其凌者謂凌室不然單言凌者止得爲冰體不得爲冰室也凌人十二月斬冰卽以其月納之此言三之日納于凌陰四之日卽出之藏之既晚出之又早者鄭答孫皓云豳土晚寒故可夏正月納冰夏二月仲春大簇之用事陽氣出始温故禮應開冰先薦寢廟言由寒晚得晚納冰依禮須早開故也月令孟春律中大蔟二月律中夾鍾言二月大蔟用事者以大蔟爲律夾鍾爲呂呂者助律宣氣律統其功故雖至二月猶云大蔟用事○箋古者至教備○正義曰自於是乎用之以上皆昭四年左傳文彼說藏冰之事其末云七月之卒章藏冰之道與此同故具引之釋天云北陸虛也西陸昴也孫炎曰陸中也北方之宿虛爲中也西方之宿昴爲中然則日在北陸謂日體在北方之中宿是建丑之月夏之十二月也劉歆三統歷術十二月小寒節日在女八度大寒中日在危一度是大寒前一日日猶在虛於此之時可藏冰也西陸朝覿而出之謂日行已過於昴星在日之後早朝出現也三統術四月立夏節日在畢十二度星去日半次然後見是立夏之日日去昴星之界已十二度昴星得朝見也於此之時可出冰也祭司寒而藏之還謂建丑之月祭主寒之神而藏此冰也獻羔而啓之謂建卯之月獻羔以祭主寒之神開此冰也二月開冰公始用之末賜臣也至於夏初其出之也朝之祿位賓食喪祭於是乎普用之乃是頒賜臣下也服虔云祿位謂大夫以上賓客食。喪。有。祭祭祀是其普用之事也服虔以西陸朝覿而出之謂二月日在婁四度春分之中奎始晨見

珍倣宋版印

東方蟄蟲出矣故以是時出之給賓客喪祭之用服說如此知鄭不與同者以鄭答孫皓云西陸朝覿謂四月立夏之時周禮曰夏班冰是也是鄭以西陸朝覿謂四月與服異也鄭意所以然者以西陸爲昴爾雅正文西陸朝覿當爲昴星朝見不得爲奎星見也故知出之爲四月賜非二月初開也傳下句別言祭司寒而藏之獻羔而啓之乃謂十二月始藏之二月初開之耳傳言祭寒而藏之不言司寒箋引彼文加司字者彼文上句云以享司寒下句重述其事略其司字箋以經有藏冰獻羔二事故略引下句以當之不引上句故取上句之意加司字以足之服虔云司寒司陰之神玄冥也將藏冰致寒氣故祀其神鄭意或亦然也箋又引其出之以下者解此藏冰之意言爲此頒冰故藏之也傳文其出之也在司寒之上此引之到者以其不證經文故退令在下月令仲春天子乃獻羔開冰先薦寢廟月令文也彼作鮮羔注云鮮當爲獻此已破引之證經獻羔之事在二月也祭韭者蓋以時韭新出故用之王制云庶人春薦韭亦以新物故薦之也周禮凌人之職夏班冰掌事秋刷天官凌人文彼注云暑氣盛王以冰頒賜則主爲之刷清也秋涼冰不用可以清除其室也案傳以啓之下云火出而畢賦又云火出於夏爲三月則是三月頒冰周禮言夏頒冰者凡言時事總舉天象不可必以其月也以三月火始見四月則立夏時相接連冰以暑乃賜之故當在於四月是火出之後故傳以火出言之上章蠶績裳裘是備寒之事故此章又說藏冰是備暑之事言后稷先公禮教備也以序言后稷故兼言也○傳肅縮至羔羊○正義曰肅音近縮故肅爲縮也霜降收縮萬物言物乾而縮聚也月令季春行冬令則草木皆肅注云肅謂枝葉縮栗亦謂縮聚乾燥之意也洗器謂之滌則是淨義故爲埽也在場之功畢已入倉故滌埽其場朋者輩類之言此言朋酒則酒有兩樽故言兩樽曰朋埽場是農人之事則斯饗是民自飲酒故言饗禮者鄉人飲酒以狗爲牲大夫與焉則加以羔羊言曰殺羔羊是鄉人見大夫而始發此言故稱曰也鄉人飲酒而謂之饗者鄉飲酒禮尊事重故以饗言之譜說用樂之事云饗賓或上取鄉飲酒注云鄉飲酒升歌小雅禮盛者進取是鄉飲酒之禮得稱饗也此鄉人用狗殺羊謂黨正

珍倣宋版印

飲酒地官黨正職曰國索鬼神而祭祀以禮屬民而飲酒於序以正齒位一命齒於鄉里再命齒於父族三命不齒注云正齒位者爲民三時務農將闕於禮至此農隙而教之尊長養老見孝悌之道也鄉人雖爲鄉大夫必來觀禮是鄉人飲酒有大夫與之也鄉飲酒禮自是三年賓賢能之禮而黨正飲酒之禮亦與之同鄉飲酒經云尊兩壺於房戶之間有玄酒是用兩樽也記云其牲狗注云狗取擇人是鄉人以狗也王制云大夫無故不殺羊是行禮飲酒有故得用羊故云大夫加以羔羊也此賓黨正飲酒正有一黨之人傳言鄉人者以黨正飲酒亦名鄉飲酒故也鄉飲酒義注云黨正飲酒而謂之鄉者州黨鄉之屬或則鄉之所居州黨鄉大夫親爲主人是解黨正飲酒得稱鄉人之意也○箋十月至羣臣○正義曰箋以下云躋彼公堂是升君之堂萬壽無疆是慶君之辭又鄉飲酒之禮用狗不用羊故易傳以爲斯饗謂國君閒於政事而饗羣臣也月令孟冬云是月也大飲烝注云十月農功畢天子諸侯與羣臣飲酒於大學以正齒位謂之大飲別之於燕其禮云烝謂特牲體謂爲俎引此詩十月滌場以下云是豳頌大飲之詩是鄉以天子諸侯自有大饗羣臣之禮故不爲鄉飲酒也言別於燕禮小於大飲燕禮上設六樽此言朋酒者設尊之法每兩尊並設故云朋耳非謂國君大飲唯兩尊也燕禮云司宮尊於東楹之西兩方壺公尊瓦大夫尊兩圜壺是尊者兩兩對設之也案燕禮記云其牲狗此大飲大於燕禮故用羊也○傳公堂至疆竟○正義曰傳以朋酒斯饗爲黨正飲酒之禮案黨正屬民而飲酒于序則公堂學校謂黨之序學也謂之公堂者以公法爲學故稱公耳天官酒正云凡爲公酒者注云謂鄉射飲酒以公事作酒者是鄉人之事得稱公也兕觥者罰爵此無過可罰而云稱彼故知舉之以誓戒衆人使之不違禮疆是境之別名言年壽長遠無疆畔也定本竟作境○箋於饗至人豳頌○正義曰箋以斯饗爲國君大飲之禮以正齒位故因是時而誓焉使羣臣知長幼之序令之不犯禮也月令注云天子諸侯與羣臣飲酒於大學以正齒位謂之大飲則此公堂謂之大學也知在大學亦正齒位者以國君大飲與黨正飲酒皆農隙而爲俱教孝悌之道黨之於序學知國君於大學黨正飲酒

爲正齒位知國君飲酒亦正齒位也

七月八章章十一句

附釋音毛詩注疏卷第八〔八之一〕

〔廿六〕

阮元撰盧宣旬摘錄

豳譜

以此敘己志 補 案此當作比正義以比序己志又以比己身序己志皆可證

后稷之曾孫也公劉者 閩本明監本毛本同案浦鏜云曰誤也是也

由其積德勤民 閩本明監本勤誤愛毛本作直誤山井鼎云乃改之互換其處是也

俱是先公之俊 閩本明監本毛本俊誤後下明是念其俊者同閩本監本毛本俱改則

後成王迎之反之 閩本明監本毛本同案上之字浦鏜云而誤是也正義云是成王迎而反之可證

主意於豳公之事 毛本主誤王閩本明監本不誤案山井鼎云王當作主物觀補遺不載據宋板皆失之

主意於豳公之事 閩本明監本毛本同案十行本損以字計之應少一字改刻補損而誤也

十有一年武王伐殷 閩本明監本毛本一作三案文王正義作一可證此改刻補損而誤

於四方諸來朝 明監本毛本諸下有侯字閩本無案有者是也采菽正義引有

故迎周公 閩本明監本毛本同案浦鏜云欲誤故是也

非是六軍之事 補 毛本事作士按士字是也

必然以否明監本毛本以誤與閩本不誤案以否正義中常語而不知乃改之

○七月

無怨於我先王補閩本明監本毛本同案怨於當作以告

古者避辟扶亦反譬僻閩本明監本毛本同案扶亦反三字當旁行細書正義自爲音例如此考此正義所言知采苓正義必當易辟爲僻今盡作辟者後人依注改也此類多矣○按自爲音未必雙行小字

故毛讀辟爲辟明監本毛本下辟字誤避閩本不誤案此即上扶亦反字

諸衣言裳避寒之事補案衣言二字當倒

其助在成一冬之月閩本明監本毛本同案此當作其助在成冬一之日冬一字誤倒日誤月

二之日栗烈唐石經小字本相臺本同案此釋文本也釋文云栗烈並如字下泉大東正義皆引作二之日栗冽云字從冰此正義云有栗冽之寒氣以下皆作烈猶引白旆英英而本詩作央央也又五經文字仌部有凓字是栗亦有從仌者今考毛氏詩多假借字當以釋文云如字者爲長四月箋云烈烈猶栗烈也亦其證○按詩經小學全書考栗烈當爲凓冽其說甚詳今坊間所行乃刪本耳

觱發風寒也小字本相臺本同案正義云有觱發之寒風又云故以觱發爲寒風考說文云滭風寒也用此傳正義下云仲冬之月待風乃寒則作風寒者是也有觱發之寒風自爲文而倒之也其故以觱發爲風寒不當倒乃後來所改也釋文觱發下云寒也有誤詳後考證考文古本作寒

風采正義而誤

正中在南方大寒明監本毛本寒下有退字閩本剜入案所補是也

吳志孫皓問閩本明監本毛本同案吳當作鄭困學紀聞嘗正其誤是當時本已作吳矣

前受東方之體閩本明監本毛本同案體當作禮形近之譌禮即謂月令也

又復指斥其一之日閩本明監本毛本日下有者字案所補是也

此篇說文閩本明監本毛本同案浦鏜云說當設字誤是也

衣絲蠶爲重〔補〕閩本明監本毛本衣下有事字案十行本損今以字計之應少一字改刻補損而誤也

當季冬之月閩本明監本毛本當下有以字閩本剜入案所補是也

當以孟春之月者閩本明監本毛本同案浦鏜云者當衍字是也

自三百以外閩本明監本毛本百下有里字毛本三作二案所補所改皆是也

故直云田畯大夫閩本明監本毛本畯下有田字案所補是也釋文畯下云田大夫也

故又本作此閩本明監本毛本同小字本相臺本作作於考文古本於字亦同案於字是也

鹿鳴陳燕勞伐事之事閩本明監本毛本伐事作羣臣案此誤改也伐事當作戍士伐戍形近之譌十行本士事不別也通

鹿鳴以下言之不專指鹿鳴一篇下文王亦然

八月萑葦小字本相臺本同唐石經初刻雚後改萑案萑字是也五經文字云萑戶官反從艹下萑今經或相承隸省草作萑正謂此也釋文萑戶官反○按說文有萑有雚雚者葦之類也从艸雚聲雈者鳥名从卝从隹今人萑葦字蓋用雈雀字爲叚借非用萑艸字也萑艸字从艸隹聲音追

猗彼女桑唐石經小字本相臺本同案釋文云猗彼於綺反徐於宜反正義云襄十四年左傳云譬如捕鹿晉人角之諸戎掎之然掎角皆遮截束縛之名也故云角而束之曰掎考此是說傳角字之義又以爲猗之言掎也故并說之非正義本經傳皆作掎也末曰掎仍當作曰猗乃不知者改之耳或因正義中字譌遂并疑此經當作掎者非也正義上文云猗束彼女桑而采之又云以繩猗束而采之也皆作猗不作掎掎字在小弁經正義不引亦其證

條桑枝落采其葉也閩本明監本同毛本落下剜添之字小字本相臺本有考文古本同案有者是也釋文條下云枝落也不備取耳與葛覃濩煑也正同

七月鳴鵙小字本相臺本同明監本毛本同唐石經鵙作鶪案唐石經是也五經文字云鶪伯勞也與說文合可證也

又云葭華舍人曰葭一名華閩本明監本毛本同案二華字皆當作葦今爾雅自石經以下各本皆作華者字之誤也此正義所引本不誤故下文云成則名爲葦也不知者乃改之文選注引亦不誤

白露爲霜之時猶名葭閩本明監本毛本同案盧文弨云白露爲霜當重非也讀以霜字斷句之時二字下屬之時者是時也

具曲植筐筥 閩本明監本毛本同案浦鏜云筥筐字誤倒是也

傳𣂏方至萸桑 閩本明監本毛本同案萸當作柔

集注及定本皆云女桑柔桑 閩本明監本毛本同案柔當作萸

言如爵弁色也 閩本明監本毛本同案弁當作頭

士記位於南方 閩本明監本記作寄毛本剜改記案皆誤也當作託周禮染人疏可證

其餘後可知也 閩本明監本毛本同案浦鏜云後當從字誤是也

當及盛暑熱潤 閩本明監本毛本同案浦鏜云熱誤熱是也

四八月染也 補案四當作非

十月隕蘀 小字本相臺本同唐石經初刻殞後改隕案初刻誤也

于貉往搏貉 小字本相臺本同案此釋文本也釋文云搏音博舊音付車攻篤公劉釋文同又無羊釋文云搏音博亦作捕音步考正義云一之日往捕貉取皮又云皆是往捕之而取其皮是正義本作捕字都人士正義引于貉往捕貉亦其證如周禮小司徒注伺捕小司寇注司搏也〇按搏捕古今字此正箋作搏正義易字而說之也

釋蟲又云蜆寒蜩 閩本明監本蜩作蜩毛本誤作蟬案山井鼎云爾雅作蜩是也

皮革踰歲乾冬乃可用閩本明監本毛本同案浦鏜云久誤冬考掌皮注浦校是也

箋七月至卒來閩本明監本毛本箋下有自字案所補是也

既以鬱下及棗小字本相臺本同考文古本同閩本明監本毛本下作薁案下者謂薁蘡薁也改作薁者誤正義云鬱下及棗總助男功可證

劉稹毛詩義問云閩本明監本毛本同案惠棟云劉公幹毛詩義問十卷稹當作楨

晉宮閣銘云華林籣中閩本明監本毛本籣作園案所改非也籣即園字當是正義依彼文引之也不得以字書不載而改去

棗須樹擊之閩本明監本毛本樹上有就字案此誤補也樹當作㨶㨶即擣字見集韻又列女傳手自㨶即漢書之手自擣也今本亦有誤為樹者皆因不識此字〇按此殊附會剝棗即今之撲棗也剝讀為撲觀釋文自明撲者扑之俗扑者攴之變正義樹字當是撲之誤

必有豪毛秀出者毛本豪誤毫閩本明監本不誤案考文古本因此幷改箋作毫失之甚矣

場圃同地自物生之時小字本同閩本明監本毛本同相臺本自作耳考文古本同案耳字是也上屬斷句

上入執宮功小字本相臺本同唐石經執下有傍添於字案旁添誤也又此定本也正義云經當云執於宮公本或公在宮上誤耳今定本云執宮功不為公字考此傳箋皆無公字之訓箋云執宮中之事與上載纘武功傳功事也相承當以定本為長正義於字是自為文傍添者誤取之

七月定星將中　閩本明監本毛本同小字本相臺本七作十考文古本同案十字是也

場圃在園地　閩本明監本毛本同案浦鏜云任誤在是也

東山云町畽鹿場　明監本毛本畽誤疃閩本不誤案彼經唐石經以下皆作畽

則是訓功爲事　閩本明監本毛本同案功當作公下故入之執於宮功同

祭非祭也　閩本明監本毛本非下有民字案皆誤也當作非民祭也十行本衍上祭字脫民字閩本以下補仍衍上祭字

冰盛水腹　相臺本同閩本明監本毛本同小字本腹作複案釋文云複音福正義云月令季冬冰方盛水澤腹堅腹厚也爾雅文鄭彼注用之正義本當是腹字月令釋文云腹本又作複此釋文或作腹詳後考證考文一本作複采自月令釋文耳

祭司寒而藏之　小字本相臺本同案釋文云祭司寒本或作祭寒正義云加司字以足之其所說最得左傳及此箋之意或作本誤依傳删失之矣

滌場功畢入也　閩本明監本毛本同小字本相臺本滌下有場也二字考文古本同案有者是也釋文正義皆可證

饗者鄉人以狗　小字本相臺本同案盧文弨云饗者下脫鄉人飲酒正義有說文同今考正義中所云飲酒皆推傳意如此非正義本傳中有鄉人飲酒四字而今脫去也正義云傳以朋酒斯饗爲黨正飲酒之禮又云箋以斯饗爲國君大飲之禮二者皆推其意傳之無飲酒猶箋之無大飲其明證矣說文自解饗字從鄉之義非取此傳成文也不當補○按段玉裁云細讀正義知本作饗者鄉人飲酒也鄉人以狗大夫加以羔羊因兩鄉

人複而奪落數字古書類然且如上文傳場也既依正義補入矣何此正義確可據者獨不可依乎若云箋中無大飲字豈正義文不得略有參差乎段云是也

疆竟也 小字本相臺本同案釋文疆下云竟也或音注爲境非正義云疆是境之別名即釋文所云音竟爲境者故上文易爲境字而說之云無有疆境之時也又云定本竟作境考楚茨及甫田箋意當以正義音境爲長考文古本作境采正義

此亦得爲淩室者 閩本明監本毛本同案此當作而

賓客食喪有祭祭祀 閩本明監本毛本同案此當作賓客食享喪浴祭祀每二字爲一句所以解賓食喪祭四事也

給賓客喪祭之用 閩本明監本毛本同案客當作食此字之誤耳考文古本因此改箋食亦作客失之矣

此引之到者 閩本明監本毛本到作倒案所改是也正義俱用倒字此壞耳

鄉人雖爲鄉大夫 閩本明監本毛本同案盧文弨云鄉當作卿是也

其禮云 閩本明監本毛本同案云字當作亡形近之譌也今月令注不誤山井鼎依彼文是也

烝謂特牲體謂爲組 閩本明監本毛本同案此當作烝謂折牲體升爲組折字升字譌而不可讀今月令注烝作燕特作有無體下謂亦皆誤耳山井鼎依彼文非也又云宋板特作有其實不然當是剜也

言別於燕禮小於大飲 閩本明監本毛本同案盧文弨云燕禮當重是也

公尊瓦大夫尊兩圜壺閩本明監本毛本同案浦鏜云士誤夫以儀禮考之是也大字斷句

珍倣宋版印

毛詩國風　鄭氏箋　孔穎達疏

鴟鴞周公救亂也成王未知周公之志公乃爲詩以遺王名之曰鴟鴞焉未知周公之志者未知其欲攝政之意○鴟鴞上尺之反下吁嬌反鴟鴞鳥也遺唯季反本亦作貽此從尚書本也

疏鴟鴞四章章五句至鴟鴞焉○正義曰此鴟鴞詩者周公所以救亂也毛以爲武王既崩周公攝政管蔡流言以毀周公又導武庚與淮夷叛而作亂將危周室周公東征而滅之以救周室之亂也於是之時成王仍惑管蔡之言未知周公之志疑其將簒心益不悅故公乃作詩言不得不誅管蔡之意以貽遺成王名之曰鴟鴞焉經四章皆言不得不誅管蔡之意鄭以爲武王崩後三年周公將欲攝政管蔡流言周公乃避之出居於東都周公之屬黨與知將攝政者見公之出亦皆奔亡至明年乃爲成王所得此臣無罪而成王罪之罰殺無辜是爲國之亂政故周公作詩救止成王之亂於時成王未知周公有攝政成周道之志多罪其屬黨故公乃爲詩言諸臣先祖有功不宜誅絶之意以怡悅王心名之曰鴟鴞焉四章皆言不宜誅殺屬臣之意定本貽作遺字則不得爲怡悅也○箋未知至之意○正義曰金縢云武王既喪管叔及其羣弟乃流言於國曰公將不利於孺子周公乃告二公曰我之弗辟無以告我先王周公居東二年罪人斯得於後公乃爲詩以貽王名之曰鴟鴞注云罪人周公之屬黨與知居攝者周公出皆奔今二年盡爲成王所得怡悅也周公傷其屬黨無罪將死恐其刑濫又破其家而不取正言故作鴟鴞之詩以貽王今豳風鴟鴞也鄭讀辟爲避以居東爲避居於時周公未攝故以未知周公之志者謂未知其欲攝政之意訓怡爲悅言周公作此詩欲以救諸臣悅王意也毛雖不注此序不解尚書而首章傳云寧亡二子不可毀我周室則此詩爲誅管蔡而作之此詩爲誅管蔡則罪人斯得謂得管蔡也周公居東爲

出征我之不辟欲以法誅管蔡既誅管蔡然後作詩不得復名爲。貽悅王心當訓貽爲遺謂作此詩遺成王也公劉序云而獻是詩此云遺者獻者臣奉於尊之辭遺者流傳致達之稱彼召公作詩奉以戒成王此周公自述己意欲使遺傳至王非奉獻之故與彼異也

鴟鴞鴟鴞既取我子無毀我室

興也鴟鴞鸋鴂也無能毀我室者攻堅之故也寧亡二子不可以毀我周室箋云重言鴟鴞者將述其意之所欲言丁寧之也室猶巢也鴟鴞言已取我子者幸無毀我巢我巢積日累功作之甚苦故愛惜之也時周公竟武王之喪欲攝政成周道致大平之功管叔蔡叔等流言云公將不利於孺子成王不知其意而多罪其屬黨興者喻此諸臣乃世臣之子孫其父祖以勤勞有此官位土地今若誅殺之無絕其。位奪其土地王意欲誚公此之由然〇鸋乃丁反郭音寧鴂音決鸋鴂似黃雀而小俗呼之巧婦重直用反大平音泰孺本又作孺如注反誚在笑反

恩斯勤斯鬻子之閔斯

恩愛鬻稚閔病也稚子成王也箋云鴟鴞之意殷勤於此稚子當哀閔之此取鴟鴞子者。言稚子也以喻諸臣之先臣亦殷勤於此成王亦宜哀閔之〇鬻由六反徐居六反一云賣也

【疏】鴟鴞至閔斯〇毛以爲周公既誅管蔡王意不悅故作詩以遺王假言人取鴟鴞子者言鴟鴞鴟鴞其意如何乎其言人已取我子我意寧亡此子無能留此子以毀我巢室以其巢室積日累功作之攻堅故也以興周公之意如何乎其此意言寧亡管蔡無能留管蔡以毀我周室以其周室自后稷以來世脩德教有此王基篤厚堅固故也又言管蔡罪重不得不誅之意周公言己甚愛此甚惜此二子但爲我稚子成王之病以此之故不得不誅之也鄭以爲成王將誅周公之屬臣周公爲之詩言鴟鴞之意如何乎言人既取我子幸無毀我室以其積日累功作之甚苦故愛惜之不欲見其毀損以喻成王若誅此諸臣幸無絕其官位奪其土地以其父祖勤勞乃得有此故愛惜之不欲見其絕奪又言當此幼稚之子來取我子之時其鴟鴞之意殷勤於此稚子稚子當哀閔之不欲毀其巢以喻言屬臣之先臣亦殷勤於此成王成王亦宜哀閔之不欲絕其官位土地此周公之意實請屬臣之身但不敢正

一珍倣宋版印

言其事故以官位土地爲辭耳閔下斯字箋傳皆爲辭耳○傳鴟鴞至周室○正義曰鴟鴞鸋鴂釋鳥文舍人曰鴟鴞一名鸋鴂也方言云自關而東謂桑飛曰鸋鴂陸機疏云鴟鴞似黃雀而小其喙尖如錐取茅莠爲窠以麻紩之如刺襪然縣著樹枝或一房或二房幽州人謂之鸋鴂或曰巧婦或曰女匠關東謂之工雀或謂之過。贏關西謂之桑飛或謂之襪雀或曰巧女無能毀我室者謂鴟鴞之意唯能亡此子無能留此子以毀我室此鴟鴞非不愛子正謂重其巢室也傳以此詩爲管蔡而作故云寧亡二子不可以毀我周室於時殺管叔而放蔡叔故言寧亡二子○箋重言至由然○正義曰人居謂之室鳥居謂之巢故云室猶巢也周公竟武王之喪謂崩後三年除喪服也成王不知其意多罪其屬黨卽金縢云罪人斯得是也此實無罪謂之罪人者金縢注云謂之罪人史書成王意也罪其屬黨言將罪之箋又言若誅殺之明時實未加罪也以興爲取象鴟鴞之子宜喻屬臣之身故以室喻官位土地也金縢於名之曰鴟鴞之下云王亦未敢誚公是有誚公之意但未敢言耳故云王意欲誚公此之由然其言由此詩也金縢注云成王非周公意未解今又爲罪人言欲讓之推其恩親故未敢。欲。誚公之意作此詩欲以怡悅王心致使王意欲誚公乃是更益王忿而言以怡王者成王謂公將篡故罪其屬臣公若實有篡心不敢爲臣諂請今作詩與王言其屬臣無罪則知公不爲害事亦可明未悟故欲誚公既悟自當喜悅冀王之悟故作此詩是公意欲以怡悅王也王肅云案經傳內外周公之黨具存成王無所誅殺橫造此言其非一也設有所誅不救其無罪之死而請其官位土地緩其大而急其細其非二也設已有誅不得云無罪其非三也馬昭云公黨已誅請之無及故但言請子孫土地斯不然矣案鄭注金縢云傷於屬臣無罪將死箋云若誅殺之則鄭意以屬臣雖爲王得。罪猶未加刑馬昭之言非鄭旨也公以王怒猶盛未敢正言假以官位土地爲辭實欲冀存其人非是緩大急細棄人求土鄭之此意亦何過也○傳恩愛至成王○正義曰有恩必相愛故以恩爲愛釋言云。鬻稚也郭璞曰鞠一作毓是鬻爲稚也閔病釋詁文言鬻子之病則謂管蔡作亂病此鬻子故知鬻子成王也王肅云勤惜也周公非不愛惜此二子以其病此成王則傳意亦當以勤爲惜○箋鴟鴞至閔之○正義曰箋亦以此經爲興恩之言殷也以鴟鴞之意殷勤於稚子喻諸臣之先臣亦殷勤於成王假言鴟鴞之意愛惜巢室亦假言諸臣之先臣愛惜土地皆假爲之辭非實有言也箋云。言取鴟鴞子者。惜稚子也則稚子謂巢下之民金縢注云鬻子斥成王斥者經解喻尊猶言昊天斥成王也

**迨天之未陰雨徹彼桑土綢繆牖戶**

迨及徹剝也桑土桑根也箋云綢繆猶纏綿也此鴟鴞自說作巢至苦如是以喻諸臣之先臣亦及文武未定天下積日累功以固定此官位與土地○迨音待徐又勑改反土音杜注同小雅同韓詩作杜義同方言云東齊謂根曰杜字林作𢿱桑皮也音同綢繆上直留反下莫侯反

**今女下民或敢侮予**

箋云我至苦矣今女我巢下之民寧有敢侮慢欲毀之者乎意欲恚怒之以喻諸臣之先臣固定此官位土地亦不欲見其絕奪○恚於季反

【疏】迨天至侮予○毛以爲自說作巢至苦言己及天之未陰雨之時剝彼桑根以纏綿其牖戶乃得成此室巢以喻先公先王亦世脩其德積其勤勞乃得成其王業致此王功甚難若是今汝下民管蔡之屬何由或敢侮慢我周室而作亂乎故不得不誅之以○鄭以爲鴟鴞及天之未陰雨之時剝彼桑根以纏綿其牖戶乃得有此室巢以喻諸臣之先臣及文武未定天下之時亦積日累功乃得定此官位土地鴟鴞以勤勞之故惜此室巢今巢下之民寧或敢侮慢我欲毀我巢室乎不欲見其毀損意欲恚怒之以喻諸臣之先臣甚惜此官位土地汝成王。意何得絕我官位奪我土地乎不欲見其絕奪意欲怨恨之言鴟鴞之惜室巢猶先臣之惜官位土地鴟鴞欲恚怒巢下之人喻先臣亦有恨於成王王勿得誅絕之也○傳迨及至桑根○正義曰迨及釋言文徹卽剝脫之義故爲剝也取彼桑土用爲鳥巢明是桑根桑根在土剝取其皮故知桑土卽桑根也王肅云鴟鴞及天之未陰雨剝取彼桑根以纏綿其戶牖以興周室積累之艱苦也下經無傳但毛以此詩爲管蔡而作必不得同鄭爲興王肅下經注云今者今周公時言先王致此大功至艱難而其下民敢侵侮我周道謂管蔡之屬不可不遏絕以全周室傳

珍倣宋版印

意或然○箋我至至絕奪○正義曰箋以此爲諸臣設請故亦爲與巢下之民將毀其室故竟欲恚怒之此是臣請於君而欲恚怒者鴟鴞之恚怒喻先臣之怨恨耳非恚怒王也

予手拮据予所捋荼予所蓄租。予口卒瘏

拮据撠挶也荼萑苕也租爲瘏病也手病口病故能免乎大鳥之難箋云此言作之至苦故能攻堅人不得取其子○拮音吉又音結据音居韓詩云口足爲事曰拮据捋力活反荼音徒畜勑六反本亦作蓄租子胡反又作祖如字韓詩云積也瘏本又作瘏音徒撠京劇反本亦作戟挶俱局反說文云持也萑音丸苕音條難乃旦反

曰予未有室家

謂我未有室家箋云我作之至苦如是者曰我未有室家之故

［疏］予手至室家○毛以爲鴟鴞言己作巢之苦予手撠挶其草予所捋者是荼之草也其室巢所用者皆是予之所蓄爲予手口盡病乃得成此室巢用免大鳥之難喻周之先王亦勤勞經營乃得成此王業用免侵毀之患我先王爲此室家勤苦若是管蔡之輩無道之人輕侮稚子弱寡王室乃爲言曰我此稚子未有室家欲侵毀之故不可不誅殺也○鄭以爲鴟鴞手口盡病以勤勞之故攻堅之故人不得取其子假有取其子仍不得毀其室巢以喻諸臣之先臣以勤勞之故經營之故王不得殺其子孫假使殺其子孫仍不得奪其官位土地鴟鴞又言己所以勤勞爲此室巢者曰予未有室家故勞力爲此是以今甚惜之喻屬臣之先臣所以勤勞爲此功業者亦由未有官位土地故勤力得此是以今甚惜之王若殺此諸臣不得奪其官位土地也○傳拮据至之難○正義曰說文云撠持撠挶謂以手爪挶持草也七月傳云亂爲萑此爲萑苕謂亂之秀穗也出其東門箋云荼茅秀然則茅亂之秀其物相類故皆名荼也租訓始也物之初始必有爲之故云租爲也瘏病釋詁文經言予口卒瘏直是口病而已而傳兼言手病者以經予手拮据言手予所捋荼不言手則是用口也予所蓄租文承二者之下則手口並兼之上既言手而口文未見故又言予口卒瘏言口病明手亦病也且卒瘏謂盡病若唯口病不得言盡故知手口俱病鴟鴞小鳥爲巢以自防故知求免大鳥之難也○傳謂我未有室家○正義曰傳以曰者稱它人

言曰則此句說彼作亂之意曰予未有室家管蔡意謂我稚子未有室家之道故輕侮之上章疾其輕侮故此章言其輕侮之意也曰者陳其管蔡之言予者還周公自我也王肅云我爲室家之道至勤苦而無道之人弱我稚子易我王室謂我未有室家之道

予羽譙譙予尾翛翛。譙譙殺也翛翛敝也箋云手口既病羽尾又殺敝言己勞苦甚○譙本或作燋同在消反翛素彫反注同殺色界反又所例反下同

予室翹翹風雨所漂搖予維音嘵嘵翹翹危也嘵嘵懼也箋云巢之翹翹而危以其所託枝條弱也以喻今我子孫不肖故使我家道危也風雨喻成王也音嘵嘵然恐懼告愬之意○翹祁消反漂匹遙反嘵呼堯反愬音素

疏予羽至嘵嘵○毛以爲鴟鴞言作巢之苦予羽譙譙然而殺予尾消消而敝手口既病羽尾殺敝乃有此室巢以喻先王勤脩德業勞神竭力得成此王業鴟鴞又言室巢雖成以所託枝條弱故予室今翹翹然而危又爲風雨之所漂搖此巢將毀予是以維音之嘵嘵然而恐懼以喻王業雖成今成王幼弱而爲凶人所振蕩周室將毀故周公言己亦嘵嘵然而危懼由管蔡作亂使憂懼若此故不得不誅之意也○鄭殺。弊盡同但所喻者別喻屬臣勤勞有此官位土地今子孫不肖使我家道危也又爲成王所漂搖將誅絶之我先臣是以恐懼而告急也予維音嘵嘵嘵嘵喻告訴之意也○傳譙譙殺消消敝○正義曰此無正文也以此言爲之羽尾疲勞之狀故知爲殺敝也定本消消作。翛翛也○傳翹翹危嘵嘵懼○正義曰皆釋訓文王肅云言盡力勞病以成攻堅之巢而爲風雨所漂搖則鳴音嘵嘵然而懼以言我周累世積德以成篤固之國而爲凶人所振蕩則己亦嘵嘵而懼

鴟鴞四章章五句

東山周公東征也周公東征三年而歸勞歸士大夫美之故作是詩也一章言

珍倣宋版印

其完也二章言其思也三章言其室家之望女也四章樂男女之得及時也君子之於人序其情而閔其勞所以說也說以使民民忘其死其唯東山乎成王既得金縢之書親迎周公周公歸攝政三監及淮夷叛周公乃東伐之三年而後歸耳分別章意者周公於是志伸美而詳之○歸勞力報反思息嗣反女音汝樂音洛說音悅下同縢徒登反別彼列反伸音身

【疏】東山四章章十二句至東山乎○正義曰作東山詩者言周公東征也周公攝政元年東征三監淮夷之等於三年而歸勞此征歸之士莫不喜悅大夫美之而作是東山之詩經四章雖皆是勞辭而每章分別意異又歷序之一章言其完也謂歸士不與敵戰身體完全經云勿士行枚言無戰陳之事是其完也二章言其思也謂歸士在外妻思之也經說果臝等乃令人憂思是其思也三章言其室家之望汝也謂歸士未反室家思望經說洒埽穹窒以待征人是室家之望也四章樂男女得以及時也謂歸士將行新合昏禮經言倉庚于飛說其成婦之事是得其及時也周公之勞歸士所以殷勤如此者君子之於人謂役使人民序其民之情意而閔其勞苦之役所以喜悅此民也民有勞苦唯恐民上不知今序其情閔其勤勞則民皆喜悅忘其勞苦古人所謂悅以使民民忘其死者其唯此東山之詩乎言唯此東山之詩可以當忘其死之言也三年而歸雖出於經此三年之文而總序四章非獨序彼一句也序所歷言不序章首四句皆同不得於一章說之序其情而閔其勞其意足以兼之矣歸士者從軍士卒周公親征與將率同苦以士卒微賤勞意尤深故意主美勞歸士不言勞將率也悅以使民民忘其死是周易兌卦彖辭文古之舊語此東山甚當之故云其唯東山乎○箋成王至詳之○正義曰金縢云天大雷電以風王與大夫盡弁以啓金縢之書王執書以泣曰今天動威以彰周公之德惟朕小子其新迎注云新迎改先時之心更自新以迎周公於東與之歸尊任之言自新而迎明是成王親迎之書序云武王崩三監及淮夷叛周公相成王將黜殷命作大誥注云三監管叔蔡叔霍

叔三人爲武。庚監於殷國者也前流言於國公將不利於成王周公還攝政懼誅因遂其惡開道淮夷與之俱叛此以居攝二年之時繫之武王崩者其惡之初自崩始也是三監淮夷叛周公東伐之事也攝政元年即東征至三年而歸耳書序注云其攝二年時者謂叛時在二年非三年始東征也時實周公獨行言相成王者彼注云誅之者周公意也而言相成王者自迎周公而來敵已解矣意以成王者敵解故言相成王耳非與成王俱來也破斧云周公東征四國是皇傳曰四國管蔡商奄也。此言商奄者據書序之成文耳此序獨分別章意者周公於是志意伸本勞歸士之情丁寧委曲子夏美之而詳其事故分別章意而序之也

我徂東山慆慆不歸我來自東零雨其濛 慆慆言久也濛雨貌箋云此四句者序歸士之情也我往之東山既久勞矣歸又道遇雨濛濛然是尤苦也○慆徒刀反又吐刀反濛莫紅反

我東曰歸我心西悲 公族有辟公親素服不舉樂爲之變如其倫之喪箋云我在東山常曰歸也我心則念西而悲○爲于僞反

制彼裳衣勿士行枚 士事枚微也箋云勿猶無也女制彼裳衣而來謂兵服也亦初無行陳銜枚之事言前定也春秋傳曰善用兵者不陳○士行毛音衡鄭音銜王戶剛反枚莫杯反鄭注周禮云枚如。箸橫銜之於口爲繣。絜於項中無行戶剛反陳直覲反又下同

蜎蜎者蠋烝在桑野 蜎蜎蠋貌。桑蟲也烝。寘也箋云蠋蜎蜎然特行久處桑野有似勞苦者古者聲寘塡塵同也○蜎烏玄反蠋音蜀烝之承反寘音田又音珍一音陳字書云塞也大千反從穴下眞寘塡塵依字皆是田音又音珍亦音塵鄭云古聲同案陳完奔齊以國爲氏而史記謂之田氏是古田陳聲同

敦彼獨宿亦在車下 箋云敦敦然獨宿於車下此誠有勞苦之心○敦都回反注同

【疏】我徂至車下○毛以爲周公言我往之東山征伐四國慆慆然久不得歸既得歸矣我來自東方之時道上。乃遇零落之雨其濛濛然汝在軍之士久不得歸歸又遇雨落勞苦之甚周公既序歸士之情又復自言己意我在東方言曰歸之時我心則念西而悲何則管蔡有罪不得不誅誅殺兄弟慚

珍倣宋版印

見父母之廟故心念西而益悲傷又言歸士久勞在外幸得完全汝雖制彼兵服裳衣而來得無事而歸久勞在軍無事於行陳銜枚言敵皆前定未嘗銜枚與戰也又言雖無戰陳實甚勞苦蜎蜎然者桑中之蠋蟲常久在桑野之中似有勞苦以興敦敦然彼獨宿之軍士亦常在車下而宿甚爲勞苦述其勤勞閔念之定本云勿士行枚無銜字箋云初無行陳銜枚之事定本是也○鄭唯我東曰歸二句言我軍士在東久不得歸常言曰歸而不得歸我心則念西而悲言歸士思家而悲餘同○箋此四至尤苦○正義曰此篇皆言序歸士之情而獨云此四句者以此四句意皆同故特言之卒章之箋又云凡先著此四句皆爲序歸士之情者以序分別章意嫌此四句意不同故言凡先著此四句明四章意皆同也○傳公族至之喪○正義曰。幾法也謂以法得死罪文王世子云公族有死罪則磬於甸人公素服不舉樂爲之變如其倫之喪無服親哭之注云不於市朝者隱之也甸人掌田野之官縣而縊殺之曰磬素服於凶事爲吉於吉事爲凶非喪服也倫謂親疏之比也不往弔爲位哭之而已是其事也傳言此者解周公西悲之意以公族雖有死罪猶是骨肉之親非徒己心自悲先神亦將悲之是將欲言歸則念西而悲也○箋我在至而悲○正義曰箋以此爲勞歸士之辭不宜言己意故易傳以爲此二句亦序歸士之情我軍士在東山常曰歸言三年之內常思歸也軍士家室在西故知念西而悲孫毓云殺管叔在二年臨刑之時素服不舉至於歸時踰年已久無緣西行而後始悲箋說爲長○傳枚微○正義曰枚微者其物微細也大司馬陳大閱之禮教戰法云遂鼓銜枚而進注云枚如箸銜之有繣結項中軍法止語爲相疑惑是枚爲細物也○箋勿猶至不陳○正義曰此言東征之事故知制彼裳衣謂兵服也初無猶本無言雖是征伐本無行陳銜枚之事言豫前自定不假戰鬭而服之也若前敵自定當應速耳而三年始歸者以其叛國既多須圍守以服之故引春秋傳者莊八年穀梁傳曰善爲國者不師善師者不陳善陳者不戰善戰者不死此箋言善用兵者不陳常武箋云善戰者不陳皆與彼異蓋鄭以義言之○傳蜎蜎至烝窴○正義曰釋蟲云蚅烏蠋樊光引此詩郭璞曰大蟲如指似蠶韓子云。虫似蠋言在桑野知是桑蟲烝實釋言文彼作塵○箋蠋至塵同○正義曰蠋在桑野是其常處實非勞苦故云似有勞苦軍士獨宿車下則實有勞苦故下箋云誠有勞苦以不實喻實者取其在桑野在車下其事相類故也傳訓烝實也故轉實爲久而釋詁云塵久也乃作塵字故箋辨之古者實塡塵三字音同可假借而用之故也

我徂東山慆慆不歸我來自東零雨其濛果臝之實亦施于宇伊威在室蠨蛸在戶町畽鹿場熠燿宵行 果臝。栝。樓也伊威委黍也蠨蛸長踦也町畽鹿迹也熠燿燐也燐。螢火也箋云此五物者家無人則然令人感思○臝力果反施羊豉反伊威如字或傍加虫者後人增耳室本或作堂誤也蠨音蕭說文作蟰音夙蛸所交反郭音蕭町他典反或他頂反字又作圢音同畽本又作疃他短反字又作墥以勅反燿以照反括古活反沈委音於爲反委黍鼠婦也本或並作虫邊踦起宜反今詩義長踦長脚蜘蛛又巨綺反又其宜反居綺反燐洛刃反字又作蟒螢惠丁反令力呈反思息嗣反

不可畏也伊可懷也 箋云伊當作繄繄猶是也懷思也室中久無人故有此五物是不足可畏乃可爲憂思○繄於奚反又作緊

【疏】傳果臝至螢火○正義曰釋草云果臝之實栝樓李巡曰括樓子名也孫炎曰齊人謂之天瓜本草云括樓如瓜葉形兩兩拒值蔓延青黑色六月華七月實如瓜。瓣是也伊威委黍蠨蛸長踦釋蟲文舍人曰伊威名委黍委黍名鼠婦郭璞曰舊說伊威鼠婦之別名長踦小蜘蛛長脚者俗呼爲喜子說文云委黍委黍鼠婦也陸機疏云伊威一名委黍一名鼠婦在壁根下甕底土中生似白魚者是也蠨蛸長踦一名長脚荊州河內人謂之喜母此蟲來著人衣當有親客至有喜也幽州人謂之親客亦如蜘蛛爲羅網居之是也鹿場者場是踐地之處故知町。畽是鹿之跡也熠燿者螢火之蟲飛而有光之貌故云熠燿燐也又解燐體云燐螢火也釋蟲云螢火即炤舍人云螢火即夜飛有火蟲也本草螢火一名夜光一名熠燿案諸文皆不言螢火爲燐淮南子云久血爲燐許慎云謂兵死之血爲鬼火然則燐者鬼火之名非螢火也陳思

珍倣宋版印

王螢火論曰詩云熠燿宵行章句以爲鬼火或謂之燐未爲得也天陰沈數雨在於秋日螢火夜飛之時也故云宵行然腐草木得溼而光亦有明驗衆說竝爲螢火近得實矣然則毛以螢火爲燐非也

我徂東山慆慆不歸我來自東零雨其濛鸛鳴于垤婦歎于室洒埽穹窒我征聿至垤蟻冢也將陰雨則穴處先知之矣鸛好水長鳴而喜也箋云鸛水鳥也將陰雨則鳴行者於陰雨尤苦婦念之則歎於室也穹窮窒塞洒灑埽拚也穹窒鼠穴也而我君子行役述其日月今且至矣言婦望也〇鸛本又作雚古玩反垤田節反洒所懈反沈所寄反埽素報反蟻本亦作蛾又作螘魚綺反好呼報反拚甫問反

有敦瓜苦烝在栗薪敦猶專專也烝衆也言我心苦事又苦也箋云此又言婦人思其君子之居處專專如瓜之繫綴焉瓜之辨有苦者以喩其心苦也烝塵栗析也言君子又久見使析薪於事尤苦也古者聲栗裂同也〇敦徒丹反注同栗毛如字鄭音列韓詩作䔧力菊反衆新也專徒端反下同綴張衞反辨盧遍反又白莧反說文云瓜中實也沈薄閑反

自我不見于今三年

疏鸛鳴至三年〇毛以爲上四句說歸士之情次四句說其妻思望之也思而不至閔其勞苦言有事專專然繫綴於䔧者瓜也而其辨甚苦既繫苦於䔧似如勞苦而其辨又苦以喩君子繫屬於軍是事苦也又憂軍事是心又苦也其苦如何衆軍士皆在析薪之役是其苦也君子既有此苦己久不得見之自我不見君子以來於今三年矣所以思之甚也鄭以烝爲久言君子久在析薪之役餘同〇傳垤蟻至而喜〇正義曰釋蟲云蚍蜉大螘小者螘舍人曰蚍蜉即大螘也小者即名螘也然則螘是小蚍蜉也此蟲穴處輦土爲冢以避溼鸛鳥鳴於其上故知垤是螘冢也將欲陰雨水泉上潤故穴處者先知之是螘避溼而上冢鸛是好水之鳥知天將雨故長鳴而喜也陸機疏云鸛鸛雀也似鴻而大長頸赤喙白身黑尾翅樹上作巢大如車輪卵如三升杯望見人按其子令伏徑舍去一名負釜一名黑尻一名背竈一名皁裙又尼其巢一傍爲池含水滿之取魚置池中稍稍以食其雛若殺其子則一村致旱

災○傳敦猶至又苦○正義曰敦是瓜之繫蔓之貌故轉爲專言瓜繫於蔓專專然也烝衆釋詁文以瓜之苦喻君子心內苦繫於蔓又似苦以喻君子繫於軍是事苦故言心苦事又苦卽析薪是也○箋此又至裂同○正義曰此申傳心苦事又苦之意也以軍之苦在久不在衆故易傳以烝爲塵訓之爲久析薪是分裂之義不應作栗故辨之云古者聲栗裂同故得借栗爲裂不是字誤故不云誤也

我徂東山慆慆不歸我來自東零雨其濛箋云凡先著此四句者皆爲序歸士之情○爲于僞反倉庚于飛熠燿其羽箋云倉庚仲春而鳴嫁取之候也熠燿其羽羽鮮明也歸士始行之時新合昏禮今還故極序其情以樂之○樂音洛下同之子于歸皇駁其馬黃白曰皇駵白曰駁箋云之子于歸謂始嫁時也皇駁其馬車服盛也○駁邦角反親結其縭九十其儀縭婦人之褘也母戒女施衿結帨九十其儀言多儀也箋云女嫁父母既戒之庶母又申之九十其儀喻丁寧之多○褘許韋反衿繫佩帶其鴆反帨始銳反其新孔嘉其舊如之何言久長之道也箋云嘉善也其新來時甚善至今則久矣不知其如何也又極序其情樂而戲之

疏倉庚至之何○毛以爲歸士始行之時新合昏禮序其男女及時以戲樂之言倉庚之鳥往飛之時熠燿其羽甚鮮明也以興歸士之妻初昏之時其衣服甚鮮明也是子往歸嫁之時所乘者皇其馬駁其馬言其車服盛也其母親自結其衣之縭九種十種其威儀多也言其嫁既及時而又威儀具足本其新來時則甚善矣但不知其久時復如之何言本時甚好不知在後當然以否所以戲樂歸士之情也○鄭以倉庚爲記時言歸士之妻於倉庚于飛熠燿其羽之時而是子往歸嫁其新孔嘉謂本初日其新來之時則甚善不見已三年今其久矣不知今日如之何序其自東來歸未到家之時言以戲樂之餘同○箋倉庚至樂之○正義曰鄭以仲春爲昏月月令仲春倉。庚以序云樂男女得以及時故知作者以倉庚鳴爲嫁娶之候歸士始行之時以仲春新合昏禮也毛以秋冬爲昏禮義必異於鄭宜以倉庚爲興王肅云倉庚羽翼鮮明以喻嫁者之盛飾是也然則不言及時者舉其嫁之得禮明亦及時可知也○傳黃白至曰駁○正義曰釋畜文舍人曰騂赤色名曰駁也黃白色名曰皇也孫炎引此詩餘皆不解騂白之義案黃白曰皇謂馬色有黃處有白處則騂白曰駁謂馬色有騂處有白處舍人言騂馬名白。馬非也孫炎曰騂赤色也○傳縭婦至多儀○正義曰釋器云婦人之褘謂之縭縭緌也孫炎曰褘帨巾也郭璞曰即今之香纓也褘邪交絡帶繫於體因名爲褘緌繫也此女子旣嫁之所著示繫屬於人義見禮記詩云親結其縭謂母送女重結其所繫著以申。解之說者以褘爲帨巾失之也母戒女禮施衿結帨士昏禮文彼注云帨佩巾也不解衿之形象內則云婦事舅姑衿纓綦屨注云衿猶結也婦人有衿纓示有繫屬也然則衿謂纓也衿先不在身故言施帨則先以佩訖故結之而已傳引結帨證此結縭則如孫炎之說亦以縭爲帨巾其意異於郭也內則云男女未冠笄者總角衿纓皆佩容臭郭以縭爲香纓云義見禮記謂此也案昏禮言結帨此言結縭縭當是帨非香纓也且未冠笄。者佩容臭又不是示繫屬也郭言非矣數從一則縭而至於十則數之小成舉九與十言其多威儀也○箋女嫁至之多○正義曰士昏禮云父送女命之曰戒之敬之夙夜無違命母施衿結帨曰勉之敬之夙夜無違宮事庶母及門內申之以父母之命命之曰敬恭聽宗爾父母之言夙夜無愆是戒之申之之事也引此者解母必親結之意言九又言十者喻其威儀丁寧之多也斯干傳曰婦人質無威儀此言多威儀者婦人無男子之禮揖讓周旋之儀耳其舉動威儀則多也○傳言久長之道○正義曰舊訓爲久也言久長之道理未知善惡所以戲之○箋嘉善至戲之○正義曰箋以此序歸士之情當樂以當時之事不宜言久長之道故易傳以爲新來時甚善至今則久矣不知其如何以戲樂此歸士也

東山四章章十二句

附釋音毛詩注疏卷第八（八之二）

阮元撰盧宣旬摘錄

○鴟鴞

公乃爲詩以遺王 唐石經小字本相臺本同案釋文云遺唯季反本亦作貽此從尚書本也正義云定本貽作遺字則不得爲怡悅也考正義引金縢注怡悅也是鄭讀尚書貽爲怡也此序注義既與彼同則貽字亦不爲有異當以正義本爲長

而不取正言 閩本明監本毛本取作敢案所改是也首章正義云但不敢正言其事可證

不得復名爲貽悅王心 閩本明監本毛本同案貽當作怡上文可證

無絶其位 小字本相臺本同考文古本同閩本明監本毛本位上有官字案無者是也當是蒙上而省

此取鴟鴞子者言稚子也 小字本同閩本明監本毛本同相臺本言作指案指字是也

或謂之過鸁 閩本明監本毛本同案盧文弨改鸁爲鸁依方言廣雅耳非也鸁即鸁字爾雅疏即取此正作鸁

欲誚公之意作此詩 明監本毛本欲上有是字閩本剜入案此誤補也欲誚當作鄭譙

罪猶未加刑 閩本明監本毛本同案罪當作實

釋言云鬻稚也 閩本明監本毛本同案浦鏜云鞠誤鬻是也

箋云言取鴟鴞子者 閩本明監本毛本同案言當作此

惜稚子也　閩本明監本毛本同案惜當作指

汝成王意何得絶我官位　閩本明監本毛本同案意當作竟與下互譌也

故竟欲恚怒之　毛本竟誤以閩本明監本作意案意是也此作竟乃與上互誤也

予所蓄租　唐石經小字本相臺本同案釋文云租子胡反本又作祖如字爲也正義云祖訓始也物之初始必有爲之故云祖爲也段玉裁云正義正同又作本也今釋文正義祖皆譌租當正釋文見後考證

予尾翛翛　小字本相臺本同唐石經翛翛作脩脩案釋文翛翛素彫反注同考此經相傳有作脩脩作翛翛二本也沿革例云監蜀越本皆作脩脩以疏爲據與國本及建寧諸本皆作翛翛以釋文爲據也又引疏云定本作脩脩今正義誤見下又正義云予尾消消而倣乃正義所易之字如易令令爲鈴鈴易遂遂爲璲璲非其本經傳作消消也以定本作脩脩推之正義本當作翛翛矣標起止當是後改段玉裁云集韻光堯石經作脩脩

鄭殺弊盡同　閩本明監本毛本弊作倣案此誤改也正義是弊字與緇衣倣笱正同此唯一字尚存其舊而上下多作倣矣閩本以下又幷改之凡正義所易之字往往改去今有不可追而正之者

作翛翛也　閩本明監本毛本同案翛翛當作脩脩見沿革例

○東山

說其成婦之事　閩本明監本毛本婦作昬案婦當作婚

珍倣宋版印

惟朕小子其新迎注云新迎毛本上新字誤親閩本明監本不誤案二迎字皆當作逆譜正義引作逆可證

爲武夷監於殷國者也補案夷當作庚形近之譌

此言商奄者明監本毛本此下有不字閩本剜入案所補非也言當作無耳

勿士行枚唐石經小字本相臺本同案釋文云勿士行毛音衡鄭音銜王戶剛反正義云定本云勿士行枚無銜字箋云初無行陳銜枚之事定本是也考釋文云鄭音銜者謂箋之銜枚即經之行枚鄭以行爲銜之假借不云讀爲直於訓釋中改其字以顯之箋例每如此釋文得之其箋之行陳是說銜枚所用非經中之行如殷其靁傳箋之此非經中之斯菁菁者莪傳箋之載非經中之載其比也故釋文云無行戶剛反明非經中之行也正義定本讀經讀箋皆爾絕無異說正義所云定本勿士行枚無銜字者必當時或本經於勿士行枚之閒更有銜字故也若但爲行銜二字互異止得云不作銜字不得云無銜字箋云以下乃正義自引箋以證謂箋中銜枚即經中行枚其閒更無銜字如雞鳴正義在定本下自引箋以證予字也非箋云以下載定本之箋經義雜記欲改此經作銜及去箋行陳字皆於釋文正義未得其理又釋文云云王戶剛反乃難箋銜字於箋行陳則迥不相涉也太平御覽引作銜以破引之也〇按舊校本殊誤鄭箋行陣銜枚之事以釋經之行枚猶傳以樂道忘飢釋經之忘飢也此何容疑惑而必云鄭讀行爲銜乎行古音如杭銜从行金聲絕不在古人讀如讀若讀爲讀曰之例蓋必古音相近而後得有讀如讀若讀爲讀曰也此釋文云鄭音銜者自是陸氏之誤

枚如著補案周禮著作箸此著字誤也明監本毛本不誤

爲繣絜於項中補明監本毛本絜作結按周禮亦是結字絜字誤也

蜎蜎蠋貌桑蟲也閩本明監本毛本同小字本相臺本桑上有蠋字考文古本同案有者是也

烝窴也相臺本同閩本同考文一本同小字本窴作寘明監本毛本同案窴字是也釋文云從穴下真餘同此

道上乃遇零落之雨閩本明監本毛本同案物觀云宋板乃作又其實不然當是誤舉下一行字也

正義曰幾法也閩本明監本毛本同案山井鼎云幾恐畿字是也

韓子云虫似蠋閩本明監本毛本虫作蟲案虫當作蠶因別體俗字蠶作蚕蟲作虫而轉輾致誤也

果臝栝樓也相臺本同閩本明監本毛本同小字本栝作括案括字是也釋文果臝下云括樓又括樓古活反十行本正義中皆作括樓可證閩本以下正義中亦誤爾雅作栝樓說文作苦蔞皆不與此同考文古本作括樓采說文而弃改樓從扌非

燐螢火也小字本相臺本同案釋文螢火惠丁反正義云案諸文皆不言螢火為燐又云然則毛以螢火為燐非也段玉裁云螢火與列子天瑞淮南氾論說林二訓說文博物志皆合謂鬼火熒熒然者也淺人誤以釋蟲之熒火即炤當之又改其字從虫其誤葢始於陳思王也思王引韓詩章句鬼火或謂之燐然則毛韓無異其說是也陳思王螢火論載正義此不更具錄

故知町疃是鹿之跡也閩本明監本毛本疃作畽案畽字是也見上

瓜之辦有苦者小字本相臺本辦作瓣閩本明監本毛本同案瓣字是也釋文瓣下引說文云瓜中實也可證十行本正義中亦作辦明監本毛本作瓣所改是也

珍倣宋版印

又尾其巢一傍爲池閩本明監本毛本同案尾當作穴形近之譌山井鼎云尾宋板作泥其實不然當是𥦗也○按巢中何得作穴作泥是也

月令仲春倉庚閩本明監本毛本同案庚下浦鏜云脫鳴字是也

騂赤色名曰騂也閩本明監本毛本同案曰當作白舍人讀爾雅以騂字斷句也

舍人言騂馬名白馬非也閩本明監本毛本同案白馬當作白騂舍人讀爾雅白騂二字爲一句也此正義譌舛不可讀今訂正

以申解之也閩本明監本毛本同案浦鏜云戒誤解以爾雅疏考之浦校是也

且未冠笄者佩容臭明監本毛本者下衍未冠笄者四字閩本不誤案此上脫下衍乃寫書人自覺其誤而未及改正者山井鼎物觀不載失之矣

# 附釋音毛詩注疏卷第八（八之三）



毛詩國風　鄭氏箋　孔穎達疏

破斧美周公也周大夫以惡四國焉惡四國者惡其流言毀周公也○惡烏路反注同疏破斧三章章六句至國焉○正義曰三章上二句惡四國下四句美周公經序倒者經以由四國之惡而周公征之故先言四國之惡後言周公之德序以此詩之作主美周公故先言美周公也○箋惡四至周公○正義曰案金縢流言者管叔及其羣弟耳今幷言惡四國流言毀周公者書傳曰武王殺紂繼公子祿父及管蔡流言奄君薄姑謂祿父曰武王已死成王幼周公見疑矣此百世之時也請舉事然後祿父及三監叛管蔡流言商奄即叛是同毀周公故幷言之地理志云成王時薄姑氏與四國作亂則薄姑非奄君之名而云奄君薄姑者彼注云玄疑薄姑齊地名非奄君名是鄭不從也

既破我斧又缺我斨隋銎曰斧○斧斨民之用也禮義國家之用也箋云四國流言既破毀我周公又損傷我成王以此二者爲大罪○斨七羊反說文云方銎斧也隋徒禾反何湯果反孔形狹而長也銎曲容反周公東征四國是皇四國管蔡商奄也皇匡也箋云周公既反攝政東伐此四國誅其君罪正其民人而已哀我人斯亦孔之將將大也箋云此言周公之哀我民人其德亦甚大也疏既破至之將○毛以爲斧斨者生民之所用以喻禮義者亦國家之所用有人既破我家之斧又缺我家之斨損其斧斨是廢其家用其人是爲大罪以喻四國之君廢其禮義壞其國用其君是爲大罪不得不誅故周公於是東征之周公所以東征者是止誅其四國之君正是四國之民主爲四國之民被誘作亂周公不以爲罪而正之此周公哀矜於我之民人其德亦甚大故美之○鄭以爲有人既破我之斧又缺我之斨此二者是爲大罪以與四國流言既破毀我周公之道又損傷我成王此二者亦是爲大罪故周公東征之

珍倣宋版印

餘同○傳隋銎至之用○正義曰如傳此言則以破缺斧斨喻四國破毀禮義故王肅云今四國乃盡破其用故孫毓云猶甘誓說言毀壞其三正耳然則經言我斧我斨乃是家之斧斨爲他所破此四國自破禮義與他破斧斨不類而云我者此禮義天子所制此四國破天子禮義故云我孫毓云王者立制其諸侯受制於天子故言我傳意或然也○箋四國至大罪○正義曰箋以此詩美周公惡四國則是惡毀周公耳不宜遠言其人破毀禮義故易傳以爲破毀周公損傷成王孫毓云周公不失其聖成王本爲賢君四國叛逆安能破周公損成王乎斯不然矣當管蔡流言之後商奄叛逆之初王與周公莫之相信於時周室迫近危亡其爲毀損莫此之大何謂不能毀損若不能毀損自可不須征之誅此四國復何爲也且詩人疾其惡心故言缺破豈待殺害王身然後爲損傷也○傳四國至皇匡○正義曰書序云成王既黜殷命成王既伐淮夷遂踐奄皆東征時事故四國是管蔡商奄知不數淮夷者以淮夷是淮水之上東方之夷耳此言四國謂諸夏之國故知不數之也書序皆云成王伐之此言周公東征者鄭以書序注凡此伐諸叛國皆周公謀之成王臨事乃往事畢則歸後至時復行然鄭意以爲伐時成王在焉故稱成王鄭以爲周公避居東都成王迎而反之攝政然後東征於時成王已信周公故可每事一往毛無避居之義則東征之時成王猶有疑心不親詣周公而書序言成王者以周公攝政耳成王則爲主君統臣功故言成王此則專美周公據論實事故言周公東征也釋言云皇匡正也傳以皇爲匡箋又轉爲正○箋周公至而已○正義曰此四國之君據書傳祿父管叔皆見殺蔡叔以車七乘徒七十人止言徒之多少不知放之何處書序云成王既踐奄將遷其君於蒲姑注云踐讀曰翦翦滅也奄既滅矣其君佞人不可復故欲徙之於齊地使服於大國是奄君遷於齊也書傳云遂踐奄踐之者籍之也籍之謂殺其身執其家瀦其宮如此則言奄君見殺與序不同書傳非也

既破我斧又缺我錡 鑿屬曰錡○錡巨宜反字或作奇音同鑿屬也韓詩云木屬 周公東征四國是吪 吪化也○訛五戈反又作吪 哀我人斯亦孔之

嘉箋云嘉善也疏傳鏨屬曰錡○正義曰此與下傳云木屬曰銶皆未見其文亦不審其狀也○傳吪化也正義曰釋言文既破我斧又缺我銶木屬曰銶○銶音求徐又音虯韓詩云鑿屬也一解云今之獨頭斧周公東征四國是遒遒固也箋云遒斂也○遒在羞反徐又在幽反哀我人斯亦孔之休休美也○休虛虯反疏傳遒固○正義曰遒訓為聚亦堅固之義故為固也言使四國之民心堅固也箋以為之不安故易之釋詁云遒斂聚也彼遒作揫音義同是遒得為斂言四國之民於是斂聚不流散也

破斧三章章六句

伐柯美周公也周大夫刺朝廷之不知也成王既得雷雨大風之變欲迎周公而朝廷羣臣猶惑於管蔡之言不知周公之聖德疑於王迎之禮是以刺之○柯古何反朝直遙反注及下篇同疏伐柯二章章四句至不知○正義曰作伐柯詩者美周公也毛以為周公攝政東征四國既定仍在東土已作鴟鴞之後未得雷風之前羣臣皆知周公有成就周道之志而成王猶未知之故周大夫作詩美周公以刺朝廷之不知即經二章皆刺成王不知周公之辭鄭以為周公避居東都三年之秋得雷風之後啓金縢之前王意稍悟欲迎周公而朝廷大夫猶有不知周公之志故周大夫作此詩以美周公刺彼朝廷大夫之不知也經二章皆言王當以禮迎周公刺彼羣臣不知之也○箋成王至刺之○正義曰箋知此篇之作在得雷風之後者若在雷風之前則王亦未悟若有所刺當刺於王何以獨刺朝廷若啓金縢之後則羣臣盡悟無所可刺故知是既得雷雨大風之變欲迎周公而朝廷猶有疑志所以刺之也論語云其在朝廷祭義言孝悌達於朝廷皆斥君朝謂之朝廷則知此言朝廷亦是成王之朝所刺必有其人故知刺朝廷羣臣之中有不知周公之聖者也毛氏雖不注序推鴟鴞之傳必無避居之事周公初即攝政羣臣無有不知必不得同鄭刺羣臣也羣臣皆信周公唯有成王疑耳

狼跋序云近則王不知此刺朝廷不知當亦刺成王不知王肅云朝廷斥成王孫毓云疑周公者成王也明周公者羣臣也書曰史與百執事對曰信噫公命我勿敢言二公下至百執事皆明周公如此復誰刺乎且夫朝廷人君所專未有稱羣臣爲朝廷者漢魏稱人主或云國家或言朝廷古今同也曷以不言刺成王刺成王當在雅此詩主美周公故在豳風是以略言刺朝廷傳意或然雖刺成王與箋意異其所刺者亦在作鴟鴞之後得雷風之前何則作鴟鴞之時周公親自喻王王猶不悟大夫故應刺之若得雷風之後王意已漸開悟大夫不當刺王明所刺亦在雷風之前王肅以爲既作東山又追作此詩以刺王不知毛意然否

**伐柯如何匪斧不克**柯斧柄也禮義者亦治國之柄箋云克能也伐柯之道唯斧乃能之此以類求其類也以喻成王欲迎周公當使賢者先往○柄彼病反

**取妻如何匪媒不得**媒所以用禮也治國不能用禮則不安箋云媒者能通二姓之言定人室家之道以喻王欲迎周公當先使曉王與周公之意者。又先往○取七喻反本亦作娶

疏伐柯至不得○毛以爲柯者爲家之器用禮者治國之所用言欲伐柯以爲家用當如何乎非斧則不能以興欲取禮以治國者當如之何乎非周公則不能言斧能伐柯得柯以爲家用以喻周公能行禮得禮以治國能執治國之禮者唯周公耳又言取妻如之何非媒則不得以興治國如之何非禮則不安以禮媒氏能用禮故使媒則得妻以喻周公能用禮故任周公則國治刺王不知周公而不任之也○鄭以爲伐柯之道非斧則不能唯斧乃能之言以類求其類喻王欲迎周公非賢不可往當使賢者先往亦以類求其類取妻如之何求非媒不得以媒能通二姓之言定人室家之道故使媒則得之以喻王欲迎周公當使曉王與周公之意者先往以其能通二人之意故宜先使之言王當迎周公以刺朝廷之不知也○傳柯斧至之柄○正義曰考工記車人云柯長三尺博三寸厚一寸有半五分其長以其一爲之首注云首六寸謂闕頭斧也柯其柄也是斧柄大小之度斧喻周公柄喻禮義斧能伐得柯喻周公能得禮柯所以供家用猶禮可以供國用故云禮義者治國之柄是以柯喻禮則知斧喻

珍倣宋版印

周公雖以斧喻周公斧不能自伐得柯必人執之是人與斧共喻周公也人執斧能伐柯既伐得柯人又執柯以營家用喻周公能得禮既能得禮周公又能執禮以治國以此美周公也王肅云能執治國家之斧柄其唯周公乎是喻周公能執禮也○箋克能至先往○正義曰克能釋言文箋以下云我覯之子謂得見周公則二章皆勸迎周公之事故易傳言以類求其類喻使賢者先往也○傳媒所至不安○正義曰傳以下文籩豆有踐籩豆禮器則此亦禮事故傳以上經與此皆喻禮也正以媒爲與者媒所以用禮喻周公能用禮取妻不以媒則不能得妻喻治國不用禮則不能安國言周公能用禮以安而王不知故刺之○箋媒者至先往○正義曰箋以媒者通傳二姓之言勸迎周公而以媒爲喻故易傳言當使曉王與周公之意者先往孫毓云周公之思歸患成王之未悟耳王出郊而天雨反風禾則盡起精誠感天而況於人乎何須賢者之先往也周公至聖見能未形非如讎敵尙相阻疑何須間人重相曉喻乎鄭爲此說者以爲此詩之作在雷風之後王實未迎周公致使朝臣尙惑假言迎意刺彼未知言王以周公之聖欲其速反尙使賢者先行令人傳通其意說周公宜還見疑者可刺耳非謂周公有疑者須相曉喻也

伐柯伐柯其則不遠

以其所願乎上交乎下以其所願乎下事乎上不遠求也箋云則法也伐柯者必用柯其大小長短近取法於柯所謂不遠求也王欲迎周公使還其道亦不遠人心足以知之

我覯之子籩豆有踐

踐行列貌箋云覯見也之子是子也斥周公也王欲迎周公當以饗燕之饌行至則歡樂以說之○覯古豆反踐賤淺反行戶郎反饌士戀反樂音洛說音悅

疏伐柯至有踐○毛以爲伐柯之法其則不遠喻治國之法其道亦不遠何者執柯以伐柯比而視之舊柯短則如其短舊柯長則如其長其法不在遠也以喻交接之法願於上交於下願於下事於上其道亦不遠也言有禮君子恕以治國近取諸己不須遠求能如是者唯周公耳我若得見是子周公覯其以禮治國則復籩禮器有踐然行列而次序矣禮事弘多不可偏舉言其籩豆有列見禮法大行也○鄭以爲伐柯伐柯者其法則不遠舊柯足以法之以喻王欲迎

周公使還其道亦不遠人心足以知之言衆人之心皆知公須還也我王欲見是子周公當以饗燕之饌籩豆有踐然行列以待之言王宜厚待周公刺彼不知者也○傳以其至遠求○正義曰此伐柯之不遠求還近取法於柯以喻交人之道不遠求還近取法於己故解不遠求之義以其所願於上接己則以所願之事交於在己下者以其所願於下之事己則以所願之事事於己之上者此皆近取諸己所謂不遠求詩意言此者以有禮君子能以身恕物言周公能爲此也王肅云言有禮君子恕施而行所以治人則不遠○箋柯至知之○正義曰箋以爲勸迎周公之辭故易傳言不遠者人心足以知之中庸引此二句乃云執柯以伐柯睨而視之猶以爲遠詩言其則不遠彼言猶以爲遠者以作者言其不遠明有嫌遠之意故言猶以爲遠○傳踐行列貌○正義曰以籩豆之器必行列陳之故以踐爲行列貌毛以爲此詩刺王不知周公皆不言王迎之事必不得如鄭以籩豆之饌迎周公也上句說恕以行禮則此當爲任用有禮之人則得禮事陳設籩豆是行禮之器言籩豆有踐謂見其行禮也故王肅云我所見之子能以禮治國踐行列之貌籩豆行禮之物也傳意或然○箋覯見至說之○正義曰覯見釋詁文飲食之事聖人以之爲禮今勸迎周公而言陳列籩豆是令王以此籩豆與周公饗燕

伐柯二章章四句

九罭美周公也周大夫刺朝廷之不知也○罭本亦作罭于逼反【疏】正九罭四章首章四句下三章章三句至不知○正義曰作九罭詩者美周公也周大夫以刺朝廷之不知也此序與伐柯盡同則毛亦以爲刺成王也周公既攝政而東征至三年罪人盡得但成王惑於流言不悅周公所爲周公且止東方以待成王之召成王未悟不欲迎之故周大夫作此詩以刺王經四章皆言周公不宜在東是刺王之事鄭以爲周公避居東都三年成王既得雷雨大風之變欲迎周公而朝廷羣臣猶有惑於管蔡之言不知周公之志者及啓金縢之書成王親迎周公反而居攝周大夫乃

作此詩美周公追刺往前朝廷羣臣之不知也此詩當作在歸攝政之後首章言周公不宜居東王當以衮衣禮迎之所陳是未迎時事也二章三章陳往迎周公之時告曉東人之辭卒章陳東都之人欲留周公是公反後之事既反之後朝廷无容不知序云美周公者則四章皆是也其言刺朝廷之不知者唯首章耳

九罭之魚鱒魴

興也九罭緵罟小魚之網也鱒。魴大魚也箋云設九罭之罟乃後得鱒魴之魚言取物各有器也興者喻王欲迎周公之來當有其禮○鱒才損反沈又音撰魴音房緵子弄反又子公反字又作緵罟音古今江南呼緵罟爲百囊網也

我覯之子衮衣繡裳

所以見周公也衮衣卷龍也箋云王迎周公當以上公之服往見之○衮古本反六冕之第二。者也畫爲九章天子畫升龍於衣上公但畫降龍字或作卷音同卷卷冕也

【疏】九罭至繡裳○毛以爲九罭之中魚乃是鱒也魴也鱒魴是大魚處九罭之小網非其宜以興周公是聖人處東方之小邑亦非其宜王何以不早迎之乎我成王若見是子周公當以衮衣繡裳往見之刺王不知欲使王重禮見之鄭以爲設九罭之網得鱒魴之魚言取物各有其器以喻用尊重之大禮迎周公之大人是疑人各有其倫尊重之禮正謂上公之服王若見是子周公當以衮衣繡裳往迎之○傳九罭至大魚○正義曰釋器云緵罟謂之九罭九罭魚網也孫炎曰九罭謂魚之所入有九囊也郭朴曰緵今之百囊網也釋魚有。鱒。魴樊光引此詩郭朴曰鱒似鯶子赤眼者江東人呼魴魚爲鯿陸機。注云鱒似鯶而鱗細於鯶赤眼然則百囊之網非小網而言得小魚之罟者以其緵促網目能得小魚不謂網身小也驗今鱒魴非是大魚言大魚者以其雖非九罭密網此魚亦將不漏故言大耳非大於餘魚也傳以爲大者欲取大小爲喻王肅云以興下土小國不宜久留聖人傳意或然○箋設九至其禮○正義曰箋解網之與魚大小不異於傳但不取大小爲喻耳以下句衮衣繡裳是禮之上服知此句當喻以禮往迎故易傳以取物各有其器喻迎周公當有禮○傳所以至卷龍○正義曰傳解詩言衮衣繡裳者是所以見公之服也畫龍於衣謂之衮故云衮衣卷龍

鴻飛遵渚

鴻不宜循渚也箋云

鴻大鳥也不宜與鳧鷖之屬飛而循渚以喻周公今與凡人處東都之邑失其所也○鳧音符鷖烏兮反又作鷖

公歸無所於女信處周公未得禮也再宿曰信箋云信誠也時東都之人欲周公留不去故曉之云公西歸而無所居則可就女誠處是東都也今公當歸復其位不得留也

疏鴻飛至信處○毛以鴻者大鳥飛而循渚非其宜以喻周公聖人久留東方亦非其宜王何以不迎之乎又告東方之人云我周公未得王迎之禮歸則無其住所故於汝東方信宿而處耳終不久留於此告東方之人云公不久留刺王不早迎○鄭以為鴻者大鳥不宜與鳧鷖之屬飛而循渚以喻周公聖人不宜與凡人之輩共處東都及成王既悟親迎周公而東都之人欲周公即留於此故曉之曰公西歸若無所居則可於汝之所誠處耳今公歸則復位汝不得留之美周公所在見愛知東人願留之○傳鴻不宜循渚○正義曰言不宜循渚者喻周公不宜處東毛無避居之義則是東征四國之後留住於東方不知其住所也王肅云以其周公大聖有定命之功不宜久處下土而不見禮迎箋為喻亦同但以為辟居處東故云與凡人耳○傳周公至曰信○正義曰言周公未得王迎之禮也再宿曰信莊三年左傳文公未有所歸之時故於汝信處汝下國周公居東歷年而曰信者言聖人不宜失其所也再宿於外猶以為久故以近辭言之也○箋信誠至得留○正義曰釋詁云誠信也是信得為誠也以卒章言無以公西歸是東人留之辭故知此是告曉之辭既以告曉東人公既西歸不得遂信故易傳以信為誠言公西歸而無所居則誠處是東都也此章已陳告曉東人之辭卒章始陳東人留公之辭此詩美周公不宜處東既言不宜處東因論告曉東人之事既言告曉東人須見東人之意故卒章乃陳東人之辭

鴻飛遵陸陸非鴻所宜止公歸不復於女信宿宿猶處也

疏公歸不復○正義曰箋以為避居則不復當謂不得復位毛以此章東征則周公攝位久矣不得以不復位為言也當訓復為反王肅云未得所以反之道傳意或然

是以有袞衣兮無以我公歸兮無與公歸之道也箋云是是東都也東都之人欲周公留

之。爲君故云是以有衮衣謂成王所齎來衮衣願其封周公於此以衮衣命留之無以公西歸無使我心。悲兮箋云周公西歸而東都之人心悲恩德之愛至深也疏是以至心悲兮○毛以爲首章言王見周公當以衮衣見之此章言王有衮衣而不迎周公故大夫刺之言王是以有此衮衣兮但無以我公歸之道兮○王意不悟故云無以歸道又言王當早迎周公無使我羣臣念周公而心悲兮○鄭以爲此是東都之人欲留周公之辭言王是以有此衮衣兮王今齎來願即封周公於此無以我公西歸兮若以公歸我則思之王無使我思公而心悲兮○傳無與公歸之道○正義曰周公在東必待王迎乃歸成王未肯迎之故無與我公歸之道謂成王不與歸也○箋是東至西歸○正義曰箋以爲王欲迎周公而羣臣或有不知周公之志者故刺之雖臣不知而王必迎公公不得言無與公歸之道故易傳以爲東都之人欲留周公之辭首章云迎周公當以上公之服往見之於時成王實以上公服往故東都之人即願以此衣封周公也○箋周公至至深○正義曰東都之人言己將悲故知是心悲念公也傳以爲刺王不知則心悲謂羣臣悲故王肅云公久不歸則我心悲是大夫作者言己悲也此經直言心悲本或心下有西衍字與東山相涉而誤耳定本無西字

九罭四章。一章四句三章章三句

狼跋周公也周公攝政遠則四國流言近則王不知周大夫美其不失其聖也不失其聖者聞流言不惑王不知不怨終立其志成周之王功致大平復成王之位又爲之大師終始無愆聖德著焉○狼跋省即獸名也跋音卜末反又蒲末反字或作拔同王功于況反大平音泰下大師大平同愆起然反疏狼跋二章章四句至其聖○正義曰作狼跋詩者美周公也毛以爲周公攝政之時其遠則四國流言謗毀周公言將不利於孺子其近則成王不知其心謂周公實欲篡奪己位周公進退有難如此卒誅除四國成就周道使天下大平

而聖著明故周大夫作此詩美進退有難而能不失其聖也經二章皆言進退有難之事美其不失聖者本其美周公之意耳於經無所當也鄭以周公將攝政時遠則四國流言而周公不惑不息攝政之心近則成王不知而周公不怨不生忿懟之意卒得遂其心志成就周道是進有難也及致政成王之後欲老而自退成王又留爲大師令輔弼左右是退有難也如此進退有難而聖德不著明而終無愆過故周大夫美其不失其聖也經二章皆云進退有難之事德音不瑕是不失聖也序稱流言與王不知唯說進有難也不言退有難者不失其聖之中可以兼之矣○箋不失至著焉○正義曰序言不失其聖是總美周公之言故箋具述周公進退有難能使聖德著明之意以充之箋以流言與王不知是一時之事不宜分爲進退經云公孫碩膚則是遜位之後故以流言與王不知爲進有難也既遜而留爲大師是退有難也以此二者皆違周公之志是故俱名爲難進退有難爲終始無愆所以美其不失其聖也毛不注序必知異於鄭者傳以公孫爲成王則此經所陳無周公遜位之事不得以留爲大師當退有難也傳言公進退有難須兩事充之明四國流言爲進有難王不知爲退有難能誅除四國攝政成功正是不失聖也

狼跋其胡載疐其尾 興也跋躐疐跲也老狼有胡進則躐其胡退則跲其尾進退有難然而不失其猛箋云興者喻周公進則躐其胡猶始欲攝政四國流言辟之而居東都也退則跲其尾謂後復成王之位而老成王又留之其如是聖德無玷缺○疐本又作疐丁四反又陟值反躐力輒反跲其劫反又居業反難乃旦反玷丁簟反

公孫碩膚赤舃几几 公孫成王也豳公之孫也碩大膚美也赤舃人君之盛屨也几几絇貌箋云公周公也孫讀當如公孫于齊之孫孫之言孫遁也周公攝政七年致大平復成王之位孫遁辟此成功之大美欲老成王又留之以爲大師履赤舃几几然○孫毛如字鄭音遜舃音昔屨俱具反絇其俱反遁徒遜反

疏 狼跋至几几○毛以爲狼之老者則頷下垂胡狼進前則躐其胡卻退則跲其尾是進退有難然猶不失其猛能殺傷禽獸以喻周公攝政之時遠則四國流言近則王不知其志進退有難然猶不失其聖

能成就周道所以進退有難而攝此政者欲待公孫成王長大有大美之德能履赤舄几几然盛服以行禮然後授之政也○鄭以爲老狼進則躐其胡退則跲其尾進退有難不失其猛喻周公將欲攝政遭四國流言歸政成王王復留爲大師進退有難能不失其聖又美周公不失其聖之事言周公既致大平乃遜遁避此成功之大美復留在王朝爲大師之官履其赤舄其舄之飾几几然美其聖德故說其衣服也○傳跋躐其猛○正義曰跋躐疐跲釋言文李巡曰跋前行曰躐跲郤頓曰疐也說文云跋蹎丁千反跲躓竹二反躓卽疐也然則跋與疐皆是顛倒之類以跋爲躐者謂跋其胡而倒躓耳老狼有胡謂頷垂胡進則躐其胡謂躐胡而前倒也退則跲其尾謂郤頓而倒於尾上也跋胡言狼疐尾亦是狼也文不可重故以疐代之下章倒其文明跋上宜有載所以互相見也序言周公遠近有難不失聖德故知此經說狼進退有難而不失猛○箋興者至玷缺○正義曰箋下言公孫則遜位之後故以進則躐胡喻將欲攝政退則跲尾喻成王留之耳周公人臣以臣攝爲進致政爲退取象爲安故易傳也○傳公孫至絇貌○正義曰傳以雅稱會孫皆是成王以其是豳公之孫也碩大釋詁文膚美小雅廣訓文天官屨人掌王之服屨爲赤舄黑舄注云王吉服有九舄有三等赤舄爲上冕服之舄下有白舄黑舄然則赤舄是舄之最上故云人君之盛屨也屨人注云服屨者著服各有屨也複下曰舄單下曰屨古之人言屨以通於複今世言屨以通於單俗易語反然則屨舄對文有異散則相通故傳以屨言之士冠禮云玄端黑屨青絇繶純爵弁纁黑絇繶純純博寸注云絇之言拘以爲行戒狀如刀衣鼻在屨頭繶縫中紃也屨順裳色爵弁之屨以黑爲飾爵弁尊其屨飾以繢次云几几絇貌謂舄頭飾之貌以爵弁祭服之尊飾之如繢次屨色纁而絇用黑則冕服之舄必如繢次舄色赤則絇赤黑也王肅云言周公所以進退有難者以俟王之長大有大美之德能服盛服以行禮也○箋周公至几几然○正義曰箋以上言公歸皆謂周公故以此公爲周公古之遜字借孫爲之春秋昭二十五年經言公孫於齊春秋之例內諱奔謂之遜言昭公遜遁而去位此周公亦遜遁去位故讀如彼文遜遁釋言文孫

炎曰遁逃去也周公攝政七年遜遁避成功之大美尚書洛誥有其事書序云召公爲保周公爲師相成王爲左右召公不悅周公作君奭是成王留之爲大師也上公九命得服袞冕故○履赤舄孫毓云詩書名例未有稱天子爲公孫者成王之去豳公又已遠矣又此篇美周公不美成王何言成王之大美乎公宜爲周公箋義爲長

狼疐其尾載跋其胡公孫碩膚德音不瑕瑕過也箋云不瑕言不可疵瑕也○疵才斯反

疏傳瑕過○正義曰瑕者玉之病玉之有瑕猶人之有過故以瑕爲過箋言無可疵瑕者亦是玉病言周公終始皆善爲無疵瑕也

狼跋二章章四句

豳國七篇二十七章二百三句

附釋音毛詩注疏卷第八（八之三）

珍倣宋版印

## 毛詩注疏校勘記(八之三)

阮元撰盧宣旬摘錄

○破斧

隋銎曰斧 小字本相臺本同案考文古本下有方銎曰斨四字非也此與七月傳斨方銎也互文見義七月正義云破斧傳云隋銎曰斧方銎曰斨然則斨即斧也各本皆同其實誤也當作然則方銎曰斨斨即斧也因方銎曰斨與所引破斧傳云隋銎曰斧有似對文乃誤屬然則二字於斨即斧也之首耳此經又缺我斨釋文斨下云說文云方銎斧也浦鏜校彼正義以爲觀音義則傳本無此四字非脫也其說當矣特未悟彼正義亦本不引此傳方銎曰斨也考文古本正采彼正義而致誤

傳吪化也正義曰 閩本明監本毛本正上有○案所補非也也當作○耳

箋以爲之不安 閩本明監本毛本同案浦鏜云之疑衍是也

○伐柯

當先使曉王與周公之意者又先往 小字本相臺本同案又者又上箋先往也正義云當使曉王與周公之意者先往乃檃栝箋文非箋如此明刻單注別本有改又爲以者誤甚

見能未形 閩本明監本毛本同案浦鏜云見能字當誤倒是也

何須問人 閩本明監本毛本同案問當作用形近之譌

則復籩禮器　閩本明監本毛本籩下有豆字案復籩當作籩豆

以其所願於上接己　補　案下文接已上當有之字

箋柯至知之　補　柯上當有伐字

○九罭

鱒魴大魚也　小字本相臺本同案釋文鱒下云大魚也正義云傳以為大者欲取大小為喻王肅云以與下土小國不宜久留聖人傳意或然今考此傳當本無大字或加之以駁鄭與敝笱同魴亦衍字也釋文獨於鱒下云大魚也是其本無魴字

六冕之第二者也　補　釋文校勘盧本者作章案云今改正所改是也

釋魚有鱒魴　閩本明監本毛本同案鱒魴盧文弨云當作鮅鱒是也

陸機注云　閩本明監本毛本同案浦鏜云疏誤注是也

欲周公留之為君　閩本明監本毛本同小字本相臺本之為作為之考文一本同案為之是也

無使我心悲兮　唐石經小字本相臺本同案正義云本或心下有西衍字與東山相涉而誤耳定本無西字考文古本有采正義

箋是東至西歸　閩本同明監本毛本東作以案皆誤也當作是

九罭四章　明監本毛本章誤句唐石經以下各本不誤

○狼跋

乃遜遁避此成功之大美閩本明監本毛本同案經注作孫正義作遜孫遜古今字易而說之也例見前正義云古之遜字借孫爲之則固自言其例矣考文古本箋作遜誤采正義也避亦易字見汝墳

說文云跋蹎丁千反跲躓竹二反閩本明監本毛本同案丁千反竹二反六字當旁行細書正義於自爲音者例如此○按卽自爲音不定有此例況丁千反竹二反乃引說文音隱乎唐人所引說文反語皆本音隱

故以疐代之補案疐當作載下文明跋上宜有載可證

爵弁纁黑絇繶純閩本明監本毛本同案纁下浦鏜云脫屨字考士冠禮浦校是也

狀如刃衣閩本明監本毛本同案浦鏜云刀誤刃考士冠禮注浦校是也

則絇赤黑也閩本明監本毛本同案盧文弨云赤當作亦是也

故屨赤舄閩本明監本毛本同案浦鏜云履誤屨是也

珍倣宋版印

附釋音毛詩注疏卷第九（九之一）

（廿九）

鹿鳴之什詁訓傳第十六○陸曰什音十什者若五等之君有詩各繫其國舉周南卽題關雎至於王者施教統有四海歌詠之作非止一人篇數既多故以十篇編爲一卷名之爲什

毛詩小雅○陸曰從鹿鳴至菁菁者莪凡二十二篇皆正小雅六篇亡今唯十六篇從此至魚麗十篇是文武之小雅先其文王以治內後其武王以治外宴勞嘉賓親睦九族事非隆重故爲小雅皆聖人之迹故謂之正

鄭氏箋　孔穎達疏

小大雅譜小雅大雅者周室居西都豐鎬之時詩也○正義曰以此二雅正有文武成變有厲宣幽六王皆居在鎬豐之地故曰豐鎬之時詩也知者文王有聲云作邑於豐是文王居豐也又曰考卜維王宅是鎬京維龜正之武王成之是武王居鎬也太史公曰成王卜居洛邑定九鼎焉而周復都豐鎬外傳曰杜伯射宣王於鎬魚藻序云王居鎬京是幽王以上皆居鎬也世本云懿王徙於犬丘地里志云京兆槐里縣周曰犬丘懿王都之京兆郡故長安縣也皇甫謐云鎬在長安南二十里然則犬丘與鎬相近有離宮在焉懿王蹔居之非遷都也鄭必須言周室居豐鎬者以國風皆題諸國之名知其國土所在雅亦須顯其號幷知天子所居之處也采薇出車以天子之命命將率則文王時未稱王也則二雅各有未稱王時作者未稱王時則在岐周矣而繫之豐者以其爲雅詩者卽述天子之政文王居豐乃稱王縱使在岐周時作亦繫之於豐也厲王流于彘王爵仍存鎬京尚在故亦總云豐鎬焉雅題不曰周者以雅與國風絶殊又無異代相涉故不言周也○始祖后稷由神氣而生有播種之功於民公劉至于大王王季歷及千載越異代而別世載其功業爲天下所歸○正義曰案周本紀云公劉后稷之曾孫大王公劉九世之孫后稷在唐虞之時公劉當夏太康之時此至大王王季歷夏商之世漢書律歷志云夏凡四百

四十年殷凡六百二十九年則餘一千矣故曰歷千載越異代也言后稷至於大王則公劉在其閒矣而別言公劉者以周之先公皆能修后稷之業公劉大王其中賢後者故歷言之所以追說后稷公劉大王者言周德積基所由也○文王受命武王遂定天下盛德之隆大雅之初起自文王至于文王有聲據盛隆而推原天命上述祖考之美○正義曰自文王至文王有聲凡十篇文王大明緜棫樸思齊皇矣靈臺七篇序皆云文王旱麓一篇居中從可知凡八篇文王大雅也下武文王有聲二篇序皆言武王則武王大雅也以文武道同故鄭連言之雅也有小大二體而體亦由事而定故文王以受命爲盛大雅以盛爲。王故其篇先盛隆文王言受命作周大明言天復命武王是盛隆之事故以文王爲首大明次之也文王所以得受天命由祖考之業故又次緜也言文王之與本由大王也文王既因祖業得四臣之力即是能官其人故次棫樸也既言任臣之力又述受祖之美故次旱麓也旱麓直論樂易於民施化而已非盛事故在棫樸之下既言受祖之業又述其母之賢而得成爲聖故次思齊也文王既聖世脩其德天使之代殷故次皇矣既聖能代德及鳥獸故次靈臺緜與旱麓皇矣皆述大王王季之德是上述祖考者鄭以文王據受命盛隆逆而本之於祖父取編篇之意故其餘不盡論也其武王之詩下武序云繼文也明以上文王事下武則武王繼之既能繼其伐功故次文王有聲序云繼伐也言文王伐崇武王繼之以伐紂也案大明文王之詩而經陳武王之事文王有聲武王之詩而經陳文王之事其勢正同而詩主相反者由作者之意殊也文王經云王之藎臣無念爾祖以戒成王也大明云篤生武王言武王之謚則二篇成王時作也緜云文王蹶厥生思齊云文王之母皇矣上帝謂文王三篇皆言文王之謚則皆文王崩後作之棫樸云濟濟辟王靈臺云王在靈沼皆言王則稱王之後作也唯旱麓不言謚又不言王或未稱王之前作也但經無謚者或當其生存之時或在其崩後不可定也下武不言武王之謚。成王時作文王有聲云武王烝哉言其謚則其崩後作也○小雅自鹿鳴至於魚麗先其文所以治內後其武所以治外○正義曰此又解小雅。比篇之意采薇云文王之時西有昆夷

珍倣宋版印

之患北有玁狁之難以天子之命命將率歌采薇以遣之出車以勞還杕杜以勤歸則采薇等篇皆文王之詩天保以上自然是文王詩也魚麗序文武竝言以則魚麗武王詩也鹿鳴至天保六篇言燕勞羣臣朋友是文事也采薇三篇言命將出征皆是武事故魚麗序曰文武以天保以上治內采薇以下治外既以治內爲先君爲元首臣爲股肱君能懇誠以樂下臣能盡忠以事上此爲政之尤急故以鹿鳴燕羣臣嘉賓之事爲首也羣臣在國則燕之使還則勞之故次四牡勞使臣之來也使臣還則君勞之去當送之故次皇皇者華言遣使臣也使臣之聘出即遣之反乃勞之則遣先勞後矣此所以先勞後遣者人之勞役苦於上所不知則已勞而怨有勞而見知則雖勞而不怨其事重故先之也且使臣往反固非其一四牡所勞不必是皇皇者華所遣之使二篇之作又不必一人故以輕重爲先後也君臣既洽鄰國又睦乃可以和燕宗族故次常棣燕兄弟也兄弟既和又及朋友故次伐木燕朋友故舊也君既能燕勞臣下臣亦歸美以報之故次天保言下報上也內事既治則當命將征伐以禦夷狄之患故次采薇遣戍役遣則欲其同心還則別其貴賤先出車以勞將率後杕杜以勞還役也文王之詩既終可王之事繼之以文王治內外有成功故武王因之得萬物盛多所以次魚麗也萬物既多人得養其父母故次南陔孝子相戒以養也孝子非徒能養其親身又清潔故次白華言孝子之潔白也萬物盛多人民忠孝則致時和年豐故次華黍歲豐宜黍稷也思齊說文王之教先兄弟後家邦此詩之次先羣臣後兄弟者彼說施法之事先齊其家後化於外自近及遠之義此即爲國之政固當先國事後族人故使燕羣臣在先也又鹿鳴等三篇皆燕勞臣子爲政之大務後世常歌之故鄉飲酒燕禮皆歌此三篇四牡傳曰文王率諸侯撫叛國而朝聘於紂故歌文王之道爲後世法是其事重可法故樂常歌之推此則樂歌周南召南及大雅皆歌其首三篇書傳多云升歌清廟是事重爲常歌故以爲諸篇之首也此文王小雅其事多在稱王之前案書傳文王受命四年伐昆夷采薇爲伐昆夷而作事在受命四年也出車杕杜役反而勞之出車經曰春日遲遲薄言還歸在受命五年而反也則采薇三篇事

在稱王前矣鹿鳴燕羣臣嘉賓嘉賓之文容有鄰國之聘客也明亦未稱王也四牡云周道倭遲傳曰岐周之道尙在岐周未遷亦是未稱王也皇皇者華君遣使臣是聘問鄰國也若稱王之後與諸侯禮異不得爲鄰國相聘之法則亦未稱王也此三篇之事或在采薇之前其作之時節次弟不可得而知也稱王之前作亦可矣伐木云陳饋八簋爲天子制天保云禴祠烝嘗于公先王追王改祭之禮定是稱王之後無文王之謚或當時卽作或崩後爲之未可定也檢文武大雅經每言文武之謚多在武王成王時作也小雅唯有稱王後事曾無言其謚者又所論多稱王以前之事知不先作爲小雅後作爲大雅者以六詩之作各有其體詠由歌政而興體亦因政而異王政有巨細詩有大小不在其作之先後也此篇尙不以作之先後爲次況小大反以作之先後爲異乎且就檢其事亦不然矣緜有伐昆夷之事而在大雅采薇亦伐昆夷之事而在小雅緜云虞芮質厥成事在稱王之初天保云禴祠烝嘗事在稱王之後天保在小雅緜在大雅明不以作之先後分屬二雅可知也但作者各有所擬述大政爲大雅緜之體述小政爲小雅之體體以政興名以體定體既不同雅有小大師審其所述察其異體然後分而別之自王澤竭而詩息暴秦起而樂亡去聖久遠無所傳授雖髣髴其大校不可以言宣也詩次先小雅此鄭先論大雅者詩見事漸故先小後大鄭以大雅述盛隆之事故先言焉○此二雅逆順之次要於極賢聖之情著天道之助如此而已矣○正義曰由祖考積基之美致令受命而王今大雅先陳受命後述祖考從下而上是逆也爲政之法當以近及遠今小雅先內後外是順也二雅逆順雖異其致一也皆要在於極盡先祖賢聖之情著明天道符命之助而已矣公劉大王王季是賢也卽緜與旱麓等詩是也文王武王聖也卽述文武詩是也天道助者卽周雖舊邦其命維新之屬是也又大雅生民及卷阿小雅南有嘉魚下及菁菁者莪周公成王之時詩也○正義曰知大雅自生民者以生民序云文武之功起於后稷故推以配天焉明是文武後人見文武功之所起故推以配天也文武後人唯周公成王耳孝經云昔者周公郊祀后稷以配天故知生民爲周公成王之詩生民既然至卷阿

珍倣宋版印

皆是可知知小雅自南有嘉魚者以六月序廣陳小雅之廢言自華黍以上皆言缺由庚以下不言缺缺明其詩異主也魚麗之序云文武華黍同明以上事武王詩由庚以下周公成王詩也南有嘉魚云太平蓼蕭云澤及四海語其時事爲周公成王明矣序者蓋亦以其事著明故不言其號謚焉由庚既爲周公成王之詩則南有嘉魚至菁菁者莪從可知也故云下及菁菁者莪皆周公成王之時詩也以周公攝王事政統於成王故竝舉之也由庚在嘉魚前矣不云自由庚者據見在而言之鄭所以不數亡者以毛公下由庚以就崇丘若言自由庚則不包南有嘉魚故不得言也既不得以由庚爲成王詩首則華黍不得爲武王詩末故上說文武之詩不言至華黍也其比篇如此次者大雅之次以后稷祖考之先文武功之所起人本於祖故生民爲先言尊祖也既后稷有功世篤忠厚故次行葦言忠厚也既能忠厚化以及物令天下醉飽故次既醉言太平也既得太平又能久持不失故次鳧鷖言能持盈守成也鳧鷖止言祭神無持盈之事而序以承太平之後因言太平之君子能持盈守成則神祇祖考安樂之矣是傅會其事以爲篇次之意也推此明其餘皆有次比之義既能持盈不失事可嘉美故次假樂嘉成王也既嘉之又恐其怠慢故公劉洞酌卷阿戒成王也召公以成王初涖政恐不留意於治民之事故先言公劉厚於民以戒之既戒以民事欲其忠信故次洞酌也既有忠信須求賢自輔故次卷阿也詩人之作自有次第故其卒章曰矢詩不多維以遂歌是也小雅之次以承文武政平之後繼體之君調陰陽育萬物由庚萬物得由其道南有嘉魚樂與賢也崇丘萬物得極其高大也南山有臺樂得賢者由儀萬物之所生各得其宜此五篇樂。與萬物得所更相互見明得賢所以養物也既萬物得宜又能周及海外故次蓼蕭也言萬物得所四海蒙澤天下無事可以飲燕諸侯褒賜有功故次湛露彤弓也既見因饗燕而賜之故先燕後賜也既有功蒙賞唯才是用爲天下之所歌樂故次菁菁者莪也其次如此其作之時節則難明也生民云推后稷配天是周公制禮之時則攝政六年後作也行葦云曾孫維主周公攝政之時成王爲孺子養老之事周公所爲行葦言成王爲主則在卽政之後也既醉告太平鳧鷖守成周公攝政三年則致太平既已太平則有成功可守作必在攝政三年之後不可定指其時也假樂嘉成王有顯顯令德官人安民則亦卽政之後矣公劉泂酌卷阿同是召公之戒公劉云成王將涖政則歌在行葦假樂之前也既醉鳧鷖指論太平守成亦不廢在生民之前也大雅之作既有先後則小雅亦當然也小雅之中皆無成王之言又無卽政之事其作多在攝政之時不可定其年月也襄二十九年左傳爲吳季札歌小雅服虔云自鹿鳴至菁菁者莪道文武脩小政定大亂致太平樂且有儀是爲正小雅皇甫謐亦云詩人歌武王之德今小雅自魚麗至菁菁者莪七篇是也則服虔與皇甫謐以小雅無成王之詩也左傳又曰爲之歌大雅服虔云陳文王之德武王之功自文王以下至鳧鷖是爲正大雅則服虔又以生民行葦既醉鳧鷖爲武王詩也案武王伐紂未幾而崩不得有天下太平澤及四海之事鳧鷖既醉之輩皆言太平之事安得爲武王詩乎卽小雅皆武王之詩六月之序何當廢缺異文也生民推后稷配天行葦曾孫維主書傳配天皆謂周公之詩曾孫皆斥成王不得爲武王詩矣華黍由庚本相連比毛氏分序致其篇端使華黍就上由庚退下則毛意亦以由庚以下爲成王之詩也不然亡詩六篇自可聚在一處何須分之也服虔之誤違詩之文失毛之旨故鄭所以不然也○傳曰文王基之武王鑿之周公內之謂其道同終始相成比而合之故大雅十八篇小雅十六爲正經○正義曰此傳以作室爲喻也言周國之興。譬如爲室文王始造其基武王鑿其樌棟周公內而架之乃成爲室猶言文王受命武王因之得伐紂定天下周公致太平制禮作樂以成之故中候曰昌受命發行誅旦弘道是其終始相成故比合其詩○大雅十八篇小雅十六篇爲正經凡書非正經者謂之傳未知此傳在何書也○其用於樂國君以小雅天子以大雅然而饗賓或上取燕或下就○正義曰以詩者樂章既說二雅爲之正經因言用樂之事變者雖亦播於樂或無筭之節所用或隨事類而歌又在制禮之後樂不常用故鄭於變雅下不言所用焉知國君以小雅天子以大雅者以鄉飲酒云乃合樂關雎鵲巢則不言鄉樂燕禮云遂歌鄉樂周南關雎召南鵲巢燕諸侯之禮謂周

珍倣宋版印

南召南爲鄉樂鄉飲酒大夫之禮直云合樂大夫稱鄉得不以用之鄉飲酒是鄉可知故不云鄉也由此言之則知風爲鄉樂矣左傳晉爲穆叔文王鹿鳴別歌之大雅爲一等小雅爲一等風既定爲鄉樂差次之而上明小雅爲諸侯之樂大雅爲天子之樂矣且鄉飲酒鄉大夫賓賢能之禮也言賓用敵禮是平等之事合己樂而上歌小雅爲用諸侯樂然則諸侯以小雅爲己樂而穆叔云文王兩君相見之樂歌則兩君亦敵明歌大雅爲用天子樂故知諸侯以小雅天子以大雅矣鄉射之禮云乃合樂周南召南等注云不歌不笙不閒志在射略於樂不略合樂者風鄉樂也不可略其正大射諸侯之禮所歌者明亦諸侯之正樂也其經曰乃歌鹿鳴三終乃下管新宮三終亦不笙不閒又不言合明亦略樂不略其正是小雅爲諸侯之樂於是明矣自然大雅爲天子之樂可知若然小雅之爲天子之政所以諸侯得用之者以詩本緣政而作臣無慶賞威刑之政故不得有詩而詩爲樂章善惡所以爲勸戒尤美者可以爲典法故雖無詩者今得進而用之所以風化天下故曰用之鄉人焉用之邦國焉因其節文使之有等風爲夫婦之道生民之本王政所重欲天下徧化之故風爲鄉樂風本諸侯之詩鄉人所用故諸侯進用小雅諸侯既用小雅自然天子用大雅矣故鄉飲酒燕禮注云鄉樂者風也小雅爲諸侯之樂大雅頌爲天子之樂是也彼注頌亦爲天子之樂此不言頌者此因風與二雅爲尊卑等級以見其差降故其言不及頌耳國君以小雅天子以大雅舉其正所當用者然而至於饗賓或上取燕或下就天子不純以大雅諸侯不純以小雅故下鄭分別說之何者天子饗元侯歌肆夏合文王諸侯歌文王合鹿鳴諸侯於鄰國之君與天子於諸侯同〇正義曰鄭既言有上取下就之義因自問而釋之故云何者以發端也知歌合如此者左傳曰穆叔如晉晉侯饗之金奏肆夏之三不拜工歌文王之三又不拜歌鹿鳴之三三拜韓獻子使行人子員問之對曰肆夏天子所以饗元侯也使臣弗敢與聞文王兩君相見之樂也使臣不敢及鹿鳴君所以嘉寡君也敢不拜嘉又魯語曰金奏肆夏繁遏渠天子所以饗元侯也工歌文王大明緜則兩君相見之樂也臣以爲肆業及之故不敢拜今伶簫詠歌及鹿鳴

之三君之所以貺使臣敢不拜貺由此二傳論之天子。食元侯歌肆夏也則非元侯者不得歌之肆夏頌之族類頌下唯有大雅故知於諸侯歌文王已傳文又言文王兩君相見之樂是諸侯於鄰國之君亦歌文王與天子於諸侯同也鄉飲酒燕禮合樂皆降於升歌歌鹿鳴合鄉樂則知歌文王者當合鹿鳴歌肆夏者當合文王也故鄭於此差約而知之傳言金奏肆夏此云歌者凡樂之初作皆擊金奏之春官鐘師以鐘鼓奏九夏論語云始作翕如也鄭云始作謂金奏晉爲穆叔發初歌肆夏故云金奏也言金奏者始作。未必先擊鐘以奏之左傳曰歌鐘二肆是歌必以金奏之言金奏肆夏亦歌之文王鹿鳴因上有金奏之文不須復云金奏故直云歌其實文王鹿鳴亦金奏肆夏亦工歌互言之故知歌肆夏也此歌在堂上故郊特牲曰歌者在上貴人聲也其合樂則在堂下故儀禮注云合樂謂歌樂與衆聲俱作明在堂下衆聲也由在堂下輕故降升歌一等元侯者元長也謂諸侯之長杜預云元侯牧伯也牧伯與上公則爲大國故儀禮注云天子與大國之君燕升歌頌合大雅以肆夏頌之族類故以頌言之牧伯爲元侯則其餘侯伯爲次國子男爲小國非元侯也故總謂之諸侯故用樂與兩君相見之樂同儀禮注云兩君相見歌大雅合小雅天子與次國小國之君燕亦如之於次國與小國與此諸侯同也此先陳天子於諸侯以諸侯於鄰國亦如之彼據傳之正文先言兩君相見以天子於次國小國亦如之故與此倒也天子於諸侯總次國小國爲一等諸侯相於與天子於諸侯文同則亦總次國小國爲一等則次國相於。小國於次國於小國皆是諸侯於鄰國之君同歌文王合鹿鳴也仲尼燕居云大饗有四焉兩君相見升歌清廟下管象彼兩君元侯相於法也天子於元侯與諸侯不同則元侯相於與諸侯亦異也諸侯相於與天子於諸侯同則元侯相。見亦與天子於元侯同不歌四夏避天子也以此明之則言諸侯於鄰國之君無元侯可知也其元侯於次國小國亦當與諸侯於鄰國同也天子以大雅而饗元侯歌四夏國君以小雅於鄰國歌文王是饗賓或上取也○天子諸侯燕羣臣。乃聘問之賓皆歌鹿鳴合鄉樂

○正義曰燕禮者諸侯燕其羣臣及聘問之賓之禮也經曰若與四方之賓燕

珍倣宋版印

言若以辨異則以燕己羣臣爲文而兼四方之賓也其禮歌鹿鳴合鄉樂也諸侯以小雅取燕羣臣及聘問之賓而合鄉樂天子以大雅取燕羣臣及聘問之賓歌小雅合鄉樂是皆爲下就也推此則天子於諸侯合鹿鳴亦在下就之中矣若然前云饗賓或上取上既言天子饗元侯歌四夏於元侯○雖則下之諸侯於鄰國之君與天子於諸侯同歌文王者皆謂饗矣饗賓當上取而言有下就者以饗賓之中天子於元侯歌四夏諸侯相於歌文王皆爲上取據多言之故鄭屬上取於饗其賓饗中以兼下就合鹿鳴是也言或上取者天子於元侯合文王於諸侯歌文王諸侯於鄰國合鹿鳴皆是已樂非上取故言或見其不盡上取也言燕或下就者諸侯燕羣臣及聘問之賓歌鹿鳴是已樂非下就故亦言或案儀禮注云頌爲天子之樂則天子自當用頌矣而謂饗元侯爲天子上取者詩爲樂王者盡用之但鄭從風爲鄉樂以上差之使大雅爲天子之樂耳故不得不以四夏爲上取也此鄭直以差等爲說耳不可以己所得用則爲己樂也何者元侯相饗歌頌與天子於元侯同諸侯相於與天子於諸侯同諸侯燕羣臣及聘問之賓○文與天子燕羣臣及聘問之賓同則風雅頌皆爲諸侯所用矣豈得皆謂之爲諸侯之樂乎明鄭以等差言之可知矣既以等差定之使天子定用大雅諸侯定用小雅非此者皆謂之上取下就儀禮之注盡論詩爲樂章之意既以風爲鄉樂小雅爲諸侯之樂而大雅之後仍有頌在故因言大雅頌爲天子之樂欲明雅頌盡爲樂章所以與此異也必知天子亦有上取者以此譜文先定言國君天子之用樂即云有上取下就之事明上取下就亦宜同矣燕禮注云合鄉樂者禮輕者逮下諸侯燕臣子合鄉樂爲下就明天子於諸侯合鹿鳴者亦是下就也諸侯於鄰國之君歌大雅爲上取則知天子於元侯歌四夏亦上取也若然天子諸侯皆有上取下就自由尊○用之差而云饗或上取燕或下就似上取下就以饗燕爲別者以穆叔曰肆夏天子所以饗元侯禮記曰大饗有四爲兩君相見之禮儀禮燕禮是諸侯燕羣臣賓客之禮因此成文故天子諸侯於國君皆云饗於臣皆云燕所以見尊卑之禮異臣與國君別其等使上取以饗爲文其實國君與臣饗燕皆有何者周禮掌客職曰上公

三饗三燕是天子於諸侯饗燕俱有也鹿鳴天子小雅而序曰燕羣臣嘉賓也既飲食之箋云飲之而有幣○酬卽饗所用是天子於羣臣饗燕皆有也左傳曰晉侯使士會平王室定王饗之又曰晉士文伯如周王與文伯燕是天子於聘問之賓饗燕俱有也秋官司儀職曰凡諸公相爲賓致饗食左傳曰公與晉侯燕於河上是諸侯相於饗燕俱有也左傳曰穆叔如晉晉侯饗之聘禮曰公於賓再饗一燕是諸侯於聘問之賓饗燕俱有也左傳曰季文子如宋致女復命公饗之燕禮燕己之臣子是諸侯自於羣臣饗燕俱有也國君與臣並有饗燕而鄭異其文見尊卑之禮殊爲上取下就之例耳此因尊卑異其文則其用樂也由尊卑爲差不由饗燕爲異此饗燕之文互見耳則饗燕用樂同也且燕禮燕鄰國聘問之賓歌鹿鳴晉侯饗穆叔歌鹿鳴之三三拜是其用樂同文也故儀禮注引穆叔之辭乃云然則諸侯相與燕升歌大雅合小雅天子與次國小國之君燕亦如之與大國之君燕升歌頌合大雅所言用樂與此饗同是天子諸侯於國君饗燕同樂之事也若然用樂自以尊卑爲差等不由事有輕重而升降鄉飲酒燕禮並注云鄉飲酒升歌小雅禮盛者可以進取燕合鄉樂禮輕者可以逮下似爲禮有輕重故上取下就與此不同者彼以燕禮諸侯之禮鄉飲酒大夫之禮工歌鹿鳴合鄉樂故鄭解其尊卑不同用樂得同禮之意因言由禮盛可以進取禮輕可以逮下所以用樂得同彼言解燕禮與鄉飲酒禮異樂同之意其實不由饗燕有輕重也此用樂之差謂升歌合樂爲例其舞則燕禮云若舞則酌是諸侯於臣得用頌與此異也又郊特牲曰大夫之奏肆夏自趙文子始注云僭諸侯明諸侯得奏肆夏故郊特牲又曰賓入門而奏肆夏示易以敬注云賓朝聘者也又大射燕禮納賓皆云及庭奏肆夏及周禮注杜子春云賓來奏納夏之等皆謂賓始入及庭未行禮之時與升歌合樂別也此其著略大校見在書籍禮樂崩壞不可得詳○正義曰饗燕用樂皆推禮傳而知事不詳悉是其著明質略其大校見在於書籍也其餘笙閒管舞之詩無以言焉由禮樂崩壞不可得詳審也故儀禮注天子約諸侯於國君燕用樂之下云其笙閒之篇未詳聞是也案鄉飲酒及燕禮升歌小雅其笙閒之篇亦小雅則此笙

間之篇宜與所用升歌同而云未詳聞者以其雖知同在小雅大雅仍不知是何篇故曰笙間之篇未得詳聞也大雅民勞小雅六月之後皆謂之變雅美惡各以其時亦顯善懲過正之次也○正義曰民勞六月之後其詩皆王道衰乃作非制禮所用故謂之變雅也其詩兼有美刺皆當其時善者美之惡者刺之故云美惡各以其時也又以正詩錄善事所以垂法後代變既美惡不純亦兼采之者爲善則顯之令自強不息爲惡則刺之使懲惡而不爲亦足以勸戒是正經之次故錄之也大雅言民勞小雅言六月之後則大雅盡召旻小雅盡何草不黃皆爲變也其中則有厲宣幽三王之詩皆當王號謚自顯唯厲王小雅謚號不明故鄭於下別論之如是則大雅民勞至桑柔五篇序皆云厲王通小雅十月之交雨無正小旻小宛四篇皆厲王時詩也又大雅雲漢至常武六篇小雅自六月盡無羊十四篇序皆言宣王則宣王詩也又大雅瞻卬召旻二篇序言幽王小雅自節南山下盡何草不黃去十月之交等四篇餘四十篇唯何人斯大東無將大車小明都人士緜蠻六篇不言幽王在幽王詩中皆幽王詩也本紀曰厲王即位三十年好利近榮夷公大夫芮良夫諫厲王不聽卒以榮公爲卿士使用事焉王行暴虐國人謗王召公諫曰民不堪命王怒得衛巫使監謗者以告則殺之三十四年王益嚴虐國人不敢言道路以目王告召公曰吾能弭謗矣召公又諫不聽於是國人不敢出言三年乃相與叛襲厲王厲王出奔于彘周召二相行政號曰共和十四年厲王崩於彘如遷此言厲王積惡有漸三十年而甚三十四年益虐又三年而出奔三十七年乃流彘也板曰善人載尸箋云厲王虐而弭謗蕩箋云厲王弭謗穆公不敢斥言王之惡則流彘前事也桑柔芮良夫所作云貪人敗類則與所諫云榮夷公專利事同三十年後事兩無正云周宗既滅靡所止戾則是流彘之後此其可驗者也楚語云衛武公九十五矣作懿以自。警韋昭云懿今抑詩則作在平王之時然檢抑詩經皆指刺王荒耽仍未失政又言哲人之愚亦維斯戾則其事在流彘之前弭謗時也韋昭之言未必可信也民勞召穆公諫王命息京師之民十月之交言后黨專權有權可專有民可役則事在流彘前也小旻戒王無淪胥以敗小宛誨王無忝爾所生皆教王爲善以導民其事亦在流彘前矣則厲王小雅兩無正一篇事在。大。雅之後其餘不可詳矣厲王大雅事類大同所次之意蓋以王者所以牧民今反勞苦故先民勞民之所以勞者由王政反常綱紀廢。次故次板蕩王惡甚焉而抑刺王之荒耽桑柔責貪人敗善皆爲惡之次故又次焉小雅十月之交以讒自上天小人專恣惡莫甚焉故以爲先由惡之甚致覆滅宗周無所安定故次雨無正也小旻刺王謀之不臧小宛傷天命之將去論。怨。嗟小故爲次焉小旻箋云所刺列於十月之交雨無正爲小故曰小旻此鄭解篇次之意也前檢小宛謂事在雨無正之先今而處流彘之後者以詩之大體雖事有在先或作在後故大雅文武之詩多在成王時作論功頌德之詩可列於後追述其美則刺過譏失之篇亦後世尙刺其惡本紀又曰宣王即位二相輔之脩政法文武成康之遺風諸侯復歸宗周三十九年戰于千畝王師敗績於。羌氏之戎四十六年宣王崩如還此言則宣王自三十九年以前無他過惡唯敗於千畝爲始衰耳而小雅有箴規誨刺其事有漸矣則王衰亦有漸矣皇甫謐云三十年伐魯諸侯從此而不睦蓋周衰自此而漸也大王局宣王之美詩多是三十年前事箴規之篇當在三十年之後王德漸衰亦容美刺並作不可以限斷也其大雅六篇小雅自六月至鴻鴈及斯干無羊七篇皆宣王德盛時作其事多在初年以王承衰亂之弊百事草創任賢使能征伐安集初則當然亦不可定其年月也自庭燎盡我行其野是王德衰乃作多在三十九年之後而三十九年以前諸侯不睦各不朝宗沔水之等或亦作也而三十九年之後則王政大衰刺詩爲常故宜多也祈父傳曰宣王之末司馬職廢。羌戎爲敗推此則其餘亦多敗後事也其詩之次大雅以宣王承亂遇災而懼憂民之本故先雲漢也王既憂百姓天下復平五嶽生佐故次崧高也神生賢哲王能任用又錫命之故次烝民韓弈也既能錫命賢哲任用其力可以征討不服以立武事故次江漢常武也此則先憂百姓次用臣以征伐爲後而小雅與之反以蠻荊玁狁南北交侵急須出兵以匡中國故先六月采芑也雖俱征伐以六月見侵之急又先采芑以夷狄既平當脩車甲大會諸侯因蒐狩故次車攻吉日以田獵

珍倣宋版印

征伐之類故使次焉以田獵選車徒會諸侯又戚於從禽接下故又使車攻先吉日也是以車攻序曰宣王能內脩政事外攘夷狄復文武之境土脩車馬備器械復會諸侯於東都言非徒外攘夷狄又復會諸侯於東都是序此篇之意也既言征伐事終外無兵寇可以安集萬民故次鴻鴈也然宣王承衰亂之後民先逃散豈得不早安集而待田獵之暇也明初即安集之得其力用乃平四方耳詩不以事之先後為次也宣王中興賢君末而德衰衰有其漸故次庭燎美其能勤因以箴之箴之不改則規正之規而不變則教誨之誨而不從則刺責之故次沔水鶴鳴祈父也以為王惡漸大故責正稍深此沔水鶴鳴其作不刺必在祈父之前但次之以見其漸耳王既廢其官則賢人逃去故次白駒也賢人既去則知禮教不行則室家相棄故次黃鳥我行其野也宣王中興之君不能終始皆善錄者雖兼惡以示戒勸亦貴成人之美故終以斯干考室無羊考牧若言終始之善見仁者之過亦不甚也斯干說造立宮室寢廟生男女明其始時之事無羊類之當為同時可知今反在箴刺之下見宣王終始之善明矣本紀又曰幽王三年嬖褒姒生子伯服竟廢后及子而以褒姒為后伯服為太子國人皆怨故申侯與繒西夷犬戎共攻幽王殺王驪山之下遷止言竟廢后去太子不言廢去之年月皇甫謐云三年褒人以褒姒自贖時即與虢石父比而譖申后太子尹氏及祭公導王為非八年竟以石父之譖廢申后逐太子九年王廢高明而近讒慝使虢公專任於外褒姒固寵於內王室始騷謚言與還事相終始則幽王之惡自三年之後為漸八年九年則其極故鄭語云九年王室始騷十一年而被殺也幽王大雅瞻卬曰哲婦傾城褒姒亂政之事也召旻云蹙國百里王道衰弱之極也序皆云大壞當在八年之後也正月云赫赫宗周褒姒滅之車舝序云褒姒嫉妒小弁言太子之放逐白華言申后之廢黜魚藻箋云幽王惑於褒姒萬物失其性此五篇經注皆有惑褒姒黜申后之事則多在八年之後也其餘則無文可明大局是惡盛之時八年之後者蓋多矣大雅之次先瞻卬後召旻者武王數紂之罪云牝雞之晨惟家之索而瞻卬疾婦有長舌維厲之階故處先也王婦言是用政事荒亂致朝無賢臣土境日蹙故

召旻以閔天下無如召公之臣也其小雅節南山以下至何草不黃其次篇之義蓋以類相聚故楚茨信南山甫田大田皆陳古以刺今其餘次義既無明文不可臆說此三王變雅善者不純爲大雅惡者不純爲小雅則雅詩自有體之大小不在於善惡多少也關雎序曰雅者正也政有小大故有小雅焉有大雅焉此爲隨政善惡爲美刺之形容以正物也所正之形容有小大所以爲二雅矣故上以盛隆爲大雅政治爲小雅是其形容各有區域而善者之體大略既殊惡者之中非無別矣詳觀其歎美審察其譏刺大雅則宏遠而疏朗弘大體以明責小雅則躁急而局促多憂傷而怨誹司馬遷以良史之才所坐非罪及其刊述墳典辭多慷慨班固曰迹其所以自傷悼小雅巷伯之倫也夫唯大雅既明且哲以保其身難矣哉又淮南子曰國風好色而不淫小雅怨誹而不亂是古之道又以二雅爲異區也幽王小雅四十四而大雅惟二自大體者少也厲王大雅有五而小雅惟四自小體者少是小大不相由也推此而論則二雅擬諸其形容象其物宜作者之初自定其體作既有體唯達者識之則容得有小雅無大雅有大雅無小雅者矣諸儒以厲王無小雅準此故也但文武成王正經也厲宣幽王變雅也小大之體時俱有作故采者並存以示二體本自小大異區非徒以意中分也或說變雅美詩則政大入大雅政小入小雅刺詩則惡大入小雅惡小入大雅考之經文殊無其驗何則小旻小宛正責厲王謀猶回遹不用善道其惡固小於板云下民卒癉善人載尸蕩云斂怨以爲德綱紀之大壞也瞻卬云亂生婦人罪罟不收召旻云實靖夷我邦日蹙國百里其惡固當大大於鼓鐘作樂不與德比采綠婦人思夫怨曠也又宣王安集天下之民征伐四夷之寇其功豈徒比於封一元舅之申伯賜一朝覲之韓侯哉此類多矣略舉一二足明不以善惡之大小矣○問者曰常棣閔管蔡之失道何故列於文王之詩曰閔之閔之者閔其失兄弟相承順之道至於被誅若在成王周公之詩則是彰其罪非閔之故爲隱推而上之因文王有親兄弟之義○正義曰此鄭自問而釋之也周公雖內傷管蔡之不睦而作親兄弟之詩外若自然須親不欲顯管蔡之有罪緣周公此志有隱忍之情若在成王詩中則學者之

知由管蔡而作是彰明其罪非爲閔之由此故爲隱推進而上之文王之詩因以見文王有親兄弟之義也若云文王能親兄弟與之燕飲而作此詩似本不由於管蔡然也周公聖人大義滅親言爲隱者亦因此以示聖人之法何者以管蔡之罪不得不誅偪於大義而誅之耳以同氣之親實懷閔傷由此而爲之隱也而序云閔管蔡之失道者以其周公之情欲爲之隱故編次者進而上之是以隱其事序者敘其作之所由不得不言也武王之詩又無論燕之事若常棣閒之則上下非類而文王之詩上有鹿鳴燕羣臣下有伐木燕朋友故舊廁於其閒與之爲類因以爲文王燕兄弟之詩言文王有親兄弟之義以爲樂歌非謂文王獨能親兄弟其餘聖人不能也如此譜說則鄭定以常棣之作在武王既崩爲周公成王時作王肅亦以爲然故魚麗序下王傳曰常棣之作在武王既崩周公誅管蔡之後而在文武治內之篇何也夫刑于寡妻至于兄弟以御于家邦此文王之行也閔管蔡之失道陳兄弟之恩義故內之於文武之正雅以成燕羣臣燕兄弟燕朋友之樂歌焉是與鄭同也鄭志之說則異於此者答趙商云於文武時兄弟燕失道有不和協之意故作詩以感切之至成王之時二叔流言作亂罪乃當誅悔將何及未可定此篇爲成王時作趙商據魚麗之序而發問則於時鄭未爲譜故說不定也言未可定此篇爲爲成王時則意欲從之而未決後爲此譜則決定其說爲成王時也○又問曰小雅之臣何也獨無刺厲王曰有爲十月之交兩無正小旻小宛之詩是也漢興之初師移其第耳

○正義曰詩皆臣下所作故云小雅之臣也知漢興始移者若孔子所移當顯而示義不應改厲爲幽此既厲王之詩錄而序焉而處不依次明爲序之後乃移之故云漢興之初也十月之交箋云詁訓傳時移其篇第因改之耳則所云師者即毛公也自孔子以至漢興傳詩者衆矣獨言毛公移之者以其毛公之前未有篇句詁訓無緣輒得移改也毛既作詁訓刊定先後事必由之故獨云毛公也師所以然者六月之詩自說多陳小雅正經廢缺之事而下句言小雅盡廢則四夷交侵中國微矣則謂六月者宣王北伐之詩當承菁菁者莪後故下此四篇使次正月之詩也亂甚焉既移文改其目義順上下刺幽王亦過矣

○正義曰：言亂甚者，謂正月幽王之時禍亂甚極，其四篇詩亦屬王亂惡，故次正月之下，以惡相從也。言刺幽王亦過矣者，謂寄四篇於幽王詩中，又改厲爲幽，有言幽王亦有厲王過惡故也。六月之序所以多陳正經廢缺者，以聖賢垂法，因事寄意，厲王暴虐，傾覆宗周，廢先生之典刑，致四夷之侵削，今先王起衰亂，討四夷，序者意其然，所以詳其事，若云厲王廢小雅之道以致交侵，宣王脩小雅之道以興中國，見用舍存於政，興廢於人也。若然，序者示法，其意深矣，毛公必移之者，以宣王征伐四夷，與復小雅，而不繼小雅正經之後，頗爲不次，故移之，見小雅廢而更興，中國衰而復盛，亦大儒所以示法也。據此六月之序，若其上本無厲王四篇之詩，則六月自承正經之美，無爲陳其廢缺矣，明於其中躡衰亂之王故也，是以鄭於十月之交箋正檢而屬焉。○鹿鳴之什○正義曰：周禮小司徒職云：「五人爲伍。」五人謂之伍，則十人謂之什也。故左傳曰：「以什共車必克。」然則什伍者，部別聚居之名。風及商、魯頌以當國爲別，詩少，可以同卷。而雅頌篇數既多，不可混併，故分其積篇，每十爲卷，即以卷首之篇爲什長，卷中之篇皆統焉。言鹿鳴至魚麗凡十篇，其總名之是鹿鳴之什者，宛辭，言四牡之篇等皆鹿鳴之什中也。故樂師注云：「徹者歌雍，雍在周頌臣工之什。」言雍篇在臣工之什中，是卷首之篇爲什長，以統餘篇之目也。南陔下箋云：「毛公推改什首，遂通耳，此下非孔子之舊。」則什首之目，孔子所定也。以孔子論詩，雅頌各得其所，明於時有所刊定，篇卷之目，是孔子可知。故鄭云以下非孔子之舊，則以上是孔子舊矣。知以非者，以南陔等六篇，子夏爲序，當孔子之時未亡，宜次在什中，今亡詩之下乃云「有其義而亡其辭」，置之什外，不當在數中，明非孔子之舊矣。本十月之交等四篇在六月之上，則孔子什首，南陔復爲第二，彤弓爲第三，鴻鴈爲第四，節南山爲第五，北山爲第六，桑扈爲第七，都人士爲第八，以下適十篇，通及大雅與頌，皆其舊也。蕩及閔予小子皆十一篇者，以本取十篇爲卷，一篇不足爲別首，故附於下卷之末，亦歸餘於終之義。毛公推改什首，魚藻十四篇亦同爲卷，取法於大雅與頌也。若然，則鴻鴈之什乃仍孔子之舊，言非者，以毛公顯其亡者，以見在爲數，志在推改，而鴻鴈偶與舊合，非毛意，故存之也。

珍倣宋版印

必知今之什首毛公推改者以毛公前世大儒自作詁訓篇端之序毛所分置十月之交毛所移第故知什首亦毛所推改也言以下非孔子之舊則似之什始自孔子所爲然孔子以前詩篇之數更多於今。咨者無紙皆用簡。札必不可數十之篇共爲一卷明亦分別可知既分爲卷固當以十爲別已有之什也但孔子論詩省去煩重更以在者爲什故云孔子之舊不必孔子以前無之什也爲此之什者以其篇數積多故分每十爲卷則不滿十者無之什矣今魯頌四篇商頌五篇皆不滿十無之什也或有者承此雅頌之什之後而誤耳何者商魯非周詩猶國風之類以國爲別假令過十以上亦不合分況不滿十篇明無所用於之什也

附釋音毛詩注疏卷第九（九之一）

# 毛詩注疏校勘記（九之一）

阮元撰盧宣旬摘錄

## 小大雅譜

而別世載其功業　閩本明監本毛本同案别當作列形近之譌

大雅以盛爲王　閩本明監本毛本同案浦鏜云王疑主字誤是也

不言武王之謚成王時作　閩本明監本毛本同案成當作武形近之譌

此又解小雅比篇之意　閩本明監本毛本比誤此下比篇尚不以作之先後爲次同

可王之事繼之　閩本明監本毛本同案浦鏜云可當武字誤是也

又大雅生民及卷阿　閩本明監本同毛本及上剜添下字案所補是也

此五篇樂與萬物得所　閩本明監本毛本同案樂與下當脫賢與二字

小雅十六爲正經　閩本明監本毛本六下有篇字案所補非也

譬如爲室　補毛本譬作髻

天子食元侯　閩本明監本毛本同案浦鏜云食當饗字譌是也

言金奏者始作耒　閩本明監本毛本同案浦鏜云耒當樂字譌是也

小國於次國於小國闔本明監本毛本同案盧文弨讀小國上屬其下改小國相於次國非也此當八字一句謂小國之於次國及小國之於小國也小國在次國下故不得言相於若倒小國相於在上則無以說次國矣

則元侯相見闔本明監本毛本同案見當作於上下文可證

燕羣臣乃聘問之賓闔本明監本毛本同案山井鼎云乃恐及誤是也

於元侯雖闔本明監本毛本同案雖當作饗讀四字一句

文與天子燕羣臣闔本明監本毛本同案浦鏜云又誤文是也

自由尊用之差闔本明監本毛本同案浦鏜云卑誤用是也

箋云飲之而有幣酬卽饗所用闔本明監本毛本同案此不誤酬下浦鏜依彼箋添十二字非也饗專係飲彼正義有明文不得兼引食

禮者可以逮下闔本明監本毛本禮下有輕字案所補是也

鄉飲酒大夫之禮闔本明監本毛本同案十行本鄉至大剜添者一字

作懿以自誓闔本明監本毛本誓作警案山井鼎云國語作儆作誓爲非是也抑正義引作儆

事在大雅之後闔本明監本毛本同案大雅當作流彘上下文可證

綱紀廢次補毛本次作缺按缺字是也形近之譌

論怨嗟小閩本明監本毛本同案浦鏜云怨嗟當惡差之誤是也

王師敗績於羌氏之戎閩本明監本毛本羌作姜案所改是也下羌戎爲敗亦當作姜

是序此篇之意也閩本明監本毛本同案此當作比形近之譌

何也獨無刺厲王閩本明監本毛本同案浦鏜云以誤也是也

今先王起衰亂閩本明監本毛本同案先當作宜下文可證

與廢於人也閩本明監本毛本廢下有存字案所補是也

咨者無紙閩本明監本毛本同案山井鼎云咨恐昔字非也咨當作古出車正義云古者無紙可證

皆用簡札閩本明監本毛本札誤禮案因十行本以礼爲禮之别體而誤改也

毛詩小雅　鄭氏箋　孔穎達疏

鹿鳴燕羣臣嘉賓也既飲食之又實幣帛筐篚以將其厚意然後忠臣嘉賓得盡其心矣飲之而有幣酬幣也食之而有幣侑幣也○飲於鴆反注同食音嗣注同筐丘房反篚音匪侑音又

疏鹿鳴三章章八句至心矣○正義曰作鹿鳴詩者燕羣臣嘉賓也言人君之於羣臣嘉賓既設饗以飲之陳饌以食之又實幣帛於筐篚而酬侑之以行其厚意然後忠臣嘉賓佩荷恩德皆得盡其忠誠之心以事上焉明上隆下報君臣盡誠所以爲政之美也言羣臣嘉賓者羣臣君所饗燕則謂之賓序發首云燕羣臣則此詩爲燕羣臣而作經無羣臣之文然則序之羣臣則經之嘉賓一矣故羣臣嘉賓並言之明羣臣亦爲嘉賓也案燕禮云大夫爲賓則賓唯一人而已而云羣臣皆爲嘉賓者燕禮於客之內立一人爲賓使宰夫爲主與之對行禮耳其實君設酒殽羣臣皆在君爲之主羣臣總爲賓也燕禮云若與四方之賓燕則迎之于大門內四方之賓唯迎之爲異其燕皆與臣同則此嘉賓之中容四方之賓矣故鄉飲酒燕禮注云鹿鳴者君與臣下及四方之賓燕講道修德之樂歌是也知序之嘉賓不唯指四方之賓者以此詩爲燕羣臣而作經序同云嘉賓不得不爲羣臣則序之嘉賓亦爲羣臣明矣且序云盡心傳曰竭力是己之臣子可知燕禮者使反有功與羣臣樂之之禮文王之與臣也本自隆恩不必由使出有功乃燕之也言既飲食之則饗食並有獨言燕羣臣者以食禮無酒樂饗以訓恭儉非於臣子忻樂之義經言式燕以敖和樂且耽此詩主於忻樂故敘以燕因之而後兼言饗食也既飲食之章首二句是也實幣帛筐篚以將其厚意承筐是將是也忠臣嘉賓得盡其心者序者因言君有恩惠可以得臣之心總美燕樂之事於經無所當也序上言羣臣後言忠臣者見臣蒙燕賜乃能盡忠故變文以見義

○箋飲之至侑幣○正義曰此解飲食而有幣帛之意言飲有酬賓送酒之幣食有侑賓勸飽之幣故皆有幣也飲食必酬侑之者案公食大夫禮賓三飯之後云公受宰夫束帛以侑注云束帛十端帛也侑猶勸也主國君以爲食賓殷勤之意未至復發幣以勸之欲其深安賓也是禮食用幣之意也饗禮云準此亦爲安賓而酬之焉案聘禮云若不親食使大夫朝服致之以侑幣注云君不親食謂有疾病及他故必致之者不廢其禮又曰致饗以酬幣亦如之是親食有侑幣不親食則以侑幣致之然則不親饗以酬幣致之明親饗有酬幣矣故知飲之而有幣謂酬幣也鄭必知飲爲不饗者以飲食連文若飲食爲一則食禮不主於飲若飲爲燕禮不宜文在食上且饗食相對之物有食不宜無饗郊特牲云飲養陽氣故饗禘有樂是饗有飲故知此飲謂饗也彤弓箋云大飲賓曰饗大行人注云饗謂設盛禮以飲賓聘禮注云饗謂亨大牢以飲賓皆以飲爲饗禮也其幣所用公食大夫用束帛以侑其酬幣則無文故聘禮注云酬幣饗禮酬賓勸酒之幣所所用未聞也禮幣用束帛乘馬亦不是過是饗所用幣無正文也禮幣用束帛乘馬謂聘享之幣聘享止用束帛乘馬而已侑幣又用束帛故云亦不是過言諸侯於大夫酬幣不過是也其天子酬諸侯及諸侯自相酬仍不必用束帛乘馬故聘禮注又引禮器曰琥璜爵蓋天子酬諸侯也必疑琥璜爲天子酬諸侯之幣者以琥璜非爵名而云爵明以送爵也食禮無爵可送則琥璜饗酬所用也謂饗時酬賓以琥璜將幣耳小行人合六幣琥以繡璜以黼則天子酬諸侯以黼繡而琥璜將之既天子饗諸侯之酬幣與諸侯異則食禮天子侑諸侯其幣不必束帛無文以言之此唯言饗食之幣不言燕幣燕禮亦當有焉但今燕禮唯有好貨無幣故文不顯言之

呦呦鹿鳴食野之苹興也苹蓱也鹿得蓱呦呦然鳴而相呼懇誠發乎中以興嘉樂賓客當有懇誠相招呼以成禮也箋云苹藾蕭○呦音幽苹音平蓱本又作萍薄丁反江東謂之薸薸音瓢扶遙反懇苦很反樂音岳又音洛藾音賴○

我有嘉賓鼓瑟吹笙吹笙鼓簧承筐是將簧笙也吹笙而鼓簧矣筐篚屬所以行幣帛也箋云承猶奉也書曰篚厥玄黃

○簧音黃 人之好我示我周行 周至行道也箋云示當作寘寘置也周行周之列位也好猶善也人有以德善我者我則置之於周之列位言己維賢是用○好呼報反注同示毛如字鄭作寘之豉反行毛如字鄭胡郎反

【疏】呦呦至周行○毛以爲呦呦然爲聲者乃是鹿鳴所以爲此聲者鳴而相呼食野中之苹草言鹿既得苹草有懇篤誠實之心發於中相呼而共食以與文王既有酒食亦有懇篤誠實之心發於中召其臣下而共行饗燕之禮以致之王既有懇誠以召臣下臣下被召莫不皆來我有嘉善之賓則爲之鼓其瑟而吹其笙吹笙之時鼓其笙中之簧以樂之又奉筐篚盛幣帛於是而行與之由此燕食以享之瑟琴以樂之幣帛以將之故嘉賓皆愛好我以敬賓如是乃輸誠矣示我以先王至美之道也鄭唯下二句爲異言己所以召臣燕食琴瑟笙幣帛愛厚之者由己臣下之賢所宜燕饗所以然者以本己用官之法要須人之以德善我者我則置之於我周之列位非善不用維賢是與故臣下皆賢己由是當享食之○傳鹿得至成禮也○正義曰懇誠發乎中者以鹿無外貌矯飾之情得草相呼出自中心是其懇誠也必取懇誠爲興者人君富有一國位絶羣下禮有饗燕之道公法不得不設忠誠嘉樂賓爲至少故取懇誠以爲喻言嘉樂賓客當有懇誠相招呼以成禮言人君嘉善愛樂其賓客而爲設酒食亦當如鹿有懇誠自相招呼其臣子以成饗食燕飲之禮焉以鹿呼同類猶君呼臣子也定本成禮作威禮也或以爲兩鹿相呼喻兩臣相招謂羣臣相呼以成君禮斯不然矣此詩主美君懇誠於臣非美臣相於懇誠也若君有酒食臣自相呼財非己費何懇誠之有故鄭駮異義解此詩之意云君有酒食欲與羣臣嘉賓燕樂之如鹿得苹草以爲美食呦呦然鳴相呼以款誠之意盡於此耳據此是君召臣明矣○箋苹蘋蕭○正義曰釋草文郭璞曰今蘋蒿也初生亦可食陸機疏云葉青白色莖似箸而輕脆始生香可生食又可烝食是也易傳者爾雅云苹蓱其大者爲蘋是水中之草召南采蘋云于以采蘋南澗之濱者也非鹿所食故不從之○傳筐篚至幣帛○正義曰序云以將其厚意則將爲行厚意此云行幣帛與賓即主人行厚意於賓之意也○箋書曰厥篚

玄黃○正義曰箋以筐篚得威幣帛之意也今禹貢止有厥篚玄纁之文而鄭禹貢注引胤征曰篚厥玄黃則此所引亦爲胤征文鄭誤也當在古文武成篇矣鄭不見古文而引張霸尚書故不同耳○傳周至行道○正義曰王肅述毛云謂羣臣嘉賓也夫飲食以享之。琴笙以樂之幣帛以將之則能好愛我好愛我則示我以至美之道矣○箋示當至是用○正義曰中庸云治國其如示諸掌注云示讀如寘之河干之寘寘置也是示寘聲相近故誤爲示也言以德善我者謂賢人有德以德能輔君使之遷善是以德施善於我我則置之於周之列位言己維賢是用不問其親疏朝無不賢之臣故所饗燕而樂之也易傳者以其上下皆曰嘉賓此獨言人明有異也又大東卷耳並有周行之文皆爲周之列位此不得異且下云視民不恌乃作視字此則爲示明其不同古者寘示同讀故改從寘也且此篇聖君賢臣講道之樂觀其垂法道教弘深非直燕曰詁言而已明是據今嘉賓本其賢德由其先有善德置之於官緣此皆賢所以燕饗此章本其賢二章言其法上下相副於義爲長故易傳也

呦呦鹿鳴食野之蒿

蒿菣也○蒿呼毛反菣去刃反字又作藍同本或作牡菣牡衍字耳

我有嘉賓德音孔昭視民不恌君子是則是傚

恌。愉也是則是傚言可法傚也箋云德音先王道德之教也孔甚昭明也視古示字也飲酒之禮於旅也語嘉賓之語先王德教甚明可以示天下之民使之不愉於禮義是乃君子所法傚言其賢也○視音示恌他彫反傚胡教反愉他侯反又音踰

我有旨酒嘉賓式燕以敖

敖遊也

疏我有至以敖○正義曰言文王有酒殽以召臣下臣下既來我有嘉賓既共燕樂至於旅酬之時語先王道德之音甚明以此嘉賓所語示民民皆象之不愉薄於禮義又此賓之德音不但可示民而已是乃君子於是法則之於是傚傚之嘉賓之賢如是故我有旨美之酒與此嘉賓用之燕飲以敖遊也○傳蒿菣○正義曰釋草文孫炎曰荊楚之間謂蒿爲菣郭璞曰今人呼。爲青蒿香中炙啖者爲菣陸機云蒿青蒿也荊豫之間汝南汝陰皆云菣也本或云牡菣者牡衍字牡菣乃是蔚非蒿也與蓼莪傳相涉

而誤耳○箋視古至甚明○正義曰古之字以目示物以物示人同作視字後世而作字異目視物。與示傍見示人物作單示字由是經傳之中視與示字多相雜亂此云視民不恌謂以先王之德音示下民當作小示字而作視字是其與古今字異義殊故鄭辨之視古示字也言古作示字正作此視辨古字之異於今也禮記云幼子常視無誑注云視今之示字也言古視字之義正與今之示字同言今之字異於古也士昏禮曰視諸衿鞶注云示之以衿鞶者皆託戒使識之也視乃正字今文作示俗誤行之言示之以衿鞶亦宜作示而古文儀禮作視字於今文視作示字鄭以見示字合於今世示人物之字恐人以爲示是視非故辨之云視乃正字而今文視作示者俗所誤行俗以見今世示人物爲此示字因改視爲示而非古之正文故云誤也飲酒之禮於旅也語者鄉射記曰古者於旅也語注云言禮成樂備乃可以言語先王禮樂之道疾今人慢於禮樂之盛言語無節是飲酒之禮至旅酬之禮而語先王之道也言嘉賓於旅之節語先王之德教甚明可以示天下之民使不愉薄禮義愉音臾說文酬爲薄也昭十年左傳引此詩服虔亦云示民不愉薄是也定本作愉。者然鄉飲酒禮注皆云嘉賓既來示我以善道又樂嘉賓有孔昭之明德可則傚也以德音自賓之明德非先王之德教及示我善道不與上箋同者以注禮時未爲詩箋故同舊說以周行爲至道至注詩後更爲別解其德音孔昭據此論燕宜爲旅時語古也故爲先王道德之音其賓能語先王之德音即是賓有孔昭之明德何者非孔昭之明德者不能語先王德教使之甚明也

呦呦鹿鳴食野之芩芩草也○芩其今反○說文云蒿也又其炎反○我有嘉賓鼓瑟鼓琴鼓瑟鼓琴和樂且湛湛樂之久○和樂音洛注下皆同湛都南反字又作耽○我有旨酒以燕樂嘉賓之心燕安也夫不能致其樂則不能得其志不能得其志則嘉賓不能竭其力○夫不音符○

疏傳芩草○正義曰陸機云莖如釵股葉如竹蔓生澤中下地鹹處爲草貞實牛馬亦喜食之

鹿鳴三章章八句

四牡勞使臣之來也有功而見知則說矣文王爲西伯之時三分天下有其二以服事殷使臣以王事往來於其職於其來也陳其功苦以歌樂之○四牡茂后反勞力報反篇末注同使所吏反注皆同說音悅樂音洛疏四牡三章章五句至說矣○正義曰作四牡詩者謂文王爲西伯之時令其臣以王事出使於其所職之國事畢來歸而王勞來之也言凡臣之出使唯恐其君不知己功耳今臣使反有功而爲王所見知則其臣忻悅矣故文王所述其功苦以勞之而悅其心焉此經五章皆勞辭也其有功見知則悅矣總述勞之意於經無所當也

四牡騑騑周道倭遲騑騑行不止之貌周道岐周之道也倭遲歷遠之貌文王率諸侯撫叛國而朝聘乎紂故周公作樂以歌文王之道爲後世法○騑芳非反倭本又作委於危反遲韓詩作倭夷朝直遙反○豈不懷歸王事靡盬我心傷悲盬不堅固也思歸者私恩也靡盬者公義也傷悲者情思也○箋云無私恩非孝子也無公義非忠臣也君子不以私害公不以家事辭王事○盬音古思息嗣反○疏四牡至傷悲○正義曰此使臣既還文王勞之言汝使臣本乘四牡之馬騑騑然行而不止在於岐周之道倭遲然歷此長遠之路甚疲勞矣使臣當爾之時其言曰我豈不思歸乎以王家之事無不堅固我當從役以堅固之故義不得廢我心念思父母而傷悲言我知汝之如是也○傳騑騑至世法○正義曰以此勞使臣之辭明愍其勞苦故以騑騑爲行不止之貌少儀曰車馬之容騑騑翼翼雖行不止不廢其容騑騑也又二章傳曰嘽嘽喘息之貌卒章傳曰駸駸驟貌皆稱其疲苦以勞之故傳曰馬勞則喘息是也知周道爲岐周之道者以時未稱王仍在於岐故也又解文王所以使臣者文王率諸侯撫叛國而使之朝聘於紂是故使臣於諸侯也言使臣於諸侯者正所以率撫之也左傳曰文王率殷之叛國以事紂是率諸侯使朝聘之事也文王率諸侯使朝聘耳非謂令此使臣自聘紂或以經云王事謂此使

珍做宋版印

臣聘紂而反知不然者以此經序無聘紂之事傳言率諸侯朝聘於紂不言自遣人聘也若其自遣人聘安得連朝言之豈勞使臣之聘而言身自朝也又序下箋云使臣以王事往來於其職是使臣行於所職之國非適天子之都也言王事者以行役使出是王者常事卽非適王畿也故鴇羽杕杜皆言王事靡盬非聘天子之事不得以王事之文便謂天子矣言周公作樂歌文王之道爲後世法者謂今鄉飲酒燕禮皆歌鹿鳴四牡皇皇者華此禮是周公所制法後世常歌是爲歌文王之道爲後世法定本云作樂以文王之道無周公歌○三字然鹿鳴皇皇者華皆歌之獨於此言者舉中以明上下○傳思歸至王事○正義曰傳以靡盬爲公義故以思歸爲私恩以我心傷悲出自其情故曰情思情思卽私恩主謂念憶父母下章云不遑啓處將父母是也箋以傳言未備故贊之云無私恩非孝子無公義非忠臣故鄉飲酒燕禮注皆云采其勤苦王事念將父母懷歸傷悲忠孝之至是也思歸而不歸者以君子不以私害公故又引公羊傳不以家事辭王事以證之焉集注及定本皆無箋云兩字又定本思恩作私恩○

四牡騑騑嘽嘽駱馬

嘽嘽喘息之貌馬勞則喘息白馬黑鬣曰駱○嘽他丹反駱音洛喘川兗反鬣本又作鬛力輒反本又作髦音毛○

豈不懷歸王事靡盬不遑啓處

遑暇啓跪處居也臣受命舍幣于禰乃行○跪求毀反郭巨几反沈堪彼反舍音釋禰乃禮反

【疏】傳臣受至乃行○正義曰案聘禮云命使者使者辭君不許乃退厥明賓朝服釋幣于禰注云告爲君使也又曰釋幣於行遂受命遂行注引曲禮曰凡爲君使已受命君言不宿於家是臣出使舍幣乃行之事也如聘禮既釋幣於禰於行乃云遂受命在釋幣之後此云臣受命舍幣于禰似受命在釋幣前者此云受命謂聘禮命使者使者辭君不許受此被遣將使之命其事在釋幣前也聘禮又云遂受命者謂受君言語聘彼之意與此臣受命者別也引此者證不遑啓處言臣受命卽行是不遑啓處也

翩翩者鵻載飛載下集于苞栩

鵻夫不也箋云夫不鳥之慤謹者人皆愛之可以不勞猶則飛則下止於栩木喻人雖無事其可獲安乎感厲之○翩音

篇雛音佳本又作佳栩況甫反夫方于反字又作鳺同不方浮反又如字字又作。鳩同草木疏云夫不一名浮鳩慤起角反○王事靡盬不遑

將父將養也○養以尚反下注同一音如字○疏翩翩至將父○正義曰文王以使臣勞苦因勸厲之言翩翩然者雛之鳥也此鳥其性慤謹人皆愛

之可以不勞猶則飛而後則下始得集於苞栩之木言先飛而後獲所集以喻人亦當先勞而後得所安汝使臣雖則勞苦得奉使成功名揚身達亦先勞而

後息寧可辭乎汝從勞役其言曰王家之事無不堅固我堅固王事所以不暇在家以養父母○傳雛夫不○正義曰釋鳥云雛其夫不舍人曰雛名。其夫不

李巡曰夫不一名雛今楚鳩也某氏引春秋云祝鳩氏司徒祝鳩雛夫不。者故爲司徒郭璞曰今。鵓鳩也○箋夫不至栩木○正義曰言慤謹者卽宜不勞是

也故人愛之言可以不勞者以惡鳥勞苦固是其常慤謹之鳥宜不爲勞尚則飛而乃有所集是無不勞而安者故曰人雖無事其可獲安乎鳥飛自然之性

言勞者喻取一邊耳翩翩者雛載飛載止集于苞杞杞枸檵也○杞音起枸音苟本亦作苟同檵音計○王事靡盬

不遑將母駕彼四駱載驟駸駸駸駸驟貌○驟助救反又仕救反駸楚金反字林云馬行疾也七林反○豈不懷歸

是用作歌將母來諗諗念也父兼尊親之道母至親而尊不至箋云諗告也君勞使臣述。時其情女曰我豈不思歸乎誠思歸也故作此

詩之歌以養父母之志來告於君也人之思恆思親者再言將母亦其情也○諗音審○疏豈不至來諗○毛以爲汝使臣在塗之時其情皆曰我豈不思

歸乎我由汝誠有思歸是用作此詩之歌以勞汝知汝以養母之志而來念猶言念來養母故王述曰是用作歌以勞汝乃來念養母也○鄭以箋備○傳諗

念至不至○正義曰諗念釋言文孝經曰資於事父以事君而敬同資於事父以事母而愛同兼之者父也敬爲尊愛爲親是父兼尊親之道又曰母取其愛

表記曰母親而不尊是母至親而尊不至也稱此者解再言將母意以父雖至親猶兼至尊則恩不至故表記曰父尊而不親母以尊少則恩意偏多故再言

珍倣宋版印

之〇箋諗告至其情〇正義曰左傳辛伯諗周桓公是以言告周桓公故知諗爲告也言故作此詩之歌以養母之志來告於君者言使臣勞苦思親謂君不知欲陳此言來告君使知也實欲陳言云是用作此詩之歌者以此實意所欲言君勞而述之後遂爲歌據今詩歌以本之故謂其所欲言爲作歌也凡詩所述序人言以爲歌詩本其言皆曰歌下云歌采薇以遣之此序箋云陳其功苦以歌樂之皆當時直言非歌也後爲詩。人歌故云歌耳又申傳尊親之意言人之思恆思親者母之慈恩實親多於父文王述使臣之意再言將母亦其臣情之所欲故再言之也易傳者首章云豈不懷歸王事靡盬我心傷悲文連我心是述使臣之辭矣類此而推則是用作歌將母來諗亦序使臣之意既序使臣之意明是用作歌爲使臣作此詩之歌其來諗不得不爲告也猶君子作歌維以告哀是作歌所以來告不得爲念也然臣有勞苦患上不知今君勞使臣言汝曰豈不思歸作歌來告是明已知其功探情以勞之所以爲悅序曰有功而見知則悅矣此之謂也

四牡五章章五句

皇皇者華君遣使臣也送之以禮樂言遠而有光華也言臣出使能揚君之美延其譽於四方則爲不辱命也〇使所吏反注下並同不辱命一本作不辱君命疏皇皇者華五章章四句至光華〇正義曰作皇皇者華詩者言君遣使臣也君遣使臣之時送之以禮樂教以若將不及驅馳而行於忠信之人咨訪於五善言臣出使當揚君之美使遠而有光華焉送之以禮樂即首章下二句盡卒章是也此謙虛訪善直爲禮耳而幷言樂者以禮樂相將既能有禮敏達則能心和樂易故兼言焉言遠而有光華即首章上二句是也經序倒者經以君遣使臣主勑使有光華所以得光華者當驅馳訪善故爲此次也序以君本送之以禮樂欲使之遠有光華爲文之勢故與經不同也知遠而有光華亦是君所戒辭者以首曰皇

皇者華而云君遣使臣則知此辭亦君所勑遣也且一篇之詩獨二句非君遣之辭於文不體也文王之臣非不能奉命有光華但此聖君之詩垂示典法君能戒遣使臣所以臣無辱命主美君遣明是君之所勑非說臣之自能矣

皇皇者華于彼原隰皇皇猶煌煌也高平曰原下濕曰隰忠臣奉使能光君命無遠無近如華不以高下易其色箋云無遠無近維所之則然○華煌音皇又音晃

駪駪征夫每懷靡及駪駪衆多之貌征夫行人也每雖懷和也箋云春秋外傳曰懷私爲每懷也和當爲私衆行夫既受君命當速行每人懷其私相稽留則於事將無所及○駪所巾反

【疏】皇皇至靡及○正義曰此述文王勑使臣之辭言煌煌然而光明者是草木之華於彼原之與隰皆煌煌而光明不以高下而易其色也以言臣之出使當光顯其君常不辱命於彼遐之與邇皆使光揚不以遠近而易其志也汝駪駪衆多之行夫受命當速行每人懷其私以相稽留則於事無所及矣既不稽留恐無所及故當速行驅馳訪善也○傳皇皇猶煌煌○正義曰東門之楊曰明星煌煌此猶彼也以華色煌煌爲宜故猶之○傳每雖懷和○正義曰本皆如此此既以每爲雖懷爲和而章傳云雖有中和當自謂無所及王肅以爲下傳所言覆說此也故述毛云使臣之行必有上介衆介雖多內懷中和之道猶自以無所及是以驅馳而咨諏之○箋春秋至所及○正義曰鄭之此說亦述毛也但其意與王肅異耳案魯語穆叔云皇皇者華君教使臣曰每懷靡及臣聞之曰懷私爲每懷是外傳以爲懷私故鄭引其文因正其誤云和當爲私爲和誤也鄭必當爲私者晉語姜氏勸重耳之辭曰駪駪征夫每懷靡及夙夜征行不遑啓處猶懼不及況其縱欲懷安將何及乎西方之書有之云懷與安實病大事鄭詩曰仲可懷也鄭詩之言吾從之矣觀此晉語之文及鄭詩之意皆以懷爲私懷之義明魯語所亦當爲懷私不得爲和也鄭所以引外傳而破之者以毛傳云懷和是用外傳爲義故引而破之言毛氏亦爲私也如鄭此意則傳本無每雖二字若每爲雖縱使變和爲私亦不得與毛同也此既改傳和當爲私下復解傳中和爲忠信爲之終始立說明其不異毛也蓋鄭所據者本無每雖

珍倣宋版印

後人以下傳有雖有中和之言下篇每有良朋之下有每雖之訓因而加之也定本亦有每雖又傳以駪駪爲衆多征夫爲行人故箋中之言衆行夫既受命也當須速行若每人各懷其私意以相稽留則於事將無所及言其將廢失君命後於事機也此實使臣謂之行夫者猶春秋以使者爲行人也君遣使一人而已而云衆行夫者使與上介衆介總戒勑之非一故言衆也案聘禮謂使者受命於君唯上介立於其左接聞命衆介則不與此得總勑之者彼受命者所聘之意或國之密事唯使與上介受之故衆介不與聞命至君遣使臣臨塗戒勑雖衆介亦在也如是則烝民亦云征夫捷捷每懷靡及箋爲仲山甫戒之與此不同者彼非君遣使臣之歌述美仲山甫之德覿其文勢故與此異耳

我馬維駒。六轡如濡箋云如濡言鮮澤也○駒音俱本亦作驕濡如朱反

載馳載驅周爰咨諏忠信爲周訪問於善爲咨咨事爲諏箋云爰於也大夫出使馳驅而行見忠信之賢人則於是訪問求善道也○咨本亦作諮諏子須反爾雅云謀也說文云聚謀也

疏我馬至咨諏○正義曰此文王教使臣曰我使臣出使所乘之馬維是駒矣所御六轡如汙物之被洗濯濡溼甚鮮澤矣汝當乘是車飾自謂無及則驅馳速行求忠信之賢人咨訪其諏事焉○傳忠信至爲諏○正義曰三章傳云咨事之難易爲謀四章傳曰咨禮義所宜爲度卒章傳曰親戚之謀爲詢此皆出於外傳也左傳曰訪問於善爲咨杜預曰問善道也咨親爲詢杜預曰問親戚之義也咨禮爲度杜預曰問禮宜也咨事爲諏杜預曰問政事也咨難爲謀杜預曰問患難也唯難一事杜爲患難毛爲難易不同然患難之事亦須訪其難易理亦不異餘皆與傳同毛據彼傳因以義增而明之其忠信爲周一句魯語文也魯語無訪問於善一句又云咨才爲諏咨事爲謀與左傳異韋昭以爲字誤改從左傳曰才當爲事又曰事當爲難是也餘與左傳同此四者諏謀度詢俱訪於周而必爲此次者以咨是訪名所訪者事故先咨諏事有難易故次咨謀既有難易當訪禮法所宜故次咨度所宜之內當有親疏故次咨詢因此附會其文爲先後耳

我馬維騏六轡如絲言調忍也○騏音其忍音刃

珍倣宋版印

載馳載驅周爰咨謀咨事之難易爲謀○易以豉反我馬維駱六轡沃若載馳載驅周爰咨度咨禮義所宜爲度○沃烏毒反沈又於縛反度待洛反注同我馬維駰六轡既均陰白雜毛曰駰均調也○駰音因載馳載驅周爰咨詢親戚之謀爲詢兼此五者雖有中和當自謂無所及成於六德也箋云中和謂忠信也五者咨也諏也謀也度也詢也雖得此於忠信之賢人猶當云己將無所及於事則成六德言愼其事○詢音荀諮親爲詢

【疏】傳兼此至六德○正義曰左傳云臣獲五善是也魯語曰重之以六德是傳之所據○箋中和至其事○正義曰此箋以毛傳不明贊成其說經云周傳言中和中和周之訓也諏謀度皆咨周而得之則周之中和爲己之有故言雖有中和當自謂無所及者卽上每懷靡及是也以君勑使臣云若每人懷私則於事無所及故當自謂無所及也以此篇終故傳於是結之然而外傳云忠信爲周不言中和故鄭申言之傳云中和正謂忠信也然則毛傳不言忠信而云中和者中庸曰喜怒哀樂之未發謂之中發而皆中節謂之和則中和者兼心塞淵出言允當之謂也然於文中心爲忠人言爲信是忠信中和事理相類故毛以忠信爲中和鄭據成文轉之爲忠信也知五者咨也諏也謀也度也詢也者以左傳穆叔先解此五事乃曰臣獲五善故知此爲五者也言雖得此於忠信之人者皆於周咨焉故云得之咨出於己非出於彼同云得者由遇彼賢所以得訪故亦爲得之於忠信也雖得此五者猶當云己無所及於事則成六德言愼其事也韋昭云六德謂諏也謀也度也詢也咨也周也案周者彼賢之質不當以周備數也傳云自謂無所及成於六德箋申傳說言猶當云己將無所及於事則成六德然則箋傳之意以自謂無所及於事是謙虛謹愼以之爲一通彼五者爲六德不與韋昭同也鄭之此說贊成毛義故鄭志張逸問此箋云中和謂忠信每懷靡及箋云懷私爲每懷和當爲私而此言忠信愚意似乖也答曰非也此周之忠信也已有五德復問忠信之賢人問意以傳言雖有中和自謂無所及謂出於每懷靡及而來箋。以破和爲私則無復有中和之事今又言中和故怪而問之鄭荅曰非也謂此中和非上每懷也此自是周忠信也言中和者義出於周不出於每懷也由此言之則張逸亦不知箋轉和以申毛意謂鄭破和而非傳故有此問鄭荅曰非是鄭不易毛也但毛傳質略事之久遠未知鄭之此說上當毛意以否要以觀其荅意及箋意必當然也王肅以毛傳云雖有中和者卽上每雖懷和是也孫毓亦以爲然故其評曰按此篇毛傳上下說自相申成下章傳云雖有中和當自謂無所及卽是上章謂每懷靡及每雖懷和之義也箋既易之於前爲說於下云中和謂忠信自是周之訓也何得以釋中和乎上下錯戾不可得通傳義爲長徧檢書傳不見訓懷爲和假使訓懷爲和中字猶無所出外傳言懷者上下文勢皆作私懷之義則鄭氏之言實有所據而今詩本皆有每雖則王肅之說又非無理鄭王並是大儒俱云述傳未知誰得其旨故兼載申說之焉

皇皇者華五章章四句

常棣燕兄弟也閔管蔡之失道故作常棣焉周公弔二叔之不咸而使兄弟之恩疏召公爲作此詩而歌之以親之○常棣大計反字林大內反召上照反爲作于僞反

疏 常棣八章章四句至棣焉○正義曰作常棣詩者言燕兄弟也謂主者以兄弟至親宜加恩惠以時燕而樂之周公述其事而作此詩焉兄弟者共父之親推而廣之同姓宗族皆是也故經云兄弟既具和樂且孺則遠及九族宗親非獨燕同懷兄弟也序又說所以作此燕兄弟之詩者周公閔傷管叔蔡叔失兄弟相承順之道不能和睦以亂王室至於被誅使己兄弟之恩疏恐天下見在上既然皆疏兄弟故作此常棣之詩言兄弟不可不親以敦天下之俗焉此序序其由管蔡而作詩意直言兄弟至親須加燕飫以示王者之法不論管蔡之事以管蔡已缺不須論之且所以爲隱也此經八章上四句言兄弟光顯急難相須五章言安寧之日始求朋友以明兄弟之重至此上論兄弟由親所以燕之六章始說燕飫

即充此云燕兄弟也燕燕飫禮異飫以非常事燕主歡心故言燕以兼飫卒章言室家相宜由於燕燕好取其首尾相成也○箋周公至親之○正義曰此解所以作常棣之意咸和也言周公閔傷此管蔡二叔之不和睦而流言作亂用兵誅之致令兄弟之恩疏恐其天下見其如此亦疏兄弟故作此詩以燕兄弟取其相親也此常棣是取兄弟相親之詩至厲王之時棄其宗族又使兄弟之恩疏召穆公爲是之故又重述此詩而歌以親之外傳云周文公之詩曰兄弟鬩於牆外禦其侮則此詩自是成王之時周公所作以親兄弟也但召穆公見厲王之時兄弟恩疏重歌此周公所作之詩以親之耳故鄭答趙商云凡賦詩者或造篇或誦古所云誦古指此召穆公所作誦古之篇非造之也此自周公之事鄭輒言召穆公事因左氏所論而引之也左傳曰王怒將以狄伐鄭富辰諫曰不可臣聞大上以德撫民其次親親以相及也昔周公弔二叔之不咸故封建親戚以藩屏周召穆公思周德之不類故糾合宗族於成周而作詩曰常棣之華鄂不韡韡凡今之人莫如兄弟周之有懿德如是猶曰莫如兄弟故封建之其懷柔天下也猶懼有外侮捍禦侮莫如親親故以親屏周召穆公亦云是周公弔二叔之不咸召公作詩之事也檢左傳止言周公弔二叔之不咸而封建親戚不言爲之作常棣下云召穆公思周德之不類糾合宗族於成周而作常棣則周公本作常棣亦爲糾合宗族可知但傳文欲詳之於後故於封建之下不言周公作常棣耳末言召穆公亦云明本常棣是周公之辭故杜預云周公作詩召公歌之故言亦云是也此序言閔管蔡之失道左傳言弔二叔之不咸言雖異其意同弔傷也二叔即管蔡也不咸即管蔡失道也實是一事故鄭引之先儒說左傳者鄭衆賈逵以二叔爲管蔡馬融以爲夏殷之叔世故鄭志張逸問此箋云周仲文以左氏論之三辟之興皆在叔世謂三代之末即二叔宜爲夏殷末也答曰此注左氏者亦云管蔡耳又此序子夏所爲親受聖人足自明矣問者以昭六年左傳曰夏有亂政而作禹刑商有亂政而作湯刑周有亂政而作九刑三辟之興皆叔世也彼叔世者謂三代之末世也則言二叔者亦宜爲夏殷之末世故言有周仲文蓋漢世儒者也以爲二叔宜爲夏之末不得爲

珍倣宋版印

管蔡故問之鄭答注左氏者亦云管蔡謂鄭賈之說也又左傳論周公弔二叔之不咸而作常棣此序言閔管蔡之失道故作常棣之意則此云管蔡卽傳。言

云二叔可知故云此序子夏所作親受聖人自足明矣

常棣之華，鄂。不韡韡。

興也常棣棣也鄂猶鄂鄂然言外發也韡韡光明也箋云承華者曰鄂不當作。拊拊鄂足也鄂足得華之光明則韡韡然盛興者喻弟以敬事兄兄以榮覆弟恩義之顯亦韡韡然古聲不拊同○鄂五各反不毛如字鄭改作拊方于反韡韋鬼反常棣棣也本或作常棣移音以支反又是兮反按爾雅云唐棣移常棣棣作移者非不拊不音如字又芳浮反二聲相近也拊亦作附前注同一云不亦方于反

凡今之人，莫如兄弟。

聞常棣之言爲今也箋云聞常棣之言始聞常棣華鄂之說也如此則人之恩親無如兄弟之最厚

【疏】常棣至兄弟○毛以爲常棣之木華鄂鄂然外發之時豈不韡韡而光明乎以衆華俱發實韡韡而光明以興兄弟衆多而相和睦豈不强盛而有光暉乎言兄弟和睦實强盛而有光暉也兄弟和睦則强盛如是然則凡今時天下之人欲致此韡韡之盛莫如兄弟之相親言兄弟相親則致榮顯也○鄭以爲華下有鄂鄂下有拊言常棣之華與鄂拊韡韡然甚光明也由華以覆鄂鄂以承華華鄂相承覆故得韡韡然而光明也華鄂相覆而光明猶兄弟相順而榮顯然則凡今時之人恩親無如兄弟之最厚也○傳常棣至光明○正義曰常棣棣釋木文也舍人曰常棣一名棣郭璞曰今關西有棣樹子如櫻桃可食是也。與。此唐棣異木故爾雅別釋鄂猶鄂鄂者以一華之狀宜言鄂鄂故重言之言外發也謂華聚而發於外也韡韡華之貌華非一色故云光明靜女云彤管有煒文與彤連故云煒赤貌王述之曰不韡韡言韡韡也以興兄弟能內睦外禦則强盛而有光燿若常棣之華發也○箋承華至拊同○正義曰以鄂文承華下故爲承華曰鄂也又古聲不拊同不在鄂下宜爲鄂足故知當作拊拊爲鄂足也以鄂足比於弟華比於兄鄂既承華文與拊連則鄂拊同比弟也言鄂足得華之光明是弟得兄榮也又曰恩義之顯亦韡韡然則兄亦得弟之助兄弟之相佐猶華鄂之相承覆也易傳者以華之外發取衆多爲義

未若取相承覆爲喻辭理切近故不從毛也〇傳聞常棣之言爲今〇正義曰傳以凡今者多對古之稱故辨之既聞常棣之說則知兄弟宜相親故以聞常棣之言爲今謂從今以去宜相親也王述之曰管蔡之事以次而爲常棣之歌爲來今是也

死喪之威兄弟孔懷威畏懷思也箋云死喪可畏怖之事維兄弟之親甚相思念〇怖普布反

原隰裒矣兄弟求矣裒聚也求矣言求兄弟也箋云原也隰也以相與聚居之故故能定高下之名猶兄弟相求故能立榮顯之名〇裒薄侯反

疏死喪至求矣〇正義曰言兄弟人恩至厚有死喪可畏怖之事維兄弟之親甚相思念餘人則不能也兄弟相念如是則當求以相耽不得疏也原與隰同聚矣猶兄弟相求矣原隰以聚居之故故能定高下之名兄弟以相求之故故能立榮顯之譬所以相半矣

脊令在原兄弟急難脊令雝渠也飛則鳴行則搖不能自舍耳急難言兄弟之相救於急難箋云雝渠水鳥而今在原失其常處則飛則鳴求其類天性也猶兄弟之於急難〇脊井益反亦作即又作鶺皆同令音零本亦作鴒同難如字又乃旦反注同搖音遙又餘照反處昌慮反

每有良朋況也永歎況茲永長也箋云每有雖也良善也當急難之時雖有善同門來茲對之長歎而已〇況或作兄非也歎吐丹反又吐旦反以協上韻

疏脊令至永歎〇正義曰脊令者水鳥當居於水今乃在於高原之上失其常處以喻人當居平安之世今在於急難之中亦失其常處也然脊令既失其常處飛則鳴行則搖不能自舍此則天之性以喻兄弟既在急難而相救亦不能自舍亦天之性於此急難之時雖有善同門來茲對也唯長歎而已不能相救言朋友之情甚而不如兄弟是宜相親也〇傳脊令至急難〇正義曰脊令雝渠釋鳥文也郭璞曰雀屬也陸機云大如鷃雀長脚長尾尖喙背上青灰色腹下白頸下黑如連錢故杜陽人謂之連錢是也小宛篇曰題彼脊令載飛載鳴是脊令飛則鳴也脊令既失其常處飛則鳴行則搖動其身不能自舍以喻兄弟相救於急難亦不能自舍然而此經直云在原與急難何知不正以在原喻在急難而已而必知急難謂救於急難者正以上

珍倣宋版印

章孔懷下章禦侮是相助之事以此類之故知爲相救於急難也但脊令不能自舍之貌猶可言故云飛則鳴行則搖兄弟相救之貌不可言故直云相救耳

兄弟鬩于牆外禦。其務 鬩很也。箋。云。禦。禁。務侮也兄弟雖內鬩而外禦侮也○鬩許歷反牆本或作廧在良反禦魚呂反務如字爾雅云侮也讀者又音侮此從左傳及外傳之文很戶懇反

每有良朋烝也無戎 烝填戎相也箋云當急難之時雖有善同門來久也猶無相助己者古聲填寘塵同○烝之承反填依字音田與寘同又依古聲音塵塵久也故箋申之云古聲填寘塵同相如字又息亮反下同

疏 兄弟至無戎○正義曰兄弟之親不能相遠言兄弟或有自不相得可鬩很於牆內若有他人來侵侮之則同心合意外禦他人之侵侮於此他人侵侮之時雖有善同門來見之雖久也終無相助之事唯兄弟相助耳言兄弟之恩過於朋友也云良朋者以大名言之其實同志之友故下章曰不如友也論語云有朋自遠方來亦其朋。者也散文朋友通也定本經御作禦訓爲禁集注亦然俗本以傳。禦。爲。御爾雅無訓疑俗本誤也○傳鬩很○正義曰很者忿爭之名故曲禮曰很毋求勝是也

喪亂既平既安且寧雖有兄弟不如友生。 兄弟尚恩。怡。怡然朋友以義。切切然箋云平猶正也安寧之時以禮義相琢磨則友生急○切切然定本作切切偲偲然琢陟角反

疏 傳兄弟至切切然○正義曰室家安寧身無急難則當與朋友交切磋琢磨學問脩飾以立身成名兄弟之多則尚恩其聚集則熙熙然不能相勵以道朋友之交則以義其聚集切切節節然相勸競以道德相勉勵以立身使其日有所得故兄弟不如友生也切切節節者相切磋勉勵之貌論語云朋友切切偲偲兄弟怡怡注云切切勸競貌怡怡謙順貌此熙熙當彼怡怡節節當彼偲偲也定本熙熙作怡怡節節作偲偲依論語則俗本誤

儐爾籩豆飲酒之飫 儐陳飫私也不脫屨升堂謂之飫箋云私者圖非常之事若議大疑於堂則有飫禮焉聽朝爲公○儐賓胤反飫於慮反朝直遙反

兄弟既具和樂且孺 九族會曰和孺屬也王與親戚燕則尚毛箋云九族

從己上至高祖下及玄孫之親也屬者以昭穆相次序○樂音洛下皆同孺本亦作孺如具反【疏】儐爾至且孺○正義曰上章已來說兄弟宜相親故此章言王者親宗族也王有大疑非常之事與宗族私議而圖之其時則陳列爾王之籩豆爲飲酒之飫禮以聚兄弟宗族爲好焉爲此飫及燕禮之時兄弟既已具集矣九族會聚和而甚忻樂且復骨肉相親屬也言由王親宗族故宗族亦自相親也○傳飫私至之飫○正義曰飫私釋言文孫炎曰飫非公朝私。飫飲酒也周語。有。王。公立飫又曰立成禮烝而已飫既爲私不在公朝在露門內也酒肉所陳不宜在庭則在堂矣燕禮云皆脫屨乃升堂少儀云堂上無跣燕則有之是燕由坐而脫屨明飫立則不脫矣故云不脫屨升堂謂之飫○箋私者至爲公○正義曰此解飫爲私之意也以私在露寢堂上故謂之私若聽朝則爲公事對公故言私也知飫禮爲圖非常議大疑者以周語云王公之有飫禮將以講事成禮建大德昭大物言講事昭物是有所謀矣明圖非常議大疑而爲飫禮也周語曰王公立飫則有房烝親戚燕饗則有殽烝又曰飫以顯物燕以合好則飫燕禮異序曰燕兄弟此陳飫者圖非常議大疑乃有飫禮則飫大於燕燕亦是王於族親之禮故陳之示親親也飫禮議其大疑則婦人不與立以成禮則不必和樂下章云妻子合好此傳曰王與族人燕則尚毛以此詩飫燕雜陳故下箋云王與族人燕則宗婦內宗之屬亦從后於房中是此章之中兼燕禮矣上二句爲飫下二句爲燕飫陳籩豆燕言兄弟互以相兼也○傳孺屬至尚毛○正義曰孺屬釋言文李巡曰孺骨肉相親屬也中庸曰燕毛所以序齒文王世子曰公與族人燕則以齒而孝悌之道達矣王與宗族之人燕以毛髮年齒爲次第也司儀曰王燕則諸侯毛亦謂同姓諸侯也故彼注云謂以髮鬢爲坐朝事尊尊尚爵燕則親親尚齒云親親是燕同姓明矣

妻子好合如鼓瑟琴箋云好合。至意合也合者如鼓瑟琴之聲相應和也王與族人燕則宗婦內宗之屬亦從后於房中○好呼報反應對之應和胡臥反

兄弟既翕和樂且湛翕合也○翕許急反湛答南反又作耽韓詩云樂之甚也【疏】妻子至且湛○正義曰上章並陳飫燕之

珍倣宋版印

禮此又論內外之歡也王與族人燕於堂上則后與宗婦燕於房中王之族人見王燕其宗族知王親之皆傚王親親與其妻子自相和好志意合和如鼓瑟琴相應和於時兄弟既會聚矣其族人非直內和妻子又九族和好忻樂而且湛又以盡歡也○箋王與至房中○正義曰此解天子自燕宗族兄弟所以得致妻子好合之意以其王與族人燕則宗婦內宗之屬亦從后於房中而燕故有妻子也宗婦者謂同宗卿大夫之妻也內宗者同宗之內女嫁於卿大夫者春秋莊二十四年夫人姜氏入大夫宗婦覿用幣謂之宗婦明是宗族之婦也故賈杜皆云宗婦同姓大夫之婦襄二年傳曰葬齊姜齊侯使諸姜宗婦來會葬諸姜謂齊同姓之女宗婦謂齊同姓之婦是同姓大夫之婦名爲宗婦也周禮春官序官云內宗凡內女之有爵者注云內女王同姓之女謂之內宗有爵其嫁於大夫及士者是王同姓之女名爲內宗也天子燕宗族之禮亡所以知王與族人燕則宗婦內宗從后者湛露曰燕厭夜飲不醉無歸傳曰夜飲私燕也宗子將有事族人。者入侍不醉而出是不親也醉而不出是渫宗也箋云天子燕諸侯之禮亡此假宗子與族人燕爲說耳然則天子燕同姓諸侯之禮猶宗子燕族人則天子燕宗族兄弟爲朝廷臣者如宗子於族人可知案特牲饋食禮祭末乃曰徹庶羞設於西序下注云爲將餕去之庶羞主爲尸非神饌也尚書傳曰宗室有事族人皆侍終。曰大宗已侍於賓奠然後燕私燕私者何也已而與族人飲。也此徹庶羞置西序下者爲將以燕飲與然則自尸祝至於兄弟之庶羞宗子與族人燕飲於堂內賓宗婦之庶羞主婦以燕飲於房也鄭以彼特牲是宗子之祭禮族人及族婦皆助故經云宗婦執兩籩宗婦贊豆是宗婦及族人俱助宗子之祭及至末族人既爲宗子所燕明宗婦亦主婦燕之可知也且上文庶羞尸祝兄弟之等男子有庶羞宗婦及內賓婦人亦有庶羞今直云徹庶羞明二者俱徹二者俱燕也故云祝至於兄弟之庶羞宗子以與族人燕飲於堂內賓宗婦之庶羞主婦以與燕飲於房中也曲禮曰男女不雜坐謂男子在堂上女子在房故族人在堂。室婦在房也宗婦得與於燕明內宗亦與其中可知宗子之禮既然故知天子燕族人之禮亦然故云王與族人燕則宗婦內宗之屬亦從后於房中此證妻子止當言宗婦幷言內宗者內宗宗婦之類因言之此后燕及妻而連言子者此說族人室家和好其子長者從王在堂孩稚或從母亦在兼言焉

宜爾家室。樂爾妻帑。帑子也箋云族人和則得保樂其家中之大小○帑依字吐蕩反經典通爲妻孥字今讀音孥也

是究是圖亶其然乎究深圖謀亶信也箋云女深謀之信其如是○亶都但反

疏宜爾至然乎○正義曰王親宗族而與之燕族人化王莫不和睦則宗族同心人無侵侮然後宜汝之室家保樂汝之妻子矣若族人不和忿鬩自起外見侵侮內不相救則不能保其大小家室危焉焉汝於是深思之於是善謀之信其然者否乎既宗族須和若是不可不親焉王所以燕之也○傳孥子○正義曰上云妻子好合子即此帑也左傳曰秦伯歸其帑書曰予則帑戮汝皆是子也

常棣八章章四句

附釋音毛詩注疏卷第九（九之二）

珍倣宋版印

# 毛詩注疏校勘記（九之二）

阮元撰盧宣旬摘錄

○鹿鳴

講道脩德之樂歌是也 閩本明監本毛本同案浦鏜云政譌德以儀禮注考之是也

故敘以燕因之 閩本明監本毛本同案盧文弨云因疑目是也

饗謂享大牢以飲賓 閩本明監本毛本同案浦鏜云亨誤享考儀禮注是也伐木正義引作亨

吹笙而鼓簧矣 小字本相臺本同案段玉裁云宋書樂志引吹笙則簧鼓矣君子陽陽疏言吹笙則鼓簧今考此引者以意言之耳傳本是而字考文古本無而字誤

書曰篚厥元黃 小字本相臺本同案篚厥二字當倒毛居正六經正誤云篚厥元黃作厥篚元黃誤與國及建本皆作篚厥其說非也正義標起止云箋書曰厥篚元黃是正義本如此也故下文云今禹貢止有厥篚元纁之文而鄭禹貢注引允征曰篚厥元黃則此所引亦爲允征文正因此箋作厥篚與禹貢相涉故言今止有以明黃字之非彼文也若作篚厥但當引彼注不煩言此矣

示當作寘 小字本相臺本寘作寘閩本明監本毛本同案釋文示下云鄭作寘六經正誤所載作寘十行本正義中皆作寘考此寘字從宀者在說文新附卷耳伐檀經各本皆作寘段玉裁曰卽寘之譌文是也而自唐時卽有分別從宀者訓置從穴者爲東山常棣箋字訓久者矣

瑟琴以樂之 閩本明監本毛本琴作笙案所改是也此正義用王肅述毛也見下

琴瑟笙幣帛愛厚之者閩本明監本毛本無琴字案所刪是也

琴笙以樂之閩本明監本毛本琴作瑟案所改是也

恌愉也小字本相臺本同案釋文云愉他侯反又音踰正義云愉音臾說文訓爲薄也又云定本作愉如其所言不爲有異應是定本作偷依爾雅改耳當以釋文正義本爲長

今人呼爲青蒿香中炙啖者爲菣閩本明監本毛本同案呼下爲字衍也今爾雅注無此讀以上十二字爲一句

目視物與示傍見閩本明監本毛本同案與當作爲因別體俗字與作㒷而致譌也

說文酬爲薄也閩本明監本毛本同案浦鏜云訓誤酬是也

定本作愉者然閩本明監本毛本同案愉當作偷見上者當作若屬然字別爲句

○四牡

箋云無私恩小字本相臺本同案正義云集注及定本皆無箋云兩字是自此盡辭王事並屬傳也段玉裁云是也

又定本思恩作私恩閩本明監本毛本同案此當云又定本私恩作思恩誤互易其字也正義本作私恩上文可證

字又作鳩【補】毛本鳩作鵻

鵻名其夫不閩本明監本毛本同案山井鼎云爾雅疏無其字今考彼疏引云鵻一名夫不

祝鳩離夫不者故爲司徒閩本明監本毛本同案者當作孝爾雅疏卽采此正作孝而今本亦誤爲者

今鶉鳩也閩本明監本毛本同案浦鏜云鴉誤鶉是也釋文引草木疏云夫不一名浮鳩浮卽鴉字也

述時其情小字本相臺本時作序閩本明監本毛本作敘案序字是也

後爲詩人歌故云歌耳閩本明監本毛本同案人當作入形近之譌

○皇皇者華

每雖懷和也小字本相臺本同案正義云本皆如此又云如鄭此意則傳本無每雖二字又云蓋鄭所據者本無每雖後人以下傳有雖有中和之言下篇每有良朋之下有每雖之訓因而加之也定本亦有每雖又云而今詩本皆有每雖則王肅之說又非無理云云經義雜記以爲王肅私加是也○按舊挍非也毛於此云每雖懷和也末章傳曰雖有中和當自謂無所及卽蒙此傳而言以釋經文每懷靡及也傳自作和箋乃易和爲私字末可牽合句云每雖二字爲後人所加非也鄭云中和謂忠信也是鄭謂中和卽經之用絕非毛意毛以用也咨也諏也謀也度也詢也爲六德皆在雖有中和之外

懷私爲每懷也小字本相臺本同案此引國語私當如彼文作和韋昭云後鄭司農云和當爲私卽據下箋也正義云故鄭引其文因正其誤云和當爲私爲和誤也考此則正其誤在下此當仍作和矣正義中臣聞之曰懷私爲每懷是外傳以爲懷私末章正義中箋云懷私爲每懷皆和字之誤亦見經義雜記

明魯語所亦當爲懷私閩本明監本毛本所下有云字案所補是也

我馬維駒唐石經小字本相臺本同案釋文云駒音俱本亦作驕正義云維是駒矣是其本作駒與株林同已見彼下

則於是訪問閩本明監本毛本同小字本相臺本是作之案之字是也

箋以破和爲私閩本明監本毛本同案浦鏜云以疑已字誤是也

○常棣

上四句言兄弟光顯閩本明監本毛本同案浦鏜云章誤句是也

以爲二叔宜爲夏之末明監本毛本之上有殷字閩本剜入案所補是也

卽傳言云二叔可知閩本明監本毛本同案言字當衍

鄂不韡韡唐石經小字本相臺本同案釋文云鄂五各反詩經小學云鄂字從卪今考唐石經以下各本及釋文皆從阝作地名之鄂疑此經乃依聲託事也說文卪部無鄂韡下引此詩作萼出後人所改艸部亦無萼字李善長笛賦注引字林鄂直言也鄂字當始於漢而周禮禮記注用之○按古或有从卪之鄂說文或有遺漏之字

不當作拊小字本相臺本同閩本明監本毛本亦同案釋文不下云鄭改作拊又不拊同下云拊本亦作跗前注同考說文木部云柎闌足也山海經員葉而白柎集韻十虞亦作柎皆從木而羣經音辨載此字在手部則當時釋文字已從手也

與此唐棣異木閩本明監本毛本同案浦鏜云與此當誤倒是也

管蔡之事以次毛本同閩本明監本次誤是案皆非也以次當作已缺以已多相亂者次缺形近之譌序下正義云以管蔡已缺卽用此述毛語也當據彼正之

言兄弟人恩至厚注閩本明監本毛本人作之案所改非也人恩見鄭表記

則當求以相耽閩本明監本毛本同案耽當作助形近之譌

況也永歎閩本明監本毛本同小字本相臺本歎作嘆唐石經亦作嘆案釋文作歎十行本依之改也又唐石經況字後改案釋文云況也或作兄非也段玉裁云此桑柔召旻及今文尚書毋兄曰則兄曰正同作兄是作況非

每有雖也小字本同閩本明監本毛本同相臺本無有字案相臺本誤也每有雖也箋用釋訓文皇皇者華正義云下篇每有朋之下有每雖之訓乃櫽栝此箋不當據之刪也下箋云雖有善同門來雖卽每有也雖下之有非經中之有亦殷其靁傳箋此字之比考文古本作每有雖有也更誤○按舊挍非也無有字爲是箋正用皇皇者華傳

茲對也唯長嘆而已閩本明監本毛本同案此不誤浦鏜云之誤也非也凡正義於說經必順其文此順經云況也耳下經烝也正義云雖久也亦順經可證○按對字非經中所有則舊說亦非浦云也當作之爲是正義用箋語耳

外禦其務唐石經小字本相臺本同案此定本也釋文外禦魚呂反與定本同正義云定本經御作禦訓爲禁集注亦然是正義本經作御字

箋云禦禁小字本相臺本同案禦禁定本也見上正義云俗本以傳禦爲御爾雅無訓疑俗本誤也此正義當有誤詳下段玉裁云此傳御禦務侮也兄弟雖內鬩而外禦侮也本國語爾雅各本誤衍箋云非也定本改御禦爲禦禁不知御禦見於谷風傳矣正義疑爾雅有禦禁而無御禦不知爾雅御禦禁三字互訓

亦有朋者也闔本明監本毛本同案朋者當作同志形近之譌耳

俗本以傳禦爲御闔本明監本毛本同案此當作俗本以傳爲御禦誤倒禦字於爲字上也

兄弟尚恩怡怡然小字本相臺本同案此定本也正義云兄弟之多則尚恩其聚集則熙熙然正義本作熙熙也詳下

朋友以義切切然小字本相臺本同案此釋文本也釋文云切切節節本作切切偲偲然正義云朋友之交則以義其聚集切切節節然又云論語云朋友切切偲偲兄弟怡怡注云切切勸競貌怡怡謙順貌此熙熙當彼怡怡節節當彼偲偲定本熙熙作怡怡節節作偲偲依論語則俗本誤考此當是毛所據論語自作熙熙節節耳定本乃改之以合於其時行世之論語非也切切節節然又見伐木正義

飫非公朝私飫飲酒也闔本明監本毛本同案浦鏜云下飫字衍從爾雅疏挍是也此誤衍耳見下

周語有王公立飫闔本明監本毛本同案十行本語至立剜添者一字考此當是因上句衍飫而脫去一字後就而補之仍未去其衍字也

至意合也闔本明監本毛本同小字本相臺本至作志案志字是也

族人者入侍　閩本明監本毛本同案者當作皆形近之譌

族人皆侍終日也　閩本明監本毛本同案浦鏜云日誤曰以特牲注考之是

燕私者何也已而與族人飲也　閩本明監本毛本同案此不誤已上浦鏜云脫祭字又云衍下也字從儀禮經傳通解挍非也通解多以意增刪不可據也

故族人在堂室婦在房也　閩本明監本毛本同案浦鏜云宗誤室是也

宜爾家室　小字本相臺本同考文古本同唐石經家室作室家閩本明監本毛本同案作室家者是也禮記引同以家絜圖乎爲韻唐石經可據也正義云然後宜汝之室家亦其證

今讀音孥也　補釋文挍勘記云通志堂本盧本奴子二字幷作孥云孥字舊誤分爲奴子兩字今改正案所改謬甚音奴者對上吐蕩反而言也子也者載傳也奴字句絕子也別爲句今注疏本幷作孥尤誤小字本相臺本所附皆但云帑音奴二本之例傳箋文不複出然則其讀釋文尙未失句逗也

珍倣宋版印

# 附釋音毛詩注疏卷第九（九之三）



毛詩小雅　鄭氏箋　孔穎達疏

伐木燕朋友故舊也自天子至于庶人未有不須友以成者親親以睦友賢不棄不遺故舊則民德歸厚矣【疏】伐木六章章六句至厚矣○正義曰作伐木詩者燕朋友故舊也又言所燕之由自天子至於庶人未有不須友以成者王者既能內親其親以使和睦又能外友其賢而不棄不遺忘久故之恩舊而燕樂之以此化民於上民則效之於下則民德皆歸於惇厚不澆薄矣朋是同門之稱友為同志之名故舊即昔之朋友也然則朋友新故通名故舊唯施久遠此云朋友可以兼故舊而並言之者此說文王新故皆燕故異其文友賢不棄燕朋友也不遺故舊是燕故舊也舊則不可更釋新交則非賢不友故變朋友云友賢也燕故舊即二章卒章上二句是也燕朋友即二章諸父諸舅卒章兄弟無遠是也經序倒者經以主美文王不遺故舊為重故先言之而後言父舅。先兄弟見父舅亦有故舊也序以經雖主燕故舊而故舊亦朋友故先言朋友以見總名而又別言故舊以明其為二事天子至于庶人未有不須友以成者即序首章之事因文王求友而廣言貴賤也經以由須朋友而燕之故先論求友之由序則以詩本主燕所以倒也二章卒章所陳皆為燕食說王不得不召父舅又於兄弟陳王之恩皆是燕朋友故舊也經兼陳食禮而序不言亦舉其歡心足以兼之其親親以下因說王者立法且明次篇之義親親以睦指上常棣燕兄弟也友賢不棄不遺故舊即此篇是也常棣雖周公作既內之於治內之篇故為此次以示法是。此篇皆有義意

伐木丁丁鳥鳴嚶嚶興也丁丁伐木聲也嚶嚶驚懼也箋云丁丁嚶嚶相切直也言昔日未居位在農之時與友生於山巖伐木為勤苦之事猶以道德相切正也嚶嚶兩鳥聲也其鳴之志似於有友道然故連言之○丁

丁陟耕反嚶於耕反出自幽谷遷于喬木幽深喬高也箋云遷徙也謂鄉時之鳥出從深谷今移處高木○喬其驕反鄉本又作曏同許亮反嚶其鳴矣求其友聲君子雖遷於高位不可以忘其朋友箋云嚶其鳴矣遷處高木者求其友聲求其尚在深谷者其相得則復鳴嚶嚶然○復扶又反相彼鳥矣猶求友聲矧伊人矣不求友生矧況也箋云相視也鳥尚知居高木呼其友況是人乎可不求之○相息亮反矧尸忍反神之聽之終和且平箋云以可否相增減曰和平齊等也此言心誠求之神若聽之使得如志則友終相與和而齊功也

疏伐木至且平○毛以爲有人伐木於山阪之中丁丁然爲聲鳥聞之嚶嚶然而驚懼以興朋友二人相切磋設言辭以規其友切切節節然其友聞之亦自勉勵猶鳥聞伐木之聲然也鳥既驚懼乃飛出從深谷之中遷於高木之上以喻朋友既自勉勵乃得遷升於高位之上鳥既遷高木之上又嚶嚶然其爲鳴矣作求其友之聲以喻君子雖遷高位而亦求其故友所以求之者視彼鳥之無知猶尚作求其友之聲況人之有知矣焉得不求其友生乎君子爲此而求友也既居高位而不忘故友若神明之所聽祐之則朋友終久必志意和且功業平鄭以爲此章遠本文王幼少之時結友之事言文王昔日未居位之時與友生伐木於山阪丁丁然爲聲也於時雖處勤勞猶以道德相切直時有兩鳥在傍嚶嚶然而鳴此鳥之鳴似朋友之相切故連言之此鳥乃出從深谷之中遷於高木之上又復嚶嚶然爲其鳴矣作求其友之聲然視彼鳥矣猶作其求友之聲況是人何得不求其友生乎故文王所以求友生也大意與毛同唯不與爲異耳○傳丁丁至驚懼○正義曰此丁丁文連伐木故知伐木聲下云出自幽谷遷于喬木則木是其鳥驚懼而飛遷矣故知嚶嚶然驚懼言此鳥爲驚懼而鳴耳嚶嚶非驚懼之聲也故下云嚶其鳴矣不復驚懼鳴亦嚶是也然釋訓云丁丁嚶嚶相切直也傳意以此伐木鳥鳴喻相切直之事今傳解詩經之文耳爾雅徑訓與喻之義釋訓云顒顒卬卬君之德也藹藹萋萋臣盡力也皆徑釋其義不釋詩文王肅亦云鳥聞伐木驚而相命嚶

嚶然故曰丁丁嚶嚶相切直以興朋友切切節節其言得傳旨也言相切直者謂切磋相正直也○箋丁丁至連言之○正義曰箋全引釋訓之文。具解丁丁
嚶嚶之義與傳同也故下卽云嚶嚶兩鳥聲丁丁亦是伐木聲也故郭璞曰丁丁斫木聲嚶嚶兩鳥鳴但正伐木鳥鳴時有此相切直之義故總言丁丁嚶嚶
爲相切直言未居位謂未居諸侯之位在於農畝時山巖者以下云伐木于阪故知山傍巖崖之處故云山巖也箋必以爲文王身與友生伐木者以爾雅云
丁丁嚶嚶相切直自此以下陳鳥鳴求友無相切直之義則伐木之時相切直也而下二章釃酒文連伐木是酒爲伐木而設卽伐木之人是朋友矣朋友旣
親伐木明文王與之俱行故知親在農禮記注士之子食祿不免農則大夫以上子免農矣時文王爲諸侯世子而在農者案史記周本紀太王曰我世當有
興者其在昌乎則文王在太王之時年已長大是諸侯世子之子耳太王初遷於岐民稀國小地又險險而多樹木或當親自伐木所以勸率下民不可以禮
論也言嚶嚶兩鳥者以相切直若一鳥不得有相切故郭璞曰嚶嚶兩鳥鳴以喻朋友切磋相正是以義勢便爲兩鳥其實一鳥之鳴亦嚶嚶也故知嚶其鳴
矣是一鳥也又解鳥鳴與伐木文連之意以文王相切直之時此兩鳥共鳴亦似朋友之相切磋及其遷處高木嚶鳴相求又似朋友之相求故下觀之以爲
喻此鳴之志似於有朋友之道故連言之葛覃因以黃鳥爲興亦此類也伐木許許。釃酒有藇許許。柿貌以筐曰釃以藪曰湑藇美貌箋
云此言。許者伐木許許之人今則有酒而釃之本其故也○許沈呼古反釃徐所宜反又所餘反葛洪所寄反謂以篚盪酒盪音蕩藇音敘又羊汝反柹孚廢
反又側几反數素口反曰湑思敘反旣有肥羜以速諸父羜未成羊也天子謂同姓諸侯諸侯謂同姓大夫皆曰父異姓則稱舅國君友
其賢臣大夫士友其宗族之仁者箋云速召也有酒有羜今以召族。之飲酒○羜直呂反寧適不來微我弗顧微無也箋云寧召之適自
不來無使言我不顧念也於粲洒埽陳饋八簋粲鮮明貌圓曰簋天子八簋箋云粲然已灑擇矣陳其黍稷矣謂爲食禮○於如字舊音

爲粲采旦反洒所懈反徐所寄反埽素報反饋其位反簋居偉反灑所蟹反又所懈反攢本又作拚甫問反食音嗣

既有肥牡以速諸舅寧適不來微我有咎也咎過

疏伐木至有咎○毛以爲伐木其柿許許然故鳥驚而飛去以喻朋友之相勵故德進而業修也此所與切磋之故舊今以筐釃其酒有藇然而美與之燕飲焉王非直燕其故舊又既有肥羜之羊以召朋友諸父而燕之俱有羊酒各舉其一也王意又殷勤諸父兄弟必盡召之王言曰寧召之適自不來則已無得不召之使言我不顧念之而懷怨也於是粲然洒埽其室庭陳飲食之饋黍稷之等有八簋也既有肥羜之牡以召諸舅而食之寧召之適自不來則止無使懷怨令我有咎過焉言王厚其朋友故舊爲設燕食兼有焉○鄭以嚮時與文王伐木許許之人文王有酒而飲之本其昔日之事也餘同○傳許許至曰湑○正義曰以許許非聲之狀故爲柿貌上言丁丁之聲下言于阪之處互以相通明在阪伐之爲聲而有柿也以筐曰釃以藪曰湑者筐竹器也藪草也漉酒者或用筐或用草於今猶然毛氏蓋相傳爲說因釃言湑逆解下文用草者用茅也傳僖四年左傳曰爾貢苞茅不入王祭不供無以縮酒是也○傳羜未至仁者○正義曰釋畜云未成羊曰羜郭璞曰今俗呼五月羔爲羜是也傳以經稱諸父舅序云燕朋友故舊則此父舅是文王之朋友也禮天子謂同姓諸侯諸侯謂同姓大夫皆曰父異姓則稱舅故曰諸父諸舅也禮記注云稱之以父與舅親親之辭也覲禮說天子呼諸侯之義曰同姓大國則曰伯父其異姓則曰伯舅同姓小國則曰叔父異姓則曰叔舅是天子稱諸侯也左傳隱公謂臧僖伯曰叔父有憾於寡人鄭厲公謂原繁曰願與伯父圖之禮記衞孔悝之鼎銘云公曰叔舅是諸侯稱大夫父舅之文也諸侯則國有大小之殊大夫唯以長幼爲異故服虔左傳注云諸侯稱同姓大夫長曰伯父少曰叔父是也然則諸侯謂異姓大夫長者亦當爲伯舅但經傳無其事耳公羊傳曰王者之後稱公大國稱侯皆千乘小國稱伯子男左傳曰在禮卿不會公侯會伯子男可也分五等爲二節皆以公侯爲上等伯子男爲下等明大邦謂公侯小邦謂伯子男其稱牧伯則異曲禮

曰五官之長曰伯是職方天子同姓謂之伯父異姓謂之伯舅東西二伯又曰九州之長入天子之國曰牧天子同姓謂之叔父異姓謂之叔舅禮記注云牧尊於大國之君而謂之叔父避二伯也亦以此爲尊禮或損之而益謂此類也言由避二伯故稱叔因以別異大邦之君亦以損其稱而更益其尊故云損之而益也齊太公爲王官之伯左傳云王使劉定公賜齊侯命曰昔伯舅太公佐我先王是稱太公爲伯舅也及齊桓公與霸功王又以二伯之禮命之僖九年傳曰王使宰孔賜齊侯胙曰使孔賜伯舅胙是也周公亦是分陝之伯而魯頌云王曰叔父者以其實成王叔父以本親言之也其晉文公亦有霸功而王策命辭云王曰叔父者齊桓晉文雖俱有霸功天子賜命皆本其祖太公受二伯命故還以二伯之禮賜桓公唐叔本受州牧之命故還以州牧之禮命文公故唐叔文公但稱叔父左傳周景王謂籍談曰叔父唐叔是唐叔亦受州牧之禮而稱叔父也僖二十四年傳王出適鄭使來告難曰敢告叔父謂魯爲叔父成二年傳王告鞏朔曰今叔父克遂有功于齊謂晉爲叔父也昭七年王使追命衞襄公曰叔父陟恪在我先王之左右是謂衞爲叔父也是晉與魯衞王皆呼之爲叔父昭九年王使詹桓伯辭於晉曰伯父惠公歸自秦又謂晉侯爲伯父由此觀之魯衞爲大國而稱叔父晉國之中伯叔俱稱不同者以魯雖周公之後周公位冢宰爲東伯而周公之國故繫伯禽左傳曰燮父禽父王孫牟並事康王三國俱以令德作王卿明兼州牧矣燮父唐叔之子王孫牟康叔之子康叔稱叔父是爲州牧尚書酒誥命康叔之辭曰明大命於妹邦鄭云康叔爲連屬之監則康叔後或爲州牧燮父王孫牟或各繼其父爲州牧也伯禽作費誓專征徐戎爲方伯可知三國並爲大國王室之親又皆二伯之後尊而異之所以皆稱叔父焉晉又稱伯父者以晉既大國世作盟主故變稱伯父耳尚書文侯之命王曰父義和平王得文侯夾輔周之勳尤親之而直稱父也天子稱朝廷公卿則無文蓋有爵者自依諸侯之例無爵者亦應以此長幼稱伯父叔父大夫以下位卑其稱父舅以否無文以明之此傳以及下經父舅兼有解天子所呼父舅之文以諸侯於大夫猶天子於諸侯同有父舅之名故連釋之焉

既此篇燕朋友而呼父舅是父舅爲天子朋友事自明矣因天子有交友之義已釋諸侯亦有父舅故亦因解國君友其賢臣幷及大夫友其宗族之仁者云仁賢者明尊卑之交非賢不友故也定本無宗字○箋有酒至飲酒○正義曰此有酒有羜召族人飲之蓋是燕禮非饗也何者聘禮注云饗謂亨大牢以飲賓也今此唯肥羜而已是非饗禮明矣今燕禮者是諸侯燕其羣臣及賓客之禮禮記云其牲狗不用羊豕此云有肥羜者天子之禮異於諸侯也宣十六年左傳曰王饗有體薦燕有折俎公當饗卿當燕王室之禮是天子燕饗之禮異於諸侯牲亦不同也○箋陳其至食禮○正義曰儀禮特牲少牢聘禮公食之等皆以簋盛黍稷則八簋是黍稷之器也故云陳其黍稷謂爲食禮案周官掌客職五等諸侯簋皆十二又公食大夫禮上大夫六簋此天子云八簋者據待族人設食之禮其掌客所云謂飧饔餼之大禮公食大夫是諸侯食大夫之禮若曰食特牲者二簋少牢者四簋故玉藻云少牢五俎四簋然則太牢者六簋上肥羜釃酒爲燕禮此是食禮互陳之也知是食禮者燕禮主於飲酒無飯食則此簋盛黍稷是食禮可知周禮地官舂人云凡饗供食米則饗禮有黍稷矣但饗主於飲不主於食此經不言酒殽獨陳八簋假令與上釃酒幷爲一事亦不得爲饗禮何者饗亨太牢以飲賓不得用未成羊羜也但於肥羜之下既言以速諸父又別言於粲酒埽以速諸舅明二者又爲一禮上句爲燕下句爲食燕言諸父食言諸舅互文以相通也推此明以兼有饗矣但文不見饗耳

伐木于阪釃酒有衍衍美貌箋云此言伐木于阪亦本之也籩豆有踐兄弟無遠箋云踐陳列貌兄弟父之黨母之黨

民之失德乾餱以愆餱食也箋云失德謂見謗訕也民尚以乾餱之食獲愆過於人況天子之饌反可以恨兄弟乎故不當遠之○餱音侯爾雅云餱食也愆起虔反訕於諫反饌士戀反遠于萬反亦如字

有酒湑我無酒酤我湑茜之也酤一宿酒也箋云酤買也此族人陳王之恩也王有酒則泲茜之王無酒酤買之要欲厚於族人○湑本又作醑思敘反酤毛音戶說文同鄭音顧又音沽茜所六反與左傳縮酒同義謂以

珍倣宋版印

茅泲之而去其糟也字從艸泲子禮反

【經】坎坎鼓我，蹲蹲舞我，

蹲蹲舞貌箋云爲我擊鼓坎坎然爲我興舞蹲蹲然謂以樂樂己○坎如字說文作竷音同云舞曲也蹲七旬反本或作壿同爾雅云喜也說文云士舞也從士尊爲于僞反下同樂樂上音岳下音洛

迨我暇矣，飲此湑矣。

箋云迨及也此又述王意也王曰及我今之閒暇共飲此湑酒欲其無不醉之意○迨音待閒音閑

【疏】伐木至湑矣○毛以爲伐木於阪以鷩鳥喻朋友切磋以成道也由朋友相成如此故今以筐釃其酒衍然而美以燕之既有酒矣又籩豆有踐然行列而陳之矣兄弟親戚無有疏遠皆使召之而與之燕也王又自言己不可不召族人之意下民之失德見謗訕者以何故乎正由乾餱之食不分於人以獲愆過乾餱之食尚以獲愆況天子之饌可不召親戚令之恨乎故盡召而燕之族人陳王之恩言王有酒則湑泲之以飲我王無酒則卒造一宿之酤酒以與我於時坎坎然擊鼓以娛我蹲蹲然與舞以樂我是王恩甚厚矣王又謂族人曰汝族人今日正及我閑暇矣共汝飲此湑酒矣言己卒有閑暇而爲此飲其意欲令族人。以不醉是王之恩厚也○鄭以伐木於阪亦本之酤買爲異餘同○箋兄弟父至母之黨○正義曰以上言諸父爲父黨則諸舅爲母黨此言兄。弟父舅二文故知父黨母黨也禮有同姓異姓庶姓同姓。總。上王之同宗是父之黨也異姓王舅之親庶姓與王無親者天子於諸侯非同姓皆曰舅不由有親無親則舅文又以兼庶姓矣其中容有舅甥之親故通言母之黨也父黨母黨得同曰兄弟者兄弟是相親之辭因推而廣之異姓亦得言之故釋親云父之黨爲宗族母與妻之黨爲兄弟是母黨爲兄弟之文也此不言妻黨者以舅是母黨之稱故特言母耳其實妻黨亦曰兄弟釋親又曰妻之父爲婚兄弟壻之父爲姻兄弟是也兄弟必兼言母黨者以甥舅之親與同姓等故頍弁諸公刺王不能燕樂同姓而經曰豈伊異人兄弟甥舅是也若然兄弟總辭而下箋獨言族人陳王之恩者以兄弟雖父黨兼言母黨而父黨爲正故下特云族人也此燕朋友故舊非燕族人據族人爲朋友者互說耳舉族可以兼異姓及庶姓矣○箋反可以恨兄弟乎○正義曰。定恨作限恐非也○傳酤一宿酒○正義曰毛以爲言無酒明是卒爲之故云一宿酒蓋於時有之箋以經傳無名一宿酒爲酤者既有一宿之酒不得謂之無酒論語云酤酒市脯不食是古買酒爲酤酒故易之爲酤買也○箋爲我至樂已○正義曰兄弟陳王之厚己使人爲之鼓舞言爲我者以樂由己而故作也禮記天子食三老五更於大學冕而總干親在舞位知此非王自舞者食三老五更重禮示敬故王親舞之此與故舊燕樂不當王親舞也若言王身親舞豈亦親擊鼓乎以此知使人爲之

伐木六章章六句

天保下報上也君能下下以成其政臣能歸美以報其上焉下下謂鹿鳴至伐木皆君所以下臣也臣亦宜歸美於王以崇君之尊而福祿之以答其歌○下下俱戶嫁反注下及下臣同【疏】天保六章章六句至上焉○正義曰作天保詩者言下報上也謂臣下作詩歌君之美言天保神祐福祿所鍾君雖實然由臣所詠是臣下歸美以報其上序又申之言君能下其臣下燕饗遣勞謂鹿鳴至伐木之歌以成其國之政教故臣亦宜一歸美於君作天保之歌以報答其上焉然詩者志也各自吟詠六篇之作非是一人而已此爲答上篇之歌者但聖人示法詩義取相成○此鹿鳴至伐木於前此篇繼之於後以著義非此故答上篇也何則上五篇非一人所作又作彼者不與此計議何相報之有鄭云亦宜者示法耳非故報也此篇六章皆言王受多福是歸美之事

天保定爾亦孔之固固堅也箋云保安爾女也女王也天之安定女亦甚堅固俾爾單厚何福不除俾使單信也或曰單厚也除開也箋云單盡也天使女盡厚天下之民何福而不開皆開出以予之○俾必以反單毛都但反鄭音丹除治慮反注同俾爾多益以莫不庶庶衆也箋云莫無也使女每物益多以是故無不衆也【疏】天保至不庶○毛於單字自作

兩解以爲作者見時人物得所。生業日隆歌而稱之以告王言天之安定汝王位亦甚堅固矣何者天使汝誠信愛厚天下至民即知何等福不開出。與之汝天又使汝天下每物皆多有所益以是之故物無不衆多也每物衆多是安定汝王位甚堅固也毛又云單厚者天使汝以厚德厚天下耳○鄭以爲盡厚天下爲異餘同言亦孔之固亦語辭猶不亦宜乎○箋云使至予之○正義曰此章言福謂王得福也下章乃言臣民受天祿耳王能愛厚下民德當天意然後天降之福但王能布德亦天爲之故云天使汝盡厚天下之民何福而不開言何廣辭故云皆開出予之言開者若有閉藏畜積今開出之然此云開出予之據天授與王下言受天百祿據臣受天祿亦相通也

天保定爾俾爾戩穀罄無不宜受天百祿戩福穀祿罄盡也箋云天使女所福祿之人謂羣臣也其舉事盡得其宜受天之多祿○戩子淺反降爾遐福維日不足箋云遐遠也天又下予女以廣遠之福使天下溥蒙之汲汲然如日且不足也○汲已及反

疏天保至不足○正義曰言天安定汝之王位故使汝所福祿之人朝廷羣臣等盡無有不宜其舉事皆得其所而受天百祿羣臣之外天又下與汝廣遠之福及天下之民汲汲而欲下之維恐日日不足言天之使汝臣民俱受天福是安定汝也羣臣受王爵位故謂羣臣爲汝所授福祿之人

天保定爾以莫不興箋云興盛也無不盛者使萬物皆盛草木暢茂禽獸碩大如山如阜如岡如陵言廣厚也高平曰陸大。陵曰阜大阜曰陵箋云此言其福祿委積高大也如川之方至以莫不增箋云川之方至謂其水縱長之時也萬物之收皆增多也○縱足用反長張丈反

疏傳高平至曰陵○正義曰釋地文李巡曰高平謂土地豐正名爲陸土地獨高大名曰阜最大名爲陵○箋此言至高大○正義曰言所委聚所累積而高大也地官遺人注云少曰委多曰積。積者以遺人當米粟者有限言三十里有委五十里有積對倒故爲少多耳此則無倒也

吉蠲爲饎是用孝享吉善蠲絜也饎酒食也享獻也箋云謂將祭祀也○蠲古玄反舊音

堅饎尺志反享許丈反 **禴祠烝嘗于公先王** 春曰祠夏曰禴秋曰嘗冬曰烝公事也箋云公先公謂后稷至諸盩〇禴本又作礿餘若反祠嗣絲反烝之丞反盩直留反周大王父名 **君曰卜爾萬壽無疆** 君先君也尸所以象神卜予也箋云君曰卜爾者尸嘏主人傳神辭也〇疆居良反嘏古雅反傳直專反

疏 吉蠲至無疆〇毛以王既爲天安定民事已成乃善絜爲酒食之饌是用致孝敬之心而獻之所獻者將以爲禴祠烝嘗之祭往事其先王由王齊敬絜誠神歆降福先君之尸嘏〇予主人曰予爾萬年之壽無有疆畔境界言民神相悅所以能受多福也〇鄭以公爲先公言爲此禴祠烝嘗之祭於先公先王之廟也餘同〇箋謂將祭祀〇正義曰以下文始云禴祠烝嘗故知將祭祀致其意〇傳春曰至曰烝〇正義曰釋天文孫炎曰祠之言食礿新菜可汋嘗嘗新穀烝進品物也若以四時當云祠禴嘗烝詩以便文故不依先後此皆周禮文自殷以上則禴禘嘗烝王制文也至周公則去夏禘之名以春禴當之更名春曰祠故禘祫志云王制記先王之法度宗廟之祭春曰禴夏曰禘秋曰嘗冬曰烝祫爲大祭於夏於秋於冬周公制禮乃改夏爲禴禘又爲大祭祭義注云周以禘爲殷祭更名春曰祠是祠禴嘗烝之名周公制禮之所改也若然文王之詩所以已得有制禮所改之名者然王者因革與世而遷事雖制禮大定要以所改有漸易曰不如西鄰之禴祭〇鄭注爲夏祭之名則文王時已改言周公者據制禮大定言之耳公事釋詁文〇箋公先至諸盩〇正義曰毛以上雖言獻之未是祭時故以公爲事舉先王公從可知也鄭以孝享以致其意文王之祭實及先公故以爲先公也經於公上不言先者以先王在公後王尚言先則公爲先可知故省文以宛句也先公謂后稷至諸盩俗本皆然定本云諸盩至不窋疑定本誤中庸注云先公組紺以上至后稷也司服注云先公不窋至諸盩天作箋云諸盩至不窋所以同是先公而注異者以周之所追太王以下其太王之前皆爲先公而后稷周之始祖其爲先公書傳分明故或通數之或不數之此箋后稷至諸盩中庸注組紺以上至后稷也組紺即諸盩大王父也一上一下同數后稷也司服注不窋至諸盩天

珍倣宋版印

作箋諸盬至不啻亦一上一下不數后稷皆取便遥無義例也何者以此及天作俱爲祭詩同有先王先公義同而注異無例明矣此歌文王之事又别時祭之名文王時祭所及先公不過組紺亞圉后稷而已言后稷至諸盬者傳以公爲事箋易之爲先公因廣舉先公之數以明易傳之意不謂時祭盡及先公也○傳先君至象神○正義曰以經陳祭事故君爲先君也言曰卜爾是語辭故知尸也而稱君者尸所以象神由象先君之神傳先君之意以致福故箋申之云君曰卜爾者尸嘏主人傳神辭也郎少牢云皇尸命工祝承致多福無疆于汝孝孫之等是傳神辭嘏主人也尸神象郊特牲文

神之弔矣，詒爾多福。弔至詒遺也箋云神至者宗廟致敬鬼神著矣此之謂也○弔都歷反詒以之反遺唯季反

民之質矣，日用飲食。質成也箋云成平也民事平以禮飲食相燕樂而已○燕樂音洛

羣黎百姓，徧爲爾德。百姓百官族姓也箋云黎衆也羣衆百姓徧爲女之德言則而象之○偏音遍【疏】神之至爾德○正義曰此承上厚人事神之後反而本之言王已致神之來至矣遺汝王以多福又使民之事平矣日用相與飲食爲樂其羣衆百姓之臣偏皆爲汝之德言法效之汝既人定事治羣下樂德是爲天安定王業使君聖臣賢上下皆善也

如月之恆，如日之升。恆弦升出也言俱進也箋云月上弦而就盈日始出而就明○恆本亦作縆同古鄧反沈古恆反

如南山之壽，不騫不崩。騫虧也○騫起虔反

如松柏之茂，無不爾或承。箋云或之言有也如松柏之枝葉常茂盛青青相承無衰落也【疏】如月至或承○正義曰上章天安王位此章說堅固之狀言王德位日隆有進無退如日月之上弦稍就盈滿如日之出稍益明盛王既德位如是天定其基業長久且又堅固如南山之壽不騫虧不崩壞故常得隆盛如松柏之木枝葉恆茂無不於爾有承如松柏之葉新故相承代常無彫落猶王子孫世嗣相承恆無衰也○箋月上至就明○正義曰弦有上下知上弦者以對如日之升是益進之義故知上弦矣日月在朔交會俱右行於天日遲月疾從朔而分至三日月去日已當

二次始死魄而出漸漸遠日而月光稍長八日九日大率月體正半昏而中似弓之張而弦直謂上弦也後漸進至十五十六日月體滿與日正相當謂之望云體滿而相望也從此後漸虧至二十三日二十四日亦正半在謂之下弦於後亦漸虧至晦而盡也以取漸進之義故言上弦不云望集本定本經字作恆

天保六章章六句

采薇遣戍役也文王之時西有昆夷之患北有玁狁之難以天子之命命將率遣戍役以守衛中國故歌采薇以遣之出車以勞還杕杜以勤歸也文王爲西伯服事殷之時也昆夷西戎也天子殷王也戍守也西伯以殷王之命命其屬爲將率將戍役禦西戎及北狄之難歌采薇以遣之杕杜勤歸者以其勤勞之故於其歸歌杕杜以休息之○薇音微昆本又作混古門反玁本或作獫音險狁音允本亦作允難乃旦反注皆同將率子亮反下所類反本亦作帥同注及後篇將率皆同勞力報反後篇勞還皆同杕大計反【疏】采薇六章章六句至勤歸○正義曰作采薇詩者遣戍役也戍守也謂遣守衞中國之役人文王之時西方有昆夷之患北方有玁狁之難來侵犯中國文王乃以天子殷王之命命其屬爲將率遣屯戍之役人北攘玁狁西伐西戎以防守扞衞中國故歌此采薇以遣之及其還也歌出車以勞將帥之還歌杕杜以勤戍役之歸是故作此三篇之詩也昆夷言患玁狁言難患難一也變其文耳患難者謂與中國爲難非獨周也故即變云守衞中國明中國皆被其患不獨守衞周國而已此與出車五言玁狁唯一云西戎序先言昆夷者以昆夷侵周爲患之切故先言之玁狁大於西戎出師主伐玁狁故戒敕戍役以玁狁爲主而略於西戎也言命將帥遣戍役者將無常人臨事命卿士爲之故云命也其戍役則召民而遣之不待加命故云遣也命將帥所以率戍役而序言遣戍役者以將帥者與君共同憂務其戍役則身處卑賤非有憂國之情不免君命而行耳文王爲愧之情深殷勤於

戍役箭略將帥故此篇之作遣戍役爲主上三章遣戍役爲遣戍役之辭四章五章以論將帥之行爲率領戍役而言也卒章總序往反六章皆爲遣戍役也以主遣戍役故經先戍役後言將帥其實將帥尊故序先言命將帥後言遣戍役言歌采薇以遣之者正謂述其所遣之辭以作詩後。人歌因謂本所遣之辭爲歌也出車以勞還杕杜以勤歸不言歌者蒙上歌文也勤勞一也勞者陳其功勞勤者陳其勤苦但變文耳還與歸一也還謂自役而反歸據鄉家之辭但所從言之異耳出車序云勞還帥杕杜序云勞還役俱言還並云勞明還歸義同勤勞不異也此序幷言出車杕杜者以三篇同是一事共相首尾故因其遣而言其歸所以省文也○箋文王至一息之○正義曰西方曰戎夷是總名此序云昆夷之患出車云薄伐西戎明其一也故知昆夷西戎也文王於時事殷王也若非其屬無由命之故知以。文王。之。命命其屬爲將帥一其屬謂南仲出車經稱赫赫南仲玁狁于襄又曰赫赫南仲薄伐西戎則南仲一出幷禦西戎及北狄之難也皇甫謐帝王世紀曰文王受命四年周正月丙子。朔昆夷氏侵周一日三至周之東門文王閉門修德而不與戰昆夷進來不與戰明退即伐之也尚書傳四年伐犬夷注云犬夷昆夷也四年伐之南仲一行幷平二寇下箋云玁狁大故以爲始以爲終以書傳不言四年伐玁狁而言一伐犬夷作者之意偶言耳以天子之命命將帥則伐犬夷者紂命之矣書序云殷始咎周注云紂聞文王斷虞芮之訟又三伐皆勝始畏惡之拘於羑里紂命之使伐勝而惡之者紂以戎狄交侵須加防禦文王請伐便即命之但往克敵功德益高人望將移故畏惡之耳上三章同遣戍役以薇爲行期而言作止柔止剛止三者不同則行非一輩故首章箋云先輩可以行言先對後之辭則二章爲中輩三章爲後輩矣二章傳曰柔始生也兵若一輩而遣則不得剛柔別章若異輩而行不應以三章爲二輩則毛意柔亦中輩言始生者對剛爲生之久柔謂初生耳若對作止之柔在作後矣與鄭脆脆同也莊二十九年左傳曰凡馬日中而出謂春分也出車曰我出我車于彼牧矣出車就馬於牧地則是春分後也中氣所在雖無常定大抵在月中旬也中旬之後始出車就馬則首章二月下旬遣二章三月上旬

遣三章三月中旬遣矣故卒章言昔我往矣楊柳依依是爲二月之末三月之中事也

采薇采薇薇亦作止薇菜作生也箋云西伯將遣戍役先與之期以采薇之時今薇生矣先輩可以行也重言采薇者丁寧行期也○重直用反下重敘同曰歸曰歸歲亦莫止箋云莫晚也曰女何時歸乎亦歲晚之時乃得歸也又丁寧歸期定其心也○莫音暮本或作暮協韻武博反靡室靡家玁狁之故不遑啓居玁狁之故玁狁北狄也箋云北狄今匈奴也靡無遑暇啓跪也古者師出不踰時今薇菜生而行歲晚乃得歸使女無室家夫婦之道不暇跪居者有玁狁之難故曉之也

【疏】采薇至之故○正義曰文王將以出伐豫戒戍役期云采薇之時兵當出也王至期時乃遣戍役而告之曰我本期以采薇之時今薇亦生止是本期已至汝先輩可以行矣既遣其行告之歸期曰何時歸曰何時歸必至歲亦莫止之時乃得歸言歸必將晚所以使汝無室無家不得夫婦之道聚居止者正由玁狁之故又不得閒暇而跪處者亦由玁狁之故序其中情告之是故使之懷恩而怒寇也○箋西伯至行期○正義曰知先與之期者以此辭遣時之言也以薇亦作止報采薇采薇是先有此言也故知先與之期重言采薇者是丁寧行期也必先言期者以道遠敵強還歸必晚故豫告行期令之裝束也月令云仲春之月無作大事孟秋乃命將帥不待孟秋而仲春遣兵者以患難既偪不暇待秋故也○箋莫晚至其心○正義曰集本定本暮作莫古字通用也必告以歲晚之時乃得歸者緣行者欲知之且古者師出不踰時今從仲春涉冬若不豫告恐一時望還故丁寧歸期定其心也既師出不踰時而文王過之者聖人觀敵強弱臨事制宜撫巡以道雖久不困高宗之伐鬼方周公之征四國皆三年乃歸文王之於此行歲暮始反人無怨言故載以爲法然若出車曰春日遲遲薄言旋歸則此戍役以明年之春始得歸矣期云歲暮暮實未歸文王若實不知則無以爲聖知而不告則無以爲信且將帥受命而行不容違犯法度安得棄君之戒致令淹久者玁狁昆夷二方大敵將使一勞久逸蹔費永久寧文王知事未卒平役不早反故致此遠期

珍倣宋版印

息彼近望歲暮言歸已期久矣焉可更延期約復至後年但寇既未平不可守玆小謀將帥亦當請命而留非是故違期限聖人者窮理盡神顯仁藏用若使將來之事豫以告人則日者卜祝之流安得謂之聖也

采薇采薇薇亦柔止柔始生也箋云柔謂脆。脕之時○脆七歲反脕音問或作早晚字非也曰歸曰歸心亦憂止箋云憂止者憂其歸期將晚憂心烈烈載飢載渴箋云烈烈憂貌則飢則渴言其苦也我戍未定靡使歸聘。聘問也箋云定止也我方守於北狄未得止息無所使歸問言所以憂○靡使如字本又作靡所

疏采薇至歸聘○正義曰王遣戍役戒之云我本期以采薇之時遣汝今薇亦始生柔脆矣汝中輩可以行矣曰歸曰歸汝所歸期會至歲暮汝心亦憂其晚矣然。始。得。歸汝所以憂心烈烈然者以道路之中則有飢則有渴勞苦甚矣汝又言我方戍於北狄未得止定無人使歸問家安否所以憂也序其憂勞亦知其意也○箋柔謂至脆脕之時○正義曰定本作脆脕之時○傳聘問○正義曰聘問俱是謂問安否之義散則通對則別故。綿箋云小聘。問以卿大夫殊其文故爲大小耳

采薇采薇薇亦剛止少而剛也箋云剛謂少堅忍時曰歸曰歸歲亦陽止陽歷陽月也箋云十月爲陽時坤用事嫌於無陽故以名此月。爲。陽。○坤本亦作巛困魂反王事靡盬不遑啓處箋云盬不堅固也處猶居也憂心孔疚我行不來疚病來至也箋云我戍役自我也來猶反也據家曰來○疚久又反

疏傳陽歷陽月○正義曰毛以陽爲十月解名爲陽月之意以十一月爲始陰消陽息復卦用事至四月純乾用事五月受之以姤陽消陰息至九月而剝仍一陽在至十月而陽盡爲坤則從十一月至九月凡十有一月已經歷此有陽之月而至坤爲十月故云歷陽月以類上暮止則不得歷過十月明義爲然○箋十月至爲陽○正義曰鄭以傳言涉歷陽月不據十月故從爾雅釋天云十月爲陽本所以名十月爲陽者時純坤用事而嫌於無陽故名此月爲陽也定本無爲陽二字直云故以名此月焉知爲嫌者君子愛陽而

惡陰故以陽名之實陰。陽而得陽名者以分陰分陽迭用柔剛十二月之消息見其其用事耳其實陰陽恆有詩緯曰陽生酉仲陰生戌仲是十月中兼有陰陽也四月秀葽靡草死豈無陰乎明陰陽常兼有也易文言曰陰疑於陽必戰爲其。嫌於。無陽故稱。陽焉鄭云。嫌讀如羣公。溓之溓古書篆作立心與水相近讀者失之故作。溓。溓雜也陰謂此上六也陽謂今消息用事乾也上六爲蛇得乾氣雜似龍知此不與彼說同者彼說坤卦自以上六爻辰在巳爲義巳至四月故消息爲乾非十月也且文言慊於。無陽爲心邊兼鄭從水邊兼初無嫌字知與此異孫炎郎是鄭玄之徒其注爾雅與郭璞皆云嫌於無陽故名之爲陽是也

彼爾維何維常之華 爾華盛貌常常棣也箋云此言彼爾者乃常棣之華以興將率車馬服飾之盛○爾乃禮反注同說文作薾心

彼路斯何君子之車 箋云斯此也君子謂將率 戎車既駕四牡業業 業業然壯也○業如字又魚及反或五盍反

豈敢定居一月三捷 捷勝也箋云定止也將率之志往至所征之地不敢止而居處自安也往則庶乎一月之中三有勝功謂侵也伐也戰也○三息暫反又如字

【疏】彼爾至三捷○正義曰戍役之行隨從將帥故。將帥之車。言彼爾然而盛者何木之華乎維常棣之華以喩彼路車者斯何人之車乎維君子之車常棣之華色美以喩君子車飾盛也爾是華貌路是車名貌不可言故以車名爲華貌也君子既有此美盛之戎車駕之以行戎車既駕矣四牡之馬業業然而壯健將帥乘此以行至於所征之地豈敢安定其居乎庶幾於一月之中三有勝功是其所以勞也○箋君子謂將率○正義曰以其乘路車而稱君子故知謂將帥將帥則命卿南仲雖爲元帥時未稱王無三公亦不過命卿也卿車得稱路者左傳鄭子蟜卒赴于晉晉請王追賜之以大路以行禮也又叔孫豹聘于王王賜之大路是卿車得稱路也故鄭箴膏肓云卿以上所乘車皆曰大路詩云彼路斯何君子之車此大夫之車稱路也王制卿爲大夫是鄭以此詩將帥爲文王之命大夫故引王制以明之○箋三有至戰也○正義曰此侵伐戰三傳之說皆異左傳有鍾鼓曰伐無曰侵皆陳曰戰觳

珍倣宋版印

梁拘人民驅牛馬曰侵斬樹木壞宮室曰伐公羊稱觕者侵精者伐是也周禮又大司馬職曰賊賢害仁則伐之負固不服則侵之注引春秋傳曰精者曰伐又曰有鍾鼓曰伐則伐者兵入其境鳴鍾鼓以往所以聲其罪侵者兵加其境而已用兵淺者然則鄭參用三傳之文也周禮九伐相對故侵爲用兵淺者其實侵名但無鍾鼓耳雖深入亦謂之侵故僖四年諸侯侵蔡蔡潰遂伐楚是深入名侵也伐名施於重入境雖淺亦名伐故經云莒人伐我東鄙及齊侯伐我北鄙纔伐界上是淺亦稱伐也侵伐則主國之師未起直入境而行之若主國出而禦之則曰戰故左傳皆陳曰戰此言庶乎一月之中三有勝功者謂侵伐戰於三事之內望有勝功非謂三者之中惟有一勝功耳此侵伐戰用師之大名故略舉之非如春秋用兵之例三者之外仍有故取襲克圍滅入之名

駕彼四牡四牡騤騤君子所依小人所腓騤騤彊也腓辟也箋云腓當作芘此言戎車者將率之所依乘戍役之所芘倚○騤求龜反腓符非反鄭必寐反倚其綺反舊於蟻反

四牡翼翼象弭魚服翼翼閑也象弭弓反末也所以解紒也魚服魚皮也箋云弭弓反末彆者以象骨爲之以助御者解轡紒宜滑也服矢服也○弭彌氏反紒音計又音結本又作紛芳云反彆說文方血反又邊之入聲埤蒼云弓末反戾也

豈不日戒玁狁孔棘箋云戒警勑軍事也孔甚棘急也言君子小人豈不日相警戒乎誠日相警戒也玁狁之難甚急豫述其苦以勸之○日戒音越又人栗反警音景

疏駕彼至孔棘○毛以爲王遣戍役言其所從將帥駕彼四牡之馬以行其四牡之馬騤騤然甚壯健故將帥君子之所依乘戍役小人之所避患言小人倚此將帥戰車以避前敵來戰之患也往至所征之地則又習戰備其兵車所駕四牡之馬翼翼然閑習其弓則以象骨爲之弭其矢則以魚皮爲服軍既閑習器械又備於時君子小人豈不日相警戒乎誠相警戒以玁狁之難甚急是故汝等勞苦豫述以勸之○鄭唯以戎車戍役之所芘倚爲異餘同○傳腓辟○正義曰傳文質略王述之云所以避患也鄭以君子所依依戎車也小人所腓亦當腓戎車安得更有避患義故易之

爲庇言戍役之所庇○庇倚謂依廕也文七年左傳云公室者公室之所庇廕是也○傳象弭至魚皮○正義曰釋器云弓有緣者謂之弓孫炎曰緣謂繫束而漆之又曰無緣者謂之弭孫炎曰不以繫束骨飾兩頭者也然則弭者弓稍之名以象骨爲之是弓之末弭弛之則反曲故云象弭爲弓反末也繩索有結用以解之故曰所以解紒也紒與結義同魚服以魚皮爲矢服故云魚服魚皮左傳曰歸夫人魚軒服虔云魚獸名則魚皮又可以飾車也陸機疏曰魚服魚獸之皮也魚獸似猪東海有之其皮背上斑文腹下純青今以爲弓鞬步叉者也其皮雖乾燥以爲弓鞬矢服經年海水潮及天將雨其毛皆起水潮還及天晴其毛復如故雖在數千里外可以知海水之潮自相感也○箋弭弓至矢服○正義曰此申說傳義也說文云彆方結反云弓戾也言象弭謂弓反末彆戾之處以象骨爲之也傳云解紒不知解何繩之紒故申之助御者解轡紒也兵車三人同載左人持弓中人御車各專其事尙書左不攻於左汝不能恭命御非其馬之正汝不恭命是職司別矣而言助御解轡紒者御人自當佩角不專待射者解結弭之用骨自是弓之所宜亦不爲解轡而設但巧者作器因物取用以弓必須骨故用滑象若轡或有紒可以助解之耳非專爲代御者解紒設此象弭也夏官司弓人職曰仲秋獻矢服注云服盛矢器也以獸皮爲之是矢器謂之服也

昔我往矣楊柳依依今我來思雨雪霏霏楊柳蒲柳也霏霏甚也箋云我來戍止而謂始反時也上三章言戍役次二章言將率之行故此章重序其往反之時極言其苦以說之○昔韓詩云昔始也雨于付反霏芳菲反說音悅行道遲遲載渴載飢遲遲長遠也箋云行反在於道路猶飢渴言至苦也我心傷悲莫知我哀君子能盡人之情故人忘其死

疏昔我至我哀○正義曰此遣戍役豫敘得還之日總述往反之辭汝戍守役等至歲暮還反之時當云昔出家往矣之時楊柳依依然今我來思事得還返又遇雨雪霏霏然既許歲晚而歸故豫言來將遇雨雪也於時行在長遠之道遲遲然則渴則有飢得不云我心甚傷悲矣莫有知我之哀者述其勞苦言已知其情所以悅之

珍倣宋版印

使民忘其勞也○箋我來戍役止而謂始反時○正義曰定本無役字其理是也

采薇六章章八句

附釋音毛詩注疏卷第九（九之三）

珍倣宋版印

阮元撰盧宣旬摘錄

○伐木

而後言父舅先兄弟　閩本明監本毛本先誤及案此當重父舅二字別以父舅先兄弟五字爲一句

是此篇皆有義意　閩本明監本毛本同案此當作比形近之譌

傳意以此伐木鳥鳴　閩本明監本毛本同案傳當作彼彼者彼爾雅也

具解丁丁嚶嚶之義　閩本明監本毛本同案具當作其形近之譌

伐木許許　小字本相臺本同唐石經初刻滸滸後去水旁案正義云其柿許許然下文同釋文云許許呼古反是其本皆作許不從水後漢書朱穆傳顏氏家訓書證引作滸滸郎沈所云呼古反是也讀許爲滸遂破爲滸而引之凡羣書引詩文多不同者往往類此非毛氏詩別有作滸之本唐石經初刻誤所謂字體乖師法也

許許柹貌　閩本明監本毛本同小字本相臺本柹作柿案柿字是也五經文字云柿芳吠反見詩注謂此也說文柿削木札樸也從木朩聲十行本正義中皆作柿不誤閩本以下皆誤爲柹釋文云柹孚廢反又側几反上一音是也下一音即宜從朿非也因又弁誤大字爲柹詳後考證

此言許者伐木許許之人　小字本同閩本明監本毛本同相臺本言下許字作前考文古本同案前字是也正義云鄭以釁時與文王伐木許許之人以釁時解前者也

今以召族之飲酒閩本明監本毛本同小字本相臺本之作人考文一本同案人字是也

以許許非聲之狀閩本明監本毛本同案之當作非七月正義云沖沖非貌非聲是其比也

東西二伯閩本明監本毛本同案此不誤浦鏜云非記文疑衍非也正義說以上記文是東西二伯以下記文乃州牧之伯所以曉人也但伯下當脫是也二字因此脫而下文乃衍禮記二字矣

禮記注云牧尊於大國之君閩本明監本毛本同案浦鏜云禮記二字當衍是也

昔伯舅大公佐我先王閩本明監本毛本同案佐當作佑左傳作右

而周公之國故擊繫伯禽閩本明監本毛本同案之上當脫不字擊衍字也凡一脫一衍多是寫書人自覺其誤而如此後遂忘更正耳山井鼎云擊作事當是剜也

王曰父義和閩本明監本毛本同案浦鏜云義誤羲是也

上大夫六篚閩本明監本毛本同案浦鏜云八誤六是也

欲令族人以不醉閩本明監本毛本同案浦鏜云以當無字誤是也

此言兄弟父舅二文閩本明監本毛本同案浦鏜云兄弟下當脫總上二字是也

同姓總上王之同宗也閩本明監本毛本同案浦鏜云總上二字當衍文是也

正義曰定恨作限 閩本明監本毛本同案定下當有本字

伐木六章章六句 唐石經小字本相臺本同閩本明監本毛本同案序下標起止云伐木六章章六句正義又云燕故舊卽二章卒章上二句是也燕朋友卽二章諸父諸舅卒章兄弟無遠是也與標起止不合當是正義本自作三章章十二句經注本作六章章六句者其誤始於唐石經也合併經注正義時又誤改標起止耳

○天保

此鹿鳴至伐木於前 閩本明監本毛本同案此當作比

生業曰隆 閩本明監本毛本生誤王

卽知何等福不開出與之 閩本明監本毛本同案箋作予正義作與予與古今字易而說之也例見前正義又云故云皆開出予之此云開出予之仍作予複舉箋而順其文不同此例考文古本改箋亦作與誤采此所易之今字

大陵曰阜 小字本相臺本陵作陸閩本明監本毛本同案陸字是也

多曰積積者 閩本明監本毛本同案下積字當作異謂此箋以委積皆爲多似與彼注分委積爲多少者異盧文弨云其上當有脫文浦鏜云積及下當粟米者有限凡七字疑衍皆非

先君之尸嘏予主人曰 閩本明監本毛本予誤于

要以所改有漸閩本明監本毛本同案浦鏜云亦誤以是也盧文弨云爾雅疏作亦

故省文以宛句也閩本明監本毛本同案宛當作婉

言法效之閩本明監本毛本效誤効案効卽效訛俗字也餘同此

如月之恆唐石經小字本相臺本同案正義云集注定本縆作恆是正義本作縆字也釋文云恆本亦作縆恆縆字同考工記恆角而短注鄭司農云恆讀爲裻縆之縆縆亦同見廣韻考此經字說文二部引詩曰如月之恆當以集注定本爲長

如日月之上弦閩本明監本毛本同案浦鏜云日當衍字是也

如日之出閩本明監本毛本同案出上當有始字因上文衍日而此脫也

月去日已當二次閩本明監本毛本同案二當作一三十度十六分度之七爲一次月去日日十二度十九分度之七計三日去合朔二日月去日二十四度十四分近一次故曰已當一次

集本定本閩本明監本毛本同案浦鏜云集本當集注之誤後並同是也

章六句閩本明監本毛本同案浦鏜云八誤六是也

○采薇

歌出車以勞將帥之還閩本明監本毛本同案序作率正義作帥率帥古今字易而說之也例見前餘同此釋文云率本亦

珍倣宋版印

作帥非正義本也正義上文複舉序云命其屬爲將率仍作率是其證〇案舊挍非也

文王爲愧之情深 閩本明監本毛本愧作恤案所改是也

後人歌因謂本所遺之辭爲歌也 閩本明監本毛本同案人當作入

故知以文王之命 閩本同明監本毛本之命誤倒案十行本知以文剜添者一字是文字衍也序云以天子之命可證言王者順上云事殷王也

周正月丙子愬 閩本明監本毛本同案浦鏜云愬當朔字誤是也緜正義引無此字

歲亦莫止 唐石經小字本相臺本同案正義云集注定本暮作莫古字通用也釋文云莫本或作暮依此或東方未明蟋蟀小明雲漢經諸莫字正義本皆作暮但未有明文不可意必求之也

今薇菜生而行 閩本明監本毛本同小字本相臺本無菜字考文古本同案無者是也

歲亦莫止之時 閩本明監本毛本同案莫當作暮下標起止箋莫晚同

然若出車曰 閩本明監本毛本同案然若二字當倒

蹔費永久寧 閩本明監本毛本同案浦鏜云久字當衍是也

謂脆脕之時 毛本脕誤晚明監本以上皆不誤案釋文云脕音問或作早晚字非也毛本偶合其誤五經文字肉部云脆脕見詩注謂此也

內則注作娩又作免皆同正義云定本作脆腝之時當以正義釋文本爲長

靡使歸聘唐石經小字本相臺本同案釋文云本又作靡所考正義云無人使歸問家安否是正義本作使字又作本因箋無所使歸問而誤耳

然始得歸汝所以憂心烈烈然者閩本明監本毛本脫始得歸三字

故綿箋云小聘問也閩本明監本毛本綿誤歸案問上浦鏜云當脫曰字是

故以名此月爲陽小字本相臺本同案此正義本也正義云定本無爲陽二字直云故以名此月焉當以定本爲長

實陰陽而得陽名者閩本明監本毛本同案上陽字當作月

爲其嫌於無陽閩本明監本毛本同案嫌當作慊下正義云且文言慊於無陽爲心邊兼可證又無字當衍

故稱陽焉閩本明監本同案陽當作龍

鄭云嫌讀如羣公慊之慊閩本明監本毛本同案嫌當作慊二慊字皆當作濂下正義云鄭從水邊兼初無嫌字可證○

按羣公濂卽今公羊傳之羣公廩也作廩者非古本

讀者失之故作濂閩本明監本毛本同案濂當作慊

且文言慊於無陽閩本明監本毛本同案無字當衍

故將帥之車言閩本明監本毛本同案言字當在將字上錯在車下

賊賢害仁則伐之閩本明監本毛本同案浦鏜云民誤仁是也祈父正義引作民

仍有故取襲克圍滅入之名閩本同明監本毛本入誤人案山井鼎云故恐攻誤是也

腓辟也小字本相臺本同案正義作避釋文腓下云毛云避也皆易字之例

所以解紒也小字本相臺本同案正義云紒與結義同釋文云紒音計又音結本又作紛芳云反段玉裁云說文弭下作紛以紛爲長

宜滑也小字本相臺本同考文古本同閩本明監本毛本滑作骨十行本初刻滑剜改骨案滑字是也

豈不日戒小字本相臺本同閩本明監本毛本同唐石經初刻曰後改日案釋文云曰音越又人栗反上一音是也下一音字卽宜作日非也箋意是曰字

豈不日相警戒乎小字本相臺本同閩本明監本毛本同案日當作曰正義中同

左傳云公室者閩本明監本毛本同案山井鼎云室作族爲是是也

今以爲可弓韇步乂者也閩本明監本毛本同案浦鏜云可衍字是也

說文云彆方結反云弓戾也閩本明監本毛本同案十行本反云弓剜添者一字是云字衍也方結反三字旁行細書正義自爲音例如此不知者以之入正文乃誤加云字○按此引說文音隱語非自爲音

以弓必須骨故用滑象閩本明監本毛本同案此當作以弓必須滑故用象骨誤倒錯之也

夏官司弓人職曰閩本明監本毛本同案浦鏜云矢誤人是也

戍止而謂始反時也小字本相臺本同案正義標起止作戍役止云定本無役字於理是也

事得還返閩本明監本毛本同案注作反此正義作返亦是易而說之以反返爲古今字也上正義多作反當是爲後人依注改耳

則渴則有飢閩本明監本毛本渴上有有字案所補是也

毛詩小雅　鄭氏箋　孔穎達疏

出車勞還率也遣將率及戍役同歌同時欲其同心也反而勞之異歌異日殊尊。之也禮記曰賜君子小人不同日此其義也○出車如字沈尺遂反勞力報反還音旋【疏】出車六章章八句○正義曰作出車。詩勞還帥也謂文王所遣伐玁狁西戎之將帥以四年春行五年春反於其反也述其行事之苦以慰勞之六章皆勞辭也○箋遣將至其義○正義曰箋解遣唯一篇而勞有二篇之意故曰遣將帥及戍役同歌同時欲其同心也同歌謂其共歌采薇也同時謂將帥與戍役俱行雖三章三章輩別行每行將帥同發也三輩各有將此獨言南仲者以元帥故歸功焉反而勞之異歌謂出車與杕杜之歌不一時是異歌異日也必異日者殊尊卑故也玉藻云賜君子與小人不同日與此協故曰此其義也此將帥有功而還本其初出以勞之首章言四年春將欲遣軍出車就馬命之為將仍在國未行也二章言就馬於牧地設旐旄既已受命臨事而懼是二月三月之事也從是而行先伐玁狁三章言往朔方營築壘壁既以春末而行當以夏初到朔方也既至朔方將設經略五月猶尚停息六月乃始出壘四章言黍稷方華出伐玁狁玁狁既服因伐西戎至春凍始釋又從西戎而反於朔方慮有驚急復且停住也以六月出伐玁狁當至秋末始平乃移兵西戎五章言晚秋之時西方諸侯嚮望南仲也至於五年之春二方大定乃始還。帥卒章言其迴歸其事次也唯四章因言自壘而出卽說自西而反五章乃更述在西方之事為小。到耳

我出我車于彼牧矣上我我殷王也下我將率自謂也西伯以天子之命出我戎車於所牧之地將使我出征伐○牧音目

自天子所謂我來矣箋云自從也有人從王所來謂我來矣謂以王命召己將使為將帥也先出戎車乃召將率將率尊也

召彼僕夫謂之載矣

王事多難維其棘矣僕夫御夫也箋云棘急也王命召己己即召御夫使裝載物而往王之事多難其召我必急欲疾趨之此序其忠敬也○難乃旦反注及下皆同裝側良反本又作莊

【疏】我出至棘矣○正義曰文王述將帥之辭言汝將帥云王今既以我天子之命出我將帥之戎車于彼郊牧之地而就馬矣乃從天子之所以王命召己謂我來為將帥矣我得王命即自召彼僕御之夫謂之今使裝載而往矣所以不待受命即使裝載者以王家之士多危難其召我必急矣不可緩以待命欲疾趨之也以王命不辭即召僕夫忠也知自急難欲疾趨之敬也序其忠敬以慰勞之○傳出車至牧地○正義曰以言于彼牧矣故知出車就之下章云于彼郊矣則牧地在郊故地官載師職曰牧田任遠郊之地是也馬已在牧而得出車就之者雖大數在牧仍有在廄供用者故月令季春乃合累牛騰馬遊牝於牧注云累繫在廄者是也廄有馬可令引車以就牧不即以在廄之馬駕戎車者以戎車自有戎馬齊力尚强在廄不必征馬故不用焉○箋上我至自謂○正義曰此本將帥之辭以勞之則我車馬為將帥之所乘故知下我將帥自謂也以天子之命召己故知出車者亦天子之命故上我我殷王也時出車未命將帥云我車者以出車本為將帥出車纔訖王即命己為將則將帥之車為己所乘復從後本之故云我車也○傳僕夫御夫也○正義曰周禮戎僕掌御戎車注云師出王乘以自將也御夫掌御式車從車注云式車象路之副從車戎路之副是僕夫與御夫別矣而言僕夫御夫者以此云維其載矣言裝載物是從車之事故為御夫其實此僕夫亦有戎僕何者在牧戎車將帥所乘豈更有異人御之哉則戎僕也故下章僕夫況瘁箋云憂其馬之不正是正御亦在焉以戎車及副各自有御不得一人兼之則文當並有或卿兼官其長者為戎僕小者為御夫矣我

出我車于彼郊矣設此旐矣建彼旄矣龜蛇曰旐旄干旄箋云設旐者屬之於干旄而建之戎車將帥既受命行乃乘馬牧地在遠郊○旐音兆旄音毛屬音燭致也彼旟旐斯胡不旆旆鳥隼曰旟旆旆旐垂貌○旟音餘旆滿貝反隼息允反旐音留憂

珍倣宋版印

心悄悄僕夫況瘁。箋云況茲也將率既受命行而憂臨事而懼也御夫則茲益憔悴憂其馬之不正○悄七小反瘁似醉反本亦作萃依注作悴音同憔慈遙反憂其馬之不正一本作之不正也一本作馬之政

疏我出至況瘁○正義曰王勞將帥本其所言云王本以我天子之命出我將帥之戎車於彼郊牧就馬矣既命我爲將帥我受命當行卽就於郊牧之車設此旐而屬之於旄之上干矣以屬旐於旄乃建立彼旄於戎車之上矣旄在地已屬之於干旄言建旐則亦同建之也既建而後行在道之時彼旟旐斯隨車而行何有不斾斾者乎言皆斾斾然垂也時既受命行汝將帥則憂心悄悄然臨事而懼僕夫憂馬不正亦然。滋益憔悴矣言其勞苦示知其情也言此旐彼旟者凡兩事者一言彼一言此便文耳于彼新田于此菑畝皆此類也○傳龜蛇曰旐。○正義曰此及下傳云鳥隼曰旟交龍爲旂皆周禮司常文也雜互陳之則軍之諸帥有建之者矣大司馬序云凡制軍萬二千五百人爲軍軍將皆命卿二千五百人爲師師帥皆中大夫五百人爲旅旅帥皆下大夫百人爲卒卒長皆上士二十五人爲兩兩司馬皆中士五人爲伍伍皆有長此言勞還帥自伍長以上皆在焉鄭於大司馬職注云凡旌旗有軍衆者畫異物無者帛而已則伍長以上皆軍衆所建畫異物矣其職曰王載大常諸侯載旂軍吏載旗郊野載旐百官載旟注云軍吏諸軍帥也郊謂鄉遂之州長縣正以下野謂公邑大夫建旐者以其將羨卒百官卿大夫以其屬衞王彼據因田教戰王親在焉今南仲爲將事行若以文王承殷王之命則南仲比軍吏而已不過載熊虎之旗但時未制禮文王以諸侯而有王者之化此錄入雅當爲天子法則南仲一人或建旐下云旂旐央央旂蓋南仲所建也以下或載旐或載旟故此經所陳唯旂旐旟三物而已軍吏載旗則此行必有載旗者經所不陳文不具耳○傳斾斾旒垂貌○正義曰定本云斾斾旒垂貌多一斾字又箋云憂其馬之不正定本正作政又無不字義並通

王命南仲往城于方出車彭彭旂旐央央王殷王也南仲文王之屬方朔方近玁狁之國也彭彭四馬貌交龍爲旂央央鮮明也箋云王使南仲爲將率往築城于

珍倣宋版印

朔方爲軍壘以禦北狄之難○央本亦作英同於京反又於良反近附近之近下近西戎同壘力軌反

天子命我城彼朔方赫赫南仲玁狁于襄朔方北方也赫赫盛貌襄除也箋云此我我戍役也戍役築壘而美其將率自此出征也○襄如字本或作攘如羊反

疏王命至于襄○正義曰此又本而勞之言文王以殷王之命命南仲往城築於彼朔方故南仲所以在朔方而築於也其往築之時出駕其車四馬彭彭然其所建旐鮮明央央然而至於朔方也南仲爲將帥得人歡心故稱戍役當築壘之時云天子命我城築軍壘於朔方之地欲令赫赫顯盛之南仲從此征玁狁於是而平除之能爲戍役所美所以可嘉也○傳朔方近玁狁之國○正義曰下云城彼朔方故知方是北方近玁狁之國朔方地名云國者以國表地非國名但北方大名皆言朔方堯典云宅朔方爾雅云朔北方也皆其廣號此直云方即朔方也○箋云往築至軍壘○正義曰知爲築壘者以軍之所處而城之唯有壘耳曲禮云四郊多壘注云壘軍壁也言城是築之別名春秋築都邑皆謂之城左傳曰邑曰築都曰城是也春秋別大小之例故城築異文散則城築通故此築軍壘亦謂之城也

昔我往矣黍稷方華今我來思雨雪載塗王事多難不遑啓居塗凍釋也箋云黍稷方華朔方之地六月時也以此時始出壘征伐玁狁因伐西戎至春凍始釋而來反其間非有休息○雨雪于付反又如字豈不懷歸畏此簡書簡書戒命也鄰國有急以簡書相告則奔命救之

疏昔我至簡書○正義曰此因築壘從壘敘將帥之辭言將帥云正月已還至壘乃云昔我從此壘出征伐玁狁矣時黍稷方欲生華六月之中也今我自西戎還到此壘時天降雨雪則爲塗泥正月之中也從六月以去至於今而來以王家之事多危難其間不得閒暇跪處也雖則到此尚不得還我豈不思歸乎誠思歸也所以不得歸者畏此簡書奔命相救故不得還耳汝既如此誠爲勞苦○箋黍稷至休息○正義曰月令孟秋云農乃登穀則中國黍稷亦六月華矣言黍稷方華朔方之地六月時者明此爲朔方之地發言耳非

謂中國不然也知以此時出壘征伐玁狁者上云城彼朔方玁狁于襄此即云昔我往矣是出壘辭故知始出壘伐玁狁也既伐玁狁而下章言薄伐西戎故知因伐西戎也言雨雪載塗雪落而釋爲塗泥是春凍始釋也卒章倉庚鳴卉木茂方始還歸則此時未歸而云今我來思故知來反朔方之壘也且云畏此簡書明是未歸之辭言不遑啓居故知其間非有休息也○傳簡書至救之○正義曰古者無紙有事書之於簡謂之簡書以相戒命之救急故云戒命知鄰國有難以簡書相告者閔元年左傳引此詩乃云簡書同惡相恤之謂也言同惡於彼共相憂念故奔命相救得彼告則奔赴其命救之成七年左傳曰子重奔命是也

喓喓草蟲，趯趯阜螽。箋云：草蟲鳴，阜螽躍而從之，天性也。喻近西戎之諸侯聞南仲既征玁狁，將伐西戎之命，則跳躍而鄉望之，如阜螽之聞草蟲鳴焉。草蟲鳴，晚秋之時也。此以其時所見而興之。○喓於遙反。趯吐歷反。螽音終。躍音藥。鄉許亮反，或作嚮，音同。興許應反。

未見君子，憂心忡忡。既見君子，我心則降。箋云：君子斥南仲也。降，下也。○忡勑中反。降戸江反，又如字，注下皆同。

赫赫南仲，薄伐西戎。

疏 喓喓至西戎○正義曰：南仲以平玁狁，將移伐西戎，是晚秋之時也。其近西戎之諸侯聞南仲之伐，皆喜。時有草蟲鳴，故因興之焉。言喓喓然爲聲而鳴者，草蟲也。聞此草蟲之鳴，趯趯然跳躍而從之者，阜螽也。以喻赫赫然有德而盛者，南仲也。聞其南仲之將往，鄉望而美之者，近西戎之諸侯也。言阜螽之從草蟲，天性然也；西方諸侯之美南仲，事勢然也。故諸侯未見君子南仲之時，憂心忡忡然，以西戎爲患，恐王師不至，故憂也。既見君子南仲，我心之憂則下矣。因卽美之：此赫赫顯盛之南仲，遂薄往伐西戎而平之。○箋草蟲鳴晚秋之時○正義曰：知者，以凍釋而反朔方，則以冬日平西戎也。此南仲往之時，爲諸侯鄉望，明在冬前矣。黍稷方華，始伐玁狁，明以秋日平之。既平玁狁，方始伐西戎，故知以晚秋之時，因有草蟲而爲興耳。冬則蟲死，不得過於晚秋也。

春日遲遲，卉木萋萋。倉庚喈喈，采蘩祁祁。執訊獲醜，薄言還歸。卉，草也。訊，辭也箋云訊言醜衆也伐西戎以凍釋時反朔方之壘息戎役至此時而歸京師稱美時物以及其事喜而詳之也執其可言問所獲之衆以歸者當獻之也○卉許貴反萋七西反喈音皆蘩音煩祁巨移反訊音信**赫赫南仲玁狁于夷**夷平也箋云平者平之於王也此時亦伐西戎獨言平玁狁者玁狁大故以爲始以爲終

【疏】春日至于夷○正義曰此序其歸來之事陳戍役之辭言季春之日遲遲然陽氣舒緩之時草之與木已萋萋然茂美倉庚喈喈然和鳴其在野已有采蘩菜之人祁祁然衆多我將帥正以此時生執戎狄之因可言問者及所獲之衆以此而來我薄言還歸於京師以獻之也說其事終又美其功大言赫赫顯盛之南仲伐玁狁而平之於王是將帥成功故勞之也○傳訊辭箋訊言至詳之○正義曰訊言釋言文傳云訊辭者謂其有所知識可與之爲言辭與箋同也但箋正取爾雅之文非易傳也上雨雪載塗到朔方之壘息戎役此言還歸自朔方而歸故至此時而歸京師時未稱王而言京師者以在雅天子之事故也言稱美時物及事喜而詳之者春日時也卉木倉庚物也采蘩事也并以四者記時是戍役喜其得歸而詳之時物也故言喜而詳之又云赫赫南仲則非將帥自言也薄言還歸則是序行者之辭非文王出意故此章陳戍役之辭也七月之篇言春日者檢上下爲三月采蘩爲蠶生所用則此時物及事皆三月也

出車六章章八句

**杕杜勞還役也**役戍役也**有杕之杜有睆。其實**興也睆實貌杕杜猶得其時蕃滋役夫勞苦不得盡其天性**王事靡盬繼嗣我日**箋云嗣續也王事無不堅固我行役續嗣其日言常勞苦無休息**日月陽止女。心傷止征夫遑止**箋云十月爲陽遑暇也婦人思望其君子陽月之時已憂傷矣征夫如今已閑暇且歸也而尚不得歸故序其男女之情以說之陽月而思望之者以初

珍倣宋版印

時云歲亦莫止○閑音閑說音悅莫音暮本亦作暮疏有杕至遑止○正義曰文王勞還役言汝等在外妻皆思汝言有杕然特生之杜猶得其時有睆然其實蕃滋得所我君子獨行役勞苦不得安於室家以盡天性而生子孫乃杕杜之不如所以然者由王之事理皆當無不攻緻使我君子行役繼續我所行之日朝行明去不得休息至于此日月陽止十月之時爾室家婦人之心憂傷矣以爲征夫而今已閑暇且應歸矣而尚不歸所以憂傷

有杕之杜其葉萋萋王事靡盬我心傷悲箋云傷悲者念其君子於今勞苦卉木萋止女心悲止征夫歸止室家踰時則思○思息嗣反又如字○疏傳室家踰時則思○正義曰傳以卉木萋止則時未黃落猶憂愁也前期云歲亦暮止未至歸期而女心悲者以室家之情踰時則思也

陟彼北山言采其杞王事靡盬憂我父母箋云杞非常菜也而升北山采之託有事以望君子○杞音起○檀車幝幝四牡痯痯征夫不遠檀車役車也幝幝敝貌痯痯罷貌箋云不遠者言其來喻路近○檀徒丹反幝尺善反又勑丹反說文云車敝也從巾單韓詩作緣音同痯古緩反敝婢世反罷音皮疏陟彼至不遠○正義曰言汝戍役之妻思爾而不得故升彼北山之上我采其杞木之葉杞木本非食菜而升北山以采之者是託有事以望汝也以汝勞苦故言王事無不堅固以君子勞苦堅。故之由是使我憂之父母實夫也謂之父母。也己尊之又親之也又言我君子所乘檀木之役車今幝幝然弊所乘四牡之馬今痯痯然疲征夫之來不遠當應至也如何許時不至使己念之○箋杞非至君子○正義曰此類上下皆陳婦人思夫之事故爲託采以望君子不與北山同也以下章期逝不至上章我心傷悲類則憂我父母謂夫爲父母也日月云父兮母兮畜我不卒莊姜稱莊公爲父母與此同也○傳檀車役車○正義曰此戍役之妻說君子所乘役車也以檀木爲車伐檀曰坎坎伐檀兮又曰伐輪伐輻是檀可爲車之輪輻又大明云檀車煌煌武王之戎車是檀之所施於車廣矣則役夫以從征之故其甲士三人所乘之車而備四

馬故曰四牡非庶人尋常得乘四馬也

匪載匪來，憂心孔疚。箋云匪非疚病也君子至期不裝載意不爲來我念之憂心甚病○疚居又反

期逝不至，而多爲恤。逝往恤憂也遠行不必如期室家之情以期望之

卜筮偕止，會言近止，征夫邇止。卜之筮之會人占之邇近也箋云偕俱會合也或卜之或筮之俱占之合言於繇爲近征夫如今近耳○繇直又反

【疏】匪載至邇止○毛以爲文王勞戍役言汝之室家云我君子歸期已至今非裝載乎其意非爲來乎何爲使我念之憂心以至於甚病所以然者汝室家言本與我期已往過矣於今由不來至由是而使我念之多爲憂以致病矣汝室家既憂或卜之或筮之其卜筮俱會聚人占之其言近止既占云近則征夫如今且近止應到不遠矣汝室家念汝如是也○鄭唯卜之筮之俱占之合言於繇爲異餘同○傳會人占之○正義曰傳以會之言是會聚人占之義即與士冠禮筮日士喪禮筮宅旅占同故爲會人占之箋以上句言偕止者俱占之若不爲占則文皆空設偕既爲占則會當爲合故易之爲合言於繇謂合言於兆卦之繇也

杕杜四章章七句

魚麗美萬物盛多能備禮也文武以天保以上治內采薇以下治外始於憂勤終於逸。樂故美萬物盛多可以告於神明矣內謂諸夏也外謂夷狄也告於神明者於祭祀而歌之○麗力馳反下同上時掌反逸本或作佚樂音洛夏戸雅反

【疏】魚麗六章上三章章四句下三章章二句至神明矣○正義曰作魚麗詩者美當時萬物盛多能備禮也謂武王之時天下萬物草木盛多鳥獸五穀魚鼈皆得所盛大而衆多故能備禮也禮以財爲用須則有之是能備禮也又說所以得萬物盛多者文王武王以天保以上六篇燕樂之事以治內之諸夏以采薇以下三篇征伐之事治外之夷狄文王以此九篇治其內外是始於憂勤也今武王承於文王治平之後

珍倣宋版印

內外無事是終於逸樂由其逸樂萬物滋生故此篇承上九篇美萬物盛多可以告於神明也文武並。有者以此篇武王詩之始而武王因文王之業欲見文治內外而憂勤武承其後而逸樂由是萬物盛多能備禮也可以告於神明極美之言可致頌之意於經無所當也○箋內謂至歌之○正義曰以采薇等三篇征伐是治夷狄故云內謂諸夏外謂夷狄僖二十五年左傳云德以柔中國刑以威四夷詩亦見此法也言於祭祀歌之者言時已太平可以作頌頌者告神明之歌云可以告其成功之狀陳於祭祀之事歌作其詩以告神明也時雖太平猶非政洽頌聲未興未可以告神明但美而欲許之故云可以

魚麗

于罶鱨鯊麗歷也罶曲梁也寡婦之笱也鱨楊也鯊鮀也太平而後微物衆多取之有時用之有道則物莫不多矣古者不風不暴不行火草木不折不操。斧。斤不入山林豺祭獸然後殺獺祭魚然後漁鷹隼擊然後罻羅設是以天子不合圍諸侯不掩羣大夫不麛不卵士不。隱塞庶人不。數罟罟必四寸然後入澤梁故山不童澤不竭鳥獸魚鱉皆得其所然○罶音柳鱨音常草木疏云今江東呼黃鱨魚尾微黃大者長尺七八寸許鯊音沙亦作魦今吹沙小魚也體圓而有黑點文舍人云鯊石鮀也鮀待何反大平音泰暴蒲卜反不操草刀反一本作不折不芟定本芟作操豺仕皆反獺勑鎋反又他末反漁音魚一本作䲧同取魚也罻音畏麛亡兮反本或作麑同卵魯短反隱如字本又作偃亦如字塞蘇代反又新勒反數七欲反又所角反陳氏云數細也罟音古

君子有酒旨且多箋云酒美而此魚又多也○有酒旨絕句且多此二字爲句後章放此異此讀則非疏魚麗至且多○正義曰言武王之時萬物殷盛時捕魚者施笱於水中則魚麗歷於罶者是鱨鯊之大魚非直有此大魚又君子有酒矣其魚酒如何酒既旨美且魚復衆多魚酒多矣如是是萬物盛多能備禮也○傳罶曲至所然○正義曰釋訓云凡曲者爲罶是罶曲梁也釋器曰嫠婦之笱謂之罶是寡婦之笱也釋訓注郭璞引詩傳曰罶曲梁也凡以薄取魚者名爲罶也釋器注孫炎曰罶曲梁其功易故謂之寡婦之笱然則曲。薄也以。薄爲魚笱其功易故號之寡婦笱耳非寡婦所作也鱨楊者

魚有二名釋魚無文陸機疏云鱣一名黃頰魚是也似燕頭魚身形厚而長大頰骨正黃魚之大而有力解飛者徐州人謂之楊黃頰通語也鯊鮀釋魚文郭璞曰今吹沙也陸機疏云魚狹而小常張口吹沙故曰吹沙此寡婦笱而得鱣鯊之大魚是衆多也魚所以衆多傳因推而廣之云大平而後微物衆多見此詩舉魚多明此義也微物尚衆多況其著者微物所以衆多由取之以時用之有道不妄夭殺使得生養則物莫不多矣古者不風不暴不行火言風以暴然後行火也風暴者謂氣寒其風疾其風疾即北風謂之涼風北風箋云寒涼之風病害萬物是也北風冬風之總名自十月始則暴風謂十月也故王制云昆蟲未蟄不以火田羅氏云蜡則作羅襦鄭云謂建亥之月今俗放火張羅其遺教是十月也草木不折不芟斤斧不入山林言草木折芟斤斧乃入山林也草木折芟謂寒霜之勁暴風又甚草木枝折葉隕謂之折芟月令季秋草木黃落則十月風暴當折芟矣言芟者蓋葉落而盡似芟之定本芟作操又云斧斤入山林無不誤字也然則十月而斤斧入山林月令季秋伐薪為炭者炭以時用所伐者少耳故未芟折可伐之也豺祭獸然後殺者言豺殺獸聚而祭其先然後可田獵取獸也月令季秋豺祭獸而戮禽雖九月始十月猶祭也故夏小正云十月豺祭獸援神契云獸蟄伏豺食禽皆據十月是以羅氏注云建亥之月豺既祭獸可施羅網圍取禽獸是也獺祭魚然後漁亦謂獺聚其魚以祭先然後可捕魚耳援神契曰獸蟄伏獺祭魚亦十月也王制曰獺祭魚然後虞人入澤梁與此一也月令孟春獺祭魚則獺亦有二時祭魚此類上文為孟冬矣鷹隼擊然後尉羅設鷹及隼行威擊殺衆鳥然後設羅以田也案夏小正五月鳩化為鷹月令季夏鷹乃學習孟秋鷹乃祭鳥則一鷹也仲春化為鳩其變從五月始至八月當全為鷹與仲春相對故司裘云仲秋王乃行羽物注云此羽物小鳥鶉雀之屬鷹所擊者仲秋鳩化為鷹順其始殺而大班賜羽物王制亦云鳩化為鷹而尉羅設故據此似八月也但鳩化為鷹得在八月言尉羅設則非八月之事鄭云順其始殺則鷹八月始擊十月乃甚又文與隼連共豺獺相對為十月事也言尉羅設者說文云尉捕鳥網則是羅之別名蓋其細密者也自此

珍倣宋版印

以上是取之以時也既言取之以時又說取之節度天子不合圍言天子雖田獵不得圍之使迊恐盡物也大司馬云仲春鼓遂圍禁則四時皆圍但不迊耳諸侯言不掩羣大夫言不麛不卵各舉其力之所能以禁之耳其實通皆不得故魯語云獸長麛夭鳥翼鷇卵王制直言不麛不卵不殺胎不殀夭示人禁取麛卵是尊卑皆禁也但急於春夏緩於秋冬差可爲恐盡物以長養之故也若時有所須如春薦韭卵秋膳犢麛之屬得取而用正不得故田獵以取之下曲禮云國君春田不圍澤大夫不掩羣士不麛不卵與此異者此自天子而下彼自諸侯而下各爲等級所以不同亦推此知各禁其所能耳國君直言春田不圍澤不言夏者以夏長養之時彌不得從可知也雖秋冬得圍之自然不得迊也士不隱塞者爲梁止可爲防於兩邊不得當中皆隱塞亦爲盡物也庶人不㯸罟謂罟目不得㯸之使小言使小魚不得過也集本㯸作緵依爾雅定本作數義俱通也罟目必四寸然後始得入澤梁耳由其如此故山不童澤不竭童者若童子未冠者也山無草木若童子未冠然草木之屬不妄斬伐則山不童也萑蒲之類取之以道則澤不竭也如是則鳥獸魚鱉各得其所然也是微物衆多然者語助此皆似有成文但典籍散亡不知其出耳○箋酒美至又多○正義曰言且多文承有酒之下三章則似酒多也而以爲魚多者以此篇下三章還覆上三章也首章言旨且多四章云物其多矣二章云多且旨五章云物其旨矣三章言旨且有卒章云物其有矣下章皆疊上章句末之字謂之爲物若酒則人之所爲非自然之物以此知且多且旨且有皆是魚也

魚麗于罶魴鱧鱧鯛也○鱧音禮鯛直冢反君子有酒多且旨箋云酒多而此魚又美也

【疏】傳鱧鯛○正義曰釋魚云鱧鯇舍人曰鱧名鯇郭璞曰鱧鯛偏檢諸本或作鱧⿰魚重或作鱧鯇若作鯛似與郭璞正同若作鯇又與舍人不異或有本作鱧鰈者定本鱧鯛鯛與⿰魚重音同

魚麗於罶鰋鯉鰋鮎也○鰋音偃郭云今偃額白魚鮎乃兼反江東呼鮎爲鯷鯷音啼又在私反毛及前儒皆以鮎釋鰋鱧爲鯇鱣爲鯉唯郭注爾雅是六魚之名今目驗毛解與世不協或恐古今名異逐世移耳君子有

酒旨且有箋云酒美而此魚又有疏傳鰋鮎○正義曰釋魚有鰋鮎郭璞曰鰋今鰋額白魚也鮎別名鯷孫炎以為鰋鮎一魚體鯇一魚郭璞以為鰋鮎鱧。鯛四者各為一魚傳文質略未知從誰物其多矣維其嘉矣箋云魚既多又善物其旨矣維其偕矣箋云魚既美又齊等物其有矣維其時矣箋云魚既有又得其時

魚麗六章三章章四句三章章二句

南陔孝子相戒以養也○陔古哀反養餘尚反白華孝子之絜白也華黍時和歲豐宜黍稷也疏南陔至黍稷○正義曰此三篇既亡其辭其名曰南陔白華華黍之由必是詩有此字不可以意言也有其義而亡其辭此三篇者鄉飲酒燕禮用焉曰笙入立于縣中奏南陔白華華黍是也孔子論詩雅頌各得其所時俱在耳篇第當在於此遭戰國及秦之世而亡之其義則與衆篇之義合編故存至毛公為詁訓傳乃分衆篇之義各置於其篇端云又闕其亡者以見在為數故推改什首遂通耳而下非孔子之舊○此三篇蓋武王之時周公制禮用為樂章吹笙以播其曲孔子刪定在三百一十一篇內遭戰國及秦而亡子夏序詩篇義合編故詩雖亡而義猶在也毛氏訓傳各引序冠其篇首故序存而詩亡縣音玄編必先反見賢遍反疏有其義而亡其辭○正義曰此二句毛氏著之也言有其詩篇之義而亡其詩辭故置其篇義於本次後別著此語記之焉○箋云三篇至之舊○正義曰鄭見三篇亡其詩辭乃迹其所用亡之早晚此三篇者鄉飲酒及燕禮二處皆用焉何者是用之也曰笙入立于縣中奏南陔白華華黍是用之也此雖總言鄉飲酒燕禮用焉其言笙入立于縣中直燕禮文耳鄉飲酒則云笙入堂下。鼓南北面歌南陔白華華黍是文不同也鄭據一而言之耳孔子歸魯論其詩今雅頌各得其所此三篇時俱在耳篇之次第當在於此知者以子夏得為立序則時未亡以六月

序知次在此處也孔子之時尚在漢氏之初已亡故知戰國及秦之世而亡之也戰國謂六國韓魏燕趙齊楚用兵力戰故號戰國六國之滅皆秦并之始皇三十四年而燔詩書故以爲遭此而亡之又解。爲亡而義得存者其義則以衆篇之義合編故得存也至毛公爲詁訓傳乃分別衆篇之義各置於其篇。亡此三篇之序無詩可屬故連聚置於此也既言毛公分之則此詩未亡之時什當通數焉今在什外者毛公又闕其亡者以見在爲數推改什篇之首遂通盡小雅云耳是以亡者不在數中從此而下非孔子之舊矣言以下非則止鹿鳴一篇是也此云有其義而鄉飲酒。之禮注皆云今亡其義未聞鄭志答炅模云爲記注時就盧君耳先師亦然後乃得毛公傳既古書義又當然記注已行不復改之是注禮之時未見此序故云義未聞也彼注又云後世衰微幽厲尤甚禮樂之書。稍廢棄以爲孔子之前六篇已亡亦爲不見此序故也案儀禮鄭注解關雎鵲巢鹿鳴四牡之等皆取詩序爲義而云未見毛傳者注述大事更須研精得毛傳之後大誤者追而正之可知者不復改定故也據六月之序由庚本第在華黍之下其義不備論於此而與崇丘同處者以其是成王之詩故下從其類

鹿鳴之什十篇五十五章三百一十五句

附釋音毛詩注疏卷第九（九之四）

阮元撰盧宣旬摘錄

○出車

作出車詩　閩本明監本毛本同案詩下浦鏜云脫者字是也

乃始還帥　閩本明監本毛本同案帥當作師形近之譌

爲小到耳　閩本同明監本毛本到作別案當作倒正義例用倒也

戎僕掌御戎車　閩本明監本毛本同案戎當作貳因別體字貳作式形近而譌也

以此云維其載矣　閩本明監本毛本同案浦鏜云謂之誤維其是也

或鄉兼官　閩本明監本毛本同案鄉當作卿形近之譌

將帥既受命行乃乘馬　閩本明監本毛本同小字本相臺本帥作率馬作焉案率字焉字是也

旆旆旒垂貌　小字本相臺本同案此正義本也標起止云傳旆旆旒垂貌是其證正義下云定本旆旆旒垂貌如其所言不爲有異當作定本云旆旆旆旒垂貌上旆旆經文也下旆旒垂貌謂繼旐曰旆者也故下云多一旆字也釋文以旒垂作音或與正義本同與定本不同各本正義皆誤

僕夫況瘁　唐石經小字本相臺本同案正義標起止云至況瘁釋文云況瘁本亦作萃依注作悴考此當是經本作萃故於訓釋中竟改其字箋之倒也釋文云依注作悴似乎未晰也四月釋文盡瘁本又作萃下篇同亦其證

憂其馬之不正 小字本相臺本同案正義云憂其馬之不正定本正作政又無不字釋文云憂其馬之不正一本作之不正也一本作馬之政考憂其馬之政謂憂非其馬之政也段玉裁云用甘誓文是也當以定本爲長

滋益憔悴矣 閩本明監本毛本同案箋作玆正義作滋玆滋古今字易而說之也例見前

傳龜蛇曰旐○ 明監本毛本脫○閩本缺

故南仲所以在朔方而築於也 閩本明監本毛本於誤城案此築於者經之城于

其所建於旐 閩本明監本毛本同案浦鏜云旂誤於是也

欲今赫赫 補 毛本今作令案令字是也

○杕杜

有睆其實 唐石經相臺本同小字本睆作晥案釋文云字從日或作目邊又見大東經睆彼牽牛字同

女心傷止 唐石經小字本相臺本同閩本明監本女誤汝毛本初刻同後改女

有睍然其實 閩本明監本毛本睍作睆案所改是也

謂之父母也己尊之 閩本明監本毛本同案也當作由讀下屬

○魚麗

終於逸樂　唐石經小字本相臺本同案正義云是終於逸樂釋文云逸本或作佚考文古本作佚采釋文

文武並有者　補閩本明監本毛本同案有當言字之譌

鱨楊也　小字本相臺本楊作揚閩本明監本毛本同案小字本十行本是也正義中同釋文鱨下云鱨揚也

草木不折不操斧斤不入山林　小字本相臺本同案各本皆誤正義云草木不折不芟斤斧不入山林下云定本芟作操又云斧斤入山林無不字釋文云一本作草木不折不芟定本芟作操考此則今誤合兩本爲一當是經注本始依定本作不操斧斤斤下無不字後不知者以正義本不字竄入遂不可通定本以不操下屬正義本以不芟上屬相臺本每四字爲一句亦非此當從正義本正義以定本爲誤者最得之也

士不隱塞　小字本相臺本同案釋文云不隱如字本又作偃亦如字正義云士不隱塞者爲梁止可爲防於兩邊不得當中皆隱塞是正義本作隱其本又作偃者卽今之堰字周禮𢽽人注水偃谷風正義引作水堰

庶人不數罟　小字本相臺本同案此定本也正義云庶人不揔罟者謂罟目不得揔之使小又云集注揔作緵依爾雅定本作數義俱通也釋文以不數作音與定本同考九罭傳作緵罟釋文云字又作總是緵總同字揔又總之別體當以正義本爲長

然則曲簿也以簿爲魚笱　閩本明監本毛本二簿字皆作薄案上引爾雅注作薄薄字是也

無不誤字也　閩本明監本毛本同案浦鏜云誤字二字當倒是也

然則十月而斤斧入山林　閩本明監本毛本斤斧誤倒案正義本傳作斤斧十行本不誤不知者以定本改之非也

不得圍之使迊 閩本作迊俗字也明監本毛本作匝正字也

但不麛耳 補閩本明監本毛本同案麛當作匝

獸長麛夭 閩本明監本毛本夭誤麌案夭即麌字之假借不知者以今國語改之○按改麌是也

鳥翼㲉卵 閩本明監本毛本㲉誤鷇案㲉當是鷇之假借

三章則似酒多也 閩本明監本毛本似下衍酒矣二字案三章二字亦衍涉下文而誤也

鱧鮦也 小字本相臺本同案釋文云鮦直冢反鱧下云鮦也正義云徧檢諸本或作鱧鱷或作鱧鯇又云或有本作鱧鰥者定本鱧鮦鮦與鱷音同考此正義引舍人曰鯉名鯇下正義引孫炎鱧鯇一魚釋文鮎下云毛及前儒鱧爲鯇是傳正取爾雅爲解注爾雅者舊無異說作鯇爲是作鮦者乃依郭注爾雅所改謂鱧鯇各爲一魚也作鰥者依說文鰥鱧也所改皆非傳意

又與舍人不異 閩本明監本毛本不誤有案爾雅疏即取此正作不

郭璞以爲鰋鮎鱧鮦四者 閩本明監本毛本同案鮦當作鯇

○南陔白華華黍

鼓南北面 閩本明監本毛本同案浦鏜云磬誤鼓考鄉飲酒禮是也

又解爲亡而義得存者 閩本明監本毛本同案爲當作篇形近之譌

各置於其篇亡閩本明監本毛本同案亡當作端卽複舉注文也

則止鹿鳴一篇是也閩本明監本毛本同案篇當作什

而鄉飲酒之禮注閩本明監本毛本同案浦鏜云之當燕字誤是也

禮樂之書稍廢棄閩本明監本毛本同案稍下浦鏜云脫一稍字以鄉飲酒燕禮二注考之浦校是也

珍倣宋版印

附釋音毛詩注疏卷第十（十之一）

南有嘉魚之什詁訓傳第十七 陸曰自此至菁菁者莪六篇并亡篇三是成王周公之小雅成王有雅名公有雅德二人協佐以致太平故亦並爲正也 〔三三〕

毛詩小雅　　鄭氏箋　　孔穎達疏

南有嘉魚樂與賢也太平。君子至誠樂與賢者共之也 樂得賢者與共立於朝相燕樂也○樂樂與音洛又音樂徐五教反序文同太平音泰後太平皆同朝直遥反下註同燕樂音洛下註皆同 疏 ○南有嘉魚四章章四句至共之○正義曰作南有嘉魚之詩者言樂與賢也當周公成王太平之時君子之人已在位有職祿皆有至誠篤實之心樂與在野有賢德者共立於朝而有之願俱得祿位共相燕樂是樂與賢也經四章皆是樂與賢者之事

南有嘉魚烝然罩罩 江漢之間魚所產也罩罩籗也箋云烝塵也塵然猶言久如也言南方水中有善魚人將久如而俱罩之遲之也喻天下有賢者在位之人將久如而並求致之於朝亦遲之也遲之者謂至誠也○烝之烝反王衆也罩張教反徐又都學反字林竹卓反云捕魚器也籗助角反郭云捕魚籠也沈音穫又音護說其形非罩也遲直冀反下同

君子有酒嘉賓式燕以樂 箋云君子斥時在位者也式用也用酒與賢者燕飲而樂也○樂音洛協句五教反得賢致酒歡情怡暢故樂 疏 南有至樂○正義曰言南方江漢之間有善魚人將久如俱往罩而罩此善魚者人之所欲已自將罩以求之則思遲此魚皆欲得之矣以與在野天下之處有賢者時在朝君子久如並各樂而求之有至誠之心思遲此賢者欲。置之於朝猶罩者之願魚也君子既至誠如此遂得賢者共立於朝君子之家有酒矣在野賢者嘉善之賓既至用此酒與之燕飲以

復歡樂耳心遲其來至卽嘉樂是至誠樂與賢也○傳江漢至罩也○正義曰言南知江漢間者以言善魚南方魚之善者莫善於江漢之間且言善魚者謂大而衆多多大之魚必在大水南方大水唯江漢耳必取善魚者以喻賢者之有善德也此實興不云興也傳文略三章一云興也舉中明此上下足知魚雖皆興也釋器云籗謂之罩李巡曰籗編細竹以爲罩捕魚也孫炎曰今楚籗也郭璞曰今魚罩然則罩以竹爲之無竹則以荊故謂之楚籗重云罩罩者非一也○箋烝塵至至誠○正義曰烝塵釋言文釋詁云塵久也鄭欲烝爲久故言烝塵也又云塵然猶言。久然爲如也不言烝爲衆者以此罩魚喻求賢久如欲往罩之是欲魚之甚以與君子久如欲求賢爲思遲之極若以爲衆。上見求魚之多無關思遲之義則於至誠之事不顯故云遲之謂至誠也重言罩罩衆自明矣不假復言衆也故云人將俱往是衆可知喻天下有賢在位之人久如並求之斯卽在朝之君子衆皆求賢其並與俱皆出經重罩而求也○箋君子斥時在位者○正義曰嘉鱉與此序皆云太平之君子彼注云君子。謂成王與此不同者以彼序云能持盈守成則神祇祖考安樂之矣經陳祭天地宗廟是太平之君子爲百神之主非王不然故知君子謂成王此序云樂與賢者共之言與言共是等夷之稱非人君之辭故知斥在位者也且人君求賢至誠不足以爲美矣人臣事君多在專利以文仲之賢尚稱竊位知賢不妒自古所稀假有舉薦或事不獲已至誠者寡今太平君子至誠樂賢故所以爲美耳下章箋曰君子下其臣故賢者歸往之似斥成王者此言君子博關朝廷公卿孝經唯士言爭友大夫以上則有爭臣是公卿之於下民有臣之道且人之進賢唯善所在公叔文子升家臣。以公所樂之賢或是己之私屬故箋言臣以通之王肅孫毓亦以爲在位朝廷之求賢則毛亦不斥成王明矣

南有嘉魚烝然汕汕汕汕樔也箋云樔者今之撩罟也○汕所諫反樔也說文云魚遊水貌樔側交反字或作罺同撩力弔反又力條反沈旋力到反

疏傳汕汕樔○正義曰釋器云樔謂之汕李巡曰汕以薄。魚。也孫炎曰今之撩罟皆以今曉古

君子有酒嘉賓式燕以衎衎樂也○衎若

旦反

南有樛木甘瓠纍之興也纍蔓也箋云君子下其臣故賢者歸往也○樛居虬反瓠音護纍力追反本亦作虆同下遐嫁反君子有酒嘉賓式燕綏之箋云綏安也與嘉賓燕飲而安之○鄉飲酒曰賓以我安

疏南有至綏之○正義曰言南方有樛然下垂之木甘瓠之草得上而纍蔓之以與在位有下下之君子故在野賢者得往而歸就之言君子之下下猶樛木之下垂賢者所以往矣又在位君子之家有酒矣在野賢者嘉善之賓既來則用此酒燕飲而安之○箋鄉飲酒曰賓以我安○正義曰案鄉飲酒燕飲而安之無以我安之文燕禮司正洗觶南面奠于中庭升東楹之東受命西階上北面命卿大夫君曰以我安卿大夫皆對曰諾敢不安則此文在燕禮矣言鄉飲酒者誤也定本亦誤以南陔與由庚之箋皆鄉飲酒燕禮連言之故學者加鄉飲酒於上後人知其不合兩引故略去燕禮焉今本猶有言燕禮者

翩翩者鵻烝然來思鵻壹宿之鳥箋云壹宿者壹意於其所宿之木也喻賢者有專壹之意於我我將久如而來遲之也○翩音篇鵻音隹本亦作隹君子有酒嘉賓式燕又思箋云又復也以其壹意欲復與燕加厚之○復扶又反下同

疏翩翩至又思○正義曰上章云君子思遲賢人此章言賢者願往翩翩而飛者是鵻鳥也此鳥由壹意於其所宿之木故久如欲來所以翩翩而飛來集於木也以喻在野之賢者有專壹之意我君子亦久如願來今來在於我君子之朝言君子求之至故賢者意能專壹也在位君子之家有酒矣與此在野賢者嘉善之賓既來用此酒與之燕又燕也思皆爲辭燕又燕頻與之燕言親之甚也○箋云壹宿至遲之○正義曰毛言壹宿義微故申之云壹宿者一意於其所宿之木也夫擇木之鳥慤謹故將宿於木專壹其心故特以鵻鳥爲喻以鳥之擇木喻賢者有專壹之意於我此我謂君子也將久如而來遲之者賢者遲君子物類相感所以相思遲之也定本式燕又思下有箋云又復也以其壹意欲復與燕加厚之也俗本多無此語

南有嘉魚四章章四句

南山有臺樂得賢也得賢則能爲邦家立太平之基矣人君得賢則其德廣大堅固如南山之有基趾

○爲如字又于僞反 南山有臺北山有萊興也臺夫須也萊草也箋云興者山之有草木以自覆蓋成其高大喻人君有賢臣以自尊顯○萊音來臺夫音符 樂只君子邦家之基基本也箋云只之言是也人君既得賢者置之於位又尊敬以禮樂樂之則能爲國家之本得壽考之福○樂樂樂上音岳下音洛

疏南山至無期○正義曰言南山所以得高峻者以南山之上有臺北山之上有萊以有草木而自覆蓋故能成其高大以喻人君所以能令天下太平以人君所任之官有德所治之職有能以有賢臣各治其事故能致太平言山以草木高大君以賢臣尊顯賢德之人光益若是故我人君以禮樂樂是有德之君子置之於位而尊用之令人君得爲邦家太平之基以禮樂樂是有德君子又使我國家得萬壽之福無有期竟所以樂之也○傳臺夫須萊草○正義曰臺夫須釋草文舍人曰臺一名夫須陸機疏云舊說夫須莎草也可爲蓑笠都人士云臺笠緇撮傳云臺所以禦雨是也十月之交曰田卒汙萊又周禮云萊五十畝萊爲草之總名非有別草名之爲萊陸機疏云萊草名其葉可食今兗州人烝以爲茹謂之萊烝以上下類之皆指草木之名其義或當然矣此山有草木成其高大而車輦箋云析其柞薪爲蔽岡之高者以興喻者各有所取若欲觀其山形草木便爲蔽障之物若欲顯其高大草木則是裨益之言不一端矣

南山有桑北山有楊樂只君子邦家之光箋云光明也政教明有榮曜○疆居良反 樂只君子萬壽無疆

南山有杞北山有李樂只君子民之父母樂只君子德音不已箋云已止也不止者言長見稱頌也○杞音起草木疏云其樹如樗一名狗骨 南山有

珍倣宋版印

栲北山有杻栲山樗杻檍也○栲音考杻女九反樗勑居反檍音憶樂只君子遐不眉壽樂只君子德音是茂眉壽秀眉也箋云遐遠也遠不眉壽者言其近眉壽也茂盛也南山有枸北山有楰枸枳枸楰鼠梓○俱甫反楰音庾楸屬枳諸氏反疏傳枸枳至鼠梓○正義曰枸釋木無文宋玉賦曰枳枸來巢則枸木多枝而曲所以來巢也陸機疏云枸樹高大似白楊有子著枝端大如指長數寸噉之甘美如飴八月熟今官園種之謂之木蜜楰鼠梓釋木文李巡曰鼠梓一名楰郭璞曰楸屬也陸機疏曰其樹葉木理如楸山楸之異者今人謂之苦楸是也樂只君子遐不黃耇樂只君子保艾爾後黃黃髮也耇老艾養保安也○耇音苟壽也艾五蓋反沈音刈疏傳黃黃髮耇老○正義曰釋詁云黃髮耇老壽也舍人曰黃髮老人髮白復黃也孫炎曰耇面凍梨色如浮垢

南山有臺五章章六句

由庚萬物得由其道也崇丘萬物得極其高大也由儀萬物之生各得其宜也

有其義而亡其辭此三篇者鄉飲酒燕禮亦用焉曰乃間歌魚麗笙由庚歌南有嘉魚笙崇丘歌南山有臺笙由儀亦遭世亂而亡之燕禮又有升歌鹿鳴下管新宮新宮亦詩篇名也辭義皆亡無以知其篇第之處○此三篇義與南陔等同依六月序由庚在南有嘉魚前崇丘在南山有臺前今同在此者以其俱亡使相從耳間古莧反疏由庚萬物至其辭○正義曰有其義而亡其辭亦毛氏所著於後行別記之○箋此三篇至之處○正義曰此鄭亦本其所用所亡之事也此三篇鄉飲酒燕禮亦用焉亦者亦南陔等也即言其事之用曰乃間歌魚麗笙由庚歌南有嘉魚笙崇丘歌南山有臺笙由儀鄉飲酒燕禮二篇俱有此辭也言間歌者堂上與堂下遞歌不比篇而間取之笙者在笙中吹之所以亡者亦遭亂而亡亦如南陔等遭戰國及秦之亂而失

之也因此亡詩事終更述燕禮又有升歌鹿鳴下管新宮亦詩篇名也以對鹿鳴而入管用故知詩篇名也辭義皆亡今無以知其篇第所在之意也篇第所在皆當言處云之意者以無意義可推尋而知故云意也案魚麗武王詩也而與嘉魚間歌南陔等三篇亦武王詩也乃在堂下笙歌之是武王之詩得下管用之也新宮制禮所用必在禮前而作不知武王詩也成王詩也此箋因亡詩事終而言之耳不謂當用在成王詩中故曰無以知其篇第之意也案禮射義諸侯以貍首爲節以彼類之當在召南但召南無亡詩之比故鄭於譜言辭義皆亡者對六篇有義無辭新宮并義亦無故言皆亡不謂已爲作序與經俱亡若子夏爲之作序何由辭及目篇并六月連序並無存者以此知孔子錄而不得子夏不爲之序也左傳昭二十五年宋公享昭子賦新宮計孔子時年三十餘矣所以錄不得者詩之逸亡必有積漸當孔子之時道衰樂廢自宋公賦新宮至孔子定詩三十餘年其間足得亡之也聖人雖無所不知不得以意錄之也

**蓼蕭澤及四海也**九夷八狄七戎六蠻謂之四海國在九州之外雖有大者爵不過子虞書曰州十有二師外。薄四海咸建五長〇蓼音六薄音博諸本作外數注音芳夫反四海海者晦也地險言其去中國險遠稟政教昏昧也長張丈反

疏〇蓼蕭四章章六句至四海〇正義曰作蓼蕭詩者謂時王者恩澤被及四海之國也使四海無侵伐之憂得風雨之節書傳稱越常氏之譯曰吾受命吾國黃老曰久矣天之無烈風淫雨意中國有聖人遠往朝之是澤及四海之事經四章皆上二句是澤及四海由其澤及故其君來朝王燕樂之亦是澤及之事故序總其目焉經所陳是四海君蒙其澤而序漫言四海者作者以四海諸侯朝王而得燕慶故本其在國蒙澤說其朝見光寵序以王者恩及其君不可遺其臣見其通及上下故直言四海以廣之〇箋九夷至五長〇正義曰九夷八狄七戎六蠻謂之四海釋地文李巡曰九夷在東方八狄在北方七戎在西方六蠻在南方孫炎曰海之言晦晦闇於禮儀也。雒師謀我應注皆與此同職方氏及布憲注亦引爾雅云九夷八蠻六戎五狄謂之四海數既不同而俱云爾雅則爾雅本有兩文今李巡所注謂之四海之下更三

句云八蠻在南方六戎在西方五狄在北方此三句唯李巡有之孫炎郭璞諸本皆無也李巡與鄭同時鄭讀爾雅蓋與巡同故或取上文或取下文也爾雅本有二文者由王所服國數不同故異文耳亦不知九夷八狄七戎六蠻正據何時也此及中侯直言四海不列其數故引上文解之職方列其國數唯五戎六狄與爾雅六戎五狄上下不同餘則相似故據下文也布憲則秋官承夏官之下故同於職方焉周禮注據爾雅下文八蠻六戎五狄當四海者以明堂位陳周公朝於明堂之時其數與之等是周時之驗故據之焉明堂位與職方不同者鄭志答趙商云戎狄之數或五或六兩文異耳爾雅雖有與周皆兩數耳無別國之名不甚明故不定之也是鄭疑兩文必有一誤但無國數可明故不敢定之耳四海之於王者世一見耳此經說四海來朝應是攝政六年時事當與明堂位同直以漫言四海故取爾雅上句謂之四海之文充之其實此當八蠻六戎五狄也國在九州之外者明四海不屬九州其州長所不領故周禮曰九州之外謂之蕃國世一見是也若然下文蠻荊謂荊州之蠻堯典曰流共工于幽州注云幽州北裔則四海亦有在九州之內者矣言外者以大凡化內非州牧所領則謂之四海之國其境所居不妨在九州之內禹貢萬里大界盡以九州目之故得有荊州之蠻及幽州爲北裔也曲禮曰其在東夷北狄西戎南蠻雖大曰子是雖有大者爵不過子也大者曰子小者曰男而已左傳曰驪戎男是也若殷爵三等無子男則四夷之君爲伯爵也而書序曰武王勝殷巢伯來朝注云巢伯南方諸侯世一見者以武王卽位來朝是九州外爲伯又虞書曰州有十二師外薄四海咸建五長明四海是九州之外也何者既言州十有二師是九州之內立師也又曰外薄四海咸建五長是四海在九州之外矣所引者皐陶謨文也檢鄭所注尚書經作外薄今定本作外敷恐非也彼注云九州州立十二人爲諸侯之師以佐其牧外則五國立長使各守其職此建五長卽下曲禮所謂子故彼注云子謂九州之外長也天子亦選其諸侯之賢者以爲之子子猶牧是也案彼上云弼成五服至于五千鄭以爲禹治水輔成五服土方萬里以七千里內爲九州七七四十九千里者之方四十九以其一爲畿

內餘四十八八州分之各得方千里者六計一州方百里之國二百七十里之國四百五十里之國八百計一州有一千四百國以二百國爲名山大川不封之地餘有一千二百國以百國立一師故州有十二師鄭又云八州九千六百國又四百國在畿內以子男備其數是鄭計充禹會諸侯于塗山執玉帛者萬國之文

**蓼彼蕭斯零露湑兮**興也蓼長大貌蕭蒿也湑湑然蕭上露貌箋云興者蕭香物之微者喻四海之諸侯亦國君之賤者露者天所以潤萬物喻王者恩澤不爲遠國則不及也○湑息敘反長如字又張丈反爲于僞反**既見君子我心寫兮**輸寫其心也箋云既見君子者遠國之君朝見於天子也我心寫者舒其情意無留恨也**燕笑語兮是以有譽處兮**箋云天子與之燕而笑語則遠國之君各得其所是以稱揚德美使聲譽常處天子

疏蓼彼至處兮○正義曰言蓼然長大者彼蕭斯也此蕭所以得長大者由天以甞露潤之使其上露湑湑然盛兮以故得其長大耳以興得所者彼四夷之君此四夷之君所以得所者由王以恩澤及之使其恩澤豐多故令其得所耳然此蕭是香物之微者天不以其微而不潤也喻四海諸侯乃國君之賤者王者王不以其賤而不及也遠國既蒙王澤乃來朝見自言己既得朝見君子之王者我心則舒寫盡兮無復留恨在國恐不得見今來得見則意盡也朝之後王又與之燕飲而笑語兮感王之恩皆稱揚王之德美是以使王得有聲譽又常處天子之位兮言爲天子所保不憂危亡也○傳蕭蒿至露貌○正義曰釋草云蕭荻也李巡曰荻一名蕭郭璞曰卽蒿也下章瀼瀼泥泥皆重言故此以爲湑湑也湑湑露在物之狀故爲蕭上露貌○箋蕭香至賤者○正義曰生民曰取蕭祭脂郊特牲曰爇蕭合馨香是蕭爲香物也雖香而是物之微者以喻四海諸侯亦是國君之賤者

**蓼彼蕭斯零露瀼瀼**瀼瀼露蕃貌○瀼如羊反徐又乃剛反蕃音煩**既見君子爲龍爲光**龍寵也箋云爲寵爲光言天子恩澤光耀被及己也○被皮寄反**其德不爽壽考不忘**爽差也

疏既見至不忘○正義曰言遠國之君蒙王恩澤今皆來朝既得

見君子之王者爲君所寵遇爲君所光榮得其恩意又燕見笑語使四海稱頌之不忘也蓼彼蕭斯零露泥泥泥泥霑濡也○泥乃禮反

既見君子孔燕豈弟豈樂弟易也箋云孔甚燕安也○豈開在反本亦作愷下同後豈弟放此弟如字本亦作悌音同後皆放此樂音洛下篇同易夷豉反宜兄宜弟令德壽豈爲兄亦宜爲弟亦宜疏既見至壽豈○正義曰遠國之君既朝見君子爲君子所接遇故皆甚安而情又喜樂以怡易也君子既接遠國得所而又燕見以盡其歡是君子爲人之能宜爲人兄宜爲人弟隨其所爲皆得其宜故能有善德之譽壽凱樂之福也

蓼彼蕭斯零露濃濃濃濃厚貌○濃奴同反又女龍反既見君子鞗革忡忡和鸞雝雝萬福攸同鞗轡也革轡首也忡忡垂飾貌在軾曰和在鑣曰鸞箋云此說天子之車飾者諸侯燕見天子天子必乘車迎于門是以云然攸所也○鞗徒彫反忡直弓反徐音同又音勑弓反軾音式鑣彼苗反疏既見至攸同○正義曰言遠國之君既見君子之王者又蒙垂意燕見於己說其燕見之車飾君子所乘燕見之車鞗皮以爲轡首之革垂之沖沖然其在軾之和與衡鑣之八鸞其聲雝雝然乘是車服屈己之尊降接卑賤恩遇若是是王爲主得所故宜爲萬福之所同皆得歸聚之○傳鞗轡也至曰鸞○正義曰釋器云轡首謂之革郭璞曰轡靶也然則馬轡靶之所靶之外有餘而垂者謂之革鞗皮爲之故云鞗革轡首垂也鞗革即言沖沖故知垂飾貌在軾曰和和亦鈴也以其與鸞相應和故載見曰和鈴央央是也在鑣曰鸞謂鸞鈴置於馬之鑣郭璞曰鑣馬勒傍鐵也言置鈴於馬口之兩傍此無文也故鄭不從之禮記注云鸞在衡馳鐵箋云置鸞於鑣異於乘車是鄭以乘車之鸞不在鑣知此天子所乘以迎賓則亦乘車也鸞不當在鑣矣此箋不易之者以馳鐵已明之此從可知也○箋此說至然○正義曰既見君子即言鞗革沖沖和鸞雝雝是見君子車上有此飾故知說天子之車飾也解所以得見天子車飾者以諸侯燕見天子必以車迎於門是以云然此既見天子之言爲朝見之後則燕見之皆是見君子之事

故蒙上既見之文也知燕見迎諸侯者以王唯覲禮不下堂而見諸侯耳其朝宗當迎之故秋官大行人說車迎之法賓主步數彼六服諸侯尚有車迎則四夷之君車迎可知燕主歡心不可不接既然迎接不得無車故燕禮云若四方之賓公迎之于大門內是燕有迎法也以唯首章言燕笑語兮是燕禮時事故知此見車飾亦是燕時事案大行人上公九命貳車九乘介九人禮九牢朝位賓主之間九十步立當車軹擯者五人侯伯以七為節立當前侯擯者四人子男以五為節立當車衡擯者三人注云王立當軫又鄭注下曲禮以春夏受贄於朝受享於廟以生氣文也秋冬一受之於廟殺氣質也鄭又以覲禮不出迎諸侯則冬遇亦不迎然則秋冬燕見亦無出迎之法也

蓼蕭四章章六句

湛露天子燕諸侯也燕謂與之燕飲酒也諸侯朝覲會同天子與之燕所以示慈惠○湛直減反 疏 湛露至諸侯○正義曰作湛露詩者天子燕諸侯也諸侯來朝天子與之燕飲美其事而歌之經雖分別同姓庶姓二王之後皆是天子燕諸侯之事也蓼蕭序云天子此及彤弓獨言天子者此及彤弓燕賜諸侯之身既言諸侯不得不言天子以對之蓼蕭序不言諸侯文無所對故不言天子也四章雖皆說天子燕諸侯之事而皆首章見天子於諸侯之義下三章見諸侯於天子之事首章言王燕諸侯雖至於夜留與飲燕無問同姓異姓皆不醉不歸是天子恩厚之義也下三章乃分別說之二章言同姓則成夜飲之禮非同姓讓之則止三章言庶姓卒章言二王之後不得成其夜飲故云令德令儀言其不至於醉也首章直言湛湛露斯不指所在之物總下章云草木也故下章各言草木以充之以同姓一類故廣舉豐草庶姓非一族之人喻以異類之木二王之後同為天子所尊譬之同類之木各取其所象也豐草杞棘言露在桐椅不言露在承上露在可知天子燕諸侯之義備於此矣不言異姓與三恪者兄弟甥舅禮不同要夜飲之義非宗不可則異姓

珍倣宋版印

從庶姓禮也三恪卑於二代其亦在異姓中

湛湛露斯，匪陽不晞。興也。湛湛，露茂盛貌。陽，日也。晞，乾也。露雖湛湛然，見陽則乾。箋云：興者，露之在物湛湛然，使物柯葉低垂，喻諸侯受燕爵，其義有似醉之貌。諸侯旅酬之，則猶然，唯天子賜爵則貌變，肅敬承命，有似露見日而晞也。○晞音希。

厭厭夜飲，不醉無歸。厭厭，安也。夜飲，私燕也。宗子將有事，則族人皆侍。不醉而出，是不親也；醉而不出，是渫宗也。箋云：天子燕諸侯之禮亡，此假宗子與族人燕為說爾。族人猶羣臣也，其醉不出，不醉出，猶諸侯之儀也。飲酒至夜，猶云不醉無歸，此天子於諸侯之儀。燕飲之禮，宵則兩階及庭門皆設大燭焉。○厭，於鹽反，韓詩作愔愔，和悅之貌。渫，息列反。

疏 湛湛至無歸○正義曰：湛湛然在物上者，露斯也。此物得露而湛湛然柯葉低垂，非見日之陽則不得乾而舒放也。以興諸侯受王燕飲而嵬峨然威儀縱弛，非天子之賜爵則不承命而嚴肅也。是王燕諸侯恩厚，至於厭厭安閑之夜，尙與燕飲，其意殷勤以留賓客，言不至於醉不得歸也。○傳湛湛至陽日○正義曰：此在物而湛湛，是盛也。與王隆厚於諸侯，故以盛為喻。以陽為乾物，故知日也。○箋露之至而晞○正義曰：露之所霑，必在草木，此言所在，以總下文，故箋亦順經直言之在物。物正謂下章豐草、杞棘也。柯謂枝也。露在於葉，則令柯亦低，故言柯葉低垂。草木通然，非木柯而草葉也。此燕諸侯之詩，露比王燕，諸侯物得露而低，猶諸侯得酒而醉，故喻諸侯受燕爵，其威儀有似醉之貌也。其醉必在燕末，諸侯旅酬則然，以舉行旅酬燕末之事，故以露見日而乾喻諸侯有承命之事。燕之，天子有命，唯賜爵耳，故言唯天子賜爵則貌變，肅敬承命，有似露見日而乾也。○傳夜飲至渫宗○正義曰：楚茨云「備言燕私」，傳曰「燕而盡其私恩」，明夜飲者亦君留而盡私恩之義，故言燕私也。解夜飲之意，言宗子將有事，族人皆入侍，宗子或與之圖事，則當飲之酒。若宗子不飲之酒，使不醉而出，是不親族人也；若族人飲宗子酒至醉，仍不出，是渫慢宗子也。言此者，明宗子之義，族人雖醉，尙留之飲；族人之義，雖不至醉，亦當辭出，不得盡宗子之意。是主法自當留賓，賓則可以辭主去。天子於諸侯，義亦當然。書傳曰：「既侍其宗，然後得燕，燕私者何。而與族人飲飲而不醉是不親醉而不出是不敬與此傳同毛伏俱大儒當各有所據而言也○箋天子至大燭焉○正義曰申毛之意言傳所稱宗子飲族人之事者以天子燕諸侯之禮亡此假宗子與族人燕爲說耳以天子比宗子族人比羣臣是假託之也族人至醉而有出有不出之二塗猶諸侯至醉亦當辭出若不辭出是褻慢王也是以諸侯皆當辭出但王得其辭異姓則聽之出同姓則留之飲也又解燕飲當以晝所以淫飲至夜猶云不醉不歸者此天子於諸侯之義言天子與諸侯爲主雖終日而未盡歡故留之夜飲使至於必醉也燕飲之禮宵則兩階及庭門皆設大燭是燕必至夜故欲留之夜飲也燕禮曰宵則庶子執燭於阼階上甸人執大燭於庭閽人爲燭於門外是兩階門庭皆有燭也彼兩階與門言執燭唯庭言大燭此云皆設大燭者因彼有大燭總而言之

湛湛露斯在彼豐草厭厭夜飲在宗載考

豐茂也夜飲必於宗室箋云豐草喻同姓諸侯也載之言則也考成也夜飲之禮在宗室同姓諸侯則成之於庶姓其讓之則止昔者陳敬仲飲桓公酒而樂桓公命以火繼之敬仲曰臣卜其晝未卜其夜於是乃止此之謂不成也○飲桓於鴆反【疏】湛湛至載考○正義曰湛湛然者彼露斯也此露在於彼豐草之上豐草得露則湛湛然柯葉低垂以與王之燕飲於彼同姓諸侯此同姓諸侯得王燕飲則威儀寬縱也王與歡酣至於厭厭安閑之夜留之私飲雖則辭讓以其宗室之故則留之而成飲不許其讓以崇親厚焉○箋夜飲至不成○正義曰鄭以經言載考言則成對有不成者明是賓讓之也故言夜飲之禮在宗室同姓諸侯則成之於庶姓讓之則止也獨言庶姓除同姓者耳故以庶姓總之昔者陳敬仲飲桓公酒至於是止莊二十二年左傳有其事引之以證異姓不得成夜飲之義故云此之謂不成也飲桓公酒者桓公至敬仲之家而敬仲飲之酒也故鄭志答張逸云時桓公館敬仲若哀公館孔子之類杜預亦云桓公賢敬仲之故幸賢人之家是也言卜晝不卜夜者服虔云臣享君必卜示敬慎也此燕諸侯王爲之主彼桓公飲酒敬仲爲主而得證此者君適其臣君爲主人其進退在君所裁敬仲

珍倣宋版印

之辭與諸侯之讓同故得爲證也

湛湛露斯在彼杞棘顯允君子莫不令德

箋云杞也棘也異類喻庶姓諸侯也令善也無不善其德言飲酒不至於醉

【疏】湛湛至令德○正義曰湛湛然者露斯此露在此杞棘之木此杞棘之木得露則湛湛然柯葉低垂以與王之燕飲在彼庶姓之諸侯此庶姓諸侯得王燕飲皆威儀寬縱也此庶姓明信之君子雖得王之燕禮飲酒不至於醉莫不皆善其德使之無過差也

其桐其椅其實離離豈弟君子莫不令儀

離離垂也箋云桐也椅也同類而異名喻二王之後也其實離離喻其薦俎禮物多於諸侯也飲酒不至於醉徒善其威儀而已謂陔節也○椅於宜反木名也陔節古哀反字亦作祴音同戒也

【疏】其桐至令儀○正義曰其桐也其椅也言二樹當秋成之時其子實離離然垂而蓄多以與其杞也其宋也二君於王燕之時其薦俎衆多而於王爲客加其厚恩故也此二王之後樂易之君子雖得王之燕禮飲酒不至於醉莫不善其威儀令可觀望也○箋其實至陔節○正義曰以此變。言。在其實當燕之時唯酒與薦俎酒則樽不屬賓賓所專者唯薦俎耳昭二十五年宋樂大心曰我於周爲客是二王之後其尊與諸侯殊絕故知薦俎禮物多於諸侯也此美天子之燕諸侯無不醉之理故燕飲賓醉乃出是燕末必醉也此與上章善威儀箋皆云不至醉者言其蘊藉自持不至醉亂內實困酒空善外儀故云徒善其威儀而已又言善儀早晚謂陔節當奏陔夏之節猶善威儀以其美人必舉其終故知當陔之節也燕禮賓醉北面坐取其薦脯以降奏陔夏取所執脯以賜鍾人於門內霤遂出是也天子燕諸侯之禮亡故據燕禮以況之二王之後燕罷而出不必奏陔夏

湛露四章章四句

彤弓天子錫有功諸侯也

諸侯敵王所愾而獻其功王饗禮之於是賜彤弓一彤矢百旅弓矢千凡諸侯賜弓矢然後專征伐○彤

徒冬反彤弓赤弓也愾苦愛反很也杜預云很怒也說文作鎎火既反云怒戰也旅音盧黑弓也本或作旅字訛【疏】彤弓三章章六句至諸侯○正義曰作彤弓詩者天子賜有功諸侯諸侯有征伐之功王以弓矢賜之也經三章上二句言諸侯受王彤弓是賜之事下四句言王設樂饗醻而行饗亦是賜之事故云錫以兼之○箋諸侯至征伐○正義曰自諸侯敵王所愾盡旅弓矢千除饗禮一句以外皆文四年左傳甯武子辭也諸侯賜弓矢然後專征伐禮記王制文也引左傳者解有功賜之由王賜諸侯非唯弓矢而已獨言彤弓者以弓矢為重故又引王制以明之言敵王所愾者敵當也愾恨也謂夷狄戎蠻不用王命王心恨之命諸侯有德者使征之諸侯於是以王命與師以討王之所恨者為讎敵而伐之既勝而獻其所獲之功於王王親受之又設饗禮禮之於是賜之弓矢也獻功者伐四夷而勝則獻之其伐中國雖勝不獻故莊三十一年左傳曰凡諸侯有四夷之功則獻於王以警於夷中國則否是中國之功不獻捷也其獻唯四夷之功乃獻之其賜有功則賜之不須要四夷之功始賜之也晉文侯夾輔周室平王東遷洛邑無伐四夷之功王亦賜之弓矢尚書文侯之命是其事也經先言受功後說。享鄭先言。享禮之乃言賜弓矢者襄二十六年左傳曰將賞則加膳加膳則飫賜將欲賞人尚加殽膳況弓矢之賜賞之大者焉得無其禮也為賜以設饗而賜之故鄭先言饗也其饗之日先受弓矢之賜後受獻醻之禮也且王以設饗而賜弓為重故經先言賜弓後言饗之事也若僖二十八年左傳說晉文公敗楚於城濮獻功於王王饗醴命晉侯宥下乃言策命晉侯為侯伯賜之以弓矢似先饗後賜者彼饗醴命宥別行饗禮非賜日之饗也故丁未獻俘己酉設享是先饗禮以勞其功宅日乃賜之弓矢更加策命其賜之日別行饗禮則此經所云是與彼饗別也莊十八年虢公晉侯朝王王饗醴命之宥僖二十五年晉侯朝王王饗醴命之宥於時不賜特行饗醴以此知城濮之言饗禮者非賜日之饗賜之日實行饗禮而左傳甯武子云以覺報宴者杜預云歌彤弓者以明報功宴樂非謂賜時設饗禮甯武子所言及晉文侯文公所受皆并有旅弓此詩獨言彤弓者以二文皆先彤後旅彤少旅多舉重可以包輕故直言彤弓也有弓則有矢言弓則矢可知故亦不言矢也傳文直云旅弓矢千定本亦然故服虔云矢千則弓十是本無十旅二字矣俗本有者誤也首章爲總目下二章分而述之以相成也毛以藏之者爲藏之於其家以示子孫先櫜之乃載以歸後始藏於其家以藏爲重先言之藏於家受後之事致其意而言之非受時也好之喜之由悅樂而賜之故貺之爲總也饗之是大禮之名右之醻之是饗時之事亦饗爲總也鄭亦首章爲總但藏載於車即是受時之事爲異耳

**彤弓弨兮受言藏之**彤弓朱弓也以講德習射弨弛貌言我也箋云言者謂王策命也王賜朱弓必策其功以命之受出藏之乃反入也○弨尺昭反說文云弓反也字林充小反弛式氏反

**我有嘉賓中心貺之**貺賜也箋云貺者欲加恩惠也王意殷勤於賓故歌序之

**鐘鼓既設一朝饗之**箋云大飲賓曰饗一朝猶早朝○饗於鴆反

疏彤弓至饗之○毛以爲諸侯受天子所賜彤赤之弓弨然而弛既天子以此賜我我則於王受之矣既受之我當於家藏之以示子孫不忘大功也於時王既賜諸侯以弓又饗禮禮之我有嘉善之賓中心至誠而貺賜之以鐘鼓既爲之設一旦早朝大設禮而饗之鄭以敘王之意言我彤赤之弓弨然弛兮以賜諸侯則受策命之言與此賜之弓出而藏之乃反之入也餘同○傳彤弓至言我○正義曰彤赤故言朱弓周禮無彤弓之名言講德習射則彤弓周禮當唐弓大弓也夏官司弓矢有六弓王弧夾庾唐大鄭云六者弓異體之名也往體寡來體多曰王弧往體多來體寡曰夾庾往體來體若一曰唐大經曰唐弓以授學射者使者勞者鄭云學射者弓用中後習强弱則易也使者勞者弓亦用中遠近可也勞者勤勞王事若晉文侯文公受王弓矢之賜也如是則鄭以此彤弓及旅弓於周禮爲唐大故言勞者受得之後則以學射故云以講德習射也但唐大者是其體强弱之名此彤旅者爲弓色之異稱爲弓者皆以漆之以禦後霜露漆之爲色赤之而已彤既是赤則知旅者爲黑也色以赤者周之所尚故賜弓赤一而黑十以赤爲重耳爲其體同異未聞正以有功者受彤弓。彤弓之賜周禮唐弓大弓以授勞者此傳言彤弓以講德習射周禮唐弓大弓以授學射者此彤弓必當唐大二者之中有之耳其必當唐大亦未能審旅弓與彤弓俱賜勞者蓋亦當唐大乎服虔云旅弓以射甲革椹質則以旅弓當周禮之弧。安。得賜旅弓多彤弓少則體不得過之而以彤爲學射當唐大合七成規旅弓爲王弧合九成規準之周禮非其差也周禮又彤有八矢弓弩各四其弓之矢有枉殺矰恆而恆矢云用諸散射鄭云散射謂禮射及習射與此講德習射事同則彤矢旅矢當周禮恆矢也弨弛貌說文云弨弓反謂弛之而體反也此言弨弛貌則受弓矢者皆定體之弓弛而賜之至於凡平敵體自出臨時之宜故曲禮有張弓尙筋弛弓尙角弓定體未定體之事不與此同傳訓言爲我不解藏義王肅云我藏之以示子孫也○箋言者至反入○正義曰鄭以此歌本敘王意故云有嘉賓既敘王意不得也諸侯言我受藏之也晉文公受弓矢之賜傳稱王命尹氏及王子虎內史叔興父策命晉侯爲侯伯此與彼同宜有策命故知言者謂王命策也王賜朱弓必策其功以命之左傳策命晉侯之文是其事也此直言藏之則受出藏之乃反○入者以傳說晉文公既從命云受策以出出入三覲故知之○箋王意至序之○正義曰箋以晉言王中心以貺之是中心誠實非飾貌矯情是殷勤於賓也由王如此故復作詩歌而敘之解此彤弓之意以王中心之實故歌之以示法耳○箋大飲至早朝○正義曰饗者烹大牢以飲賓是禮之大者故曰大飲賓曰饗謂以大禮飲賓獻如命數設牲俎豆盛於食燕周語曰王饗有體薦燕有折俎公當享卿當燕燕是其禮盛也言一朝者言王殷勤於賓早朝而即行禮故云一朝猶早朝以燕如至夜饗則如其獻數禮成而罷故以朝言之昭元年左傳云鄭饗趙孟禮終乃燕是不終日也享

彤弓弨兮受言載之載以歸也箋云出載之車也我有嘉賓中心喜之○喜樂也樂音洛

鐘鼓既設一朝右之右勸也箋云右之者主人獻之賓受爵奠于薦右既祭俎乃席末坐卒爵之謂也○右毛音又鄭如字薦右也卒遵律反本或作啐者誤也啐音七內反

【疏】傳右勸○正義曰下章言醻醻賓之前止有獻賓初獻未得名爲勸則勸者非以酒勸賓謂設享禮勸其功也

珍倣宋版印

故成二年左傳曰王親受而勞之所以懲不敬勸有功是也此勸既非勸酒故卒章醻亦不得醻酒傳醻報言爲享以報其功故左傳曰以覺報宴是也○箋右之至之謂○正義曰案燕禮云主人筵前獻賓賓西階上拜筵前受爵反位膳宰薦脯醢賓升筵膳宰設折俎賓坐左挩爵右祭脯醢奠爵於薦右興取肺坐絕祭嚌之興加於俎坐挩手執爵遂祭酒於席末坐啐酒此鄭略其事故言之謂右之者即此燕禮所言奠於薦右之謂也彼啐酒即此卒爵爵即酒也鄭以下言醻之爲醻賓故此右之爲當獻賓既獻賓賓受而奠之於薦右是言之可以明主之獻賓故作者舉以表之

彤弓弨兮受言櫜之櫜韜也○櫜古刀反韜本又作弢吐刀反弓衣也我有嘉賓中心好之好說也○好呼報反說音悅鐘鼓既設一朝醻之醻報也箋云飲酒之禮主人獻賓賓酢主人主人又飲而酌賓謂之醻醻猶厚也勸也○醻本又作酬市由反酢才洛反【疏】箋飲酒至厚勸○正義曰案燕禮賓既受獻西階上北面坐卒爵以虛爵降賓坐取觚奠於篚下盥洗卒盥揖升酌以酢主人於西階上主人北面拜受又曰遂卒爵是主人獻賓賓酢主人也又曰主人盥洗升媵觚於賓酌散西階上坐奠爵拜賓降筵北面答拜主人坐祭遂飲又曰主人酌膳賓西階上拜受爵於筵前反位主人拜送爵賓升席坐祭酒遂奠於薦東是主人又飲而酌賓曰醻也其鄉飲酒亦然彼注醻勸酒與此厚勸一也瓠葉傳曰醻導飲主人又飲以導賓而醻之此傳訓醻爲報是傳意醻之不施於飲酒明矣故王肅云醻報功也

彤弓三章章六句

菁菁者莪樂育材也君子能長育人材則天下喜樂之矣樂育材者歌樂人君教學國人秀士選士俊士造士進士養之以漸至於官之○菁者莪上子丁反下五何反長張丈反下注並同樂音洛下並注同選雪戀反【疏】菁菁者莪四章章四句至樂之

矣○正義曰作菁菁者莪詩者樂育材也言君子之爲人君能教學而長育其國人使有材而成秀進之士至於官爵之君能如此則爲天下喜樂矣故作詩以美之經四章言長養成就賜之官爵皆是育材之事也南有嘉魚言樂與賢也南山有臺云樂得賢者彼謂在位及人君於時樂求賢者本在上之心非下人所樂此則下人所樂樂君之能育材與彼別又經言喜樂者謂被人君所育者以被育有材得官爵而喜又序言喜樂之者他人見之如是而喜樂之非獨被育者也作者述天下之情而作歌耳○箋樂育至官之○正義曰箋解樂育材者樂養之以至於材故言教學之漸至於官爵也王制云與立小學大學乃言若有循教者鄉人子弟卿大夫餘子皆入學九年大成名曰秀士又曰命鄉論秀士升之司徒曰選。官司徒論選士之秀者升之於大學曰俊士升於司徒者不征於鄉升於大學者不征於司徒曰造士又曰大樂正論造士之秀者以告於王而升諸司馬曰進士注云進士可進受爵祿又曰司馬辨論官材論進士之賢者以告於王而定其論論定然後官之任官然後爵之如是從鄉人中教之爲秀士是教學之從秀士漸至於進士是養之以漸也進士論材任官而又爵之是至於官爵之也其養成爲此五士是長育人材也進士是材之大成故官爵以進士爲主但人材有限官有尊卑其進士以下學已大成超踰倫輩亦可隨材任之不必要至進士始官之也卒章箋云文亦用武亦用於人之材無所廢是秀士以上皆可爲官也定本無進士二字誤也

菁菁者莪在彼中阿興也菁菁盛貌莪蘿蒿也中阿阿中也大陵曰阿君子能長育人材如阿之長莪菁菁然箋云長育之者既教學之又不征役也既見君子樂且有儀箋云既見君子者官爵之而得見也見則心既喜樂又以禮儀見接

【疏】菁菁至有儀○正義曰言菁菁然茂盛者蘿蒿也此蘿蒿。也。此。蘿。蒿所以得茂盛者由生在阿中得阿之長養故茂盛以興德盛者是學士也此學士所以致德盛者由升在彼學中得君之長育故使德盛人君既能長育人材教學之又能官而用之故此學士既見君子則心喜樂且又有禮儀見接也又君子能養材與官又接之以禮故下所以歌之也言此養

珍倣宋版印

我者以沚則有水之潤阿陵有所居之勢草得於中而長遂故言長也○傳我蘿蒿○正義曰釋草云莪蘿蒿也舍人曰莪一名蘿郭璞曰今莪蒿也陸機疏云莪蒿也一名蘿蒿也生澤田漸洳之處。葉。似邪蒿而細科生三月中莖可生食又可蒸香美味頗似蔞蒿是也○箋官爵至見接○正義曰以下云賜我百朋得祿之事故此樂者爲得官而樂也既樂爲官爵之又云且有儀且兼事之辭故爲君子以禮儀接己也

菁菁者莪在彼中沚中沚沚中也沚音止○既見君子我心則喜喜樂也

菁菁者莪在彼中陵中陵陵中也既見君子錫我百朋箋云古者貨貝五貝爲朋錫我百朋得祿多言得意也

【疏】箋古者至得意○正義曰言賜我是入己之辭故爲得祿也言古者貨貝言古者寶此貝爲貨也五貝者漢書食貨志以爲大貝壯貝么貝小貝不成貝爲五也言爲朋者爲小貝以上四種各二貝爲一朋而不成者不爲朋鄭因經廣解之言有五種之貝貝中以相與爲朋非總五貝爲一朋也故志曰大貝四寸八分以上直錢二百一十文二貝爲朋壯貝三寸六分以上直錢五十文二貝爲朋么貝二寸四分以上直錢三十文二貝爲朋小貝一寸二分以上直錢一十文二貝爲朋不成。貝寸二分漏度不得爲朋率枚直錢三文是也以志所言王莽時事王莽多舉古事而行五貝故知古者貨貝焉

汎汎楊舟載沈載浮楊木爲舟載沈亦。沈載浮亦浮箋云舟者沈物亦載浮物亦載喻人君用士文亦用武亦用於人之材無所廢○汎汎方劍反既見君子我心則休箋云休者休休然○休虛虯反美也

【疏】汎汎至則休○正義曰言汎汎然楊木之舟則載其沈物則載其浮物俱浮水上以興當時君子用其文者又用其武者俱致在朝言君子於人唯才是用故既見君子而得官爵我心則休休然而美載飛載止及載震載育之類箋傳皆以載爲則然則此載亦爲則言則載沈物則載浮物也傳言載沈亦浮箋云沈物亦載則以載解義非經中之載也

菁菁者莪四章章四句

附釋音毛詩注疏卷第十（十之二）

阮元撰盧宣旬摘錄

○南有嘉魚

大平君子 閩本明監本毛本同唐石經小字本相臺本平下有之字考文古本同案有者是也下正義云鳧鷖與此序皆云大平之君子可證

欲置之於朝 閩本明監本毛本置作致案所改是也

又云塵然猶言久然爲如也 閩本明監本毛本同案久下當脫如塵爲久凡四字以久字複出而誤也

上見求魚之多 閩本明監本毛本上作止案所改是也

彼注云君子謂成王 閩本明監本毛本同案浦鏜云斥誤謂是也正義下云則毛亦不斥成王明矣是本引此作斥也

升家臣以公 閩本明監本毛本以作於案所改非也正義所引自如此

李巡曰汕以薄魚也 閩本明監本毛本魚也作汕魚案爾雅疏引作汕以薄汕魚也此當汕也並有各脫其一

鄉飲酒曰賓以我安 小字本相臺本同案正義云則此文當在燕禮矣言鄉飲酒者誤也定本亦誤以南陔與由庚之箋皆鄉飲酒燕禮連言之故學者加鄉飲酒於上後人知其不合兩引故略去燕禮焉今本猶有言燕禮者此正義據當時或本猶有鄉飲酒燕禮連言者而定其誤如此也今無其本矣

案鄉飲酒燕飲而安之 閩本明監本毛本同案浦鏜云下五字當衍文是也此寫者涉上文而誤

有專壹之意我君子 闓本明監本毛本同案我上當有於字

夫擇木之鳥慤謹 闓本明監本毛本同案此當作雖夫不之鳥慤謹用四牡傳箋之文也

○南山有臺

保艾爾後 唐石經小字本相臺本同案段玉裁云依傳艾養保安也似經文當作艾保今考釋文以保艾作音是釋文本與唐石經以下正同正義本未有明文今無可考

○由庚崇丘由儀

各得其宜也 唐石經小字本相臺本同案九經古義云宜東晳補亡詩引作儀李善注云毛萇詩傳儀宜也此當作儀非也此序以宜說儀與由庚序以道說庚崇丘序以高說崇以大說丘爲例正同束晳改作儀失序意矣不當反據之也凡他書援引之異不可信者視諸此毛不注序無此傳明甚李善取烝民我義圖之之傳破而引之耳

無以知其篇第之處 小字本相臺本同案正義云篇第所在皆當言處云之意者以無意義可推尋而知故云意也各本作處者皆誤段玉裁云正義作意是也

故鄭於譜言 闓本明監本毛本同案譜當作此

○蓼蕭

外薄四海 小字本相臺本同案釋文云外薄音博諸本作外敷注音芳夫反正義云檢鄭所注尚書經作外薄今定本作外敷恐非也

書傳稱越常氏之譯曰 閩本明監本毛本常作裳案所改非也周頌譜及臣工二正義引皆作當依說文常是裳之正字

雒師謀我應注 閩本明監本毛本雒誤維案文王正義引皆作雒

州有十二師 閩本明監本毛本同案有十當作十有正義下云既言州十有二師可證下引注云州立十二人又云故州有十二師者皆非經成文也山井鼎云宋板作十有誤舉下行耳

舒其情意 小字本相臺本同考文古本同閩本明監本毛本舒誤輸

彼四夷之君此四夷之君所以得所者 閩本明監本毛本同案之至四十行本剜添者一字

我心則舒寫盡兮 閩本明監本毛本舒作輸案所改非也此用箋

言爲天子所保 閩本明監本毛本同案浦鏜云子疑下字誤是也

雖香而是物之微者 閩本明監本毛本同案而至微十行本剜添者一字

豈樂弟易也 小字本相臺本同案釋文以樂也作音當是其本較今各本皆每多也字考文古本有采釋文

鞗革忡忡 相臺本同唐石經小字本作沖沖閩本明監本毛本同案沖沖是也十行本正義中字仍作沖沖釋文同皆可證

鞗轡也革轡首也 小字本相臺本同案段玉裁云傳鞗轡首飾也革轡首也此謂革卽勒字古文省攸革古金石文字皆作攸勒或作

鋚勒說文鋚轡首銅也然則鋚以飾轡首傳云垂飾貌正謂鋚也韓奕鞗以爲鞃淺以爲幦鋚以飾勒金以飾軛四事一例載見云攸革有鶬鶬謂金飾采芑箋云攸革轡首垂也皆可證各本作轡也係淺人刪首飾二字攸作鞗亦淺人爲之又詳詩經小學今考正義云鞗皮以爲轡標起止云傳鞗轡也釋文鞗下云轡也五經文字革部云鞗轡也見詩是唐時本已與今各本同

立當前侯閩本明監本毛本同案此不誤浦鏜云疾誤侯非也周禮本是侯字唐石經以下皆譌爲疾唯此及論語鄉黨疏所引不誤詳見禮說九經古義周禮漢讀考

○湛露

蓼蕭序云天子閩本明監本毛本同案序下浦鏜云脫不字是也

其義有似醉之貌閩本明監本毛本同小字本相臺本義作儀案儀字是也正義云其威儀有似醉之貌也可證

夜飲私燕也小字本相臺本同案正義云故言燕私也引楚茨尚書大傳燕私以說之是此誤倒常棣正義引此亦誤

猶諸侯之儀也小字本相臺本同案儀當作義即正義所云族人之義也下箋此天子於諸侯之儀亦當作義即正義所謂宗子之義也皆無取於威儀又正義屢云天子於諸侯之義亦可證

燕私者何而與族人飲閩本明監本毛本同案而上當有已字常棣正義引有

於是乃止小字本相臺本同案正義云於是止是其本無乃字

以此變言在其實 閩本明監本毛本同案言在二字盧文弨云當乙是也

○彤弓

自諸侯敵王所愾 毛本愾誤餼閩本明監本不誤○按餼或鎎之誤說文引左傳作鎎

後說享 閩本明監本毛本享作饗案所改是也下同

正以有功者受彤弓彤弓之賜 閩本明監本毛本正誤王案下彤字當作旅

安得賜旅弓多彤弓少 閩本明監本毛本同案安得當作案傳彤近之譌

坐絕祭齊之 閩本明監本毛本同案浦鏜云嚌誤齊是也

是言之可以明主之獻賓 閩本明監本毛本同案浦鏜云言當右字誤是也

○菁菁者莪

升之司徒曰選官 閩本明監本毛本同案山井鼎云官當作士是也物觀補遺云宋板官作士當是剜也

蘿蒿也此蘿蒿也此蘿蒿 閩本明監本毛本不重也此蘿蒿四字案所改是也此複衍

菜似邪蒿而細 閩本明監本毛本似誤以毛本菜作葉案葉字是也

不成貝寸二分 閩本明監本毛本同案貝下當依漢志補不盈二字

載沈亦沈小字本相臺本同案下沈字當作浮正義云則載其沈物則載其浮物俱浮水上又云傳言載沈亦浮皆可證也考文古本作浮采

正義

毛詩小雅　鄭氏箋　孔穎達疏

六月宣王北伐也。從此至無羊十四篇是宣王之變小雅　鹿鳴廢則和樂缺矣樂音洛篇末注同缺苦悅反四牡廢則君臣缺矣皇皇者華廢則忠信缺矣常棣廢則兄弟缺矣伐木廢則朋友缺矣天保廢則福祿缺矣采薇廢則征伐缺矣出車廢則功力缺矣杕杜廢則師衆缺矣魚麗廢則法度缺矣南陔廢則孝友缺矣白華廢則廉恥缺矣華黍廢則蓄積缺矣蓄勑六反　由庚廢則陰陽失其道理矣南有嘉魚廢則賢者不安下不得其所矣崇丘廢則萬物不遂矣南山有臺廢則爲國之基隊矣。隊直類反　由儀廢則萬物失其道理矣蓼蕭廢則恩澤乖矣湛露廢則萬國離矣彤弓廢則諸夏衰矣夏戶雅反　菁菁者莪廢則無禮儀矣小雅盡廢則四夷交侵中國微矣。六月言周室微而復興美宣王之北伐也【疏】六月六章章八句。盡中國微矣〇正義曰此經六章皆。在北伐之事序又廣之言宣王所以北伐者由於前厲王小雅盡廢致令四夷交侵以故汎敘所廢之事焉鹿鳴言和樂且耽故廢則和樂缺矣以下廢缺其義易明不復須釋由庚以下不言缺者敘者因文起義明與上詩別。王見缺者爲剛君父之義不言缺者爲柔臣子之義以文武道同故俱言缺周公成王則臣子也故變文焉由儀言萬物之生各得其宜故廢則萬物失其道理矣此與由庚全同由庚言陰陽此言萬物者由庚言由陰陽得理萬物得其道由儀則指其萬物生得其宜本之於陰陽所以異也此二十二篇小雅之正經王者行之所以養中國而威四夷今盡廢事不行則王政衰壞中國不守四方夷狄來侵之中夏之國微弱矣言北狄所以來侵者爲廢小雅故也厲王廢之而微弱宣王能禦之而復興故博而詳之而因明小雅不可不崇以示法也此篇北伐下篇南征蠻狄之侵則有之矣其戎夷則小雅無其事厲王之末天下大壞明其四夷俱侵也江漢命召公平淮夷明是厲王之時淮夷亦侵也唯無戎侵之事蓋作者所以不言耳假使無戎侵亦得言四夷矣定本此序注云言周室微而復興美宣王之北伐也案集本及諸本並無此注首章傳曰日月爲常周禮王建太常二章傳曰出征以佐其爲天子是自於己之辭觀此則毛意此篇王自征也卒章傳曰使文武之臣征伐與孝友之臣處內言與似共留不去之辭者王肅云宣王親伐玁狁出鎬京而還使吉甫迫伐追逐乃至於太原如肅意宣王先歸於京師吉甫還時王已處內故言與孝友之臣處內也肅以鎬爲鎬京未必是毛之意其言宣王先歸或得傳旨不然不得載常簡閱遣將獨行也則毛意上四章說王自親行下二章說王還之後遣吉甫行也故三章再言薄伐上謂王伐之下謂吉甫伐之也鄭以爲獨遣吉甫王不自行行王基卽鄭之徒也云六月使吉甫采芑命方叔江漢命召公唯常武宣王親自征耳孔晁云王親自征耳孔晁王肅之徒也言六月王親行常武王不親行故常武曰王命卿士南仲太祖太師皇父非王親征也又曰王奮厥武王旅嘽嘽皆統於王師也又王曰還歸將士稱王命而歸耳非親征也案出車文王不親而經專美南仲此篇亦專美吉甫若將師之從王而行則君統臣功安得言不及王而專歸美於下若王自親征飲至大賞則從軍之士莫不在焉何由吉甫一人獨多受祉故鄭以此篇爲王不親行也常武言王旅容可統之於王經云赫赫業業有嚴天子說天子之容復何統乎又遣將誓師可稱王意經言王曰還歸事在既克之後事平理自當還在軍將所事制何當假稱王命始還師也以此知常武親征爲得其實孫毓亦以此篇王不自行鄭說爲長



珍倣宋版印

棲棲戎車既飭四牡騤騤載是常服棲棲簡閱貌飭正也日月爲常服戎服也箋云記六月者盛夏出兵明其急也戎車革輅之等也其等有五戎車之常服韋弁服也○棲音西飭音勑依字從力脩飾之字從巾不同也今人食邊作力以爲脩飾之字借作勑音非騤求龜反閱音悅獫狁孔熾我是用急。熾盛也箋云此序吉甫之意也北狄來侵甚熾故王以是急遣我○熾尺志反王于出征以匡王國箋云于曰匡正也王曰今女出征獫狁以正王國之封畿

疏六月至王國毛以爲正當盛夏六月之時王以北狄侵急乃自征而禦之簡選閱擇其中車馬士衆棲棲然其所簡練戎車既皆飭正矣戎車所駕之四牡又騤騤然強盛王乃載是日月之常建之於車及兵戎之服以此而伐獫狁也王所以六月簡閱出兵者由獫狁之寇來侵甚熾我王是用之故須急行也王於是出行征伐以匡正王之國也鄭以爲吉甫受命六月北征即閱士衆棲棲然所簡戎車既齊正矣所乘四馬皆強壯騤騤然乃載是常從戎韋弁之服以出征也吉甫意云所以六月行者以北狄來侵甚盛我王是用遣我之急也王曰今女出征獫狁以正王國之封畿我故盛夏而行也○傳棲棲至戎服○正義曰以棲棲非六月之狀故爲簡閱貌也日月爲常春官司常文謂之王旌畫日月也服戎服也即以韋弁服也但分爲二事故與鄭異○箋六月至服○正義曰以征伐之詩多矣未有顯言月者此獨言之故云記六月者盛夏出兵明其急也春官巾車掌王之五路革路以即戎故知戎車革路之等也春官車僕掌戎路之倅廣車之倅闕車之倅屛車之倅輕車之倅注云此五者皆兵車所。設五戎也戎路王在軍所乘廣車橫陳之車闕車所用補闕之車也屛車所用對敵自蔽隱之車也輕車所用馳敵致師之車也是其等有五也吉甫用所乘兵車亦革路在軍所乘與王同但不知備五戎以否鄭因事解之不必備五也言戎車之常服韋弁服者以上言戎車既飭即載是常服是則戎車載之故云戎車之常服也言載之者以戎服當戰陳之時乃服之在道未服之司服云凡兵事韋弁服注云韋弁以韎韋爲弁又以爲。衣春秋晉郤至衣韎韋之跗注是也周禮

云韋弁皮弁服皆素裳白舃又雜問志云韎韋之不注不讀如幅注屬也幅有屬者以淺赤韋爲弁又以爲衣而素裳白舃也知淺赤者以詩言韎韐有奭以
韎韐茅蒐染之而奭爲赤貌若不淺則絳故知淺赤也聘禮君使卿韋弁歸饔餼注云韋弁韎。韐之弁其服蓋韎布以爲衣而素裳不韎皮爲衣者以卿之歸
饔餼當用皮弁以權事之宜而用韋弁故彼注云兵服也而服之者皮韋同類也取相近耳以皮弁衣故彼韋弁衣用赤布也以皮韋同類故孝經注曰田獵
戰伐冠皮弁援神契云皮弁素積軍旅也皆以皮弁統韋言之若分別言之戰伐用韋不用皮也此所載者據將帥服耳其餘軍士之服下章言既成我服是
也通皆韋皮故坊記注云唯在軍同服耳知者僖五年左傳曰均服振振取虢之旂是同也禮在朝及齊祭君臣有同服多矣鄭獨言在軍者爲僕右。無也以
君名以時服僕右恆朝服至在軍則同故言唯耳不謂通於他事○箋于曰至封畿○正義曰鄭以王不自親征吉甫述王之辭故言其曰毛氏於詩言于于者
多爲於爲往所以爲王自征耳言王國者以率土之濱莫非王臣要服之內是王國之封畿也比物四驪閑之維則物毛物也則法也言
先教戰然後用師比毗志反齊同也○維此六月既成我服我服既成于三。十。里師行三十里箋云王既成我戎
服將遣之戒之曰日行三十里可以舍息王于出征以佐天子出征以佐其爲天子也箋云王曰令女出征伐以佐助我天子之事禦北
狄也【疏】比物至天子○毛以爲宣王之征所簡車馬者乃比同力之物四驪之馬此四驪之馬先以閑習之維有法則矣所以今用之維此六月之時既成
我軍士之戎服我軍士戎服既成於是師行日三十里耳王於是出行征伐玁狁成己爲天子之大功也○鄭唯以吉甫獨行王于爲曰爲異餘同○傳物毛
至用師○正義曰夏官校人云凡大事祭祀朝覲會同毛馬而頒之凡軍事物馬而頒之注云毛馬齊其色物馬齊其力是毛物之文也傳以直言物則難解
故連言毛物以曉人也然則比物者比同力之物戎車齊力尚強不取同色而言四驪者雖以齊力爲主亦不厭其同色也故曰駟騵彭彭又曰乘其四騏田

珍倣宋版印

獵齊足而曰四黄既駕是皆同色也無同色者乃取異毛耳騏駵是中騧驪是驂是也以言閑之是以先閑習故知先教戰而後用師也書傳曰征伐必因蒐狩以閑之閑之者何貫之貫之何習之是也○傳師行三十里○正義曰此述宣王之征是師行之事美事明得禮故諸軍法皆以三十里爲限漢書律曆志計武王之行亦準此也

四牡脩廣其大有顒脩長廣大也顒大貌○顒玉容反說文云大頭也薄伐玁狁以奏膚奏爲膚大公功也

有嚴有翼共武之服嚴威嚴也翼敬也箋云服事也言今師之羣帥有威嚴者有恭敬者而共典是兵事言文武之人備○嚴如字共鄭如字注下同王徐音恭帥所類反下將帥同後篇放此

共武之服以定王國箋云定安也

疏四牡至王國○毛以爲王所將戎車所駕之四牡形容脩長而又廣大其大之貌則有顒然以此之强薄伐玁狁之國以爲天子之大功也非直車馬之强又有威嚴之將恭敬之臣而共典掌是兵武之事其嚴者威敵厲衆敬者撫和上下既有此文武之臣共掌兵事以此而往故當克勝而安定王國也鄭唯據吉甫爲異

玁狁匪茹整居焦穫侵鎬及方至于涇陽焦穫周地接于玁狁者箋云匪非茹度也鎬也方也皆北方地名言玁狁之來侵非其所當度爲也乃自整齊而處周之焦穫來侵至涇水之北言其大恣也○茹如豫反徐音如穫音護爾雅十數周有焦護鎬胡老反王云北京師度徒洛反下同

織。文鳥章白旆。央。央。鳥章錯革鳥爲章也白旆繼旐者也央央鮮明貌箋云織。徽織也鳥章鳥隼之文章將帥以下衣皆著焉○織音志又尺志反注同白茷本又作旆蒲貝反繼旐曰茷左傳云蒨茷是也一曰旆與茷古今字殊央央音英或於良反下篇同徽音輝將子亮反下大將同後篇將帥放此著知略反

元戎十乘以先啓行元大也夏后氏曰鉤車先正也殷曰寅車先疾也周曰元戎先良也箋云。鉤。鞶行曲直有正也寅進也二者及元戎皆可以先前啓突敵陳之前行其制之同異未聞○乘繩證反行戶郎反注前行同夏戶雅反鉤古侯反股音古今經注作鞶

無股字以先蘇薦反陳直覲反〔疏〕玁狁至啓行○毛以爲王師已行數狁之罪故陳其放恣言玁狁之所侵者○非其意所當度乃整齊而處我周之焦穫之地又侵鎬及北方之地至於涇水之北侵及近地。石爲大甚故以當合征之而將帥以下皆有徽織之象其文有鳥隼之章以帛爲行。旆央央然鮮明皆有致死之備以行也又有戎車十乘以在軍先欲以啓突敵陳之前行由玁狁之恣而用伐之鄭唯據吉甫爲異○傳焦至玁狁○正義曰釋地云周有焦穫郭璞曰今扶風池陽縣瓠中是也其澤藪在瓠中而藪外猶焦穫所以接于玁狁也孫炎曰周岐周也以焦穫繼岐周言之則於鎬京爲西北矣以北狄言之故爲北方耳○箋匪非至大恣○正義曰以北狄所侵故知鎬也方也皆北方地名也整齊而處之者言其居周之地無所畏憚也鎬方雖在焦穫之下不必先焦穫乃侵鎬方據在北方在焦穫之東北若在焦穫之內不得爲長遠也水北曰陽故言涇水之北涇去京師爲近故言大恣毛不解鎬方之文而出車傳曰朔方近玁狁之國鎬方文連則傳意鎬亦北方地也王肅以爲鎬京故王基駮曰據下章云來歸自鎬我行永久言吉甫自鎬來歸猶春秋公至自晉公至自楚亦從晉楚歸來也故。知。鄉。日千里之鎬猶以爲遠鎬去京師千里長安洛陽代爲帝都而濟陰有長安鄉。漢有洛。陽縣此皆與京師同名者也孫毓亦以箋義爲長○傳鳥章至旐者○正義曰釋天云錯革鳥曰旟孫炎曰錯置也革急也畫急疾之鳥於縿也鄭志答張逸亦云畫急疾之鳥隼是也故箋云鳥隼之文章正知隼者以司常云鳥隼爲旟釋天云繼旐曰旆故云白茷繼旐者也茷與旆古今字也故定四年左傳曰蒨茷旃旌亦旆也以其繼旐垂之因以爲狀故曰胡不旆旆此旟而言旐者散則通名○箋織徽至著焉○正義曰言徽織者以其在軍爲徽號之織史記漢書謂之旗幟幟與織字雖異音實同也傳云革鳥爲解不明故云鳥隼之文章將帥以下衣皆著焉謂此織文鳥章白茷央央也以絳爲縿畫爲鳥隼又絳爲旐書名於末以爲徽織知者司常掌九旗之物名各有屬注云物名者所畫異物則異名也屬謂徽織也大傳謂之徽號今城門僕射所被及亭長著絳衣皆其舊象也又曰皆畫其象焉官府各象其事州

珍倣宋版印

里各象其名家各象其號注云事名號織所以顯別衆官樹之於位朝者各就焉覲禮曰公侯伯子男皆就其旂而立此其類也或謂之事或謂之名或謂之號異外內也三者旌旗之細士喪禮曰爲銘各以其物亡則以緇長半幅赬末長終幅廣三寸書名於末此蓋其制也徽織之書則云某某之事某某之名某某之號今大閱禮象而爲之兵凶事若有死事者亦當以相別也由此言之則徽織者其制亦如所建旌旗而畫之其象但小耳故鄭云旌旗之細以皆著於衣埋不宜長以無長短之制故引士喪長半幅以證之士喪注云。半幅一尺。絳幅二尺除去。絳直是銘長三尺也故士喪禮竹杠長三尺置于宇西階上鄭云此蓋其制以死之銘旌卽生之徽織鄭引士喪禮以證自王以下旌旟雖有等差其徽織疑同長三尺以同著於衣不宜差降則此徽織亦繆長一尺畫爲隼旂長二尺書名於末九旗之物皆用絳則此亦絳也言白旆者謂絳帛猶通帛爲旃亦是絳也言各畫其象者以其徽雖短之令小皆本之建旗故司常云大喪供銘旌注云王則太常也又引士喪禮爲銘各以其物是自王以下徽織皆畫其所當建也此獨言爲章者周禮軍行百官建旟舉百官者所以統其餘也言將帥以下者大司馬曰仲夏教茇舍辨號名之用帥以門名注云號名者徽織所以相別也在國以表朝位在軍又象其制而爲之被之以備死事帥謂軍將至。五長是將帥以下自。五長以上不見士卒其有無不明蓋亦各有之矣司常云官府各象其事謂百官以職從王者象其所建旌旟畫之謂之爲事州里各象其名者謂州長至比長象其所建之旌旟謂之爲名家各象其號者謂鄉大夫采地之臣象其所建之旌旟謂之爲號此唯有。王案大司馬仲夏辨號名之用帥以門名縣鄙各以其名家以號名鄉以州名野以邑名百官各象其事雖有六與司常事名號三者不殊但司馬細別言之耳帥以門名者帥謂六軍之將皆命卿營所治國門以在門所建之旌旟爲徽織之此帥從伍長以上但以卿統名。焉事則司常官府各象其事是也縣鄙各以其名者謂六遂縣正以下至鄰長卿以州名者謂州長至比長野以邑名者謂六遂以外公邑大夫此三者卽司常所云州里各象其名也家以號名者卽司常云家象其號也百官各象其事者卽司常云官府各象其事也○傳夏后至先良○正義曰夏后氏曰鉤車殷曰寅車周曰元戎司馬法文也先疾先良傳因名以解之○箋鉤鉤鞶至未聞○正義曰箋以毛因而增解遂解其名以明義春官巾車職曰金路鉤樊纓注云鉤讀。如婁頷之鉤樊讀如鞶帶之鞶謂今馬大帶是。也鉤鞶之文定本鉤鞶作鉤般此實在馬駕乃設之巾車以爲車飾故得車取名焉鄭兼言鞶者弁舉其類以曉人猶上傳云物毛物也周禮革路無鉤此特設鉤故以名車也此車備設鉤鞶其行曲直有正故云先正也或卽鄭云曲直有正蓋謂此車行鉤曲般旋曲直有正不必爲馬飾也寅進也此車能進取遠道故云先疾也其元戎者傳已訓元爲大故鄭不復解之言大車之善者故云先良也無文論其形故云同異。未。制聞

戎車既安如輊如軒四牡既佶既佶且閑輊摯佶正也箋云戎車之安從後視之如摯從前視之如軒然後適調也佶壯健之貌○輊竹二反佶其乙反又其吉反摯音至

薄伐玁狁至于大原言逐出之而已○大音泰

文武吉甫萬邦爲憲吉甫尹吉甫也有文有武憲法也箋云吉甫此時大將也

【疏】戎車至爲憲○毛以爲王征玁狁既出鎬方玁狁退王身還反而使吉甫逐之故此章更敘車馬之盛言兵戎之車既安正矣從後視之如輊從前視之如軒是適調矣其所駕四牡之馬既正大矣且須復閑習吉甫以此薄伐玁狁敵不敢當遂追奔逐北至于大原之地王師所以得勝者以有文德武功之臣尹吉甫其才略可爲萬國之法受命逐狄王委任焉故北狄遠去也○鄭以爲元來吉甫獨行以佶爲壯健爲異餘同○傳言逐出之而已○正義曰不言與戰經云至于大原是宣王德盛兵强玁狁奔走不敢與戰吉甫直逐出之而已采芑出車皆言執訊獲醜此無其事明其不戰也莊三十年齊人伐山戎公羊傳曰此蓋戰也何以不言戰春秋敵者言戰桓公之與戎狄驅之耳何休曰時齊桓公力但可驅逐之而已義與此同

吉甫燕喜既多受祉祉福也箋云吉甫既伐玁狁而歸天子以燕禮樂之則歡喜矣又多受賞賜也

來歸自鎬我行永久飲御諸

友魚鱉膾鯉御進也箋云御侍也王以吉甫遠從鎬地來又日月長久今飲之酒使其諸友恩舊者侍之又加其珍美之饌所以極勸也○今飲於鴆反注同鱉卑滅反膾古外反鯉音里侯誰在矣張仲孝友侯維也張仲賢臣也善父母爲孝善兄弟爲友使文武之臣征伐與孝友之臣處內箋云張仲吉甫之友其性孝友【疏】吉甫至孝友毛以爲吉甫逐出玁狁遠出中國有功而歸王以燕禮樂之則歡喜既多受賞賜之福也王所以燕賜之者以其來歸自鎬其處迥遠我吉甫之行日月長久矣故今王飲之酒進其宿在家諸同志之友與俱飲以盡其歡又加之以魚鱉膾鯉珍美之饌燕賜厚矣其所進諸友之中維復誰在其中間矣有張仲其性孝友在焉言吉甫之賢有此善友因顯所任得人外則使文武之臣征伐內則與孝友之臣處內亦所以爲美也○鄭唯吉甫元帥專征又以御爲侍言飲酒則有侍者諸友舊恩之人以此爲異餘同○箋御侍至勸之○正義曰鄭以諸友侍之爲尊崇之意其義勝進故易傳也言加珍美之饌者以燕禮其牲狗天子之燕不過有牢牲魚鱉非常膳故云加之○箋張仲至孝友○正義曰箋以侯誰在矣是問吉甫諸友之辭故知張仲吉甫之友也爾雅李巡注云張姓仲字其人孝故稱孝友

六月六章章八句

采芑宣王南征也芑音起徐又求己反【疏】采芑四章章十二句至南征○正義曰謂宣王命方叔南征蠻荊之國上言伐此云征便辭耳無義例也言伐者以彼有罪伐而討之猶執斧以伐木言征者已伐而正其罪故或并言征伐其義一也

薄言采芑于彼新田于此菑畝興也芑菜也田一歲曰菑二歲曰新田三歲曰畬宣王能新美天下之士然後用之箋云興者新美之喻和治其家養育其身也士軍士也○菑側其反郭云反草曰菑畬音餘方叔涖止其車三千師干之試方叔卿士也受命而爲將也涖臨師衆干扞試用也箋云方叔

臨視此戎車三千乘其士卒皆有佐師○扞敵之用爾司馬法兵車一乘甲士三人步卒七十二人宣王承亂羨卒盡起○莅本又作涖音利又音類沈力二反扞胡旦反乘繩證反下一乘同卒子忽反下皆同羨延面反餘也又徐薦反

方叔率止乘其四騏四騏翼翼箋云率者率此戎車士卒而行也翼翼壯健貌

路車有奭簟茀魚服鉤膺鞗革奭赤貌鉤膺樊纓也箋云茀之言蔽也車之蔽飾象席文也魚服矢服也鞗革轡首垂也○奭許力反茀音弗鞗音條樊步干反馬大帶也

疏薄言至鞗革○正義言人須芑為菜我薄采此芑於何處乎當於彼新田於此菑畝之中以新田菑畝謂己和耕其。用生長其芑必肥美可食故於此采之也以興須人為軍士我薄取人於何處乎當於彼蒙教於此被育之家以蒙教被育己和治其家養育其身士必勇武可用故於彼取之也既於新美被養處召得軍士而治大將方叔臨視之其車衆之多中有三千乘矣其士皆有佐師扞敵之用是取之得人也大將方叔率之以行乃自乘其四騏之馬此四騏之馬翼翼然甚壯健矣又此所駕路車有奭然而赤其車以方文竹簟之席為之蔽飾其上所載有魚皮為矢服之器其馬婁頷有鉤在膺有樊纓之飾又以鞗皮為轡首之革而垂之方叔既率士衆乘是車馬往征之○傳采芑至用之○正義曰陸機疏云采芑似苦菜也莖青白色摘其葉白汁出肥可生食亦可烝為茹青州人謂之芑西河雁門芑尤美胡人戀之不出塞是也一歲曰菑二歲曰新田三歲曰畬釋地文菑者災也畬和柔之意故孫炎曰菑始災殺其草木也新田新成柔田也畬和也田舒緩也郭璞曰今江東呼初耕地反草為菑是也臣工傳及易注皆與此同唯坊記注云二歲曰畬三歲曰新田坊記引易之文其注理不異當是轉寫誤也田耕二歲新成柔田采必於新田者新美其菜然後采之故以喻宣王新美天下之士然後用之也箋解。菜之新田耕其田土所以得其新美者正謂和治其家救其飢乏養育其身不妄征役也二歲曰新田可言美菑始一歲亦言於此菑畝者菑對未耕亦為新也且菑殺草之名雖二歲之後耕而殺草亦名為菑也鄭謂熾菑南畝為耕田是柔田之耕亦為菑

珍倣宋版印

也于此菑畝文在新田之下未必一歲之田也○箋宣王承厲王至盡起○正義曰天子六軍千乘今三千乘則十八軍矣所以然者宣王承厲王之亂荆蠻內侵衆少則不足以敵之故羨卒盡起而有此三千也地官小司徒職曰上地家七人可任者家三人中地家六人可任者二家五人下地家五人可任者家二人以其餘爲羨唯田與追寇竭作起軍之法家出一人故鄉爲一軍唯田獵與追寇皆盡行耳今以敵强與追寇無異故羨卒盡起羨餘也以一人爲正卒其餘爲羨卒也若然彼三等之家通而率之家有二人半耳縱令盡起唯二千五百乘所以得有三千者蓋出六遂以足之也且言家二人三人者舉其大率言耳人有死生數有改易六鄉之內不必常有千乘况羨卒豈能正滿二千五百也當是於時出軍之數有三千耳或不出於公邑不必皆鄉遂也○傳奭赤至樊纓正義曰瞻彼洛矣云韎韐有奭彼茅蒐染爲奭故知奭赤貌也言鉤膺樊纓者以此言鉤是金路故引金路之事以說之在膺之飾唯有樊纓故云鉤膺樊纓也巾車注云鉤婁頷之鉤也金路無錫有鉤亦以金爲之是鉤用金在頷之飾也彼注又曰樊讀如鞶帶之鞶謂今馬大帶纓今馬鞅金路其樊及纓以五采罽飾之而九成是帶鞅在膺故言膺以表之也巾車金路同姓以封也今方叔所乘者或方叔爲同姓也又下云方叔元老則方叔五官之長是上公也上公雖非同姓或亦得乘金路矣不乘革路者以革路臨戰所乘此時受命率車未至戰時故不言戎車也

薄言采芑，于彼新田，于此中鄉。中鄉所也箋云中鄉美地名

方叔涖止，其車三千，旂旐央央。箋云交龍爲旂龜蛇爲旐此言軍衆將帥之車皆備

方叔率止，約軧錯衡，八鸞瑲瑲。軧長轂之軧也朱而約之錯衡文衡也瑲瑲聲也○軧祁支反廣雅云轂篆錯如字沈七故反瑲本亦作鎗七羊反徐七羹反

服其命服，朱芾斯皇，有瑲蔥珩。朱芾黃朱芾也皇猶煌煌也瑲珩聲也蔥蒼也三命蔥珩言周室之强車服之美也言其强美斯劣矣箋云命服者命爲將受王命之服也天子之服韋弁服朱衣裳也○芾本又作茀或作紱皆音弗下篇赤茀同創本又作瑲亦作鎗同

皆七羊反珩音衡煌音皇又音晃朱衣裳本或作朱衣纁裳纁衍也

【疏】方叔至蔥珩○正義曰言方叔爲將既率戎車將率而行乃乘金車以朱纏約其轂之軝錯置文王於車之上衡車行動其四馬八鸞之聲瑲瑲然其身則服其受王命之服黃朱之芾於此煌煌然鮮美又有瑲瑲然之聲所佩蒼玉之珩以此車服之美而往征伐也○傳軝長至文衡○正義曰說文云軝長轂也則轂謂之軝考工記說兵車乘車其轂長於田車是爲長轂也言朱而約之謂以朱色纏束車轂以爲飾輪人云容轂必直陳篆必正注云容者治轂爲之形容也篆轂約也蓋以皮纏之而上加以朱漆也知約以朱者以上言鉤膺是陳金路之事也金路以金爲飾轂色宜與金同且言路車有奭奭是赤貌故知約必用朱也知錯衡必爲文衡者錯者雜也雜物在衡是有文飾其飾之物注無云焉不知何所用也○傳朱芾至斯劣矣○正義曰以言斯皇故知黃朱也斯干傳曰天子純朱諸侯黃朱皆朱芾據天子之服言之也於諸侯之服則謂之朱芾耳玉藻云一命緼韍黝珩再命赤韍黝珩三命赤韍蔥珩是據諸侯而言也彼云又累一命至三命而止而云蔥珩則三命以上皆蔥珩也故云三命蔥珩明至九命皆蔥珩非謂方叔唯三命也此上三章皆云其車三千言周室之強路車朱芾言車服之美也必言其強美者斯劣弱矣老子曰國家昏亂有忠臣六親不和有孝慈明名生於不足詩人所以感矜於強美者斯爲宣王承亂劣弱矣而言之也○箋命服至衣裳○正義曰鄭解服其命服之節言此命服者今方叔爲受王命之服也言受王命之時王以此服命之故方叔服之而受命也知者春官司服云凡兵事韋弁服注云韋弁以韎韋爲弁又以爲衣裳是朱之淺者故得以朱表之周禮志云韋韋弁素裳此連言朱裳者以經云朱芾芾從裳色故知裳亦朱也不用戎服素裳者以其命將非在軍不可純如之也亦變爲美故雜以祭服之飾焉此本或云天子之服韋弁服朱衣纁裳者誤定本亦無纁字

**䳍彼飛隼其飛戾天亦集爰止**戾至也箋云隼急疾之鳥也飛乃至天喻士卒勁勇能深攻入敵也爰於也亦集於其所止喻士卒須命乃行也()䳍唯必反

**方叔涖止其車三千**

珍倣宋版印

師干之試箋云三稱此者重師也方叔率止鉦人伐鼓陳師鞫旅伐擊也鉦以靜之鼓以動之鞫告也箋云鉦也鼓也各有人焉言鉦人伐鼓互言爾二千五百人爲師五百人爲旅此言將戰之日陳列其師旅誓告之也陳師告旅亦互言之○鉦音征說文云鐃也又云鐲也鞫居六反將戰此如字餘並子匠反顯允方叔伐鼓淵淵振旅闐闐淵淵鼓聲也入曰振旅復長幼也箋云伐鼓淵淵謂戰時進士衆也至戰止將歸又振旅伐鼓闐闐然振猶止也旅衆也春秋傳曰出曰治兵入曰振旅其禮一也

疏鴥彼至闐闐○正義曰鴥然而疾者彼飛隼之鳥也其飛乃高至天雖能高飛亦集其所止之處不妄飛以興彼勇武之衆其勇能深入於敵雖則勇勁亦稟於將帥之命不妄動也以此勁勇之征伐故方叔臨視之行其車之衆有三千乘皆有佐師扞敵之用方叔既臨視乃率之以行也未戰之前則陳閱軍士則有鉦人擊鉦以靜之鼓人伐鼓以動之至於臨陳欲戰乃陳師陳旅誓而告之以賞罰使之用命明信之方叔既誓師衆當戰之時身自伐鼓率衆以作其氣淵淵然爲衆用力遂敗蠻荆及至戰止將歸又斂陳振旅伐鼓闐闐然由將能如此所以克勝也○箋隼急疾之鳥○正義曰釋鳥云鷹隼醜其飛也翬舍人曰謂隼鷂之屬翬翬其飛疾羽聲也郭璞云鼓翅翬翬然疾是急疾之鳥也說文曰隼鷙鳥也陸機疏云隼鷂屬也齊人謂之擊征或謂之題肩或謂之雀鷹春化爲布穀者是也定本士卒勁勇作至勇○傳鉦以至動之○正義曰周禮有錞鐲鐃鐸無鉦也說文云鉦鐃也似鈴柄中上下通然則鉦卽鐃也鼓人云以金鐃止鼓大司馬云鳴鐃且卻聞鉦而止是鉦以靜之大司馬又曰鼓人三鼓車徒皆作聞鼓而起是鼓以動之也說文又曰鐲鉦也鐃也則鐲鐃相類俱得以鉦名之故鼓人注云鐲鉦也形如小鐘是鐲亦名鉦也鐲似小鐘鐃似鈴是有大小之異耳俱得名鉦但鐲以節鼓非靜之義故知鉦以靜之指謂鐃也凡軍進退皆鼓動鉦止非臨陳獨然依文在陳師鞫旅之上是未戰時事也○箋春秋至禮一○正義曰古者春教振旅秋教治兵以戎是大事又三年一教隱五年左傳曰三年而治兵入而振旅是也

征伐之時出軍至對陳用治兵禮戰止至還歸用振旅法名異而禮同也以此出當用之故以脩治兵事爲名入則休息故以整衆爲名其治兵振旅之名周禮左傳穀梁爾雅皆同唯公羊以治兵爲祠兵其禮治兵則幼賤在前振旅則尊老在前釋天云出爲治兵尚威武也入爲振旅反尊卑也孫炎曰出則幼賤在前貴勇力也入則尊老在前復常法也故此傳云入曰振旅復長幼是反爲尊卑也此引春秋傳者莊八年公羊文也公羊爲祠兵此言出曰治兵者諸文皆作治兵明彼爲誤故。經改其文而引之必引此文者取其禮一也以淵淵闐闐俱是鼓聲淵淵謂戰時衆進闐闐謂戰止將歸而伐鼓之上不言治兵振旅之下不言伐鼓是二句自相互也所以得互相發見正由其禮一也故引此傳以證之長幼出入先後不同而云禮一者謂擊鼓動衆坐作進退如一也

蠢爾蠻荊。大邦爲讎蠢動也蠻荊荊州之蠻也箋云大邦列國之大也○蠢尺允反爾雅不遜也方叔元老克壯其猶元大也五官之長出於諸侯曰天子之老壯大猶道也箋云猶謀也謀兵謀也方叔率止執訊獲醜箋云方叔率其士衆執。將可言問所獲敵人之衆以還歸也○訊音信戎車嘽嘽嘽嘽焞焞如霆如雷嘽嘽衆也焞焞盛也箋云言戎車既衆盛其威又如雷霆言雖久在外無罷勞也○嘽吐丹反徐音屯焞吐雷反又他屯反本又作啍同霆音廷徐音挺又音定罷音皮顯允方叔征伐玁狁蠻荊來威箋云方叔先與吉甫征伐玁狁今特往伐蠻荊皆使來服於宣王之威美其功之多也

疏蠢爾至來威○正義曰上章未言所伐之國故於此本之言我所伐者乃蠢蠢爾不遜之蠻荊不遜王命侵伐鄰國動爲寇害與大邦爲讎怨列國之大尙到讎怨其傍小國侵害多矣故我方叔天子之大老能光大其軍謀之道以討之既得克勝方叔乃率其士衆執其可言問所獲敵人之衆以還歸也方叔士衆所乘戎車嘽嘽然衆焞焞然盛如霆之發如雷之聲可畏言方叔善於用衆雖久不勞也如此明信之方叔其功大矣昔日共吉甫已征玁狁之國今又特往征伐蠻荊皆使之來服於宣王之威言其每有

珍倣宋版印

大功也毛爲猶道鄭以爲猶謀也軍之道亦謀也○○傳蠢動○正義曰釋詁文也釋訓云蠢不遜也郭璞曰蠢蠢動爲惡不謙遜也○傳五官至之老○正義曰曲禮下文也引之者以證其稱老之意然則是時方叔爲五官之伯故稱上傳云方叔卿士元老。皆兼官也以軍將皆命卿故言卿士爲元帥故以上公兼之

采芑四章章十二句

附釋音毛詩注疏卷第十（十之二）

阮元撰盧宣旬摘錄

○六月

宣王北伐也　閩本明監本毛本此下有注　小字本相臺本無考文古本同案山井鼎云釋文混入注者是也

則爲國之基隊矣　小字本相臺本同閩本明監本毛本亦同唐石經隊作墜案釋文云隊直類反小字本以下之所出也考文古本作墜偶與唐石經合○按說文有隊無墜墜者隊之俗字也

六月言周室微而復興美宣王之北伐也　小字本相臺本同案此定本也正義本無又正義云案集注及諸本並無此注是當以正義本爲長各本皆沿定本之誤

盡中國微矣　閩本明監本盡誤至

皆在北伐之事　閩本明監本毛本在誤是

明與上詩別王　補　閩本明監本同案王當作主

此與由夷全同　閩本明監本毛本夷作儀案夷當作庚形近之譌

若將師之從王而行　閩本明監本毛本同案浦鏜云帥誤師是也

我是用急　唐石經小字本相臺本同案毛鄭詩考正云急字於韻不合段玉裁云鹽鐵論引急作戒謝靈運撰征賦用作棘皆協今作急者後人用

其義改其字耳詳詩經小學

所設五戎也閩本明監本毛本同案浦鏜云謂誤設以車僕注考之浦校是也

又以爲衣閩本明監本毛本同案此不誤衣下浦鏜云脫裳字非也兵事素裳下文引鄭志可證今周禮注衍裳字耳采芑正義引亦衍

周禮云韋弁皮弁服閩本明監本毛本同案云當作志采芑正義引周禮志云韋韋弁素裳是其證又引見周禮屨人疏

注云韋弁韎韐之弁閩本明監本毛本同案浦鏜云韋誤韐考聘禮注是也

爲僕右無也閩本明監本毛本同案無當作服

于三十里小字本相臺本同唐石經三十作卅案傳箋正義皆云三十詩經小學云唐石經卅維物終卅里皆同蓋唐人仍讀爲三十是也凡唐石經章句中廿字卅字皆同此

織文鳥章唐石經小字本相臺本同案釋文以徽織作音正義標起止云箋織徽下皆同詩經小學云毛無傳蓋讀與禹貢厥篚織文同鄭易爲徽識則當作識文今考此鄭以織爲識之假借仍用經字但於訓詁中顯之者也故亦不言讀爲例見前怨耦曰仇下周禮司常疏兩引作識所謂以破引之也

白旆央央唐石經小字本相臺本同案此釋文又作本也釋文本作白茷正義本作帛茷周禮司常疏及出其東門正義引作白與釋文本同也公羊宣十二年疏載孫炎爾雅注引作帛則正義本之所同也詩經小學云作帛爲善又央央孫炎注及出其東門正義皆引作英英考正義云央央然鮮明釋文云央央音英當是字作央讀從英也

織徽織也小字本相臺本同閩本同明監本毛本徽作微案徽字是也釋文正義皆作徽考左傳揚徽禮記徽號鄭司常注及此箋皆用徽字者假借也說文作徽者正字也明監本毛本所改非是正義中字同

箋云鉤鞶閩本明監本毛本同小字本相臺本重鉤字考文古本同案重者是也正義標起止云箋鉤鉤鞶可證釋文本鞶作股云音古正義云定本鉤鞶作鉤般又云蓋謂此車行鉤曲般旋考箋云行曲直有正也乃取曲鉤直股爲義般與股形相近也爾雅釋文載李巡注鉤股云水曲如鉤折如人股孫炎郭璞本作般注云盤桓者誤當以釋文本爲長

石爲大甚閩本明監本毛本石作實案所改非也石當作恣

以帛爲行旆閩本明監本毛本同案經注作茷正義作旆易而說之也正義下文云古今字也例見前下同

故知鄉日千里之鎬閩本明監本毛本同案知鄉日盧文弨云劉向曰是也此在漢書陳湯傳

漢有洛陽縣閩本明監本毛本同案惠棟云漢下當有中字陽字衍是也

牢幅一尺絳幅二尺閩本明監本毛本同案浦鏜云半誤牢終誤絳是也

除去絳直是銘長三尺也閩本同明監本毛本絳作降案皆誤也當作縿

帥謂軍將至五長補閩本明監本毛本同案五當作伍下同

此唯有王補閩本明監本毛本同案王當作三

但以卿統名焉事閩本明監本毛本同案焉當作爲形近之譌

箋鉤鉤鞶至未聞閩本明監本毛本不重鉤字案此誤刪也

鉤讀如婁頷之鉤閩本明監本毛本同案浦鏜云讀如二字衍是也采芑韓奕正義引無

是也鉤鞶之文閩本明監本毛本同案當作是鉤鞶之文也誤倒

故云同異未制聞閩本明監本毛本未制作制未案所改是也

所以極勸也閩本明監本毛本同小字本相臺本勸下有之字案有者是也

○采芑

謂已和耕其用[補]毛本同閩本明監本用作田案田字是也

箋解菜之新田閩本明監本毛本同案浦鏜云采誤菜是也

約軝錯衡閩本明監本毛本同唐石經小字本相臺本軝作軧案軧字是也釋文五經文字可證餘同此○按軝說文从車氏聲凡氏聲與氐聲古分別最嚴

有瑲葱珩唐石經小字本相臺本同案釋文云有創本又作瑲亦作鎗同正義本是瑲字考文古本作創采釋文

錯置文王於車之上衡閩本明監本毛本文王誤其文案山井鼎云宋板王作彩當是㓮也彩字是韓奕正義作采

彼云又累一命閩本明監本毛本同案彼云又當作又彼文

又以爲衣裳閩本明監本毛本同案裳字衍也六月正義引無閩本監本以誤似

則陳閱軍士閩本明監本毛本則作而案所改是也

故經改其文而引之閩本明監本毛本同案經當作徑形近之譌

蠢爾蠻荊唐石經小字本相臺本同案段玉裁云漢書韋賢傳引荊蠻來威案毛云荊州之蠻也然則毛詩固作荊蠻傳寫倒之也晉語後漢書李膺傳文選王仲宣誄皆可證見詩經小學今考正義云宣王承厲王之亂荊蠻內侵是正義本作荊蠻下文皆作蠻荊後人依經注本倒之而有未盡也

執將可言問小字本相臺本同考文古本同閩本明監本毛本將作其案將字是也出車箋作其此不必與彼同正義亦作其乃自爲文不盡與注相應也

元老皆兼官也閩本明監本毛本同案皆當作者形近之譌

珍倣宋版印

毛詩小雅　鄭氏箋　孔穎達疏

車攻宣王復古也宣王能內脩政事外攘夷狄復文武之境土脩車馬備器械復會諸侯於東都因田獵而選車徒焉東都王城也○攘如羊反除也却也竟音境械戶戒反三蒼云械總名也說文云無所盛曰械復會扶又反選宣究反數也沈思戀反下同

【疏】車攻八章章四句至車徒焉○正義曰以詩次有義故序者每乘上篇而詳之言內脩政事外攘夷狄者由內事脩治故能外平强寇即上二篇南征北伐是也不言蠻言夷者總名也既攘去夷狄即是復竟土是爲復古也案王制注云以爲武王因殷之地中國三千海隅五千至周公成王斥大九州之界乃中國七千海隅萬里彼注者據文而言耳其實武王與成王之時土境不甚相遠也何則武王崩後王室流言四國皆叛不暇外討三監既定即爲大平制禮便云大界以此知其境土廣狹不得相懸也王制據其初伐紂言耳武王之末境應稍大言復文武之境土以文武周之先王舉以言之此當復成康之時也何則文王未得天下其境與武王不同而配武言之明爲先王而言也成初武末土境略同故舉文武而言大界王制之法據禮爲正耳不然豈周公數年攝政能使三倍大於武王宣王攘去夷狄仍小成王三倍且宣王中興明君美其復古比諸成康纔四分之一則展也大成徒虛言耳若宣王復古始廣三千則厲王之末當城壞壓境以文逆意理在不然故知復古復成康之時以文武先生舉而言之耳言脩車馬即首章二章上二句是也言備器械攻戰之具三章建旐設旄之類是也復會諸侯於東都四章是也言復者對上篇爲復猶卷耳言又也因田獵即六章七章是也而選車徒即三章上二句是也經先言選徒序先言田獵者選徒然後東行故經先言之序以選徒本爲田獵故言因田獵選車徒也言因

者以會爲主因會而獵也王者能使諸侯朝會是事之美者故以會諸侯爲主焉上三章先致其意首章致會同之意二章三章致田獵之意故云駕言搏獸皆致意之辭未實行也四章言既至東都諸侯來會五章言田罷之後射餘獲之禽六章七章言田獵之事卒章總歎美之也班餘獲射在田獲之後而先田言之者以射是諸侯羣臣之事因上章諸侯來會而即說之令臣事自相次也

我車既攻我馬既同攻堅同齊也宗廟齊。毫尚純也戎事齊力尚强也田獵齊足尚疾也○豪戶刀反依字作毫也

四牡龐龐駕言徂東龐龐充實也東洛邑也○龐鹿同反徐扶公反

疏我車至徂東○正義曰宣王言我會同之戎車既堅緻矣我戎馬既齊力矣四牡之馬龐龐然充實矣當爲我駕我當乘之以往東都與諸侯行會同也○傳宗廟至尚疾○正義曰宗廟齊毫戎事齊力田獵齊足釋畜文也尚純尚强尚疾是毛以義增解之也齊其毫毛尚純色齊其馬力尚强壯齊其馬足尚迅疾也引之者證經既同爲齊力之義因連引宗廟田獵之全文李巡曰祭於宗廟當加謹敬取其同色也某氏曰戎事謂兵革戰伐之事當齊其力以載干戈之屬舍人曰田獵取牲於苑囿之中追飛逐走取其疾而已

田車既好四牡孔阜東有甫草駕言行狩甫大也田者大。芟草以爲防或舍其中褐纏旃以爲門裘纏質以爲槸間容握驅而入。擊則不得入左。者左右者之右然後焚而射焉天子發然後諸侯發諸侯發然後大夫士發天子發抗大綏諸侯發抗小綏獻禽於其下故戰不出頃田不出防不逐奔走古之道也箋云甫草者甫田之草也鄭有。甫田○甫毛如字大也鄭音補謂圃田鄭數也艾魚廢反褐音曷槸魚列反何魚子反門中闑槷音計劉兆注穀梁云繼也本又作槷音同或古歷反之左者之左一本無上之字下句亦然射食弋反抗苦浪反舉也綏本亦作緌而佳反下同頃苦頴反甫田舊音補十數鄭有圃田下同毛依字甫大也

疏田車至行狩毛以爲宣王言我田獵之車既善好四牡之馬又甚盛大東都之界有廣大之草可以就而田獵焉當爲我駕此車馬我將乘之而往狩獵於彼言既會諸侯又與田也鄭唯以東有甫草

爲圃田之草爲異耳○傳甫大至之道○正義曰以田法芟草爲防是廣大之處故訓甫爲大也謂寬大之地有草可芟故言甫草也因而廣言田獵之法次在大草之意田獵者必大芟殺野草以爲防限作田獵之場擬殺圍之處或復止舍其中謂未田之前誓士戒衆故教示戰法當在其間止舍也其防之廣狹無文既爲防。院當設周衞而立門焉乃以織毛褐布纏通帛旃之竿以爲門。之。兩。傍。其門蓋南開並爲二門用四旃四褐也又以裘纏樴質以爲門中之闑闑車。軌之裏兩邊約車輪者其門之廣狹兩軸頭去旃竿之間各容一握握人四指爲四寸是門廣於軸八寸也入此門當馳走而入不得徐也以教一戰試其能否故令驅焉若驅之其軸頭擊著門傍旃竿則不得入也所以罰不一也以天子六軍分爲左右雖同舍防內令三軍各在一方取左右相應其屬左者之左門屬右者之右門不得越離部位以此故有二門也此屬夏苗之田也周禮仲夏教芟舍鄭云芟舍草止也軍有草止之法此苗田卽草止明芟草止其中爲或舍其中也以教戰卽軍禮同故言軍有草止之法仲夏舉草舍之法田禮皆當然也故仲冬教大閱云前期羣吏戒衆庶脩戰法虞人萊所田之野爲表百步則一爲三表又五十步爲一表田之日司馬建旗于後表之中羣吏以旗物鼓鐸鐲鐃各帥其民而致質明弊旗誅後至者乃陳車徒如戰之陳注云萊芟除可陳之處表所以識正行列也四表積二百五十步左右之廣當容三軍步數未聞鄭云芟除可陳之處是芟草爲教戰之所傳言田者大芟草以爲防則芟草爲田獵之處明先獵以教戰合圍又在間焉二者同處也鄭以最南一表以北百步爲二表又北百步爲。三表又北五十步爲四表謂之後表以是四表二百五十步也以下有以旗爲左右和之門故言左右之廣當容三軍但步數未聞耳彼又曰以旗爲左右和之門羣吏各帥其車徒以敘和出左右注云軍門曰和今謂之壘門立兩旌以爲之敘和出用次第出和門也彼旌卽此旃也彼言敘和出此言驅而入不同者此據質明時初入和門既入同在後表之中將以教戰也既誓從後表前至第二表一弊其旗車徒皆坐又從第二表至前第三又然又從前第。三。至。最。前。退卻教振旅至後表禮畢當從是以出田故敘和出左右與此終始各舉其一故不同也計立旌爲門當在教戰之前周禮以旌爲左右和之門文在教戰下者以教戰之時直言建旌後表之中不說入門之事故不言立門教畢以敘和出因其將出而言立門故文在下其實戰之前門已先設也教戰既畢士卒出和乃分地爲屯既陳車驅○車卒奔驅禽內之於防然後焚燒此防草在其中而射之天子先發然後諸侯發然後大夫士發發謂發矢射之也其天子發則先抗舉其大綏諸侯發則舉其小綏必舉此綏爲表天子諸侯殺之時因獻其禽於其下也故戰不出所期之頃田不出所芟之防不逐奔走謂出於頃防者不逐之古之道也抗綏謂既射舉之因置虞旗於其中受而致禽焉受禽獵止則弊之故王制曰天子殺則下大綏諸侯殺則下小綏注云下謂弊之是殺禽已訖田止而弊綏也各舉終始之一故與此不同也此等似有成文未知其事所出昭八年穀梁傳曰芟蘭以爲防以葛覆質爲槷與此不同鄭志答張逸云戰有頃數不能盡其多少猶今戰場者不出其頃界田者不出其防也王制云昆蟲未蟄不以火田則用火田獵唯在冬耳此言焚而射之自焚所芟之草非放火田獵四時皆焚之也故地官山虞澤虞皆云大田萊山田之野言大田則天子四時之田皆然矣既萊其地明悉焚之此時王仍未至本都非正田之時毛因大草廣言獵法不謂此時即然也○箋甫草至甫田○正義曰以下云搏獸于敖敖地名則甫草亦是地名不宜爲大故易之爲圃田之草且東都之地自有圃田故引爾雅以證之鄭有圃田釋地文也郭璞曰今滎陽中牟縣西圃田澤是也職方曰河南曰豫州其澤藪曰圃田宣王之時未有鄭國圃田在東都畿內故宣王得往田焉

之子于苗選徒囂囂之子有司也夏獵曰苗囂囂聲也維數車徒者爲有聲也箋云于曰也○囂五刀反或許驕反數所主反

建旐設旄搏獸于敖敖地名箋云獸田獵搏獸也敖鄭地今近滎陽○搏音博舊音付近附近之近【疏】之子至于敖○毛言宣王欲鄉東都之時其是子羣吏之有司於是爲將夏田之苗選數車徒不爲讙譁唯數者有聲囂囂然言時官人皆能其事也既選車徒王言當建立旐於車而設旄牛尾於旐之首與旄同建我當乘之

往搏取禽獸於敎地也○鄭以于爲曰則之子斥宣王爲異耳○傳之子至有聲○正義曰大司馬仲夏教茇舍如振旅之陳羣吏選車徒謂數擇之也此時事與彼同則有司謂羣吏有事者大司馬之屬矣傳以此子爲有司下文之子亦非王身當謂凡從王者非獨司馬官屬也夏獵曰苗則此時宣王爲夏田也上云駕言行狩者是獵之總名但冬獵大於三時故狩爲冬獵名耳非宣王發意嚮東許歷冬夏也下云有聞無聲則在軍不得讙譁而云囂囂之聲故知唯數者爲有聲○箋于曰○正義曰傳之訓于爲於爲往無爲曰者箋以爲曰則與傳不同言之子曰曰則是命事之辭之子當斥宣王不得爲有司也下云之子于征亦謂宣王行也但不訓于字則于征當爲往征矣

駕彼四牡四牡奕奕言諸侯來會也赤芾金舄會同有繹諸侯赤芾金舄舄達屨也時見曰會殷見曰同繹陳也箋云金舄黃朱色也○舄音昔繹音亦見賢遍反下同

疏駕彼至有繹○正義曰言宣王之至東都四方諸侯駕彼四牡之馬而來其四牡之馬則奕奕然閑習既朝見於王而服赤芾金舄之飾與王行會同之禮者有陳于會同之位言各以爵之尊卑陳列於其位次者○傳諸侯至曰同○正義曰言諸侯赤芾對天子當朱芾也言金舄達屨者天官屨人注云舄有三等赤舄爲上冕服之舄下有白舄黑舄此云金舄者卽禮之赤舄也故箋云金舄黃朱色加金爲飾故謂之金舄白舄黑舄猶有在其上者爲尊未達其赤舄則所尊莫是過故云達屨言是屨之最上達者也此舄也而曰屨屨通名以舄是祭服尊卑異之耳故屨人兼掌屨舄是屨爲通名也時見曰會殷見曰同大宗伯文也定本云殷頫曰同誤也注云時見者無常期諸侯有不服者王將有征伐之事則既朝覲王爲壇於國外合諸侯而命事焉殷衆也十二歲王如不巡狩則六服盡朝朝禮既畢王爲壇合諸侯以命政焉如是則會同其禮各别不得並行之矣但此時王與諸侯會東都非十二年之事言同者以會同對文則别散則義通會者交會同者同聚理既是一故論語及此連言之

決拾既佽弓矢既調決鉤弦也拾遂也佽利也箋云佽謂手指相佽比也調謂弓强弱與矢輕重相得○決本

又作逡或作捘同古穴反佽音次說文子利反云便利也比毗志反射夫既同助我舉柴柴積也箋云既同已射同復將射之位也雖不射
中必助中者舉積禽也○柴子智反又才寄反說文作掌士賣反中丁仲反下中者同疏逡拾至舉柴○正義曰此章言諸侯從王田罷賜射餘獲之事
也言時諸侯所有逡之與拾既與手指相比次而和利矣弓之與矢既強弱相得而調適矣既田畢王以餘獲之禽賜之則以此射而取之此射夫皆已射一
番若中得禽者既同復將射之位欲更射以求禽也若以射之而不中者則又助我中者舉積禽此文承諸侯之下射夫即諸侯也其大夫亦在獲射之中則
此可以兼焉諸侯而謂之射夫者夫男子之總名○箋佽謂至相得○正義曰鄭以佽為利其義不明故申而成之逡著於右手大指所以鉤弦開體遂著於
左臂所以遂弦手指相比次而後射得和利故毛云佽利謂相次然後射利非訓佽為利也言調謂弓強弱與矢輕重相得者弓體有強弱各其力之所便又
弓矢之各有安危調之使相得○箋既同至積禽○正義曰田無射禮唯既田乃有班餘獲射在於澤宮言同復將射之位在澤宮之位也以言助我舉積是
不得利者助他人也故射雖不中必助中者舉積禽矣鄉射禮云禮射不主皮不勝者降即此是也此謂士大夫以上有禮射者庶人則以主皮當禮射故鄉
大夫以五物詢衆三曰主皮是也四黃既駕兩驂不猗言御者之良也○猗於寄反又於綺反不失其馳舍矢如
破言習於射御法也箋云御者之良得舒疾之中射者之工矢發則中如椎破物也○舍音捨椎直追反疏四黃至如破○正義曰王既會諸侯乃與
之田言王乘四黃之馬既駕矣兩驂之馬不相依猗御者節御此馬令不失其馳騁之法故令射者舍放其矢則如椎破物能中而駃也言御良射善所以美
之○箋言御者之良○正義曰駟鐵云六轡在手箋云言馬之良此云御良者雖馬御相須而設文有意彼云在手主說馬良不用御者之力故言在手而已
此云驂不相猗乃御者使之然故云御良各觀其文而為說也蕭蕭馬鳴悠悠旆旌言不讙譁也○讙音歡又音暄譁音花徒御

珍倣宋版印

不驚。大庖不盈徒輦也御御馬也不驚驚也不盈盈也一曰乾豆二曰賓客三曰充君之。庖故自左。膘而射之達于右。腢爲上殺射右耳本次之射左髀達于右。䯚爲下殺面傷不獻踐毛不獻不成禽不獻禽雖多擇取三十焉其餘以與大夫士以習射於澤宮田雖得禽射不中不得取禽田雖不得禽射中則得取禽古者以辭讓取不以勇力取箋云不驚驚也不盈盈也反其言美之也射右耳本射當爲達三十者每禽三十也〇庖蒲茅反膘頻小反又扶了反三蒼云小腹兩邊肉也說文云脅後髀前肉也本亦作髀蒲禮反或又作䯚射食亦反下射左髀同腢本亦作髃音愚又五厚反謂肩前也說文同郭音偶謂肩前兩間骨何依注公羊自左腢射之達於右腢中心死疾鮮潔也又五回五公二反射右耳食亦反脾本又作髀方爾反又薄禮反謂股外䯚餘繞反又胡了反謂水䐮也字書無此字一本作髎音羊紹反又羊招反呂忱于小反本或作膘踐子淺反

【疏】蕭蕭至不盈〇正義曰言王之田獵非直射良御善又軍旅齊肅唯聞蕭蕭然馬鳴之聲見悠悠然旆旌之狀無敢有讙譁者徒行輓輦者與車上御馬者豈不警戒乎言以相警戒也君之大庖所獲之禽不充滿乎言充滿也〇傳徒輦至力取〇正義曰諸徒皆爲徒行此獨以爲輦者釋訓云徒御不驚輦者也爾雅特釋此文故依而爲說地官鄉師云大軍旅會同治其輦注云輦人輓行所以載任器也止以爲蕃營司馬法輦有一斧一斤一鑿一梩周輦加二板二築夏后氏二十人而輦殷十八人而輦周十五人而輦是會田獵人輓輦以徒行也徒既爲輦者故御爲御馬者也以此美宣王之歌故知不驚不盈聲而疊之故箋反其言美之此爲美之深者也鄭於此申毛者。反。鄂不韡韡不從毛說以上未有此比故於是言之明以後此類皆然矣傳又因經大庖不盈廣言殺獸充庖之事一曰乾豆謂第一上殺者乾足以爲豆實供宗廟也二曰賓客謂第二殺者別之以待賓客也三曰充君之庖謂第三下殺者取之以充實君之庖廚也君尊宗廟敬賓客故先人而後己取其下也又分別殺之三等故自左膘而射之達過於右肩腢爲上殺以其貫心死疾肉最絜美故以爲乾豆也射右耳本箋云射當爲達亦自左射之達右耳本而

死者為次殺以其遠心死稍遲肉已微惡故以為賓客也不言自左者蒙上文可知射左股髀而達過於右脅髆為下殺以其中脅死最遲肉又益惡充君之庖也凡射獸皆逐後從左廂而射之達於右髃言射左髀則上殺達於右腢當自左脅也次殺右耳本當自左肩腢也不言自左舉下殺之射左髀可推而知也王制及公羊穀梁皆云充君之庖無廚字鄭云庖今之廚則傳本亦無廚字廚衍字也定本亦無廚字箋知射當為達者以射必自左不得從右而射且與上下不類故知當為達也面傷不獻者謂當面射之○翦毛不獻謂在傍而逆射之二者皆為逆射不獻者嫌誅降之義不成禽不獻者惡其害幼少此不能使獵者無之自君所不取以示教法耳禽雖多擇取三十焉鄭云三十者每禽三十以君無之獵不宜諸種止取三十故以為每禽焉則宗廟賓客君庖各十也其餘每禽三十之外以與卿大夫士習射澤宮所以班餘獲射也不言諸侯諸侯不常在卿大夫尚得與射諸侯在射可知也以大獸公之非復己物君賜使射故非中不取言嚮者田獵所取用勇力今射者禮樂所取用辭讓也此當有成文書傳穀梁傳與此略同

之子于征有聞無聲有善聞而無諠譁之聲箋云晉人伐鄭陳成子救之舍於柳舒之上去穀七里穀人不知可謂有聞無聲○聞音問注同本亦作問允矣君子展也大成箋云允信展誠也大成成謂致太平也疏之子至大成○毛以為是從王往行羣臣有善聞而其所部無諠譁之聲王能使所從若是信矣君子宣王誠實也其功大成言太平也○鄭以之子斥宣王為異耳○箋晉人至無聲○正義曰事在哀二十七年左傳曰晉荀瑤伐鄭次于桐曰鄭駟弘請救于齊陳成子救鄭及留舒違穀七里穀人不知是其事也留柳不同蓋所據書異穀本齊邑而引之者證無聲也

車攻八章章四句

吉日美宣王田也能慎微接下無不自盡以奉其上焉疏吉日四章章六句至其上焉○正義曰作

吉日詩者美宣王田獵也以宣王能慎於微事又以恩意接及羣下王之田獵能如是則羣下無不自盡誠心以奉事其君上焉由王如此故美之也慎微即首章上二句是也接下卒章下二句是也四章皆論田獵言田足以總之。時述此慎微接下二事者以天子之務一日萬機尙留意於馬祖之神爲之祈禱能謹慎於微細也人君遊田或意在適樂今王求禽獸唯以給賓是恩隆於羣下也二者人君之美事故。時言之也下無不自盡以奉其上述宣王接下之義於經無所當也

吉日維戊既伯既禱維戊順類乘牡也伯馬祖也重物慎微將用馬力必先爲之禱其祖禱禱獲也箋云戊剛日也故乘牡爲順類也○禱丁老反馬祭也說文作禂爲之于僞反

田車既好四牡孔阜升彼大阜從其羣醜箋云醜衆也田而升大阜從禽獸之羣衆也

疏吉日至羣醜○正義曰言王於先以吉善之日維戊也於馬祖之伯既祭之求禱矣以田獵當用馬力故爲之禱祖求其馬之强健也田獵之車既善好四牡之馬甚盛大王乃乘之升彼大陵阜之上從逐其羣衆之禽獸言車牢馬健故得歷險從禽是由禱之故也○傳維戊至禱獲○正義曰馬國之大用王者重之故夏官校人春祭馬祖夏祭先牧秋祭馬社冬祭馬步注云馬祖天駟先牧始養馬者馬社始乘馬者馬步神爲災害馬者既四時各有所爲祭之馬祖祭之在春其常也而將用馬力則又用彼禮以禱之祭必用戊者日有剛柔猶馬有牝牡將乘牡馬故禱用剛日故云維戊順其剛之類而乘牡馬知伯馬祖者釋天云既伯既禱馬祭也爲馬而祭故知馬祖謂之伯伯者長也馬祖始是長也鄭云馬祖天駟釋天云天駟房也孫炎曰龍爲天馬故房四星謂之天駟鄭亦引孝經說曰房爲龍馬是也言重物慎微者重其馬之爲物慎其祭之微者將用馬力必先爲之禱其祖是謹慎其微細也言禱獲者爲田而禱馬祖求馬强健則能馳逐獸而獲之

吉日庚午既差我馬外事以剛日差擇也獸之所同麀鹿麌麌鹿牝曰麀麌麌衆多也箋云同猶聚也麕牝曰麌麌復麌言多也○麀音憂麌愚甫反說文作噳云麌鹿羣口相聚也麕本又作麇俱倫反復扶又

反　漆沮之從天子之所漆沮之水麀鹿所生也從漆沮驅禽而致天子之所○沮七徐反【疏】吉日至之所○毛以爲王以吉善之
日庚午日也既簡擇我田獵之馬擇取強者王乘以田也至於田所而又有禽獸其獸之所同聚者則麀鹿之與鹿麌麌然衆多遂以驅逆之車驅之於漆沮之
傍從彼以至天子之所以獵有期處故驅禽從之也上言乘車升大阜下言獸在中原此云驅之漆沮皆見獸之所在驅逐之事以相發明也鄭唯以麌爲獸
名爲異耳○傳外事至差擇○正義曰外事以剛日曲禮文也言此者上章順剛之類故言○維戊擇馬不取順類亦用庚爲剛日故解之由擇馬是外事故也
莊二十九年左傳曰凡馬日中而出日中而入則秋分以至春分馬在廄矣擇馬不必在廄得爲外事者馬雖在廄擇則調試善惡必在國外故也禮記注外
事內事皆謂祭事此擇馬非祭而得引此文者彼雖主祭事其非祭事亦以內外事而用剛柔故斷章引之也庚則用外必用午日者蓋於辰午爲馬故也差擇
釋詁文○傳鹿牝至衆多○正義曰釋獸云鹿牝麌牝麀是鹿牝曰麀也麌麌衆多與韓奕同則傳本作麌字○箋麕牝至言多○正義曰釋獸云麕牡麌牝
麜是麕牡曰麌也郭璞引詩曰麀鹿麌麌鄭康成解即謂此也但重言耳音義曰麕或作麏或作麌是爲麌牡曰麌也由麌之相類又承鹿牡之下本或作麌
牝者誤也釋獸又云麌牡麌牝麌下箋云祁當作麌麌麌牝是也必易傳者以言獸之所同明獸類非一故知其所言者皆獸名下其祁孔有傳訓祁爲大直
云其大甚有不言獸名不知大者何物且釋獸有麌之名故易傳而從爾雅也注爾雅者某氏亦引詩云瞻彼中原其麌孔有與鄭同下箋云祁當作麌此麌
不破字則鄭本亦作麌也　瞻彼中原其祁孔有祁大也箋云祁當作麌麌麌牝也中原之野甚有之○祁毛巨私反又止之反鄭改作麌
音辰郭音脤何止尸反沈市尸反麋亡悲反　儦儦俟俟或羣或友趨則儦儦行則俟俟獸三曰羣二曰友○儦本作麃又作爊表嬌反
趨也廣雅云行也俟音士行也徐音矣　悉率左右以燕天子驅禽之左右以安待天子箋云率循也悉驅禽順其左右之宜以安待王

珍倣宋版印

之射也〇射食亦反

疏瞻彼至天子〇毛以爲視彼中原之野其諸禽獸大而甚有謂形大而多也故儦儦然有趨者俟俟然有行者其趨行或三三爲羣或二二爲友是其甚有也既而趨逆之車驅而至於彼防虞人乃悉驅之循其左右之宜以安待天子之射也〇鄭以爲視彼中原之野其麌牝之獸甚有之言中原甚有麌餘同〇傳趨則至二曰友〇正義曰上言多有諸獸此宜說其行容獸行多疾當先言其趨故以趨則儦儦行則俟俟周語曰獸三爲羣故二曰友友親於羣其數宜少易損卦六三云一人行則得其友獸亦當然故二曰友三曰羣謂自三以上皆稱羣不必要三也〇傳驅禽至天子〇正義曰此言安待天子謂已入防中乃虞人驅之故騶虞傳曰虞人翼五豝以待公之發騶鐵箋云奉是時牡謂虞人與此待同也言驅禽之左右者以禽必在左射之或令左驅令右皆使天子得其左廂之便以其末明故箋又申之云循其左右之宜以安待王之射

既張我弓既挾。我矢發彼小豝殪此大兕殪壹發而死言能中微而制大也箋云豕牡曰豝〇挾子洽反又子協反又戶頰反豝音巴殪於計反兕徐履反本又作兕中張仲反

以御賓客且以酌醴饗醴天子之飲酒也箋云御賓客者給賓客之御也賓客謂諸侯也酌醴酌而飲羣臣以爲俎實也

疏既張至酌醴〇正義曰虞人既驅禽待天子故言既已張我天子所射之弓既挾我天子所射發之矢發而中彼小豝亦又殪此大兕也既殺得羣獸以給御諸侯之賓客且以酌醴與羣臣飲時爲俎實也〇傳殪壹至制大〇正義曰釋詁云殪死也發矢射之即殪是壹發而死也又解小豝大兕俱是發矢殺之但小者射中必死苦於不能射中大者射則易中唯不能即死小豝云發言發則中之大兕言殪言射著即死異其文者言中微而制大〇傳饗醴至飲酒〇正義曰醴不可專飲天子之於羣臣不徒設醴而已此言酌醴者左傳天子饗諸侯每云饗醴命之宥是饗有醴者天子飲。酒。之故舉醴言之也〇箋御賓至俎實〇正義曰御者給與充用之辭故知御賓客者給賓客之御也知賓客謂諸侯者天子之所賓客者唯諸侯耳故周禮六服之內其君爲大賓其臣爲大客是也

彼對文則君爲大賓故臣爲大客若散則賓亦客也故此賓客幷言之此箋舉尊言耳其臣來及從君則王亦以此給之也言酌而醴羣臣以爲俎實者以言且以酌醴是當時且用之辭則得禽即與羣臣飲酒故知以爲俎實也若乾之爲脯漬之爲醢則在籩豆矣不得言俎實也

吉日四章章六句

南有嘉魚之什十篇四十六章二。百。七。十。二。句。

附釋音毛詩注疏卷第十（十之三）

珍倣宋版印

阮元撰盧宣旬摘錄

○車攻

案王制注云 閩本明監本毛本同案浦鏜云云當衍字是也

宗廟齊毫 小字本相臺本同考文古本同閩本明監本毛本毫作豪案釋文云依字作毫也考說文無毫卽豪字之俗耳正義作毫乃易字而說之當以釋文本作豪爲長

東有甫草 小字本相臺本同唐石經甫字上磨去案唐石經考異云甫先作莆後改是也考釋文正義皆作甫傳云甫大也此亦字體乖師法之一經義雜記以爲原刻作圃改從鄭箋者誤也又水經注王逸楚詞注引作圃乃韓詩後漢書注文選注皆云韓詩也

大芟草以爲防 閩本明監本毛本同小字本相臺本芟作艾案釋文本作艾音魚廢反正義本作芟考正義引大司馬注芟除穀梁傳芟蘭而說之芟字是也今穀梁亦作艾者誤

擊則不得入 小字本相臺本同考文古本同閩本明監本毛本擊作轚案釋文云轚音計本又作擊音同或古歷反正義本與釋文又作本同當是讀爲古歷反也

左者左右者之右 小字本相臺本作左者之左閩本明監本毛本同案有之字是也釋文云之左者之左一本無上之字下句亦然正義云其屬左者之左門屬右者之右門與一本同

鄭有甫田 小字本相臺本同閩本同明監本毛本甫作圃案釋文云甫草毛如字大也鄭音補謂圃田鄭數也又甫田舊音晡十數鄭有圃田下同下同者卽此甫田字正義云爲甫田之草乃易字而說之耳不當改箋明監本毛本誤大徐本說文數下豫州甫田今誤依小徐改爲圃田

既爲防院 閩本明監本毛本院作限案所改是也

以爲門之兩傍其門 閩本明監本毛本同案十行本門至門剜添者一字

闑車軌之裏 閩本明監本毛本軌作軏案皆誤也當作軹謂兩輪間也

又北百步爲一表 閩本明監本毛本同案一當作三

又從前第三至最前退卻 閩本明監本毛本同案十行本第至卻剜添者一字

既陳車驅車卒奔 閩本明監本毛本同案浦鏜云驅下誤衍車字是也

非故火田獵 補 閩本明監本毛本同案故當作放形近之譌

箋甫草至甫田 閩本明監本毛本下甫字誤圃案箋作甫正義作圃者以甫圃爲古今字易而說之也例見前此標起止不當易山井鼎云宋板作莆因宋板磨滅而足之者誤加艸耳

河南曰豫州其澤藪曰圃田 閩本明監本毛本同案十行本豫至曰剜添者一字

維數車徒 小字本相臺本同閩本明監本毛本同案釋文以唯數作音是其本維作唯

珍倣宋版印

搏獸于敖唐石經小字本相臺本同案九經古義云水經注引云薄狩于敖東京賦同段玉裁云薄狩後漢書安帝紀注及初學記所引皆可證薄辭也箋釋狩以搏獸者上文言苗毛謂夏獵則不當復舉冬獵之名且上章之行狩疏謂是獵之總名則此狩字當為實事以別於上章亦見詩經小學

獸田獵搏獸也小字本相臺本同案惠棟云上獸字亦當為狩考文古本作狩因覺其不詞而改之耳

今近滎陽小字本相臺本同閩本明監本毛本同案滎當作熒六經正誤云作熒誤其說非也後人多依之改熒為滎詳見沿革例中

殷見曰同小字本相臺本同案正義云定本云殷頫曰同誤也釋文時見下云賢遍反下同其本與正義本同也

赤舄為上閩本明監本毛本赤誤金

不相依猗閩本明監本毛本猗誤倚下騎不相猗毛本不誤

蕭蕭馬鳴唐石經小字本相臺本同案經義雜記以為經本作肅云唐石經原刻作肅肅馬鳴後即於肅肅上改為蕭蕭非也石經並非改刻其所云經本作蕭者全未有據誤之甚者也

徒御不驚唐石經小字本相臺本同案段玉裁云經文作警傳箋正義皆甚明考文古本作警采正義○按李善文選注引

三曰充君之庖小字本相臺本同案此定本也正義本庖下有廚字正義云衍字也是也

自左膘而射之小字本相臺本同案釋文云本亦作髀又云或又作髃者皆誤

達于右髃小字本相臺本同案段玉裁云五經文字作䯚是也釋文正義皆作髃乃轉寫之譌釋文云一本作䯚䯚即是䯚字耳又云本或作

膘考髆髃二字皆文所不載釋文亦云字書無髃字此傳當以本或作膘者爲長何休公羊桓四年注乃用髃字其義本不與此傳同也

鄭於此申毛者反鄂不韡韡 閩本明監本毛本同案十行本者至不剜添者一字

翦毛不獻 閩本明監本毛本同案傳作踐釋文踐子淺反正義作翦踐翦古今字易而說之也例見前

○吉日

時述此慎微接下二事者 閩本明監本毛本同案浦鏜云時當特字誤是也○補案下故時言之也時亦當作特

麕牝曰麌 小字本相臺本牝作牡閩本明監本毛本同案牡字是也釋文云麕牡下音茂正義云是麕牡曰麌也又云是爲麇牡曰麇也又云本或作麇牝者誤也皆可證經義雜記據玉篇廣韻麌下誤作牝而以爲鄭箋所用爾雅與郭不同其說非也又引羣經音辨亦誤字耳考文古本作牡采正義

而致天子之所 小字本同閩本明監本毛本同相臺本致作至案作至字是也正義云從彼以致天子之所騶虞正義引亦作至皆可證

麌麇衆多 補 毛本麇作麌案傳箋作麇誤也

箋麕牝至言多 閩本明監本毛本牝作牡案牡字是也

麕牡麌牝麇 毛本同閩本明監本麇作麜案麜字是也

郭璞引詩曰麀鹿麌麇 毛本同閩本明監本麇作麜案皆誤也浦鏜云麌字誤是也

又承鹿牡之下　閩本明監本毛本同案牡當作牝

且釋獸有麜之名　閩本明監本毛本同案浦鏜云麔誤麜是也

既挾我矢　小字本相臺本同唐石經初刻又後改既案初刻誤也正義可證

天子飲酒之　閩本明監本毛本同案酒之二字當倒

二百七十二句　小字本相臺本同唐石經磨改其初刻不能知矣

珍倣宋版印

鴻鴈之什詁訓傳第十八

毛詩小雅　鄭氏箋　孔穎達疏

鴻鴈。美宣王也萬民離散不安其居而能勞來還定安集之至于矜寡無不得其所焉宣王承厲王衰亂之敝而起興復先王之道以安集衆民爲始也書曰天將有立父母民之有政有居宣王之爲是務○勞力報反來力代反矜本又作鰥同古頑反徐又棘冰反篇內矜寡同老無妻曰矜老無夫曰寡

疏鴻鴈三章章六句至其所焉○正義曰作鴻鴈詩者美宣王也由厲王衰亂萬民分離逃散皆不安止其居處今宣王始立能遣侯伯卿士之使皆就而勞來今還歸本宅。安止安慰而集聚之使復其居業爲築宮室又至於矜寡孤獨皆蒙賙贍無不得其所者由是故美之也勞來者來勤也義與勞同皆謂設辭以閔之言萬民離散不安其居卒章上二句是也而能勞來首章次二句是也止於矜寡无不得其所者首章下二句是也其餘皆說安集之事序總言焉經序參差者敘述其次第當然經主說安集爲始先陳王殷勤於民然後本其未集各爲節文之勢故不同也○箋宣王至是務○正義曰由宣王承厲王衰亂之弊故民有離散以承此亂而起興復先王之道以安集衆民爲始也衣物破壞謂之弊厲王壞亂天下使萬民離散猶衣之弊然雲漢云承厲王之烈者彼美宣王遇災而懼災非厲王所致故不言弊此離散由厲王故言弊也烝民序曰周室中興是興復先王之道知以安集衆民爲始者以宣王據亂而起明其。王先據散民不得民未安居先行餘政故知以安集爲始也書曰天將有立父母民之有政有居今泰誓文言天將有立聖德者爲天下父母民之得有善政有安居彼武王將欲伐紂民喜其將有安居是民之所欲安居爲重也宣王

之爲是務言宣王之所爲安集萬民是以民之父母爲務意同武王所以爲美

鴻鴈于飛肅肅其羽

興也大曰鴻小曰鴈肅肅羽聲也。箋云鴻鴈知辟陰陽寒暑興者喻民知去無道就有道○肅所六反本或作翻同

之子于征劬勞于野

之子侯伯卿士也劬勞病苦也箋云侯伯卿士謂諸侯之伯與天子卿士也是時民既離散邦國有壞滅者侯伯久不述職王使廢於存省諸侯於是始復之故美焉○劬其俱反注及下文同韓詩云數也使所吏反

爰及矜人哀此鰥寡

矜憐也老無妻曰鰥偏喪曰寡箋云爰曰也王之意不徒使此爲諸侯之事與安集萬民而已王曰當及此可憐之人謂貧窮者欲令賙餼之鰥寡則哀之其孤獨者收斂之使有所依附○矜棘冰反喪息浪反令力呈反賙音周救也餼許氣反

疏

鴻鴈至鰥寡○正義曰言鴻鴈避所忌就所欲往飛之時肅肅其羽爲聲也以興萬民去所惡就有道而歸往之時其心喜樂也此萬民所以有可就者以時王遣使是子侯伯卿士於是巡行其邦國勞來天下之民民病苦於外野故萬民得歸之此侯伯卿士既安集萬民又稱王命己曰不但安民而已亦當及此可憐之人貧窮者令賙餼焉又哀此無妻之鰥夫偏喪之寡婦當收斂之使有所依附也王命己己當行焉○傳大曰鴻至寒暑○正義曰鴻鴈俱是水鳥故連言之其形鴻大而鴈小嫌其同鳥雄雌之異故傳辨之云大曰鴻小曰鴈也知避陰陽寒暑者春則避陽暑而北秋則避陰寒而南故並言之此以所避與民避惡既有所避自然歸善故箋云喻民知去無道就有道離散不得所是無道明。君。安集之是有道也言去無道之離散就有道之安集所與一事耳不謂以厲王無道去之宣王有道就之何則民離散者豈能逃出中國遠避厲王也○箋侯伯至美焉○正義曰傳。既以之子爲。侯伯卿士故箋又解傳言侯伯卿士謂諸侯之伯與天子之卿士也毛知之子爲侯伯卿士者以此勞來之詩也王使勞來於天下唯侯伯與卿士耳故僖元年左傳曰凡侯伯救患分災討罪禮也是侯伯自於州內有罪者則征討之災患則分救之此安集萬民亦救患之義且州之內侯伯所主明王當遣焉故知有侯伯也又周禮王之所以撫邦國

諸侯者歲徧存三歲徧覜五歲徧省注云歲者巡守之明歲以爲始自五歲之後遂閒歲徧省此天子於諸侯所命卿士也春秋之時天子每使卿聘魯故知有卿士也諸侯之伯伯者長也諸侯之長謂之侯伯卽一州牧是也故左傳杜注云侯伯州長也列職於王卽曰牧於諸侯則謂之侯伯一官而有三名也傳以之子是王所使之人舉侯伯卿士而言耳其實王官之伯亦有時述職天子之大夫亦使於諸侯故下泉傳曰諸侯有事則二伯述職春秋之世每有大夫聘魯是皆得爲王使也是時民既離散邦國壞滅知者以百堵皆作非直民居邦國城邑亦築作之故言邦國壞滅也所以離散壞滅者侯伯久不述職王使廢於存省諸侯故合然也今宣王於是始遣侯伯述職卿士存省復先王之法故美之言述職者述修其所掌之職事上下通名故譜曰武王巡狩述職昭五年左傳曰小有述職謂諸侯於天子也又烝民曰仲山甫出祖傳曰言述職也仲山甫卿士也亦言述職是其通矣卿士言王使者以在王朝故以王使言之其實侯伯亦王所遣總名皆王使但存省不使侯伯耳○箋可憐之人至有所依附○正義曰以下則言鰥寡明此可憐之人是貧窮也以貧窮無財宜賙餼之賙謂與之財餼謂賜之食也知可憐之人非孤獨者以孤獨與鰥寡爲類同在哀此之中故言鰥寡則哀之其孤獨者收斂之使有所依附也男鰥女寡皆身孤獨故言其孤獨以此無父之孤無子之獨亦宜哀焉王制云四者天民之窮而無告者也皆有常餼是四者同也言有常餼則鰥寡亦賙餼之言收斂之者對貧窮自有親眷不須收斂鰥寡則既收斂之又賙餼之但哀其無所告故箋別言之

**鴻鴈于飛集于中澤**中澤澤中也箋云鴻鴈之性安居澤中今飛又集于澤中猶民去其居而離散今見還定安集

**之子于垣百堵皆作**一丈爲版五版爲堵箋云侯伯卿士又於壞滅之國徵民起屋舍築牆壁百堵同時而起言趨事也春秋傳曰五版爲堵五堵爲雉雉長三丈則版六尺○垣音袁堵丁古反

**雖則劬勞其究安宅**究窮也箋云此勸萬民之辭女今雖病勞終有安居○究居又反

【疏】鴻鴈至安宅○正義曰言鴻鴈性好居澤今往飛而集於澤中得其志也

以與萬民亦情樂處家今還歸而止於家中亦得其欲也萬民得以安處者其是子侯伯卿士又於壞滅之國徵民起築垣牆令百堵俱起由是得還定也又言侯伯卿士勸己萬民曰築作與造雖則一今劬勞其於久得安居欲使不憚勞也民喜王使之勸己故陳辭而美之○傳一丈至爲堵○正義曰板堵之數經無其事毛氏以義言耳五板爲堵自是公羊傳文公羊在毛氏之後非其所據五板爲堵謂累五板也板廣二尺故周禮說一堵之牆長丈高一丈是板廣二尺也○箋春秋至六尺○正義曰傳以一丈爲板鄭欲易之故引傳文而證板之長短春秋傳曰五板爲堵五堵爲雉定十二年公羊傳文也公羊雖非正典其言傳諸先達故鄭據之以破毛也言五堵爲雉謂接五堵成一雉既引其文約出其義故云雉長三丈則板六尺也雉長三丈經亦無文古周禮說雉高一丈長三丈韓詩說八尺爲板五板爲堵五堵爲雉何休注云公羊取韓詩傳云堵四十尺雉二百尺以板長八尺接五板而爲堵接五堵而爲雉也二說不同故鄭駁異義辨之云左氏傳說鄭莊公弟段居京城祭仲曰都城過百雉國之害也先王之制大都不過三國之一中五之一小九之一今京不度非制也古之雉制書傳各不得其詳今以左氏說鄭伯之城方五里積千五百步也大都三國之一則五百步也五百步爲百雉則知雉五步五步於度長三丈則雉長三丈也雉之度量於是定可知矣是鄭計雉所據之文也王愆期注公羊云諸儒皆以爲雉長三丈堵長一丈疑五誤當爲三如是大通諸儒唯與鄭板六尺不合耳

鴻鴈于飛哀鳴嗸嗸未得所安集則嗸嗸然箋云此之子所未至者○嗸本又作嗷五刀反聲也維此哲人謂我劬勞箋云此哲人謂知王之意及之子之事者我之子自我也維彼愚人謂我宣驕宣示也箋云謂我役作衆民爲驕奢

鴻鴈三章章六句

庭燎美宣王也。因以箴之諸侯將朝宣王以夜未央之時問夜早晚美者美其能自勤以政事因以箴者王有雞人之官凡國事爲期則告之以時王不正其官而問夜早晚○燎力照反徐又力燒反鄭云在地曰燎執之曰燭又云樹之門外曰大燭於內曰庭燎皆是照衆爲明箴之金反諫誨之辭朝直遥反下皆同

【疏】庭燎三章章五句至箴之○正義曰因以箴之者言王雖可美猶有所失此失須治若病之須箴三章皆美其勤於政事譏其不正其官是美而因箴之事也宣王既在變詩此言美而箴之以下規誨爲衰失之漸而首則六月采芑末則斯干無羊竝不言美者敘以示法見宣王中興置斯干無羊於末見終善以隱之詩承刺後不可復言其美故去美以示意既末不言美故首亦去美令始終相準且見宣王賢君其詩可以次正故終始不言美其間則各從其實也以此王勤政事而不正其官美大過小得中有失故美而因箴之汾沮洳則惡大善小失中有得故刺而因美焉所以相反也○傳諸侯至早晚○正義曰王有雞人之官凡國事爲期則雞人告有司以其朝之時節有司當以告王不須問今王問之由王不正其官而問夜早晚非度之宜所以箴之也凡國事爲期則告之以時周禮雞人職文也注云象雞知時告其有司主事者也鄭知一言之內兼有箴美者以其篇更無箴刺之文夜如何其是問夜之辭天子備官任使而親問時節非王者之法故知此即箴也卒章是朝之正時知不得時而美失時而箴者三章同云夜如何其是王之失得一也不得以時而爲美矣且依時而朝未足爲美明美者美其勤於親問問之則非禮故知此即爲箴也

夜如何其箋云此宣王以諸侯將朝夜起曰夜如何其問早晚之辭○其音基辭也夜未央庭燎之光君子至止鸞聲將將央旦也庭燎大燭君子謂諸侯也將將鸞鑣聲也箋云夜未央猶言夜未渠央也而於庭設大燭使諸侯早來朝聞鸞聲將將然○央於艮反說文云久也已也王逸注楚辭云央盡也將七羊反本或作鏘注同且七也反又子徐反又音且經本作旦鑣表驕反又必苗反渠其據反

【疏】夜如至將將○正義曰宣王以諸侯將朝遂夜起問左右曰夜如何其其語辭言夜今早晚如何乎王問之時夜猶未渠央矣而已見庭燎之光言於時即是庭設大燭以待諸侯其君子諸侯以庭燎已設皆來至止人聞

其鸞聲將將然王勤政事誠可美矣而不正其官失人君之道故箴之○傳央旦至大燭○正義曰未央者前限未到之辭故箋云夜未央猶言夜未渠央也
故漢有未央宮詩有樂未央傳言央旦者旦是夜屈之限言夜未央者謂夜未至旦非謂訓央爲旦故王肅云央旦未旦夜半是也二章夜未艾艾久也毛意
艾取名於耆艾艾者是年之久從幼至艾爲年久似從昏至旦爲夜久昏似幼旦似艾言夜未於久亦是未至於旦未艾與未央其意同也但下章言晨則三
章設文有漸未央先於未艾也此夜未旦者作者言王問夜之時節耳非對王之辭也若對王未央王應更寢何當設燭以迎賓以此知非對之辭也庭燎者樹
之於庭燎之爲明是燭之大者故云庭燎大燭也秋官司烜云邦之大事供。賁燭庭燎注云樹於門外曰大燭門內曰庭燎庭燎大燭不同者以彼燭燎別文則設非一
處庭燎以庭名之明在門內故以大燭爲門外以文對故異之耳其散則通也郊特牲曰庭燎之百由齊桓公始也注云僭天子也庭燎之差公蓋五十侯伯
子男皆三十是天子庭燎用百古制未得而聞要以物百枚并而纏束之今則用松葦竹灌以脂膏也夜如何其夜未艾庭燎晣晣
君子至止鸞聲噦噦艾久也晣晣明也噦噦徐行有節也箋云芟末曰艾以言夜先雞鳴時○艾毛五蓋反鄭音刈晣本又作哲之
世反噦呼會反徐又呼惠反芟所銜反先蘇薦反【疏】箋芟末至雞鳴時○正義曰箋以傳云艾取老之義其理不安故易之何者以一夜。始譬一世從昏
至旦猶從生至死耳不得以老爲旦也若以夜未久則是初昏之辭時已雞鳴左右不得謂之未久也故易之以芟艾爲喩一物之全是猶一夜也以刀初芟
猶初昏也芟竟猶旦也是艾者以昏初爲本以過爲末所以成艾之名言未成艾猶初未至於旦故言先雞鳴時也朝禮羣臣別色始入在雞鳴之後此未至
朝節故知先雞鳴時也未艾先於雞鳴則未央又在其前故王肅以爲夜半雞鄭亦當然矣夜如何其夜鄉晨庭燎有煇君
子至止言觀其旂煇光也箋云晨明也上二章聞鸞聲爾今夜鄉明我見其旂是朝之時也朝禮別色始入○鄉許亮反字又作嚮煇音暉

珍倣宋版印

別彼列反旂音祈

庭燎三章章五句

沔水規宣王也規者正圓之器也規主仁恩也以恩親正君曰規春秋傳曰近臣盡規○沔緜善反徐莫顯反疏沔水三章二章章八句一章六句○正義曰作沔水詩者規宣王也圓者周匝之物以比人行周備物有不圓匝者規之使成圓人行有不周者規之使周備是匡諫之名刺者責其爲惡言宣王政教多善小有不備今欲規之使備故言規之不言刺也經云諸侯不朝天子妄相侵伐又讒言將起王不禁之欲王治諸侯察讒佞皆規王使爲善也○箋規者至盡規○正義曰正物之器不獨規也規以正圓矩以正方繩正曲直權正輕重皆可以比諫君獨言規者以主仁恩以恩親正君曰規規之使圓則外無廉隅猶人之爲恩貌不嚴肅故五行規主東方是主仁恩也案援神契云春執規夏持衡秋執矩冬持權所引春秋傳者外傳周語文也言君之近臣當盡誠以規君亦取恩親之義

沔彼流水朝宗于海興也沔水流滿也水猶有所朝宗箋云興者水流而入海小就大也喻諸侯朝天子亦猶是也諸侯春見天子曰朝夏見曰宗○朝直遙反注皆同見賢遍反下文同

鴥彼飛隼載飛載止箋云載之言則也言隼欲飛則飛欲止則止喻諸侯之自驕恣欲朝不朝自由無所在心也○鴥惟必反隼息尹反

嗟我兄弟邦人諸友莫肯念亂誰無父母邦人諸友謂諸侯也兄弟同姓臣也京師者諸侯之父母也箋云我我王也莫無也我同姓異姓之諸侯女自恣聽不朝無肯念此於禮法爲亂者女誰無父母乎言皆生於父母也臣之道資於事父以事君疏沔彼至父母○正義曰沔然而滿者彼流水也此水之流當朝宗而入於海小就大也以喻強盛者是彼諸侯也此諸侯亦當朝宗天子臣事君也何爲今更不然鴥然而疾者彼飛隼其意欲飛則飛欲止則止自由無所畏也以喻彼諸侯欲

珍倣宋版印

朝則朝欲否則否自恣無所懼也故責之嗟乎我王兄弟同姓之國及爲邦君之人異姓諸侯此同姓異姓汝皆我王之諸友何爲自恣不朝無肯念此於禮法爲亂者若然則誰無父母乎何者人皆生於父母臣之道資於事父以事君故京師者諸侯之父母何爲不以事父母之道事京師也諸侯自恣如是王不能禁所以規王也○傳水猶有所朝宗○正義曰云猶者以水無情猶義有朝宗況人而可無朝宗乎朝宗者本諸侯於天子之禮故箋引大宗伯云春見天子曰朝夏見曰宗臣之朝君猶水之趨海故以水流入海爲朝宗也禹貢亦云江漢朝宗於海彼注云以著人臣之禮見江漢吳楚有道後服無道先強故以著義以水入海多矣獨於江漢言朝宗故云著義也大宗伯注云朝朝也欲其來之早宗尊也欲其尊王皆以人事名之水無此情故云著義也○傳邦人至父母○正義曰尙書云我友邦冢君是天子謂諸侯爲友也邦人有國之辭故知諸友謂諸侯也此經嗟我下通兄弟邦人並責之諸友之文足以容同姓但以同姓爲親故先責兄弟兄弟是同姓則邦人諸友爲異姓故箋云我同姓異姓諸侯總責之也言京師者諸侯之父母以責不朝於京師故以京師爲父母也箋申解名京師爲父母之意言皆生於父母臣之道資於事父以事君本沔其恩親以責之故名京師爲父母箋云自恣不朝集注及定本恣下有聽字

沔彼流水其流湯湯言放縱無所入也箋云湯湯波流盛貌喻諸侯奢僭既不朝天子復不事侯伯○湯湯失羊反復扶又反鴥彼飛隼載飛載揚言無所定止也箋云則飛則揚喻諸侯出兵妄相侵伐念彼不蹟載起載行心之憂矣不可弭忘不蹟不循道也弭止也箋云彼彼諸侯也諸侯不循法度妄與師出兵我念之憂不能忘也○蹟井亦反弭忘彌氏反下同

疏沔彼至弭忘○正義曰沔然而滿者彼流水也此水之流湯湯然波流漫溢無所入既不注於海復不入大川以興強盛者彼諸侯也此諸侯奢僭故恣無所事既不朝天子又不事侯伯鴥然而疾飛者彼飛隼則已飛而不息則又加之遊揚妄相擊害以興彼自恣之諸侯則已不朝天子則又加以出兵妄相侵伐故我念彼不循

道之諸侯爲此則起則行妄出兵之事者心爲之憂矣不可止而忘之○傳言故縱無所入○正義曰言水放散縱長無所入猶諸侯奢泰放恣無所臣事也無所者是廣辭非徒不入於海又不注大川以喻諸侯亦然故箋申之云既不朝天子復不事侯伯以傳無所入之言知有侯伯之義故下箋亦云王與侯伯不當察之緣此有侯伯故也定本云放衍無所入集注云放恣

**鴥彼飛隼率彼中陵**箋云率循也隼之性待鳥雀而食飛循陵阜者是其常也喻諸侯之守職順法度者亦是其常也

**民之訛言寧莫之懲**懲止也箋云訛偽也言時不令小人好詐偽爲交易之言使見怨咎安然無禁止○好呼報反

**我友敬矣讒言其興**疾王不能察讒也箋云我我天子也友謂諸侯也言諸侯有敬其職順法度者讒人猶與其言以毀惡之王與侯伯不當察之○惡之烏路反

疏鴥彼至其興○正義曰鴥然彼自往之飛隼當循彼中陵是其常以與自恣之諸侯亦當守職慎法是其常言諸侯之不可起行妄伐猶飛隼之不可飛揚妄作也諸侯之不守法非直由其自恣然亦由當時不令之小人爲詐偽之言使人見怨咎者安然莫之肯禁止之者故致讒言我諸侯之友有恭敬其職事者矣讒人之言其又與起以毀惡之而王與諸侯何以不當察之乎以此令諸侯益不守法也此篇主責諸侯之自恣因疾王之不察讒者先責下而後刺上欲規王令禁察之○箋好詐至怨咎○正義曰詐偽交易之言者謂以善言爲惡以惡言爲善交而換易其辭亂二家使相怨咎也

**沔水三章二章章八句一章六句**

**鶴鳴誨宣王也**○誨教也教宣王求賢人之未仕者鶴鳴草木疏云鶴鳴聞八九里疏鶴鳴二章章九句○正義曰上言規此言誨者規謂正其已失誨謂教所未知彼諸侯專恣是已然之事故謂之規此求賢者未是已失直以意教故謂之誨敘者觀經而異文

**鶴鳴于九皋聲**

聞于野興也皐澤也言身隱而名著也箋云皐澤中水溢出所爲坎自外數至九喻深遠也鶴在中鳴焉而野聞其鳴聲興者喻賢者雖隱居人咸知之○九皐音羔韓詩云九皐九折之澤闇音問下同數色主反

魚潛在淵或在于渚良魚在淵小魚在渚箋云此言魚之性寒則逃於淵温則見於渚喻賢者世亂則隱治平則出在時君也○見賢遍反治直吏反

樂彼之園爰有樹檀其下維蘀何樂於彼園之觀乎蘀落也尚有樹檀而下其蘀箋云之往爰曰也言所以之彼園而觀者人曰有樹檀檀下有蘀此猶朝廷之尚賢者而下小人是以往也○樂音洛沈又五孝反注及下同爰音袁檀音壇蘀音託觀古亂反下同朝直遥反

它山之石可以爲錯錯石也可以琢玉舉賢用滯則可以治國箋云它山喻異國○錯七落反說文作厝云厲石也字林同千故反琢涉角反

【疏】鶴鳴至爲錯○毛以爲言鶴鳴於九皐之中其聲聞於外方之野鶴處九皐人皆聞之以興賢者隱於幽遠之處其名聞於朝之間賢者雖隱人咸知之王何以不求而置之於朝廷乎所以必求此隱者以魚有能潛在淵者或在於渚者小魚不能入淵而在渚良魚則能逃處於深淵以與人有能深隱者或出於世者小人不能自隱而處世君子則能逃處遯而隱居逃遯之人多是賢者故令王求之王若置賢人於朝則人言云我何以樂彼之園而欲往觀之乎曰以上有善樹之檀而其下維有惡木之蘀我所以觀焉以興何以樂彼之朝而欲往觀之乎以上有德善之人而其下維有不賢之人我所以往也王得賢則爲人樂觀其朝如此何以不求之非但在朝爲人所親又它山遠國之石取而得之可以爲錯物之用興異國沈滯之賢任而官之可以爲理國之政國家得賢匡輔以成治猶寶玉得石錯琢以成器故須求之也王者雖以天下爲家畿外亦得爲異國也○鄭唯次二句爲異餘同○箋皐澤至鳴聲○正義曰鄭以一鳥不鳴九澤而云九皐者然則明深九坎也澤者水之所鍾故知澤中水溢出所爲坎自外數至九於時澤有然者故作者舉之以喻深遠也鶴者善鳴之鳥故在澤焉而野聞其鳴聲陸機疏云鶴形狀大如鵝長脚青翼高三尺喙長四寸餘

珍倣宋版印

多純白或有蒼色者今人謂之赤頰當夜半鳴故淮南子云雞知將旦鶴知夜半其鳴高亮聞八九里雌者聲差下今吳人園囿中及士大夫家皆養之〇傳良魚至在渚〇正義曰毛以潛淵喻隱者不云大魚而云良魚者以其喻善人故變文稱良也〇箋此言至則出〇正義曰此文止有一魚復云或在是魚在二處以魚之出沒喻賢者之進退於理爲密且教王求賢止須言賢之來否不當橫陳小人故易傳也

鶴鳴于九皋聲聞于天箋云天高遠也魚在于渚或潛在淵箋云時寒則魚去渚逃於淵樂彼之園爰有樹檀其下維穀。穀惡木也〇穀工木反說文云楮也從木㱿聲非從禾也以上章上檀下蘀類之取其上善下惡故知穀惡木也疏傳穀惡木〇正義曰以上檀蘀類之取其上善下惡故知穀惡木也陸機疏云幽州人。爲之穀桑荊楊人謂之穀中州人謂之楮殷中宗時桑穀共生是也今江南人績其皮以爲布又擣以爲紙謂之穀皮紙絜白光澤其裏甚好其葉初生可以爲茹它山之石可以攻玉攻錯也

鶴鳴二章章九句

祈父刺宣王也刺其用祈父不得其人也官非其人則職廢祈父之職掌六軍之事有九伐之法祈圻畿同〇祈勤衣反父音甫下同疏祈父三章章四句〇〇正義曰經。二章皆勇力之士責祈父之辭舉此以刺王也〇箋圻父至畿同〇〇正義曰下傳以祈父爲司馬故言其所掌之事大司馬序云王六軍是掌六軍之事也其職曰掌九伐之法正邦國注云諸侯之於國如樹木之有根本是以言伐云憑弱犯寡則眚之猶人眚瘦四面削其地賊賢害民則伐之有鐘鼓曰伐暴內陵外則壇之壇讀如墠置之空墠出其君更立其次賢者野荒民散則削之田不治民不附削其地負固不服則侵之賊殺其親則正之執而治。其。正殺之放弒其君則殘之殘滅其爲惡犯令陵政則。之。杜。塞。杜。塞使不得與鄰國交通內外亂鳥獸行則滅之。悖。人倫誅滅去之是有九伐

之法也由其軍行征伐事有苦樂爲爪牙所怨故言其所掌也此職掌封畿兵甲當作畿字今作圻故解之古者祈圻畿同字得通用故此作祈尚書作圻

**祈父**

祈父司馬也職掌封圻之兵甲箋云此司馬也時人以其職號之故曰祈父書曰若。疇圻父謂司馬司馬掌祿士故司士屬焉又有司右主勇力之士○𠷎此古疇字本或作壽按孔注尚書直留反馬鄭音受

**予王之爪牙胡轉予于恤靡所止居**

恤憂也宣王之末司馬職廢。羌戎爲敗箋云予我轉移也此勇力之士責司馬之辭也我乃王之爪牙爪牙之士當爲王閑守之衛女何移我於憂使我無所止居乎謂見使從軍與羌戎戰於千畝而敗之時也六軍之士出自六鄉法不取於王之爪牙之士○爲王于僞反下毋爲父同[illegible]

【疏】祈父至止居○正義曰時爪牙之士呼司馬之官曰祈父我乃王之爪牙之士所職有常不應遷易汝何爲移我於所憂之地使我無所止居乎由宣王不明使人不稱故陳之以刺王○箋此司馬至之士○正義曰以傳未明更申其說此司馬職其掌封畿時人以其職號之故曰祈父書曰若。疇圻父謂司馬也其言古亦謂司馬爲圻父非獨詩也若。疇圻父酒誥文也彼注云順壽萬民之圻父圻父謂司馬主封畿之事與此同意也定本作若疇與鄭義不合誤也又解祈父爲爪牙所責之意司馬掌祿士故司士之官屬焉是爵祿黜陟由司馬也其屬又有司右之官主勇力之士故爪牙屬司馬也司馬主爪牙之士其職得爵人今轉爪牙之士於可憂之地故所以怨之也司士職曰以德詔爵以功詔祿注引王制曰司馬辨論官材論進士之賢者以告於王而定其論論定然後官之任官然後爵之位定然後祿之是司士所掌以告司馬司馬告於王而進退之處人憂樂皆司馬之所爲故恨其轉予于恤也因言司馬所掌逆申下恨之意司右主勇力之士者司右職曰凡國之勇力之士能用五兵者屬焉注云勇力之士屬焉選右當於其中五兵者弓矢殳矛戈戟也此王之爪牙卽彼勇力之士故引之也○傳宣王至爲敗○正義曰周語云宣王三十九年戰於千畝王師敗績於姜氏之戎史記周本紀云宣王卽位四十六年而崩是。末有姜戎爲敗也毛知此當姜戎之敗者以宣王之

征所往皆克此言轉予于恤有危敗之憂宣王之敗唯姜戎耳故言姜戎爲敗以當之自爲姜戎所敗而言司馬職廢者以征伐司馬所典故也常武美宣王命程伯休父爲大司馬則休父賢者也言職廢者蓋休父卒後他人代之其人不賢故廢職也○箋我乃至之士○正義曰鳥用爪獸用牙以防衛己身此人自謂王之爪牙以鳥獸爲喻也當爲王閑守之衛者謂防閑守禦之衛也知者以其言爪牙是勇力者也言胡轉予于恤是不應轉而轉之也有勇力而不當轉於憂唯守衛者耳故知當爲王閑守之衛也司右止言勇力屬焉不言使之守衛夏官虎賁氏下大夫二人其屬者虎士八百人其職云虎賁氏掌先後王而趨以卒伍軍旅會同亦如之舍則守王閑王在國則守王宮國有大故則守王門注云舍王出所止宿處閑梐枑也然然則爲王閑守乃是虎賁之屬非司右勇力士也此言當爲王守衛者周禮司右虎賁連官耳虎賁掌虎士司右主勇士虎賁之徒既爲宿衛則司右之徒亦爲宿衛矣司士正朝儀之位虎士在路門之右大右在路門之左大右則司右也虎士言其徒不言其官大右言其官不言其屬明司右與虎賁氏俱率其屬以衛王互文以相明也不然豈空屬司右無任役乎以此知爪牙之士當爲王閑守之衛也比勇力之士選右當於中若車右出征則是其常職今恨移我於憂謂見使從軍則不爲車右蓋使之爲步卒故恨也傳言姜戎敗不言敗處故申之云戰於千畝而敗也杜預云西河介休縣南有地名千畝則王師與姜戎在晉地而戰也國語云宣王不籍千畝虢文公諫而不聽三十九年戰于千畝孔晁云宣王不耕籍田神怒民困爲戎所伐戰於近郊則晁意天子籍田千畝還在籍田而戰則千畝在王之近郊非是晉地義或然也又解此爪牙之士所以不應從征者以六軍之士出自六鄉法不取王之爪牙之士也小司徒職曰乃頒比法於六鄉之大夫使各登其鄉之衆寡乃會萬民之卒伍而用之五人爲伍五伍爲兩四兩爲卒五卒爲旅五旅爲師五師爲軍以起軍旅又曰凡起徒役無過家一人是出自六鄉也

祈父予王之爪士士事也胡轉予于恤靡所厎止。厎至也○厎爪履反祈父亶不聰亶誠也○亶都

旦反

胡轉予于恤有母之尸饔尸陳也熟食曰饔箋云己從軍而母爲父陳饌飲食之具自傷不得供養也○供九用反養羊亮反

疏祈父至尸饔○正義曰上恨身無所居此恨不得供養責之曰祈父汝誠是不聰慧之人汝若聰慧何爲移我於憂危之地令我不得居家供養使我所有尊母令之陳熟食以奉父乎○傳熟食曰饔○正義曰對例則飪爲熟散則通此云尸是陳之辭明熟食故可陳也○箋己從至供養○正義曰千畝之戰王之郊内勝負不至多時而恨其不得代母爲父陳食者時王室既衰戰則恐敗恨其轉己故舉此以刺不得爲多歷時日而恨也許氏異義引此詩曰有母之尸饔謂陳饔以祭志養不及親彼爲論饔飧生死不爭此文故不駮之其義當如此箋非爲祭也

祈父三章章四句

白駒大夫刺宣王也刺其不能留賢也○白駒馬五尺以上曰駒

皎皎白駒食我場苗縶之維之以永。今朝宣王之末不能用賢賢者有乘白駒而去者縶絆維縶也箋云永久也願此去者乘其白駒而來使食我場中之苗我則絆之縶之以永今朝愛之欲留之○皎古了反絜白也場直良反縶陟立反徐丁立反絆音半縶足曰絆所謂伊人於焉逍遙箋云伊當作繄繄猶是也所謂是乘白駒而去之賢人今於何遊息乎思之甚也○焉於虔反又如字下同繄烏兮反○

疏白駒四章章。四句皎皎至逍遙○正義曰宣王之末不能用賢有賢人乘皎皎然白駒而去者我願其乘此白駒而來食我場中之苗我則縶絆之維持之謂絆縶其馬留其人以久今日之朝既思而不來又述而言曰所謂是乘白駒而去之賢人今於何處逍遙遊息乎不知所適言思見之甚也以久今朝者得賢人與之言話則今日可長久猶山有樞云且以永日也○傳宣王至縶絆○正義曰以宣王之行初善後惡烝民序云任賢使能周室中興明是初時事此刺不能留賢故知宣王之末也僖二十八年左傳曰韅靷鞅靽杜預云在後曰粹則繫之謂絆其足維之謂繫靮也○箋食我場中之苗○正義曰言食苗藿則夏時矣七月注云春夏爲圃秋冬爲場場人注云場築地爲墠季秋除圃中爲之此宜云圃而言場者以場圃同地耳對則四時異名散則繼其本地雖夏亦名場也

皎皎白駒食我場藿縶之維之以永今夕藿猶苗也夕猶朝也○藿火郭反所謂伊人於焉嘉客

皎皎白駒賁然來思賁飾也箋云願其來而得見之易卦曰山下有火賁賁黃白色也○賁彼義反徐音奔毛鄭全用易爲釋爾公爾侯逸豫無期爾公爾侯邪何爲逸樂無期以反也○樂音洛慎爾優游勉爾遁思慎誠也箋云誠女優游使待時也勉女遁思度己終不得見自訣之辭○遯字又作遯徒遜反徐徒損反度己待洛反下音紀訣音決

疏皎皎至遁思○正義曰言有賢人乘皎皎然白駒而去者其服賁然而有盛飾己願其來思而得見之也既願而來即責之公侯之尊可得逸豫若非公侯無逸豫之理爾豈是公也爾豈是侯也何爲亦逸豫無期以反乎思而不來設言與之訣汝誠在外優遊之事勉力行汝遁思之志勿使不終也極而與之自訣之辭也此來思遁思二思皆語助不爲義也○傳賁飾箋易卦至白色○正義曰賁飾易序卦文山下有火賁易象文也賁卦離下艮上艮爲山離爲火故言山下有火以火照山之石故黃白色也其卦名曰賁者鄭云離爲日日天文也艮爲石地文也天文在下地文在上天地之文交相而成賁賁然是也此賁賁必爲賢者之貌箋傳不言貌此思賢者當以車服表之皎皎爲馬之貌賁不宜爲人之貌蓋謂其衣服之飾也

皎皎白駒在彼空谷容也大生芻一束其人如玉箋云此戒之也女行所舍主人之餼雖薄要就賢人其德如玉然○芻楚俱反毋金玉爾音而有遐心箋云毋愛女聲音而有遠我之心以恩責之也○毋音無本亦作無毋字與父母之字不同宜詳之他皆倣此

疏皎皎至遐心○正義曰言有乘皎皎然白駒而去之賢人今在彼大谷之中矣思而不見設言形之汝於彼所至主人禮餼待

汝雖薄止有其生芻一束耳當得其人如玉者而就之不可以貪餘而棄賢也又言我思汝甚矣汝雖不來當傳書信毋得金玉汝之音聲於我謂自愛音聲貴如金玉不以遺問我而有疏遠我之心己與之有恩恐遂疏己故以恩責之冀音信不絕○傳空大○正義曰以谷中容人隱焉其空必大故云空大非訓空為大桑柔云有空大谷是空谷大也此云在彼空谷則知其所適上云於焉逍遙及於焉嘉客為不知所適之辭者以思之不得故言不知所在此以賢者隱居必當潛處山谷故舉以為言空谷非一猶未是知其所在也○箋毋愛女聲音○正義曰定本集注皆然

白駒四章章六句

黃鳥刺宣王也刺其以陰禮教親而不至聯兄弟之不固○聯音連【疏】黃鳥三章章七句○箋刺其至不固○正義曰箋解婦人自為夫所出而以刺王之由刺其以陰禮教男女之親而不至篤聯結其兄弟夫婦之道不能堅固令使夫婦相棄是王之失教故舉以刺之也大司徒十有二教其三曰以陰禮教親則民不怨又曰以本俗六安萬民其三曰聯兄弟是鄭所引之文也言不至不固鄭以義增之彼注云陰禮謂男女之禮昏姻以時男不曠女不怨是也謂之陰者以男女夫婦寢席之上陰私之事故謂之陰禮秋官士師云凡男女之陰訟聽之於勝國之社是謂男女之事為陰也彼注又云聯猶合也兄弟謂昏姻嫁娶是謂夫婦為兄弟也夫婦而謂之兄弟者列傳曰執禮而行兄弟之道何休亦云圖安危可否兄弟之義故比之也

黃鳥黃鳥無集于穀無啄我粟興也黃鳥宜集木啄粟者喻天下室家不以其道而相去是失其性○啄陟角反此邦之人不我肯穀穀善也箋云不肯以善道與我言旋言歸復我邦族宣王之末天下室家離散妃匹相去有不以禮者箋云言我復反也○妃音配【疏】黃鳥至邦族○正義曰言人有禁語云黃鳥黃鳥無集於我之穀木無啄於我之粟然黃鳥宜集木啄粟今而禁之是失其性喻婦人述男子禁己

一珍倣宋版印

云婦人婦人無居我之室無得噉我之食然婦人之在夫家宜居室噉食今夫禁己是失其夫婦之所宜也婦人見其如此知必棄己卽與之訣別而去之曰此邦國之人已於我若此則不我肯以善相與是不肯以善道與我也故我今迴旋我今還歸復反我邦國宗族矣言此邦之人復我邦族者言夫與己不善居異所耳不必卽他邦也

黃鳥黃鳥無集于桑無啄我粱此邦之人不可與明不可與明夫婦之道箋云明當爲盟盟信也

言旋言歸復我諸兄婦人有歸宗之義箋云宗謂宗子也

疏不可至諸兄○毛以爲婦人既被夫棄己言此邦國之人不可與明夫婦之道今我迴旋我還歸復反我宗族之兄家也○鄭唯不可與盟爲異○傳不可至之道○正義曰夫婦之道以義居者也當同居共食今而禁之闇昧於三綱之道苟欲出之不知婦人非七出不得去是不可與明夫婦之道也○箋明當爲盟盟信○正義曰易傳者以下云不可與處言其夫不可共處也此云不可與明亦當云其夫不可與共盟也若是明夫婦之道其明與否夫獨爲之非婦所當共故知字誤當作盟也曲禮下曰約信曰誓涖牲曰盟盟是信誓之事故云盟信也禮諸侯有相背違者盟以信之而不信之人既盟復背此婦爲夫所薄意欲盟而固之以其無信終必棄己故云不可與盟也○傳婦人有歸宗之義○正義曰傳於此言歸宗者以婦人之所尊者其兄也因此諸兄之文故言歸宗喪服爲昆弟之爲父後者傳曰何以朞也婦人雖在外必有歸宗曰小宗故服朞也此以諸兄爲宗之文也彼所言歸宗唯謂大夫以下其妻父母沒有歸寧於宗要被出還家亦爲歸宗故準彼而言也箋恐謂宗是大宗故云謂宗子亦謂宗兄也

黃鳥黃鳥無集于栩無啄我黍此邦之人不可與處處居也○栩況甫反

言旋言歸復我諸父諸父猶諸兄也

黃鳥三章章七句

附釋音毛詩注疏卷第十一（十一之二）

珍倣宋版印

毛詩注疏校勘記(十一之二)　阮元撰盧宣旬摘錄

○鴻鴈

鴻鴈美宣王也　毛本鴈誤雁明監本以上不誤餘同此

今還歸本宅安止　閩本明監本毛本同案安當作定

明其王先撫散民　閩本明監本毛本其誤宣案王當作正形近之譌

箋云鴻鴈知避陰陽寒暑　小字本相臺本同案正義云故傳辨之云大曰鴻小曰鴈也知避陰陽寒暑者云云故箋云喻民知去無道就有道標起止云傳大曰鴻至寒暑是正義本鴻鴈知避陰陽寒暑八字在傳箋云二字在其下也

明君安集之　閩本明監本毛本同案十行本明君安剜添者一字

傳既以之子爲侯伯卿士　閩本明監本毛本同案十行本既至爲剜添者一字

何休注云公羊　閩本明監本毛本同案浦鏜云誤衍云字

○庭燎

美宣王也因以箴之　小字本相臺本同唐石經初刻作美宣王因以箴也後改同今本案正義標起止云至箴之釋文以箴之作音初刻誤也

央旦也小字本相臺本同案此正義本也標起止云傳央旦釋文云且七也反又子徐反又音旦段玉裁云且薦也凡物薦之則有二層未且猶言未漸進也與未艾向晨爲次第若作旦字與向晨不別矣釋文旦字或誤且今正詳後考證

供蕡燭庭燎閩本明監本蕡誤墳毛本不誤

以一夜始譬一世閩本明監本毛本始誤如

○沔水

規主仁恩也小字本相臺本同考文古本同閩本明監本毛本主誤王

無所在心也小字本相臺本同考文古本在字亦同閩本明監本毛本在作懼案在字是也正義云無所懼也乃正義自爲文不當依以改

箋女自恣聽不朝小字本相臺本同案正義云箋云自恣不朝集注及定本恣下有聽字此正義本是也有者衍

言放縱無所入也小字本相臺本同案正義云定本云放衍無所入集注云放恣標起止云傳言放縱無所入考文古本縱作恣采正義

此篇主責諸侯之自恣毛本主誤王閩本明監本不誤

二章章八句小字本相臺本同唐石經二章字磨改其初刻不可知也

珍倣宋版印

○鶴鳴

尙有樹檀而下其蘀 小字本同閩本明監本毛本同相臺本有作其案有字是也此卽經爰有之有也正義云曰以上有善樹之檀亦其證

它山之石 唐石經小字本相臺本同考文古本同閩本明監本毛本它誤他下章同案釋文云它古他字考此字與鄘柏舟衞衞之石經同餘經或作他用字不畫一之例也正義應易爲他十行本正義中作它乃以經字改之耳

其名聞於朝之閒 明監本毛本朝下有廷字閩本剜入案所補是也

以與人有能深隱者 閩本明監本毛本深下衍於字案十行本入至深剜添者一字是深字亦衍也

非但在朝爲人所親 閩本明監本毛本同案浦鏜云親當觀字誤是也

其下維穀 唐石經相臺本同小字本穀作穀閩本同明監本毛本穀誤穀餘同此

幽州人爲之穀桑 閩本明監本毛本爲作謂案所改是也

○祈父

正義曰經二章 閩本明監本毛本同案浦鏜云三誤二是也

執而治其正殺之 閩本明監本毛本其下有罪字案所補非也正當作罪

犯令陵政則之杜塞杜塞 閩本明監本毛本作則杜之杜塞案十行本令至下塞字剜添者三字當是但有則杜之耳十行本塞杜塞三字衍杜之誤倒閩本以下亦衍杜塞二字

則滅之□□□誅滅去之 閩本明監本毛本之下誤不空案依大司馬注考之空處當是悖人倫三字也○補今依挍補正

書曰若疇圻父 小字本相臺本同案此定本也正義云酒誥文也彼注云云壽萬民之圻父又云定本作若疇與鄭義不合誤也釋文順云若𠷎此古疇字本又作壽按孔注尚書直留反馬鄭音受考此箋是鄭自明其讀而引之正義本爲長

羌戎爲敗 小字本相臺本同閩本明監本毛本亦同案正義引周語云王師敗績於姜氏之戎考韋注以爲西方之種四嶽後是羌字當作姜周本紀文同集解亦引韋注皆可證

若疇圻父 閩本明監本毛本同案疇當作壽下若疇圻父同

是末有姜戎之敗也 閩本明監本毛本末誤未

然然則爲王閑守 補案然然誤重宜衍一字

靡所厎止 唐石經小字本相臺本同閩本明監本毛本厎作底案釋文厎之履反至也

○白駒

大夫刺宣王也 小字本相臺本同唐石經初刻幽後改宣案初刻誤也

以永今朝 閩本明監本毛本同小字本相臺本永作久考文古本同案久字是也正義云以久今朝者可證

白駒四章章四句 閩本明監本毛本同案浦鏜云六誤四是也

所謂是乘白駒而去之賢人今於何處 閩本明監本毛本同案十行本人至何剜添者一字

散則繼其本地 閩本明監本毛本同案繼當作繫

艮爲石地文也 閩本明監本毛本誤重石字

此賁賁必爲賢者之貌 閩本明監本毛本誤脫一賁字

毋愛女聲音 小字本相臺本同案正義云定本集注皆然是當時本或不如此也但未有明文今無可考考文古本女下有之字以正義自爲文者添耳

猶未是知其所在也 閩本明監本毛本脫是字

○黃鳥

列傳曰執禮而行兄弟之道 閩本明監本毛本同案列下浦鏜云脫女字是也在母儀魯師氏母傳中今本失此篇雞鳴正義亦引此傳是其證

喻天下室家不以其道而相去是失其性小字本相臺本同案此傳十六字是箋喻上當有箋云與者四字因者字複出而誤脫也章末傳云宣王之末室家離散妃匹相去有不以禮者不應上已有此傳又箋例言喻見螽斯正義各本皆誤今正之

毛詩小雅　鄭氏箋　孔穎達疏

**我行其野刺宣王也**刺其不正嫁取之數而有荒政多淫昏之俗【疏】我行其野三章章六句○箋刺其至之俗○正義曰凡嫁娶之禮天子諸侯一娶不改其大夫以下其妻或死或出容得更娶非此亦不得更娶此為嫁娶之數謂禮數也昭三年左傳子大叔謂梁丙張趯說朝聘之禮張趯曰善哉吾得聞此數是謂禮為數也今宣王之末妻无犯七出之罪无故棄之更婚王不能禁是不能正其嫁娶之數大司徒曰以荒政十有二。娶萬民十曰多昏注曰荒凶年也鄭司農云多昏不備禮而娶昏者多也彼謂國家凶荒民貧不能備禮乃寬之使不備禮物而民多得昏今宣王之時非是凶年亦不備禮多昏豐年而有此俗故刺王也經云求爾新特言其不以禮來不肯媵是當時不備禮而昏也詩所述者一人而已但作者總一國之事而為辭故知此不以禮昏成風俗也

**我行其野蔽芾其樗昏姻之故言就爾居**樗惡木也箋云樗之蔽芾始生謂仲春之時嫁取之月婦之父壻之父相謂昏姻言我也我乃以此二父之命故我就女居我豈其無禮來乎責之也○蔽必制反徐又方四反芾方味反樗勑書反**爾不我畜復我邦家**畜養也箋云宣王之末男女失道以求外昏棄其舊姻而相怨【疏】我行至邦家○毛以為有人言我行適於野采可食之菜唯得蔽芾然樗之惡木以興婦人言我嫁他族以求夫唯得无行不信之惡夫既得惡夫遇己不善乃責之言我以我父之昏爾父之姻二父勑命之故我就爾而居處為室家耳我豈無禮而來乎而惡我也爾既不我畜養今當復反我之邦家矣與之自訣之辭鄭唯上二句記時為異餘同○傳樗惡木○正義曰七月云采荼薪樗唯取薪薪惡木也毛以秋冬為昏不得有記時之事王肅云行遇惡木言己適人遇惡夫也○箋樗之至責之○正義曰樗是木也言蔽芾

始生謂葉在枝條始生非木根始生於地也仲春草木可采故言仲春之時嫁娶之月矣婦之父壻之父相謂爲昬姻釋親文也此及二章並言昬姻故言二父之命卒章止有姻唯據壻之父耳故言汝不思汝老父之命

我行其野言采其蓫。昬姻之故言就爾宿蓫惡菜也箋云蓫牛。蘈也亦仲春時生可采也○蓫勑六反本又作蓄蘈本又作蘈徒雷反

爾不我畜言歸斯復復反也

疏箋蓫牛蘈○正義曰此釋草無文陸機疏云今人謂之羊蹄定本作牛蘈

我行其野言采其葍不思舊姻求爾新特葍惡菜也新特外昬也箋云葍葍也亦仲春時生可采也壻之父曰姻我采葍之時以禮來嫁女女不思女老父之命而棄我而求女新外昬特來之女責之也不以禮嫁必無肯媵之○葍音福蓄音富女並音汝媵音孕又繩證反

成。不以富亦祇。以異祇適也箋云女不以禮爲室家成事不足以得富也女亦適以此自異於人道言可惡也○祇音支惡烏路反

疏不思至以異○正義曰取妻者受父之命故今引以責之言父本命汝以我爲妻汝何不思憶舊時老父之命反棄我而求汝新外昬特來之女也汝如是不以禮爲室家誠不以是而得富亦適可以此異於人耳人悉偕老汝獨相棄是異於人也○傳葍惡菜新特外昬○正義曰陸機疏云葍一名蕾幽州人謂之燕蕾其根正白可著熱灰中溫。敢之飢荒之歲可蒸以禦飢昬姻對文則男婚女姻散則通故外來之婦爲外昬也○箋不以至獨來○正義曰此解新特之義特謂獨來夫家由不以禮嫁必無人肯媵送之故獨來也禮大夫乃一妻二妾是有姪娣爲媵士庶人則不能備矣此詩所述下及庶人本自無媵而云無肯媵者釋言云媵送也妾送嫡而行故謂妾爲媵媵之名不專施妾凡送女適人者男女皆謂之媵。僖五年左傳晉人滅虞執其大夫井伯以媵秦穆姬史傳稱伊尹有莘氏之媵氏。之。媵臣是送女者雖男亦名媵也此不以禮嫁其父母之家男子婦女皆無肯媵之故獨來耳非謂當有姪娣媵也

珍倣宋版印

我行其野三章章六句

斯干宣王考室也考成也德行國富人民殷衆而皆佼好骨肉和親宣王於是築宮廟羣寢既成而釁之歌斯干之詩以落之此之謂成室宗廟成則又祭祀先祖○佼古卯反釁許靳反落如字始也或作樂非

【疏】斯干九章首章七句二章三章四章五章章五句六章七句七章五句八章卒章章七句○正義曰作斯干詩者宣王考室也考成也宣王既德行民富天下和親乃築廟寢成而與羣臣安燕而樂之此之謂成室也人之所居曰室宮寢稱室是其正也但君子將營宮室宗廟爲先故鄭以爲亦脩宗廟室是總稱言室足以兼之毛傳不言廟王肅云宣王脩先祖宮室儉而得禮孫毓云此宣王考室之詩無作宗廟之言孫王並云述毛則毛意此篇不言廟也築室必先脩廟但作者言不及耳經雖皆是考室之事正指其文則乃安斯寢是也故箋云寢既成乃鋪席與羣臣安燕爲歡以樂之是考室之事也宣王中興賢君其所以作者非欲崇飾奢侈妨害民務國富民豐乃造之耳故首章言天下親富二章乃作之三章言作之攻堅四章言得其形制五章言庭室寬明六章乃言考之也既考之後居而寢宿下至九章言得其夢得吉祥生育男女貴爲王公慶流後裔因考室而得然故考室可以兼之也○箋考成至先祖○正義曰考成釋詁文德行者即秩秩斯干是也國富者幽幽南山是也人民殷衆而皆佼好次二句是也骨肉和親即下三句是也宣王承亂離之後先務富民民富情親乃使之築宮廟羣寢築作既成其廟則神將休焉則而以禮釁塗之其寢則王將居焉設盛食燕羣臣歌斯干之詩以歡樂之此之謂成室也言成者非直築成而已通謂國富民和樂共作力以成其事廟則既爲釁禮使神得安焉室則既爲歡燕使人得處焉人神各有攸處然後謂之爲成故言此之謂成室以結之說文云釁血祭也賈逵云殺而以血塗鼓謂之釁鼓則釁者以血塗之名雜記下曰成廟則釁之其禮雍人拭羊舉羊升屋自中屋南面刲羊血流於前乃降是釁廟禮也昭四年左傳叔孫爲孟丙作鐘饗大夫以落之服虔云釁以豭豚

珍倣宋版印

爲落則又一名落蓋謂以血澆之也雜記云路寢成則考之而不釁注云設盛食以落之即引檀弓晉獻文子成室諸大夫發焉是樂之事之下箋亦云安燕爲歡以樂之是也據經乃安斯寢是考室之事而於經無釁廟之云鄭云而釁之者鄭以似續妣祖爲築宮廟廟成必當釁室尚燕樂明廟釁可知也雜記之文廟成則釁寢成則考此序言考室箋云得兼云釁廟者此考之名取義甚廣乃國富民殷居室安樂皆是考義猶無羊云考牧非獨據一燕食而已故知考室之言可以通釁廟也言歌斯干之詩以樂之者歌謂作此詩也宣王成室之時與羣臣燕樂詩人述其事以作歌謂作此詩斯干所歌皆是當時樂事故云歌斯干之詩以樂之非謂當樂之時已有斯干可歌也本或作樂以釁又名落定本集注皆作落未知孰是云宗廟成則又祭先祖敘君子攸躋之言箋以躋謂升廟祭祀故又言此以敘之

**秩秩斯干幽幽南山**興也秩秩流行也干澗也幽幽深遠也箋云興者喻宣王之德如澗水之源秩秩流出無極已也國以饒富民取足焉如於深山○秩直乙反澗音諫

**如竹苞矣如松茂矣**苞本也箋云言時民殷衆如竹之本生矣其佼好又衆如松柏之暢茂矣

**兄及弟矣式相好矣無相猶矣**猶道也箋云猶當作瘉瘉病也言時人骨肉用是相愛好無相詬病也○好呼報反猶毛如字鄭改作瘉羊主反詬呼豆反

疏秩秩至猶矣○毛以爲秩秩然出無極已者此澗水之流也以興施無有窮者此宣王之德也言王德之無窮猶澗水流之不竭幽幽然深遠材物豐積者南山也以興貨殖盈足者王國也王貨物豐殖民用饒足亦似深山之有材也民既豐富得以生長故其民衆多如竹之叢生根本之衆矣其長大又佼好如松木之葉常冬夏暢茂無衰落矣其兄與弟矣用能相好樂矣無相責以道矣○鄭唯無相詬病爲異餘同○傳干澗○正義曰釋山云夾水曰澗不訓干爲澗正以秩秩宜爲流貌斯干共秩秩連文與南山相對故知干爲澗也漸卦鄭注云干謂大水之傍故停水處者彼以鴻之所居故爲厓停水處與此異也○箋國以至深山○正義曰言宣王國富民又饒足取則有之如於山之取材故以喻焉言國富者國以

民爲體正謂民間饒足非聚財於官民取官材也○箋言時民至茂矣○正義曰以竹言苞而松言茂明各取一喻以竹箭叢生而本概松葉隆冬而不彫故以爲喻其實竹葉亦冬青禮器曰如竹箭之有筠如松柏之有心故貫四時而不改柯易葉是也○傳猶道○正義曰釋詁文○箋猶當至詬病○正義曰箋以相猶與相好對文言無相猶矣當謂無相惡之事若相責以道未是傷義賊恩雖無此事未足多善不當舉以爲詠也角弓曰不令兄弟交相爲瘉則相病是兄弟之惡事猶瘉聲相近故知字誤也言詬罵相病害也

**似續妣祖**似嗣也箋云似讀如已午之已已續妣祖者謂已成其宮廟也妣先妣姜嫄也祖先祖也○似毛如字妣必履反嫄本或作原音同

**築室百堵西南其戶**西鄉戶南鄉戶也箋云此築室者謂築燕寢也百堵百堵一時起也天子之寢有左右房西其戶者異於一房者之室戶也又云南其戶者宗廟及路寢制如明堂每室四戶是室一南戶爾○鄉本又作嚮同許亮反下同

**爰居爰處爰笑爰語**箋云爰於也於是居於是處於是笑於是語言諸寢之中皆可安樂○樂音洛

【疏】似續至爰語○毛以爲言王既能使國富和親則又嗣續先祖先妣之功故築其居室百堵皆起或西其戶或南其戶言路寢羣室皆作之也作之既成乃於是居於是處於是笑於是語焉先妣後祖者取會韻也又以下有男女安寢之事故兼云先妣○鄭以爲宣王既以於國門之左在已之地繼續立先妣姜嫄先祖后稷以下之廟然後乃宮內築燕寢之室百堵同時起之比一房之室爲西其戶比宗廟路寢。是室爲南其戶於是燕寢之中居處笑語焉燕寢言築及百堵之戶則宗廟與明堂路寢亦築而同時有戶制可知宗廟言所立之地則燕寢亦有其處各舉義韻以言耳○箋似讀至先祖○正義曰箋以似續同義不須重文故似讀爲已午之已已與午比辰故連言之直讀爲已不云字誤則古者似已字同於穆不已師徒異讀是字同之驗也周禮左宗廟在雉門外之左門當午地則廟當已地也謂既在已地而續立其妣祖之廟然後營宮室故云謂已成其宮廟也君子將營宮室宗廟爲先故知已成其宮廟乃築室也知妣是先妣姜嫄者以特牲少牢祭祀之禮皆以其妃配夫而食無特立妣之廟者春官大司樂職舞大護以享先妣舞大武以享先祖妣先於祖用樂別祭則周之先妣有不繫於夫而特立廟矣閟宮生民說姜嫄生后稷以配天爲周之王業則周之先妣特立廟者唯姜嫄耳此妣文亦在祖上故知是姜嫄也祖先祖不斥號謚則后稷文武兼親廟亦在其中司樂七廟同用樂言先祖以總之明先祖之文兼通諸廟也○傳西。至鄉。戶正義曰傳不言此爲路寢之制則此據天子之宮其室非一在北者南戶在東者西戶耳推此有東鄉戶北鄉戶故孫毓云猶南東其畝○箋此至。戶正義曰以上爲立廟故此爲居室然似續妣祖之言文中不容路寢則築室百堵路寢亦宜在焉獨言此築室謂築燕寢者路寢作與燕寢同時而制與宗廟相類此西南其戶非路寢之制故特言燕寢其路寢文雖不載亦作之可知言天子之寢有左右房者以天子之燕寢卽諸侯之路寢禮諸侯之制也有夾室又士喪禮小斂婦人髽於室而喪大記諸侯之禮云小斂婦人髽帶麻於房中以士喪男子括髮在房婦人髽於室无西房故也士喪禮婦人髽於室在男子之西則諸侯之禮婦人髽亦在男子之西是有西房矣有西房自然有東房是諸侯路寢有左右房也天子路寢既制如明堂自然燕寢之制當如諸侯路寢故知天子之燕寢有左右房也既有左右則室當在中故西其戶者異於一房之室戶也大夫以下無西房唯一東房故室戶偏東與房相近此戶正中比之爲西其戶矣知大夫以下止一房者以鄉飲酒義云尊於房戶之間賓主共之由無西房故以房與室戶之間爲中也但大夫禮直言房不言東西明是房無所對故也若然特牲云豆籩鉶在東房者鄭注云謂房中之東當夾北非對西戶也鄉飲酒記云薦出自左房鄉射記云出自東房者以記人以房居東在左因言之記非經無義例也又解南其戶者宗廟及路寢制如明堂每室四戶是燕寢之室獨一南戶耳故言。西其戶也知宗廟及路寢制如明堂者明堂位曰太廟天子明堂又月令說明堂而季夏云天子居明堂太廟以明堂制與廟同故以太廟同名其中室是宗廟制如明堂也又宗廟象生時之居室是似路寢矣故路寢亦制如明堂也又匠人云夏后氏世室殷人重屋周

珍倣宋版印

人明堂注云世室宗廟也重屋者王宮正室若大寢也明堂者明政教之堂也此三者不同而三代各舉其一是欲互以相通故鄭云此三者或舉宗廟或舉此王寢或舉明堂互言之以明其同制是宗廟及路寢制如明堂也彼三者並陳此言如明堂者以周制舉明堂爲文故以宗廟及路寢制如之也彼文說世室曰五室四傍兩夾窻注云窻助戶爲明也每室四戶八窻以言四傍是四方傍開又云兩夾窻是一窻戶兩窻夾之以此知每室四戶也宣王都在鎬京此考室當是西都宮室顧命說成王崩陳器物於路寢云胤之舞衣大貝鼖鼓在西房兌之戈和之弓垂之竹矢在東房若路寢制如明堂則五室皆在四角與中央而得左右房者鄭志答趙商云成王崩之時在西都文王遷豐作靈臺辟廱而已其餘猶諸侯制度故喪禮設衣物之處寢。者夾室與東西房也周公攝政致太平制禮作樂乃立明堂於王城如鄭此言則西都宗廟路寢依先王制不似明堂此言如明堂者鄭志答張逸云周公制。禮土中洛誥王入太室祼是也顧命成王崩於鎬京承先王宮室耳宣王承亂未必如周公之制以此二答言之則鄭意以文王未作明堂其廟寢如諸侯制度乃周公制禮建國土中以洛邑爲正都其明堂廟寢天子制度皆在王城爲之其鎬京則別都耳先王之宮室尙新周公不復改作故成王之崩有二房之位由承先王之室故耳及厲王之亂宮室毀壞先王作者無復可因宣王別更脩造自然依天子之法不復作諸侯之制故知宣王雖在西都其宗廟路寢皆制如明堂不復如諸侯也若然明堂周公所制武王時未有也樂記說武王祀乎明堂者彼注云文王之廟爲明堂制知者以武王既伐紂爲天子文王又已稱王武王不得以諸侯之制爲父廟故知爲明堂制也○箋於是至安樂○正義曰居處義同以寢非一散言之耳此文雖承燕寢之下理亦兼有路寢周禮注云王路寢一小寢五下。又后六宮此文亦可兼之故云諸寢之中皆可安樂

約之閣閣椓之橐橐約束也閣閣猶歷歷也橐橐用力也箋云約謂縮板也椓謂搯土也○閣音各椓陟角反橐音託本或作柝縮所六反搯呂忱文牛反沈呂菊反說文音勑周反引也從手留聲

風雨攸除鳥鼠攸去君

子攸芋芋大也箋云芋當作幠幠覆也寢廟既成其牆屋弘殺則風雨之所除也其堅。致則鳥鼠之所去也其堂室相稱則君子之所覆蓋○除直慮反去也芋毛香于反鄭火吳反或作吁殺所界反致直置反本亦作緻同稱尺證反

【疏】約之至攸芋○毛以爲王本作羣寢之時以繩約縮之以繩在板上歷歷然均謂繩均板直則牆端正也既投土於板以杵椓築之皆槖槖然用力勤力而築則牆牢固也至若王寢既成其牆屋弘殺則風雨之所除其築作堅緻則鳥鼠之所去君子於是居中所以自光。天也○鄭以爲總。宮廟羣寢下句君子之所覆蓋爲異○箋約。謂㨨土○正義曰緜云縮板以載是鄭所據也縮約皆謂以繩纏束之若今之牆祖也此椓之槖槖猶緜云築之登登故傳皆以爲用力如椓杙之椓正謂以杵築之也言椓之謂㨨土者取壤土投之板中㨨使平均然後椓之也㨨者以手平物之名故字從手○傳芋大○正義曰孫毓云宮室既成君子處之所以爲自光大○箋芋當至覆蓋○正義曰芋當作幠讀如亂如此幠以聲相近故誤耳幠覆也鄭以義言之爾雅無此訓也以下攸躋爲君子所升攸寧爲君子所安則知此爲君子所覆故云其堂。堂相稱則君子之所覆蓋故反以類上去鳥鼠除風雨文勢同也

如跂斯翼如人之跂竦翼爾跂音企竦粟勇反○如矢斯棘如鳥斯革棘棱廉也革翼也箋云棘戟也如人挾弓矢戟其肘如鳥夏暑希革張其翼時○棘居力反韓詩作朸朸隅也旅郎反革如字韓詩作。䎡云翅也棱力登反挾子沓反又子協反又音協肘張九反

如翬斯飛君子攸躋躋升也箋云伊洛而南素質五色皆備成章曰翬此章四如者皆謂廉隅之正形貌之顯也翬者鳥之奇異者也故以成之焉此章主於宗廟君子所升祭祀之時○翬音輝雉名說文云大飛也躋子西反

【疏】如跂至攸躋○毛以爲言宮室之制如人跂足竦此臂翼然如矢之鏃有此棱廉然如鳥之舒此革翼然如翬之此奮飛然宮室如此此之美然君子所以升處也矢鳥翬指形言之如跂不言人者義取於跂言跂則人可知也又人手似鳥翼以爲韻言跂翼則如人弭手直立以喻屋壁之上下正直也言如矢棱廉以喻四隅廉正也其斯革斯飛言簷

珍倣宋版印

阿之勢似鳥飛也翼言其體飛象其勢各取喻也○鄭以此章論宗廟如矢斯棘如人挾弓矢戟其肘亦喻之稜廉君子攸躋言升祭爲異耳○傳棘稜廉○正義曰言稜廉則指矢鏃之角爲棘焉蓋古有此名○箋棘戟至翼時○正義曰古語謂棘爲戟故明堂位曰越棘大弓隱十一年左傳曰子都拔棘皆戟也言如人挾弓矢戟其肘者謂射者左手弣弓而右手彎之則戟其肘謂右手之肘亦喻室之外廉隅也如鳥夏暑。又。布革張其翼者堯典曰仲夏鳥獸希革注云夏時鳥獸毛疏皮見則言革者謂夏暑毛希皮革露見於此之時必舒其羽翼故不言翼而言革解其言革之本意○傳躋升○正義曰釋詁文孫毓云君子之所升處○箋伊洛至之時○正義曰伊洛而南素質五色皆備成章曰翬釋鳥文李巡曰素質五采備具文章鮮明雉白質五色爲文鳥如此色者希故云鳥之奇異者故以成之解比象既多最後言翬意也下云君子攸寧是寢息其中此言攸躋則是君子升下登上之辭王所尊者唯宗廟耳故知此章主宗廟言祭祀之時下章主寢室言燕息之時

殖殖其庭有覺其楹殖殖言平正也有覺言高大也箋云覺直也○殖市力反噲噲其正噦噦其冥正長也冥幼也箋云噲噲猶快快也正晝也噦噦猶煟煟也冥夜也言居之晝日則快快然夜則煟煟然皆寬明之貌○噲音快正音政噦呼會反冥毛莫形反鄭莫定反長王丁丈反崔直良反幼王如字本或作窈崔音杳煟音謂呂忱云火光貌君子攸寧箋云此章主於寢君子所安燕息之時

疏殖殖至攸寧○毛以爲殖殖然平正者其宮寢之前庭也有覺然高大者其宮寢之楹柱也言宮寢庭既平正楹又高大宣王之所與翔列聚集於此者皆是讓德有禮之士噲噲然寬博其羣臣之長者噦噦然閑習其羣臣之幼者長幼有禮君子所以安也○鄭以爲言寢室殖殖然其庭平正有調直者其楹柱庭平柱直處所寬明。快快然其晝日居之也煟煟然其夜冥居之也院寬室明晝夜俱快君子之所安息也○傳有覺言高大○箋覺直○正義曰覺之爲訓爲大爲直故禮記注云覺大也直也傳以屋之爲美在於高大箋以柱之爲善貴於調直故異訓也○傳正長冥幼○正義曰正長

釋詁文冥幼釋言文王肅云宣王之臣長者寬博噲噲然少者閑習噦噦然夫其所與翔於平正之庭列於高大之楹皆少長讓德有禮之士所以安也傳意或然而本或作冥幼者爾雅亦或作窈孫炎曰冥深闇之窈也某氏曰詩云噦噦其冥為冥窈於義實安但於王長之義不允故據王注為毛說冥所以得為幼者郭璞曰幼稺者冥昧也○箋噲噲至之貌○正義曰箋以此說宮室之形狀庭楹之平直不得有長幼之義故以正為晝冥為夜快快煟煟為室宮寬明之貌

下莞上簟乃安斯寢

箋云莞小蒲之席也竹葦曰簟寢既成乃鋪席與羣臣安燕為歡以落之○莞音官徐又九完反草叢生水中莖圓江南以為席形似小蒲而實非也鋪普吳反又音敷樂音洛本亦作落

乃寢乃興乃占我夢

言善之應人也箋云興夙興也有善夢則占之應應對之應○

吉夢維何維熊維羆維虺維蛇

箋云熊羆之獸虺蛇之蟲此四者夢之吉祥也○熊回弓反羆彼宜反虺許鬼反蛇市奢反

【疏】下莞至維蛇○正義曰宣王命人下鋪莞蒲於上施簟席乃與羣臣安燕為歡樂於此寢室之中歡樂已訖乃於其中寢寐焉至晨乃興起焉於寐時有夢乃占我所夢之事其吉夢維何事乎乃維夢見熊羆與虺蛇耳言乃占我夢者王自言己夢命人占之下云大人占之乃是他人為王占夢也言吉夢者當時未有吉凶據後占之為吉故探言焉此乃安斯寢之下無傳毛氏為燕以否未可明也○箋莞小蒲至落之○正義曰釋草云莞苻蘺某氏曰本草云白蒲一名苻蘺楚謂之莞蒲郭璞曰今西方人呼蒲為莞蒲今江東謂之苻蘺西方亦名蒲用為席言小蒲者以莞蒲一草之名而司几筵有莞筵蒲筵則有大小為席精麤故得為兩種席也知莞用小蒲者以司几筵設席皆麤者在下美者在上其職云諸侯祭祀之席蒲筵繢純加莞席紛純以莞加蒲明莞細而用小蒲故知莞小蒲之席也竹葦曰簟者以常鋪在上宜用堅物故知竹簟也且詩每云簟茀用為車蔽是竹簟可知以此考室之詩室之初成當有燕樂故為寢室既成鋪席與羣臣安燕為歡以樂之也定本作落此下莞上簟雖是與羣臣燕樂之席其室內寢臥衽席亦當然也士喪禮者士禮也

珍倣宋版印

云下莞上簟衽如初則平常皆莞簟也其寢臥之席自天子以下宜莞簟同○傳言善之應人○正義曰夢者應人之物善惡皆然此據下文言吉夢故云善之應人也故占夢云獻吉夢於王又曰乃舍萌于四方以贈惡夢是夢有善惡也○箋熊羆至吉祥○正義曰以熊羆四足而毛謂之獸虺蛇無足之物故謂之蟲也生男女之徵故四者夢之吉祥釋獸云羆如熊黃白文舍人曰羆如熊色黃白也郭璞曰似熊而長頭高脚猛憨多力能拔樹木關西呼曰貑羆釋魚云蝮虺博三寸首大如擘舍人曰蝮一名虺江淮以南曰蝮江淮以北曰虺孫炎曰江淮以南謂虺爲蝮廣三寸頭如拇指有牙最毒郭璞曰此自一種蛇人自名爲蝮虺今蛇細頸大頭色如。文綬文文閒有毛似猪鬣鼻上有。鍼大者長七八尺一名反鼻如虺類足以明此自一種蛇如郭意此蛇人自名蝮虺非南北之異蛇實是蟲以有鱗故在釋魚且魚亦蟲之屬也

大人占之維熊維羆男子之祥維虺維蛇女子之祥箋云大人占之謂以聖人占夢之法占之也熊羆在山陽之祥也故爲生男虺蛇穴處陰之祥也故爲生女○大音泰後大人同

疏箋大人至生女○正義曰以占夢之官中士耳而言大人占之明其法。大人所爲故云聖人占夢之法占之聖人有法解則占之故左傳文公之夢子犯占之簡子之夢問諸史墨不必要占夢之官乃得占也此及無羊皆云大人占之則占夢者聖人之法正月云召彼故老訊之占夢譏之者以王不尚道德專信徵祥侮慢故老故刺之不謂夢不當占也熊羆大較是山獸亦居澤在穴故韓奕云川澤訏訏有熊有羆秋官穴氏注云熊羆之屬冬藏者也燒其所食之物於穴外以誘出之是也

乃生男子載寢之牀載衣之裳載弄之璋半珪曰璋裳下之飾也璋臣之職也箋云男子生而臥於牀尊之也裳晝日衣也衣以裳者明當主於外事也玩以璋者欲其比德焉。正以璋者明成之有漸○衣於既反注衣以裳下衣之裼同璋音章

其泣喤喤朱芾斯皇室家君王箋云皇猶煌煌也芾者天子純朱諸侯黃朱室家一家之內宣王將生之子或且爲諸侯或且爲天子皆將佩朱芾

煌煌然○喤音橫華彭反沈又呼彭反聲也芾音弗煌音皇

【疏】乃生至君王○毛以爲王前夢熊羆果有効驗乃生男子矣生訖則寢臥之於牀尊之又則衣著之以裳玩弄之以璋也裳明習爲卑下璋見効奉臣職時已其泣聲。太煌。煌然至其長大皆佩朱芾於此煌煌然由王家室之內或爲諸侯之君或爲天子之王故皆佩朱芾也○鄭唯裳爲主外事璋比德之有漸餘同○傳半圭至之職○正義曰知璋半圭者典瑞云四圭有邸以祀天兩圭有邸以祀地半圭璧以祀日月璋邸射以祀山川從上而下遞減其半故知半圭曰璋裳下之飾易文言文也裳爲下飾以璋配裳故知見臣之職也宣王子孫當爲君而言臣下者王肅云言无生而貴之也明欲爲君父當先知爲臣子也璋而得爲臣職者王肅云羣臣之從王行禮者奉璋又棫樸曰奉璋峨峨髦士攸宜是也○箋男子至有漸○正義曰箋以下章與此相對以下女子寢之地明男子生而臥之牀尊之也以下載衣之裼裼是夜臥之衣故云裳晝日衣也一晝一夜明取內外爲義故知男子衣以裳明當主外事女子衣以裼明當主內事也女子弄之瓦瓦爲紡塼也以女子之所有事明玩以璋者亦男子之所有事君子於玉比德焉故知以璋欲其比德也玉不用圭而以璋者明成人之有漸璋是圭之半故言漸也下句乃言其泣喤喤則此所陳皆在孩幼禮記鄭注云人始生在地男子已寢之牀又非始生也蓋聖人因事記義子之初生暫行此禮不知生經幾日而爲之也何則女子不可恆寢於地竟無裳男子亦不容無裼且甫言其泣則未能自弄璋明暫時示男女之別耳○箋芾者至黃朱○正義曰箋以經言室家君王則有諸侯與天子而同言朱芾故云天子純朱諸侯黃朱也芾從裳色祭時服纁裳故芾用朱赤但芾所以明尊卑雖同色而有差降乾鑿度以爲天子之朝朱芾諸侯之朝赤芾朱深於赤故。困。封注云朱深。云赤是矣此論諸侯則王子或封畿內或以功德外封皆爲諸侯也而文同朱芾明對文則朱赤深淺有異散之則皆謂之朱故天子純朱明其深也諸侯黃朱明其淺也舉其大色皆得爲朱芾也

乃生女子載寢之地載衣之裼。載弄之瓦 裼褓也瓦紡塼也箋云臥於地卑之也褓夜衣

珍倣宋版印

也明當主於內事紡塼習其一。有所事也○裼他計反韓詩作禘音同褓音保齊人名小兒被爲禘紡芳罔反塼音專本又作專無非無儀唯

酒食是議無父母詒罹。婦人質無威儀也罹憂也箋云儀善也婦人無所專於家事有非非婦人也有善亦非婦人也婦人之事惟議酒食爾無遺父母之憂○詒本又作貽以之反遺也罹本又作離力馳反遺唯季反疏乃生女至詒罹○毛以爲前夢虺蛇今乃生女子矣生訖則寢臥之於地以卑之則又衣著之以褓衣則玩弄之以紡塼習其所有事也此女子至其長大爲行謹慎無所非法質少文飾又無威儀唯酒事於是乃謀議之無於父母而遺之以憂也若婦禮不謹爲夫所出是遺父母以憂言能恭謹不遺父母憂也○鄭唯以儀爲善爲異餘同○傳裼褓也瓦紡塼○正義曰書傳說成王之幼云在襁褓縛兒被也故箋以爲夜衣以璋是全器則瓦非瓦礫而已故云瓦紡塼婦人所用瓦唯紡塼而已故知也毛以裳爲下飾則褓不必主內事侯苞云示之方也明褓制方令女子方正事人之義○傳婦人質無威儀○正義曰以婦人少所交接故云質無威儀謂無如丈夫折旋揖讓棣棣之多其婦容之儀則有之矣故東山曰九十其儀言多儀也○箋儀善至非婦人○正義曰儀善釋詁文也言有非有善皆非婦人之事者婦人從人者也家事統於尊善惡非婦人之所有耳不謂婦人之行無善惡也

斯干九章四章章七句五章章五句

無羊宣王考牧也厲王之時牧人之職廢宣王始興而復之至此而成謂復先王牛羊之數疏無羊四章章八句○正義曰作無羊詩者○言宣王考牧也謂宣王之時牧人稱職牛羊復先王之數牧事有成故言考牧也經四章言牛羊得所牧人善牧又以吉夢獻王國家將有休慶皆考牧之事也○箋厲王至之數○正義曰此美其新成則往前嘗廢故本屬王之時今宣王始興而復之選牧官得人牛羊蕃息至此而牧事成功故謂之考牧又解成

者正謂復先王牛羊之數也言至此而成者初立牧官數未卽復至此作詩之時而成也王者牛羊之數經典無文亦應有其大數今言考牧故知復之也周禮有牧人下士六人府一人史二人徒六十人又有牛人羊人犬人雞人唯無豕人鄭以爲豕屬司空冬官亡故不見夏官又有牧師主養馬此宣王所考則應六畜皆備此獨言牧人者牧人注云牧人養牲於野田者其職曰掌牧六牲而阜蕃其物則六畜皆牧人主養其餘牛人羊人之徒各掌其事以供官之所須則取於牧人非放牧者也羊人職曰若牧人無牲則受布於司馬買牲而供之是取於牧人之事也唯馬是國之大用特立牧師圉人使別掌之則蓋擬駕用者屬牧師令生息者屬牧人故牧人有六牲鄭云六牲謂牛馬羊豕犬雞是牧人亦養馬也此詩主美放牧之事經有牧人乃夢故唯言牧人也牧人六畜皆牧此詩唯言牛羊者經稱爾牲則具主以祭祀爲重馬則祭之所用者少豕犬雞則比牛羊爲卑故特舉牛羊以爲美也

誰謂爾無羊三百維羣誰謂爾無牛九十其犉黃牛黑脣曰犉箋云爾女也女宣王也宣王復古之牧法汲汲於其數故歌此詩以解之也誰謂女無羊今乃三百頭爲一羣誰謂女無牛今乃犉者九。十頭言其多矣足如古也○犉本又作犉而純反

爾羊來思其角濈濈聚其角而息濈濈然箋云言此者美畜產得其所○濈本又作濈亦作戢莊立反畜許又反

爾牛來思其耳濕濕呞而動其耳濕濕然○濕始立反又尸立反又處立反呞本又作齝亦作齝丑之反一音初之反郭注爾雅云食已復出嚼之也今江東呼齝爲齥音漏洩也

【疏】傳黃牛黑脣曰犉○正義曰釋畜云黑脣曰犉傳言黃牛者以言黑脣明不與。深色同而牛之黃者衆故知是黃牛也某氏亦曰黃牛黑脣曰犉○箋女宣王至如古○正義曰以誰謂是發問之辭三百維羣九十其犉是報答之語故知宣王汲汲於其數詩人歌此以解之也羊三百頭爲羣故一羣有三百不知其羣之有多少也犉者九十頭直知犉者有九十亦不知其不犉者之數也以羣三百直犉者九十則羊多牛衆故云足如古之法也

或降于阿或飲于池

珍倣宋版印

或寢或訛訛動也箋云言此者美其無所驚畏也訛五戈反又五何反韓詩作譌譌覺也○爾牧來思何蓑何笠或負其餱何揭也蓑所以備雨笠所以禦暑箋云言此者美牧人寒暑飲食有備○何何可反又音河下及注同蓑素戈反草衣也笠音立餱音侯揭音竭又其謁反三十維物爾牲則具黑毛色者三十也箋云牛羊之色異者三十則女之祭祀索則有之○索色白反疏傳蓑所以至禦暑○正義曰蓑唯備雨之物笠則元以禦暑兼可禦雨故良耜傳曰笠所以禦暑雨也既夕禮亦有蓑笠注俱以為禦雨不以笠禦暑者以彼蓑笠同稾車所載稾車潦車也為雨而設故不同也○傳異毛色者三十○正義曰經言三十維物則每色之物皆有三十謂青赤黃白黑毛色別異者各三十也祭祀之牲當用五方之色故箋云汝之祭祀索則有之爾牧來思以薪以蒸以雌以雄箋云此言牧人有餘力則取薪蒸搏禽獸以來歸也麤曰薪細曰蒸○蒸之烝反搏音博下同亦作捕音步爾羊來思矜矜兢兢不騫不崩矜矜兢兢以言堅彊也騫虧也崩羣疾也○兢其冰反騫起虔反麾之以肱畢來既升肱臂也升升入牢也箋云此言擾馴從人意也○麾毀皮反肱古弘反馴音巡又常遵反疏傳騫虧○正義曰定本亦然集注虧作曜牧人乃夢眾維魚矣旐維旟矣箋云牧人乃夢見人眾相與捕魚又夢見旐與旟占夢之官得而獻之於王將以占國事也○旐音兆旟音餘大人占之眾維魚矣實維豐年陰陽和則魚眾多矣箋云魚者庶人之所以養也今人眾相與捕魚則是歲熟相供養之祥也易中孚卦曰豚魚吉○養羊亮反下同供九用反旐維旟矣室家溱溱溱溱眾也旐旟所以聚眾也箋云溱溱子孫眾多也○溱側巾反疏牧人至溱溱○正義曰牧人所牧既服乃復為王與夢夢見眾人維相與捕魚矣又夢見旐維旟矣牧人既為此夢以告占夢之官占夢之官又獻之於王王乃令以大夫占夢之法占之夢見眾維魚矣者實維豐年是歲熟相

供養之祥夢見旐維旟矣者室家溱溱是男女衆多之象歲熟民滋是國之休慶也○箋牧人至國事○正義曰知者以下云大人占之是王使占之明有所由得達於王夢事夢官所掌明本牧人既作此夢不知吉凶以問占夢之官占夢知其爲國之祥故獻之也占夢職曰歲終獻吉夢於王王拜受之彼所獻者謂天下臣民有爲國夢者其官得而獻之非占夢之官身自夢也故知此以占夢之官得而獻之所夢是年豐歲熟民衆之祥故知以占國事○傳陰陽至衆夢○正義曰以魚麗之義言之太平而萬物盛多故知陰陽和經言衆維魚矣乃謂捕魚者多傳云魚多者言由魚多故捕者衆解人共捕之意○箋魚者至豚魚吉○正義曰魚者庶民之所以養者以庶民不得殺犬豕維捕魚以食之是所以養也歲穀不熟則無以相養會衆人相與捕魚則是歲熟相供養之祥引易中孚卦曰豚魚吉者孟子曰七十者可以食雞豚豚魚俱是養老之物故引之以證魚可供養也彼注云三辰在亥亥爲豕爻失正故變而從小名言豚耳四辰在丑丑爲鼈蟹鼈蟹魚之微者爻得正故變而從大名言魚耳三體兌兌爲澤四上值天淵二五皆坎爻坎爲水二侵澤則豚利五亦以水灌淵則魚利豚魚以喻小民也而爲明君賢臣恩意所供養故吉如彼注意以豚魚喻小民與此乖者以象云豚魚吉信及豚魚喻則澤及民觀象爲說此則斷章取義故不同也

無羊四章章八句

鴻鴈之什十篇三十二章二百三十句

附釋音毛詩注疏卷第十一（十一之二）

# 毛詩注疏校勘記（十一之二）

阮元撰盧宣旬摘錄

○我行其野

以荒政十有二娶萬民　閩本明監本毛本同案浦鏜云聚誤娶是也

言采其蓫　唐石經小字本相臺本同案釋文云蓫本又作蓄正義本是蓫字

蓫牛蘈也　小字本相臺本同案正義標起止云蓫牛蘈又云定本作牛蘈釋文云藬本又作蘈考今爾雅云藬牛蘈故正義云此釋草無文其實藬蘈一字耳藬蘈爲古今字亦一也鄭所據爾雅當是蓫牛蘈今爾雅有誤

我采葍之時　小字本相臺本同閩本明監本毛本葍誤蕌

成不以富　唐石經小字本相臺本同閩本明監本毛本亦同考文古本成作誠案誠字非也乃依論語改之耳山井鼎云宋板同者誤

亦祇以異　小字本相臺本同閩本明監本毛本同唐石經祇作祗案六經正誤云作祗誤段玉裁云祗適也凡此訓唐人皆從衣从氏作衹見五經文字唐石經廣韻集韻宋以後俗本多作祗非古也至各體从氏則尤繆極矣

誠不以是而得富　閩本明監本毛本同案誠當作成事二字正義卽用箋文也

可著熱灰中温敢之　補　毛本敢作噉案噉字是也

有莘氏之媵氏之媵臣　閩本明監本毛本無下氏之媵三字案所删是也

○斯干

歌斯干之詩以落之 小字本相臺本同案釋文云落之如字始也或作樂非正義云歌斯干之詩以歡樂之又云本或作落以釁又名落定本集注皆作落未知孰是下箋爲歡以落之釋文云以樂音洛本又作落落正義云定本作落考正義本皆作樂皆釋爲歡樂定本皆作落則皆釋爲釁也釋文本上作落下作樂是以此落爲始下樂仍爲歡樂也

則又祭祀先祖 閩本明監本毛本同小字本相臺本無祀字考文古本同案無者是也正義可證

則而以禮釁塗之 閩本明監本毛本無而字案所刪是也

而於經無釁廟之云 補 案云當作文

本或作樂 閩本明監本毛本同案樂當作落

似讀如巳午之巳 小字本相臺本同案正義云故讀爲巳午之巳又云直讀爲巳是正義本如字作爲

比宗廟路寢是室爲南其戶 補 毛本是作之案上文比一房之室爲西其戶上云之室則此是字誤也

傳西至鄉戶○正義曰 閩本明監本毛本同案十行本西至曰剜添者二字當是至及○也

箋此至戶正義曰 閩本同毛本此下有築字戶下有爾字及○明監本所剜入也

禮諸侯之制也有夾室 閩本明監本毛本同案也當作聘

珍倣宋版印

故言西其戶也 閩本明監本毛本同案浦鏜云西當南字誤是也

寢者夾室與東西房也 閩本明監本毛本同案浦鏜云者當有字誤是也

周公制禮土中 閩本明監本同毛本禮下剜入建國二字案所補非也

下又后六宮 閩本明監本毛本同案又當作云

其堅致 閩本明監本毛本同小字本相臺本致作緻案正義本作緻定本作致見鵠羽又釋文云致本亦作緻同考文古本作緻采正義釋文

所以自光天也 補 案天當作大下正義云所以爲自光大可證毛本正作大

鄭以爲總宮廟羣寢 毛本脫總字宮下衍宗字閩本明監本不誤

箋約謂搯土 補 毛本謂下有至字案所補是也

故云其堂堂相稱 閩本明監本毛本不重堂字案下堂字乃室字之誤輒刪者非也

如鳥夏暑又布革張其翼者 閩本明監本毛本布作希案所改非也又布當作希誤分爲二字耳

韓詩作朝 補 釋文校勘通志堂本朝作勒盧本作翺案翺字是也小字本所附正作翺段玉裁云王氏詩考作翺廣雅翺翼也本此

冥幼也 小字本相臺本同案釋文云幼王如字本或作窈崔音杳正義云冥幼釋言文又云而本或作冥窈者爾雅亦或作窈又云爲冥窈於義寶安但於正義之義不允考上傳云正長也正義云釋詁文釋文云王丁丈反崔直良反是依崔讀卽無不允當以或作本爲長

處所寬明快快快然閩本明監本毛本無一快字案上快字乃矣字之誤輒刪者非也

而本或作冥幼者閩本明監本毛本同案浦鏜云幼當窈字誤是也

爲室宮寬明之貌〔補〕毛本室宮作宮室案所易是也

與羣臣安燕爲歡以落之小字本相臺本同閩本明監本同考文古本亦同毛本落作樂案毛本依釋文改也

徐又九完反〔補〕釋文校勘通志堂本盧本完作還案小字本所附亦是完字盧文弨云還似宋人避桓嫌名改是也

毛氏爲燕以否閩本明監本毛本以誤與

箋莞小蒲至落之閩本明監本毛本同案落當作樂下文云定本作落可證此合幷以後依經注本所改耳

如莞席紛純閩本明監本毛本同案浦鏜云加誤如是也

色如文綬文文閉有毛閩本明監本毛本誤不重文字案綬上文字當作艾爾雅疏即取此皆不誤

鼻上有鈄〔補〕毛本鈄作針

明其法天人所爲閩本明監本毛本同案浦鏜云大誤天是也

正以璋者〔補〕毛本同案正當作玉下正義玉不用珪而以璋可證

時已其泣聲太煌煌然〔補〕毛本太煌煌作大喤喤案所改是也

故困封注云閩本明監本毛本困誤內案山井鼎云封恐卦誤是也

朱深云赤是矣閩本明監本毛本同段玉裁云云當作于形近之譌王伯厚鄭易考所引不誤

載衣之裼毛本裼誤禓明監本以上皆不誤

瓦紡塼也相臺本同小字本塼作摶案正義標起止云瓦紡塼釋文云塼本又作專考說文土部無塼字當以又作本爲長小字本作摶乃形近之譌古專摶雖通用但非此之證

習其一有所事也小字本同閩本明監本毛本同相臺本作習其所有事也考文古本同案正義云習其所有事也相臺本考文古本皆依之改耳段玉裁云當作一所有事一同壹一所有事謂壹於所有事也以壹訓專此詁訓之法

無父母詒罹唐石經小字本相臺本同案釋文云詒本又作貽罹本又作離正義標起止云至詒罹考文古本作貽采釋文離罹古今字也

○無羊

今乃犉者九十頭毛本十誤千明監本以上皆不誤

明不與深色同閩本明監本毛本同案深當作身見耜正義作身是其證

黑毛色者三十也閩本明監本毛本同小字本相臺本黑作異考文古本案異字是也

索則有之小字本相臺本同閩本同考文古本同明監本毛本索誤素

搏禽獸以來歸也小字本相臺本同案釋文云搏禽音博下同亦作捕音步下箋相與捕魚正義云維相與捕魚矣是正義本此亦當作捕釋文本下箋亦作搏今各本此依釋文下依正義非是考文古本作捕采正義及釋文亦作本也

鶱虧也小字本相臺本同案正義云定本亦然集注虧作曜段玉裁云曜者工記作燿讀爲哨頃小也毛釋此別於天保言山

牧人所牧既服閩本明監本毛本服誤暇

王乃令以大夫占夢之法占之補毛本夫作人案人字是也

故知此以占夢之官得而獻之閩本明監本毛本無以字案十行本此以占剜添者一字是以字衍也

珍倣宋版印

節南山之什詁訓傳第十九　陸曰從此至何草不黃凡四十四篇前儒申毛皆以爲幽王之變小雅鄭以十月之交以下四篇是厲王之變小雅漢興之初師移其篇次毛爲詁訓因改其第焉

毛詩小雅　鄭氏箋　孔穎達疏

節南山家父刺幽王也　家父字周大夫也○節在切反又如字又音截下及注同高峻貌韓詩云視也父音甫注及下同

【疏】節南山十章上六章章八句下四章章四句至幽王○正義曰家父吉甫詩辭自有名字其餘有名者他書傳記有之左傳引桑柔謂之周芮良夫之詩是也故敘得據之而言其不言者皆不知也或云大夫者止知是大夫所作不得姓名故不言也頌及風頌不正經唯公劉等三篇言召康公以外皆不言作者姓名外傳謂棠棣爲周文公之詩思文爲周文公之頌則二篇周公作也外傳尚得言之敘者不容不知蓋以正詩天下同心歌詠故例不言耳公劉三篇言戒成王戒須有主不得天下共戒故特見召康公耳又諸言姓名爵謚者皆是王朝公卿大夫緜蠻謂士爲微臣不言姓名蓋以士位卑微名不足錄也推此則太子之傅及寺人譚大夫不言姓名亦爲微也又變風唯七月鴟鴞言周公所作其餘皆無作者姓名亦以諸侯之大夫位比天子之士官位亦微故皆無見姓名者也唯魯人作頌非常特詳其事言行父請周史克作頌耳○不然豈變風十有二國其詩百有餘篇作者不知一人也○箋家父字周大夫○正義曰卒章傳已云家父周大夫但不言家父是字此辨其字因言其官所以國傳重也知字是大夫者以春秋之例天子大夫則稱字桓七年天王使家父來求車以字見經文與此同故知此字亦是大夫也桓十五年上距幽王之卒七十五歲此詩不知作之早晚若幽王之初則八十五年矣韋昭以爲平王時作此言不廢作在

平桓之世而上刺幽王但古人以父爲字或累世同之宋大夫有孔父者其父正考父其子木金父此家氏或父子同字父未必是一人也雲漢序云仍叔箋引桓五年仍叔之子來聘春秋時趙氏世稱孟智氏世稱伯仍氏或亦世字叔也引自桓五年上距宣王之卒七十六歲若當初年則百二十年矣引之以證仍叔是周大夫耳未必是一人也瞻仰箋亦引隱七年天王使凡伯來聘自隱七年上距幽王之卒五十六歲凡國伯爵爲君皆然亦不知其人之同異也但知板與瞻仰俱是凡伯所作二者必是別人何則板已言老夫灌灌匪我言耄則不得下及幽王時矣瞻仰之箋引春秋亦證凡伯爲天子大夫耳此三文皆年月長遠並應別人故箋不言是也其意不以爲一人矣故板不引春秋至瞻仰而引之箋及此不引春秋皆注有詳略無義例也

節彼南山維石巖。巖。興也節高峻貌巖巖積石貌箋云興者喻三公之位人所尊嚴○巖如字本或作嚴音同赫赫師尹民具爾瞻憂心如惔。不敢戲談赫赫顯盛貌師大師周之三公也尹尹氏爲大師具俱瞻視惔燔也箋云此言尹氏女居三公之位天下之民俱視女之所爲皆憂心如火灼爛之矣又畏女之威不敢相戲而。言語疾其貪暴脅下以刑辟也○赫許百反惔徒藍反又音炎韓詩作炎字書作焱說文作𤆍字才廉反小。熱也大音泰下皆同燔音煩脅許業反本又作脇國既卒斬何用不監卒盡斬。斷監視也箋云天下之諸侯日相侵伐其國已盡絕滅女何用爲職不監察之○卒子律反監古銜反注同韓詩云領也斷都緩反

疏節彼至不監○正義曰節然高峻者彼南山也山既高峻維石巖巖然故四方皆遠望而見之以興赫赫然顯盛者彼太師之尹氏也尹氏爲太師既顯盛處位尊貴故下民俱仰汝而瞻之汝既爲天下所瞻宜當行德以副之今天下見汝之所爲皆憂心如被火之燔灼然畏汝之威不敢相戲而談語是失於具瞻矣又天下諸侯之國日相侵伐其國已盡絕滅矣汝何用爲職而不監察之國見絕滅罪汝之由也然節與巖巖一也言節先舉形之高大乃言維石巖巖見其視之貌狀言民具爾瞻雖與維石巖巖相對而巖巖無視汝之文具瞻少。晳

珍倣宋版印

嚴之狀互相發見故箋云喻三公之位人所尊嚴則嚴嚴然有瞻之狀因赫赫已有尊之義而具瞻爲下視所以便而互集注及定本皆作高嚴○傳師太師○正義曰尚書周官云太師太傅太保玆惟三公故知太師周之三公也下云尹氏太師是尹氏爲太師也孝經注以爲家宰之屬者以此刺其專恣是三公用事者明兼家宰以統羣職○箋此言至刑辟○正義曰此民具爾瞻一句上與維石巖巖相對爲興又與憂心如惔爲發端由瞻見其惡所以憂心故一知視汝之所爲皆憂心也如惔之字說文作炎訓爲小熱也灼炙燒也爛火熟也皆火燒之事故云如火灼爛之矣不敢者畏辭旣憂復畏故言又畏汝之威不敢相戲而談語也疾其貪暴脅下以刑辟者言其有二事也疾其貪暴所以憂心脅下以刑辟故不敢戲談所以不敢者畏其威耳故知不敢明是脅下以刑辟之罪也不敢戲爲刑罪明所憂者刑罰之成貪暴可知○箋天下至察之○正義曰國者諸侯之辭卒斬盡滅之稱故云天下諸侯日相侵伐其國已盡絕滅矣汝何用爲職者責之言汝爲三公更何所主唯諸侯耳何以不監察之而令相伐也如是則尹氏又爲王官之伯分主東西得專征專殺故言何用爲職也兩無正云斬伐四國箋云天下諸侯於是更相侵伐謂厲王時也沔水箋云諸侯出兵妄相侵伐謂宣王時也則諸侯征伐久矣而論語注以爲平王東遷諸侯始專征伐者幽厲雖殘虐無道尚能治諸侯但明不燭下致使擅相伐滅故詩人舉以爲刺至於平王微弱不能禁制諸侯專行征伐無所顧忌故論語之注以征伐自諸侯出從平王爲始也言卒斬者甚言之耳若實盡滅則誰滅之乎

節彼南山有實其猗實滿猗長也箋云猗倚也言南山既能高峻又以草木平滿其旁倚之畎谷使之齊均也○猗於宜反倚於綺反下同畎本亦作甽古犬反

赫赫師尹不平謂何箋云責三公之不均平不如山之爲也謂何猶云何也

天方薦瘥喪亂弘多薦重瘥病弘大也箋云天氣方今又重以疫病長幼相亂而死喪甚大多也○薦徂殿反注及下篇注同瘥才何反重直用反下同疫音役本又作疢敕觀反長張丈反

民言無嘉憯莫懲嗟憯曾也箋

云懲止也天下之民皆以災害相弔唁無一嘉慶之言曾無以恩德節彼。事止之者嗟乎柰何○懵本或作懵士感反唁音彥服虔云弔生曰唁**疏**懲嗟○
毛以爲節然而高峻者彼南山也既高峻矣而又滿之使平均者以其草木之長茂也以興赫赫然而盛者彼太師之官也太師既尊盛矣而有益之使平均
者以用衆士之智能也刺尹氏專己不肯用人以至於不平故又責師尹汝居位爲政不平欲云何乎以汝不平天應以災下民非直畏汝刑辟天氣方今又
重下以疫病使民之死喪禍亂甚大多也由此喪凶下民之言無一嘉慶者皆是相弔之辭汝尹氏及時在位曾無以恩德止此喪亂者嗟乎可柰何既無止
之禍災未歇故嗟而閔之赫赫師尹一句上與節彼南山相對爲興又與下不平謂何爲發端言山之能均平反刺尹氏之不平○鄭唯有實其猗爲異言山
既高峻有以草木平滿其傍倚之畎谷使之齊均以興尹氏既爲尊顯亦當以政教養育其天下民庶使之齊均當如山之所爲爲異餘同○傳猗長○正義
曰以菉竹猗猗是草木長茂之貌故爲長也王肅云南山高峻而有實之使平均者以其草木之長茂也師尹尊顯而有益之使平均者以用衆士之智能刺
今專己不肯用人以至於不平也傳意或然○箋猗倚至齊均○正義曰箋以言有實其猗是猗爲山之所實之處故以爲倚言山傍倚而倚近山者也山傍近
山唯畎谷耳能實畎唯草木也故知以草木平滿其傍之畎谷使之齊均也山高以比三公畎谷以比下民言山能以草木實畎谷反喻三公不能以政教均
下民也草木之生而云山者山出雲雨能生草木故也言平滿者謂山俱以雨露潤之均平而生皆徧滿其中故言齊均也匠人注云壟中曰畎說文云畎小
流也言水小不能自通須人畎引之則畎是壟中小水之名因此而山谷通水之處亦名爲畎禹貢曰羽畎夏翟鄭注云羽山之谷是也定本云又以草土平
滿其傍倚之山以木爲土恐非○傳薦重瘥病○正義曰薦與荐文異義同釋言云荐再也再是重之義也瘥病釋詁文○箋天氣至大多○正義曰此喪亂
連文喪者死亡之名云亂則爲未死是疫病也故云天氣方今又重以疫病長幼相亂言長之與幼皆得疫病相交亂不少因此以致死故云死喪甚大多也

珍倣宋版印

喪與亂相將由亂以致喪故鄭分解之言重者尹氏既脅下以刑辟上天又加之災禍是重也○箋天下至柰何○正義曰文承死喪之下而云無嘉故知以災害相弔唁無一嘉慶之言弔謂弔死唁謂唁生故服虔云弔生曰唁皆是相痛傷之名也死而相弔自是其常而以刺尹氏者以災害死喪皆政教所致焉以政失而致則政善亦消但在位之臣無行善者故責之曾無恩德止之者曾無者廣辭言在位皆然非獨尹氏也嗟乎者歎辭民皆死亡非徒嗟歎故爲作者嗟之無可柰何

尹氏大師維周之氐秉國之均四方是維天子是毗俾民不迷

氐本均平毗厚也箋云氐當作桎鍇之桎毗輔也言尹氏作大師之官爲周之桎鍇持國政之平維制四方上輔天子下教化天下使民無迷惑之憂言任至重○鍇氐丁禮反徐云鄭音都履反毗婢尸反王作埤埤厚也卑本又作裨同必爾反後皆放此桎之實反又丁履反礙也本有作手旁至者誤也鍇字又作轄胡瞎反

不弔昊天不宜空我師

弔至空窮也箋云至猶善也不善乎昊天愬之也不宜使此人居尊官困窮我之衆民也○弔如字又丁歷反下同昊胡老反空苦貢反注同愬蘇路反本亦作訴下同【疏】尹氏至我師○毛以爲見天災及民故歸咎執政責之云尹氏汝今爲大師之官維是周之根本之臣秉持國之平權衡之任四方之事是汝之所維制天子之身是汝之所崇厚言汝職維持四方尊崇天子其尊重如此施行教化當使下民無迷惑之憂何爲專行虐政以脅下也尹氏既不善訴之於天言尹氏爲政實不善乎昊天不宜使此人居位以窮困我天下之衆民○鄭唯氐爲桎鍇毗爲輔爲異餘同○傳氐本至毗厚○正義曰毛讀從邸若四圭爲邸故爲本言是根本之臣也以毗爲毗益故爲厚○亦由輔弼使之厚義與鄭同但言輔天子於辭爲便故易之○箋氐當至之桎○正義曰孝經鉤命決云孝道者萬世之桎鍇說文云桎車鍇也則桎是鍇之別名耳以鍇能制車喻大臣能制國故以大師之官爲周之桎鍇也易傳者以天子爲周之本謂臣爲本則於義不允故易之

弗躬弗親庶民弗信弗問弗仕勿罔君

子庶民之言不可信勿罔上而行也箋云仕察也勿當作末此言王之政不躬而親之則恩澤不信於衆民矣不問而察之則下民末罔其上矣○勿毛如字鄭音末

式夷式已。無小人殆式用夷平也用平則已無以小人之言至於危殆也箋云殆近也爲政當用平正之人用能紀理其事。也○無小人近○已毛音以鄭音紀近附近之近又如字下同

瑣。瑣。姻亞則無膴仕瑣瑣小貌兩壻相謂曰亞膴厚也箋云壻之父曰姻瑣瑣昏姻妻黨之小人無厚任用之置之大位重其祿也○瑣素火反本或作璅非也璅音早亞於嫁反膴音武

疏弗躬至膴仕○毛以爲尹氏不可任欲令王親爲政故責王言王爲政由不躬爲之不親行之故天下庶民之言不可信也又責下民言王爲政雖不監問之不察理之。必天下之民勿得欺罔其上之君子也又教王息此民之欺罔言王但用平正之人爲官則下民不可欺罔之心自消止矣王必須用賢人無用小人之言以至於危殆言小人不可任用也又用戒之云非但疏外小人不可用雖瑣瑣然昏姻親亞之小人則當無得厚任以事置之大位重其祿食言不親而用不賢亦不可任也疾時之親黨亂政故戒之躬與親一也問與察一也但累文以丁寧之言躬親明有施爲言問察明亦躬親直以彼不可信由於不親雖不察問不得欺罔各隨事而爲文耳○鄭以爲尹氏既不可委任王若政教不躬不親行之則庶民不信於王之恩澤以尹氏之虐謂王所爲故不信也若民俗不問不察觀之則民皆末罔其上之君子王非直親須問察又當用平正之人用己身親理政事之人無得用小人而親問之餘同○傳庶民至而行○正義曰君民之所以相信者由君親行政民親受教故得相信也今王不親爲政委任小人施政於民不以實告故庶民之言亦不可信也勿信者禁人之辭既言民不可信因責民之欺罔故云勿得罔上而行上卽經之君子也○箋勿當至上矣○正義曰箋以此篇主刺仕上非責民之辭故知勿當爲末也知躬親爲恩澤者以王身所爲而行於衆民唯恩澤耳且上章疾尹氏貪暴以致災故知躬親爲恩澤也易傳者以疾尹氏使王親之明欲令王施政教以及下不宜言其不可信也且言庶民不信於王其文自明不當橫

珍倣宋版印

加不可故易之言末罔其上者謂若不問察則明不燭下之善惡上所不知下民知上不知則末略欺罔其上而不畏之言躬親施其下恩澤問察亦須躬親互相明也○箋殆近至人近○正義曰易傳者以上文欲王躬親為政則宜為己身之己不宜為已止也下文戒王勿厚任親戚欲令用賢去惡宜為勿近小人不當遠言小人之行終至危殆故易之也無小人之近猶言無近小人○傳瑣瑣至曰亞○正義曰釋訓云瑣瑣小也舍人曰瑣瑣計謀褊淺之貌是小貌也兩壻相謂為亞釋親文劉熙釋名云兩壻相謂曰亞者言每一人取姊一人取妹相亞次也又並來女氏則姊夫在前妹夫在後亦相亞也○箋壻之至其祿○正義曰女子子之夫為壻壻之父為姻釋親文幽王前取申后而黜之未必用其親戚褒姒褒人所獻未必為親戚可任幽王耽淫女色寵之者蓋多女寵必私多謁請小人則婦言是用姻亞者或其餘嬪妾之家不必專是二后之親也但據夫而言妻為正稱故鄭總言妻黨之小人其中亦容妾黨也言無厚任之卽置之大位重其祿是也如此則幽王厚於昏姻矣而角弓云兄弟昏姻無胥遠矣者以王者志不及遠唯同類相愛昏姻諂佞者進用故此戒之賢德者疏遠故彼刺之詩者志也各有以發

昊天不傭降此鞠訩昊天不惠降此大戾傭均鞠盈訩訟也箋云盈猶多也戾乖也昊天乎師氏為政不均乃下此多訟之俗又為不和順之行乃下此乖爭之化病時民傚為之愬之於天○傭勑龍反韓詩作庸庸易也鞠九六反訩音凶戾音麗行下孟反爭爭鬭之爭下皆同傚下教反

君子如居俾民心闋君子如夷惡怒是違居極闋息夷易違去也箋云居至也君子斥在位者如行至誠之道則民鞠訩之心息如行平易之政則民乖爭之情去言民之失由於上可反復也○居音戒闋苦穴反易以豉反下同復音服本又作覆芳服反

疏昊天至是違○正義曰此又本尹氏之惡訴之云昊天乎卽由尹氏為政不均乃下此多訟之俗昊天乎尹氏之行又不和順乃下此大乖爭之化無民之所不為皆化於上也民既化上上為惡亦當效上為惡亦當化上為善汝在位君子如行至誠之道使民多訟之

心息汝在位君子如行平易之政使民惡怒之情去言易可反復何不行化以反之○傳傭均鞠盈箋盈猶至於天○正義曰傭均訩訟釋言文鞠盈釋詁文盈者必多故箋轉之云盈猶多也由不惠而降戾乖故知非疾也在上不均故下亦不均至於多獄訟也在上不順故下亦不和至於乖爭也此皆民效爲之自上而下故言降也獄訟至於公乖爭出於私二者亦相類訟則責其偏惡其多爭則小猶可恕唯恨其大故經言鞠訩大戾○箋居至反覆○正義曰釋詁云居極至也俱得爲至故箋併訓之不言極猶至也此詩雖主疾尹氏爲惡而訩在位亦然既言尹氏傷化敗俗明其欲令在位者反之故知君子斥在位者知鞠訩心息者以文承上經事相充配下云惡怒是乖爭故知心息是鞠訩也言民心不言鞠訩言惡怒不言民心互相明也爲惡乖則已成可息而去之是可反復也

不弔昊天亂靡有定式月斯生俾民不寧憂心如酲誰秉國成病酒曰酲成平也箋云弔至也至猶善也定止式用也不善乎昊天天下之亂無肯止之者用月此生言月月益甚也使民不得安我今憂之如病酒之酲矣觀此君臣誰能持國之平乎言無有也○酲音呈

不自爲政卒勞百姓箋云卒終也昊天不自出政教則終窮苦百姓欲使昊天出圖書有所授命民乃得安

疏不弔至百姓○正義曰此章箋具而下二句毛氏無傳則不必如鄭欲天出圖書授命也蓋言王身不自爲政教終勞苦我百姓王肅云言政不由王出也○傳病酒曰酲○正義曰說文云酲病酒也醉而覺言既醉得覺而以酒爲病故云病酒也○箋昊天至得安○正義曰知責昊天而不自出政教者四章五章以君臣之惡訴之天也又曰亂靡有定言君臣不能定亂也又曰誰秉國成言君臣不能持國平也君臣已言並不能乃云不自爲政是今昊天之辭且此章發首云不弔昊天末言不自爲政明是欲使天自下爲政也故云欲使昊天出圖書有所授命也以王者將興天必命之若湯武也圖書者卽中候說堯舜及周公所授河圖洛書是也彼所授者非既受乃王皆先王乃受之與此不同者此所受若湯得黑鳥文王得丹書之類皆先有名籙故舉圖書

珍倣宋版印

以言之王肅以為禮人臣不顯諫諫猶不顯況欲使天更授命詩皆獻之於君以為箴規包藏禍心臣子大罪況公言之乎王基理之曰臣子不顯諫者謂君父失德尚微先將順風喻若乃暴亂將至危殆當披露下情伏死而諫焉待風議而已哉是以西伯戡黎祖伊奔告於王曰天已訖我殷命古之賢者切諫如此幽王無道將滅京周百姓怨王欲天有授命此文陳下民疾怨之言曲以感寤此正與祖伊諫。皆。同義忠臣殷勤。之何謂非人臣宜言哉肅不譏尚書祖伊之言而怪家父邪

駕彼四牡四牡項領項大也箋云四牡者人君所乘駕今但養大其領不肯為用喻大臣自恣王不能使也○為于僞反又如字

我瞻四方蹙蹙靡所騁騁極也箋云蹙蹙縮小之貌我視四方土地日見侵削於夷狄蹙蹙然雖欲馳騁無所之也○日蹙子六反王七歷反騁勑領反日而乙反縮所六反

疏駕彼至所騁○正義曰言當所乘駕者彼四牡也今四牡但養大其領不肯為用以與王所任使者彼大臣也今大臣專己自恣不為王使也臣既自恣莫肯憂國故夷狄侵削日更益甚云我視四方土地蹙蹙然至。狹令我無所馳騁之地以臣不任職致土地侵削故責之也○傳項大箋養大至能使○正義曰以領已是項文不宜重故以項為大箋以為養大其領申傳說也馬雖大項由人駕馭言不肯為用者以馬當用之今養而不駕是為自恣也○傳騁極箋馳騁無所之○正義曰箋言馳騁無所極至是與傳同但傳文略耳

方茂爾惡相爾矛矣茂勉也箋云相視也方爭訟自勉於惡之時則視女矛矣言欲戰鬬相殺傷矣○相息亮反注同矛亡侯反戈矛也

既夷既懌如相醻矣懌服也箋云夷說也言大臣之乖爭本無大讎其已相和順而說懌則如賓主飲酒相醻酢也○懌音亦酬市由反又作醻說音悅下同已音以酢音昨

疏方茂至醻矣○正義曰此說大臣無常言大臣方爭訟勉力成汝相與為惡之時則各自視汝之戈矛欲用此矛矣以相殺傷也既已和悅既以懌服則如賓主之飲酒者相酬酢矣言相惡既深和解又疾皆是無常小人故使政教亂也箋本無大讎集。本云大。辨是爭義亦得通也

昊天不平我

王不寧不懲其心覆怨其正正長也箋云昊天乎師尹爲政不平使我王不得安寧女不懲止女之邪心而反怨憎其正也○覆芳服反長張丈反邪似嗟反疏昊天至其正毛以爲尹氏爲惡訴之於天言昊天乎師尹爲政不平致使我王不得安寧汝師尹不懲止其心乃反邪僻妄行故下民皆怨其君長由師尹行惡而致民怨也○鄭唯下句爲異餘同○傳正長○正義曰釋詁文此傳甚略王肅述之曰覆猶背也師尹不定其心邪僻妄行故下民皆怨其長今據爲毛說

家父作誦以究王訩家父大夫也箋云究窮也大夫家父作此詩而爲王誦也以窮極王之政所以致多訩之本意○爲于僞反父音甫

式訛爾心以畜萬邦箋云訛化畜養也○訛五戈反畜許六反疏家父至萬邦○正義曰作詩刺王而自稱字者詩人之情其道不一或微加諷諭或指斥愆咎或隱匿姓名或自顯官字期於申寫下情冀上改悞而已此家父盡忠竭誠不憚誅罰故自載字焉寺人孟子亦此類也

節南山十章六章章八句四章章四句

正月大夫刺幽王也○正音政

正月繁霜我心憂傷正月夏之四月繁多也箋云夏之四月建巳之月純陽用事而霜多急恆寒若之異傷害萬物故心爲之憂傷○繁扶袁反夏胡雅反下同巳音似爲于僞反

民之訛言亦孔之將將大也箋云訛僞也人以僞言相陷入使王行酷暴之刑致此災異故言亦甚大也○行酷酷苦毒反

念我獨兮憂心京京哀我小心癙憂以痒京京憂不去也癙痒皆病也箋云念我獨兮者言我獨憂此政也○癙癙音鼠字林癙音恕痒音羊疏正月十三章上八章章八句下五章章六句○正月至以痒○正義曰時大夫賢者覩天災以傷政教故言正陽之月而有繁多之霜是由王急酷之異以致傷害萬物故我心爲之憂傷也有霜由於王急

王急由於訛言則此民之訛言爲害亦甚大矣害旣如此念我獨憂此政令憂在於心京京然不能去哀憐我之小心所遇痛憂此事以至於身病也憂之者以王信訛言百姓遭害故所以憂也○傳正月夏之四月○正義曰以大夫所憂則非。常霜之月若建寅正月則固有霜矣不足憂也昭十七年夏。七月甲戌朔日有食之左傳曰祝史請所用幣平子禦之曰止也唯正月朔慝未作日有食之於是乎有伐鼓用幣其餘則否太史曰在此月也經書六月傳言正月太史謂之在此月是周之六月爲正月也周六月是夏之四月故知正月夏之四月也謂之正月者以乾用事正純陽。之月。傳。稱慝未作謂未有陰氣故此箋云純陽用事也若然易稽覽圖云正陽者從二月至四月陽氣用事時也獨以爲四月者彼以卦之六爻至二月大壯用事陽爻過半故謂之正陽與此異也○箋憂之至憂傷○正義曰急恆寒若洪範咎徵文也彼注云急促也若順也五事不得則咎氣而順之言由君急促太酷致。常寒之氣來順之故多霜也反常謂之異時不當有霜而有霜是異也四月之時草木已大故言傷害萬物也鄭駮異義與洪範五行傳皆云非常曰異害物曰災則此傷害萬物宜爲災而云異者災異對則別散則通故莊二十五年左傳曰凡天災有幣無牲彼爲日食之異而言災也此以非時而降謂之異據其害物又謂之災下箋云致此災異是義通故言之異○箋人以至甚大○正義曰此承繁霜之下故知甚大謂以訛言致霜爲大也小人以訛言相陷王不能察其眞僞因發大怒而行此酷暴之刑由此急酷故天順以寒氣而使盛夏多霜是霜由訛言所致也

父母生我胡俾我瘉不自我先不自我後父母謂文武也我我天下瘉病也箋云自從也天使父母生我何故不長遂我而使我遭此暴虐之政而病此何不出我之前居我之後窮苦之情苟欲免身○瘉音庾長張丈反下正長伯長長者皆同

好言自口莠言自口莠醜也箋云自從也此疾訛言之人善言從女口出惡言亦從女口出女口一。爾善也惡也同出其中謂其可賤○莠餘九反

憂心。愈愈是以有侮愈愈憂懼也箋云我心憂政如是是與訛言者殊塗故用是見

侵侮也疏父母至有侮○毛以爲文武爲民之父母而令天生我天下之民今何爲不令天長育我而使我遭此暴虐之政以致病也又此病我之先不從我之後而今適當我身乎訴之文武也此暴虐之政由訛言所致故疾此訛言之人云有美好之言從汝口出有醜惡之言亦從汝口出汝口一耳而善惡固出其口甚可憎賤也大夫既見王政酷暴憂心愈愈然與此訛言者殊塗爲訛言者所疾是以有此見侵侮於己也○鄭唯以爲訴天使父母生我我謂大夫作詩者爲異餘同○傳父母至天下○正義曰以文武受命爲明王作萬民父母故尚書曰天將有立民父母謂天子作民父母民窮則宜告之又以父母爲文武也文武爲天下父母故我我天下作者舉天下之心爲之怨刺不專爲己故謂天下爲我也○箋天使至免身○正義曰上言念我獨兮因此而告天是先訴己身未及論天下也文。王雖受命之王年世已久遇今時之虐政訴上世之哲。氏非人情也故知訴天使父母生我也上章言王急酷故此。病遭。暴之政而病也以所願不宜願免之而已乃云不自我先不自我後忠恕者己所不欲勿施於人況以虐政推於先後非父祖則子孫是窮苦之情苟欲免身

憂心惸惸念我無祿

惸惸憂意也箋云無祿者言不得天祿自傷值今生也○惸本又作煢其營反一云獨也篇末同

民之無辜幷其臣僕

古者有罪不入於刑則役之。圜土以爲臣僕箋云辜罪也人之尊卑有十等僕第九臺第十言王既刑殺無罪幷及其家之賤者不止於所罪而已書曰越茲麗刑幷制○幷必正反注幷制同圜土音圜圜土獄也

哀我人斯于何從祿

箋云斯此于於也哀乎今我民人見遇如此當於何從得天祿免於是難○難乃旦反下之難同

瞻烏爰止于誰之屋

富人之屋烏所集也箋云視烏集於富人之。室以言今民亦當求明君而歸之疏憂心至之屋○毛以爲詩人言我憂在於心惸惸然我所以憂者念我天下之人無天祿謂不得明君遭此虐政也又言無祿之事民之無罪辜者亦幷罪之以其身爲臣僕言動掛網羅民不聊生也哀乎可哀憐者今我民人見遇如此於何所從而得天祿乎是無祿。世此視烏於所

止當止於誰之屋乎以與視我民人所歸亦當歸於誰之君乎烏集於富人之屋以求食喻民當歸於明德之君以求天祿也言民無所歸以見惡之甚也○鄭以爲作者言憂心慘慘然念我身之無天祿自傷值今生也又言無祿之事民之無辜罪者身既得罪并其家之臣僕亦罪之哀乎今我天下之民見遇於此於何從而得天祿乎餘同上章毛以我爲天下皆爲天下怨辭也鄭以我爲己身念我無祿自念無祿也於何從祿乃言天下則皆無祿耳祿名本出於居官食廩得祿者是福慶之事故謂福爲祿雖民無福亦謂之無祿也○傳古者至臣僕○正義曰此解名罪人爲臣僕之意也古者據時而道前代之言正謂作詩時也古有肉刑而罪有等級重者入於肉刑輕者役於圜土謂晝則役之夜是入圜土以圜土表罪之輕者也非在圜土而役當役之時爲臣僕之事故號之爲臣僕以表其罪名非謂恆名臣僕也此有罪者當然今無罪亦令與有罪同役故言并也王肅云今之王者好陷入人罪無辜下至於臣僕言用刑趣重傳意當然也役之圜土周禮有其事大司寇職曰以圜土聚教罷民凡害人者置之圜土而施職事焉以明刑恥之其能改者反於中國不齒三年司圜職曰凡害人者弗使冠飾而加明刑焉任之以事而收教之能改者上罪三年而舍中罪二年而舍下罪一年而舍其不能改而出圜土者殺雖出三年不齒是不入於刑役圜土之事也雖不入於刑而一罪有輕重周禮分爲二等其已害人者則如此未害人者則役諸司空重罪唯一朞而已其坐作之數具在司寇此圜土罪人罪未定之時縛於外朝而與公卿議之議定乃從其罪故易坎卦上六係用徽纆寘于叢棘三歲不得凶鄭云上乘陽之有邪惡之罪故縛以徽纆置於叢棘而使公卿以下議之是也○箋人之至并制○正義曰箋以言并其臣僕是身既得罪復罪及臣僕之故云并也言人之尊卑有十等者昭七年左傳曰人有十等故王臣公公臣大夫大夫臣士士臣皂皂臣輿輿臣隸隸臣僚僚臣僕僕臣臺是十等僕第九臺等十連言臺者以顯僕爲賤也臣亦賤稱僖十七年左傳晉惠公卜男爲人臣女爲人妾孝經曰不敢失於臣妾妾是賤者之定名臣則事人之稱無定名也故十等以相次臣謂得役使者爲臣也并其臣

僕謂其私家之臣故云王既刑殺無罪乃幷及其家之賤者不止於所罪而已無罪知彼刑殺者尙及其家之賤者明以重罪加之故知刑殺也引書曰呂刑文也彼注云越於也茲此也麗施也於此施刑幷制其無罪者則彼苗民淫虐殺戮無辜不但刑有罪亦幷制無罪與此幷義同故引之以爲證也易傳者以臣僕非罪人之名經言幷其臣僕不言以爲臣僕其幽王暴虐乃殺戮無辜豈但不至於罪以爲臣僕而已故易之

瞻彼中林侯薪侯蒸中林林中也薪蒸言似而非箋云侯維也林中大木之處而維有薪蒸爾喻朝廷宜有賢者而但聚小人○蒸之丞反處昌慮反下之處同朝直遙反下皆同

民今方殆視天夢夢王者爲亂夢夢然箋云方且也民今且危亡視王者所爲反夢夢然而亂無統理安人之意○夢莫紅反亂也沈莫滕反韓詩云惡貌也

既克有定靡人弗勝勝乘也箋云王既能有所定尙復事之小者爾無人而不勝言凡人所定皆勝王也○勝毛音升鄭尸證反復扶又反篇末同

有皇上帝伊誰云憎皇君也箋云伊讀當爲緊緊猶是也有君上帝者以情告天也使王暴虐如是是憎惡誰乎欲天指害其所憎而已○緊烏兮反惡烏路反

疏瞻彼至云憎○毛以爲視彼林中謂其當有大木而維有薪維有蒸在林則似大木而非大木也以興視彼朝上謂其當有賢者而唯有小人此小人之在朝則似賢人而非賢也由朝聚小人而無善政令方且危亡矣民將危亡王當安撫之今視王之所爲反夢夢然而昏亂無統理安民之意也王非徒昏亂又志在殘虐既謂能有所定者無事於人而不欲乘陵之言所定者皆是陵人之事爲殘虐也王暴如此以情訴天云有君上帝使王暴虐如此維誰憎惡乎欲天指害之○鄭以上二句小別具說在箋又以靡人不勝謂人皆勝王又以伊爲是爲異餘同○傳薪蒸言似而非○正義曰無羊云爾牧來思以薪以蒸則薪蒸柴樵之名言視林中生長之木而言侯薪侯蒸者言於中有爲薪蒸之木見其小也林者大木所處今小木在焉似大木而非喻小人在朝似賢人而非故云言似而非也○傳王者至夢然○正義曰釋訓云夢夢亂也上天無昏亂之事故知天斥王

珍倣宋版印

也○傳勝乘○正義曰此傳甚略。王。述之云王既有所定皆乘陵人之事言殘虐也今據爲毛說孫毓云小人好爲小善矜能自臧以爲大功其所成就細碎小事凡人所勝而過者反以驕人是詩所刺幽王也若乘陵殘虐之事動則有惡豈得名之爲克有定乎箋義爲長

謂山蓋卑爲岡爲陵在位非君子乃小人也箋云此喻爲君子賢者之道人尚謂之卑況爲凡庸小人之行○卑本又作痺同音婢又必支反行下孟反

民之訛言寧莫之懲箋云小人在位曾無欲止衆民之爲僞言相陷害也

召彼故老訊之占夢故老。召。之訊問也箋云君臣在朝侮慢元老召之不問政事但問占夢不尚道德而信徵祥之甚○訊本又作訊音信

具曰予聖誰知烏之雌雄君臣俱自謂聖也箋云時君臣賢愚適同如烏雌雄相似誰能猶以別異之乎○別彼列反

【疏】謂山至雌雄○正義曰謂之爲山者人意。蓋爲卑況爲岡爲陵乎今所見非高山乃岡陵也以興行君子之道者人意尚謂之爲淺況爲小人之行乎今在位非君子乃小人也王既任小人今民之訛僞之言相陷害者在位之臣曾無欲以德止之者既不能施德以止訛言而愛好鄙碎而共信徵祥召彼。無老宿舊有德者但問之占夢之事言其不尚道德侮慢長老也又君臣並不自知俱曰我身大聖唯各自矜而賢愚無別譬之於烏誰能知其雌雄者

謂天蓋高不敢不局。謂地蓋厚不敢不蹐維號斯言有倫有脊局曲也蹐累足也倫道脊理也箋云局蹐者天高而有雷霆地厚而有陷淪也此民疾苦王政上下皆可畏怖之言也維民號呼而發此言皆有道理所以至然者非徒苟妄爲誣辭○局本又作跼其欲反脊井亦反徐音積說文小步也維號音豪注同霆音庭又音挺淪音倫又倫峻反怖普故反號呼好路反誣音無

哀今之人胡爲虺蜴蜴螈也箋云虺蜴之性見人則走哀哉今之人何爲如是傷時政也○虺暉鬼反蜴星歷反字又作蜥螈音元

【疏】謂天至虺蜴○正義曰時人疾苦王政歌詠其事作者以其有理故取而善之時有人言謂此上天蓋實高矣而有雷霆擊人不敢

不曲其脊以敬之以喻己恐觸王之忌諱也謂此下地蓋實厚矣而有陷溺殺人不敢不累其足以畏之以喻己恐陷在位之羅網也言上下可畏如天地然此人心疾王政不敢指斥假天地以比之作者善其言故云維我號呼而發此言實有道理言王政實可畏此辭非虛也既上下可畏民皆避之故言哀哉今之人。可故而爲虺蜴也虺蜴之性見人則走民聞王政莫不逃避故言爲虺蜴也○傳局曲蹐累足○正義曰天在上身戴天而曲者曲身也足所以履地故知蹐累足說文云蹐小步也王述之曰言天高己不敢不曲身危行恐上觸忌諱也地厚己不敢不累足懼陷於在位之羅網也○箋局蹐至陷淪○正義曰箋以不敢者畏辭明有可畏故言天高而有雷霆地厚而有陷淪也淪沒也謂地震則有陷沒者○傳蜴螈○正義曰釋魚云蠑螈蜥蜴蜥蜴蝘蜓蝘蜓守宮也李巡曰一名蠑螈一名蜥蜴蜥蜴名蝘蜓蝘蜓名守宮孫炎曰別四名也陸機疏云虺蜴一名蠑螈。蜴也或謂之蛇醫如蜥蜴青綠色大如指形狀可惡如陸意蜥蜴與螈形狀相類水陸異名耳

瞻彼阪田有菀其特。言朝廷曾無桀臣箋云阪田崎嶇墝埆之處而有菀然茂特之苗喻賢者在閒辟隱居之時○阪音反又扶版反菀音鬱徐又於阮反崎起宜反嶇丘俱反墝苦交反埆戶角反又苦角反又音角閒音閑辟婢亦反

天之扤我如不我克扤動也箋云我我特苗也天以風雨動搖我如將不勝我謂其迅疾也○扤五忽反徐又音月迅音峻

彼求我則如不我得箋云彼彼王也王之始徵求我如恐不得我言其禮命之繁多

執我仇仇亦不我力仇仇猶謷謷也箋云王既得我執留我其禮待我謷謷然亦不問我在位之功力言其有貪賢之名無用賢之實○謷本又作慠五報反沈五刀反

【疏】瞻彼至我力○正義曰王政所以爲民疾苦由不能用賢視彼阪田墝埆之地有菀然其茂特之苗以興視彼空谷仄陋之處有傑然其秀異之賢然天之以風雨動搖我特苗如將不我特苗之能勝言風雨之迅疾也以喻。被王之以禮命以徵召我賢者如恐不我賢者之能得言禮命之繁多也及其得我則空執留我其禮待我謷謷然亦不問我在位之功力

珍倣宋版印

言小人貴名賤實不能用賢故政教所以亂也○傳言朝至桀臣○正義曰毛以詩意取菀苗。此賢者不舉原隰之苗而言阪田者反明朝廷曾無英傑之臣○傳仇仇猶謷謷○正義曰以釋訓云仇仇敖敖傲也義同故猶之郭璞曰皆傲慢賢者定本無猶字

心之憂矣如或結之今茲之正胡然厲矣厲惡也箋云茲此正長也心憂如有結之者憂今此之君臣何一然爲惡如是燎之方揚寧或滅之滅之以水也箋云火田爲燎燎之方盛之時炎熾熛怒寧有能滅息之者言無有也以無有喻有之者爲甚也○燎力詔反徐力燒反熾尺志反熛必遙反

赫赫宗周褒姒威。之宗周鎬京也褒國也姒姓也威滅也有褒國之女幽王惑焉而以爲后詩人知其必滅周也○褒補毛反姒音似鄭云字也威呼說反齊人語也字林武劣反說文云從火戌聲火死於戌陽氣至戌而盡本或作滅鎬胡老反

疏心之至威之○正義曰詩人見朝無賢者言我心之憂矣如有結之者言憂不離心如物之纏結也所以憂者今此之君臣爲人之長何一然爲惡如是矣言君臣俱惡無所差別也君臣惡極國將滅亡言燎火方奮揚之時炎熾熛怒寧有能滅息之者以喻宗周方隆盛之時王業深固寧有能滅亡之者言此二者皆盛不可滅亡也然此燎雖熾盛而水能滅之則水爲甚矣以興周國雖盛終將褒姒滅之則褒姒惡甚矣此二文互相發明見難之而能所以爲甚也故傳曰滅之者以水以反之於時宗周未滅詩人明得失之迹見微知著以褒姒淫妬知其必滅周也

終其永懷又窘陰雨窘困也箋云窘仍也終王之所行其長可憂傷矣又將仍憂於陰雨陰雨喻君有泥陷之難○窘求殞反字林巨畏反泥乃計反

其車既載乃棄爾輔大車重載又棄其輔箋云以車之載物喻王之任國事也棄輔喻遠賢也○遠于萬反

載輸爾載將伯助予將請伯長也箋云輸墮也棄女車輔則墮女之載乃請長者見助以言國危而求賢者已晚矣○爾載才再反注及下同將七羊反注皆同墮許規反本又作墮待果反

疏終其永至助予○毛以爲此及下章皆以商人之載大車

展轉爲喻言王之爲惡無心變改若終王之所行其長可哀傷矣王行既可哀傷又將至於傾危猶商人涉路既有疲勞又將困於陰雨商人之遇陰雨則有泥陷之難王行之至傾危必有滅亡之憂故以譬之商人慮有陰雨宜用輔以佐車今其車既載重矣乃棄爾之車輔反令車載溺也以喻王政慮有傾危宜用賢以治國今其既有大政矣乃棄汝之賢人反令國政亂也車既棄輔又遇陰雨則隳敗汝之車載既隳敗然後請長者助我則晚矣以喻國既棄賢又遇傾危則滅亡汝之國國家既滅矣然後求賢人佐己則亦晚矣王何不及其未敗用賢自輔乎○鄭唯以窘爲仍憂於陰雨爲異餘同○傳大車至其輔○正義曰考工記車人爲車有大車鄭以爲平地載任之車駕牛車也尚書云肇牽車牛遠服賈用是大車駕牛車也此以商事爲喻而云既載故知是大車也又爲車不言作輔此云乃棄爾輔則輔是可解脫之物蓋如今人縛杖於輻以防輔事也○箋輸墮○正義曰隱六年鄭人來輸平公羊傳曰輸平猶隳成何言隳成敗其成昭四年左傳曰寡君將隳幣焉服虔云隳輸也是訓輸爲隳壞之義子路將隳三都是也定本隳作墮

無棄爾輔員于爾輻員益也○員音云輻方六反

屢顧爾僕不輸爾載箋云屢數也僕將車者也顧猶視也念也○婁力注反又作屢數音朔下同

終踰絕險曾是不意箋云女不棄車之輔數顧女僕終是用踰度陷絕之險女不曾以是爲意乎以商事喻治國也

疏無棄至不意○正義曰此連上章以商事爲喻但反之教王求賢耳言此商人載大車當無棄爾之車輔益於爾之輸轉以喻王之治天下當無棄爾之賢佐益於爾之國事也商人既不棄輔又數顧念爾將車之僕汝能若是則輔車輻僕能勤御則得不隳敗爾之車載以喻王既不棄賢又善禮遇爾執政之相王能如此用賢益於國家相能幹職則得不傾覆爾之王業商人留輔顧僕之故終用踰度陷絕之險汝商人何得曾不以是輔僕爲意乎喻王用賢禮相之故終用是得濟免禍害之難汝何得曾不以是賢相爲意乎教王之用賢敬臣也箋雖不言以僕喻相但輔益輻以賢益國則僕將車自然似相執政也終踰絕險報上又窘陰雨以

珍倣宋版印

陰雨爲終久及難之事故鄭以窘爲仍　魚在于沼亦匪克樂潛雖伏矣亦孔之炤　沼池也箋云池魚之所樂而非能樂其潛伏於淵又不足以逃甚炤炤易見以喻時賢者在朝廷道不行無所樂退而窮處又無所止也○沼之紹反樂音洛注同炤音灼之君反易見夷豉反下如字又賢遍反　憂心慘慘念國之爲虐　慘慘猶慼慼也○慘七感反慼千歷反

疏　魚在至爲虐○正義曰上章教王求賢而王不能用故此章言賢者不得其所魚在於沼池之中爲人所驚駭不得逸遊亦非能有樂退而潛處雖伏於深淵之下亦甚於炤炤然易見不足以避網罟之害莫知所逃也以與賢者在於朝廷之上爲時所陷害不得行道意非能有樂退而隱居雖遁於山林之中又其姓名聞徹不足以遇苛虐之政莫知所於己爲之憂而心中慘慘然念國之爲虐也言王政暴虐賢人困厄己所以憂也　彼有旨酒又有嘉殽　言禮物備也箋云彼彼尹氏大師也○肴本又作殽戶交反　洽比其鄰昏姻孔云　洽合鄰近云旋也是言王者不能親親以及遠箋云云猶友也言尹氏富與兄弟相親友爲朋黨也○比毗志反云本又作員音同　念我獨兮憂心慇慇　慇慇然痛也箋云此賢者孤特自傷也○慇音殷又於謹反

疏　彼有至慇慇○毛以爲言幽王彼有旨酒矣又有嘉善之殽矣禮物甚備足矣唯知以此禮物協和親比其鄰近之左右與妻黨之昏姻甚相與周旋而已不能及遠人也王既不能及遠人國家將有危亡故念我獨憂王此政兮憂心慇慇然痛也○鄭以爲時權臣奢富親戚相黨故言彼尹氏有旨酒又有嘉殽會比其鄰近兄弟及昏姻甚相與親友爲朋黨也彼小人如此念我無祿而孤獨兮憂心慇慇然孤特自傷耳○箋彼彼尹氏大師○正義曰此與上篇非一人所作而以彼爲尹氏者以尹氏官爲太師上篇刺其專政則幽王之臣奢富朋黨者唯尹氏耳故知彼彼尹氏也○傳言王至及遠○正義曰傳解昏姻相親乃是美事而以爲刺者言幽王唯知親比鄰近昏姻而已不能以此親親之情而及於遠人故王肅云言王但以和比其鄰近左右與昏姻其親友而已不能親親

以及遠
佌佌彼有屋蔌蔌方有穀佌佌小也蔌蔌陋也箋云穀祿也此言小人富而窶陋將貴也○佌音此說文作囟音徙蔌音
速方穀本或作方有穀非也窶其矩反一音慮民今之無祿天夭是椓君夭之在位椓之箋云民於今而無祿者天以薦瘥夭殺之是
王者之政又復椓破之言遇害甚也○夭於兆反又於遙反災也椓陟角反哿矣富人哀此惸獨哿可獨單也箋云此言王政如是富
人已可惸獨將困也○哿哥我反

**疏**佌佌至惸獨○毛以為佌佌然之小人彼已有室屋之富矣其蔌蔌窶陋者方有爵祿之貴矣王者厚斂重賦寵貴
小人故使得如此也哀此下民今日之無天祿而王天害之在位又椓譖之是其困之甚也王政如此雖天下普遭其害可矣富人猶有財貨以供之哀哉此
單獨之民窮而無告為上天椓將致困病故甚可哀也○鄭唯天夭是椓為異餘同○傳君夭之在位椓之○正義曰毛以天斥王者故為君天之夭既為君
故椓為在位也○箋民以至害甚○正義曰箋以夭是蒙殺之辭宜天之所為故云天以薦瘥夭殺之夭既為天則椓為王者故云王者又椓破之謂農時而
役厚斂其財人以財盡猶椓使破壞然椓如椓杙之椓謂打之也

正月十三章八章章八句五章章六句



珍倣宋版印

阮元撰盧宣旬摘錄

○節南山

頌及風頌正經 閩本明監本毛本同案下頌字浦鏜云當雅誤是也

爲周文公之頌則二篇 閩本明監本毛本同案十行本公至篇剜添者一字

所以國傳重也 閩本明監本毛本同案當作箋

桓七年天王使家父來求車 閩本明監本毛本同案浦鏜云十五誤七是也正義下文可證

此言不廢作在平桓之世 閩本明監本毛本同案言當作詩

維石巖巖 唐石經小字本相臺本同案釋文云巖巖如字本或作嚴音同正義本是巖字考巖字是也傳云巖巖積石貌箋云喻三公之位人所尊嚴箋以嚴說巖者詁訓之法也經義雜記以爲經本作嚴不得箋意又以爲正義本釋文本皆作嚴尤失其實又引羣經音辨不知賈昌朝所載卽釋文或作本耳

憂心如惔 唐石經小字本相臺本同案正義云如惔之字說文作炎釋文云惔徒藍反又音炎燔也韓詩作炎字書作焱說文作炎字五經文字心部云惔見小雅考釋文云字書作焱故轉寫而爲惔詩經小學云毛詩本作如炎或同韓詩作如炎不知何人始作如惔惔憂也豈憂心如憂乎又於說文惔下妄加詩曰憂心如惔今考說文惔下當是引詩曰憂心如炎以解惔字從炎之意不知者誤改爲惔耳

不敢相戲而言語小字本相臺本同閩本明監本毛本亦同案正義云不敢相戲而談語又云故言又畏汝之威不敢相戲而談語也是言當作談考文古本作談采諸正義也

斬斷監視也小字本相臺本同案釋文以斷也作音是其本斷下有也字考文古本有

小熱也補釋文校勘記通志堂本同盧本熱作爇云爇舊作熱據說文改案所改是也

具瞻少酋嚴之狀補毛本酋作尊案尊字是也

訓爲小熟也閩本明監本毛本同案浦鏜云爇誤熟是也

明所憂者刑罰之成閩本明監本毛本同案浦鏜云成疑威字譌是也

又以草木平滿其旁倚之畎谷小字本相臺本同案此正義本也正義云有以草木平滿其傍倚之畎谷又云故知以草木平滿其傍之甽谷正義中餘甽字同甽畎一字也釋文云山畎本亦作甽是甽谷釋文本作山畎也正義又云定本云又以草土平滿其傍倚之山以木爲土恐非考定本山下當是亦有畎字與釋文本同正義不備引耳

薦重瘥病小字本相臺本同案釋文以重也作音是其本重下有也字考文古本有

節彼事懲嗟補毛本事作至案所改是也

能實甽唯草木也閩本明監本毛本同案浦鏜云甽下當脫谷字是也

故責之曾無恩德止之者閩本明監本毛本同案責下之字當作云

俾民不迷唐石經小字本相臺本同案釋文云卑本又作俾同後皆放此正義本今無可考

氐當作柢鍺之柢小字本相臺本同案釋文云柢之實反又丁履反礙也本或手旁至者誤也段玉裁云當是抵字誤柢是也別體字抵作扺與柢字形近

秉持國之正平閩本明監本毛本之正誤政之

若四圭爲邸閩本明監本毛本同案浦鏜云有誤爲是也

說文云柢車鍺也閩本明監本毛本同案浦鏜云今說文無是也考正義所引說文如第嫺摻湌等字皆與說文不合當是正義自誤以他書爲說文耳非字有譌也

勿當作末小字本相臺本同考文古本同閩本明監本毛本末作未下及正義中同案末字是也此箋末罔卽漢書谷永傳之末殺正義云末略欺罔也

式夷式已唐石經小字本相臺本同案釋文云式已毛音以鄭音紀正義云易傳者以上文欲王躬親爲政則宜爲己身之己不宜爲已止也段玉裁云傳云用平則已無以小人之言至於危殆也作一句讀未必毛音以也

用能紀理其事也閩本明監本毛本同小字本相臺本也作者考文古本同案者字是也考此箋以紀說己乃詁訓之法考文古本改

紀爲己者不得箋意盧文弨從之非也

瑣瑣姻亞唐石經小字本相臺本同案釋文云瑣瑣素火反小也本或作璅非也璅音早考文古本作璅采釋文而誤也旄丘釋文云璅兮依字作瑣亦其證

必天下之民補閩本明監本毛本同案必當作汝形近之譌

夷易違去也小字本相臺本同案釋文以易也作音是其本易下有也字考文古本有

無民之所不爲皆化於上也閩本明監本毛本無字在之下案皆誤也當云民之所爲無不皆化於上也

民既化上上爲惡亦當效上爲惡亦當化上爲善閩本明監本毛本下亦字上有上爲善三字案所補非也此當云民既化上爲惡亦當化上爲善複衍上爲惡亦當效上七字寫者之誤也

是今昊天之辭閩本明監本同毛本今作令案所改是也

此正與祖伊諫皆同義忠臣殷勤之閩本明監本毛本作此正與祖伊諫皆同忠臣殷勤之義案皆同當作同皆

謷謷然至俠閩本明監本毛本俠作狹案所改是也

集本云大辯是爭閩本明監本毛本同案浦鏜云大辯下疑脫辯字是也本當作注見前

冀上改悞而已　閩本明監本毛本悞作悟案所改是也

○正月

是由王急酷之異　閩本明監本毛本異誤刑

則非常霜之月　閩本明監本毛本常誤當

夏七月甲戌朔　閩本明監本毛本同案浦鏜云六誤七是也

正純陽之月傳稱慝未作　閩本明監本毛本同案十行本之至稱剜添者一字

致常寒之氣來順之　閩本明監本毛本常誤恆

女口一爾　小字本相臺本同閩本明監本毛本亦同案爾當作耳正義云女口一耳是其證

憂心愈愈　毛本心誤憂明監本以上皆不誤

又此病我之先　閩本明監本毛本病下有不從二字案所補是也

文王雖受命之王　閩本明監本毛本同案文下王字當作武與下互換

訴上世之哲氏　閩本明監本毛本氏作民案皆誤也民當作王與上武字互換而又有譌也

故此病遭暴之政而病也　閩本明監本毛本暴下有虐字案所補是也上病字衍

則役之圜土小字本相臺本同閩本明監本毛本亦同案六經正誤云作圜誤與國建本皆作圜周禮作圜是也釋文云圜音圓

視烏集於富人之室閩本明監本毛本同小字本相臺本室作屋考文古本同案室字誤也

是無祿世閩本明監本毛本世作由案所改非也世當作也形近之譌

輕者役於圓土閩本明監本毛本圓作圜下同案所改非也注作圜正義作圓圜圓古今字易而說之也例見前

弗受冠飾也閩本明監本毛本同案浦鏜云使誤受以周禮注考之浦校是

無罪知彼刑殺者閩本明監本毛本同案浦鏜云彼疑被字譌是也

伊讀當爲緊小字本相臺本同案釋文以作緊作音是其本爲字作作也正義本今無可考

王迷之云王既有所定也閩本明監本毛本脫王字迷之作述之案述字是

故老召之閩本明監本毛本同小字本相臺本召之作元老考文古本同案召之誤也

人意盡猶以爲卑補毛本盡作蓋

召彼無老宿舊有德者閩本明監本毛本無作故案皆誤也無當作元因別體字無作无而譌也

不敢不局唐石經小字本相臺本同案釋文云局本又作跼正義標起止云傳局曲又云箋局蹐是其本作局考文古本作跼采釋文

胡爲虺蜴唐石經小字本相臺本同案釋文云蜴星歷反字又作蜥段玉裁云說文無蜴字蓋蜴卽蜴之或體也詳詩經小學

故言今之人可故而爲虺蜴也補毛本可作何案何字是也

一名蠑螈蜴也閩本明監本毛本同案盧文弨於蜴上補水字是也下文云水陸異名耳可證

以喻被王之以禮命補毛本被作彼

毛以詩意取菀苗此賢者閩本明監本毛本同案浦鏜云比誤此是也

褒姒威之唐石經小字本相臺本同案釋文云威本或作滅考傳云威滅也說文威下同引此詩是字本作威或作本非也他書多引作滅非毛氏詩正字

終是用踰度陷絕之險小字本同閩本明監本毛本同相臺本是用作用是考文古本同案相臺本是也此誤倒

女不曾以是爲意乎閩本明監本毛本同小字本相臺本不曾作曾不案曾不是也

汝能若是則輔車輜閩本明監本毛本同案車當作益

但輔益輜以賢益國閩本明監本毛本同案以當作似

莫知所於閩本明監本毛本於作逃案於字是也此承上於朝廷於山林而言

言尹氏富與兄弟相親友閩本明監本毛本同小字本相臺本與上有獨字考文引古本亦同案有者是也

會比其鄰近兄弟及昏姻毛本同閩本明監本會誤合

蔌蔌方有穀　唐石經小字本相臺本同案釋文云方穀本或作方有穀非也正義云方有爵祿之貴矣是其本與或作同戴震毛鄭詩考正云當從釋文爲正

天夭是椓　唐石經小字本相臺本同案後漢書蔡邕傳天夭作夭夭是譌字蜀石經亦誤天爲夭見詩經小學中

富人已可　小字本相臺本同考文古本同閩本明監本毛本已誤猶

箋民以至害甚　閩本明監本毛本以作於案所改是也

# 附釋音毛詩注疏卷第十二（十二之二）

毛詩小雅　鄭氏箋　孔穎達疏

十月之交大夫刺幽王也當爲刺厲王作詁訓傳時移其篇第因改之耳節刺師尹不平亂靡有定此篇譏皇父擅恣日月告凶正月惡褒姒滅周此篇疾豔妻煽方處又幽王時司徒乃鄭桓公友非此篇之所云番也是以知然〇刺幽王毛如字鄭改爲刺厲王從此至小宛四篇皆然節在結反父音甫後皇父皆同惡烏路反番方袁反徐甫言反本或作潘音同韓詩作繁下同

疏十月八章章八句〇正義曰毛以爲刺幽王鄭以爲刺厲王經八章皆刺王之辭此下及小宛序皆刺幽王鄭以爲本刺厲王毛氏移之事既久遠不審實然以否縱其實然毛既移其篇第改厲爲幽卽以爲幽王說之故下傳曰豔妻褒姒是爲幽王之事則四篇皆如之今各從其家而爲之義不復強爲與奪〇箋當爲刺厲王至是以知然〇正義曰鄭以此篇本六月之上爲刺厲王詩毛氏移之於此改厲爲幽今本其舊而爲之說故云當爲刺厲王也作詁訓傳者毛公也毛公漢初時人故譜云漢興之初師移其第作詁訓傳時是漢初也其改之意已具於譜鄭既言當爲厲王又自檢其證節刺師尹不平亂靡有定此篇譏曰皇父擅恣日月告凶事國家之權任天下之責不得並時而有二人彼是幽王知此非幽王也正月惡褒姒滅周此篇疾豔妻煽方處敵夫曰妻王無二后褒姒是幽王所嬖豔妻非幽王之后鄭語云幽王八年桓公爲司徒此篇云番維司徒一官不得二人爲之故又云幽王時司徒乃鄭桓公友爲之非此篇之所云番是以知之言由此知幽當爲厲也毛以豔妻爲褒姒美色曰豔則褒姒豔妻爲一鄭必爲別人者以詩論天子之后非如曲說邪淫不當以色名之中候曰剡者配姬以放賢剡豔古今字耳以剡對姬剡爲其姓以此知非褒姒也鄭桓公幽王八年始爲司徒知非代番爲之者以番爲司徒在豔妻方盛之時則豔既爲后番始爲司徒也鄭語說桓公既爲司徒方

問史伯史伯乃說褒姒之事其末云竟以爲后則桓公初爲司徒褒姒仍未爲后以此知桓公不得與番相代也凡例別嫌明疑以本文爲主故鄭先以詩上下校之後乃言鄭桓公也中候擿雒貳曰昌受符厲倡孽期十之世權在相又曰剡者配姬以放賢山崩水潰納小人家伯罔主異載震既言昌受符爲王命之始即云期十之世自文數之至厲王除文王爲十世也剡與家伯與此篇事同山崩水潰即此篇百川沸騰山冢崒崩是也如此中候之文亦可以明此爲厲王但緯候之書人或不信故鄭不引之鄭檢此篇爲厲王其理欲明而知下三篇亦當爲刺厲王者以序皆言大夫其文大體相類十月之交雨無正卒章說己留彼去念友之意全同小旻小宛卒章說怖畏罪辜恐懼之心如一似一人之作故以爲當刺厲王也王肅皇甫謐以爲四篇正刺幽王孫毓疑而不能決其評曰毛公大儒明於詁訓篇義誠自刺厲王無緣横移其第改爲幽王鄭君之言亦不虛耳是以惑疑無以斷焉竊以褒姒龍漦之妖所生褒人養而獻之無有私黨皇父以下七子之親而今在位若此之盛也又尚書緯說豔妻謂厲王之婦不斥褒姒又雨無正有周宗既滅靡所止戾之言若是幽王既爲犬戎所殺則無所刺若王尚存不得謂之既滅下句言正大夫離居莫之我勩莫肯夙夜莫肯朝夕庶曰式臧覆出爲惡之言鄭箋皆謂厲王流于彘之後於義爲安是其言雖不能決而其意謂鄭爲長也若如鄭言毛詩爲毛公所移四篇容可在此今韓詩亦在此者詩體本是歌誦口相傳授遭秦滅學之後衆儒不知其次齊韓之徒以詩經而爲章句與毛異耳非有壁中舊本可得憑據或見毛次於此故同之焉不然韓詩次第不知誰爲之

十月之交朔月。辛卯日有食之亦孔之醜之交日月之交會醜惡也箋云周之十月夏之八月也八月朔日日月交會而日食陰侵陽臣侵君之象日辰之義日爲君辰爲臣辛金也卯木也又以卯侵辛故甚惡也○夏戶雅反彼月而微此日而微月臣道日君道箋云微謂不明也彼月則有微今此日反微非其常爲異尤大也今此下民亦孔之哀箋云君臣失道災害將起故下民亦甚可哀

疏十月至之

珍倣宋版印

哀○毛以爲幽王之時正在周之十月夏之八月日月之交會朔月辛卯之日以此時而日有食之此其爲異亦甚之惡也何則日食者月揜之也月食日爲陰侵陽臣侵君之象其日又是辛卯辛是金卯是木金常勝木今木反侵金亦臣侵君之象臣侵君逆之大者一食而有二象故爲亦甚惡也所以爲甚惡者日君道也月臣道也君當制臣似月應食臣不當侵君似日不應食故言彼月而容有被食不明今此日而反被食不明以日被月食似君被臣侵非其常事故爲異尤大也異既如此災害將生災害一起天下蒙毒故今此下民亦甚可哀傷矣○鄭唯厲王時爲異○傳之交日月之交會○正義曰交者日月行相逮及交而會聚故云交會也日月交會謂朔日也此言十月之交卽云朔月辛卯朔月卽是之交爲事也古曆緯及周髀皆言周天三百六十五度四分度之一日月皆右行於天日日行一度月日行十三度十九分度之七是月行疾日行遲二十九日有餘而月行天一周追及於日而與之會是會之交也每月皆交會而月或在日道表或在日道裏故不食其食要於交會又月與日同道乃食也○箋周之至甚惡正義曰詩之言月皆據夏時而知此周十月夏八月者推度災曰十月之交氣之相交周十月夏之八月緯雖不可盡信其言主以釋此故據之以爲周十月焉日月交會而日食陰侵陽臣侵君之象以日食者月食之也故何休曰不言月食之者其形不可得而覩故疑言日有食之月食日是陰侵陽也下傳曰月臣道日君道是臣侵君之象日辰之義者月令其日甲乙是從甲至癸爲日也左傳曰辰在子卯又曰辰在申是從子至亥爲辰也雖十日甲剛乙柔其中有五剛五柔要十日皆爲幹故日爲君也而十二辰亦子陽丑陰其中有六陽六陰以對十日皆爲支故辰爲臣言此者解詩本言辛卯日食之意日食陰侵陽而以辛卯日卯比臣辛比君是爲卯侵辛也辛日以辰侵日而日爲金辰爲木金應勝木反侵金是五行相逆猶君臣顛倒故言亦甚惡也案此朔月辛卯自是所食之月知取金木爲義者推度災曰及其食也君弱臣強故天垂象以見徵辛者正秋之王氣卯者正春之臣位日爲君辰爲臣八月之日交卯食辛矣辛之爲君幼弱而不明卯之爲臣秉權而爲政故辛之

言新陰氣盛而陽微。生其君幼弱而任卯臣也以此緯文故知取卯侵辛爲義如緯之意以辛王在秋八月用事卯位在春秋當休廢思臣以休廢之時能侵當王之君是陰盛陽微之象緯意又取剛柔爲義以辛是柔日又辛之言新言微陽新用事也卯位正春強臣之象故云君幼弱臣秉權以權臣陵弱君故爲醜也此箋直言卯侵辛不言君弱臣強者陰陽之事容有多塗故舉金木爲正餘略之也昭二十一年秋。正月壬午朔日有食之以午食壬似卯侵辛傳言不爲災者彼爲夏之五月午當用事壬應休廢又壬爲剛日非是弱君故與此不同也若然此八月卽秋分之時也左傳曰二至二分日有食之不爲災日月之行分同道也至相過也其他月卽爲災此亦分月而云孔醜者然日者太陽之精至尊之物不宜有所侵侵之則爲異但聖賢因事設教以爲等級耳左傳曰唯正月朔慝未作日有食之於是乎有用幣於社伐鼓於朝其餘則否是以日食之中分爲差降也以正月爲夏之四月純陽用事而日又爲陽於時最盛尤不宜爲陰所侵故爲最重而特用鼓幣也其他月則非正陽故爲差輕也至於二至二分固有分至之名宜若同道相過有可食之理故爲尤輕也計古今之天度數一也日月之食本無常時故曆象爲日月交會之術大率以百七十三日有奇爲限而日月行天各自有道雖至朔相逢而道有表裏若月先在裏依限而食者多若月先在表雖依限而食者少杜預見其參差乃云日月動物雖行度有大量不能不少有盈縮故有雖交會而不食者或有頻交而食者唯正陽之月君子忌之是日月食無常時非分至之月必相食也正以二分晝夜等有類之同道二至長短極似若相過因名示義非實然也以日體一也食之輕重假理示義其實日食皆爲異矣故鄭駁異義引此詩云彼月而食則維其常此日而食于何不臧則非常爲異明謂此爲非常明春秋爲示義也若人君改過修善雖正陽之月禍亦可消若長惡遂非雖分至之月亦將有咎安得二至二分獨不爲災也昭七年四月甲辰朔日有食之是春分之月傳稱魯衞惡之衞大魯小。云衞地如魯地於是有災魯實受之大咎其衞君乎魯將上卿其年八月衞侯惡卒十一月季孫宿卒此分月日食有災之驗也且日之有食象臣之

珍倣宋版印

侵君若云日有可食之時則君有可殺之節理豈然乎以此知雖在分至非無災咎故此食在夏之八月云為異尤大也然日月之食於算可推而知則是雖數自當然而云為異者人君者位貴居尊恐其志移心易聖人假之靈神作為鑒戒耳夫以昭昭大明照臨下土忽爾殲亡俾晝作夜其為怪異莫斯之甚故有伐鼓用幣之儀貶膳去樂之數皆所以重天變警人君者也而天道深遠有時而驗或亦人之禍釁偶與相逢故聖人得因其變常假為勸戒使智達之士識先聖之深情中下之主信妖祥以自懼但神道可以助教而不可以為教神之則惑衆去之則害宜故其言若有若無其事若信若不信期於大通而已矣經典之文不明言咎惡而公家董仲舒何休及劉歆等以為發無不應是知言徵祥之義未悟勸沮之方杜預論之當矣日月之食大率可推步而知亦有不依交限而食者襄二十四年秋七月甲子朔日有食之既八月癸巳朔月有食之於法算前月之日食既則後月不得食而春秋有之又此經云日月告凶不用其行箋云行道度也不用之者謂相干犯則此依交限以否未可知也古之曆書亡矣今世有周曆魯曆者蓋漢初為之其交無遲疾盈縮考日食之法而其上年月已往參差是以漢世通儒未有以曆考此辛卯日食者而王基獨云以曆考此辛卯日食者而王基獨云以曆校之自共和以來當幽王世無周十月夏八月辛卯交會欲以此會為共和之前其在共和之前則信矣而校之則無術說者或據世以定義矣○箋微謂至其常○正義曰下章云彼月而食此日而食與此微同則不明謂日月被食而不明也謂之微者取君微弱之義下云彼月而食則維其常月食為常則日食為非常故云此日反微非其常也周禮春官大司樂云日月食令去樂秋官庭氏有救日月之弓矢昏義云陰事不修謫見於天月為之食漢書天文志曰凡日食修德月食脩刑如此則月食相類而云常者義取君可無理殺臣臣不有以犯君故以日食為重耳不謂月食非異也

日月告凶不用其行四國無政不用其良箋云告凶告天下以凶亡之徵也行道度也不用之者謂相干犯也四方之國無政治者由天子不用善人也○治直吏反

彼月而

食則維其常此日而食于何不臧箋云臧善也

疏日月至不臧○毛以為幽王時所以日有食之者日月告天下以王有凶亡之徵故不用其常道度所以橫相干犯也又所以有凶亡之徵者以今四方之國無政者由天子不用其善人故也由王不用善凶亡將至故告之也又言日食為大惡之事彼月而食雖象非理殺臣猶則是其常道今此日而反食於何不善乎猶言一何不善為不善之大是凶亡之徵也招七年左傳晉侯問於士文伯曰詩所謂此日而食于何不臧何也對曰不善政之謂也國無政不用善則自取謫於日月之災故政不可不慎是也○鄭唯厲王時為異

爗震電不寧不令爗爗震電貌震雷也箋云雷電過常天下不安政教不善之徵○爗于輒反

百川沸騰山冢崒崩沸出騰乘也山頂曰冢箋云崒者崔嵬百川沸出相乘陵者由貴小人也山頂崔嵬者崩君道壞也○沸甫味反崒舊子恤反徐子綏反宜依爾雅音徂恤反本亦作卒頂丁冷反崔徂回反爾雅作歷才規反嵬五回反爾雅作巖五規反

高岸為谷深谷為陵言易位也箋云易位者君子居下小人處上之謂也○處昌呂反

哀今之人胡憯莫懲箋云憯曾懲止也變異如此禍亂方至哀哉今在位之人何曾無以道德止之○憯七感反亦作慘

疏爗爗至莫懲○毛以為幽王時不但日食又爗爗然有震雷之電其聲駭駛過常令使天下不安止由王政教不善之徵所致也又當時天下有百川之水皆溢出而相乘水流趍下小人之象今溢出由貴小人在上也又時山之冢頂高峯之上崒然崔嵬者皆崩落山高在上君之象今崩落是君道壞也於時又高大之岸陷為深谷谷岸應處上今陷而在下由君子居下故也又深下之谷進出為陵谷應處下今進而上由小人處上故也變異如此禍亂方至哀哉今在位之人何曾無肯行道德消止此異者但尚德省刑退不肖進君子則此異止矣此所陳皆當時實事震電既言不寧不令由所致育象在下致皆有象矣故箋皆以象解之推度災曰百川沸騰衆陰進山冢崒崩人無仰高岸為谷賢者退深谷為陵小臨。卽是也○鄭唯厲王時為異○傳山頂曰

珍倣宋版印

冢至箋乘陵○正義曰釋山云山頂冢孫炎曰謂山巔也又云崒者厜子規反㕒語規反郭璞曰謂山峯頭巉岩者意或作嵯峨此經作。崒箋作崔嵬者雖。子則爾雅小異義實同也徐邈以崒子恤反則當訓爲盡於時雖大變異不應天下山頂盡皆崩也故鄭依爾雅爲說百川沸出相乘陵者謂衆陰盛也水泉溢時衆川多然故舉百成數也周語曰幽王三年西周三川皆震伯陽父曰周將亡矣昔伊洛竭而夏亡河竭而商亡今周若二代之季其川源必塞塞必竭夫國必依山川山崩川竭亡國之徵是歲三川竭此言百川沸騰與彼三川震不同也何者此有沸出相乘水盛漫溢而已非震之類也彼幽王之時云若二代之季若厲王時已百川皆震不當遠比二代之末以此知沸騰非震也彼云三川震此云百川沸又知此詩非幽王時也鄭以爲當刺厲王於義實安皇父

卿士番維司徒家伯維宰仲允膳夫聚子內史蹶維趣馬楀維師氏豔妻煽方處。豔妻褒姒美色曰豔煽熾也箋云皇父家伯仲允皆字番聚蹶楀皆氏厲王淫於色七子皆用后嬖寵方熾之時並處位言妻黨盛女謁行之甚也敵夫曰妻司徒之職掌天下土地之圖人民之數冢宰掌建邦之六典皆卿也膳夫上士也掌王之飲食膳羞內史中大夫也掌爵祿廢置殺生予奪之法趣馬中士也掌王馬之政師氏亦中大夫也掌司朝得失之事六人之中雖官有尊卑權寵相連朋黨於朝是以疾焉皇父則爲之端首兼擅羣職故但目以卿士云○聚側留反蹶俱衛反趣七走反注同趣馬官名楀音矩弓禹反豔餘贍反鄭云豔妻厲王后煽音扇說文作傓云熾盛也處一本作熾熾尺志反盛也嬖必計反朝直遙反下同擅市戰反【疏】皇父至方處○毛以爲當刺幽王時皇父爲卿士之官謂卿之有事兼擅羣職也其番氏維爲司徒之卿家伯維爲冢宰之卿仲允爲膳夫聚氏之子爲內史蹶氏維爲趣馬楀氏維爲師氏之官此七人於豔妻有寵熾盛方甚之時並處於位由褒姒有寵私請於王使此七人朋黨於朝言王政所以亂也褒姒有親黨者以褒國所養以爲本親故有此族黨又此文不言是其婚戚或可諂佞於事爲之朋黨不必盡是甥舅之親○鄭以

爲厲王時豔爲后爲異○箋皇父至士云○正義曰皇父及伯仲是字之義故知皇父家伯仲允皆字蓋與后同姓剡也其番聚蹶楀單言人聚子以子配之若曾子閔子然故知皆氏蓋后氏之外親也春秋緯說湯遭大旱以六事謝過其一云女謁行與謁請也謂婦人有寵。謂用親戚而使其言得行今七人並處大位言妻黨彊盛女謁行之甚也曲禮云天子之妻曰后此不言后而言妻以其敵夫故言妻也妻之言齊齊於夫也雖天子之尊其妻亦與夫敵也自司徒之職至得失之事其言皆出於周禮知是卿大夫士者皆序官之文所掌皆一在其職之文因此以寵相連故詳其官之尊卑及所掌之事焉序官之大司徒卿一人冢宰卿一人故云皆卿也六典者謂治典教典禮典政典刑典事典也序官趣馬下士一人此言中士者誤也定本亦誤彼言掌贊正良馬即正馬之政也師氏云掌國中失之事雖中爲中禮亦是得義故杜子春云中當爲得以義引之故爲得也司朝即是國也此云家伯維宰周禮有太宰卿小宰。卿大夫宰夫下大夫鄭司農宰夫注云詩人曰家伯維宰謂此宰夫也王肅以此宰爲小宰鄭以爲冢宰者以宰夫等經傳之中未有單稱宰處冢宰。之單稱宰猶宰猶司徒以下不稱大故序官云太宰小宰不言冢是冢者大處以對小故天官注云百官總焉謂之冢列職於王則稱大以小司徒小宗伯不得單稱司徒宗伯要以小配之是小宰亦不得單稱宰也今此宰夫既是其佐對司徒內史等六官是列職之事五者皆是一官之長宰不當獨爲太宰之佐以此知家伯維宰是家宰也趣馬下士膳夫上士耳得與司徒家宰同列於詩者鄭解其意六人之中雖官有尊卑而此六人權寵相連共朋黨於朝是以疾焉然官高者勢大勢大者黨甚放此大率以官高爲先而有不次者便文以取韻也又解發首先言皇父不言官名之意皇父則爲此六子之端首兼擅。曰。宰職故。但以卿士云言兼擅者於六卿之外更爲之都官總統六官之事兼雜爲名故謂之卿士

抑此皇父豈曰不時胡爲我作不即我謀

徹我牆屋田卒汙萊之時是也下則汙高則萊箋云抑之言噫噫是皇父疾而呼之女豈曰我所爲不是乎言其不自知惡也女何爲役作

珍倣宋版印

我不先就與我謀使我得遷徙乃反徹毀我牆屋令我不得趨農田卒爲汙萊乎此皇父所築邑人之怨辭○徙抑如字辭也徐音噫韓詩云意也汙音烏注同萊音來噫於其反下同令力呈反反趣七住反本又作趨七俱反曰予不戕。禮則然矣箋云戕殘也言皇父既不自知不是反云我不殘敗女田業禮下供上役其道當然言文過也○戕在良反王作臧臧善也孫毓評以鄭爲改字共音恭本亦作供

疏抑此至然矣○毛以爲小人自矜謂舉無不當皇父以親寵封於畿內既封卽築都邑令邑人居之先毀牆屋而後令遷邑人廢其家業故述其情以責之言噫是皇父汝所舉事豈肯曰我所爲不是乎言其不自知皆謂己爲是也汝何爲使我役作築邑之日不先就與我謀告我遷期使豫治田事徑卽徹毀我牆屋令我築邑廢我農業使我田之高下知爲汙萊乎而皇父非但不自知耳反曰我不殘敗汝田業也今汝徹牆廢田供事我者於禮則當然矣言禮法下供上役故也皇父奢殘自恣反云禮法當然歌而惡之鄭以厲王時爲異○傳下則汙高則萊○正義曰汙者池停水之名故禮記曰汙其宮而瀦焉是也萊者草穢之名楚茨云田萊多荒是也下田可以種稻無稻則爲池高田可以種禾無禾則生草故下則汙高則萊

皇父孔聖作都于向擇三有事亶侯多藏皇父甚自謂聖向邑也擇三有事有司國之三卿信維貪淫多藏之人也箋云專權足己自比聖人作都立三卿皆取聚斂之臣言不知厭也禮畿內諸侯二卿○向式亮反下及注同亶都但反信也藏才浪反注同厭於鹽反不憖遺一老俾守我王箋云憖者心不欲。自彊之辭也言盡將舊在位之人與之皆去無留衛王○憖魚覲反爾雅云願也強也且也韓詩云誾也強其丈反擇有車馬以居徂向箋云又擇民之富有車馬者以往居于向也

疏皇父至徂向○毛以爲皇父非徒困苦邑人又矜貪無厭言皇父不自知甚自謂己聖而作都于向之時則擇立三有事之卿信維是貪淫多藏之人擇此貪人爲卿欲使聚斂歸己其發向邑之時盡將舊在位之人與之俱去不肯憖然強欲遺留一老使之守衛我王又擇民之富有車馬

者令往居向邑上章言其築邑此章言其往時○鄭唯厲王時爲異○箋專權至二卿○正義曰箋解自謂聖意以由專權而爲知足於己自以高官厚祿謂己智能得之以爲天下莫若己自比聖人是自謂聖人也以三有事文承作都故爲立三卿多藏者言其多藏財貨故言皆取聚斂之臣用使之聚斂是不知厭也禮畿內諸侯二卿者太宰云乃施則於都鄙而建其長立其兩設其伍注云兩謂兩卿伍謂伍大夫言都鄙是畿內故王制注云見畿內之國二卿是也其伍大夫與畿外同言此者明皇父當二卿今立三有事是自同畿外增一卿以比列國也又取多藏者是不知厭也則不知厭亦兼解三卿意也知皇父封不在畿外者以刺之云擇三有事明其不應三而三故知是畿內也左傳說桓王與鄭十二邑向在其中杜預云河內軹縣西有地名向上則向在東都之畿內也○箋憖者至衞王○正義曰說文云憖肯從心也言初時心所不欲後始勉强而肯從故云心不欲自强之辭一老是舊在位故言盡將舊在位之人與去皇父所屬之臣自然當從言舊在位蓋王官列職皇父欲矜刑勢盡將往向故言無留衞王其至向亦當反但去時盡將之耳定本及集本云憖者心不欲强之辭也○箋又擇至于向○正義曰知擇民者以朝臣不遺一老則盡行矣且朝臣皆有車馬無所可擇民之富有者以往居於向民有定屬何得擇而往者皇父擅恣强偪將之所以刺其貪也

黽勉從事不敢告勞

箋云詩人賢者見時如是自勉以從王事雖勞不敢自謂勞畏刑罰也○黽民允反本又作僶同

無罪無辜讒口囂囂

箋云囂囂衆多貌時人非有辜罪其被讒口見椓譖囂囂然○囂五刀反韓詩作嗸嗸

下民之孽匪降自天噂沓背憎職競由人

噂猶噂噂沓猶沓沓職主也箋云孽妖孽謂相爲災害也下民有此言非從天墮也噂噂沓沓相對談語背則相憎逐爲此者由主人也○孽魚列反噂子損反說文作僔云聚也沓本又作沓同徒荅反背蒲妹反注同隋徒火反

疏黽勉至由人○毛以爲幽王之臣擅恣若此故詩人言黽勉然自勉以從王事雖勞不敢告勞苦於上也所以然者以時無罪無辜尚彼讒口所譖囂囂

珍倣宋版印

然己畏刑罰故不敢告也在上既信讒言下民競相讒。匿言使下民之有妖孽相與爲災害者非降從天墮也今下民皆噂噂沓沓相對談語背去則相憎疾衆人皆主意競逐爲此行者主由人耳由在位信讒故民皆競爲此以相災害非從天墮也○鄭以厲王時爲異○箋孽妖至由人○正義曰妖孽者上天降災之名。天以讒佞相害亦如天之妖災謂民之災害爲妖孽故云孽謂相爲災害也尚書云天作孽猶可違自作孽不可逭亦謂人自害爲孽與此同也。天孽從天而來此則人自爲之故云下民有此言非從天墮也憎言背者則噂沓爲未背時故云噂噂沓沓相對談語也則背憎爲相椓譖矣逐者猶人走相追逐唯恐不先言其競爲之甚也

悠悠我里亦孔之痗 悠悠憂也。里。居也痗病也箋云里居也悠悠乎我居今之世亦甚困病○里如字本或作瘇後人改也痗莫背反又音悔本又作悔 四方有羨我獨居憂 羨餘也箋云四方之人盡有饒餘我獨居此而憂○羨徐箭反 民莫不逸我獨不敢休 箋云逸逸豫也 天命不徹我不敢傚我友自逸 徹道也親屬之臣心不能已箋云不道者言王不循天之政教○傚戶教反

疏悠悠至自逸○毛以爲詩人見王政之惡如此故言悠悠乎可憂也爲此而病亦甚困病矣今四方之民盡有饒餘我獨居此而憂又民莫不得優遊自逸我獨不敢休息以王之教命不循昊天之道臣有離散去者我不敢傚我友自放逸而去也其友與王之無親故舍王而去己則王之親屬故不敢傚之○鄭以爲厲王時言悠悠乎我居今之世亦甚困病爲異餘同

十月。八章章八句

雨無正大夫刺幽王也雨自上下者也衆多如雨而非所以爲政也 亦當爲刺厲王王之所下教令甚多而無正也○正音政

疏雨無正七章上二章章十句次二章章八句下三章章六句至爲政○正義曰經無此雨無正之字作者爲之立名

敘又說名篇及所刺之意雨是自上下者也雨從上而下於地猶教令從王而下於民而王之教令衆多如雨然事皆苛虐情不恤民而非所以爲政教之道故作此詩以刺之既成而名之曰雨無正也經七章皆刺王之辭鄭以爲刺厲王爲異

浩浩昊天不駿其德降喪饑饉斬伐四國

駿長也穀不熟曰饑蔬不熟曰饉箋云此言王不能繼長昊天之德至使昊天下此死喪饑饉之災而天下諸侯於是更相侵伐○浩古老反又胡老反昊胡老反駿音峻饉其靳反更古衡反

旻天疾威弗慮弗圖

箋云慮圖皆謀也王既不駿昊天之德今昊天又疾其政以刑罰威恐天下而不慮不圖○旻密巾反本有作昊天者非也恐起勇反

舍彼有罪既伏其辜若此無罪淪胥以鋪

舍除淪率也箋云胥相鋪徧也言王使此無罪者見牽率相引而徧得罪也○舍音赦一音捨淪胥上音倫下息魚反鋪普烏反福也王云病也徧音遍下同

疏 浩浩至以鋪○毛以爲詩人告幽王言浩浩然廣大之昊天以王不能繼長其德承順行之故下死喪饑饉之災由此致斬伐絕滅四方之國也王既不能繼長昊天之德而昊天又疾王以刑罰之政威恐天下其災又將重於死喪饑饉欲害及王之身王而不慮謀之弗曾圖計之若圖謀之當正其刑罰以禦天變反舍彼有罪既伏其辜者而不戮若此無罪之人王枉濫之使牽率相引而徧得罪由王酷暴天所以疾王而何以不改之乎○鄭唯刺厲王爲異○傳穀不至曰饉○正義曰釋天文李巡曰五穀不熟曰饑可食之菜皆不熟爲饉郭璞曰凡草木可食者通名爲蔬。三十四年穀梁傳曰一穀不升謂之嗛二穀不升謂之饑三穀不升謂之饉四穀不升謂之康五穀不升謂之大饑又謂之大侵彼以五穀熟之多少立差等之名其實五者皆是饑也三穀不升於民之困蓋與蔬不熟同故俱名爲饉也○箋此言至侵伐○正義曰王者繼天理物當奉天施化是長天德也政不順天殘害下民是不能繼長昊天之德尙書稱政之動天有如影響王既不能繼長天德故昊天震怒下此死喪饑饉之災謂害萬民也饑饉既至則人懷苟且故天下諸侯於是更相侵伐由災而使然故云於是○

珍倣宋版印

箋慮圖至不圖○正義曰再言不謀者丁寧欲王深思之也上有昊天明此亦昊天定本皆作昊天俗本作旻天誤也○傳舍除○正義曰欲故舍其人即除其罪過故以舍爲除也

周宗既滅靡所止戾戾定也箋云周宗鎬京也是時諸侯不朝王民不堪命王流于彘無所安定也○彘直例反

正大夫離居莫知我勩勩勞也箋云正長也長官之大夫於王流于彘而皆散處無復知我民之見罷勞也○勩夷世反又音曳長張丈反下同復符富反罷音皮

三事大夫莫肯夙夜邦君諸侯莫肯朝夕箋云王流在外三公及諸侯隨王而行者皆無君臣之禮不肯晨夜朝暮省王也○朝直遙反舊張遙反

庶曰式臧覆出爲惡覆反也箋云人見王之失所庶幾其自改悔而用善人反出教令復爲惡也○覆芳服反

疏周宗至爲惡○毛以爲周室爲天下所宗今可宗之道謂先王之法既以滅亡矣其道既滅國亦將亡無所止而安定也以此無法故我之賢友長官大夫奔散而去與我離居我雖勞無知我之勞者又三事大夫無肯早起夜臥以勤國事者國君之諸侯無肯朝夕在公而敬事王者法度既滅君臣解體以將滅亡我庶幾曰王今國危如此當改用善人而事王王反出爲惡政以害天下言其惡所以當亡也○鄭以爲厲王既爲昊天所疾故今宗周鎬京既已破滅王出京師無所止而安定也○箋備○傳戾定○正義曰此傳質略王述之曰周室爲天下所宗其道已滅將無所止定毛以刺幽王理必異於鄭當如王說○箋周宗至于彘○正義曰周宗宗周也皆言周爲天下所宗文雖異而義同故言周宗鎬京也本紀稱暴虐國人謗王召公諫曰民不堪命王怒殺謗者諸侯不朝於是國人莫敢出言三十七年乃相與叛襲厲王王出奔彘是王流于彘之事也本紀又云召公周公二相行政號曰共和則鎬京滅者以王不在焉故韋昭云彘地漢時爲縣屬河東今永安是也杜預云平陽永安縣東北有彘城晉時郡分而縣移故。安漢時不同○傳勩勞○正義曰。詁文王述之曰長官大夫我之賢友奔走竄伏與我離居我勞病莫之知也故下章思之欲遷還於王都○箋長官至罷勞○正義曰大夫而言長官者大夫是公卿之總名皆佐王治民者也王既奔亡臣亦散處無復知民人之勞者王流之後二公行政民有勞苦不由於王而以刺厲王者此言大夫離居及莫肯夙夜是王奔時民有勞苦皆是王之過故刺王也○箋王流至省王○正義曰鄭言三公者以經三事大夫爲三公也卿則當有六人孤則無主事故知三事大夫唯三公耳公雖無職而地官云二卿則公一人鄭亦云外與六卿之事職所不說三皆有事故云三事也謂之大夫者大夫丈夫之成名可以上通公卿春秋傳曰王命委於三吏謂三公也三公尚謂之吏況大夫乎王見以三事爲三公大夫謂其屬案上文正大夫爲一人三事大夫不得分爲二也且其文對邦君諸侯若三公下私屬大夫則不得特通於王不宜責其莫肯夙夜也其意亦謂此爲三公也

如何昊天辟言不信如彼行邁則靡所臻辟法也箋云如何乎昊天痛而愬之也爲陳法度之言不信之也我之言不見信如行而無所至也

凡百君子各敬爾身胡不相畏不畏于天箋云凡百君子謂衆在位者各敬慎女之身正君臣之禮何爲上下不相畏乎上下不相畏是不畏于天

疏箋上下至于天正義曰天道設教卑承尊若下不事上是不畏天道

以戎成不退飢成不遂曾我暬御憯憯日瘁戎兵遂安也暬御侍御也瘁病也箋云兵成而不退謂王見流于彘無御止之者飢成而不安謂王在彘乏於飲食之蓄無輸粟歸餼者此二者曾但侍御左右小臣憯憯憂之大臣無念之者○退徐音退本又作退暬思列反憯千感反瘁徂醉反餼許氣反曾在登反畜勑六反

凡百君子莫肯用訊聽言則答譖言則退以言進退人也箋云訊告也衆在位者無肯用此相告語言不憂王之事也答猶距也有可聽用之言則共以辭距而違之有譖毀之言則共爲排退之羣臣並爲不忠惡直醜正○訊音信徐息悴反又音碎排步皆反惡烏路反

疏戎成至則退○毛以爲幽王政亂朝危將致兵寇言兵寇已成而不能禦而退之天下之衆飢困已成而不能禦而退之天下之衆飢困已成而不能恤而安之曾我侍

珍倣宋版印

御之小臣知天下之危殆憯憯然日以憂病其凡衆在位之君子雖知其危無肯用此事以告王者而王又好信淺近受用讒佞若有道聽非法之言聞則應答而受之若有譖毀之言云此人不可任則用其言而罪退之言以讒言進退人也王政如是所以將危亡也○鄭以厲王在鎬民叛襲王兵害已成而不肯爲王禦止而敗退之者故令王流於彘矣王既在彘乏於飲食之蓄飢困已成而天下無肯輸粟歸王而安飽之者故令王困於食矣此二者曾我侍御左右之小臣憯憯然憂之而日瘁耳王困於兵戎乏於飲食此乃臣所急憂而汝凡衆在位之君子無肯用此以相告語者唯共聚爲不忠惡直醜正有可聽用之言則以爲非各進來共以辭距而違之令其言不得用也若小人有爲譖毀之言則以爲是各相共排退而去不答難之令小人得進譖於王王既暴虐臣又不忠所以至於危亡爲此也○箋兵成至歸餽○正義曰以王在彘之後不復有兵知兵成是在鎬時事故云謂見流於彘無禦止之者卽本紀云民叛襲王是也王若在鎬理無乏食知飢成是在彘時事故云王在彘乏於飲食之蓄無輸粟歸餽者蓄謂蓄積不必朝夕乏食故言之蓄輸粟歸餽皆左傳有此言餽謂牲牢也○箋有可至醜正○正義曰聽言對譖言故爲有可聽用也桑柔對誦言故爲道聽之淺者答猶對也受之與距皆是以言答之但此是刺詩可聽之言必不答受故知答猶距也共以辭距而違之使不見聽用也則答者是以辭距之明退者是不答也故云共爲排退言其徒侶自排而退無距難之者令使譖言得用也見善則距逆見惡則贊成是羣臣並爲不忠惡忠直而醜貞正也惡直醜正昭二十八年左傳文

哀哉不能言匪舌是出維躬是瘁哀賢人不得言不得出是舌也箋云瘁病也不能言言之拙也言非可出於舌其身旋見困病○出尺遂反音毳

哿矣能言巧言如流俾躬處休哿可矣可矣世所謂能言也巧言從俗如水轉流箋云巧猶善也謂以事類風切剴微之言如水之流忽然而過故不悖逆使身居安休休然亂世之言順說爲上○休虛虯反注同風福鳳反剴古愛反又古哀反一音祈悖補對反遻五故反本亦作逆說音悅

【疏】

哀哉至處休○毛以爲幽王信讒賢者不能從俗不敢發言故云可哀傷哉不能言之賢者意雖欲言言則忤物其欲言者當今非我此舌是所可出若出是舌維其身是病言小人惡直將。其害之可矣若世之所謂能言者以巧善爲言從順於俗如水之轉流理正辭順無所悖逆小人之所不忌使身得居安休休然言世雖讒勝賢有巧拙亦有能免之者見亂世欲其順說○鄭以厲王時爲異○箋不能至困病○正義曰以下能言者云巧言如流明不能言者爲拙矣言之忤人其禍必速言出則禍入故云旋見困病○箋巧猶至剴微○正義曰人雖正直性有巧拙表記云辭欲巧是正言亦欲巧但人有不能耳知非佞巧者若邪佞之巧則自得志非徒。所可矣傳云從俗如轉流言從俗明亦謂賢人與鄭同也剴微之者書傳注云剴切說文云剴摩也謂摩切其傍不斥言

維曰予。仕孔棘且殆云不可使得罪于天子亦云可使怨及朋友于往也箋云棘急也不可使者不正不從也可使者雖不正從也居○今衰亂之世云往仕乎甚急迮且危急迮且危以此二者也○笮本又作迮側格反

疏維曰至朋友○毛以爲幽王之時賢者在朝進退多難我今所言維曰往仕乎往仕自是其理但居今之世往仕則甚急迮且危殆矣何者仕在君朝則當從君命王既邪淫動皆不可我若執正守義不從上命則天子云我不可使我將得罪於天子今我若阿諛順旨亦既天子云此人可使我則怨及於朋友朋友之道相切以善今從君爲惡故朋友怨之以此二事可使與不可使進退不可故往仕則急危也○鄭唯厲王時爲異○箋不可至二者也○正義曰以可使與不可使皆君論臣之辭謂稱己意爲可使不稱己意爲不可使也箋解賢人之意。正使者君有不正我。從之君則以我爲不可使也可使者君雖不正我亦從之如是則君以我爲可使也

謂爾遷于王都曰予未有室家賢者不肯遷于王都也箋云王流于彘正大夫離居同姓之臣從王思其友而呼之謂曰女今可遷居王都謂彘也其友辭之云我未有室家於王都可居也

鼠思泣血無言不疾無聲曰泣血無所言而不見疾也箋云鼠憂也既辭

珍倣宋版印

之以無室家爲其意恨又患不能距止之故云我憂思泣血欲遷王都見女今我無一言而不道疾者言己方困於病故未能也○憂思息嗣反注憂思同爲于僞反距本又作。歫音巨

**昔爾出居誰從作爾室**遭亂世義不得去思其友而不肯反者也箋云往始離居之時誰隨爲女作室女猶自作之。爾今反以無室家距我恨之辭

疏謂爾至爾室○毛以爲幽王駮亂大夫有去離朝廷者其友在朝思而呼之謂曰爾可遷居于王都欲見其還朝也去者不肯曰予于王都未有室家心疾王政託以無室家爲辭也其友以其距己又責之云我所以憂恐泣血欲汝還者以孤特在朝無所出言而不爲小人所見憎疾故思汝耳何爲拒我云無室家乎昔爾從王都出居於郊外之時誰復從汝作汝室也本汝自作之耳汝今若還王都亦可自作室家何當以無室爲辭也○鄭以爲厲王已流於彘即謂彘爲王都同姓大夫從王其友不從故呼之謂之曰爾可還居王都其友辭曰予未有室家既辭又恐其恨故云我。試憂思泣血欲遷王都見汝所以不得往者今我無一言而不道己疾由己有疾逢人則言方困於病故未能還耳大夫知其虛又責之云昔爾出居誰從作爾室也上下四句據文與毛同但屬意別耳○傳無聲至見疾○正義曰說文云哭哀聲也泣無聲出淚也則無聲謂之泣矣連言血者以淚出於目猶血出於體故以淚比血禮記曰子臯執親之喪泣血三年注云無聲而血出是也無所言而不見疾見者自彼加己之辭是詩人言己爲人所疾也知非其友言在朝疾己者若爲在朝疾己不須以無室爲辭又未仕而逆慮人疾非順答也故以詩人自言也

雨無正七章二章章十句二章章八句三章章六句

**小旻大夫刺幽王也**所刺列於十月之交雨無正爲小故曰小旻亦當爲刺厲王○旻武巾反下同疏小旻六章上三章章八句下三章章七句○箋所刺至小旻○正義曰經言旻天天無小義今謂之小旻明有所對也故言所刺者此列於十月之交雨無正則此篇之事爲小故曰小旻也

十月之交言日月告凶權臣亂政兩無正言宗周壞滅君臣散離皆是事之大者此篇唯刺謀事邪。僻不任賢者是其事小於上篇與上別篇所以得相比者此四篇文體相類是一人之作故得自相比校爲之立名也毛氏雖幽厲不同其名篇之意或亦然之

旻天疾威敷于下土敷布也箋云旻天之德疾王者以刑罰威恐萬民其政教乃布於下土言天下徧知○敷撫扶反徧音遍

謀猶回遹何日斯沮回邪遹辟沮壞也箋云猶道沮止也今王謀爲政之道回辟不循旻天之德已甚矣心猶不悛何日此惡將止○遹音聿韓詩作歒義同沮在呂反邪似嗟反辟匹亦反下同悛七全反改也沈又七旬反

謀臧不從不臧覆用我視謀猶亦孔之邛邛病也箋云臧善也謀之善者不從其不善者反用之我視王謀爲政之道亦甚病天下○覆芳服反邛其凶反

【疏】旻天至之邛○毛以爲旻天之德今疾王以刑罰威恐萬民政乃布於天下徧知之王既爲天所疾政教當順天爲之今王謀爲政之道又多邪僻不循旻天之德已甚矣何日王之此惡可散壞乎言王無悛心惡未可壞故有謀之善者王不從之其不善者王反用之是惡不壞也王惡如是我視王謀爲政之道是亦甚病我天下之民矣○鄭爲厲王言何日王之此惡將止止亦壞義無多異正以行惡宜爲休止故易傳也說文云悛止也

潝潝訿訿亦孔之哀潝潝然患其上訿訿然思不稱。乎上箋云臣不事君亂之階也甚可哀也○潝許急反訿音紫爾雅云潝潝訿訿莫供職也韓詩云不善之貌稱其尺證反一本作稱乎

謀之其臧則具是違謀之不臧則具是依我視謀猶伊于胡底。箋云于往底至也謀之善者俱背違之其不善者依就之我視今君臣之謀道往行之將何所至乎言必至於亂○底之履反背音佩

【疏】潝潝至胡底○毛以爲幽王時小人在位皆潝潝然自作威福患苦其上又訿訿然競營私利不思稱於上臣行如此亦甚可哀傷也王不用善臣又棄職事君臣並皆昏亂故云謀之其有不善者則君臣俱於是共背違之謀之其有不善者則君臣俱於是共就依之

珍倣宋版印

我視今君臣所謀之道唯如往行之人將何所至乎行無所至猶謀無所成是言必至於亂也〇鄭以厲王時爲異〇傳潝潝至乎上〇正義曰釋訓云潝潝訿訿莫供職也李巡曰君闇敝臣子莫親其職郭璞曰賢者陵替姦黨熾盛背公恤私曠職事也皆言其大旨耳彼不解潝潝訿訿之文潝潝爲小人之勢是作威福也訿訿者自營之狀是求私利也自作威福競營私利是不供君職也此傳亦唯爾雅文徑解其意患其上者專權爭勢與上爲患不思稱上者背公營私不思欲稱上之意亦是不供職之事

我龜既厭不我告猶猶道也箋云猶圖也卜筮數而瀆龜龜靈厭之不復告其所圖之吉凶言雖得兆占繇不中〇厭於豔反注同數音朔復扶又反繇音胄中丁仲反

謀夫孔多是用不集集就也箋云謀事者衆而非賢者是非相奪莫適可從故所爲不成〇適音的

發言盈庭誰敢執其咎謀人之國國危則死之古之道也箋云謀事者衆訩訩滿庭而無敢決當是非事若不成誰云己當其咎責者言小人爭知而不讓過〇訩音凶當丁浪反

如匪行邁謀是用不得于道箋云匪非也君臣之謀事如此與不行而坐圖遠近是於道路無進於跬步何以異乎〇跬缺氏反舉足曰跬

疏我龜至於道〇毛以爲言小人不尚德而好灼龜求吉請問過度瀆神靈我龜既厭繁數不肯於我告其吉凶之道也又王之朝上謀夫甚多而非賢者是非不決是用爲謀者不得成也發言則訩訩滿庭而無肯決當是非事若不成誰敢執其咎責乎以初無決當敗則相推故謀無所成也其君臣之謀事如此似欲行之人非於道止而但坐謀遠近是用不得於道里何以異乎謀而不行則於道不進言而無決則於事不成之〇鄭爲刺厲王言問龜龜不告所圖之吉凶以本問龜爲有所圖謀故不從吉凶之道也〇箋卜筮至不中〇正義曰禮龜曰卜蓍曰筮而此龜并言筮者以卜筮相將之物故并言以協句易曰初筮告再三瀆瀆則不告彼論弟子問師以筮言之是數問則慢瀆故至筮龜靈也此言數者謂小人好卜數問不是一事而至三四也龜靈厭之不復告其所圖之吉凶雖得兆及占之於繇則其言皆不中言吉不必吉凶

不必凶是不告也定本云雖得兆無吉字俗本有吉字衍也兆者龜之釁坼繇者卜之文辭古有其書左傳每云其繇曰者是也○傳謀人至之道○正義曰解所以有咎之意小人取不若人爭爲己智故謀則發言盈庭若要之決則國危當死彼智不知及慮有死責故不能決正無敢執咎以歸己者左傳說楚伐鄭鄭六卿三欲從楚三欲待晉子駟曰請從楚騑也受其咎是敢執之也○箋無進於跬步○正義曰鄉射注云矢幹長三尺與跬相應則半步也爾雅亦云一舉足謂之跬

**哀哉爲猶匪先民是程匪大猶是經維邇言是聽維邇言是爭**古曰在昔昔曰先民程法經常猶道邇近也爭爲近言箋云哀哉今之君臣謀事不用古人之法不猶大道之常而徒聽順近言之同者爭言之異者言見動軔則泥陷不至於遠也○軔音刃礙車木也字林如戰反泥乃麗反

**如彼築室于道謀是用不潰于成**潰遂也箋云如當路築室得人而與之謀所爲路人之意不同故不得遂成也○潰戶對反

【疏】哀哉至于成○毛以爲可哀哉今幽王君用爲政教之道非用古人是爲法非用大道是爲常徒維淺近之言而同者於是聽用之言而異者於是爭辨之言發意鄙近無期遠大也淺如彼築室於道者得人而與之謀其所爲而路人之意不同是用此室不得遂於是而成也言淺近之人不可謀道猶路人不可謀室故比之○鄭以刺厲王哀哉今君臣之爲謀事也餘同○傳古曰在昔昔曰先民○正義曰國語文也據今人而道古人謂之在昔據昔而又道其先民民者人之大名其實是賢聖者也○箋不用古至於遠○正義曰先民斥人故知古人之法也古人之法是先王成事已行者也大道之常謂禮樂典法古今所通者也同是今言而云是聽是爭故知聽其同者爭其異者楚辭云朝發軔於蒼梧王逸曰軔支輪木也說文云軔礙車木也動軔者謂去木動輪而發行也論語云致遠恐泥鄭云則泥意出於彼也

**國雖靡止或聖或否民雖靡膴或哲或謀或肅或艾**靡止言小也人有通聖者有不能者亦有明哲者有聰謀者艾治也有恭肅者有治理者箋云靡無止禮

珍倣宋版印

膴法也言天下諸侯今雖無禮其心性猶有通聖者有賢者民雖無法其心性猶有知者有謀者有肅者有艾者王何不擇焉置之於位而任之為治乎書曰睿作聖明作哲聽作謀恭作肅從作乂詩人之意欲王敬用五事以明天道故云然○否方九反徐音鄙膴王火吳反大也徐云鄭音謨又音武沈音無韓詩作靡膴猶無幾何艾音刈治直吏反下皆同有知音智

如彼泉流無淪胥以敗

箋云淪率也王之為政者如原泉之流行則清無相牽率為惡以自濁敗

疏國雖至以敗○毛以為告幽王今日民下之國雖為狹小其民或有通聖者或有不能者民雖無法其性亦或有明哲者或有聰謀者或有恭肅者或有理治者王何不用焉致之於位而何用小人乎所以令王用此聖哲者以王為政當如彼泉之流行則清擁則濁也無相牽率為惡以自濁敗若任小人則王政敗故欲王用賢哲也○鄭以告厲王今天下國家之諸侯雖無禮其心性有通聖有賢者餘同○傳靡止至理者○正義曰以靡止猶言狹小無所居止故為小也言小者見雖小尚有之義以為勸戒經言或聖傳此兼言人有通聖者通者通知衆事故稱聖人然通事有多少則聖中有等級此勸王用聖則當時有之直是通知事者未必即是大聖故兼言通以辨嫌也有不能者止謂不能為聖耳猶是賢也故箋云有賢者即此傳言不能一也以勸王用之不應言全無所知或否為不聖而賢也亦有明哲者其上特言亦者以其文隔民雖靡膴與或否連故言亦也傳以自聖及乂皆是民有故於聖上哲上言亦明其通謂民也定本及集本聖上無人字靡止言國靡膴言民為文勢互相通耳別無義也鄭訓膴音摸為法王肅讀為膴喜吳反膴大也無大有人言少也國雖小民雖少猶有此六事未審毛意如何今同之鄭說○箋止禮至云然○正義曰以相鼠云人而無止孝經曰容止可視是止為禮也又以民國相對王之用臣不止於民故知國謂諸侯上舉諸侯下言庶民於中唯賢則任也於國言聖賢於民言哲謀肅乂以聖賢此四事為優故屬之諸侯耳其實互相明也國言禮民言法一也言雖無禮法者禮法大行之日則比屋可封賢人衆多今雖無禮法於中猶有此五事也以五事人性行之能故皆言其心性焉

既陳此言明教王擇人任之爲治也毛五事皆準尚書爲說故箋引書曰以證之所引從作乂以上皆洪範文也彼注云皆謂政所致君思叡則臣賢智也君視明則臣昭哲也君聽聰則臣進謀也君貌恭則臣禮肅也君言從則臣職乂是也彼先言恭次從明聰睿與此不次者彼五事貌言視聽思爲次注云此數本諸昭明人相見之次也以人先須貌嚴而後出言言從而後視明及聽聰思睿是人之明見在前故如彼次此則用優劣爲差等故聖哲爲先乃謀次之謀慮出必肅恭在貌故肅次謀也乂者治理之名乃是人之使能貴行賤能故最在下順此詩經故倒彼書文也然叡明聰恭從是君德也聖哲謀肅乂是臣事也所以得相將者鄭云政所致是以類相應故雖君臣之事可以相通也敬用五事亦洪範文也五事者即彼云貌曰恭言曰從視曰明聽曰聰思曰叡是也此五事本諸天道而來舉此五者教王擇焉是欲令王敬用五事以明天道故云然也此弁或否爲六言五事者賢是聖中之別與聖爲一故也○箋王之至濁敗○正義曰此云無淪胥以敗明行則爲清不至濁敗也抑文全與此同不言清者以彼承皇天弗尚之下取虛竭將亡爲義故不須言清濁

不敢暴虎不敢馮河人知其一莫知其他馮陵也徒涉曰馮河徒博曰暴虎一非也他不敬小人之危殆也箋云人皆知暴虎馮河立至之害而無知當畏慎小人能危亡也○馮符冰反博音搏

疏傳馮陵至危殆○正義曰釋訓云馮河徒涉也李巡曰無舟而渡水曰徒涉則空涉水陵波而渡故訓憑爲陵也一非也者言唯知此暴虎馮河一事非而不知其他事也以下說恐懼之事故知他者不敬小人之危殆也小人惡直國正故不敬則危

戰戰兢兢戰戰恐也兢兢戒也如臨深淵恐隊也如履薄冰恐陷也

小旻六章三章章八句三章章七句

附釋音毛詩注疏卷第十二（十二之二）

珍倣宋版印

# 毛詩注疏校勘記(十二之二)

阮元撰盧宣旬摘錄

○十月之交

節刺師尹不平 相臺本同考文古本同小字本節下有南山二字閩本明監本毛本節下有彼字案皆衍也釋文以節刺作音正義亦云

節刺師尹不平

此篇讖曰皇父擅恣 閩本明監本毛本同案曰當作由形近之譌

事國家之權 閩本明監本毛本事作專案所改是也

中候擿雒貳曰 閩本明監本毛本同案貳當作戒形近之譌周頌譜正義引擿雒戒可證

昌受符厲倡孽 閩本明監本毛本孽誤孼案孽即孼字之別體

其理欲明 閩本明監本毛本同案欲當作故形近之譌

小旻小菀卒章 閩本明監本毛本菀作宛案所改非也考小菀釋文本作菀通志堂改作宛

朔月辛卯 毛本月誤日明監本以上皆不誤

朔月即是之交爲事也 閩本明監本毛本同案事當作會

推度災曰 閩本明監本毛本同案浦鏜云曰誤日下同是也

金應勝木反侵金閩本明監本毛本同案浦鏜云勝木下當脫木字是也

自是所食之月閩本明監本毛本同案浦鏜云日誤月是也

生其君幼弱而任卯臣也閩本明監本毛本同案生當作主

秋正月壬午朔閩本明監本毛本同案山井鼎云正當作七是也

云衞地如魯地閩本明監本毛本同案山井鼎云云恐去誤是也

而公家董仲舒何休閩本明監本毛本同案此不誤浦鏜云公家侯考非也公家謂公羊家耳

八月癸巳朔月有食之補案朔無月食考春秋經月作日是月字誤也

而王基獨云以曆考此辛卯日食者而王基獨云以曆校之閩本明監本毛本作而王基獨云以曆校之中更無考此辛卯日食者而王基獨云以曆十四字案此十行本複衍

說者或據世以定義矣閩本明監本毛本矣上有謬字案此十行本因上文衍十四字而義字下有脫耳輒補非也

臣不有以犯君閩本明監本毛本有作可案所改是也

山冢崒崩唐石經小字本相臺本同案此釋文本也釋文云崒舊子恤反徐子綏反鄭云崔嵬也宜依爾雅音徂恤反本亦作卒考正義本是卒字正義云崒者厜㕒又云此經作卒箋作崔嵬者雖字與爾雅小異義實同也徐邈以卒子恤反則當訓為盡於時雖大變異不應天下山頂盡皆崩也故鄭依

爾雅爲說今正義中卒皆譌作崒而不可通矣卒崒古字同用箋云卒者崔嵬訓卒爲崒而不改其字也漸漸之石傳箋正義可證當以正義本爲長漢書劉向作卒是魯詩亦作卒也

胡憯莫懲　唐石經小字本相臺本同案釋文云憯亦作慘考此與節南山憯莫懲嗟二憯字皆卽爾雅之朁字亦作本誤

皆溢出而相棄　補　毛本棄作乘案所改是也

深谷爲陵小臨卽是也　閩本明監本毛本臨下有大字案所補非也卽當作節耳

雖子則爾雅小異　補　案子當作字則字不誤毛本竝改則爲與非是

楀維師氏　小字本相臺本同閩本明監本毛本亦同唐石經初刻㨾後改楀案五經文字木部云楀氏也見詩小雅楀字是也從木從才字多相亂顏師古漢書人表注云萬讀曰楀集韻九麌亦作㨾皆與唐石經初刻同

豔妻煽方處　唐石經小字本相臺本同案釋文云處一本作熾考傳箋一本誤也又此以處與馬爲韻

謂用親戚　閩本明監本毛本同案謂當作謁

小宰卿大夫　閩本明監本毛本同案山井鼎云卿恐中誤是也

冢宰之單稱宰　閩本明監本毛本同案之當作乃

兼擅曰宰職　閩本明監本毛本同案山井鼎云曰宰恐羣字誤非也此唯宰爲羣字誤耳其曰字當作目乃下句錯入此者也

故但以卿士云 閩本明監本毛本同案但下浦鏜云脫曰字是也錯在上句又誤作曰

曰予不戕 唐石經小字本相臺本同案釋文云戕在良反殘也王本作臧臧善也孫毓評以鄭爲改字惠棟云王肅改字反誚康成是也

慭者心不欲自彊之辭也 小字本相臺本同案正義云定本及集注云慭者心不欲強之辭也較正義本少自字釋文云強之其丈反考勉強字唐人例用強作彊者後人亂之耳

無所可擇民之富有者 閩本明監本毛本同案浦鏜云擇下當脫故知擇三字是也此擇字複出而致誤

噂沓背憎 小字本相臺本同唐石經初刻蹲後改噂案初刻誤也又此正義本也釋文云嗒本又作沓考文古本作嗒采釋文

下民有此言 小字本相臺本同閩本明監本毛本亦同案段玉裁云言當作害是也

非從天墮也 閩本明監本毛本同小字本相臺本墮作隋案隋字是也釋文云隋徒火反正義中字作墮者隋墮古今字易而說之耳

由主人也 小字本同閩本明監本毛本同相臺本由主作主由考文古本主由亦同案主由是也

下民競相譖匿 閩本明監本毛本同案浦鏜云匿疑慝字誤是也

天以讒佞相害 閩本明監本毛本同案天當作人

天孽從天而來 閩本明監本毛本同案山井鼎云宋板上天作夭當是剜也

里居也瘽病也 相臺本同閩本明監本毛本同小字本居作病案小字本是也釋文我里下云如字毛病也鄭居也本或作瘽後人改也

珍倣宋版印

正義云爲此而病亦甚困病矣上病說里下病說痗也考文古本作里痗皆病也采正義釋文而爲之

十月八章 唐石經同閩本明監本毛本同小字本相臺本十月下有之交二字案有者是也序有可證

〇雨無正

昊天疾威 小字本同閩本明監本毛本同唐石經相臺本旻作昊案此釋文本也釋文云旻天疾威密巾反本有作昊天者非也正義云上有昊天明此亦昊天定本皆作昊天作旻天誤也沿革例云俗本皆作旻天今從疏及諸善本考此箋云王既不駿昊天之德今昊天又疾其政以刑罰威恐天下是鄭自作昊此詩凡三言昊天浩浩昊天昊天疾威如何昊天是也不應其一作旻乃涉小旻而誤耳毛鄭詩考正云孔說爲得是矣經義雜記云此當從釋文作旻者誤

三十四年穀梁傳曰也 閩本明監本毛本同案浦鏜云二誤三上脫襄字是

故安漢時不同 閩本明監本毛本同案安當作校形近之譌

正義曰詁文 明監本毛本詁上有釋字閩本剜入案所補是也

二卿則公一人 閩本明監本毛本同案浦鏜云鄉誤卿是也下外與六鄉之事同

王見以三事爲三公 閩本明監本毛本同案見當作薦

曾我暬御 小字本相臺本同閩本明監本毛本同唐石經暬作暬案唐石經是也此字從埶聲五經文字云暬與褻同見詩小雅說文云暬日狎習

相慢也皆誤從執

憯憯日瘁　小字本相臺本同唐石經憯憯作慘慘案釋文云憯憯千感反正義云憯憯然日以憂病是釋文正義本皆作憯憯不知唐石經出何本也

莫肯用訊　唐石經小字本相臺本同案毛鄭詩考正云訊乃誶字轉寫之譌誶告訊問聲義不相通借是也

無肯用此相告語　閩本明監本毛本同小字本相臺本語下有者字考文古本同案有者是也

飢困已成而不能禦而退之天下之衆飢困已成而不能恤而安之　閩本明監本毛本作飢困已成而不能恤而安之無禦而退之天下之衆飢困已成而不能十五字案此十行本複衍

哿可矣　閩本明監本毛本同小字本相臺本矣作也考文古本同案矣字誤也

故不悖逆　小字本同閩本明監本毛本同相臺本逆作遻案釋文云遻五故反本亦作逆正義云無所悖逆考此悖遻即韓非所謂拂悟字異義同當以釋文本爲長考文古本作遻采釋文

使身居安休休然　小字本相臺本同考文古本同閩本明監本毛本居作舌十行本初刻居後改舌案舌字誤也正義云使身得居安休休然可證

將其害之　閩本明監本毛本同案浦鏜云其當共字誤是也

非徒所可矣閩本明監本毛本所誤聽案山井鼎云所恐听誤俗字不可從非也所可矣指傳所云可矣卽經之䇺矣也

維曰予仕閩本明監本毛本同唐石經小字本相臺本予作于考文古本同案予字誤也

正使者君有不正我從之閩本明監本毛本上正作不可二字我下有不字案所改是也

本又作蚷〔補〕釋文校勘通志堂本盧本作蚷非也案乃歫字之譌

女猶自作之爾小字本相臺本同閩本明監本毛本亦同案爾當作耳正義云本汝自作之耳是其證考文古本作耳爾采正義而誤山井鼎云爾字屬下讀不知經言爾箋必言女無仍言爾者也

故云我試憂思泣血閩本明監本毛本同案浦鏜云試疑誠字誤是也

〇小旻

此篇唯刺謀事邪僻閩本明監本毛本僻作辟下同案此誤改也下傳云回邪通辟釋文作僻乃轉寫之誤辟僻古今字正義易而說之也例見前

訿訿然思不稱乎上小字本相臺本同考文古本同閩本明監本毛本乎作其案釋文云稱其一本作稱乎正義標起止云至乎上是正義本作乎考文古本作乎其上采釋文而誤十行本標起止不誤明監本毛本亦改爲其非也正義云不思稱於上又云不思稱上者背公營私不思欲稱上之意段玉裁云正義誤倒思不二字

伊于胡底唐石經相臺本同小字本底作底閩本明監本毛本同

故云謀之其有不善者閩本明監本毛本無不字案所刪是也

此傳亦唯爾雅文閩本明監本毛本同案唯當作準形近之譌

占繇不中小字本同閩本明監本毛本同相臺本繇作䌛案六經正誤云占䌛不中作繇誤考說文玉篇卜部皆無䌛字釋文亦但作繇左傳同廣韻云繇卦兆辭也郭忠恕佩觿肊分繇䌛為二字毛居正取其說反以繇為誤非也氓箋卜兆之繇杕杜箋合言於繇為近皆同

非於道止閩本明監本毛本同案浦鏜云止疑上字誤是也

是用不得於道里毛本里誤理閩本明監本不誤

故至筮龜靈也閩本明監本毛本同案浦鏜云至筮疑云瀆誤是也

小人取不若人閩本明監本毛本同案浦鏜云取當恥字誤是也

爾雅亦云閩本明監本毛本同案爾當作小

爭言之異者閩本明監本毛本同小字本相臺本爭下有近字考文古本同案有者是也

可哀哉今幽王君用閩本明監本毛本同案用當作臣

從作乂小字本相臺本同閩本明監本亦同毛本乂作艾案艾字非也經作艾鄭引尚書乂而說之以艾為乂之假借也依經改為艾失箋意矣

王之爲政者如原泉之流 閩本明監本毛本同小字本相臺本者作當考文古本同案山井鼎云屬下讀是也

今日民下之國 閩本明監本毛本同案民當作天

故於聖上哲上言亦 閩本明監本毛本同案聖上二字當衍

聖上無人字 閩本明監本毛本同案聖字上當脫有通二字者因上行而下脫也此正義譌舛今正之

王肅讀爲膴喜吳反膴大也 閩本明監本毛本膴作憮案所改是也喜吳反三字當旁行細字○按舊校非引王肅語則愈知不然

孝經曰容止可視 補毛本視作觀案孝經本是觀字視字誤也

以聖賢此四事爲優 閩本明監本毛本同案此當作比

君視明則臣昭哲 毛本明誤民閩本明監本不誤案哲當作晢形近之譌

徒博曰暴虎 閩本明監本毛本同小字本相臺本博作搏考文古本同案博字誤也

惡直國正 閩本明監本毛本同案浦鏜云醜誤國是也

恐隊也 相臺本同小字本隊作墜閩本明監本毛本同案釋文云隊本又作墜下篇同

毛詩小雅　　鄭氏箋　　孔穎達疏

小宛大夫刺宣王也。亦當爲刺厲王○宛於阮反○【疏】小宛六章章六句○正義曰毛以作小宛詩者大夫刺幽王也政教爲小故曰小宛宛是小貌刺。宣王政教狹小宛然經云宛彼鳴鳩不言名曰小宛者王才智卑小似小鳥然傳曰小鳥是也○鄭刺厲王爲異

宛彼鳴鳩翰飛戾天興也宛小貌鳴鳩鶻。鵰翰高戾至也行小人。之道責高明之功終不可得○翰胡旦反鶻音骨鵰陟交反何音彫字林作鶻云骨鶻小種鳩也草木疏云鳴鳩班鳩也我心憂傷念昔先人先人文武也明發不寐有懷二人明發發夕至明【疏】宛彼至二人○毛以爲言宛然翅小者是彼鳴鳩之鳥也而欲使之高飛至天必不可得也興才智小者幽王身也而欲使之行化致治亦不可得也王既才智褊小將顛覆祖業故我心爲之憂傷追念在昔之先人文王武王也以文武創業垂統有此天下今將亡滅故憂之也又言憂念之狀我從夕至明開發以來不能寢寐有所思者唯此文武二人將喪其業故思念之甚○鄭唯刺厲王爲異○傳宛小至可得○正義曰以鳩是小鳥又篇名小宛故知宛爲小定本及集本皆云鳴鳩鶻鵰也○傳先人文武○正義曰知者以王無德而念其先人又云有懷二人則所念二人而已周之先世二人有聖德定天位者唯文武爲然明以文武有天下今慮其亡滅故念之也○傳明發發夕至明○正義曰夜地而闇至旦而明明地開發故謂之明發也人之道夜則當寐言明發以來不寐以此故知從夕至旦常不寐也

人之齊聖飲酒温克齊正克勝也箋云中正通知之人飲酒雖醉猶能。温藉自持以勝○温王如字柔也鄭於運反蘊藉也藉在夜反又慈夜反彼昏不知壹醉日富醉。而。日富矣箋云童昏無知之人飲酒一醉自謂日益富夸淫自恣以財驕人

各敬爾儀天命不又又復也箋云今女君臣各敬慎威儀天命所去不復來也○復扶又反下同疏○箋中正至以勝正義曰中正謂齊通智謂聖聖者通也大司徒注云聖通而先識是也此經與下相對齊爲中正則童昏者邪僻而不正以聖對不知是聖者通智也蘊藉者定本及箋作溫字舒緩云苞裹曰蘊謂蘊藉自持含容之義經中作溫者蓋古字通用內則說子事父母云柔色以溫之鄭亦以溫爲藉義

中原有菽庶民采之中原原中也菽藿也力采者則得之箋云藿生原中非有主也以喻王位無常家也勤於德者則得之○菽音叔藿火郭反

螟蛉有子蜾蠃負之螟蛉桑蟲也蜾蠃蒲盧也負持也箋云蒲盧取桑蟲之子負持而去煦嫗養之以成其子喻有萬民不能治則能治者將得之○螟亡丁反蛉音零俗謂之桑蟃一名戎女蟃音萬蜾音果蠃力果反郎細腰蜂俗呼蠮螉是也蠮於髻反螉音翁煦況甫反又況其反嫗紆甫反又紆具反鄭注禮記云以氣曰煦以體曰嫗

教誨爾子式穀似之箋云式用穀善也今有教誨女之萬民用善道者亦似蒲盧言將得而子也○疏中原至似之○毛以爲既言天命將去故告幽王以王位無常言原田之中有菽藿衆民能力采之者則得食之以興域中之有王位有德能勤治之者則得處之藿生原中非有主位在域中非有常也所以爲無常者桑蟲自有子而蒲盧負而養之以成己子若有聖德者能教誨爾之萬民用善道則似之矣言此蒲盧養取桑蟲之子以爲己子似有德者教取王民以爲己民是王位無常也王何不修德以固位乎實教誨萬民而言子者王肅云王者作民父母故以民爲子○鄭唯刺厲王爲異○傳菽藿○正義曰菽者大豆故禮記稱啜菽飲水菽葉謂之藿公食禮云鉶羹牛用藿是也此經言有菽箋傳皆以爲藿者以言采之明采取其葉故言藿也○箋王位無常家○正義曰集注定本皆作家俗本作處誤○傳螟蛉至蒲盧○正義曰皆釋蟲文郭璞曰蒲盧即細腰蜂也俗呼爲蠮螉桑蟲俗謂之桑蟃亦呼爲戎女鄭中庸注以蒲盧爲土蜂陸機云螟蛉者桑上小青蟲也似步屈其色青而細小或在草萊上蜾蠃土蜂也似蜂而小腰

取桑蟲負之於木空中七日而化爲其子○箋蒲盧至其子○正義曰中庸云政也者蒲盧也卽此是也樂記注云以體曰嫗以氣曰姁謂負而以體煖之以氣
煦之而令變爲己子也此螟蛉非不能養子而喻王有萬民不能治者喻取一邊耳　題彼脊令載飛載鳴題視也脊令不能自舍君子有
取節爾箋云題之爲言視睇也載之言則也則飛則鳴翼也口也不。有止息○題大計反令音零本亦作鴒注同舍音捨睇大計反　我日斯邁而
月斯征。箋云我我王也邁征皆行也王日此行謂日視朝也而月此行謂月視朝也先王制此禮使君與羣臣議政事日有所決月有所行亦無時止
息○日而乙反下同朝直遙反　夙興夜寐毋忝爾所生忝辱也○毋忝上音無下他簟反字林他念反　疏題彼至所生○毛以爲既
王位無常須自勤於政故告幽王言視彼脊令之鳥尚則飛則鳴既飛以翼又鳴以口翼也口也無有止息之時況人之處世其可自舍視此脊令以爲喻節
故我王當日此行行視朝之禮又而月此行行視朔之政與羣臣議政事日有所決月有所行亦如脊令無肯止息時也故當早起夜臥行之無辱汝所生之
父祖已○鄭唯刺厲王爲異○箋題之至止息○正義曰傳已訓題爲視此又言視睇者以取之爲節當取傍視爲義曲禮注淫視睇盼也說文云睇小邪視
也爲皆飛鳴而此及常棣獨云雝渠者此鳥自有不能止舍之性故取爲喻也正以飛鳴無止息爲興者亦欲取飛以喻其行事鳴以喻其議也故云口也翼
也無肯止息時也○箋我我至止息○正義曰以此上承不能自舍而云日月此行故爲我王王於政事所行唯有日視朝月視朔耳又解令王視朝及視朔
意以先王制此禮欲使。言與羣臣行之以議政事日有所決斷月有所施行亦無止息時先王制禮意如此所以今欲令我王有所成決也　交交桑
扈率場啄粟交交小貌桑扈竊脂也言上爲亂政而求下之治終不可得也箋云竊脂肉食今無肉而循場啄粟失其天性不能以自活○扈音
戶場大良反啄陟角反竊音切治直吏反　哀我填寡宜岸宜獄握粟出卜自何能穀填盡岸訟也箋云仍得曰宜自

從穀生也可哀哉我窮盡寡財之人仍有獄訟之事無可以自救但持粟行卜求其勝負從何能得生○塡徒典反韓詩作疹疹苦也岸如字韋昭注漢書同韓詩作犴音同云鄉亭之繫曰犴朝廷曰獄握於角反

疏交交至能穀○毛以爲交交然小者是桑扈之鳥也鳥自求生活當應肉食今既無肉循場啄粟而食之失其天性以此求活將必不能以與王者欲求治國當行善教今無善教施布亂政以治之失其常法以此求治終不可得政既亂可哀哉我窮盡寡財之人濫被繫禁在上謂之宜有此訟宜有此獄在位不矜愍在身無以自救但手握其粟出卜其勝負貧困如此竟從何而能生活乎是尤可哀也○鄭唯刺厲王爲異○傳桑扈至可得○正義曰桑扈竊脂釋鳥文郭璞曰俗呼青雀觜曲食肉喜盜脂膏食之因以名云陸機云青雀也好竊人脯肉脂及膏故曰竊脂也桑扈食肉之鳥而啄粟求活不可得以喻上爲亂政而求下治亦不可得也○箋仍得至得生○正義曰時政苛虐民多枉濫此人數遭之在上以爲此實有罪宜其當然由其仍得故曰宜也箋以寡財者以衰亂之世政以賄成史記曰百金之子不死於市是貧者無財自救但持粟以求卜者問得勝負世必無從得活故可哀也

溫溫恭人溫溫和柔貌如集于木恐隊也惴惴小心如臨于谷恐隕也○惴之瑞反恐隕上丘勇反下于敏反戰戰兢兢如履薄冰箋云衰亂之世賢人君子雖無罪猶恐懼

小宛六章章六句

小弁刺幽王也大子之傅作焉疏小弁八章章八句至作焉○正義曰太子謂宜咎也幽王信褒姒之讒放逐宜咎其傅親訓太子知其無罪閔其見逐故作此詩以刺王經八章皆所刺之事諸序皆篇名之下言作人此獨末言大子之傅作焉者以此述太子之言太子不可作詩以刺父自傅意述而刺之故變文以云義也經言弁彼鸒斯不言小鳥曰小弁者弁樂也鸒斯卑居小鳥而樂故曰小弁

弁彼鸒斯歸飛提

提

與也弁樂也。鸒卑居卑居雅烏也提提。羣貌箋云樂乎彼雅烏出食在野甚飽羣飛而歸提提然與者喻凡人之父子兄弟出入宮庭相與飲食亦提提然樂傷今大子獨不○鸒斯音豫爾雅云小而腹下白不反哺者謂之雅烏說文云雅楚烏也一名鸒一名鵯居秦謂之雅一云斯語辭提是移反樂音洛下同卑本亦作鵯同音匹又必移反

民莫不穀我獨于罹

幽王取申女生大子宜咎又說褒姒生子伯服立以爲后而放宜咎將殺之箋云穀養于曰罹憂也天下之人無不父子相養者我大子獨不。然。曰以憂也○罹力知反取七住反大音泰說音悅

何辜于天我罪伊何

舜之怨慕日號泣于旻天于父母○日號上而乙反下戶刀反旻亡巾反

心之憂矣云如之何

疏

弁彼至之何○正義曰言樂乎彼鸒斯之鳥鸒斯之鳥出食於野飽而則歸同飛提提然聚居歡樂也以與樂者彼天下之民此民父子出入宮庭相與飲食亦提提然聚居歡樂也今天下民莫不父子相養我太子獨被放而不得其然是比民鳥之不如太子言曰我憂之也。太。子。言。曰。我。憂。之。也太子既放棄而憂故號泣而訴云我有何罪乎上天致此寃枉問天云我罪維如何乎欲天辯其罪之所由太子既憂如此其傳言我心爲之憂矣知王如之何乎○傳鸒卑居至羣貌○正義曰鸒卑居釋鳥文也卑居又名雅烏郭璞曰雅烏小而多羣腹下白江東呼爲鵯烏是也此烏名鸒而云斯者語辭猶蓼彼蕭斯菀彼柳斯傳或有斯者衍字定本無斯字以劉孝標之博學而類。菀鳥部立鸒斯之目是不精也此鳥性好羣聚故云提提羣貌羣下或有飛亦衍字。本集本並無飛字○箋彼雅至獨不好○正義曰以經言歸飛是有出時故言出食在野以喻人父子出入宮庭也以鸒求食喻人相與飲食也以鳥喻凡人當。文爲與言傷今太子獨失所知者以下云我獨故探之以明與意集本定本皆無然字俗本不下有然衍字○傳幽王至殺之○正義曰史記周本紀曰幽王三年嬖愛褒姒生子伯服太子之母申侯女爲后欲廢后并去太子用褒姒爲后以其子伯服爲太子又鄭語曰王欲殺太子以成伯服必求之申申人弗畀必伐之是放而欲殺之事也○傳舜之至父母○正義曰

毛意嫌子不當怨父以訴天故引舜事以明之言舜之怨慕父母之時日往于田號泣訴於旻天乎我之父母也言爲我父母而不愛我故怨之孟子云萬章問曰舜往于田號泣于旻天何爲然矣孟子曰怨慕也長息問於公明高曰舜往于田則吾既得聞命矣號泣於旻天於父母則吾不知之矣公明高曰非爾知也我竭力耕田供爲子職而已父母不我愛於我何哉大孝終身慕父母五十而慕者予於大舜見之矣引此者言大舜尚怨故太子亦可然也

踧踧周道鞫爲茂草 踧踧平易也周道周室之通道鞫窮也箋云此喻幽王信褒姒之讒亂其德政使不通於四方○踧徒歷反鞫九六反易夷豉反

我心憂傷惄焉如擣假寐永歎維憂用老心之憂矣疢如疾首 惄思也擣心疾也箋云不脫冠衣而寐曰假寐疢猶病也○惄乃歷反擣丁老反本或作𢷎同韓詩作疛除又反義同疢勑覲反又作疹同脫本又作稅吐活反一音始銳反

疏踧踧至疾首○正義曰太子放逐由王信讒所致言踧踧然平易者周室之通道也今曰窮盡爲茂草矣茂草生於道則荒道路以喻通達者天子之德政也今曰王政窮盡爲褒姒矣褒姒干王政則敗王德今王盡信褒姒之讒太子所以放逐王行如此故我心爲之憂傷惄焉悲悶如有物之擣心也又假寐之中長歎此事維是憂而用致於老矣其我心之憂矣以成疢病如人之疾首者疾首謂頭痛也○箋此喻至四方○正義曰此舉周道有茂草之荒鄭礙行路使行者不達於四方以喻幽王信褒姒之讒敗亂德政不通於四方時王雖無道非路絕行人實生茂草且取茂草之穢道路猶褒姒之亂王政假以爲喻耳○傳惄思擣心疾○正義曰惄思釋詁文擣心疾所思在心復云如擣則似物擣心故云心疾也說文云擣手椎一曰築也○箋不脫至假寐○正義曰宣二年左傳說趙盾盛服將朝尚早坐而假寐是也

維桑與梓必恭敬止 父之所樹己尚不敢不恭敬○梓音子木名

靡瞻匪父靡依匪母不屬于毛不罹于裏 毛在外陽以言父裏在內陰以言母箋云此言人無不瞻仰其父取法則者無不依恃其母以長大

者今我獨不得父皮膚之氣乎獨不處母之胞胎乎何曾無恩於我○屬音燭徐音蜀裏音里長丁丈反胞音包胎他來反天之生我我辰安在辰時也箋云此言我生所值之辰安所在乎謂六物之吉凶

疏維桑至安在○毛以爲言凡人父之所樹者維桑與梓見之必加恭敬之止況父身乎固當恭敬之矣既恭孝如此以至不容故言人無不瞻仰其父取法則者無不依怙其母以長大者今我獨不連屬於父乎不離歷於母乎何由如此不得父母之恩也若此則本天之生我我所遇值之時安所在乎豈皆值凶時而生使我獨遭此也毛指謂父也裏指謂母也○鄭唯毛裏爲異餘同○傳父之所樹○正義曰此假之於凡人非謂幽王所樹桑梓○傳毛在至言母○正義曰人體皆毛生於表而裏在其內毛在外陽裏。其內陰以父陽母陰故假表裏言父母也屬者父子天性相連屬離者謂所離歷言稟父之氣歷母而生也傳於屬離之義當然其言小與鄭異其意則大同也孫毓謂傳爲長而云母斥襃姒襃姒乃是太子之讎寧復望其依恃之恩又太子豈離歷襃姒而生也而言不離哉毓之所言非傳旨也○箋不處母之胞胎乎○正義曰此太子爲父所放耳非母放之而并言母也以人皆得父母之恩故連言之其意不怨申后也○箋此言至吉凶○正義曰言我生所值之辰安所在乎則本初生之辰有所值故知謂六物也昭七年左傳晉侯謂伯瑕曰何謂六物對曰歲時日月星辰是謂也服虔以爲歲星之神也左行於地十二歲而一周時四時也日十日也月十二月也星二十八宿也辰十二辰也是爲六物也

菀彼柳斯鳴蜩嘒嘒有漼者淵。萑葦淠淠蜩蟬也嘒嘒聲也漼深貌淠淠衆也箋云柳木茂盛則多蟬淵深而旁生萑葦言大者之旁無所不容○菀音鬱蜩音條嘒呼惠反淠徐孚計反又匹計反譬彼舟流不知所屆箋云屆至也言今大子不爲王及后所容而見放逐狀如舟之流行無制之者不知終所至也○譬本亦作辟匹致反下同屆音戒心之憂矣不遑假寐箋云遑暇也

疏菀彼至假寐○正義曰言有菀然而茂者彼柳木也此柳由茂故上有鳴蟬其聲嘒嘒然有漼

然而深者彼淵水也此淵由深故傍萑葦其衆淠淠然柳木茂而多蟬淵水深而生葦是大者之傍無所不容猶王總四海之富據天下之廣宜容太子而不能容之至使放逐譬彼舟之流行而無維制之者不知終當所至以此故我心之憂矣不得閒暇而假寐言憂之深也〇箋大者至不容〇正義曰定本無旁所二字〇箋言今至所至〇正義曰於時申后廢黜非復能容太子言不爲王及后所容者因上瞻父依母之文連言之耳太子奔申則是有所至矣言無所至者棄儲君之重而逃竄舅家非太子所當至故也

鹿斯之奔維足伎伎雉之朝雊尚求其雌伎伎舒貌謂鹿之奔走其足伎伎然舒也箋云雊雉鳴也尚猶也鹿之奔走其勢宜疾而足伎伎然舒留其羣也雉之鳴猶知求其雌今太子之放棄其妃匹不得與之去又鳥獸之不如〇伎本亦作跂其宜反雊古豆反妃音配

譬彼壞木疾用無枝壞瘣也謂傷病也箋云太子放逐而不得生子猶內傷病之木內有疾故無枝也〇壞胡罪反又如字說文作瘣云病也一曰腫旁出也又音回瘣胡罪反木瘤腫也爾雅云瘣木符婁郭云尰傴㜃腫無枝條也

心之憂矣寧莫之知箋云寧猶曾也

疏鹿斯至之知〇正義曰此鹿斯與鷽斯柳斯斯皆辭也言鹿之奔走其勢宜疾今乃維足伎伎然安舒而稽留以待其牝鹿而俱走也雄雉之於朝旦雊然而鳴猶爲求其雌雉而並飛也鹿雉猶得偶以俱遊今太子之見放逐棄其妃匹不得俱去是鳥獸之不如譬彼內傷病之木以內疾之故是用無枝也猶太子無匹之故不得生子故我心之憂矣曾無知之者〇箋雊雉至不如〇正義曰高宗肜日雉升鼎耳而雊說文云雊雄雉鳴也雉鳴而句其頸故字從隹句此雉言雌鹿不言牝鹿言足遲爲待之之勢獸走故以遲相待鳥飛疾故以鳴相呼皆互見也言又鳥獸之不如者前不如蟬葦今不如鳥獸故言又也〇傳壞瘣謂傷病〇正義曰釋木云瘣木符婁某氏曰詩云譬彼瘣木疾用無枝符婁尪傴內疾瘣磊故疾用無枝郭璞曰謂木病尪傴㜃腫無枝條者舍人曰符婁屬下句獨爲異也

相彼投兔尚或先之行有死人尚或墐之

珍倣宋版印

墐路冢也箋云相視投掩行道也視彼人將掩兎尚有先驅走之者道中有死人尚有覆掩之成其墐者言此所不知其心不忍〇相息亮反兎他故反先蘇薦反墐音覲說文作殣云道中死人人所覆也毆起俱反又作驅同

君子秉心維其忍之箋云君子斥幽王也秉執也言王之執心不如彼二人

心之憂矣涕既隕之隕隊也〇涕音替隕音蘊隊直類反

疏傳墐路冢至箋不忍〇正義曰墐者埋藏之名耳此言行有死人是於路傍故曰路冢左傳曰道墐相望是也言此不知者謂不與走獸死人有相知其心不忍耳

君子信讒如或醻之箋云醻旅醻也如醻之者謂受而行之〇醻市由反

君子不惠不舒究之箋云惠愛究謀也王不愛太子故聞讒言則放之不舒謀也

伐木掎矣析薪扡。矣伐木者掎其巔析薪者隨其理箋云掎其巔者不欲妄踣之扡謂觀其理也必隨其理者不欲妄挫。析之以言今王之遇太子不如伐木析薪也〇掎寄彼反扡勑氏反又宅買反徐又直是反踣蒲北反挫子臥反

舍彼有罪予之佗矣佗加也箋云予我也舍褒姒讒言之罪而妄加我太子〇舍音捨注同又音赦佗吐賀反注同

疏君子至佗矣〇正義曰言君子幽王信褒姒之讒會不思審得即用之如有人以酒相醻得即飲之此王所以然者君子幽王心不愛太子之故由此聞讒即逐不肯安舒而謀慮之此伐木尚掎其木之巔矣不欲妄踣之析薪尚扡其薪之理矣不欲妄析之彼人尚不欲妄損析薪木今王非理而害太子其意乃不如彼伐木析薪之人舍彼有罪之褒姒於我太子之加罪矣言太子無罪王妄加之〇箋醻旅醻〇正義曰酬酢皆作酬此作醻者古字得通用也酬有二等既酢而酬賓者賓奠之不舉謂之奠酬至三爵之後乃舉嚮者所奠之爵以行之於後交錯相酬名曰旅酬謂衆相酬也此喻得讒即受而行之故知是旅酬非奠酬也〇傳伐木至其理〇正義曰伐木而言掎是畏木倒而掎之明掎其巔矣掎者倚也謂以物倚其巔峯也析薪而言扡明隨其理扡者施也言觀其裂而漸相施及故箋云觀其理是也〇傳佗加〇正義曰此佗謂佗人也言舍有罪而以罪

與佗人是從此而往加也故曰佗加也莫高匪山莫浚匪泉浚深也箋云山高矣人登其巔泉深矣人入其淵以言人無所不至雖逃避之猶有默存者焉○浚蘇俊反默本亦作嘿亡北反君子無易由言耳屬于垣箋云由用也王無輕用讒人之言人將有屬耳於壁而聽之者知王有所受之知王心不正也○易夷豉反屬音燭注同垣音袁○無逝我梁無發我笱箋云逝之也之人梁發人笱此必有盜魚之罪以言褒姒淫色來嬖於王盜我大子母子之寵○笱音苟我躬不閱遑恤我後念父孝也高子曰小弁小人之詩也孟子曰何以言之曰怨乎孟子曰固哉夫高叟之爲詩也有越人於此關弓而射之我則談笑而道之無他疏之也兄弟關弓而射我我則垂涕泣而道之無他戚之也然則小弁之怨親親也親親仁也固哉夫高叟之爲詩曰凱風何以不怨曰凱風親之過小者也小弁親之過大者也親之過大而不怨是愈疏也親之過小而怨是不可磯也愈疏不孝也不可磯亦不孝也孔子曰舜其至孝矣五十而慕箋云念父孝也大子念王將受讒言不止我死之後懼復有被讒者無如之何故自決云我身尚不能自容何暇乃憂我死之後也○閱音悅容也叟素口反關烏環反下同本亦作彎射食亦反下同夫音符磯居依反又古愛反一音祈　復扶又反

疏莫高至我後○正義曰王既信讒而加罪於太子仍有殺太子之心謂人不知故告之言莫有極高者非是山也言山最極高莫有極深者非是泉也言泉最極深然山雖高矣人能登其巔泉雖深矣人能入其淵是亦無所不至也人既無所不至難以匿其情矣王今實有殺太子之心而謂人不覺人猶有然而存於心知王之欲殺太子也如此則君子幽王無輕易用讒人之言將有耳屬而聽之於垣壁者知王受人之讒言也王之所愛褒姒也故禁之言人無得逝之我魚梁無得發開我魚笱若之我梁發我笱是欲盜我所捕之魚此必有盜魚之罪以言褒姒亦無得輒之我王宮無得求取我王愛若之王宮取王愛爲盜我母子之寵必有盜寵之愆也褒姒既盜寵行讒太子於先念己既已被讒恐死之後懼更有被讒者無如之何旋即自決云我身

尙不能自容何暇憂我死之以後乎○箋山高至者焉○正義曰箋顧下云無易由言是禁王受讒畏人知之辭故爲窮高極深人所升入無所不至以喻知王之隱情也王雖避逃受讒之名猶有默心存念知王之情但不言耳然天高於山海深於泉而不言者據人所可履踐之處而言也○傳念父至而慕○正義曰言無暇憂恤是先有其志。念。固而不暇耳先有志者卽念父也念者恐其將受讒今無如之何故自決也高子曰以下皆孟子文也而怨父危疑之理先達已有是非之論以此篇終故引之以明義也按彼公孫丑稱高子之言以問孟子非高子自與孟子對言也趙岐曰高子齊人也怨者怨親之過故謂之小人也固哉言其固陋也高子年老於孟子故謂之高叟重言固哉高叟之爲詩傷其不達詩意之甚也凱風親之過小者以言莫慰母心母心不悅故親之過小也小弁則王欲殺太子是親之過大也愈益也而過大矣而孝子不怨以越人遇其親是益疏也故曰不孝磯激也過小耳而孝子感激輒怨其親亦不孝也孔子。曰以舜年五十而思慕其親不殆稱曰孝之至孝之不可以已也孔子之善舜。如高子譏小弁爲不達詩之意也皆孟子與其弟子公孫丑相答問不言公孫丑者取其意而略之也

小弁八章章八句

巧言刺幽王也大夫傷於讒故作是詩也○悠悠昊天曰父母且無罪無辜亂如此憮。憮大也箋云悠悠思也憮敖也我憂思乎昊天愬王也始者言其且爲民之父母今乃刑殺無罪無辜之人爲亂如此甚敖慢無法度也○且徐七餘反協句應爾觀箋意宜七也反憮火吳反下同思息嗣反下同傲五報反下同本又作敖愬音素昊天已威予愼無罪昊天大。憮予愼無辜威畏愼誠也箋云已泰皆言甚也昊天乎王甚可畏王甚敖慢我誠無罪而罪我○大音泰本或作泰徐勑佐反○【疏】悠悠

至無辜○毛以爲大夫傷讒而本之故言悠悠然我心憂思乎昊天訴之也王之始者言曰我當且爲民之父母也自許欲行善政今乃刑殺其無罪無辜者之衆人王政之亂如此甚大也昊天乎王甚可畏我誠無罪而罪我是可畏也昊天乎王甚虐大我誠無辜而辜我是虐大也○鄭唯言王爲亂如此甚傲慢無法度。乃昊天乎王甚傲慢爲異耳皆以且爲辭○傳幠大○正義曰釋詁文禮肉臠亦謂之幠○箋幠敖至法度○正義曰幠敖釋言文。傳者以下言己威爲甚可畏而泰幠言。甚大非類故爲傲慢下既爲傲此亦爲傲也幽王之惡始終一也始者言其身且爲民之父母者無道之君皆自謂所爲者是道非知其不可而爲之也。放其初即位皆許爲善但行不副言故詩人述其初辭以責之

亂之初生僭。始既涵僭數涵容也箋云僭不信也既盡涵同也王之初生亂萌羣臣之言不信與信盡同之不別也○僭毛側蔭反鄭子念反涵毛音含鄭音咸韓詩作減減少也數音朔下同不別彼列反

亂之又生君子信讒箋云君子斥在位者也在位者信讒人之言是復亂之所生

君子如怒亂庶遄沮遄疾沮止也箋云君子見讒人如怒責之則此亂庶幾可疾止也○遄市專反沮辭呂反

君子如祉亂庶遄已祉福也箋云福者福賢者謂爵禄之也如此則亂亦庶幾可疾止也○祉音恥已音以

疏亂之至遄已○毛以爲上既言王之亂又本亂之所由言亂之初所以生者讒人數緣事始自入盡得容受其言知王不察真僞遂以漸進讒也亂之又復所生益大者在位朝臣君子信讒言也王既不察察故讒言得自容入臣又信之故讒言遂興所以枉殺無辜致此大亂也又言政令雖亂可反覆君子在位之人見讒人之言如怒責之則此亂庶幾可疾止君子在位之人見有德賢者如福禄之則此亂亦庶幾可疾止君子何不怒讒而福賢以止亂乎○鄭唯以僭爲不信涵爲同言信與不信同之不別故讒言遂生餘同○傳僭數涵容○正義曰王肅云言亂之初生讒人數緣事始自入盡得容其讒言有漸也○箋僭不信至不別○正義曰此亂之初生是本其所由故言初生亂萌以人之行讒當有所因君能明察是非則僞辭

珍倣宋版印

不入讒言無由進也正由明不燭下於羣臣之言信與不信盡同之不別讒人得自是生心以進讒害賢遂使王殺戮無辜是生亂也以信與不信混同不別於致讒爲宜故易傳也○箋君子至所生○正義曰何知君子非幽王而以爲在位者以上言初生已本王矣君子若還斥王不宜言又以此知非王也讒人之能害害乃是王者信之而責在位信讒者以讒人能使王刑殺無罪必朝有黨援若在位骨鯁之臣固執不信則讒者之言亦不行矣王之罪人必詢諸朝廷王既容之在位又信之所以成此亂在位謂大臣也下文言令怒讒言福賢人令其行立威福明是臣之責者洪範稱臣不得作福作威言令怒讒福賢者欲令之告王行之不令令其專制

君子屢盟亂是用長凡國有疑會同則用盟而相要也箋云屢數也盟之所以數者由世衰亂多相背違時見曰會殷見曰同非此時而盟謂之數○屢本又作婁力住反長丁丈反又直良反要於遙反數音朔背音佩見賢遍反下同

君子信盜亂是用暴盜逃也箋云盜謂小人也春秋傳曰賤者窮諸盜

盜言孔甘亂是用餤餤進也○餤沈旋音談徐音鹽

匪其止共維王之邛箋云邛病也小人好爲讒佞既不共其職事又爲王作病○共音恭本又作恭邛其恭反好呼報反共音恭本亦作供又作爲于僞反

疏君子至之邛○正義曰上既言亂之生此又言亂之長言在位君子之人數數相與要盟其亂是用之故而滋長也在位君子之人又信是凶盜讒人之言其亂是用之故而暴甚也所以益甚者此險盜之人其言甚甘使人信之而不已其亂用是之故而日益進也此小人好爲讒佞者非於其職廢此供奉而已又維與王之爲病害也食之甘者使人嗜之而不厭言之美者使人聽之而不倦故以美言爲甘也○傳凡國至相要○正義曰言此者解屢意非此時而盟即爲屢也言凡國有疑謂於諸侯羣臣有疑不相協則在會同之上用盟禮告盟而相要束司盟職曰凡邦國有疑會同則掌其盟約之載及其禮儀北面詔明神是也定本及集本皆云用盟而不相要謂若會同則用盟若無疑事則不會同而不相要用盟屬上爲句義亦通也○傳盜逃○正義曰文十八年左

傳曰竊賄爲盜則盜者竊物之名毛解名曰盜意也風俗通亦云盜逃也言其晝伏夜奔逃避人也○箋盜謂至諸盜○正義曰箋以詩刺讒非刺盜賊解其言盜之意以爲盜竊者必小人讒者亦小人因以盜名之故云盜謂小人引春秋傳以證之所引者公羊傳文弑君者曷爲或稱名氏或不稱名氏大夫弑君稱名氏賤者窮諸人何休曰賤謂士也士正自當稱人又曰大夫自相殺稱人賤者窮諸盜何休曰降大夫稱人降士使稱盜者所以別死刑輕重也傳言窮者盡也弑君則盡於稱人殺大夫則盡於稱盜言盡此以下更無稱也小人賤者盡於盜知盜是惡名故引以證盜爲小人也公羊傳立等級者言其正例耳其餘文異者皆有褒貶事具於傳也

奕奕寢廟君子作之秩秩大猷聖人莫之他人有心予忖度之躍躍毚兔遇犬獲之

奕奕大貌秩秩進知也莫謀也毚兔狡兔也箋云此四事者言各有所能也因己能忖度讒人之心故列道之爾猷道也大道治國之禮法遇犬犬之馴者謂田犬也○奕音亦秩音帙莫如字又作漠同一本作謨按爾雅漠漠同訓謀莫協韻爲勝忖本又作寸同七損反度待洛反注皆同躍他歷反毚士咸反遇犬如字世讀作愚非也知音智狡古卯反馴音旬又音脣

疏奕奕至獲之○正義曰讒人爲讒自謂深密此言已能知之言奕奕然高大之寢廟君子之人所能制作之秩秩然者進智之大道聖德之人能謀立之彼他人而有讒佞之心。義能忖度而知之躍躍然者跳疾之狡兔遇值犬則能獲得之○傳。讒兔。至狡兔○正義曰蒼頡解詁云毚大兔也大兔必狡猾又謂之狡兔戰國策曰東郭逡者海內之狡兔是也○箋此四事至田犬○正義曰此四事以尊卑爲先後大猷雖是常法不如宗廟爲尊故寢廟在大猷之先兔乃走獸故在他人之後連言寢廟者周禮注云前曰廟後曰寢則廟寢一物先寢後廟便文耳此自工匠所造而言君子者閟宮曰新廟奕奕奚斯所作彼奚斯君子也以教護課程必君子監之乃得依法制也大道治國禮法聖人謀之若周公之制禮樂也遇犬者言兔逢遇犬則彼獲耳遇非犬名故王肅云言其雖騰躍逃隱其迹或適與犬遇而見獲是也以能獲

珍倣宋版印

毚知是犬之馴擾者謂田犬也犬有守犬田犬故辨之 荏染柔木君子樹之往來行言心焉數之 荏染柔意也柔木椅桐梓漆也箋云此言君子樹善木如人心思數善言而出之善言者往亦可行來亦可行於彼亦可於己亦可是之謂行也○荏而甚反染音冉數所主反注同椅於宜反梓漆上音子下音七 蛇蛇碩言出自口矣 蛇蛇淺意也箋云碩大也大言者言不顧其行徒從口出非由心也○蛇以支反○行下孟反 巧言如簧顏之厚矣 箋云顏之厚者出言虛僞而不知慙於人○簧音黃【疏】荏染至厚矣○正義曰言荏染柔忍之木君子之人所樹之也言君子樹木必身簡擇取善木然後樹之喻往來可行之言亦君子口所出之也言君子出言必心焉思數知善而後出之小人則不然蛇蛇然淺意之大言徒出自口矣都不由於心得言即言必不思數也巧爲言語結構虛辭速相待合如笙中之簧聲相應和見人不知慙愧其顏面之容甚厚矣君子樹之不言擇木心焉數之不言出口雖相對而文互也○傳柔木椅桐梓漆○正義曰定之方中云樹之榛栗椅桐梓漆言文公所樹是君子樹之故引彼文以解柔木也不言榛栗從可知 彼何人斯居河之麋 水草交謂之麋箋云何人者斥讒人也賤而惡之故曰何人○麋本又作湄音眉惡烏路反 無拳無勇職爲亂階 拳力也箋云言無力勇者謂易誅除也職主也此人主爲亂作階言亂由之來也○拳音權徐已袁反○易夷豉反 既微且尰爾勇伊何 骭瘍爲微腫足爲尰箋云此人居下溼之地故生微腫之疾人憎惡之故言女勇伊何何所能也○尰市勇反骭戶諫反腳脛也瘍音羊本亦作傷音同創也腫諸勇反 爲猶將多爾居徒幾何 箋云猶謀將大也女作讒佞之謀大多女所與居之衆幾何人素能然乎○幾居豈反注同大音泰又如字傃音素【疏】彼何人至幾何○正義曰疾讒佞之人謂之何人言彼何人斯居在於河之麋際既無拳力又無勁勇亦易誅除耳而敢主爲此亂之階梯也此人既腳骭有微之疾而足踵且有尰之疾爾假有勇伊何能爲況復無之而汝敢

為此惡汝作為讒佞之謀人多汝所與聚居之徒衆幾何許人而能為此怪其言多且巧疑其衆教之也○傳水草交謂之麋○正義曰釋水文○箋何人至其曰何人○正義曰言何人者不識而問之辭此既讒己不是不識而曰何人者賤而惡之作不識之辭故曰何人下篇疾暴公之侶謂之何人斥其姓名為大切亦作不識之辭以疾之○傳骭瘍至為尰○正義曰皆釋訓文也彼引此既微且尰然後為此辭以釋之孫炎曰皆水溼之疾也郭璞曰骭腳脛也瘍瘡也然則膝脛之下有瘡腫是涉水所為故箋亦云此人居下溼之地故生微尰之疾居河之麋是居下溼也

巧言六章章八句

何人斯蘇公刺暴公也暴公為卿士而譖蘇公焉故蘇公作是詩以絕之。暴也蘇也皆畿內國名

疏何人斯八章章六句至絕之○正義曰何人斯者蘇公所作以刺暴公也暴公為王卿士而於王所讒譖蘇公令使獲譴焉故蘇公作是何人斯之詩以絕之言暴公不復與交也按此經無絕暴公之事唯首章下二句云伊誰云從誰暴之云亦非絕之言但解何人之意言己以為暴公之所言是暴公譖己事彰無所致疑此句是絕之辭也經八章皆言暴公之侶疑其讒己而未察故作詩以窮之不欲與之相絕疑者未絕則不疑者絕可知疑暴公之侶窮極其情欲與之絕明暴公絕矣故序專云刺暴公而絕之也刺暴公而得為王詩者以王信暴公之讒而罪己刺暴公亦所以刺王也○箋暴也至名○正義曰蘇忿生之後成十一年左傳曰昔周克商使諸侯撫封蘇忿生以溫為司寇則蘇國在溫杜預曰今河內溫縣是蘇在東都之畿內也春秋之世為公者多是畿內諸侯偏檢書傳未聞畿外有暴國今暴公為卿士明畿內故曰皆畿內國名春秋時蘇稱子此云公者子蓋子爵而為三公也暴公為卿士而亦稱公當卿士兼公官也又暴公為卿士而譖蘇公則蘇公為卿士以否未可知但何人為暴公之侶云二人從行則亦卿士也故王肅云二人俱為王卿相

珍倣宋版印

隨而行下云及爾如貫鄭云俱爲王臣蘇公亦爲卿士矣

彼何人斯其心孔艱胡逝我梁不入我門

箋云孔甚艱難逝之也梁魚梁也在蘇國之門外彼何人乎謂與暴公俱見於王者也其持心甚難知言其性堅固似不妄也暴公譖己之時女與之乎今過我國何故近之我梁而不入見我乎疑其與之而未察斥其姓名爲大切故言何人〇女與音豫下疑其與之女與於譖皆同大音泰

伊誰云從誰暴之云

云言也箋云譖我者是言從誰生乎乃暴公之所言也由己情而本之以解何人意〇己音紀

疏彼何人至之云〇正義曰言彼何人乎與暴公俱見王之人此其持心甚難知也迹同譖己貌似不妄故難知也又言己疑之狀暴公譖我之時汝應與之汝若不與今過我國何故之我梁而不入我門以見我乎得不由譖我意歎而不得來也猶冀其不然欲與和好乃開解之曰令譖我者維誰之所云從而出乎維乃暴公之所云耳言爾應不與當與我和親也伊字毛皆爲維鄭皆爲是則此亦當以此爲異〇箋梁魚至不妄〇正義曰以之梁而不入門故知其梁近在國門之外也下云維暴之云則何人〇非暴公矣刺暴公而責何人謂與暴公俱見王者也若不與暴公俱見王蘇公不當疑之也疑之而云其心難知故著其心性堅固似非虛妄之人若非此人性自虛妄貌又可疑則譖己必矣非難知也〇箋由己情至何人意〇正義曰心疑何人譖己猶尚冀其不然故既設疑言復開解之初疑何人與暴同譖旋即復言維暴獨云一疑一舍非他人教示皆出己之情耳故云由己情而本之開解何人之意若何人實不共譖欲使不復猜己還與和親

二人從行誰爲此禍胡逝我梁不入唁我

箋云二人者謂暴公與其侶也女相隨而行見王誰作我是禍乎時蘇公以得譴讓也女卽不爲何故近之我梁而不入弔唁我乎〇唁音彥見賢遍反譴遣戰反女音汝〇下注同

始者不如今云不我可

箋云女始者於我甚厚不如今日也今日云我所行有何不可者乎何更於己薄也〇日而乙反己音紀

疏二人至我可〇正義曰言暴公與其侶二人相從而行以見王誰作我此禍而令王

譖讓我乎汝從暴公行者若不與暴公譖我何故近之我魚梁而不入門弔唁我也汝始者能於我甚厚不如今日汝今云何不以我爲可言我有何行不可於汝而更於我薄而不弔唁乎知己被譖而不唁一疑其譏己而內慙○箋二人至唁我乎○正義曰以上言維暴之云則暴是其一明二之者謂暴與其侶侶即何人也疑其與蘇同情故幷而誰之以見意耳禮弔生曰唁既言爲禍而責人不唁知蘇公已得譖讓也謂以咎譖而責讓之也今蘇公被罪之後而在國見何人之其梁陳是不奪其國明是譖責而已未加刑殺也言唁者雖不奪國以被罪當弔之弔生曰唁不必失國也

彼何人斯胡逝我陳我聞其聲不見其身陳堂塗也箋云堂塗者公館之堂塗也女即不爲何故近之我館庭使我得聞女之音聲不得覩女之身乎○睹丁古反本又作覩不愧于人不畏于天箋云女今不入唁我何所愧畏乎皆疑之未察之辭○媿九位反或作愧

疏彼何至于天○正義曰又研窮何人言彼何人乎汝若不譖我何故近之我館舍之庭使我得聞其音聲不得覩見其身乎得不譖我乎意慙而不來見我也汝不來見我而不弔唁我是不慙愧於人又不畏於天也天有尊卑之道人有往來之節使吉有賀慶凶有弔唁所以敬天道示慙愧故不相弔唁爲不道不愧人不畏天也○傳陳堂塗○正義曰釋宮云堂塗謂之陳孫炎曰堂下至門之徑○箋堂塗者公館之堂塗○正義曰禮有公館私館公館者公家築爲別館以舍客也上云不入我門則不得入所居之宮故知逝陳者至公館之塗也以館者所以舍客故雖不見主得至其陳○

彼何人斯其爲飄風胡不自北胡不自南胡逝我梁祇攪我心飄風暴起之風攪亂也箋云祇適也何人乎女行來而去疾如飄風不欲入見我何不乃從我國之南不則乃從我國之北何近之我梁適亂我之心使我疑女○飄避遙反疾風也沈又方消反祇音支攪交卯反

疏疾如飄風○正義曰以其徑來而徑去知爲疾也非在道急速故下章言其安行

爾之安行亦不遑舍爾之亟行遑脂爾車壹者

珍倣宋版印

之來云何其盱。箋云遑暇亟疾盱病也女可安行乎則何不暇舍息乎女當疾行乎則又何暇脂女車乎極其情求其意終不得。一者之來見

我於女。亦何病。乎○亟紀力反脂音支盱況于反疏爾之至其盱○毛於下章以祇爲病言使我病是使蘇公之病則此盱亦爲蘇公之病也既數過其

國而不入故又極其情以疑之我止欲言汝安舒而行乎亦不見汝閑暇而舍息止欲言汝之急疾而行乎汝又閒暇而脂汝之車汝往而不入見我所以疑

也且若不譖我則一者之來見王以後云何使我有罪譴之病乎亦以我得病在汝見王之後所以尤疑也毛以此云何其盱與下俾我祇也。互文皆言云何

而使我有罪病也○鄭以盱爲何人病爲異餘同○箋一者至何病○正義曰箋以上章責其不來見己下章言入與不入則一者之來當爲來見蘇公不得

爲見王也且蘇公之所疑者以不見何人故言一者之來見我於汝亦何病也是欲見以解疑之辭此本之於何人爲不病下反之己爲得安是章次相成也

爾還而入我心易也還而不入否難知也壹者之來俾我祇。也易。説祇病也箋云還行反也否

不通也祇安也女行反入見我我則解說也反又不入見我則我與女情不通女與於譖我與。否復難知也一者之來見我我則知之是使我心安也○易夷

豉反注同韓詩作施施善也否方九反一云鄭符鄙反俾必爾反祇祈支反一云鄭止支反說音悅下同解音蟹與音豫復扶又反下章同○伯氏吹

壎仲氏吹篪土曰壎竹曰篪箋云伯仲喻兄弟也我與女恩如兄弟其相應和如壎篪以言俱爲王臣宜相親愛○壎況袁反篪音池應應對之

應和胡臥反及爾如貫諒不我知出此三物以詛爾斯三物豕犬雞也民不相信則盟詛之君以豕臣以犬民以

雞箋云及與諒信也我與女俱爲王臣其相比次如物之在繩索之貫也今女心誠信而我不知且共出此三物以詛女之此事爲其情之難知己又不欲長

怨故設之以此言○貫古亂反諒音亮詛側助反以禍福之言相要曰詛比毗志反索素洛反爲其于僞反長如字又張丈反疏○伯氏至爾斯○正義曰既

窮之而不得其情己不欲長怨欲與之詛而和諧故言有伯氏之兄吹壎又仲氏之弟吹篪以和之其情相親其聲相應和矣言我與汝何人其恩亦當如伯仲之爲兄弟其情志亦當如壎篪之相應和不當有怨惡也何者我與汝俱爲王臣其相比次如物之在繩索之貫宜應和相親何由汝之誠信而不使我知而令我疑也若實不譖者則當共出豕犬雞之三物以詛盟爾之此事使譖否有決令我不疑當還與汝相親不欲長怨故也○傳土曰壎竹曰篪○正義曰土曰壎漢書律曆志文也周禮小師職作塤古今字異耳注云塤燒土爲之大如鴈卵鄭司農云塤六孔釋樂云大塤謂之嘂音叫孫炎曰音大如叫呼也郭璞曰塤燒土爲之大如鵝子銳上平氐形似稱錘六孔小者如雞子釋樂文云大篪謂之沂李巡曰大篪其聲非一也郭璞曰篪以竹爲之長尺四寸圍三寸一孔上出徑三分橫吹之小者尺二寸鄭引廣雅云八孔小師注鄭司農云篪七孔蓋不數其上出者故七也世本云暴辛公作塤蘇成公作篪譙周古史考云古有塤篪尚矣周幽王時暴辛公善塤蘇成公善篪記者因以爲作謬矣世本之謬信如周言其云蘇公暴公所善亦未知所出蘇暴並公卿不當自言於樂之小器以相親也又此窮極何人何人非暴公也故鄭以爲喻王肅亦云我與汝同寮長幼之官如篪壎之相和與鄭同也○傳三物至以雞○正義曰隱十一年左傳曰鄭伯使卒出豭行出犬雞以詛射潁考叔者豭即豕也並言詛而俱用三故知此三物豕犬雞也又解所以有詛者民不相信則盟詛之言古者有此禮故欲與之詛也司盟曰盟萬民之犯命者明其不信者是不相信有盟詛之法也彼不信自在詛下而兼言盟者以詛是盟之細故連言之也定本民不相信則詛之無盟字犯命者盟之不信者詛之是盟大而詛小也盟詛雖大小爲異皆殺牲歃血告誓明神後若背違令神加其禍使民畏而不敢犯故民不相信爲此禮以信之此傳言民者據周禮之文耳其實人君亦有詛法襄十一年左傳言季武子將作三軍盟諸僖閎詛諸五父之衢定六年既逐陽虎及三桓盟於周社盟國人於亳社詛諸五父之衢是人君與羣臣有詛法也此何人與蘇公同爲王臣蘇公與之詛則諸相疑亦應有詛法但春秋之世無其

珍倣宋版印

事耳詛之所用一牲而已非三物並用而言出此三物以三物皆是詛之所用總而言之故傳辨其等級云君以豕臣以犬民以雞則鄭伯使卒出豭行出犬雞所得三物並用者時考叔爲子都所射鄭伯不誅子都而使諸軍詛之百人爲卒出一豭詛之二十五人爲行或出犬或出雞以詛之每處亦止用一牲非一處而用三物也如此傳君乃得用豕彼百人即得用豭者於時鄭伯使之詛故得用君牲也以行之人數少於卒自爲等級耳此豕犬雞詛所用也若盟皆用牛哀十五年左傳說衛太子蒯聵與伯姬輿豭以盟孔悝者時太子未立不敢從人君之禮故鄭異義駁云詩說及鄭伯使卒及行所出皆謂詛耳小於盟也周禮戎右職云若盟則以玉敦辟盟遂役之贊牛耳桃茢哀十七年左傳曰孟武伯問於高柴曰諸侯盟誰執牛耳然盟者人君用牛伯姬盟孔悝以豭下人君牲是盟用牛也此謂大事正禮所當用者耳若臨時假用其禮者不必有牲故左傳孟任割臂以盟莊公華元入楚師登子反之牀子反懼而與之盟皆無牲也

爲鬼爲蜮則不可得有靦面目視人罔極

蜮短狐也靦姡也箋云使女爲鬼爲蜮也則女誠不可得見也姡然有面目女乃人也人相視無有極時終必與女相見○蜮音或沈又音域狀如鼈三足一名射工俗呼之水弩在水中含沙射人一云射人影○靦土典反姡戶刮反面醜也

作此好歌以極反側

反側不正直也箋云好猶善也反側輾轉也作八章之歌求女之情女之情反側極於是也○㠯音以古以字本作以

疏爲鬼至反側○正義曰研窮而不得其情於是怒而責之言汝若爲鬼也爲蜮也則誠不可得而見不須與我爲詛今汝有靦面目乃是人也瞻視於人無有極已之時我必將與汝相見汝寧不披寫汝情不與我盟詛乎以疑爾譖我之故我作此八章之善歌窮極爾反側之情冀得其實也○傳蜮短狐靦姡○正義曰洪範五行傳云蜮如鼈三足生於南越南越婦人多淫故其地多蜮淫女或亂之氣所生也陸機疏云一名射影江淮水皆有之人在岸上影見水中投人影則殺之故曰射影南人將入水先以瓦石投水中令水濁然後入或曰含沙射人皮肌其瘡如疥是也靦姡釋言文孫炎

曰靦人面姡然說文云靦面見人姡面靦也然則靦與姡皆面見人之貌也○傳反側不正直○正義曰洪範云無反無側王道正直則知側是不正直也反側者翻覆之義故箋以為輾轉申傳不正直之義其意與傳同

何人斯八章章六句

巷伯刺幽王也寺人傷於讒故作是詩也○巷伯奄官寺人內小臣也奄官上士四人掌王后之命於宮中為近故謂之巷伯與寺人之官相近讒人譖寺人寺人又傷其將及巷伯故以名篇○巷伯官名也寺如字又音侍奄於檢反宮本或將此注為序文者近附近之近下近嫌同疏巷伯七章上四章章四句次章五句次章八句卒章六句至奄官○正義曰此經無巷伯之字而名篇曰巷伯故序解之云巷伯奄官言奄人為此官也官下有兮衍字定本無巷伯奄官四字於理是也以俗本多有故解之○箋巷伯至名篇○正義曰巷伯是內官也其官用奄上士四人為之其職掌王后之命天官序官云小臣奄上士四人注云奄稱士異其賢其職云掌王后之命是也又解內小臣而謂之巷伯者以其此官於宮中為近故謂之巷伯也釋宮云宮中巷謂之壼孫炎曰巷舍間道也王肅曰今後宮稱永巷是宮內道名也伯長也主宮內道官之長人主於羣臣貴者親近賤者疏遠主宮內者皆奄人奄人之中此官最近人主故謂之巷伯也巷伯是內小臣者以周禮無巷伯之官奄雖小臣為長主巷之伯唯內小臣耳故知是也蓋其官名內小臣時人以其職號之稱為巷伯也與寺人官相近者寺人亦奄人其職曰掌王之內人及女宮之戒令同掌宮內是相近也寺人自傷讒作詩輒名篇為巷伯以其官與巷伯相近讒人譖寺人寺人又傷其將及巷伯故以巷伯名篇以所掌既同故恐相連及也

萋兮斐兮成是貝錦興也萋斐文章相錯也貝錦錦文也箋云錦文者文如餘泉餘蚳之貝文也興者喻讒人集作己過以成於罪猶女工之集采色以成錦文○萋七西反斐孚匪反本或作菲

珍倣宋版印

餘蚳直基反貝黄白文曰餘蚳彼譖人者亦已大甚箋云大甚者謂使己得重罪也○大音泰注同徐勑佐反【疏】萋兮至大甚○正義曰女工集彼衆采而織之使萋然兮斐然兮令文章相錯以成是貝文以爲其錦也以興讒人集己諸過而構之令過惡相積故成是怨狀以爲己罪也實無罪而讒之使得重刑故傷之云彼讒譖人者亦已復爲大甚言非徒譖讓小辜乃至極刑重罪是爲太甚○傳萋斐至錦文○正義曰論語云斐然成章是斐爲文章之貌萋與斐同類而云成錦故爲文章相錯也錦而連貝故知爲貝之文○箋錦文至貝文○正義曰解錦文稱貝者其文如餘泉餘蚳之貝文也釋魚說貝文狀云餘蚳黄白文餘泉文舍人曰水中蟲也李巡曰餘蚳貝甲黄爲質白爲文彩餘泉貝甲以白爲質黄爲文彩陸機疏云貝水介蟲也龜鼈之屬其文彩之異大小之殊甚衆古者貨貝是也餘蚳黄爲質以白爲文餘泉白爲質黄爲文又有紫貝其白質如玉紫點爲文皆可列相當其貝大者當有至至一尺六七寸者今九真交趾以爲杯盤寶物也哆兮侈兮成是南箕哆大貌南箕箕星也侈之言是必有因也斯人自謂辟嫌之不審也昔者顏叔子獨處于室鄰之釐婦又獨處于室夜暴風雨至而室壞婦人趨而至顏叔子納之而使執燭放乎旦而蒸盡縮屋而繼之自以爲辟嫌之不審矣若其審者宜若魯人然魯人有男子獨處于室鄰之釐婦又獨處于室夜暴風雨至而室壞婦人趨而託之男子閉戶而不納婦人自牖與之言曰子何爲不納我乎男子曰吾聞之也男子不六十不閒居今子幼吾亦幼不可以納子婦人曰子何不若柳下惠然嫗不逮門之女國人不稱其亂男子曰柳下惠固可吾固不可吾將以吾不可學柳下惠之可孔子曰欲學柳下惠者未有似於是也箋云箕星哆然踵狹而舌廣今讒人之因寺人之近嫌而成言其罪猶因箕星之哆而侈大之○哆昌者反說文云張口也玉篇尺紙反又昌可反侈尺是反又式是反辟音避下同釐力之反寡婦也依字作嫠放甫往反蒸之升反縮所六反又作槒同閒閒厠之閒又音閑嫗紆甫反又紆具反本或作煦況甫反踵章勇反足根也狹音洽彼譖人者誰適與謀箋云適往

也誰往就女謀乎怪其言多且巧○適如字王徐皆都歷反下同

疏

哆兮至與謀○正義曰記言讒人集成己罪又言罪有所因言有星初本相去哆然寬大爲踵兮其又侈之更益而大爲舌兮乃成是南箕之星言箕之所成以由踵已哆又侈之而爲舌故也以與讒人因寺人初有小嫌疑爲始兮其又構之更增而其爲終兮乃成其刑罪之禍言禍之所以成者亦因始有嫌又構之而爲終故也言己避嫌不審使人因之亦己之所以悔也因有小嫌陷己如此彼讒譖人者誰往與謀乎何多而能巧也○傳哆大至於是○正義曰哆者言其寬大哆哆然故爲大貌二十八宿有箕星無南箕故云南箕即箕星也箕四星二爲踵二爲舌若使踵本太狹言雖小寬不足以爲箕由踵之二星已哆然而大舌又益大故所以成爲箕也箕言踵狹而舌廣者踵對舌爲狹耳其實踵之二星已寬大故爲哆兮也侈者因物而大之名禮於衣袂半而益一謂之侈袂星因物益大大而名之爲侈也侈之言必有因者由踵已大故舌得侈之而爲箕暗作詩之人自謂避嫌之不審由事有嫌疑故讒者得因之而爲罪也言顏叔子及魯人避嫌審與不審之事以比之顏叔子納鄰之釐婦雖執燭繼薪人不可以家到戶說姦否難明是不審也放乎旦猶至於旦也蒸是薪之細者摍謂抽也言燭又言薪則初執燭次然薪薪盡乃抽取屋草以繼之也先言放乎旦己之爲總目言其然火以至旦乃更覆說薪盡抽屋之事其實蒸盡摍屋是未目時也吾聞男女不六十不閒居者謂禮男女年不滿六十則男子在堂女子在房不得閒雜在一處而居若六十則閒居也此六十據婦人言耳男子則七十內則唯及七十同藏無閒是也必男子七十女六十同居者以陰陽道衰故無嫌也言今子幼吾亦幼者止謂未老耳非稺也柳下惠固可者言柳下惠貞絜之名素已彰著固當如是可於吾身爲此則不可也汝婦人之意將以吾之不可使學柳下惠可者言己不得學也孔子曰欲學柳下惠可者未有能似於是者言魯人如此爲行取高與柳下惠相似此言當有成文不知所出家語略有其事其言與此小異又無顏叔子之事非所引也傳言此者證避嫌之事耳此寺人奄者也非能身有姦淫其所嫌者不必即是男女是非之事○箋踵狹

珍倣宋版印

而舌廣○正義曰定本。䠞作踵其義俱通緝緝翩翩謀欲譖人緝緝口舌聲翩翩往來貌○緝七立反說文作咠云咠語也又子立反翩音篇字又作扁慎爾言也謂爾不信箋云慎誠也女誠心而後言王將謂女不信而不受欲其誠者惡其不誠也○惡烏路反疏緝緝至不信○正義曰上言謀多而巧此言為謀之狀言口舌緝緝然往來翩翩然相與謀欲為讒譖之言以害人自相計議唯恐不成相教當誠汝之心而後言也若言不誠實則所言不巧王將謂汝言為不信而不受也故須誠實言之捷捷幡幡謀欲譖言捷捷猶緝緝也幡幡猶翩翩也○捷如字又音妾幡芳煩反豈不爾受既其女遷遷去也箋云遷之言訕也王倉卒豈將不受女言乎己則亦將復訕誹女○訕所諫反又所訐反卒寸忽反誹方味反疏捷捷至汝遷○毛以為讒人相戒言汝若不誠汝之心而言之王於倉卒之閒豈不為汝受之但已受之後知汝言不誠實王心或將舍汝而更遷去也○鄭以遷為訕言王將訕謗汝以遷去為理。否。女故易之驕人好好勞人草草好好喜也草草勞心也箋云好好者喜讒言之人也草草者憂將妄得罪也蒼天蒼天視彼驕人矜此勞人疏驕人至勞人○正義曰言讒人謀能功密為王信用彼。戎則驕逸。也得罪則憂勞彼驕人好好然而喜我勞人草草然而憂故仰告蒼天蒼天何不視察彼人之虛妄而矜哀此勞人彼譖人者誰適與謀取彼譖人投畀豺虎投棄也○畀必二反下同豺士皆反字或作犲豺虎不食投畀有北北方寒涼而不毛有北不受投畀有昊昊昊天也箋云付與昊天制其罪也疏彼譖至有昊○正義曰豺虎若不肯食當擲予有北太陰之鄉使凍殺之若有北不肯受則當擲予昊天自制其罪以物皆天之所生天無推避之理故止於昊天也豺虎之食人寒鄉之凍物非有所擇言不食不受者惡之甚也故禮記緇衣曰惡惡如巷伯言欲其死亡之甚○傳北方至不毛○正義曰以北方太陰之氣寒涼而無土毛不生草木寒凍不可居

處故棄於彼欲凍殺之昭七年左傳曰食土之毛地官載師曰宅不毛皆謂草木也楊園之道猗于畝丘楊園園名猗加也畝丘丘名箋

云欲之楊園之道當先歷畝丘以言此讒人欲譖大臣故從近小者始○猗於綺反徐於宜反寺人孟子作爲此。詩凡百君子敬而聽之寺人而曰孟子者罪已定矣而將踐刑作此詩也箋云寺人王之正內五人作起也孟子起而爲此詩欲使衆在位者慎而知之既言寺人復自著孟子者自傷將去此官也○作爲此詩一本云作爲作詩

疏楊園至聽之○正義曰寺人以身既得罪恐更濫及善人故戒時在位令使自慎言人欲往之楊園之道當先加歷於畝丘而乃後於楊園也以與讒人欲行譖大臣之法亦當毀害於小臣而訖乃後至於大臣也讒人立意如此故我寺人之中字曰孟子者起發爲小人之更讒而作巷伯之詩使凡百汝衆在位之君子者當敬慎而聽察之知我之無罪而被讒讒人不已而敬慎也此言凡百則恐偏及在位而獨以巷伯名篇者以職與巷伯相近巷伯是其官長故特憂之當云作。賦詩定本云作爲此詩又定本箋有作起也作爲也二訓自與。經。相。乖非也○傳楊園至丘名○正義曰釋丘云如畝畝丘李巡曰謂丘如田畝曰畝丘也孫炎曰方百步也以畝丘丘名故知楊園亦園名也於時王都之側蓋有此園丘詩人見之而爲辭也○傳寺人至。此○正義曰毛解言已定之意也知罪已定者若不定則不應疾讒人如此之甚也以罪定故知將踐刑也由踐刑而作此詩知自言孟子以殊於餘寺人不被讒者也○箋寺人至此官○正義曰寺人王之正內五人天官序官文也彼注云寺人之言侍也正內路寢也則五人當在路寢侍王之側也箋言此者明寺人非一也毛解自云孟子之意箋又解自言寺人之意由自傷將去此官故舉官言之

巷伯七章四章章四句一章五句一章八句一章六句

節南山之什十篇七十九章五百五十二句

珍倣宋版印

附釋音毛詩注疏卷第十二（十二之三）

珍倣宋版印

毛詩注疏挍勘記(十二之三)　阮元撰盧宣旬摘錄

○小宛

大夫刺宣王也 閩本明監本毛本同唐石經小字本相臺本宣作幽考文古本同案宣字誤也正義中同

鳴鳩鶻鵰 小字本相臺本同案正義云定本及集注皆云鳴鳩鶻鵰也如其所言不為有異正義本未有明文今無可考意必求之或當鵰作鶻也釋文云鵰字林作鶻

行小人之道 閩本明監本毛本人下有之字小字本相臺本無十行本初刻無後剜添案初刻是也

猶能温藉自持以勝 小字本相臺本同案此定本也正義云蘊藉者定本及箋作温字釋文以温藉作音與定本同温克下云鄭蘊藉也乃改用今字耳

醉而日富矣 閩本明監本毛本同小字本相臺本而日作日而案日而是也段玉裁云謂當日醉之日頗自富矣與箋小別

蜾蠃負之 唐石經小字本同閩本明監本毛本亦同相臺本蠃作羸案羸乃誤字

或在草萊上 閩本明監本毛本同案此不誤浦鏜云葉誤萊非也爾雅疏即取此正作萊

不有止息 小字本同閩本明監本毛本同相臺本有作肯案有字是也正義云無有止息之時可證下文兩云無肯息時也乃自為文耳相臺本依之改者非

謂月視朝也　閩本明監本毛本同小字本相臺本朝作朔考文古本同案朝字誤也

毋忝爾所生　小字本同閩本明監本毛本同唐石經相臺本毋作無案釋文云毋音無正義本無明文今無可考白駒釋文云毋金音無本亦作無他皆放此

欲使言與羣臣行之　閩本明監本毛本同案浦鏜云言疑王字誤是也

世必無從得活　閩本明監本毛本同案世當作此

○小弁

故變文以云義也　閩本明監本毛本同案山井鼎云宋板云作示示字是也但其實不然當是剜也

鸒卑居　小字本相臺本同案正義云鸒卑居釋鳥文也又云傳或有斯者衍字定本無斯字標起止云傳鸒卑居釋文鸒斯下云鸒斯卑居也又云一云斯語辭是其本傳當有斯字考文古本有采正義釋文

提提羣貌　小字本相臺本同案正義云羣下或有飛亦衍字定本集注並無飛字標起止云至羣貌釋文提提下云羣飛貌是其本傳有飛字考文古本有采正義釋文

我大子獨不然　小字本相臺本同案然字衍也上箋云今大子獨不正義云集注定本皆無然字俗本不下有然衍字此當與彼同

日以憂也　相臺本同小字本日作曰閩本明監本毛本同案曰字是也

珍倣宋版印

大子言曰我憂之也大子言曰我憂之也　閩本明監本毛本不重大子言曰我憂之也案所刪是也此八字複衍

而類菀鳥部　閩本明監本毛本菀作苑案所改非也菀卽苑字

本集本並無飛字　閩本明監本同毛本本上剜添定字案所補是也

當文爲與　閩本明監本毛本文誤又

乎我之父母也　閩本明監本毛本同案浦鏜云乎當作于是也

鞫爲茂草　唐石經小字本相臺本同考文古本同閩本明監本毛本鞫誤鞠案釋文鞫通志堂亦誤鞠影宋本不誤

不罹于裏　小字本相臺本同閩本明監本毛本亦同唐石經罹作離案正義云不離歷於母乎又云離者謂所離歷考小明漸漸之石皆經言離則正義言離歷卽魚麗正義所云麗歷傳云麗歷也是也麗離古字同用聲類至近也罹字卽非此義各本皆誤當依唐石經正之

裏其內陰　各本其皆作在案傳本是在字其誤也

萑葦淠淠　小字本相臺本同唐石經萑初刻藋案初刻誤與七月同

析薪扡矣　小字本相臺本同閩本明監本毛本亦同唐石經扡作杝案惠棟云玉篇在木部是也五經文字木部云杝又音榹見詩小雅卽謂此字也釋文杝與唐石經同或誤扡今正詳後考證十行本正義中字不誤

不欲妄挫析之毛本同小字本相臺本析作折閩本明監本同案折字是也釋文以挫折作音可證

關弓而射之閩本明監本毛本同小字本相臺本之作我案我字是也下作我角弓正義引孟子同

人猶有然而存諸心闕案下猶有默心存念知王之情此然字當默字之譌

念固而不暇耳閩本明監本毛本同案浦鏜云念固疑今因之誤是也

孔子曰以舜年五十閩本明監本毛本同案浦鏜云曰字衍是也

如高子譏小弁閩本明監本毛本同案如當作知

○巧言

亂如此憮唐石經小字本相臺本同閩本明監本毛本憮作憮下經及傳及正義皆同案憮字誤也詳詩經小學釋文憮與唐石經同或誤憮今正見後考證

昊天大憮相臺本同閩本明監本毛本同唐石經小字本大作泰案釋文云大音泰本或作泰正義云而泰憮言甚大是其本作泰字沿革例云蜀本越本與國本皆作泰余仁仲及建大字本作大此以釋文爲據也今亦從釋文不知兩本之各有所據

甚傲慢無法度閩本明監本傲誤敖案箋作敖正義作傲敖傲古今字易而說之也例見前標起止仍云箋憮敖可證也釋文憮傲本又作敖與正義本不同考文古本箋作傲采釋文

乃昊天乎王甚傲慢 閩本明監本毛本同案乃當作及形近之譌

傳者以下言已威 閩本明監本毛本同案傳上當脫易字

而泰憮言其大 補 閩本明監本毛本同案其字當作甚形近之譌

放其初即位 閩本明監本毛本放作故案所改非也放即昉字

僭始既涵也 唐石經小字本相臺本同案詩經小學云傳僭數也蓋以爲譖字是也

若無疑事則不會同 閩本明監本毛本同案十行本若至不剜添者一字

義能忖度而知之 補 毛本義作我案我字是也上箋云已能忖度讒人之心可證

傳讒冤至狡兔 閩本明監本毛本同案讒當作毚至當衍字

則彼獲耳 閩本明監本毛本同案浦鏜云彼當被字誤是也

骭瘍爲微 小字本相臺本同案釋文云瘍本亦作傷正義本是瘍字

素能然乎 小字本相臺本素作傃考文古本同閩本明監本毛本作素十行本初刻傃後改素案素字誤也釋文云傃音素可證

故箋亦云此人 閩本明監本毛本云下有○案山井鼎云宋板云此相接有圈非也

○何人斯

以絕之小字本相臺本同閩本明監本毛本亦同唐石經作而絕之也考正義云故序專云刺暴公而絕之也唐石經是也

誰暴之云閩本明監本毛本同唐石經小字本相臺本誰作維考文古本同案誰字誤也序下正義同

云何其盱小字本相臺本同唐石經無其字旁添之案正義標起止云至其盱又云毛以此云何其盱釋文以其盱作音是正義本釋文本皆有其字唐石經未知出何本也

一者之來見我閩本明監本毛本同小字本相臺本一作壹下箋小字本作一案正義中皆作一則作一是也作壹者依經改耳山井鼎云宋板一作壹疏及下注同其實不然皆其誤也

於女亦何病乎閩本明監本毛本同小字本相臺本乎作也小字本無亦字案無者是也有者用正義自為文添耳

與下俾我祇也元文閩本明監本毛本同案浦鏜云互誤元是也

俾我祇也唐石經小字本相臺本同閩本明監本毛本祇誤祗案唐石經此與祗適也字別釋文云祇祈支反毛病也鄭安也一云鄭上支反段玉裁云傳病也者謂祇即疷之假借說文疷病不安也箋安也者謂祇即禔之假借說文禔安也

易說祇病也小字本相臺本同案釋文以說也作音是其本說下有也字考文古本有

女與於譖我與否小字本相臺本同閩本明監本毛本亦同案段玉裁云此否字當作不與經文否字無干是也

大塤謂之嘂音叫閩本明監本毛本同案音叫二字當旁行細書正義自為音者例如此也

銳上平氏閩本明監本毛本氏作厎所改是也

釋樂文云閩本明監本毛本同案浦鏜云又誤文是也

明其不信者閩本明監本毛本同案浦鏜云詛誤明是也

然盟者人君用牛閩本明監本毛本同案此不誤浦鏜云然下疑脫則字非也古言然卽今言然則也正義文本如此十月之交正義云然日者大陽之精等可證也

蜮短狐也小字本相臺本同案段玉裁云弧作狐誤是也釋文蜮下云短狐也正義云蜮短狐今說文本蜮下皆誤漢書五行志注作弧不誤

淫女或亂之氣所生也閩本明監本毛本同案此不誤浦鏜云惑誤或非也古或惑同用當是五行傳本用或字

姡面靦也閩本明監本毛本同案此不誤浦鏜云醜誤靦非也爾雅疏卽取此正作靦是正義自如此下文云然則靦與姡皆面見人之貌也可證

則知側是不正直也閩本明監本毛本同案側上浦鏜云脫反字是也

○巷伯

巷伯奄官小字本相臺本同案此釋文本也釋文云巷伯奄官本或將此注爲序文正義標起止云至奄官又云故序解之云巷伯奄官又云官下有兮衍字定本無巷伯奄官四字於理是也以俗本多有故解之是正義本此四字爲序文也車鄰正義云序言巷伯奄官亦其證考鄭此注云巷

伯內小臣也奄官上士四人掌王后之命正據此序之文而釋之也是鄭自有正義以定本爲是者誤當以正義本爲長段玉裁云周禮序官疏引甚明兮也古書通用周禮疏引作也是也唐石經序中無此四字依釋文定本

寺人內小臣也奄官上士四人 小字本相臺本同案正義標起止云箋巷伯至名篇考車隣正義云巷伯箋云巷伯內小臣奄官上士四人是正義本作巷伯內小臣也作寺人者非寺人與內小臣異官說詳彼正義此序正義本有巷伯奄官釋文本以爲注正在此文之上未知其此文較正義本仍同與否今無所考段玉裁云官字衍

餘泉文 閩本明監本毛本同案泉下浦鏜云脫白黃二字是也

黃爲文又有紫貝 閩本明監本又誤文毛本文又誤又文柴作紫案紫字是也

皆可列相當 閩本明監本同毛本可作行案行字是也

當有至至一尺六七寸者 閩本明監本同毛本當作常上至字作徑案所改是也

哆兮侈兮 唐石經小字本相臺本同案此經釋文本正義本皆如此說文鉖下有一曰詩云侈兮哆兮見段玉裁說文訂今考說文或別有誤經義雜記欲依之以倒此經者非也其謂王伯厚詩考所載崔靈恩集注爲作僞不可據誠然

縮屋而繼之 小字本同閩本明監本毛本亦同相臺本縮作摍案正義云摍謂抽也正義云縮又作樎同樎是摍之譌字摍字見於說文廣雅皆從手訓引也武梁左石室畫像載此事字作摍摍縮字同韋昭周語注亦訓縮爲引考文古本作樎采釋文而誤

男子不六十不閒居小字本相臺本同案正義云吾聞男女不六十不閒居者是其本子作女考文古本作女采正義

嫗不逮門之女小字本相臺本同案釋文云嫗本或作煦正義本未有明文今無可考小宛箋有煦嫗正義引樂記注以體曰嫗以氣曰煦此傳意亦謂以體煖之作嫗者是不逮門者段玉裁云不及入門門如城門之類荀卿云與後門者同衣也

記言讒人集成己罪閩本明監本毛本同案浦鏜云記當既字誤是也

言雖小寬閩本明監本毛本同案浦鏜云言當舌字誤是也

星因物益大閩本明監本毛本同案浦鏜云星當是字誤是也

暗作詩之人閩本明監本毛本同案暗當作斯此說傳斯人也

素已彰者閩本明監本毛本同案浦鏜云者當著字誤是也

定本蹱作踵閩本明監本毛本同定本踵作蹱案依此則正義本是蹱字今正義字皆作踵後改也釋文作踵與定本同

爲理否女閩本明監本同毛本女作安案否女當作不安

彼戎則驕逸也得罪則憂勞閩本明監本毛本戎作誠也下有我字案戎即我字之誤又錯在上句耳

作爲此詩唐石經小字本相臺本同案此釋文本也釋文云作爲此詩一本云作爲作詩考正義本是作爲作詩與一本同正義云作起發爲小人之更讒而作巷伯之詩順經文作爲作詩四字次敘而說之極爲明晰此二本之異在第三字正義是作釋文是此不同耳故正義本箋並有作起也作爲也二

訓以經有二作字而各釋之也正義又云定本云作爲此詩又定本箋有作起也作爲也二訓自與經相乖非也所謂乖者經字旣是此矣不復有二作而箋訓有之是其乖也正義之意據其箋有二訓證其經止一作之失耳不謂不當有二訓也今各本皆但有作起也一訓必是因其經與注相乖不可通而去之合併者不知檢照又令正義與經注相乖而不可通是其轉輾之失也考文古本作起也下有爲作也三字采正義而不得其解乃誤倒之

當云作賦詩 閩本明監本毛本同案賦字當衍正義云當云作詩謂其本經是作詩也舉之以訂下定本經此詩之非

自與經相乖 閩本明監本毛本同案十行本經至乖剜添者一字

傳寺人至此 補 毛本同案此下當有詩字

# 附釋音毛詩注疏卷第十三（十三之一）

## 谷風之什詁訓傳第二十

毛詩小雅　　鄭氏箋　　孔穎達疏

谷風刺幽王也天下俗薄朋友道絕焉【疏】谷風三章章六句至道絕焉○正義曰作谷風詩者刺幽王也以人雖父生師教須朋友以成然則朋友之交乃是人行之大者幽王之時風俗澆薄窮達相棄無復恩情使朋友之道絕焉言天下無復有朋友之道也此由王政使然故以刺之經三章皆言朋友相棄之事漢書地理志云凡民稟五常之性而有剛柔緩急音聲不同繫水土之風氣故謂之風好惡取捨動靜無常隨君上之情欲故謂之俗是解風俗之事也風與俗對則小別散則義通蟋蟀云堯之遺風乃是民感君政其實亦是俗也此俗由君政所爲故言舊俗言舊俗者亦謂之政定四年左傳曰啓以夏政商政謂夏商舊俗也言風俗者謂中國民情禮法可與民變化者也孝經云移風易俗關雎序云移風俗皆變惡爲善邶谷風序云國俗傷敗焉此云天下俗薄皆謂變善爲惡是得與民變革也若其夷夏異宜山川殊制民之器物言語及所行禮法各是其身所欲亦謂之俗也如此者則聖王因其所宜不強變革王制曰廣谷大川異制民生其間者異俗又曰脩其教不易其俗地官土均云禮俗喪紀皆以地美惡爲輕重之法而行之誦訓掌道方慝以知地俗皆是不改之此言其大法耳乃箕子之處朝鮮大伯之在勾吳皆能教之禮儀使同中國是有可改者也但有不可改者不強改之耳

習習谷風維風及雨興也風雨相感朋友相須箋云習習和調之貌東風謂之谷風興者風而有雨則潤澤行喻朋友同志則恩愛成○谷音穀

將恐將懼維予與女箋云將且也恐懼喻遭厄難勤苦之事也當此之時獨我與女爾謂同其憂務○恐丘勇反注下同

女音汝厄本又作阨於革反難乃旦反

將安將樂女轉棄予

言朋友趨利窮達相棄箋云朋友無大故則不相遺棄今女以志達而安樂棄恩忘舊薄之甚○樂音洛注下皆同

【疏】習習至棄予○正義曰言習習然和調生長之谷風也維此生長之谷風能及於膏潤澤陰雨以行其潤澤由風雨相感故潤澤德行以與良朋相親於善友以成其恩愛由朋友相須故恩得成朋友恩愛相須若是以事有窮達不可相棄何為且恐且懼當遭苦厄之時維我與汝獨受此難纔得且安且樂志達之時汝何更棄我乎不念恩愛之時也○箋東風至潤澤行○正義曰東風謂之谷風釋天文風類多矣正取谷風為喻者谷風生長之風取其朋友相長益故也此據風為文故云風而有雨則潤澤行潤澤是雨之事但雨得風乃行則潤澤亦由風故易曰潤之以風雨是風雨共為潤澤○傳言朋友至相棄○正義曰言彼朋友志趨於利不顧終始葛屨序曰其民機巧趨利是也己窮彼達是窮達相棄也○箋朋友至之甚○正義曰朋友無大故不相棄論語文也引之者證朋友得相怨之意大故謂惡逆之事苟無大故義不相棄今彼已得志申達居處安樂而相棄往日之恩忘昔時之故舊是風俗薄之甚也以序言俗薄故於此明之

習習谷風維風及頹

頹風之焚輪者也風薄相扶而上喻朋友相須而成○頹徒雷反上時掌反○

將恐將懼寘予于懷

箋云寘置也置我於懷至親己也○寘之豉反

將安將樂棄予如遺

箋云如遺者如人行道遺忘物忽然不省存也

【疏】習習至如遺○正義曰言習習然和調者生長之谷風也維生長之谷風能及於焚輪謂之頹使之旋轉而升是風薄相扶而上也以興良朋能佐於善友使之道德益進是朋友相率而成也德既由友而成則窮達不可相棄故言何為汝本且恐且懼苦厄之時則置我於懷至相親愛矣今汝得且安且樂志達之後反更棄我如人遺忘於物忽然不省無心念我也○傳頹風至而成○正義曰釋天云焚輪謂之頹扶搖謂之猋李巡曰焚輪暴風從上來降謂之頹頹下也扶搖暴風從下升上故曰猋猋上也孫炎曰迴風從上下曰頹迴風從下上曰猋然則頹者風從上而下

之名迴風從上而下力薄不能更升谷風與相遇二風并力乃相扶而上以喻朋友二人同心乃相率而成也彼迴風從上下谷風未與相扶謂之爲頽若谷風既與相扶而上則於爾雅爲猋不復爲頽也詩言頽據其未與相扶之名耳

習習谷風，維山崔嵬。無草不死，無木不萎。崔嵬山巔也雖盛夏萬物茂壯草木無有不死葉萎枝者箋云此言東風生長之風也山巔之上草木猶及之然而盛夏養萬物之時草木枝葉猶有萎槁者以喻朋友雖以恩相養亦安能不時有小訟乎○崔徂回反嵬五回反又作嵔萎於危反長張丈反下同槁苦老反

忘我大德，思我小怨。箋云大德切瑳以道相成之謂也○瑳七河反

疏習習至小怨○正義曰言習習然和調者生長之谷風也谷風猶善能生長之故維山崔嵬之上草木皆能生長之以興良朋由善能切瑳之故其友身之道德亦能成就之道德相由而成窮達不宜相棄然草木之生長雖至於盛夏之月萬物茂壯無能使草不有死者無能使木不有萎者以時不齊實小有萎死者也以興道德之進益雖至於成就之功百事通曉無能使色不有忿者無能使辭不有訟者以大義不虧實小而有忿訟也然小萎無虧於夏長小怨無損於交好汝何爲忘我切瑳之大德反思我言訟之小怨而棄我乎○傳雖盛夏至萎枝者○正義曰以四時春生夏長物之盛莫過夏時故云雖盛夏萬物茂壯也以其大時不齊不能無死者故月令仲夏靡草死故曰死生分是草木無能不有枝葉萎槁者定本及集注本云草本無有不死葉萎枝者○箋此言至小訟乎○正義曰維山崔嵬之文上承谷風之下而下與草木相連明是風吹山巔之上使生草木也平地沃衍之土宜生草木山巔之上則非草木所宜風尚吹之使生故云猶及之也以難長而風及喻朋友相養之深也然而盛夏養萬物之時草木枝葉猶萎槁者以爲平地之草木非止山巔也養則言其難者故云山巔猶及之萎死則言其茂者故言盛夏以暢之云猶有萎槁者爲不宜萎槁是不據山巔明矣若然東風爲谷風實取生長之義要風以四方爲名非以四時立稱則夏之東風猶爲谷風也春則草木初生未及暢茂其有萎死則唯其常詩人不應舉

以爲喻故知言草木萎槁謂夏時也木大或一枝枯故言萎也草小或連根死故言死也

谷風三章章六句

蓼莪刺幽王也民人勞苦孝子不得終養爾不得終養者二親病亡之時時在役所不得見也○蓼莪上音六下五河反養餘亮反注除鞠養也穀養也二字餘並同【疏】蓼莪六章上下各二章章四句中二章章八句至終養爾○正義曰民人勞苦致令孝子不得於父母終亡之時而侍養之民人勞苦五章卒章上二句是也不得終養卒章卒句是也其餘皆是孝子怨不得終養之辭○箋不得至得見○正義曰經言銜恤靡至是親沒之辭序言不得終養繼於勞苦之下是勞苦不見父母也故言不得終養者二親病亡之時時在役所不得見之也終是亡之稱亡連言病者以亡必用病言終可以兼之親病將亡不得扶侍左右孝子之恨最在此時故連言之

蓼蓼者莪匪莪伊蒿興也蓼蓼長大貌箋云我已蓼蓼長大。貌視之以爲非莪。故謂之蒿興者喻憂思雖在役中心不精識其事○蒿呼毛反長張丈反下皆同思息嗣反哀哀父母生我劬勞箋云哀哀者恨不得終養父母報其生長己之苦○【疏】蓼蓼至劬勞○正義曰言蓼蓼然長大者正是莪也而不精審視之以爲非莪反謂之維蒿以興有形器方可識者正是此物也而我不精識視之以爲非此物反謂之是彼物也以己二親今且病亡身在役中不得侍養精神昬亂故視物不察也既不得終養又追而爲恨言可哀之又可哀我父母也其生長我也其病勞矣今不見其亡所以深恨○箋我已至其事○正義曰視莪以爲非莪亦是作者身視故云我視之是作者自我也但作者憂思之深每事皆不精識故舉視莪爲蒿以喻衆事皆然故喻憂思雖在役中心不精識其事謂衆事不精識非獨莪也

蓼蓼者莪匪莪伊蔚蔚牡菣也○蔚音尉牡菣去刃反哀哀父母生我勞瘁箋云瘁病也○瘁似醉反【疏】傳蔚牡菣

珍倣宋版印

○正義曰釋草文舍人曰蔚一名牡菣某氏曰江河間曰菣陸機疏云牡蒿也三月始生七月華華似胡麻華而紫赤八月爲角角似小豆角銳而長一名馬新蒿

缾之罄矣維罍之恥缾小而罍大罄盡也箋云缾小而盡罍大而盈言爲罍恥者刺王不使富分貧衆恤寡○缾蒲丁反罄苦定反罍音雷

鮮民之生不如死之久矣鮮寡也箋云此言供養日寡矣而我尚不得終養恨之言也○鮮息淺反供九用反

無父何怙無母何恃出則銜恤入則靡至箋云恤憂靡無也孝子之心怙恃父母依依然以爲不可斯須無也出門則思之而憂旋入門又不見如入無所至○怙音戶韓詩云怙賴也恃特負也

【疏】缾之至靡至○正義曰罍器大缾器小酌酒者當多酌罍少酌缾不使小缾先竭今缾之既盡矣而罍尚盈滿是爲酌罍者之恥也以與民有富而多丁貧而寡弱治民者當多役富少役貧不使貧者先困今貧者既困矣而富者尚饒裕是王之恥也今王不以爲恥偏困貧民我不得供養故因此以恨言寡矣民之一生也言生而得養其日尚寡況我尚不得終養是可恨之甚如此我不如死之久矣言己雖生不如死之已久也所以然者以無父何所依怙無母何所倚恃己無父母出門則以中心銜憂旋來入門則堂宇空曠不復覩見如行田野無所有至是其所以悲恨也○箋缾小至恤寡○正義曰釋器云小罍謂之坎孫炎曰酒罇也郭璞曰罍形似壺大者受一斛是罍大如缾也言缾盡矣對罍盈言爲罍恥者是爲主罍者之恥卽酌者也以罍大似富衆缾小似貧寡然罍缾並列俱以酌之則當多酌罍而少酌缾以至於俱盡是均也猶上之賦役以富貧並對俱以役之則當多役富而少役貧以至於俱堪亦爲均也今缾盡而罍盈盈者滿也是全不酌之辭猶偏役貧寡而富衆不行故言恥者刺王不使富分貧衆恤寡也謂不使富者分貧者之役衆者憂寡者之勞而共之也言缾罄則罍盈矣罍既無情之物終不以自盈爲恥故知是爲罍者恥以喻王恥也○箋孝子至所至○正義曰作詩之日已反於家故言出入之事入門無見又似非殯是已卒哭之後也入門上堂不見慨焉廓焉時實爲甚三年之外孝子之情

亦然但此以三年內耳父兮生我母兮鞠我拊我畜我長我育我顧我復我出入腹我鞠養腹厚也箋云父兮生我者本其氣也畜起也育覆育也顧旋視也復反覆也腹懷抱也○拊音撫畜喜郁反顧音故覆芳福反欲報之德昊天罔極箋云之猶是也欲欲報父母是德昊天乎我心無極

疏父兮至罔極○毛以為此言父母生養之恩己思報之言父兮本流氣以生我母兮以懷任以養我又拊循我起止我長遂我覆育我顧視我反覆我其出入門戶之時常愛厚我是生我劬勞也我今欲報父母是勞苦之德昊天乎心無已也常所憶念無有已時故言己痛切之情以告於天○鄭以腹為懷抱為異○傳腹厚○正義曰釋詁文○箋父兮至懷抱○正義曰上章總言父母此分父母而說之故云父兮生我者本其氣也以鞠己為養畜我承拊我之後明起止而畜愛之故為起也言覆育者謂其寒暑或身體嫗之覆近而愛育焉旋視謂去之而反顧也復反也故為反覆謂小者就所養之處迴轉反覆之也腹我謂置之於腹故為懷抱以父母厚己非獨出入之時故易傳也南山烈烈飄風發發烈烈然至難也發發疾貌箋云民人自苦見役視南山則烈烈然飄風發發然寒且疾也○飄避遙反後篇同本又作票民莫不穀我獨何害箋云穀養也言民皆得養其父母我獨何故覩此寒苦之害

疏南山至何害○正義曰孝子言己在役之苦我本從役苦於南山值時寒甚視南山則烈烈然愴其至役之勞苦而情以為至難也又遇飄風發發然寒而且暴疾也於時天下之民豈不皆得養其父母者我獨何故覩此寒苦之甚害而不得養父母乎此何害與下不卒互也○箋言民至之害○正義曰何害者皆以己刺彼故言他得孝養己獨寒苦此則怨者之常辭且虐君者役賦不平非無閑豫之人故作者言己偏苦得稱民莫不穀也南山律律飄風弗弗律律猶烈烈也弗弗猶發發也民莫不穀我獨不卒箋云卒終也我獨不得終養父母重自哀傷也○卒子恤反重直用反

一 珍倣宋版印

蓼莪六章四章章四句二章章八句

大東刺亂也東國困於役而傷於財譚大夫作是詩以告病焉譚國在東故其大夫尤苦征役之事也魯莊公十年齊師滅譚〇譚徒南反國名

疏大東七章章八句至告病焉〇正義曰作大東之詩者刺亂也時東方之國偏於賦役而損傷於民財此譚之大夫作是大東之詩告於王言己國之病困焉困民財役以至於病是爲亂也言亂者政役失理之謂總七章之言皆是也言困於役者對則貨財謂之賦功力謂之役案此經文及傳箋皆刺賦斂重薄無怨力役之事故哀我憚人箋云哀其民人之勞苦亦不欲使周之賦斂則亦可息也是欲息其賦斂非力役也但王數徵賦須轉餫餫輸之勞即是役也四章云職勞不來下箋云東人勞苦而不見謂勤言送轉輸而不蒙勞來是困於役之事也經則主怨財盡故唯言賦重斂則兼言民勞故云困役由送衰財以致役故先言之從首章以盡三章皆是困役財之事四章以下言周衰政偏衆官廢職由此己國所以賦重故言之以刺周亂也言病者雖七章皆是若指事而言則哀我憚人亦可息也是所苦之辭也言東國者譚大夫以譚國在東而見偏役故經云小東大東敘亦順之而言東國焉不指譚而言東者譚大夫雖自爲己怨而王政大經偏東非譚獨然故言東以廣之譚大夫者以別於王朝也普天之下莫非王臣必別之者以此主陳譚國之偏苦勞役西之人優逸是有彼此之辭故須辨之明爲譚而作故也若汎論世事則不須分別小明大夫悔仕於亂彼牧伯大夫不言其國是也〇箋譚國至滅譚〇正義曰解譚大夫而序言東國之意也莊十年齊師滅譚是春秋經也傳曰齊侯之出也過譚譚不禮焉及其入也諸侯皆賀譚又不至是以齊師滅之引此者證其在京師之事也

有饛簋飧有捄棘七興也饛滿簋貌飧熟食謂黍稷也捄長貌七所以載鼎實棘赤心也箋云飧者客始至主人所致之禮也凡飧饔餼以其爵等爲之牢禮之數陳興者喻古者天子施予之恩於天下厚〇饛音蒙簋音軌飧音孫

捄音虯又其牛反下章同七必履反饛於恭反施始豉反周道如砥其直如矢如砥貢賦平均也如矢賞罰不偏也○砥之履反君子所履小人所視箋云此言古者天子之恩厚也君子皆法效而履行之其如砥矢之平小人又皆視之共之無怨○共音恭本又作恭睠言顧之潸焉出涕睠反顧也潸涕下貌箋云言我也此二事者在乎前世過而去矣我從今顧視之為之出涕傷今不如古○睠音卷本又作眷潸所姦反說文作潸云涕流貌山晏反出如字徐尺遂反涕音體為于僞反

疏有饛至出涕○正義曰言有饛然滿者簋中黍稷之飧也有捄然長者棘木載肉之七也客始至主人以簋盛飧以七載肉而待之是主人供承之惠於賓客厚也以與古者天子施予之恩於天下厚也非直與恩厚又法制齊均周之貢賦之道其均如砥石然周之賞罰之制其直如箭矢然是所行之政皆平而不曲也以天子崇其施予之厚故其時君子皆共法傚所以履而行之以周道布其砥矢之平直時小人皆共承奉所以視而供之既君子履其厚小人視其平是上下相和舉世安樂今此二者於前世已過而去睠然迴反我從今世徒反顧而視之終不可值由此潸焉為之出涕傷今不如古所以見偏役也○傳饛滿至赤心○正義曰簋以盛飧饛為其狀故知饛滿簋貌也主人供賓客有禾有米此以盛於簋故知熟食也又禮之通例皆簠盛稻粱簋盛黍稷故知謂黍稷也捄為七之狀故知長貌雜記云七用桑長三尺是也鼎實實肉也實肉必實之於鼎必載之者以古之祭祀享食必體解其肉之胖既大故須以七載之載謂出之於鼎升之於俎也雜記法亦言七所以載牲體牲體即鼎實也言棘赤心者以棘木赤心言於祭祀賓客皆赤心盡誠也吉禮用棘雜記言用桑者謂喪祭也待賓客之七禮當用棘傳言赤心解本用棘之意未必取赤心為喻○箋飧者至天下厚○正義曰箋飧之所用故言客始至主人所致之禮也知者聘禮賓初至大夫帥至於館宰夫朝服設飧是也必先設之者以其初至權致小禮彼注云食不備禮曰飧對饔餼之大為不備司儀注云小禮曰飧大禮曰饔餼是也言凡飧饔以其爵等為之牢禮之數陳者掌客文

也案大行人及掌客云上公飧五牢饔餼九牢侯伯飧四牢饔餼七牢子男飧三牢饔餼五牢諸侯之朝必以臣從彼爲凡介行人宰史設文故注云凡大行人宰。使衆臣從賓者也行人主禮宰主具史主書皆有饔餼尊其君以及其臣以其爵等爲之牢禮之數陳者爵卿也則飧二牢饔餼五牢爵大夫也則飧大牢饔餼三牢爵士也則飧少牢饔餼大牢此降小禮豐大禮也以命數則參差難等略於臣用爵而已是爵等爲之牢禮之數陳也陳者依此數陳列以與之言此證飧之所用是供客之禮也知喻古者天子施予之恩於天下厚者以下云周道如砥言周平安之世睠言顧之傷其不見往古故知此以主人待客之隆喻古者施予之厚也以東國困役而刺王則與天下同怨故知喻天下古之天子正謂周之聖王下言周道明所思不出於周也〇傳如砥至不偏〇正義曰砥謂礪之石禹貢曰礪砥砮丹以砥石能磨物使平故比貢賦均也矢則幹必直故比賞罰不偏也砥言周道則其直亦周道也如矢言其直則如砥言其平互相通也知砥比貢賦矢比賞罰者以王道所行唯此事耳此爲貢賦之偏以發言故先以砥比貢賦取均平之義貢賦之外唯賞罰耳故以矢比之傳因有二文而分之耳其實貢賦賞罰皆平皆直理亦兼通故下箋云砥矢之道獨爲貢賦而砥矢並言是得兼通故也此篇怨政偏斂重無言賞罰之事傳言之者以言周道爲事廣所可平直者即貢賦賞罰耳故因而盡言以暢之且粲粲衣服鞙鞙佩璲是濫賞所及亦是賞罰不平也〇箋此言至無怨〇正義曰此言君子小人在位與民庶相對君子則行其道小人則供其役此上四句有二事明君子履其恩厚而法傚之小人視其平直而供承之以履視不同先上二事故箋分以當之也言君子所履者明己今賦斂之偏亦由時在位貪亂不小履先王之道不能佐君以致於偏故五章以下刺其空官廢職與此相首尾

東大東杼柚其空。空盡也箋云小也大也謂賦斂之多少也小亦於東大亦於東言其政偏失砥矢之道也譚無他貨維絲麻。爾今盡杼柚不作也〇杼直呂反說文云盛緯器柚音逐本又作軸斂力豔反後同

糾糾葛屨。可以履霜佻佻公子行彼周行

佻佻獨行貌公子譚公子也箋云葛屨夏屨也周行周之列位也言時財貨盡雖公子衣屨不能順時乃夏之葛屨今以屨霜送轉餫因見使行周之列位者而發幣焉言雖困乏猶不得止○糾居黝反屨九具反佻徒彫反徐又徒了反沈又徒高反韓詩作嬥嬥往來貌並音挑本或作窕非也周行戶郎反注周行下載施之行幷注同餫音運

既往既來使我心疚

箋云既盡疚病也言譚人自虛竭餫送而往周人則空盡受之曾無反幣復禮之惠是使我心傷病也○疚音救

疏 小東至心疚○正義曰譚大夫既思古無及乃言今幽王政偏重斂於己小亦於東大亦於東前所賦斂者唯出杼柚今既輸送杼柚從其上之物皆已盡焉由此財盡衣屨不備糾糾然夏日之葛屨公子以貧乏故謂其可以履冬日之霜寒也佻佻然獨行者我譚國之公子也因送轉餫又見使行而彼周之列位而發幣焉雖則困乏猶不止也公子之困如此又我譚人自盡空竭送餫而往周人則空盡受之虛空而來曾無反幣復禮之惠由是所以使我心傷病焉○箋小也至不作○正義曰知譚無他貨唯有絲麻者以杼柚之有維絲麻耳說文云杼持緯者也○箋雖曰公子至不得止○正義曰上言杼柚其空是譚國財盡履霜之下即云公子是公子服此葛屨而履霜也下云既往既來仍是轉輸之事故知公子獨行為送轉餫至京師又因見使之行周列位而發幣焉謂適有司而納其轉餫之幣於列位則是有司也隱七年左傳曰初戎朝於周發幣於公卿杜預云朝而發幣於公卿如今計獻詣公府卿寺彼因朝而有貢獻之物發幣於公卿與此公子發幣同但此轉餫不因行聘也以葛屨為履霜仍彼行役言困乏猶不得止也○箋曾無反幣復禮之惠是使我心傷悲焉○正義曰聘禮云無行則重賄反幣謂以幣反報來者故此以反幣言之知責王無反幣者以怨其盡受明當有報也中庸曰厚往而薄來所以懷諸侯也是有報矣天子報諸侯之禮雖亡春秋之世諸侯之事覇主與天子同也齊桓公知諸侯之歸己也故使輕其幣而重其禮諸侯之使垂橐而入稛載而歸言其空而來重而歸也則天子亦當有報故此其所以怨之也

有洌氿泉無浸穫薪契契寤歎哀

我憚人洌寒意也側出曰氿泉穫艾也契契憂苦也憚勞也箋云穫落木名也既伐而折之以爲薪不欲使氿泉浸之浸之則將溼腐不中用也今譚大夫契憂苦而寤歎哀其民人之勞苦者亦不欲使周之賦斂小東大東極盡之極盡之則將困病亦猶是也○洌音列氿音軌字又作晷寖子鴆反漬也字又作浸穫戶郭反毛刈也鄭落木名也字則宜作木傍契苦計反徐苦結反憚丁佐反徐又音但下同字亦作癉腐音輔朽也

薪是穫薪尚可載也哀我憚人亦可息也載載乎意也箋云薪是穫薪者析是穫薪也尚庶幾也庶幾析是穫薪可載而歸蓄之以爲家用哀我勞人亦可休息養之以待國事○蓄勑六反

【疏】有洌至可息○毛以爲有洌然寒氣之氿泉無得浸漬我所穫之樵薪也以興暴虐者周室之幽王無得稅斂我譚國之民人也刈薪者惜其樵薪不欲使氿泉妄浸之以妄浸之則溼腐不中用故也以興今譚大夫契契憂苦而寤寐之中嗟哀憐我譚國勞苦之民人不欲使周人極斂之極斂之則困病不堪其事也又言薪畜是穫刈之薪者尚以爲可存載於意當餌而掌之以爲家用故不欲氿泉之所浸也況譚之大夫哀於我勞苦之人寧不亦可念之在情當休息而養之以待國事故不欲周王之所斂也此以氿泉比周王刈薪之人惜己薪猶譚大夫之愛譚人意雖相對而文有詳略言氿泉之浸穫薪不言周王之斂譚人譚大夫有憂民之容刈薪者無惜薪之狀皆互見也○鄭唯穫爲木名尚爲庶幾又尚可載以對亦可息是薪可載歸猶人可休息直文比事於義爲通故不從毛餘同○傳洌寒至憚勞○正義曰七月云二之日栗洌是洌爲寒氣也說文洌寒貌故字從冰釋水云氿泉穴出穴出仄出也李巡曰水泉從傍出名曰氿氿側出是側出曰氿泉也穫讀如穫稻之穫故爲刈也薪當析之即云刈者蓋木之細者以荆楚之類故曰言刈其楚是小者刈之也以有哀歎故知契契憂苦也憚勞釋詁文○箋穫落至爲薪○正義曰穫落釋木文文在釋木故爲木名某氏曰可作杯圈皮韌繞物不解郭璞曰穫音穫可爲杯器素也陸機疏云今椰榆也其葉如榆其皮堅韌剝之長數尺可爲絙索又可爲甑帶其材可爲杯器是也易傳者以諸言

薪者皆謂木也而言刈於理不安故易之

東人之子職勞不來西人之子粲粲衣服東人譚人也來勤也西人京師人也粲粲鮮盛貌箋云職主也東人勞苦而不見謂勤京師人衣服鮮絜而逸豫言王政偏甚也自此章以下言周道衰其不言政偏則言衆官廢職如是而已〇來音賚注同

舟人之子熊羆是裘舟人舟。楫之人熊羆是裘言富也箋云舟當作周裘當作求聲相近故也周人之子謂周世臣之子孫退在賤官使。搏熊羆在冥氏穴氏之職〇羆彼皮反檝音接字又作楫近附近之近下同搏音博冥莫歷反

私人之子百僚是試私人私家人也是試用於百官也箋云此言周衰羣小得志〇僚力彫反字又作寮同

疏東人至是試〇毛以為言王政之偏東國譚人之子主為勞苦盡財以供王賦而曾不見謂以為勤言王意以譚人空竭為常不愧之也其西人京師之子則有粲粲然鮮盛之衣服言王意縱西人使令驕溢不賦之也王既政偏如是又上下無制致舟檝之人之子以熊羆之皮是為衣裘言賤人踰制而奢富也其私家之人之子則百僚之官於是登用之小人得志驕貴也此周道之衰已所以偏苦〇鄭以舟人之子二句為異具在箋〇傳東人至鮮盛〇正義曰東以對西則西人是京師之人京師是王畿之大號。決其不賦稅非在朝之人也來勤釋詁文以不被勞來為不見勤故采薇序曰杕杜以。勤歸郎是勞來也〇箋東人至而已〇正義曰東人言。王勞苦則知西人為逸豫西人言其衣服鮮明則東人衣服敝惡互相見也上章言公子衣屨不能順時況國人乎此詩譚大夫所以告己國之病首章至此言譚人之困而從此以下非復譚事故解之自此章以下言周道衰也所言道衰唯有二事其所不言王政偏則言衆官廢職唯如是而已此章以下并此章亦是從此盡不以其譏言政偏鞙鞙佩璲以下言衆官廢職也其文雖多意唯此二事故總解之〇箋舟當至之職〇正義曰箋以此章八句辭皆相反舉鮮盛而對職勞以是裘而對是試則周人私人猶東人西人也既東西勞逸不同則周私所主為異又是試為上之所用則是裘非身之所衣皆是王使之也以此知舟當作周裘當作求周世

珍倣宋版印

臣之子孫者謂在周有功德世爲臣其子孫賢者也裳裳者華序曰棄賢者之類絕功臣之世是有退在賤官者也以熊羆是裘明遣賤人求捕熊羆故知在冥氏穴氏之職秋官冥氏下士二人穴氏下士一人冥氏掌設弧張爲阱擭以攻猛獸以靈鼓毆之穴氏掌攻蟄獸各以其物火之注云蟄獸熊羆之屬冬藏者也而熊羆卽亦猛獸故知在此二職也若然上云西人之子粲粲衣服西人卽周人也上句刺其鮮盛下句復傷其退求熊羆者以無道之世莫不變愛羣小斥逐賢哲故讒佞之徒多有逸樂功成之輩退在賤官雖同是周人賢愚不等作者刺彼驕奢哀此貶黜辭各有爲不相害也○傳私人私家人○正義曰此云私人則賤者謂本無官職卑賤之屬私居家之小人也崧高云遷其私人以申伯爲王卿士稱其家臣爲私人故傳曰私人家臣也有司徹云獻私人玉藻云大夫私事使私人擯以臣仕於私家謂之私人非此類也

或以其酒不以其漿或醉於酒或不得漿鞙鞙佩璲不以其長鞙鞙玉貌璲瑞也箋云佩璲者以瑞玉爲佩佩之鞙鞙然居其官職非其才之所長也徒美其佩而無其德刺其素餐○鞙胡犬反字或作琄璲音遂

維天有漢監亦有光漢天河也有光而無所明箋云監視也喻王闓置官司而無督察之實○監古暫反闓音開字亦作開

跂彼織女終日七襄跂隅貌襄反也箋云襄駕也駕謂更其肆也從旦莫七辰一移因謂之七襄○跂說文作岐丘豉反徐又丘婢反更音庚歷也

【疏】或以至七襄○毛以爲言王政之偏或用之爲官令其醉酒者或不見任用不得其漿者言王政既偏其所用之人皆鞙鞙然佩其璲玉居其官職不以其才之所長徒美其佩而無其德也維天之有漢仰監視之亦有精氣之光是徒有光而無明今佩璲之人亦徒有名而無實也跂然三隅之形者彼織女也終一日歷七辰至夜而迴反徒見其如是何曾有織乎言王之官司徒見列於朝耳何曾有用乎○鄭唯言佩璲云是玉也故鞙鞙爲玉貌璲瑞釋器文郭璞曰玉瑞也禮以玉爲瑞信其官謂之典瑞此瑞正謂所佩之玉故箋云佩璲者以瑞玉爲佩玉藻云古之君子必佩玉是也釋訓云皐皐鞙鞙刺素餐也

某氏云鞙鞙無德而佩故刺素餐也○傳漢天至所明○正義曰河圖括地象云河精上爲天漢揚泉物理論云星者元氣之英也漢水之精也氣發而著精華浮上宛轉隨流名曰天河一曰雲漢大雅云倬彼雲漢是也此天河雖則有光不能照物故有光而無所明也自下諸星皆取有名無用以爲義天。漢。此。知不以無水用爲義者以言監亦有光是嫌其光之小也故知取無明爲喻其女牛箕斗各自言其無所用知其不取無明也星皆在天獨漢言維天者以其初言天象故云維天以總之使下諸星皆蒙維天之文也天畢又言天者以其餘皆二字爲星名箕斗又有南北相配維畢單名故言天以配之也此諸星者牛女言其貌箕斗言其用七襄再述其辭○長庚一無所說參差不同者皆作者言置辭使成文理潤色而已無義例也○傳跂隅貌襄反○正義曰說文云跂頃也字從匕孫毓云織女三星跂然如隅然則三星鼎足而成三角望之跂然故云隅貌襄反者謂從旦至暮七辰而復反於夜也○箋襄駕至七襄○正義曰襄駕釋言文言更其肆者周禮有市廛之肆謂止舍處也而天有十二次日月所止舍也舍即肆矣在天爲次在地爲辰每辰爲肆是歷其肆舍有七也星之行天無有舍息亦不駕車以人事言之耳晝夜雖各六辰數者舉其終始故七即自卯至酉也言終日是晝也晝不見而言七移者據其理當然矣

雖則七襄不成報章不能反報成章也箋云織女有織名爾駕則有西無東不如人織相反報成文章

睆彼牽牛不以服箱睆明星貌河鼓謂之牽牛服牝服也箱大車之箱也箋云以用也牽牛不可用於牝服之箱○睆華板反箱息羊反河鼓何可反又音河星名牝頻忍反

東有啓明西有長庚日旦出謂明星爲啓明日既入謂明星爲長庚庚續也箋云啓明長庚皆有助日之名而無實光也

有捄天畢載施之行捄畢貌畢所以掩兔也何嘗見其可用乎箋云祭器有畢者所以助載鼎實今天畢則施於行列而已

疏雖則至之行○正義曰言雖則終日歷七辰有西而無東不成織法報反之文章也言織之用緯一來一去是報反成章今織女之星駕則有西而無東不見倒反是有名無成也

又睆然而明者彼牽牛之星雖則有牽牛之名而不曾見其牽牛以用於牝服大車之箱也又東方有啓導日明之星西方有增長續日之星此亦何曾能有啓續乎又有捄然而長者在天之畢也徒則施之於二十八宿之行列而已亦何曾見其掩兔載肉之用乎是皆有名無實亦與王之官司虛列而無所成也○傳何鼓至之箱○正義曰河鼓謂之牽牛釋天文也李巡曰河鼓牽牛皆二十八宿名也孫炎曰河鼓之旗十二星在牽牛之北也或名爲河鼓亦名爲牽牛如爾雅之文則牽牛河鼓一星也如李巡孫炎之意則二星今不知其同異也知服牝服者以連箱言之爲牛所用故牝服也車人言大車牝服二柯又三分柯之二注云大車平地載任之車牝服長八尺謂較也今俗爲平較兩較之內謂之箱甫田曰乃求萬斯箱書傳曰長幾充箱是謂車內容物之處爲箱言大車者以經有牽牛之文故知大車箱也○傳日旦至庚續○正義曰言旦出者旦猶明也明出謂嚮晨時也啓開也言開導日之明故謂明星爲啓明庚續釋詁文日既入之後有明星言其長能續日之明故謂明星爲長庚也釋天云明星謂之啓明孫炎曰明星太白也出東方高三舍。今曰明星昏出西方高三舍。今曰太白然則啓明是太白矣長庚不知是何星也或一星出在東西而異名或二者別星未能審也○傳捄畢至掩兔○正義曰上言捄長貌此云畢貌亦言畢之長也鴛鴦曰畢之羅之月令禁羅網畢翳無出國門是田器有畢也此畢象畢星爲之而施網焉故言所以掩兔也○箋祭器至鼎實○正義曰特牲饋食禮曰宗人執畢是祭器有畢也彼注云畢狀如。叉蓋爲其似畢星取名焉主人親舉宗人則執畢導之是所以助載鼎實也掩兔祭器之畢俱象畢星爲之必易傳者孫毓云祭器之畢狀如畢星名象所出也畢弋之畢又取象焉而因施網於其上雖可兩通箋義爲長

維南有箕不可以簸揚維北有斗不可以挹酒漿挹㪺也○簸波我反徐又府佐反斗都口反沈作主挹音揖㪺矩于反廣雅云酌也本又作㪺

維南有箕載翕其舌維北有斗西柄之揭翕。如也箋云翕猶引也引舌者謂上星相近○翕許急反柄彼病反揭居

竭反徐起謁反疏維南至之揭○正義曰言維此天上其南則有箕星不可以簸揚米粟維此天上其北則有斗星不可以挹斛其酒漿所以不可以簸揚挹者維南有箕則徒翕置其舌而已維北有斗亦徒西其柄之揭然耳何嘗而有可用乎亦猶王之官司虛列而無所用也此挹下言酒漿則簸揚下宜言米粟作者取文便而不言之耳又西柄之揭與載翕其舌文不類者以箕斗之形成於柄舌又簸之須舌猶挹之須柄各隨其義故不同也言南箕北斗者案二十八宿連四方爲名者唯箕斗井壁四星而已壁者室之外院箕在南則壁在室東故稱東壁鄭稱參傍有玉井則井星在參東故稱東井推此則箕斗並在南方之時箕在南而斗在北故言南箕北斗也以箕斗是人之用器故令相對爲名其名之定雖單亦通故巷伯謂箕爲南箕爲此也○傳翕合○正義曰言合者以天星象也此獨爲箕者由此星合聚相接其舌也○箋翕猶引至相近○正義曰鄭以爲箕星踵狹而舌廣而言合於天文不便故言翕猶引也引其舌者謂上星近也言箕之上星相去近故爲踵因引之使相遠而爲舌也

大東七章章八句

四月大夫刺幽王也在位貪殘下國構禍怨亂並興焉疏四月八章章四句至與焉○正義曰四月詩者大夫所作以刺幽王也以幽王之時在位之臣皆貪暴而殘虐下國之諸侯又構成其禍亂結怨於天下由此致怨恨禍亂並興起焉是幽王惡化之所致故刺之也經云廢爲殘賊是在位貪殘也我日構禍是下國構禍也民莫不穀是怨。亂也亂離瘼矣是亂事也言怨亂並興者王政殘虐諸侯構禍是亂也亂既未弭則民怨不息政亂民怨同時而起故云並興也經八章皆民怨刺王之辭此篇毛傳其義不明王肅之說自云述毛於六月徂暑之下注云詩人以夏四月行役至六月暑往未得反已闕一時之祭後當復闕二時也先祖匪人之下又云征役過時曠廢其祭祀我先祖獨非人乎王者何爲忍不憂恤我使

珍倣宋版印

我不得脩子道案此經序無論大夫行役祭祀之事據檢毛傳又無此意縱如所說理亦不通故孫毓難之曰凡從役踰年乃怨雖文王之師猶采薇而行歲暮乃歸小雅美之不以為譏又行役之人固不得親祭攝者脩之未為有闕豈有四月從役六月未歸數月之間未過古者出師之期而以刺幽王亡國之君乎非徒如毓此言首章始廢一祭已恨王者忍己復闕二時彌應多怨何由秋日冬日之下更無先祖之言豈廢闕多時反不恨也以此王氏之言非得毛意孫以為如適之徂皆訓為往今言往暑猶言適暑耳雖四月為夏六月乃之適盛暑非言往而退也詩人之興言治少亂多皆積而後盛盛而後衰衰而後亂周自太王王季王業始起猶維夏也及成康之世而後致太平猶徂暑也暑往則寒來故秋日繼之冬日又繼之善惡之喻各從其義毓自云述毛此言亦非毛旨何則傳云暑盛而往矣是既盛而後往也毓言方往之暑不得與毛同矣毓之所說義亦不通案經及序無陳古之事太王成康之語其意何以知然又以四月為周基六月為尤盛則秋日為當誰也直云秋日繼之冬日又繼之不辨其世之所當何哉若言成康之後幽王之前則其間雖有衰者未足皆為殘虐何故以涼風喻其病害百卉乎若言亦比幽王則已歷積世當陳其漸何故幽王頓。此二時中間獨爾闕絕也又毓言以為有漸則幽王既比於冬不得更同秋日不宜為幽王何傷先世之亂離哉如是則王孫之言皆不可據為毛義也今使附之鄭說唯一徂字異耳計秋日之寒未。知冬時反言百卉具腓以譬萬民困病其喻有甚於冬則三者別喻不相積累以四時之中尤可慘酷者莫過於冬日故以比王身自言上之所行不論病民之狀以冬時草木收藏而無可比下故獨言王惡也二章以涼風之害百草喻王政之病下民首章言王惡之有漸嚴寒毒暑皆是可患各自為興不相因也其興之日月先後為章次耳

四月維夏六月徂暑徂往也六月火星中暑盛而往矣箋云徂猶始也四月立夏矣至六月乃始盛暑興人為惡亦有漸非一朝一夕○構古候反

先祖匪人胡寧忍予箋云匪非也寧猶曾也我先祖非人乎人則當知患難何為曾使我當此。難世乎○難乃旦反【疏】四月

至忍予○毛以爲言四月維始立夏矣未甚暑至六月乃極暑矣旣極然後往過其暑矣以往表其極言四月已漸暑至六月乃暑極以興王初即位雖爲惡政矣未甚酷至於今乃極酷也自即位以漸酷至今乃酷甚也。四惡如此故大夫仰而訴之我先祖非人乎先祖若人當知患難何曾施恩於我當此亂世乎以王惡之甚故訴其先祖也○鄭以徂爲始六月始暑喻王乃始酷餘同○傳徂往至往矣○正義曰徂往釋詁文也月令季夏六月昏大火中是六月火星中也火星中而暑退暑盛而往矣是取暑盛爲義喻王惡盛也由盛故有往是以往表其盛無取於往義也傳言暑盛而往矣其意出於左傳昭三年傳曰譬如火焉火中寒暑乃退此其極也能無退乎彼以極退故此以理反之故言往而明極也故知不取往爲義也○箋云徂猶至一夕○正義曰鄭以大夫已遭王惡倒本其漸王惡無已退之時不似寒暑之更代故以始言之徂訓爲往今言徂始者義出於往也言往者因此往彼之辭往到即是其始暑自四月往至於六月爲始也以毛言徂往涉於過義故更以義言訓之爲始東山云我徂東山下言我來自東則我徂東山爲到東山是徂爲始義也漢書律曆志云四月立夏節小滿中故言四月立夏矣至六月乃始盛暑也以興人爲惡有漸○非一朝一夕是暑以喻其惡之極也不與下秋冬相繼也○箋云我先至亂世○正義曰人困則反本窮則告親故言我先祖非人出悖慢之言明怨恨之甚猶正月之篇怨父母生己不自先後也

秋日淒淒百卉具腓。淒淒涼風也卉草也腓病也箋云具猶皆也涼風用事而衆草皆病興貪殘之政行而萬民困病○淒本亦作棲七西反卉許貴反腓房非反韓詩云變也

亂離瘼矣爰其適歸離憂瘼病適之也箋云爰曰也今政亂國將有憂病者矣曰此禍其所之歸乎言憂病之禍必自之歸。爲亂○瘼音莫

疏秋日至適歸○正義曰言嚴秋之日淒淒然有寒涼之風由此寒涼之風用事於時故使百草皆被凋殘以致傷病以興幽王之惡有貪殘之政由此貪殘之政行於天下故萬民皆見殘害以遭困病此是王政之亂王政旣亂則國將有憂病矣曰此憂病之禍其何所。歸。之乎言此憂病之禍必。歸。之於國

珍倣宋版印

家滅亂也○箋今政至爲亂○正義曰經中亂字承上經之事是政亂也亂憂病三者連文明非共爲一事故分之也政亂已損害於民則民不堪命將以危
國故言國將有憂病者也謂可憂之病滅亡之事也又言憂病之禍必自之歸於亂者謂之於滅亡之亂流毳滅戲之類非疊上文也宣十二年左傳引此詩
乃云歸於怙亂者也是之歸於亂也
冬日烈烈飄風發發箋云烈烈猶栗烈也發發疾貌言王爲酷虐慘毒之政如冬日之烈烈矣其亟急行於天下如飄風之疾也○亟紀力反
民莫不穀我獨何害箋云穀養也民莫不得養其父母者我獨何故覩此寒苦之害○養其餘亮反
疏箋我獨至之害○正義曰上以寒風喻王行慘毒之政則言禍害者正謂毒政之害也言寒苦之害者遭虐政之苦猶遇風寒之苦因上文以寒喻故言寒也
山有嘉卉侯栗侯梅箋云嘉善侯維也山有美善之草生於梅栗之下人取其實蹂踐而害之令不得蕃茂喻上多賦斂富人財盡而弱民與受困窮○蹂如久反廣雅云履也令力呈反蕃音煩與音預
廢爲殘賊莫知其尤廢忲也箋云尤過也言在位者貪殘爲民之害無自知其行之過者言大於惡○廢如字一音發忲時世反下同又一本作廢大也此是王肅義行下孟反下之行同[illegible]
疏山有至其尤○正義曰言山有此美善之草矣其生也維在栗維在梅之下人往取其梅栗之實則蹂踐害此美草使不得蕃茂以興國中有此貧弱之民矣其居也維在富人之傍上多富斂富人財盡則又幷賦此貧民使之不得生育俱受困窮由此在位之人慣習爲此殘賊之行以害於民莫有自知其所行爲過惡者故令民皆病○傳廢忲○正義曰說文云忲習也恆爲惡行是慣習之義定本廢訓爲太與鄭不同
相彼泉水載清載濁箋云相視也伐視彼泉水之流一則清一則濁刺諸侯並爲惡會無一善○相息亮反注同
我日構禍曷云能穀構成曷逮也箋云構猶合集也曷之言何也穀善也言諸侯日作禍亂之行何者可謂能善○曷舊何葛反一云毛安葛反
疏相彼至能穀○毛以爲我視彼泉水之流尚有一泉則清一泉則濁我視

彼諸侯之行何爲一皆爲惡曾無爲善乃泉水之不如也所以然者我此諸侯日日構成其禍亂之行遽何時能爲善言其日益禍亂不能遽於善時○鄭以下二句爲異言我諸侯日日合集其惡作爲禍亂之行何者可謂其善言其皆無所善不如泉水有清者也○傳曷逮○正義曰釋言文

滔滔江漢南國之紀滔滔大水貌其神足以綱紀一方箋云江也漢也南國之大水紀理衆川使不雝滯喻吳楚之君能長理旁側小國使得其所○滔吐刀反長張丈反

盡瘁以仕寧莫我有箋云瘁病仕事也今王盡病其封畿之内以兵役之事使羣臣有土地曾無自保有者皆懼於危亡也吳楚舊名貪殘今周之政乃反不如○瘁本又作萃似醉反下篇同

疏傳滔滔至一方○正義曰滔滔大水貌與吳楚強盛言神者以國主山川所在之國當祀其神魯語曰禹會羣神於會稽以諸侯主祭其神故言神也則此言其神足以綱紀一方是明所事其神之國將有綱紀其意亦喻江漢之傍國故言一方也○箋江漢至其所○正義曰紀理衆川使不雝滯者謂衆川有所注入江漢能統引之不使其水雝過滯塞常時通流也知喻吳楚之君者以舉江漢爲喻而彼南國之紀則以喻江漢所在之國能一相紀理故喻吳楚矣吳楚之意出於經之南國也若然上章言諸侯並惡曾無一善今稱吳楚能理小國又幽王時吳楚微弱未爲盟主所以能長理傍國爲之綱紀者上言諸侯並惡謂中國諸侯耳漸漸之石序曰戎狄叛之荆舒不至是幽王之時荆已叛矣亦既有背叛王命固當自相君長是大能字小紀理傍國明矣南方險遠世有強國商頌云達彼殷武奮伐荆楚是殷之中年楚已嘗叛鄭語史伯謂桓公曰姜嬴荆芋實與諸姬相干也南有荆蠻不可以入是幽王之時楚已強矣於時未必有吳以吳亦夷之強者與楚相配言耳公羊傳曰吳楚之君不書葬是吳楚相近故連言之○箋今王至不如○正義曰封畿之内謂中國所及之境故六月箋云今汝出征以正王國之封畿彼謂逐玁狁正中國也此疾王之惡而言盡病故爲盡病封畿之内以兵役之事謂以兵甲之事勞役之使不得安寧故羣臣諸侯有土地者無敢自保有之皆懼於危亡也以禹貢唐虞之時已云江漢

珍倣宋版印

朝宗于海言朝宗以示臣義故注以為荆楚之域國無道則先强有道則後服也殷王武丁已伐荆楚是舊貪殘也匪鶉。匪鳶翰飛戾天

匪鱣匪鮪潛逃于淵鶉鵰也鵰鳶貪殘之鳥也大魚能逃處淵箋云翰高戾至鱣鯉也言鵰鳶之高飛鯉鮪之處淵性自然也非鵰鳶能高飛非鯉鮪能處淵皆驚駭辟害爾喻民性安土重遷今而逃走亦畏亂政故○鶉徒丸反字或作鷻鳶以專反鵰也鱣張連反鮪于軌反鵰音彫【疏】匪鶉至于淵○毛以為鵰也鳶也貪殘之鳥乃高飛至天今在位非鵰非鳶也何故貪殘驕暴如鳥之高飛至天也鱣也鮪也長大之魚乃潛逃於淵今賢者非鱣非鮪也何為隱遁避亂如魚之潛逃也是貪殘居位不可得而治大德潛遁不可得而用所以大亂而不振也○鄭以為王政亂虐下民逃散。言若鶉若鳶可能高飛至天非鱣鮪之。小魚亦潛逃於淵性非能然為驚駭避害故也以興民不欲逃走而逃者性非能然而然者為驚擾畏亂政故也○傳鶉鵰至處淵○正義曰說文云。鶉鵰也從敦而為聲字異於鶉也鵰之大者又名鶚孟康漢書音義曰鶚大鵰也說文又云。鳶鷙鳥也鶉。鳥皆殺害小鳥故云貪殘之鳥以喻在位貪殘也大魚能逃於淵喻賢者隱遁也故王肅云以言在位非鵰鳶也何則貪殘驕暴高飛至天時賢非鱣鮪也何為潛逃以避亂孫毓云貪殘之人而居高位不可得而治賢人大德而處潛遁不可得而用上下皆失其所是以大亂而不振皆述毛說也○箋喻民至政故○正義曰箋以上章王政之亂病害下民下章言民不得所不如草木則此亦宜言民之困病故以為喻民逃走畏亂政也

山有蕨薇隰有杞桋杞枸檵也桋赤楝也箋云此言草木。尚各得其所人反不得其所傷之也○蕨居月反桋本亦作荑音夷枸音苟檵音計楝所革反郭霜狄反君子作歌維以告哀箋云告哀言勞病而愬之【疏】山有至告哀○正義曰言山之有蕨薇之菜隰之有杞桋之木是菜生於山木生於隰所生皆得其所以與人生處於安樂以得其所今我天下之民遇此殘亂驚擾失性草木之不如也由此君子作此八章之歌詩以告訴於王及在位言天下之民可哀憫之也作者自言君子

以非君子不能作詩故也○傳椇赤楝○正義曰釋木文又曰白者楝舍人曰赤椇名赤楝也某氏曰白色爲楝其色雖異爲名同江河間楝可作鞍郭璞曰赤楝樹葉細而岐說也皮理錯戾好叢生山中中爲車輞白楝葉員而岐爲木大也

四月八章章四句

北山大夫刺幽王也役使不均己勞於從事而不得養其父母焉○使如字己音紀下注喻己同養餘亮反疏北山六章三章章六句三章章四句至父母焉○正義曰經六章皆怨役使不均之辭若指文則大夫不均我從事獨賢是役使不均也朝夕從事是己勞於從事也憂我父母是由不得養其父母所以憂之也經序倒者作者恨勞而不得供養故言憂我父母序以由不均而致此怨故先言役使不均也

陟彼北山言采其杞箋云言我也登山而采杞非可食之物喻己行役不得其事○杞音起偕偕士子朝夕從事偕偕強壯貌士子有王事者也箋云朝夕從事言不得休止○偕音皆徐音諧說文云強也王事靡盬憂我父母箋云靡無也盬不堅固也王事無不堅固故我當盡力勤勞於役久不得歸父母思己而憂○盬音古疏陟彼至父母○正義曰言有人登彼北山之上者云我采其杞葉之葉也此杞葉非可食之物而登山以采之非宜矣以與大夫循彼長遠之路者云我從其勞苦之役也此勞役非賢者之職而循路以從之非其事矣所以行役不得其事者時王之意以己爲偕偕然而強壯今爲王事之子以朝繼夕從於王役之事常不得休止王家之事無不堅固使己勞以堅固之今使憂及於我父母由久不得歸故父母思己而憂也溥天之下莫非王土率土之濱莫非王臣溥大率循濱涯也箋云此言王之土地廣矣王之臣又衆矣何求而不得何使而不行○溥音普濱音賓涯魚佳反字又作崖大夫不均我從事獨賢賢勞

珍倣宋版印

也箋云王不均大夫之使而專以我有賢才之故獨使我從事於役自苦之辭【疏】傳溥大也濱涯○正義曰溥大釋詁文釋水云滸水涯孫炎曰涯水邊說文云浦水濱廣雅云浦涯然則滸濱涯浦皆水畔之地同物而異名也詩意言民之所居民居不盡近水而以濱為言者古先聖人謂中國為九州者以水中可居曰洲言民居之外皆有水也鄒子曰中國名赤縣赤縣內自有九州禹之序九州是也其。有瀛海環之是地之四畔皆至水也濱是四畔近水之處言率土之濱舉其四方所至之內見其廣也作者言王道之衰傷境界之削則云蹙國百里蹙蹙靡所騁恨其有人衆而不使即以廣大言之所怨情異故設辭不同王不均大夫之使不過朝廷而普及天下者明其衆也○傳賢勞○正義曰以此大夫怨己勞於事故以賢為勞箋以賢字自道故易傳言王專以我有賢才之故乎何故獨使我也王肅難云王以己有賢才之故而自苦自怨非大臣之節斯不然矣此大夫怨王偏役於己非王實知其賢也王若實知其賢則當任以尊官不應勞以苦役此從事獨賢猶下云嘉我未老鮮我方將恨而問王之辭非王實知其賢也

四牡彭彭王事傍傍彭彭然不得息傍傍然不得已○傍布彭反得已音以 嘉我未老鮮我方將將壯也箋云嘉鮮皆善也王善我年未老乎善我方壯乎何獨久使我也○鮮息淺反沈云鄭音仙 旅力方剛經營四方旅衆也箋云王謂此事衆之氣力方盛乎何乃勞苦使之經營四方 或燕燕居息燕燕安息貌 或盡瘁事國盡力勞病以從國事 或息偃在牀或不已于行箋云不已猶不止也 或不知叫號或慘慘劬勞叫呼號召也○叫本又作訆古弔反號戶報反協韻戶刀反慘七感反字又作懆 或棲遲偃仰或王事鞅掌鞅掌失容也箋云鞅猶何。也掌謂捧之也負何捧持以趨走言促遽也○棲音西卬音仰本又作仰鞅於兩反何戶可反又音何捧芳勇反 或湛樂飲酒或慘慘畏咎箋云咎猶罪過也○湛都南反樂音洛咎其九反 或出入風議或靡事不

爲箋云風猶放也○風音諷議如字協句音宜疏或燕燕至不爲○正義曰三章勢接須通解之皆具說在注或不知叫號者居家用逸不知上有徵發呼召者或出入風議謂閒暇無事出入放恣議量時政者或勤者無事不爲者定本集注並作議俗本作儀者誤也○鄭唯鞅掌爲異餘同○箋鞅猶至促遽○正義曰傳以鞅掌爲煩勞之狀故云失容言事煩鞅掌然不暇爲容儀也今俗語以職煩爲鞅掌其言出於此傳也故鄭以鞅掌爲事煩之實故言鞅猶荷也鞅獨如馬鞅之鞅以負荷物則須鞅持之故以鞅表負荷也以手而掌執物是捧持之負荷捧持以趨走也促遽亦是失容但本意與傳異耳

北山六章三章章六句三章章四句

無將大車大夫悔將小人也周大夫悔將小人幽王之時小人衆多賢者與之從事反見譖害自悔與小人並疏無將大車三章章四句至小人○正義曰作無將大車詩者謂時大夫將進小人使有職位不堪其任愆負及己故悔之也以將進小人後致病累可爲鑒戒以示將來足明時政昏昧朝多小人亦所以刺王也若然此大夫作詩則賢者也自當擇交既進而悔者知人則哲堯尚難之孔子以聖人之聖尚改觀於宰我子文以諸侯之艮猶未知於子玉況大夫非聖能無悔乎經三章皆悔辭也

無將大車祇自塵兮大車小人之所將也箋云將猶扶進也祇適也鄙事者賤者之所爲也君子爲之不堪其勞以喻大夫而進舉小人適自作憂累故悔之○祇音支累劣僞反篇末同本或作辱無思百憂祇自疷兮疷病也箋云百憂者衆小事之憂也進舉小人使得居位不任其職愆負及己故以衆小事爲憂適自病也○疷都禮反任音壬愆起連反

疏無將至疷兮○正義曰言君子之人無得自將此大車若將此大車適自塵蔽於己以興後之君子無得扶進此小人適自憂累於己小人居職百事不幹己之所舉必助憂之故又戒後人言無思百衆小事之憂若思此憂適自病害於己○傳大車小人之所將也○正義曰冬官車人爲車有大車鄭云大車

珍倣宋版印

平地載任之車則此是也其車駕牛故酒誥曰肇牽車牛遠服賈用是小人之所將也○箋將猶扶進○正義曰言將猶扶進者以大車牛須人傍而將之是爲扶車而進導也大車比小人言無扶進。比小人也

無將大車維塵冥冥箋云冥冥者蔽人目明令無所見也猶進舉小人蔽傷己之功德也○冥莫庭反又莫迥反令力呈反又

無思百憂不出于熲熲光也箋云思衆小事以爲憂使人蔽闇不得出於光明之道○熲古迥反沈又古頃反

無將大車維塵雝。兮箋云雝猶蔽也○雝於勇反字又作壅又於用反

無思百憂祇自重兮箋云重猶累也○重直龍反又直用反

無將大車三章章四句

小明大夫悔仕於亂世也名篇曰小明者言幽王日小其明損其政事以至於亂

疏小明五章上三章章十二句下二章章六句至亂世○正義曰小明詩者牧伯大夫所作自悔仕於亂世謂大夫仕於亂世使於遠方令己勞苦故悔也首章箋云詩人牧伯之大夫使述其四方之事然則牧伯大夫使述其四方之事是常。令而悔仕者以牧伯大夫雖行使是常而均其勞逸有期而反今幽王之亂役則偏苦行則過時也故我事孔庶箋云王政不均臣事不同是偏苦也歲聿云莫箋云乃至歲晚尚不得歸是過時也偏當勞役歷日長久故所以悔也經五章皆悔仕之辭雖總爲悔仕而發但所悔有意故首章言載離寒暑以日月長久是悔仕箋因其篇初故言遭亂世勞苦而悔仕三章言其自詒伊戚是憂恨之語故箋云悔仕之辭其實皆悔辭也

明明上天照臨下土箋云明明上天喻王者當光明如日之中也照臨下土喻王者當察理天下之事。也據時幽王不能然故舉以刺之

我征徂西至于艽野二月初吉載離寒暑艽野遠荒之地初吉朔日也箋云征行徂往也我行往之西方至於遠荒

珍倣宋版印

之地乃以二月朔日始行至今則更夏暑冬寒矣尚未得歸詩人牧伯之大夫使述其方之事遭亂世勞苦而悔仕○艽音求更音庚

心之憂矣其毒大苦箋云憂之甚心中如有藥毒也○大音泰

念彼共人涕零如雨箋云共人靖共爾位以待賢者之君○共音恭注下皆同

豈不懷歸畏此罪罟罟網也箋云懷思也我誠思歸畏此刑罪羅網我故不敢歸爾○罟音古

疏明明至罪罟○正義曰言明明之上天日中之時能以其光照臨下土之國使無幽不燭品物咸亨也以喻上者處尊之極當以其明察理於天下之事然無屈不伸勞逸得所也今幽王不能然闇於照察勞逸不均令己獨遠使言我行往之西方至于艽野遠荒之地其路之長遠矣以二月初朔之吉日始行至於今則離歷其冬寒夏暑矣尚不得歸其淹久如此故我心中之為憂愁矣其憂之甚則如毒藥之大苦然由仕於亂世以致如此故困苦而悔之念彼明德供具賢者爵位之人君欲往仕之而不見涕淚零落如雨然雖時無此人恨本不隱處以待之也又言己勞苦之狀我豈不思歸乎我誠思歸但畏此王以刑罪羅網我我恐觸其羅網而得罪故不敢歸耳○箋明明至以刺之○正義曰言照臨故知有日月之明察唯中乃然故云王者光明當如日中之照也昭五年左傳曰日上其中易豐卦彖曰王宜日中以王明之光照臨天下如日中之時是也必責王令明如天日者以王者繼天理物當與日同故易曰大人與日月合其明是也○傳艽野至朔日○正義曰野是遠稱艽蓋地名言其歷日長久明當至於遠處故言遠荒之地爾雅四海之外遠地謂之四荒言在四方荒昬之國也此言遠荒者因彼荒是遠地故言荒為遠辭非即彼之四荒也何則牧伯之大夫行其所部而已不得越四海而至四荒也言荒者若微子云吾家耄遜于荒謂在外野而已此言二月朔而始行下章鄭以四月而至假令還以朔到尚六十日也以日行五十準之則三千里矣州之遠境容有三千但述職之行有所過歷不知定日幾里也以言初而又吉故知朔日也○君子舉事尚早故以朔為吉周禮正月之吉亦朔日也○箋詩人牧伯之大夫○正義曰知者以言我征徂西至于艽野是遠行巡

歷之辭又曰我事孔庶是行而有事非征役之言是述事明矣述事者唯牧伯耳故知是牧伯之下大夫也若然王之存省諸侯亦使大夫行也知此非天子存省諸侯使大夫者以王使之存省上承王命適諸侯奉使有主至則當還不應云我事孔庶歲莫不歸故不以爲王之大夫也牧伯部領一州大率二百一十國其事繁多可以言孔庶也前事未了後又委之可以言政事愈蹙也如此則爲牧伯之大夫於事爲宜故也且牧伯之大夫不在王之朝廷今而爲王所苦所以於悔切耳然則牧伯大夫自仕於牧非王所用而言悔仕者此之勞役由王所爲故曰幽王不能徵是者王而使己多勞故怨王而悔仕也言牧伯者以牧一州之方伯謂之牧伯然單言之直牧耳此言述職之大夫則容牧下二伯之大夫不必事侯牧之伯一人而已○箋共人至之君○正義曰下云靖共爾位與此共人文同此大夫悔仕於亂世則思不亂而明德者仕之故爲以待賢者之君也若然此大夫所恨恨幽王之惡偏被天下土無二王不得更有天子然則靖共爾位之君當世之所無矣而云念之者此大夫自悔本應坐待明君不當事於朝廷今仕而遇亂追念昔時言我本應待彼共人無故冒此亂世而涕零耳非謂當時有賢君可念也下章靖共爾位正直是與勸友使聽天任命不汲汲求仕於時亦無明君可令友往仕之正勸待之耳此所念者亦念其當待之非當時有可念也

昔我往矣日月方除曷云其還歲聿云莫除除陳生新也箋云四月爲除昔我往至於艽野以四月自謂其時將即歸何言其還乃至歲晚尚不得歸除直慮反如字若依爾雅則宜餘舒二音莫音暮注及下同○念我獨兮我事孔庶心之憂矣憚我不暇憚勞也箋云孔甚庶衆也我事獨甚衆勞我不暇皆言王政不均臣事不同也○憚丁佐反徐又音但亦作癉同念彼共人睠睠懷顧箋云睠睠有往仕之志也○睠音眷豈不懷歸畏此譴怒

疏昔我至譴怒○毛以爲大夫言昔我初往向艽野之時矣日月方欲除陳生新二月之中也於我初發即云何時云其得旋歸乎望得早歸也今乃歲月遂云已暮矣而尚不得歸

其時朝廷大夫多得閑逸念我獨憂衆事兮我事甚繁衆也由此心之憂愁矣以事多勞我不得有閑暇之時憂苦如此悔仕於亂故念彼靖共爾位之人睠
睠然情懷反顧欲往仕之恨不隱以待而遭此勞也既遭此苦豈不思歸乎我誠思歸畏此譴怒而不敢歸耳○鄭唯方除爲異言往至於艽野之時四月中
也於時而望旋反餘同○傳除除陳生新○正義曰上云二月初吉謂始行之時故言除陳生新二月也下章云日月方奧傳曰燠卽春溫亦謂二月○箋四
月至不得歸○正義曰四月爲除釋天文今爾雅除作余李巡曰四月萬物皆生枝葉故曰余余舒也孫炎曰物之枝葉敷舒然則鄭引爾雅當同李巡等除
余字雖異音實同也方除之下卽云曷云其還是至卽望歸故云至于艽野以四月自謂其時將卽歸也言之歲聿云莫是未歸之辭若歲莫得歸不須發此言
矣故云乃至歲晚尚不歸也凡言往矣似是始行之辭此得爲往到艽野者往者從此適彼之辭在此言之爲始行據彼言之爲往到自歲聿云莫以下皆是
在彼之辭故謂初到彼地爲往矣易傳者以行之思歸當至所往之處乃可還不應發始已望歸也又下章云四月方奧文與此同洪範庶徵曰燠曰寒寒爲
冬則燠爲夏矣若毛以方燠爲二月之初則接於正月之末時尚有霜不可云燠且爾雅稱四月爲除故據以易傳也 昔我往矣日月方
奧奧燠也○譴棄戰反怒乃路反奧於六反燠音暄又奴緩反 曷云其還政事愈蹙歲聿云莫采蕭穫菽蹙促
也箋云愈猶益也何言其還乃至於政事更益促急歲晚乃至采蕭穫菽尚不得歸○蹙子六反穫戶郭反菽音叔 心之憂矣自詒伊戚
戚憂也箋云詒遺也我冒亂世而仕自遺此憂仕之辭○遺唯季反下同冒莫報反又亡北反 悔 念彼共人興言出宿箋云興起也夜
臥起宿於外憂不能宿於內也 豈不懷歸畏此反覆箋云反覆謂不以正罪見罪○覆芳福反注同 嗟爾君子無恒安
處箋云恒常也嗟女君子謂其友未仕者也人之居無常安之處謂當安安而能遷孔子曰鳥則擇木○處昌慮反 靖共爾位正直是

與神之聽之式穀以女靖謀也正直爲正能正人之曲曰直箋云共直式用穀善也有明君謀具女之爵位其志在於與正之具人爲治神明若祐而聽之其用善人則必用女是使聽天。乎命不汲汲求仕之辭言女位者位無常主賢人則是○治直吏反祐音又本或作右又作佑並同

疏嗟爾至以女○正義曰大夫既自悔仕亂又戒朋友恐其仕不擇時還同己悔故嗟嘆而深戒之嗟乎汝有德未仕之君子人之居無常安樂之處謂不要以仕宦爲安汝但安以待命勿汲汲求仕當自有明君謀具汝之爵位其志在於正直之人於是與之爲治者此明君能得如是爲神明之所聽祐之其用善人必當用汝矣勿以今亂世而仕也言神之聽之者明君志與正直故爲神明聽祐而用善人用其善則國治是神明祐之○箋嗟女至擇木○正義曰以此大夫悔而戒之下言式穀以汝是知未仕者無常安之處謂隱之與仕所安無常也安安而能遷者無明君當安此潛遁之安居若有明君而能遷往仕之是出處須時無常安也必待時而遷者孔子曰鳥則擇木猶臣之擇君。遷也故須安此之安擇君。遷也安安而能遷曲禮文也孔子曰鳥則擇木哀十一年左傳文○傳靖謀至曲曰直○正義曰靖謀釋詁文也襄七年左傳公族穆子引此詩乃云正直爲正正曲爲直此傳解正直取彼文也彼杜預注云正直爲正正己之心正曲爲直正人之曲也取此爲說論語曰舉直錯諸枉能使枉者直是直者能正人之曲也○箋是使至則是○正義曰人之窮達在於上天貴賤生死命皆先定故子夏云死生有命富貴在天是上天之命定於冥兆非可以智力求非可以進取得易稱君子樂天知命爲此也大夫身遭困厄悔於進仕勸友脩德以待賢君此詩是令其友聽天之處分任命之窮達不汲汲求仕之辭也又爵位是君所設官非其友之物而此詩謂之爾位故又解言汝位者以位無常主賢人則是也其友賢者有此位分故謂之汝位也

嗟爾君子無恆安息息猶處也靖共爾位好是正直神之聽之介爾景福介景皆大也箋云好猶與也介助也神明聽之則將助女以大福謂遭是明君道施行也

小明五章三章章十二句二章章六句

附釋音毛詩注疏卷第十三（十三之一）

毛詩注疏校勘記(十三之一)　阮元撰盧宣旬摘錄

○谷風

能及於膏潤澤陰雨　閩本明監本毛本同案澤當作之

故潤澤德行　補　閩本明監本毛本德作得案得字是也

扶搖謂之猋　閩本明監本毛本同案浦鏜云猋誤焱下同是也

草木無有不死葉萎枝者　小字本相臺本同案此定本集注本也正義云定本及集注本云草木無有不死葉萎枝者其正義本本有明文今無可考正義釋經云無能使草不有死者無能使木不有萎者釋傳云是草木無能不有枝葉萎槁者意必求之或當無有不作無能不有也考文古本作不有采正義

大德切瑳　小字本相臺本同閩本明監本毛本瑳誤磋案正義作磋瑳磋古今字易而說之之例也不當依以改箋

○蓼莪

貌視之以爲非莪　小字本同閩本明監本毛本同相臺本貌作我考文古本我字亦同案我字是也正義云故云我視之是作者自我也可證

故謂之蒿　小字本同閩本明監本毛本同相臺本故作反案反字是也正義云反謂之爲蒿又云反謂之是彼物也是其證

民之一生也言生而得養閩本明監本毛本同案十行本之至生剜添者一字

是罍大如缾也閩本明監本毛本同案浦鏜云如當於字誤是也

拊我畜我唐石經小字本相臺本同案詩經小學云戴震云畜當爲慉說文慉起也此箋慉起也明是易畜爲慉今考釋文云畜喜郁反正義云畜我承拊我之後明起止而畜愛之是釋文正義二本經皆是畜字箋畜起也仍用經字以畜爲慉之假借而於訓釋中顯之者也例見前

慉其至役之勞苦閩本明監本毛本同案至當作在形近之譌

東〇大

斂則兼言民勞閩本明監本毛本同案浦鏜云斂當敘字誤是也

由送衰財以致役閩本明監本毛本同案送衰當作衰送

證其在京師之事也閩本明監本毛本同案事當作東

君子皆法效而履行之相臺本同閩本明監本毛本同小字本效作傚案正義云皆共法傚又云而法傚之是其本作傚字

雜記法補閩本明監本毛本同案法當作注形近之譌

言凡飧饔閩本明監本毛本同案飧下當有饔字

故注云凡大行人宰使閩本明監本毛本使作史案所改是也浦鏜云介誤大

杼柚其空　唐石經小字本相臺本同案釋文云柚本又作軸考柚卽軸之假借方言云木作謂之柚五經文字木部云柚橘柚也又杼柚字見詩

維絲麻爾　小字本相臺本同案爾當作耳正義云維絲麻耳考文古本作耳采正義

糾糾葛屨　毛本屨誤履明監本以上皆不誤

是使我心傷悲焉　閩本同明監本毛本悲作病焉作也案所改病字是也焉字非正義上文云由是所以使我心傷病焉可證正義本是焉字今各本作也字與正義本不同

正義曰聘禮云無行則重○賄反幣　補案○衍也

垂橐而入　閩本明監本毛本同案此不誤浦鏜云橐誤橐非也今國語作橐乃誤字耳韋昭注云橐囊也囊橐散文則通昭元年有垂橐而入橐非此之用也相涉而致誤

有洌氿泉　唐石經小字本相臺本同閩本同明監本毛本洌作冽案釋文洌音列寒意也正義云故字從冰明監本毛本依之改也詩經小學云字從仌列聲

無浸穫薪　唐石經小字本相臺本同案釋文云穫戶郭反毛刈也鄭落木名也字則宜作木旁正義云云穫落釋木文文在釋木故爲木名考此經毛如字鄭以穫爲㯉之假借仍用經字而但於訓釋中顯之者也例與遂瑞也价申也之釁同詳見前爾雅釋文㯉下引詩云無浸㯉薪是依鄭義破其字而引之非此經有作㯉之本也

既伐而折之以爲薪也閩本明監本毛本同小字本相臺本折作析案析字是

今譚大夫契憂苦而寤歎閩本明監本毛本同小字本相臺本重契字考文古本同案重者是也

蓄之以爲家用小字本相臺本同案正義云又言薪蓄是穫刈之薪者釋文云畜敕六反畜蓄二字以鴟鴞甫田等釋文考之經注中皆有錯互者當各依其舊

有洌至可息閩本明監本毛本洌作冽下同案所改是也

以荆楚之類閩本明監本毛本同案以當作似

穫落釋木文閩本明監本毛本同案穫當作樓正義引爾雅本是樓字不云字異義同者省耳

郭璞曰穫音穫閩本明監本毛本同案上穫當作樓下音穫二字當旁行細字正義自爲音例如此○案舊挍非也此郭璞自爲音耳

舟人舟楫之人小字本相臺本同閩本明監本毛本亦同案釋文云檝字又作楫正義本未有明文正義云致舟檝之人之子者當亦是以楫檝爲古今字而易之未必與釋文本同也

使搏熊羆小字本相臺本同案此釋文本也釋文云搏音博正義云明遣賤人求捕熊羆是其本搏作捕

快其不賦稅是剝也閩本明監本毛本同案山井鼎云宋板快作决其實不然當

珍倣宋版印

杕杜以勤歸毛本歸誤婦閩本明監本不誤山井鼎考文所載勤作勤譌字也

東人言王勞苦閩本明監本毛本同案浦鏜云主誤王是也

刺其素餐相臺本同閩本同小字本餐作飧明監本毛本同案正義云釋訓云皐皐鞙鞙刺素餐也某氏曰鞙鞙無德而佩故刺素餐也考爾雅是食字食字與上下文爲韻鄭據彼文及正義所引亦當作食今作餐者轉寫之誤耳召旻正義引釋訓作食引某氏曰無德而空食祿也亦可證

從旦莫七辰一移閩本明監本毛本同小字本相臺本旦下有至字重辰字考文古本同案有至字辰字者是也

跂說文作岐〔補〕釋文校勘記通志堂本同盧本岐改攱云攱舊譌跂今改正案攱字是也

更音東〔補〕案東當作庚形近之譌小明釋文更音庚可證毛本所附不誤

天漢此知不以無水用爲義者閩本明監本毛本同案浦鏜云天漢此知當知此天漢誤是也

睆彼牽牛唐石經相臺本同小字本睆作皖案釋文云睆華板反考杕杜釋文云字從白或作目邊是小字本本皖當睆之誤也廣韻睆明星郎此經字

河鼓謂之牽牛小字本相臺本同考文古本同閩本明監本毛本河作何案釋文云何胡可反又音河是釋文本作何也正義引爾雅及李巡孫炎注字盡作河是正義本作河也其郭璞注爾雅字作何讀爲荷正義不引以其字不合也唐石經爾雅初刻何後磨刻作河此正義十行本唯標起止一字剜爲何彼此互改皆誤也

今曰明星閩本明監本毛本同案史記天官書索隱今作命下今曰太白同命字是也

彼注云畢狀如又閩本明監本毛本同案浦鏜云叉誤又是也

翕如也閩本明監本毛本同小字本相臺本如作合考文古本同案如字誤也

○四月

是怨亂也閩本明監本毛本同案浦鏜云亂當辭字譌是也

何故幽王頻此二時閩本明監本毛本同案浦鏜云此當比字誤是也

未知冬時閩本明監本毛本同案浦鏜云知當如字誤是也

何爲曾使我當此難世乎小字本同閩本明監本毛本同相臺本難作亂考文古本同案亂字是也正義云當此亂世乎可證

四惡如此閩本同明監本毛本四作曰案山井鼎云曰恐王誤非也浦鏜云疑肆字誤是也寫者以四爲肆之別體字而致誤耳大小雅譜肆夏作四夏是其證也

何曾施恩於我閩本明監本毛本同案山井鼎云左傳疏恩作忍見於文公十三年傳是也此即經之忍字

百卉具腓唐石經小字本相臺本同案李善注謝靈運戲馬臺詩引毛詩作痱考釋文云腓房非反病也韓詩云變也不言其字有異是毛詩經亦作腓但傳訓爲病以爲痱之假借字

必自之歸爲亂 小字本相臺本同閩本明監本毛本亦同案正義云必之歸於國家滅亂也又云是之歸於亂也是爲當作於

其何所歸之乎 閩本明監本毛本同案歸之當作之歸下必歸之於國家滅亂也同

廢爲殘賊 小字本相臺本同唐石經初刻癈後磨改廢

廢忕也 小字本相臺本同案釋文忕時世反下文一本作廢大也此是王肅義正義云定本廢訓爲大與鄭不同標起止云傳廢忕定本當是依王肅申毛也

言大於惡 閩本明監本毛本同小字本相臺本大作忕考文古本同案忕字是也列女傳引詩云廢爲殘賊言忕於惡可證六經正誤云釋文忕作忲誤

上多冨斂 補 毛本冨作賦案賦字是也

定本廢訓爲太 閩本明監本毛本同案太當作大

伐視彼泉水之流 補 案伐當我字之譌毛本正作我

匪鶉匪鳶 唐石經小字本相臺本同案釋文云鶉徒丸反鵰也字或作鷻正義云說文云鷻鵰也從敦而爲聲字異於鶉也標起止云匪鶉又云傳鶉鵰考此是正義釋文二字皆作鷻字鶉即鷻字之省耳

言若鶉若鳶 閩本明監本毛本同案此不誤言下浦鏜云脫非字非也主說他爲箋所謂非鵰鳶者也

非鱣鮪之小魚 閩本明監本毛本同案此不誤浦鏜云大誤小非也主說他魚箋所謂非鱣鮪者也此經中四匪字箋以爲魚鳥之非鵰鳶鱣鮪者與傳以爲人非鵰鳶鱣鮪不同故正義文如此浦所改失箋及正義之意也

說文云鶉鵰也 閩本明監本毛本同案浦鏜云說文作鷻是也正義下文可證

說文又云鳶鷙鳥也 閩本明監本毛本同案浦鏜云鳶說文作鳶是也

鶉鳥皆殺害小鳥 閩本明監本毛本同案上鳥字浦鏜云鳶誤是也

倘各得其所 閩本明監本毛本同小字本相臺本倘作生案生字是也

葉細而岐說也 補案說當銳字之譌爾雅注正作銳毛本銳字不誤依爾雅注删也字非

中爲車網 補案網當作輞爾雅注作輞毛本不誤

○北山

其有瀛海環之 閩本明監本毛本同案其下浦鏜云脫外字是也

鞅猶可也 相臺本同閩本明監本毛本同小字本無也字案無者脫也

或勸者無事不爲者 閩本明監本毛本同案山井鼎云宋板者作若其實不然當是剜也

○無將大車

賢者與之從事反見譖害自悔與小人並 小字本相臺本同案此十六字非鄭注也考下箋云不任其職愆負及己此正義亦云不堪其任愆負及己絕無反見譖害之事使有此注正義自不容不爲之解其當無此注明甚且此正義云此大夫作詩則賢者也若有此注則鄭已明言賢者正義不待推作詩而後定其賢者矣是正義本決無此注也今各本皆誤

祇自疧兮 小字本相臺本同唐石經疧作疷案釋文云疧兮都禮反白華釋文云疧徐都禮反又祈支反是此依徐讀也考疧字見於爾雅說文玉篇廣韻五經文字皆從氏不從氐則徐讀非也段玉裁六書音韻表云一作疷無此字宋劉彝臆改疷疧以韻塵亦無此字考唐石經正作疧與白華疧字皆甚明書顧炎武從劉說謂石經乃從諱民減畫之例非也詳見詩經小學釋文疧通志堂本亦誤爲疷今正詳後考證

言無扶進比小人也 補 毛本同案比當作此

維塵雍兮 唐石經小字本同閩本明監本毛本同相臺本雍作雝案雍字是也九經字樣云爾雅作雝是其證石經考異云經中雍字皆放此釋文云雍字又作壅考文古本作壅采釋文而誤

○小明

令而悔仕者 閩本明監本毛本同案浦鏜云令當今字誤是也

喻王者當察理天下之事 閩本明監本毛本事下衍也字小字本相臺本無十行本初刻無後剜添

以喻上者 補 毛本同案上當作王

月之明察 閩本明監本毛本同案浦鏜云日誤月是也

又下章云四月方奧 閩本明監本毛本同案浦鏜云日誤四是也

奧煖也 小字本相臺本同閩本明監本毛本奧誤燠案此經釋文唐石經皆作奧與無衣經用字不同上正義兩云下章日月方奧可證其正義自爲文則用燠字者以奧燠爲古今字而易之也考文古本經作燠采正義而誤耳

譖棄戰反怒乃路反 補 毛本同案此八字當附上節經文下

是使聽天乎命 閩本明監本毛本同小字本相臺本乎作任考文古本同案任字是也

遷也故須安此之安擇君遷也 閩本明監本毛本同案上遷也二字當衍擇君下當有而能二字

小明五章三章章十二句二章章六句 唐石經小字本相臺本同閩本同明監本脫毛本小明至二章脫

毛詩小雅　鄭氏箋　孔穎達疏

鼓鍾刺幽王也[疏]鼓鍾四章章五句至幽王○正義曰毛以刺鼓其淫樂以示諸侯鄭以爲作先王正樂於淮水之上毛鄭雖其意不同俱是失所故刺之經四章毛鄭皆上三章是失禮之事卒章陳正禮責之此刺幽王明矣鄭於中候握河注云昭王時鼓鍾之詩所爲作者鄭時未見毛詩依三家爲說也

鼓鍾將將淮水湯湯憂心且傷幽王用樂不與德比會諸侯于淮上鼓其淫樂以示諸侯賢者爲之憂傷箋云爲之憂傷者嘉樂不野合犧象不出門今乃於淮水之上作先王之樂失禮尤甚○將七羊反湯音傷比毗志反爲于僞反下同犧象素何反皆罇名王音羲淑人君子懷允不忘箋云淑善懷至也古者善人君子其用禮樂各得其宜至信不可忘[疏]鼓鍾至不忘毛以爲言幽王會諸侯於淮水之上鼓其淫樂以示之。之鼓擊其鍾而聲將將然其傍淮水之流湯湯然於淮上作樂以。云諸侯而其樂不與德比故賢者爲之憂結於心且復悲傷傷其失所也故相念古人言古之善人君子其用禮樂得宜者至實信然不忘也至信俱言其實然耳鄭唯以爲正樂爲異其文義則同○傳幽王至憂傷○正義曰王者象功成以作樂其意與道德和比今幽王用樂不與德比者正謂鼓其淫樂是也毛直言淫樂不知以何爲淫樂王基曰所謂淫樂者謂鄭衛桑間濮上之音師延所作新聲之屬王肅云凡作樂而非所則謂之淫淫過也幽王既用樂不與德比又鼓之於淮上所謂過也桑間濮上亡國之音非徒過而已未知二者誰當毛旨也言會諸侯淮上者以淮遠於京師非王常行之處不應遠適淮上獨自作樂明其有會聚而作之故知會諸侯也○箋爲之至尤甚○正義曰犧象不出門嘉樂不野合定十年左傳孔子辭也服虔云犧象饗禮犧尊象尊也嘉樂鍾鼓之樂也引此者以野尚不可今乃於淮水之上作先王之樂失禮尤甚大也與彼文。到者以證樂事故先言樂也傳言淫樂箋易之爲先王之樂者以卒章所陳是先王正樂之事舉得正以責王明是王作之失所耳非有他樂也故孫毓云此篇四章之義明皆正聲之和欽欽人樂進之善同音四縣克諧以雅以南既以其正且廣所及以籥不僭又爲和而不僭差皆無淫樂在其閒也則未知幽王曷爲作先王之樂於淮水之上耳二者之說箋義爲長如毓此言不信毛爲會諸侯也箋於上下皆不言諸侯或亦以如毓不知何爲如此作故不言也○不

鼓鍾喈喈淮水湝湝憂心且悲（喈喈猶將將湝湝猶湯湯悲猶傷也○喈音皆湝戸皆反）淑人君子其德不回（回邪也○邪似嗟反）

鼓鍾伐鼛淮有三洲憂心且妯（鼛大鼓也三洲淮上地妯動也箋云妯之言悼也○鼛古毛反長丈二尺妯勑留反徐又直留反郭音爾雅盧叔反又音迪）淑人君子其德不猶（猶若也箋云猶當作瘉瘉病也○猶如字鄭改作瘉羊主反）

【疏】鼓鍾至不猶毛以爲幽王會諸侯而示之淫樂鼓擊其鍾伐擊其鼛於淮水有三洲之地由此失所賢者爲之憂結於心且爲之變動容貌也念古之善人君子其用禮樂當得其宜其德不肯若今之幽王失所也鄭以爲幽王作先王正樂擊鍾伐鼛於淮上賢者爲憂心且悼傷思古之善人君子其德不於禮法爲病者類上不忘不回故以猶爲瘉是病名與上相類角弓云不令兄弟交相爲瘉斯干云兄及弟矣無相猶矣以彼二文知猶瘉相近而誤○傳鼛大。淮上地○正義曰鼛即臯也古今字異耳韗人云臯鼓尋有四尺長丈二是大大鼓也三洲繫淮言之水中可居曰洲故知淮上之地○箋妯之言悼○正義曰以類上傷悲故爲悼也

鼓鍾欽欽鼓瑟鼓琴笙磬同音（欽欽言使人樂進也笙磬東方之樂也同音四縣皆同也箋云同音者謂堂上堂下八音克諧○樂音岳縣音玄）以雅以南以籥不僭（爲雅爲南也舞四夷之樂大德廣所及也東夷之樂曰。昧南夷之樂曰。南西夷之樂曰。朱離北夷之樂曰禁以爲籥舞若是爲和而不僭矣箋云雅萬舞也萬也南也籥也三舞不僭言進退之旅也周樂尚

珍倣宋版印

武故謂万舞爲雅雅正也籥舞文樂也○籥以灼反樂器僭七心反沈又子念反又楚林反韎本又作昧音昧又莫戒反禁居蔭反

疏 鼓鍾至不僭○毛以爲幽王既作淫樂失所故言其正者言善人君子皆鼓擊其鍾則其聲欽欽然人聞而樂進其善又鼓其瑟與琴又擊其堂下東方之笙磬於是四縣之樂皆得和同其音矣琴瑟堂上也笙磬堂下也是上下之樂得所以爲王者之雅樂以爲四方之南樂又以爲羽舞之籥樂如是音。聲舒合節奏得所爲和而不參差此正樂之作也王何爲不如此作之乃鼓其淫樂於淮水之上以示諸侯乎鄭以爲上三章言幽王作正樂於淮水之上失其處故此言其正樂鼓其鍾欽欽然又鼓其瑟與琴吹匏竹之笙與玉石之磬於是堂上之琴瑟與堂下之磬鍾皆同其聲音不相奪倫又以爲雅樂之萬舞以爲南樂之夷舞以爲羽籥之翟舞此三者皆不僭差又作不失處故可爲美王今何故於淮水而作之乎○傳欽欽至皆同○正義曰此欽欽亦鍾聲也云使人樂進者以陳先王之正樂正聲之美使人樂心於善樂記說樂之和感動人之善心而已是聞樂而進於善也以鍾在前故先言其狀云欽欽明下琴瑟等亦得所也以鼓瑟鼓琴類之故鼓鍾爲擊鍾也樂器多矣必以鍾爲首而先言之者以作樂必擊鍾左傳謂之金奏是先擊金以奏諸樂也言笙磬東方樂者以東方物生之位故謂其磬爲笙磬也大射樂人宿縣阼階東笙磬西面其南笙鍾其南鑮皆南陳注云笙猶生也東爲陽中萬物以生是東方爲笙磬舉磬則鍾鑮可知矣以笙磬之下即言同音故知四縣皆同也小胥云王宮縣鄭司農云宮縣四面縣是也以東爲始舉笙磬則四方可知故也○箋同音至克諧○正義曰以上言鍾及琴瑟是琴瑟爲堂上鍾爲堂下故爲笙與磬俱在堂下以配鍾而同音堂下既同則堂上亦同故云八音克諧八音克諧尚書文言其能相諧和也八音者春官太師云以八音金石土革絲木匏竹注云金鍾也石磬也土塤也革鼓也絲琴瑟也木柷敔也匏笙也竹管也此經言。云鍾。琴笙磬是金石絲匏四者矣舉此明土革竹木亦和同可知○傳爲雅至僭矣○正義曰以三者舞名故與上異其文詩言其志歌詠其聲舞動其容故舞在後也傳言爲雅爲南者明以爲此舞以籥屬下句故别言之云以爲籥舞明其上皆爲矣若是和者若如也謂此三舞與上琴瑟笙磬節奏齊同如是乃爲和也此三者雖是舞包上琴瑟謂之樂之籥周樂尚武故謂萬舞爲雅是以先言雅也南先籥者進之以韻句以上下類之則知南亦舞也以四夷之樂所取者不盡取其樂器唯取舞耳故言舞四夷之樂美大王者德廣能所及故舞之也白虎通云王者制夷狄樂不制夷狄禮何以爲均中國也卽爲夷禮恐夷人不宜隨中國禮也四夷之樂。雖爲舞以使中國之人是夷樂唯舞也明堂位曰昧東夷之樂也任南蠻之樂也納夷蠻之樂於大廟言廣魯於天下也是廣所及也魯下天子因在東南用二方耳旄人云舞四夷之樂故此傳廣言四方以明之經獨舉南可以兼也孝經鉤命決云東夷之樂曰昧南夷之樂曰任西夷之樂曰株離北夷之樂曰禁東方之舞助時生也南方助時養也西方助時殺也北方助時藏也然則言昧者物生根也南者物懷任也秋物成而離其根株冬物藏而禁閉於下故以爲名焉以南訓任故或名任此爲南其實一也定本作朱離其義不合於此言南而得總四夷者以周之德先致南方故秋官立象胥之職以通譯四夷是言南可以兼四夷也然則舞不立南師而立昧師者以象胥曲以示法昧四夷之始故從其常而先立之也若然虞傳云東岳陽伯之樂舞株離注云株離舞曲名言象物生株離也彼雖中國之舞四岳所獻非四夷之舞要名與此東西反者以物生與成皆有離其根株之義故兩有其言也以爲籥舞謂吹籥而舞也簡兮曰左手執籥右手秉翟以翟或謂之羽舞也若是爲和而不僭差結上三舞之辭○箋雅萬至文樂○正義曰以干戚而言萬者舉本用兵人衆之大數爲舞以象之故言萬舞也萬卽武舞故云周樂尚武故謂萬舞爲雅以對籥爲文樂也言進退之旅者謂此三舞進退皆旅衆齊一鄭意直據三種之舞進退齊一不包上經琴瑟與毛意異必異毛者以不僭謂行列不有參差故特謂爲舞也故樂記云古樂之發進旅退旅注云言其齊一是爲不僭也

鼓鍾四章章五句

珍倣宋版印

楚茨刺幽王也政煩賦重田萊多荒饑饉降喪民卒流亡祭祀不饗故君子思古焉田萊多荒茨棘不除也饑饉倉庾不盈也降喪神不與福助也

【疏】楚茨六章章十二句至思古焉○正義曰作楚茨詩者刺幽王也以幽王政教既煩賦斂又重下民供上廢闕營農故使田萊多荒而民皆饑饉天又降喪病之疫民盡皆流散流散而逃亡祭祀又不爲神所歆饗不與之福故當時君子思古之明王而作此詩意言古之明王能政簡斂輕田疇懇闢年有豐穰時無災厲下民則安土樂業祭祀則鬼神歆饗以明今不然故刺之田廢生草謂之萊自然多荒而幷言之者周禮以田易者爲萊若使時無苛政則所廢年滿亦當墾之今乃與不易之田並不藝種故言多荒也既言降喪而又言流亡者明死者爲天災所殺在者又棄業而逃也降喪流亡由祭祀不饗所致而後言祭祀不饗者欲明喪亡亦由飢饉以見人神相將也經六章皆陳古之善以反明今之惡故箋每事屬之言田萊多荒茨棘不除則首章上四句是也飢饉倉庾不盈首章次四句是也降喪神不與福助首章下四句盡於卒章言古之享祀神錫爾福反明今之不饗神不祐助也政煩賦重則於經無所當而下篇有其事耳此及信南山甫田大田四篇之詩事皆陳古文指田類故序有詳略以相發明此序反經以言今信南山序據今以本古甫田直言思古略而不陳所由大田言矜寡不能自存又略而不言思古皆文互見大田曰曾孫是若言成王止力役以順民是政不煩也甫田云歲取十千言稅有常法是賦不重明幽王政煩賦重也信南山經云信彼南山維禹甸之畇畇原隰曾孫田之而序云不能修成王之業以奉禹功是曾孫爲成王矣而甫田大田皆言曾孫則所陳古皆爲成王時也此經無曾孫之言而周之盛王致太平者莫過成王則此思古者思成王也此篇思古明王先成其民而後致力於神故首章言民除草以種黍稷收之而盈倉庾王者得爲酒食獻之宗廟總言祭祀之事其享妥侑皆主人身之所行也二章言助祭者各供其職爰及執爨有俯仰之容君婦有清濁之德俎豆肥美獻酬得法以事鬼神鬼神安之報以多福四章言孝子恭敬無

愆尸嘏以福五章祭事既畢告尸利成卒章言於祭之末與同族燕飲六章共述祭事而其文皆次唯三章獻酬笑語事在祭末當處嘏辭工祝致告之下文在先者以獻酬是賓客之事因說羣臣助祭而言之耳三章傳曰繹而賓尸及賓客或以為三章則別陳繹祭之事知不然者以此篇所陳上下有次首章言酒食二章言牛羊三章言俎豆燔炙四章言神嗜飲食共論一祭首尾接連不得輒有繹祭廁之也案三章傳曰燔取膟膋也禮燔燎報陽乃是朝事之節繹祭事尸而已無求陽燔燎之事若傳以三章為繹祭安得以燔為膟膋也三章傳又曰豆謂內羞庶羞案有司徹陳羞豆之下注云此皆朝事之豆籩大夫無朝事而用之賓尸然則天子有朝事則此豆當朝事用之矣作者何得捨正祭而不述越言之繹祭之末禮乎又繹祭主於事尸而事神禮簡三章言神保報福與二章正同豈禮簡之謂以此知三章所陳非繹祭矣然則傳言繹而賓尸及賓客者正以經言孔庶其豆既衆則所用必廣故因分之以為賓謂繹日敬尸為客謂正祭所薦見用豆處廣之意其文不主繹也箋易傳以庶為脅自然無繹祭之事矣

楚楚者茨言抽其棘自昔何為我蓺。黍稷楚楚茨棘貌抽除也箋云茨蒺藜也伐除蒺藜與棘自古之人何乃勤苦為此事乎我將。得黍稷焉言古者先王之政以農為本茨言楚棘言抽互辭也○抽敕留反徐直留反蓺魚世反蒺音疾藜音棃一音梨

我黍與與我稷翼翼我倉既盈我庾維億露積曰庾。萬萬曰億箋云黍與與稷翼翼蕃廡貌陰陽和風雨時則萬物成萬物成則倉庾充滿矣倉言盈庾言億亦互辭喻多也十萬曰億○與音餘壯同積如字又子賜反蕃音煩廡音無又音武

以為酒食以享以祀以妥以侑以介景福妥安坐也侑勸也箋云享獻介助景大也以黍稷為酒食獻之以祀先祖既又迎尸使處神坐而食之為其嫌不飽祝以主人之辭勸之所以助孝子受大福也○妥湯果反侑音又坐才臥反為其于偽反

疏楚楚至景福○毛以為彼明王之時有楚楚然者茨棘也我明王之時民皆除去其茨棘焉自古昔之人何為乃勤苦為此事乎言

我蓺黍與稷也既種而值陰陽和風雨時萬物蕃盛。何所種之黍與與然我所種之稷翼翼然蕃茂盛大皆得成就及秋收而治之我倉之內既得滿矣我庾之大維積一億也明王乃以黍稷爲酒之與食以獻祀其先祖也謂鬱鬯之酒以灌朝踐酌醴饋熟酌盎以獻比至於尸酳以酢諸臣皆爲用酒也當饋獻又迎尸於室以拜安之乃設食以進爲尸嫌不飽祝以主人之辭侑勸之由祭祀以禮神所歆享故以得大大之福也今王不能然故舉以刺之○鄭唯以介爲助餘同○傳楚楚茨棘貌抽除也○正義曰經言楚楚者茨幷言棘者以茨言楚楚須抽之棘言抽明楚楚故箋云互辭也○箋茨蒺至互辭○正義曰茨蒺蔾釋草文也郭璞曰布地蔓生細葉子有三角刺是也其古者先王之政以農爲本太宰九職一曰三農生九穀洪範八政一曰食是也○傳露積曰庾○正義曰甫田言曾孫之稼如茨如梁此聚稼也又曰曾孫之庾如坻如京是積粟也下言乃求千斯倉乃求萬斯箱欲以萬箱載稼千倉納庾是庾未入倉矣故曰露積言露地積聚之九章算術平地委粟是也周語云野有庾積韋昭引唐尚書云十六斗曰庾昭謂此庾露積穀也引詩云曾孫之庾如坻如京是取此傳爲說也且言野有則非倉之類亦露積之驗也○箋黍與與至喻多○正義曰與與翼翼黍稷之狀故言蕃廡貌釋詁云廡茂豐也謂黍稷之苗蕃殖而茂盛也既言露積爲庾則庾在於空非有可滿之期言互辭者庾舉一億爲多以至億爲滿也倉無一億者假令一億十萬斛依九。音。草術古粟斛方一尺長二尺七寸是一億之積方一尺而長二十七萬尺也立方開之幾六十五尺雖則高大之倉未有能容此者知其不相通也明在地則一億入倉則盈倉宜以庾至於億倉至於滿爲相互耳箋言喻多明非實然也若然豐年曰亦有高廩萬億及秭廩亦倉之類而得萬億及秭者彼論天下之粟非據一廩所容故得及億秭也○傳妥安坐也侑勸也○正義曰妥安坐也釋詁文又云侑報也傳以爲勸者已飲食而後勸之亦是重報之義○箋享獻至大福○正義曰酒是大名其鬱鬯五齊三酒總名皆爲酒也月令命大酋爲酒云秫稻必齊則爲酒非直黍也又天子之祭其祭當用黍稷稻粱然則爲酒食者非獨黍稷而已以黍稷爲國之主故舉黍稷以總衆穀順上我黍稷之文上言黍稷乃是天下民田稅以以充倉庾耳以爲酒食文承其下則以稅得之粟爲酒食矣案祭義君親耕以供粢盛則當用積田黍稷而此文勢得用稅物者親耕示其孝敬之心以勸民耳必祭祀所用皆所親爲信南山云曾孫之穡以爲酒食畀我尸賓是用稅物之明文也言獻之祀先祖者此總辭也終祭皆是祀事因獻之於神以成祭祀故並言享祀以便句也言先祖者以經云先祖是皇故據而言也下章云以往烝嘗則時祭也時祭當自禰以上而言先祖者據遠可以兼近言既又迎尸使處神坐者解妥侑之意文承享祀之下而享祀雖總於祭因在其前則爲灌尸及朝踐矣妥侑當饋食之節故云又迎尸使處神坐而食於時拜以安之是妥也爲其嫌不飽祝以主人之辭勸之是侑也又者亞前灌獻之辭初尸入祝延之入廟奧而行灌禮至朝踐祭統注云天子諸侯之祭延尸於戶外郊特牲注云朝事延尸於戶西南面注又云至薦熟乃更延主於室之奧尸來升席自北方升坐於主北焉卽郊特牲曰舉斝角詔妥尸注云妥安坐也尸始入舉奠斝若奠角將祭之祝則詔主人拜安尸使之坐尸卽至尊之坐或時不自安則以拜安之是又迎尸使處神坐也言嫌者以天子使公卿爲尸尸爲天子所尊已有爲臣之嫌故言嫌不飽祝以主人之辭勸之知祝者以今少牢特牲之禮主人及尸之言皆祝之所傳故也案鳧鷖云公尸來燕來寧注云尸來燕也其心安不以己實臣之故自嫌則尸意安而不嫌云嫌者此據正祭彼論繹祭故尸安也

濟濟蹌蹌絜爾牛羊以往烝嘗或剝或亨或肆或將

濟濟蹌蹌言有容也亨飪之也肆陳將齊也或陳于牙或齊于肉箋云有容言威儀敬慎也冬祭曰烝秋祭曰嘗祭祀之禮各有其事有解剝其皮者有煮熟之者有肆其骨體於俎者或奉持而進之者〇濟子禮反大夫之容也蹌七羊反士之容也亨普庚反注同肆音四飪本又作腍而甚反齊才細反下或齊同解剝上佳買反下邦角反有肆他歷反解肆也奉芳勇反又如字

祝祭于祊祀事孔明

祊門內也箋云孔甚也明猶備也絜也孝子不知神之所在故使祝博求之平生門內之旁待

珍倣宋版印

賓客之處祀禮於是甚明○祊補彭反說文作鬃云門內祭先祖所彷徨也處昌慮反

先祖是皇神保是饗

皇大保安也箋云皇暀也先祖以孝子祀禮甚明之故精氣歸暀之其鬼神又安而享其祭祀○暀于況反下篇同

孝孫有慶報以介福萬壽無疆

箋云慶賜也疆竟界也○竟音境

疏 濟濟至無疆○毛以爲古之明王其助祭之臣大夫士其義濟濟然蹌蹌然甚皆敬慎乃鮮絜爾王者所祀之牛羊以往爲冬烝秋嘗之祭也於周禮祭祀之聯事司徒奉。司。牛馬奉羊六牲各有司也既絜此牲其理治之亦各有職或解剝之者或亨賁之者或陳其肉於牙之上者或分齊其肉所當用者於是之時祝則博求先祖之神祭於門內之祊既羣臣恪勤各司其職祭祀之事於是甚絜明矣以此知先祖之精靈於是美大之其神安而於是歆饗之既爲所饗故令孝孫有慶賜之事報之以大。夫之福使孝孫得萬年之壽無有疆境也由臣助得禮令王受介福今幽王之時非徒王不敬神臣又廢職故神所不歆降之喪禍故刺焉○鄭唯或肆或將及是皇爲異既或亨而賁之七載而出或有肆其骨體於俎者或有奉持而進之者爲事之次又先祖之神以孝子祀事孔明故於是精氣歸暀之餘同○傳濟濟至其肉○正義曰曲禮下曰大夫濟濟士蹌蹌是有容也祭祀之禮主人自愬而趨其賓客則有容儀故濟濟蹌蹌也亨謂賁之使熟故云亨飪之也行葦云肆筵設席肆是設之言故爲陳也將齊釋言文郭朴曰謂分齊也地官牛人云凡祭祀共其牛牲之牙注云牙若今屠家縣肉架則肆謂既殺乃陳之於牙上也齊其肉者王肅云分齊其肉所當用則是既陳於牙就牙上而齊之也或肆或將其事俱在或亨之前以二者事類相將故進或亨於上以配或剝耳○箋冬祭至進之者○正義曰據四時則嘗先於烝經先烝後嘗便文耳不言祠礿者王肅云舉盛言也然則以此二禮備於春夏故特言之耳祭祀各有其事者解其每事言或由。名有所司故也禮運曰腥其俎熟其殽注云腥謂豚解而腥之熟謂體解而爛之豚解腥之是解剝其肉也定本集注皆云解剝其皮體解爛之是賁熟之者禮運又曰然後退而合亨體其犬豕。生羊注云謂分別骨體之貴

珍倣宋版印

賤以爲衆俎也是肆其骨體於俎也特牲少牢之禮每云佐食奉俎肉是奉持而進之定本持作將此說天子之祭羣臣各有所司於周禮則內饔云凡宗廟之祭祀掌割亨之事則解剝其肉是內饔也亨人云掌供鼎鑊以給水火之齊職外內饔之爨亨煑則煑熟之者是亨人也外饔掌外祭祀之割亨供其脯脩刑膴陳其鼎俎實之牲體則肆其骨體於俎是外饔也大司徒云祀五帝奉牛牲羞其肆亨先王亦如之注云肆進所解骨體又小子職云掌祭祀羞羊肆羊殽肉豆則奉持進之是司徒小子之類也然羣臣助祭各有所掌故稱奔走在廟奉持進之非獨此二職而已易傳者以祭雖有牙不施於既亨之後非文次也孫毓云此章祭時之事始於絜牛羊成於神保享各以次第也既解剝則當亨煑之於鑊既煑熟當陳其骨體於俎然後奉持而進之爲尸羞不待既亨熟乃分齊所當用也箋義爲長〇傳祊門內〇正義曰釋宮云閍謂之門李巡曰閍廟門名孫炎曰詩云祝祭于祊祊謂廟門也彼直言門知門內者以正祭之禮不宜出廟門也而郊特牲云直祭祝於主注云直正也謂薦熟時也祭以熟爲正又曰索祭祝於祊注云廟門外曰祊又注祊之禮宜於廟門外之西室與此不同者以彼祊對正祭是明日之名又彼記文稱祊之於東方爲失明在西方與繹俱在門外故禮器曰爲祊於外祭統曰而出於祊對設祭於堂爲正是以明日之繹故皆在門外與此不同以廟門謂之祊知內外皆有祊稱也〇箋明猶至甚明〇正義曰以此祀事孔明之言總濟濟蹌蹌以下故言明猶備也絜也博求其神是備也絜爾牛羊是絜也所以於此而祝祭于祊者以孝子不知神之所在故使祝博求之平生門內之傍待賓客之處也每處求之是祀禮於是甚明也明此祊廟門之名其內得有待賓客之處者聘禮公食大夫皆行事於廟其待之迎於大門之內則天子之禮焉其迎諸侯之臣或於廟門內也繹祭之祊在廟門外之西此正祭之祊或在廟門內之西天子迎賓在門東此祭當在門西大率繫之門內爲待賓客之處耳〇箋皇暀至祭祀〇正義曰信南山箋云皇之言暀也泮水箋云皇當作暀暀猶往也不同者注意趨在義通不爲例也先祖與神一也本其生存謂之祖言其精氣謂之神作者因是皇是享

異事變其文耳箋易傳以皇爲暀者以論祭事宜爲歸暀孫毓云孝經稱宗廟致敬鬼神著矣禮曰聖人爲能享帝孝子爲能享親故此章云神保是享下章稱神保是格皆取之往安來爲義箋說爲長

執爨踖踖爲俎孔碩或燔或炙

爨饔爨廩爨也踖踖言爨竈有容也燔取膟膋炙炙肉也箋云燔燔肉也炙炙肝炙也皆從獻之俎也其爲之於爨必取肉也肝也肥碩美者○爨七亂反注唯言爨竈一字七端反餘並同踖七夕反又七略反燔音煩廩力甚反膟音律膋音寮脂膏肝炙之赦反

君婦莫莫爲豆孔庶爲賓爲客

莫莫言清靜而敬至也豆謂肉羞庶羞也繹而賓尸及賓客箋云君婦謂后也凡適妻稱君婦事舅姑之稱也庶殽也祭祀之禮后夫人主共籩豆必取肉物肥殽美者也○莫音麥內羞如字內羞房中之羞或作肉羞非也適音的稱尺證反殽字又作侈昌紙反何沈都可反共亦作供音恭

獻醻交錯禮儀卒度笑語卒獲

東西爲交邪行爲錯度法度也獲得時也箋云始主人酌賓爲獻賓既酌主人主人又自飲酌賓曰醻至旅而爵交錯以偏卒盡也古者於旅也語○醻市由反又作酬度如字沈徒洛反邪似嗟反偏音遍下同

神保是格報以介福萬壽攸酢

格來酢報也

疏執爨至攸酢○毛以爲當古明王祭祀之時其當執爨竈之人皆踖踖然敬慎於事而有容儀矣其爲俎之牲體甚博大言肥腯而得禮也或燔燒膟膋以報陽者或炕炙其肉以薦獻者君婦之后又復莫莫然清淨而敬慎以至其爲薦豆甚衆多非直以之薦神又爲繹而賓敬其尸及令爲賓客所用是其衆多也既有此豆以薦賓客故令賓客於祭日飲酒行獻酬之禮旅而交錯以至於偏也其賓客禮儀盡依法度其爲笑語盡得其時是得萬國之歡心恭敬事其先王故神安而於是來歸之報以大大之福以万年之壽所用報孝子也今王君臣不能然故舉以刺也○鄭以爲俎孔碩謂爲從獻之俎必取肉及肝甚肥大而美者或加火燔燒之謂燔肉也或炕火貫炙之謂炙肝也以從於獻酒之用也爲豆孔庶謂於先爲豆實之時必取肉物肥殽美者既以朝獻爲賓客以爲薦故賓客用而

獻酬餘同○傳爨饔至炙肉○正義曰以祭祀之禮饔爨以亨肉廩爨以炊米此言臣各有司故兼二爨也少牢云雍人摡鼎七俎于雍爨雍爨在門東南北上廩人摡甑獻七與敦于廩爨廩爨在雍爨之北故知有二焉踖踖爨竈有容者謂執爨之有容儀也燔取膟膋王肅云取膟膋燔燎報陽也案祭義曰君牽牲既入廟門麗于碑卿大夫執鸞刀以封之取膟膋注云膟膋血與腸間脂也郊特牲曰取膟膋燔燎升首報陽也禮器曰君親制祭注云親制祭謂朝事進血膋時也如是則當朝事之時取牲膟膋燎於爐炭是燔膟膋也既以燔爲膟膋故以炙爲炙肉焉傳以炙爲炙肉則是薦俎非從獻也從獻之俎炙用肝○箋燔燔肉至美者○正義曰鄭以上或肆爲陳其骨體於俎則此非尸賓常俎故爲從獻之俎既以爲從獻之俎明燔炙是從獻之物故爲燔肉炙肝也言從獻者既獻酒卽以此燔肉從之而置之在俎也於此言之者以其爲之於爨故就爨文言之以其俎之常者隨體所值此特言孔碩故云必取肉也肝也肥而碩美者也知燔肉炙肝者特牲主人獻尸賓長以肝從主婦獻尸兄弟以燔從彼燔與此燔同則彼肝與此炙同故云炙肝炙也炙既用肝明燔用肉矣故行書箋亦云燔用肉炙用肝也特牲先言肝此後言炙者便文耳夏官量人云凡祭祀制其從獻脯燔之數量是從獻之文也然燔者火燒之名炙者遠火之稱以難熟者近火易熟者遠之故肝炙而肉燔也生民傳曰傳火曰燔瓠葉傳曰加火曰燔對遠炙者爲近火故云傳火加之留其實亦炙非炮燒之也故量人注云燔從於獻酒之肉特牲云燔炙肉是燔亦炙也且燔亦炙爲臠而貫之以炙于火如今炙肉矣故量人制其數量注云數多少長短若非臠而炙之何有多少長短之數量乎故知燔亦臠而貫炙之易傳者以燔燎報陽祭初之事君親爲之此文承爲俎之下言執爨有容則序助祭之人非君親之也且膟膋燎之於爐此燔炙爲之於爨禮有燔肉炙肝從獻所用以此知非報陽燎薦之事故易之也此爲豆孔庶若正祭則先薦豆然後獻繹祭則先獻後薦知者少牢正祭云主婦薦韭菹醓醢主人乃獻尸案有司徹大夫賓尸禮云主人獻尸乃始云主婦薦韭菹是以鄭注祭義謂君獻尸夫人薦豆謂繹日也○傳莫莫至

賓客○正義曰毛以孔庶爲甚衆故云莫莫清靜而敬至由后能清靜恭敬又至篤故能爲豆甚多若簡躁不恭則不能也此豆實則菹醢也周禮醢人注云凡醢者必先膊乾其肉乃莝之雜以梁麴及鹽漬以美酒塗置缾中百日則成矣然則爲豆先祭而豫作此本而言之非當祭時也豆內羞庶羞者以言孔庶則非一故爲兼二羞也有司徹云宰夫羞房中之羞于尸侑主人主婦皆右之司士羞庶羞于尸侑主人主婦皆左之注云二羞所以盡歡心房中之羞其籩則糗餌粉餈其豆則酏食糝食庶羞羊臐豕膮皆有胾醢房中之羞內羞也內羞在右陰也庶羞在左陽也是有二羞之事也彼大夫賓尸尚有二羞明天子之正祭有二羞矣天子庶羞百有二十品明內羞亦多矣毛又以豆言甚衆爲過常之辭而云爲賓爲客則所爲有二事也然則非但正祭所用至繹又用之故云繹而賓尸及賓客也言於繹祭可以此賓敬於尸而薦之解爲賓也又今正祭賓用之爲薦是爲客也繹雖在後而尸尊於賓客故先言爲賓也○箋君婦至胲美○正義曰凡適妻稱君婦故妾稱之爲女君也婦有舅姑之稱公羊穀梁傳文也庶胲也釋言文舍人曰庶衆也胲多也孫炎曰庶豐多也云胲然則豐胲亦肥多之義爾雅既有此釋且以爲俎孔碩類之宜爲肉甚肥胲故易傳也天官九嬪職曰贊后薦徹豆籩是后夫人主供籩豆此論天子之事言后足矣兼云夫人者以諸侯夫人於其國與王后同故連言之由后主供籩豆故爲豆實必命有司令取肉物肥胲美者言物者籩豆有非肉者也若棗栗及菹與糗粉之屬不用肉故言肉物也后夫人所主籩豆唯有朝事饋食之籩豆后薦之耳於周禮加。籩則內宗薦之內羞庶羞則世婦薦之而此言君婦爲豆爲賓爲客者以后夫人總主之故也○箋始主人至旅也語○正義曰此特牲少牢咸有其事獻酬據其初故依彼節而言也交錯言其末故云至於旅而爵交錯以徧也古者於旅也語鄉射記文引之者證笑語得時

我孔熯矣式禮莫愆工祝致告徂賚孝孫熯敬也善其事曰工賚予也箋云我我孝孫也式法莫無愆過徂往也孝孫甚敬矣於禮法無過者祝以此故致神意造主人使受嘏既而以嘏之物往予主人○熯而善反

又呼但反賚如字徐音來嘏古。嘏反苾芬孝祀神嗜飲食卜爾百福如幾如式幾期式法也箋云卜予也苾苾芬芬
有馨香矣女之以孝敬享祀也神乃歆嗜女之飲食今予女之百福其來如有
期矣多少如有法矣此皆嘏辭之意○苾蒲蔑反一音蒲必反下篇同芬孚云
反嗜市志反徐云又巨之反下章同幾音機予羊汝反下同歆喜今反女音汝下同既齊既稷既匡。既勑永錫爾極時萬
時億稷疾勑固也箋云齊減取也稷之言即也永長極中也嘏之禮祝偏取黍稷牢肉魚擩于醢以授尸孝孫前就尸受之天子使宰夫受之以。匡祝則
釋嘏辭以勑之又曰長賜女以中和之福是万是億言多無數○齊王申毛如
字整齊也鄭音資一音才細反謂分之齊也筐本亦作匡丘方反擩而專反又
音芮又而純反何耳誰反醢音海
【疏】我孔至時億○毛以為上三章既言孝子助祭之人皆得
其禮為神饗報故此承而結之言我孝子甚能恭敬矣其
於祭祀之法與禮儀無過差者孝子既能如此工善之祝以此之故於是致神
之意以告主人令之受嘏既而因以所嘏之物往與主人孝孫也神本所以與
孝孫嘏福者能苾苾芬芬有馨香乃汝以孝敬享祀故鬼神忻說乃歆嗜汝之
飲食今所以與汝百種之福其來早晚如有期節矣其福多少如有法度矣我
孝子既能整齊矣既能極疾矣既能誠正矣既能慎固矣於祀之禮無所失是
知神永賜汝中和之福於是得萬於是得億言多無數此即報以介福之事也
今王不能然故以刺之鄭唯既齊既稷既筐既勑二句為異以徂賚孝孫言以
嘏之物往予主人也次四句乃本所以嘏之意既齊以下陳為嘏之禮祭有黍
稷牢肉魚祝就中齊減取其物以擩于醢以。受尸矣孝子既就尸而受之矣既
得乃使宰夫受之以筐矣既得尸令祝釋嘏辭以勑之永錫爾極即嘏辭之略
也○傳熯敬至賚予○正義曰熯敬釋詁文以工者巧於所能論語曰工欲善
其事故云善其事曰工賚予也釋詁文○箋我我孝至主人○正義曰以上章
說臣事既然此總結之故知我我孝孫也特牲少牢薦獻禮終尸皆命祝以嘏
於主人故知工祝致告是致神意告主人使受嘏也告之下即云徂賚孝孫故

珍倣宋版印

知以嘏之物往與主人其嘏之物卽下箋云黍稷牢肉是也此及下章再言工祝致告箋以此章祝以神意告主人使受嘏下章祝以主人之意告尸以利成知者此致告之下卽云徂賚孝孫以物予主人明是告之使受嘏也下章乃云工祝致告訖卽云皇尸載起明致孝子之意以告尸也又特牲少牢皆受嘏在前告利成在後以此知之二者皆祝傳其辭故並稱工祝致告○箋苾苾至之意○正義曰以其馨香宜重言故云苾苾芬芬有馨香矣汝以孝敬祭祀。曰孝子能盡其誠信致其孝敬故馨香也由飲食馨香故神歆嗜之而予之百福其來如有期矣言須而卽來不遲晚也多少如有法矣謂來必豐足不乏少也嘏辭予主人以福此說得福之事故云皆嘏辭之意言嘏辭之意耳此非嘏辭○傳稷疾也勑固○正義曰王肅云執事已整齊已極疾已誠正已固愼也傳意或然○箋齊減取至勑之○正義曰齊與資古今字異資訓取齊爲減取非訓齊爲減取也以上言嘏之意此言嘏之事參之以特牲少牢而事有似故說爲嘏之禮也其不同者天子與大夫尊卑旣殊故禮數有異耳少牢禮曰二佐食各取黍于一敦上佐食兼受摶之以授尸尸執以命祝。卒命祝祝受以東北面于戶西以嘏于主人曰旣稱嘏辭主人坐奠爵與受黍坐振祭嚌之詩懷之實于左袂挂于季指執爵以與出宰夫以籩受嗇黍主人嘗之納諸內是大夫受嘏之禮也特牲禮曰佐食摶黍授祝祝授尸尸受以菹豆執以親嘏主人主人左執角再拜稽首受復位詩懷之實于左袂。特于季指卒角拜尸荅拜主人出寫嗇于房祝以籩受是士受嘏之禮二禮皆取黍而已特牲注云獨用黍者食之主也又云變黍直言嗇者因事託戒欲其重稼嗇此言偏取黍稷牢肉魚者以齊者是減取諸物故知偏減取也知祝取之者嘏禮祝所主又特牲言佐食摶黍授祝祝授尸準此故爲祝也知擩于醢者以醢亦宜在偏取之中而少牢禮云尸取韭菹辯擩于三豆有擩醢之事此旣偏取以嘏天子天子當嘗之故知擩于醢以授尸也旣以授尸故孝子前就。凡受之特牲尸親嘏少牢命祝嘏此言旣卽是孝子自就取則亦尸親嘏不嫌與士同也言天子使宰夫受之以筐者以少牢宰夫受之故知此亦宰夫特牲少牢皆受以籩此經云旣筐故知受之以筐也以少牢主人受之出以授宰夫此初即宰夫受之不至於出故言天子使宰夫以爲別異之文也定。本注天子宰。又受之無使夫兩字祝則釋嘏辭以勑之少牢嘏辭云皇尸命工祝承致多福無疆于汝孝孫來汝孝孫使汝受祿于天宜稼于田眉壽。百年勿替。以之是。一大夫之嘏辭也天子嘏辭無以汝言之此永錫爾極時萬時億是其辭之略以少牢嘏辭準之知天子嘏辭必多於是彼先設嘏辭乃嘏以黍此先以嘏予之乃釋辭者亦天子之禮大節文之數與大夫異也易傳者以徂賚孝孫是嘏之事也永錫爾極是嘏之辭也則此章唯說受嘏之禮耳不得有執事於其間若不指執事則極疾固愼文無所主故易之以爲受嘏之禮

禮儀既備鍾鼓既戒孝孫徂位工祝致告致告告利成也箋云鍾鼓既戒戒諸在廟中者以祭禮畢孝孫往位堂下西面位也祝於是致孝孫之意告尸以利成○祭禮畢禮或作祀○神具醉止皇尸載起鼓。鍾。送尸

神保聿歸皇大也箋云具皆也皇君也載之言則也尸節神者也神醉而尸謖送尸而神歸尸出入奏肆夏尸稱君尊之也神安歸者歸於。天也○謖所六反起也夏戶雅反諸宰君婦廢徹不遲箋云廢去也尸出而可徹諸宰徹去諸饌君婦籩豆而已不遲以疾爲敬也○廢方吠反徹直列反去起呂反下同諸父兄弟備言燕私燕而盡其私恩箋云祭祀畢歸賓客。豆俎同姓則留與之燕所以尊賓客親骨肉也

【疏】禮儀至燕私○正義曰此受嘏之後言祭畢之事故云祭祀之禮儀既畢備矣鍾鼓之音聲既告戒矣謂擊鍾鼓以告戒廟中之人言祭畢也主人孝孫於此之時則往於堂下西面之位工善之祝則從西堂下致孝孫之意告尸言利養之成也於時神皆醉飽矣故皇尸則起而出也尸以節神尸畢而神醉故神醉而尸起也乃鳴鍾鼓以送尸謂奏肆夏也神安而遂歸於天也尸已出矣而諸宰及君婦肅敬於事其徹去俎豆皆不遲矣於是之時賓客歸之俎其諸父兄弟留之使皆備具我當與之燕而盡其私恩也今王不能然故舉以刺之○箋鍾鼓至利成○正義曰以禮儀既畢而擊鍾鼓以戒知戒諸在廟中者告以祭

珍倣宋版印

禮畢也祭禮畢卽禮儀既備是也孝孫往位堂下西面位知者以言往而自此適彼之辭而特牲告利成之位云主人出立于戶外西面西面少牢告利成之位云主人出立于阼階上西面是尊者出稍遠也此云徂位明遠於大夫故知至堂下也特牲少牢皆西面故知天子之位亦西面也既言徂位卽云致告故云於是致孝子之意告尸以利成也少牢主人立於阼階祝立于西階上告利成此孝孫在堂下西面則祝當以西階下告利成也若然特牲告利成卽云尸謖祝前主人降少牢祝告利成卽云祝入尸謖主人降此二者皆祝告主人以利成是致尸意也此言致孝子之意告尸者以孝子之事尸有尊親及賓客之義命當由尊者出讓當從賓客來禮畢義由於尸非主人所當先發故知彼二禮皆言祝告主人以利成也則天子彌尊備儀盡飾蓋有節文準彼二禮祝告主人則此以祝先致尸意告主人乃更致主人之意以告尸故云告尸以利成也此云皇尸載起卽彼尸謖也但此舉主人之報告則得尸告而可知矣必知然者以彼大夫與士尊卑而俱告主人明亦有告主人矣其告主人則同主人報告則有差彼士禮告主人利成尸卽謖大夫則祝入乃尸謖明天子則祝入又報以利成然後尸乃起準彼爲差故知然也言利成者少牢注云利猶養也成畢也以孝子之養禮畢○傳皇大也○正義曰箋依釋詁以皇爲君稱君尊之少牢亦云皇尸命工祝傳皇爲大言尊大之尸亦君義○箋具皆至於天○正義曰言皆醉者所祭羣廟非止一神故也又解神尸相將之意故云尸節神者也郊特牲云尸神象也此尸所陳言神醉而尸謖送尸而神歸是尸與神爲節度也神無形故尸象焉特牲少牢注皆依釋言云謖起也又解以鼓鍾送尸由尸出入奏肆夏故也尸出入奏肆夏春官大司樂職文也祭義云樂以迎來哀以送往此鼓鍾送尸者以哀其享否不可知自孝子之心耳其送尸猶自作樂也神者魂魄之氣郊特牲云魂氣歸於天故言神安歸於天也○箋尸出至爲敬○正義曰案特牲少牢禮尸出之後乃餕乃陽厭尋亦徹之故此繫于尸起也而諸宰徹去諸饌君婦籩豆而已者以周禮九嬪云凡祭祀贊后薦徹豆籩知君婦籩豆而已餘饌諸宰徹之也周禮宰夫無徹饌之文膳夫云凡王祭祀賓客

則徹王之胙俎注云膳夫親徹胙俎胙俎最尊也其餘則其屬徹之然則徹饌者膳夫也言諸宰者以膳夫是宰之屬官宰膳皆食官之名故繫之宰言諸者序官膳夫上士二人中士四人下士八人故言諸也祭末嫌其惰慢故言以疾爲敬○箋祭祀至骨肉○正義曰祭統曰貴者取貴骨賤者取賤骨論語曰祭於公不宿肉特牲少牢皆曰祝執其俎以出是祭祀畢賓客歸之俎也其同姓則皆留之與燕而盡其私恩也特牲云祝命徹胙俎豆籩設于東序下注云胙俎主人之俎設于東序下亦將私燕也是祭末而燕私之事歸之俎所以尊賓客留之燕所以親骨肉也大宗伯云以脤膰之禮親兄弟之國注云脤膰社稷宗廟之肉以賜同姓之國同福祿也春秋定十四年天王使石尚來歸脤同姓得肉者彼謂不助祭者不得與燕故歸之也

樂具入奏以綏後祿爾殽既將莫怨具慶綏安也安然後受福祿也將行也箋云燕而祭時之樂復皆入奏以安後日之福祿骨肉歡而君之福祿安女之殽羞已行同姓之臣無有怨者而皆慶君是其歡也○復扶又反既醉既飽小大稽首神嗜飲食使君壽考箋云小大猶長幼也同姓之臣燕已醉飽皆再拜稽首曰神乃歆嗜君之飲食使君壽且考此其慶辭○長張丈反孔惠孔時維其盡之子子孫孫勿替引之替廢引長也箋云惠順也甚順於禮甚得其時維君德能盡之願子孫勿廢而長行之○替天帝反

【疏】樂具至引之○正義曰以上章云備言燕私故此即陳燕私之事以祭時在廟燕當在寢故言祭時之樂皆復來入於寢而奏之以安其從今以後之福祿言骨肉歡樂然後君之福祿安也其燕之時非直以鼓鐘樂之又爾之殽羞既行之長幼皆偏故同姓之臣莫有嗟怨而皆慶君是其骨肉歡矣於是之時既醉於酒矣既飽於食矣其同姓小大長幼皆再拜稽首而共慶君曰由君明德馨香神乃嗜君飲食使君得壽考之福也祭甚順於禮甚得其時唯君德其能盡此順時之美願君之子孫世世勿廢而長行之欲使長行此禮常得福祿此即所謂具慶也今王不能然故舉以刺之○箋燕而至其歡○正義曰案前文而言入奏故

珍倣宋版印

知祭之樂復皆入也燕祭不得同樂而云皆入者歌詠雖異樂器則同故皆入也後日從今以後之日也宗族不親則公室傾危故骨肉歡而君之福祿安同姓無怨而皆慶是其歡矣神嗜飲食以下是慶辭也〇傳替廢引長〇正義曰替廢釋言文引長釋詁文釋。詁云子子孫孫引無極也舍人曰子孫長行美道引無極也郭璞曰世世昌盛長無窮是勿廢長行之

楚茨六章章十二句

信南山刺幽王也不能脩成王之業疆理天下以奉禹功故君子思古焉疏信南山六章章六句至思古焉〇正義曰作信南山詩者刺幽王也刺其不能脩成王之事業疆界分理天下之田畝使之勤稼以奉行大禹之功故其時君子思古成王焉所以刺之經六章皆陳古而反以刺今言成王能疆理天下以奉禹功而幽王不能脩之經先云禹功乃言曾孫見成王能遠奉禹功今幽王不能述脩成王之業非責幽王令奉禹功也故箋云言成王乃遠脩禹之功今王反不脩其業乎是思古之內直思成王耳而成王又有所奉故經言禹焉首章言我疆我理是疆理天下也維禹甸之是禹功也以下言雲雨生穀乃稅以祭祀鬼神降福皆由疆理使然故序者略之也

信彼南山維禹甸之。畇畇。原隰曾孫田之甸治也畇畇墾辟貌曾孫成王也箋云信乎彼南山之野禹治而丘甸之今原隰墾辟則又成王之所。佃言成王乃遠脩禹之功今王反不脩其業乎六十四井爲甸甸方八里居一成之中成方十里出兵車一乘以爲賦法〇甸毛田見反鄭繩證反畇音勻又作畇蘇遵反又音旬墾苦很反下婢亦反佃音田本亦作田乘繩證反我疆我理疆畫經界也理分地理也南東其畝或南或東疏信彼至其畝〇毛以爲信乎彼南山之傍田野得成平田可種殖者維本禹所治之又此地今畇畇然成其墾辟之原隰者由曾孫成王所田之又正我天下經界

之疆又分我天下土宜之理而隨事之便使南東其畝成王能疆理天下奉禹之功而幽王不能脩之故以刺焉○鄭唯甸之爲丘甸之爲異餘同○傳甸治至成王○正義曰此及韓奕之傳皆言甸治則訓甸爲治不爲丘甸之異於鄭也墾辟貌者謂墾耕其地辟除草萊以成柔田也釋訓云畇畇田也注引此畇畇原隰與匀音同也知曾孫是成王者序言成王奉禹之功此言曾孫田禹之地故知曾孫與序成王一人也成王而謂之曾孫者以古者祖有德而宗有功因爲之號文武爲受命伐紂定天下之基以爲祖宗祭法云祖文王而宗武王是也成王繼文武之後爲太平之主特異其號故詩經稱成王爲曾孫也不繼於文王不直言孫者蓋周雖文王受命而大王亦有王迹所起見其王業之遠故繼而稱曾孫不言玄孫者玄孫對高祖爲定名世數更多則不得稱玄孫矣曾者重也自曾祖以至無窮皆得稱曾孫故維天之命箋云自孫之子而下事先祖皆稱曾孫是爲遠辭明周德之隆久故繼大王而不稱玄也毛以此及維天之命言曾孫篤之亦爲成王鄭以禮非一人所行唯彼不從之耳○箋信乎至賦法○正義曰言信乎者文通於下言禹治南山成王田之皆信然矣上云南山下云原隰皆南山之傍見禹之所甸成王所脩爲一處互其文以相曉也箋云彼南山之野禹治而丘甸之即云今原隰墾辟則又成王之所田言成王乃遠脩禹之功今王反不脩其業乎言脩禹功而文相因明南山原隰二者爲一處成王之脩禹功實天下盡然而獨言脩南山者作者指一處以表其意通及天下也故序言疆理天下。注言上天同雲是非獨南山之傍脩禹功也獨舉原隰以爲言者鄭駁異義引此詩以盡三章此詩之意以原隰主生百穀原隰之功於人尤大故獨言也甸之爲字既訓爲治音又爲乘以治其地使平成田則訓爲治以方十里出兵車一乘故又音爲乘也韓奕箋云禹甸之者決除其災使成平田定貢賦於天子是亦以治爲義也地官小司徒云四丘爲甸注云甸之言乘也讀如。中甸之甸稍人云掌令丘乘之政令注云丘乘四丘爲甸甸讀與維禹敶之之敶同。其。訓。曰乘由是改云郊特牲云丘乘。其粢盛注云甸或謂之乘以其於車賦出長轂一乘是以乘爲義也知六十四井爲

珍倣宋版印

甸者小司徒云四井為邑四邑為丘四丘為甸如數計之丘十六井甸六十四井也知方八里者以孟子云方里為井計之則邑方一里丘方四里甸方八里也又解方八里名為甸之意以其居一成之中成方十里出兵車一乘以為賦法故謂之甸甸乘也十里為成冬官匠人文也知甸居一成之中者以匠人既云十里為成即云成間廣八尺深八尺謂之洫是當甸在其中傍一里以治洫故彼注云方十里為成成中容一甸甸方八里出田稅緣邊一里治洫是也論語注引司馬法云井十為通通十為成成出革車一乘是據成方十里出車一乘也成元年左傳服注引司馬法云四邑為丘有戎馬一匹牛三頭是曰匹馬丘牛四丘為甸甸六十四井出長轂一乘馬四匹牛十二頭甲士三人步卒七十二人戈楯具備謂之乘馬是據甸方八里出車一乘也二者事得相通故各據一焉若然成出兵車一乘為七十五人耳而哀元年左傳說夏少康有田一成有衆一旅十里有五百人者計成方十里其地有九百夫之田也授民田有不易一易再易通率二而當一有四百五十人矣其中上地少差多則得容五百人也其出兵夫則衆不盡行故一車士卒唯七十五人傳說少康言有衆一旅盡舉大衆故與出賦異也箋以此維禹甸之為丘甸孫毓云禹平治水土以除洪水之災當此之時未及丘甸其田也且井邑丘甸出於周法虞夏之制未有聞焉今以周之法為虞夏之說又謂禹治水土皆丘甸之非其義也然則鄭為禹亦丘甸之者禮運說大道既隱而曰以立田里是則三王之初而有井甸田里之法也論語說禹盡力乎溝洫與匠人井間有洫同也皐陶謨畎澮距川與匠人同間有澮專達於川同也是則丘甸之法禹之所為左傳少康之在虞思有田一成有衆一旅於是則十里為成非周之賦法也禹之治水既平乃任土作貢有何不暇而云未及丘甸之也故鄭以為禹治而丘甸之〇傳疆畫至地理〇正義曰孟子曰夫仁政必自經界始經界不正井田不均趙岐注云經亦界也然則經界者地畔之名也疆謂正其封疆故云畫經界襄四年左傳曰茫茫禹跡畫為九州九州尚畫其界是田之經界須畫之也分地理者分別地所宜之理若孝經注云高田宜黍稷下田宜稻麥是也〇傳或南或東〇正義曰

珍倣宋版印

成二年左傳曰先王疆理天下物土之宜故詩曰我疆我理南東其畝是於土之宜須縱須橫故或南或東也

上天同雲雨雪雰雰雰雰雪貌豐年之冬必有積雪○雨于傅反崔如字雰芳云反

益之以霢霂既優既渥小雨曰霢霂箋云成王之時陰陽和風雨時冬有積雪春而益之以小雨潤澤則饒洽○霢土革反霂音木優說文作瀀音憂渥爲學反

既霑既足生我百穀

疏○上天至百穀○正義曰言成王時在上天同起其雲正於冬月雨下此雪雰雰然多而積也至於春日又益之以小雨而霢霂然以接冬澤既已優洽既已饒渥既已沾潤既已豐足是以故得生我之衆穀也今王不能然故舉以刺之言上天同雲明澤之偏也以雲在於天上雨從上下故云上天非有義例○傳豐年至積雪○正義曰謂明年將豐今冬積雪爲宿澤也然則積雪是年之前冬而言豐年之冬必有積雪者以此章言穀之生下章言其成熟舉一年之生成以爲首尾之次非復言歲初歲末限以同年傳達經意故言豐年冬耳○傳小雨霢霂○正義曰釋天文也李巡曰水雪俱下案彼文上有暴雨下云久雨於閒無雪事而李巡云俱下妄矣此傳有云小雪者誤今定本云小雨

疆場翼翼黍稷彧彧場畔也翼翼讓畔也彧彧茂盛貌○場音亦下同彧於六反

曾孫之穡以爲酒食畀我尸賓壽考萬年箋云斂稅曰穡畀予也成王以黍稷之稅爲酒食至祭祀齊戒則以賜尸與賓尊尸與賓所以敬神也敬神則得壽考萬年○畀必寐反注同齊側皆反

疏疆場至萬年○正義曰上既言百穀以生成故此云稅取供祭也言所生百穀之處其農人理之使疆場之上翼翼然閑整讓畔今黍稷之苗彧彧然茂盛而成長至秋收刈則曾孫成王之所稅斂而以爲酒之與食也既爲酒食於祭前齊戒之時乃賜我尸之與賓以尊養之尸賓未至祭時而豫賜之酒食爲敬神故也神既爲王所敬故今王得壽考萬年之福也今王不能然故舉以刺之○傳場畔至彧貌○正義曰以田之疆畔至此而易主名之爲場翼翼是閒暇之名故舉讓畔之敬以明其田事之理也上言生我百穀此獨言黍稷者黍稷爲穀之

長故特言之也○箋斂曰至萬年○正義曰上言黍稷或是天下民田也曾孫之穡文承其下故知稅斂曰穡也賓之與尸祭時所有經云畀我尸賓何知不指謂祭時予之而箋以爲齋戒則以賜尸賓者以此詩陳事而有次序五章卒章始言祭時之事清酒騂牡享于祖考則此未祭而言畀我尸賓明祭前矣又不言享祀而云畀我是賜下之辭故爲祭祀齋戒以賜尸賓也祭義云祭前十日散齋七日致齋三日周禮所。謂前期十日是也於齋之時官當與之酒食而箋云賜者以其未祭則尸猶臣道故言賜也經言敬事尸賓而令神降福者以其尊尸與賓即所敬神也由能敬神則壽考萬年也神與壽考祭時嘏辭與卒章萬壽無疆明其同時也以宿敬於神以及尸賓於後得福故此致其意而逆言之耳

中田有廬疆場有瓜是剝是菹

剝瓜爲菹也箋云中田田中也農人作廬焉以便其田事於畔上種瓜瓜成又入其稅天子剝削淹漬以爲菹貴四時之異物○廬力居反剝邦角反菹側居反便毗戰反削思約反淹英鉗反漬子賜反淹也

獻之皇祖曾孫壽考受天之祜。

箋云皇君祜福也獻瓜菹於先祖者順孝子之心也孝子則獲福○祜音戶

疏 箋中田至異物○正義曰古者宅在都邑田於外野農時則出而就田須有廬舍故言中田謂農人於田中作廬以便其田事於田中種穀於畔上種瓜亦所以便地也於畔上種瓜廣謂天下民田瓜成又入其稅民以瓜新熟獻於天子天子得之乃剝削淹漬以爲菹欲以供祭祀貴四時之異物故也偏檢書傳未見天子稅民瓜以供祭祀者故地官場人掌國之場圃而樹之果蓏珍異之物以時斂而藏之凡祭祀共其果蓏瓜瓠之屬郊特牲曰天子樹瓜華不斂藏之種是則天子之瓜自令有司供之不稅於民此言瓜成入其稅於天子者周禮言其正法瓜不稅民此述成王之時民盡力於農業故畔上種瓜獻諸天子天子得爲菹以祭欲見天子孝於親而下民愛其主反以刺今幽王也箋以對前曾孫之穡爲正稅故云又入其稅耳非謂正法所當稅也○箋獻瓜至獲福○正義曰周禮場人祭祀供其果蓏是祭必有瓜菹矣醢人豆實無瓜菹者主說正豆之實故文不具耳

祭以清酒

從以騂牡享于祖考周尚赤也箋云清謂玄酒也酒鬱鬯五齊三酒也祭之禮先以鬱鬯降神然後迎牲享于祖考納亨時○騂息營反字林許營反享許兩反徐許亮反注及下同鬱雍勿反齊才細反亨普庚反執其鸞刀以啓其毛取其血膋鸞刀刀有鸞者言割中節也箋云毛以告純也膋脂膏也血以告殺膋以升臭合之黍稷實之於蕭合馨香也○膋音聊中丁仲反臭昌救反【疏】祭以至血膋○正義曰此章陳正祭之事古者成王爲祭之時祭神以清與酒清謂玄酒也酒謂鬱鬯與五齊三酒也先以鬱鬯祼而降神乃隨從於後以騂牡之牲迎而入于廟門以獻于祖考之神既納以告神乃令卿大夫執持其鸞鈴之刀以此刀開其牲之皮毛取牲血與脂膏之膟膋而退毛以告純血以告殺膋以升臭合馨香以薦神各有其人皆肅其事今王不能然故刺之○傳周尚赤也○正義曰地官牧人云陽祀用騂牲毛之注以陽祀爲宗廟似由陽祀故用騂此云尚赤者牧人以周尚赤故郊廟用騂爲陽以相對其實由所尚故曰白牡騂公牲三代祭其廟各用其所尚之毛色也○箋清謂至亨時○正義曰禮運說祭之禮云玄酒在室是祭祀有玄酒也春官鬱人掌祼器凡祭祀之祼事和鬱鬯以實彝而陳之○彝尊彝四時之祭皆祼用彝是祀祼用鬱鬯也天官酒正云辨五齊之名一曰泛齊二曰醴齊三曰盎齊四曰緹齊五曰沈齊辨三酒之物一曰事酒二曰昔酒三曰清酒酒人掌爲五齊三酒祭祀則供奉之是祭祀有五齊三酒也酒正鄭注云泛者成而滓浮泛泛然如今宜成醪矣醴猶體也成而汁滓相將如今恬酒矣盎猶翁也成而翁翁然葱白色如今鄼白矣緹者成而紅赤如今下酒矣沈者成而滓沈如今造清酒矣齊者每有祭祀以度量節作之也又云事酒酌有事者之酒其酒則今時醳酒也昔酒今之酋久白酒所謂舊醳者也清酒今之中山冬釀接夏而成者是也鄭解五齊三酒之事也此言祭以清酒廣言祭用酒事則文當總攝諸酒故箋分而屬之清謂玄酒也酒謂鬱與五齊三酒也玄酒水也故以當清五齊三酒則釀而爲之故以當酒然鬱人注云鬱金香草也則鬱非酒矣亦以爲酒者祭之用鬱賁之以和鬯郊特牲所謂臭鬱合

珍倣宋版印

鬯是也鬯人注鬯釀秬爲酒芬香條暢於上下者也然則祼之有鬱和秬鬯而用之故鬱亦爲酒也此言清酒箋既辨之旱麓云清酒既載騂牲既備箋直言祭祀先爲清酒其次擇牲不復曲辨清酒之名者此下有鸞刀謂殺牲祭時則騂牲在其上據迎牲時清酒又在其上明據灌時今經直云清酒恐不兼鬱鬯故箋備解之彼旱麓汎說未是祭時故注與此不同烈祖云既載清酤箋云既載清酒於尊中酌以祼獻以周禮言之祼獻所用則鬱鬯與醴齊也清酤之言亦總諸酒與此同也案三酒之名三曰清酒何知清酒非三酒之清酒者以言祭以清酒則以清酒祭神也三酒卑於五齊非祼獻所用故司尊彝凡六尊之酌鬱齊獻酌醴齊縮酌盎齊涗酌凡酒脩酌鄭注差次之云凡祭酒三酒也四者祼用鬱齊朝用醴齊饋用盎齊諸臣自酢用凡酒然則三酒乃是諸臣之所酢不用之以獻神故知詩之清酒非三酒之清酒也司尊彝又注云唯大事于太廟備五齊三酒此不必大事言五齊三酒者以獻饋必醴盎在五齊之中諸臣所酢必當用酒故因言五齊耳不必此祭備三五也箋又以經先言祭以清酒乃云從以騂牲言從是相亞之辭郊特牲曰既灌然後迎牲是先用酒後用牲故云祭之禮先以鬱鬯降神然後迎牲郊特牲。又曰灌用鬯臭鬱合鬯臭陰達於淵泉是以鬱降神也又言享于祖考謂納亨時者大宰云及納亨贊王牲事注云納牲將告殺謂向祭之晨既殺以授亨人然則納亨者謂牽牲入廟將殺授亨人故謂之納亨也。亨于祖考知是納亨時者祭義云君牽牲入廟門麗于碑卿大夫袒而毛牛尚耳鸞刀以封之此下文乃言執其鸞刀故知是納亨時也納亨而謂之獻於祖考者地官充人云碩牲則贊注云贊助也助君牽牲入告肥是獻之也○傳鸞刀至中節○正義曰鸞即鈴也謂刀環有鈴其聲中節故郊特牲曰割刀之用而鸞刀之貴貴其義也聲和而後斷是中節也祭義曰卿大夫鸞刀以封之取膟膋則此亦卿大夫也○箋毛以至馨香○正義曰經言以啓其毛取其血膋據文言之此直開毛取血不似取毛箋言毛以告純者以祭禮用毛不言啓皮而云啓毛明是取毛用之郊特牲曰毛血告幽全之物貴純之道也楚語觀射父云毛以示物韋昭曰物色是毛以告純膋者腸間脂也脂釋者曰膏故云膋脂膏也血以告殺亦楚語文也若不殺則無血故以血告殺也韋昭曰明不因故是也膋以升臭謂燒其脂膏升其臭氣使神聞之又申明升臭之事以此脂膏合之黍稷置之蕭乃以火燒之合其馨香之氣是升臭也知者郊特牲曰取膟膋燔燎升首報陽也又曰蕭合黍稷臭陽達於牆屋故既奠然後爇蕭合馨香注云蕭香蒿染以脂合黍稷燒之是合馨香之事也定本及集注皆以此注爲毛傳無箋云兩字

是烝是享苾苾芬芬祀事孔明烝進也箋云既有牲物而進獻之苾苾芬芬然香祀禮於是則甚明也

先祖是皇報以介福萬壽無疆箋云皇之言暀也先祖之靈歸暀是孝孫而報之以福○疆居良反

【疏】是烝至無疆○皇介二字別毛以先祖之精魂於是美大之報以大夫之福鄭以先祖之神靈於是歸往之報之所以助受大福祿餘同○箋既有牲物○正義曰上章騂牡是牲也酒及血膋是物也以承上文而言是烝是享故云既有牲物而進獻之也

信南山六章章六句

谷風之什十篇五十四章三百五十六句

附釋音毛詩注疏卷第十三（十三之二）

珍倣宋版印

# 毛詩注疏校勘記（十三之二）

阮元撰盧宣旬摘録

○鼓鍾

鼓其淫樂以示之之 補 案下之字衍

以云諸侯 補 毛本云作示案示字是也

與彼文到者 補 案到當作倒

傳鼛大淮上地 閩本明監本毛本同案十行本大至地剜添者一字淮當作至

東夷之樂曰昧 小字本相臺本同閩本明監本毛本同案釋文云韎本又作昧正義云然則言昧者物生根也是正義本與釋文又作本同

南夷之樂曰南 小字本相臺本同考文古本同閩本同明監本毛本南作任案南字是也正義云以南訓任故或名任此爲南其實一也任可證

西夷之樂曰朱離 小字本相臺本同閩本同明監本毛本朱作株案正義云秋物成而離其根株又云定本作朱離其義不合是作株字者改之以合正義也

如是音磬舒合 補 案磬當作聲形近之譌毛本正作聲

此經言云鍾琴笙磬 閩本明監本毛本同案云字當衍琴上當有瑟字

四夷之樂雖爲舞 閩本明監本毛本同案雖當作唯

○楚茨

民盡皆流散流散而逃亡 閩本明監本毛本同案上流散二字當作棄業

田疇懇闢 閩本明監本毛本懇作墾案所改是也毛本闢誤闕

文指田類 閩本明監本毛本同案田當作相大田序正義可證

君婦有清濁之德 閩本明監本毛本濁作淨案所改是也

我蓺黍稷 唐石經小字本相臺本同閩本明監本毛本蓺作藝案藝字非也釋文云我蓺魚世反南山釋文云蓺樹也本或作藝技藝字耳猗嗟釋文云藝技其綺反

我將得黍稷焉 閩本明監本毛本同小字本相臺本得作樹案樹字是也

萬萬曰億 毛本萬誤十明監本以上皆不誤案毛以萬萬爲億伐檀正義有明文

何所種之黍與與然 補 毛本何作我案我字是也

依九音草術 補 案音草當作章算形近之譌

珍倣宋版印

以黍稷爲國之主　閩本明監本毛本同案浦鏜云國當穀字誤是也

則當用積田黍稷　補　案積當作籍形近之譌毛本作籍

必祭祀所用　閩本明監本毛本同案必上浦鏜云疑脫非字是也

或陳于牙　小字本相臺本同閩本明監本毛本亦同案牙當作㸦㸦卽互之別體碑刻中每見之周禮釋文云互徐音㸦正義中字同

或齊于肉　小字本同閩本明監本毛本同相臺本于作其案其字是也正義標起止云至其肉又云齊其肉者王肅云分齊其肉所當用可證

有解剝其皮者　小字本相臺本同案正義云豚解腥之是解剝其肉也定本集注皆云解剝其皮是正義本作肉字

而享其祭祀　閩本明監本毛本同小字本相臺本享作饗考文古本同案饗字是也

其義濟濟然　補　案義當作儀毛本作儀是也

司徒奉司牛馬奉羊　補　案司牛二字當倒

報之以大夫之福　補　案夫當作大形近之譌毛本正作大

由名有所司故也　閩本明監本毛本同案浦鏜云名當各字誤是也

體其犬豕生羊　補　案生當作牛毛本不誤

供其脯脩刑撫　閩本明監本毛本同案浦鏜云膴誤撫考周禮是也

每處求之是祀禮於是甚明也闔本明監本毛本同案十行本求之是剜添者一字

豆謂肉羞庶羞也小字本相臺本同闔本明監本毛本肉作内案釋文云内羞如字内羞房中之羞或作肉羞非也正義云豆內羞庶羞者是其本作內不誤也

必取肉物肥腯美者也闔本明監本毛本同小字本相臺本無者字案正義標起止云箋君婦至腯美是其本無者字段玉裁云有者是

故云傳火加之闔本明監本毛本同案之當作火

留其實亦炙闔本明監本毛本留作燔案此當作其實燔亦炙

燔從於獻酒之肉闔本明監本毛本同案肉下浦鏜云脫炙字考周禮注是也

特牲云燔炙肉闔本明監本毛本同案云上浦鏜云脫注字是也

數多少長短闔本明監本毛本同案長上浦鏜云脫量字考周禮注是也

孫炎曰庶豐多也云腯闔本明監本毛本同案多也二字當倒

加籩則內宗薦之闔本明監本毛本同案籩上浦鏜云脫豆字以周禮考之是也

造主人使受嘏闔本明監本毛本同小字本相臺本造作告考文古本同案告字是也

珍倣宋版印

瑕古瑕反 補 毛本同案下瑕字乃假字之譌釋文挍勘通志堂本作假盧本作雅云舊譌今改正案雅字是也小字本所附是雅字

既匡既勑 唐石經小字本相臺本同案釋文云筐本亦作匡考此經毛無傳但以稷疾勑固例之必不與鄭義同正義依王述毛以說傳云既能誠正矣是其本經字作匡與釋文亦作本同毛氏詩經字自如此也鄭箋本經字亦作匡其云受之以筐者以匡為筐之假借不云讀為而於訓釋中竟改其字以顯之也釋文本經字作筐乃依箋所改當以正義本為長正義云既匡既勑二句為異又云此經云既筐皆易字之例耳○按說文筐卽匡之或字卽知毛訓正鄭訓器而無異字也

天子使宰夫受之以匡 小字本相臺本匡作筐閩本明監本毛本同考文古本同案筐字是也

又音芮字 補 釋文挍勘通志堂本盧本芮作苪案苪字是也小字本所附是苪

以擩于醢以受尸矣 閩本明監本毛本同案受當作授

曰孝子能盡其誠信 閩本明監本毛本同案浦鏜云曰當由字誤是也

率命祝祝受以東 閩本明監本毛本同案山井鼎云率恐卒誤是也

特于季指 補 特當作挂形近之譌

故孝子前就凡受之 閩本明監本毛本同案浦鏜云尸誤凡是也

定本注天子宰又受之 閩本明監本毛本同案浦鏜云定本下當脫集字又字當衍文是也

眉壽百年　補閩本明監本毛本同案百當作万形近之譌儀禮少牢嘏辭眉壽萬年万萬古今字耳

勿替以之　閩本明監本毛本以作引案山井鼎云以恐非是也

是一大夫之嘏辭也　補毛本一作亦案所改是也

鼓鍾送尸　唐石經小字本相臺本同案宋書樂志兩引此作鍾鼓送尸考箋云尸出入奏肆夏此經言鼓鍾猶春秋內外傳之言金奏肆夏也變上經鍾鼓既戒亦使不相蒙也當以作鼓鍾者爲是正義云乃鳴鍾鼓以送尸謂奏肆夏也鍾鼓當倒耳〇按舊校非宋書自可據也

神安歸者歸於天也　小字本相臺本同案宋書樂志引歸於天地也考正義云神安而歸於天也又云郊特牲云魂氣歸於天故言神安歸於天也標起止云至於天是有地字者誤也

歸賓客豆俎　閩本明監本毛本同小字本相臺本豆作之案豆字誤也正義云於是之時賓客歸之俎又云是祭祀畢賓客歸之俎也又云歸之俎所以尊賓客是正義當作賓客歸之俎考文古本客下有之字仍衍豆字

此尸所陳　閩本明監本毛本同案浦鏜云詩誤尸是也

釋詁云子子孫孫　閩本明監本毛本詁作訓案所改是也

信南山

畇畇原隰　唐石經小字本相臺本同案釋文云畇畇音勻又作眴蘇遵反又音旬正義云釋訓云畇畇田也注引此畇畇原隰與勻音同也是正義

本作畇字

則又成王之所佃 小字本相臺本同閩本明監本毛本亦同案釋文云佃本亦作田正義云由曾孫成王所田之又云成王田之皆信然矣又云今原隰墾辟則又成王之所田是其本作田與亦作本同佃非其義乃俗本耳

下注言上天同雲 閩本明監本毛本同案注當作經

讀如中甸之甸 閩本明監本毛本同案此不誤浦鏜云衷誤中非也正義所引自如此今周禮注作衷甸左傳同說文人部引作中佃

丘乘其粢盛 閩本明監本毛本同案浦鏜云共誤其是也

出馬四匹長轂一乘 閩本明監本毛本出下不空案此所空當是馬四匹三字也郊特牲注本無此三字正義以義增之耳依彼注刪非也

皆丘甸之 閩本明監本毛本皆誤比十行本亦比字

與匠人井閒有洫同也 閩本明監本毛本同案浦鏜云成誤井是也

疆埸翼翼 毛本埸誤場明監本以上皆不誤下同

周禮所諧前期十日 閩本明監本毛本同案浦鏜云謂誤諧是也

受天之祜唐石經小字本相臺本同考文古本同閩本明監本毛本祜誤祐

箋云毛以告純也小字本相臺本同案此正義本也正義標起止云箋毛以至馨香又云定本及集注皆以此注爲毛傳無箋云兩字是自此至合馨香也二十八字皆在傳是也

故曰白牡騂公牲明監本毛本牡誤牲公誤剛閩本牡字不誤案騂當作周魯頌傳云白牡周公牲正義引彼文也不知者轉輾改之而不可通矣

彝尊彝四時之祭閩本明監本毛本同案上彝字當作司

郊特又曰閩本明監本毛本同案特下浦鏜云脱牲字是也

亨于祖考閩本明監本毛本同案浦鏜云享誤亨是也

報以大夫之福補案夫當作大毛本不誤

# 附釋音毛詩注疏卷第十四（十四之一）

（四三）

## 甫田之什詁訓傳第二十一　　孔穎達疏

甫田刺幽王也君子傷今而思古焉刺者刺其倉廩空虛政煩賦重農人失職 疏 甫田四章章十句○箋刺者至失職○正義曰經言成王庾稼千倉萬箱是倉廩實反明幽王之時倉廩虛也言適彼南畝耘耔黍稷是農人得職反明幽王之時農人失職也政煩賦重楚茨序文次四篇文勢大同此及下篇箋皆引之言由政煩賦重故農人失其常職也若然賦重則倉應實倉虛則賦應輕而同刺之者以王貪而無藝故賦重用而無節故倉虛由倉虛而賦更重以賦重而民逃散農人失職由政煩賦重所致其倉虛則別有費散不由賦重故箋先言倉廩虛則言政煩賦重也

倬彼甫田歲取十千倬明貌甫田謂天下田也十千言多也箋云甫之言。丈。夫也明乎彼大古之時以丈夫稅田也歲取十千於井田之法則一成之數也九夫爲井井稅一夫其田百畝井十爲通通稅十夫其田千畝通十爲成成方十里成稅百夫其田萬畝欲見其數從井通起故言十千上地穀畝一鍾○倬陟角反韓詩作箌音同云箌卓也甫之言丈夫也直兩反依義丈夫是也本又作大大夫一本甫之言夫也又一本甫之言大也大古音泰見賢遍反

我取其陳食我農人自古有年尊者食新農夫食陳箋云倉廩有餘民得賖。貰取食之所以紓官之蓄滯亦使民愛存新穀自古者豐年之法如此○食音嗣賖音奢貰音世又食夜反說文云貸也紓音舒何常汝反蓄勑六反

今適南畝或耘或耔黍稷薿薿耘除草也耔雝本也箋云今者今成王之法也使農人之南畝治其禾稼功至力盡則薿薿然而茂盛於古言稅法今言治田。互辭○耘音芸沈又音運本又作芸音同耔音子沈音茲壅禾根也薿魚起反徐又魚力反

攸介攸止烝我髦士烝進髦俊也治田得穀俊士以進箋云介舍也

禮使民鋤作耘耔閑暇則於廬舍及所止息之處以道藝相講肄以進其爲俊士之行○介音界王大也烝之承反髦音毛鋤本或作助同仕魚反閑音閑處昌慮反肄以四反字亦作肄同行下孟反【疏】倬彼至髦士○毛以爲倬然明大者彼古太平之時天下之大田也一歲之收乃取十千以其天下皆豐故不繫之於夫井不限之於斗斛要言多取田畝之收舉十千多數而已以其大熟如此故詩人云我取其陳者以食農人使一畝一家之內尊老得食其新粟卑穉食其陳粟是爲老壯之别等養之義也自古太平有豐年其時如此故今成王之時亦奉而脩之其萬民適彼南畝之內或耘除草木或擁其根本功至力盡故今黍稷得薿薿然而茂盛收穫既多國用充足所以成大功所以自安止又得進我民人成爲髦俊之士由倉廩實知禮節故豐年多穫髦士所以得進也而幽王不脩之故舉以刺焉鄭唯今適南畝三句同其首尾皆異言倬然明著者彼太古之時於丈夫之所稅田一歲之中於一成之地取十千畝也言賦斂不重倉廩盈實故於時之民見官有餘遂云我從官取其倉廩之陳者而食我農夫之民所以紓官之畜滯亦使民愛存新穀故令國以足用下無困乏自古豐有之年其法如此故今成王之時奉而脩之其萬民適彼南畝之中或耘或耔黍稷薿薿然茂盛其農人所居廬舍及所止息之處閑暇則以道藝相講肄故得進我農人成其爲俊士之行是農人盡力而治田上依古法而稅斂政省賦輕倉廩以實今王不能然故反以刺之○傳倬明至言多○正義曰以雲漢云倬彼雲漢是明貌也言明者疾今不能言古之明信故云明也齊甫田傳曰甫大也以言大田故謂爲天下田也十千者數之大成舉其成數故云十千言多也王肅云太平之時天下皆豐故不繫之於夫井不限之於斗斛要言多取田畝之收而已孫毓曰凡詩賦之作皆總舉衆義從多大之辭非如記事立制必詳度量之數甫田猶下篇言大田耳言歲取十千亦猶頌云萬億及秭舉大數且以協句言所在有大田皆有十千之收推而廣之以見天下皆豐此皆申述毛說也○箋甫之至畝一鍾○正義曰以此意言自古有年又云今適南畝一章之內而有古今相對今適南畝言民之治田則歲取十千宜爲官之稅法稅

珍倣宋版印

法而言十千爲有限之數則不據天下不可言大不得與齊之甫田同訓故云甫之言丈夫也穀梁傳曰夫猶。傳也男子之美稱士冠禮注亦云甫丈夫之美稱甫或作父是爲丈夫也易曰師貞丈人吉言以禮法長於人可倚。丈也是夫者有傳相之德而可倚丈謂之丈夫通天下男子之辭喪服曰丈夫婦人是也言明乎彼太古之時者以此詩據幽王之時而思古謂思成王也成王既古矣而云今適南畝以成王之時爲今則古又古於成王是爲太古也案禮記郊特牲與士冠禮皆曰太古冠布齊則緇之下即云牟追夏后氏之道章甫殷道委貌周道然則太古冠布在三代之前故注云唐虞以上曰太古然世代推移後之仰先皆爲古矣古有遠近其言無常故易以文王爲中古禮記以神農爲中古各有所對爲古不同則太古之名亦無定限此言太古古於成王則可未必要唐虞以上也孟子曰欲重之於堯舜大桀小桀輕之於堯舜大貉小貉則什一而稅堯舜已然此論稅法而言太古亦以太古爲唐虞於理雖通但什一而稅三代皆然據今成王所脩不必要本堯舜信南山言成王奉禹之功則此太古蓋亦禹也然言丈夫稅田謂於丈夫而稅其田以治田者男子故言於丈夫也歲取十千於井田之法則一成之數者司馬法計之而然也司馬法曰夫三爲屋屋三爲井是九夫爲井也井十爲通通十爲成亦司馬法文孟子云請野九一而助謂九夫之內與公助一夫田有百畝故知井稅一夫其田百畝從此而累計之故知通稅千畝成稅萬畝也又解不言萬畝而稱十千意欲見其數從井通起故言十千明從井稅一夫爲百畝千是通之稅故云十千以見之而不言萬畝也鄭以爲稅法者亦以此十千故耳知此爲田畝者以十千之文連甫田之下明取十千之田故知田畝非釜斛也又解田之所收數言上地穀畝一鍾明之時和而收多故稅輕而用足也史記河渠書曰韓使水工鄭國間說秦鑿涇水爲渠並於山東注洛三百餘里渠成而用溉瀉鹵之地四萬餘頃收皆畝一鍾彼瀉鹵之地灌溉之功畝收一鍾明太平陰陽和風雨時上地畝亦收一鍾也昭三年左傳曰齊舊四量豆區釜鍾四升爲豆各自其四以登於釜釜十則鍾是鍾容六斛四斗也漢書食貨志曰一夫治田百畝歲收畝一石半爲粟百五十碩歲有上中下上孰其收自四中孰自三下孰自倍張晏曰平歲百畝收百五十碩今大孰四倍收六百碩自三百五十碩自倍三百碩彼謂中平之地上孰畝六碩故本太平之上孰上地準關中爲畝一鍾也孟子曰言三代稅法其實皆什一若井稅一夫是九稅一矣此詩之意刺幽王賦重當陳古稅之輕而言成稅萬畝反得重於什一者孟子言什一據通率而言耳周制有貢有助助者九夫而稅一夫之田貢者什一而貢一夫之穀通之二十夫而稅二夫是爲什中稅一也故冬官匠人注廣引經傳而論之云周制畿內用夏之貢法稅夫無公田邦國用殷之助法制公田不稅夫貢者自治其所受田貢其稅穀助者借民之力以治公田又使收斂焉諸侯謂之徹者通其率以什一爲正孟子云野九夫而稅一國中什一是邦國亦異外內之法耳是鄭解通率爲什一之事也又孟子云滕文公使畢戰問井田孟子對曰請野九一而助國中什一使自賦是鄭所引異外內之事也孟子又云方里而井井九百畝其中爲公田八家皆私百畝同養公田公事畢然後治私事所以別野人也是說助法井別一夫以入公也言別野人者別野人之法使與國中不同也爾雅云郊外曰野則野人爲郊外也野人爲郊外則國中謂郊內也郊內謂之國中者以近國故繫國言之亦可地在郊內居在國中故也助法既言百畝爲公田則使自賦者明是自治其田貢其稅穀也助則九而助一貢則什一而貢一通率爲什一也若然九一而助者爲九中一知什一自賦非什中一者以言九一卽云而助明九中一助也國中言什一乃云使自賦是什一之中使自賦之明非什中一爲賦也故鄭玄通其率以什一爲正若什一自賦爲什中賦一則不得與九一通率爲什一也且鄭引孟子云野九夫而稅一國中什一而稅一明是國中什一而貢一故得通率爲什一也如鄭之言邦國亦異外內則諸侯郊內貢郊外助矣而鄭正言畿內用貢法邦國用助法以爲諸侯皆助者以諸侯郊內之地少郊外助者多故以邦國爲助對畿內之貢爲異外內也案王制云千里之內曰甸其外曰采注云取其美物以當穀稅又尚書鄭志說貢篚之義云凡所貢篚之物皆以稅物市之隨時物價以當邦賦然畿外諸侯不以穀入天

珍倣宋版印

子此若成稅萬畝是畿外助法則詩說天子之事得云歲取十千者以天子天下爲家故美其收入之多則廣舉天下之田若貢之天子自可隨其所須變爲貨物皆是稅穀市之亦得爲天子所取也史傳說助貢之法唯孟子爲明鄭據其言以什一而徹爲通外內之率理則然矣而食貨志云井方一里是九夫八家共之各受私田百畝公田十畝是爲八百八十畝餘二十畝爲廬舍其言取孟子爲說而失其本旨班固既有此言由是羣儒遂謬何休之注公羊范甯之解穀梁趙岐之注孟子宋均之說樂緯咸以爲然皆義異於鄭理不可通何則言井九百畝其中爲公田則中央百畝共爲公田不得家取十畝也又言八家皆私百畝則百畝皆屬公矣何得復以二十畝爲廬舍也言同養公田是八家共理公事何得家分十畝自治之也若家取十畝各自治之安得謂之同養也若二十畝爲廬舍則家別二畝半亦入私矣則家別私有百二畝半何得爲八家皆私百畝也此皆諸儒之謬鄭於匠人注云野九夫而稅一此箋云井稅一夫其田百畝是鄭意無家別一公田十畝及二畝半爲廬舍之事俗以鄭說同於諸儒是又失鄭旨矣此井稅一夫是爲定法而禹貢注上上出九夫稅下下出一夫稅通率九州一井稅五夫者以禹貢九州之賦法凡有九等鄭欲品其多少無所比況遂以九一井擬之以示稅之多少耳非其實稅之也何則九州之地不至九倍若第一之州爲三等豈第九州之上者一家受田九百畝中者千八百畝下者二千七百畝斯不然矣若亦以百畝二百畝三百畝爲三等給之以地有薄厚差降其稅不可下州九家而共積一夫之稅此乃不近人情也明是以九等井稅擬之耳箋必易毛者以此詩之作刺幽王政煩賦重廢民農業而此章下言治田則此爲稅法互言其事以相發明耳且取者自此取彼之辭耳歲取既爲稅斂之言十千即是期限之數若子孫千億萬億及秭文無指定可爲多大之辭其此文與十千維耦百室盈止周公之東征四國成湯之式於九圍皆是數有限量不得爲總舉大辭也又參之於司馬之書校之於一成之稅其數正允。其若合符故不從毛氏也而孫毓難云一成之收裁是十里之豐謂箋之說不足以該天下然毓以所在天下大田皆有十千之收可推而廣之則每於十里皆取十千何獨不可推而廣也鄭氏之說亦足通矣○傳尊者至食陳○正義曰言食我農人是辭有所別七月云采荼薪樗食我農夫以對為此春酒以介眉壽是農夫別於眉壽彼農夫與此農人一也言農。夫食陳明對眉壽為尊者食新矣孫毓云一家之中尊長食新農夫食陳老壯之別孝養之義也○箋倉廩至如此○正義曰上言古之稅法一成而歲取十千故知此言我取取於官是倉廩有餘賒貸取而食之也以官有畜積恐其久而腐敗所以紓出官粟之畜積久滯者待秋收然後取民新穀以納官也於官則積而不腐亦是使民愛重存留此新穀也定本及集注貸皆作貰義或然也地官旅師云凡用粟春頒而秋斂之注云。因時施之饒時收之此即。義取其陳也此又特言農人不對眉壽則老壯總為農人不與七月同也若然王制云古者三年耕必有一年之食則太平豐年當家自有積而得有貸官粟者然古今時運人亦一也作制者實古之辭據多以言不能使皆有畜積猶今之豐年而民有貧而無食者稅斂有義用之以道以倉粟則陳陳相因民貧則貸取以食所以上下交濟海內乂安豈言皆無畜積人盡取之也○傳耘除草耔雝本○正義曰食貨志云后稷始甽田以二耜為耦廣尺深尺曰甽長終畝一畝三甽一夫三百甽而播種於甽中苗葉以上稍耨壟草因。隤其土以附苗根比。成壟盡而根深能風與旱故薿薿而盛也是說耘耔之事附根即此雝本也○箋今者至治田互辭○正義曰以上言自古有年此言今以別之而下言曾孫來止故知今者成王之時也言不奪農時故得使農人之其南畝也○傳治田至以進○正義曰管子云倉廩實知禮節衣食足知榮辱明人成俊士由田之得穀故云治田得穀俊士以進也攸介攸止毛雖不訓準生民之傳則不為舍而止息王肅云是君子治道所大功所定止傳意當然言太平年豐為功成治定故俊士以進以由得穀故耳○箋介舍至之行○正義曰以此田農之事介止相對止是止息故介為舍也信南山云中田有廬舍則必歸於廬止則隨其所惓而息故介止分為二事也禮使民鋤作耘耔其有閑暇則於廬舍及所止息之處相講論而肄習其業言禮者以其禮法當然非有禮文也漢書藝文志曰古之學者且耕且

養三年而通一藝用日少而畜德多三十而五經立即此烝我髦士以我齊明是也以文承或耔之下以止舍講習以成俊士於理爲切故易傳

與我犧羊以社以方器實曰齊在器曰盛社后土也方迎四方氣於郊也箋云以絜齊豐盛與我純色之羊秋祭社與四方爲五穀成熟報其功也○齊本又作齋又作齍同音資注同犧許宜反爲于僞反下爲農親爲爲之皆同

我田既臧農夫之慶箋云臧善也我田事已善則慶賜農夫謂大蜡之時勞農以休息之也年不順成則八蜡不通○蜡仕詐反勞力報反篇末勞賜同

琴瑟擊鼓以御田祖以祈甘雨以介我稷黍以穀我士女田祖先嗇也穀善也箋云御迎介助穀養也設樂以迎祭先嗇謂郊後始耕也以求甘雨佑助我禾稼我當以養士女也周禮曰凡國祈年于田祖吹豳雅擊土鼓以樂田畯○御牙嫁反注同豳彼貧反本亦作邠以樂音洛

疏以我至士女○毛以爲士絜黍稷茂盛故今至秋以用我器實之齊豐而明報及與我犧而純色之羊用此齊牲以祭社稷以祀四方以之其能成五穀之功也五穀成熟則我田事已善矣於孟冬之月其農夫之人受慶賜謂息田夫而饗勞之也至前孟春月以琴瑟及擊其土鼓以迎田祖先嗇之神而祭之所以求甘澍之雨以大得我稷之與黍其成熟則人皆脩飾以善我士之與女今王不能然故刺之鄭唯以佑助我禾稼之黍稷及其成熟當以養我士之與女爲異餘同○傳器實至於郊○正義曰經傳多齊盛連文故傳因齊解盛春官肆師祭之日表齍盛告絜注云齍六穀也則六穀總爲齊天官甸師注云粢稷也唯以稷爲粢者以稷是穀之長爲諸穀之總名六穀皆爲器之實故曰器實曰齊指穀體也在器曰盛據已盛於器也故桓六年左傳曰絜粢豐盛言爲穀則絜清在器則豐滿是指器實爲粢在器爲盛也毛氏解社其言不明惟此言社后土其義當與鄭同鄭駁異義以爲社者五土之神能生萬物者以古之有大功者配之祭法曰共工氏之霸九州也其子曰后土能平九州故祀以爲社昭二十九年傳曰共工氏有子曰句龍爲后土又曰后土則社鄭志答趙商云后土爲社謂輔作

社神趙商問郊特牲社祭土而主陰氣大宗伯職曰王大封則先告后土注云后土土神也若此之義后土則社社則后土二者未知云何敢問后土祭誰社祭誰乎答曰句龍本后土後遷之爲社大封先告后土玄注云后土土神不云后土社也田瓊問周禮大封先告后土注云后土社也前答趙商曰當言后土土神言社非也檀弓曰國亡大縣邑或曰君舉而哭於后土注云后土社也月令仲春命民社注云社后土中庸云郊社之禮所以事上帝也注云社祭。也神不言后土省文此三者皆當定之否答曰后土土官之名也死以爲社社而祭之故曰。句龍爲后土後轉爲社故世人謂社爲后土無可怪也欲定者定之亦可不須。由此。言后土者地之大名也僖十五年左傳曰履后土而戴皇天指謂地爲后土也句龍職主土地故謂其官爲后土此人爲后土之官後轉以配社又謂社爲后土且社亦土地之神是后土之言參差不一故弟子疑而發問也宗伯大封告后土者以其大封是土地之事宜告土神不告句龍故云定爲后土土神檀弓曰。以國亡大縣邑哭於后土。以諸侯守社稷失地哭於社故云后土社也此文與月令皆謂祭祀后土則配社之神故云社后土也中庸云郊社相對郊是天則社是地故云社祭土神以宗伯與左傳皆謂地爲后土則土神宜稱后土而中庸言社不言后土故云省文以理皆可通故云欲定定之亦可不須言也言迎四方之神於郊者下曲禮云天子祭四方歲徧注云祭四方謂祭五官之神於四郊也句芒在東祝融后土在南蓐收在西玄冥在北是也實五官而云四郊者火土俱在南其火土俱祀黎故鄭志答趙商云后土、轉爲社無復代者故先師之說黎兼之亦因火土位在南又大宗伯注云五祀者五官之神在四郊四時迎五行之氣於郊而祭五德之帝亦食此神焉少昊氏之子曰重爲句芒食於木該爲蓐收食於金脩及熙爲玄冥食於水顓頊氏之子曰黎爲祝融后土食於火土是黎兼二祀也曲禮言歲徧此祀在秋而幷言四方蓋常祀歲徧此秋成報功則總祭故幷言四方也〇箋以絜至其功〇正義曰楚茨箋云明猶潔也齊言明謂絜清羊言犧謂純色故云以絜齊豐盛與純色之羊經言齊明箋云絜齊文倒者各從其便而言耳郊特牲云社稷太牢則四方之神亦太牢此獨言羊以會句言犧以見純明非特羊而已社爲陰祀其犧用純黑色也其方祀則各以其方之色也知比社與四方皆爲秋祭報功者以上言黍稷之盛而此言齊羊之祭明是物成而祭也下言農夫之慶當孟冬休息以御田祖是來春祈穀故知此祭在秋爲時次也故大司馬仲秋云遂以獮田羅弊致禽以祀祊注云祊當爲方聲之誤也獮田主祭四方報成萬物即引此詩云以社以方是報祭四方在仲秋也良耜序云秋報社稷鄭駁異義引大司徒五地之物云此五土地者土生萬物養鳥獸草木之類皆爲民利有貢稅之法王者秋祭之以報其功是祭社亦在秋也○箋我田至不通○正義曰農夫之得慶賜唯勞賜之耳歲事不成則無此勞息故言我田事既善則慶賜農夫也謂大蜡之時勞農以休息之者王者以歲事成熟搜索羣神而報祭之而謂之大蜡又爲臘先祖五祀因令黨正屬民飲酒于序以正齒位而勞賜農夫令得極歡大飲是謂休息之知如此者郊特牲曰天子大蜡八蜡也蜡者索也歲十有二月合聚萬物索饗之也是說大蜡之祭也月令孟冬云是月也臘門閭及先祖五祀勞農以休息之是說休息之事也郊特牲蜡祭之下又曰黃衣黃冠而祭息田夫也注云既蜡臘先祖五祀於是勞農以休息之是臘即次蜡之後與蜡異也郊特牲止云息田夫不謂之臘必知月令之臘祭與特牲息田夫爲一者郊特牲說蜡祭之服云皮弁素服以送終葛帶榛杖喪殺也其下別云黃衣黃冠而祭明非蜡也又曰既蜡而收民息已既蜡乃云息民明知息民非蜡息民與月令休息文同故知黃冠而祭爲臘祭也是以注云息民與蜡異則黃衣黃冠而祭爲臘必也以此知臘在既蜡之後也地官黨正職曰國索鬼神而祭祀則以禮屬民而飲酒于序以正齒位以此知黨正飲酒亦此時也下雜記云子貢觀於蜡曰一國之人皆若狂是恣民大飲也酒誥周公戒康叔禁民飲。食民無故不飲酒歡樂今以歲穀豐熟場功畢入而特聽之故謂之慶賜勞息漢世每有國慶而賜民大酺亦此義也臘與息民蜡後爲之以其與蜡同月若不爲蜡則此事亦廢事皆相將故繫之蜡焉年不順成八蜡不通郊特牲文引此者解言我田既臧乃云農夫之慶之意也彼注數八蜡云先嗇一也司嗇二也農三也郵表畷四也貓虎五也坊六也水庸七也昆蟲八也此八蜡爲其主耳所祭不止於此四方百物皆祭之春官大司樂云凡六樂者一變而致羽物及川澤之示再變而致鸁物及山林之示三變而致鱗物及丘陵之示四變而致毛物及墳衍之示五變而致介物及土示六變而致象物及天神注云此謂大蜡索鬼神而致百物六奏樂而禮畢○又大宗伯云貍辜祭四方百物注云謂磔攘及蜡祭是蜡祭四方百物皆祭之○傳田祖至穀善○正義曰郊特牲注云先嗇若神農春官籥章注云田祖始耕田者謂神農是也以祖者始也始教造田謂之田祖先爲稼穡謂之先嗇神其農業謂之神農一名殊而實同也以神農始造田謂之田祖而后稷亦有田功又有事於尊可以及卑則祭田祖之以時后稷亦食焉后土則五穀所生本云句龍能平之則句龍亦在祭中而籥章云以樂田畯尙及典田之大夫明兼后土后稷矣故大司徒注云田主田神后土及田正之神所依也詩人謂之田祖以句龍爲后土后稷爲田正而言詩人謂之田祖則田祖之文雖主於神農而祭尊可以兼卑其祭田祖之時后土田正皆在焉故鄭揔言詩人謂之田祖也言此田祖其文得兼有后土后稷而司徒言田主則其文不得兼神農何則彼云設其社稷之。壝而樹之田主則田主唯社稷不得有神農故鄭唯云后土田正其言不及神農是其意也穀善釋詁文王肅云大得我稷黍以善我男女言倉廪實而知禮節也○箋設樂至田畯○正義曰言設樂者揔琴瑟擊鼓鼓言擊明琴瑟亦擊可知籥章云吹豳雅則有籥吹之此不云籥彼籥章不言琴瑟皆文不備耳知迎先嗇謂郊後始耕者月令孟春天子乃以元日祈穀于上帝注云謂以上辛郊祭天郊引襄七年左傳曰夫郊祀后稷以祈農事是故啓蟄而郊郊而後耕又曰乃擇元辰天子親載耒耜躬耕帝籍注云元辰郊後吉亥是郊後始耕也謂於始耕時而祭之也知者以先嗇人神不宜先天而祭故當郊後也。祈雨又宜早不可以至二月而田祖是始教田者故知是始耕時祭之也云甘雨者以長物則爲甘害物則爲苦昭四年左傳曰秋無苦雨服虔曰害物之雨民所苦是也雨以甘故故得祐助我禾稼當以養士女也以此事在孟春則事最在後時次於上故以此

珍倣宋版印

結章見後當恆然反明此年之春已有此事以與嗣歲亦此義也引周禮者籥章文也彼注云祈年求豐年也豳雅七月也七月有于耜舉趾饁彼南畝之事歌其類也謂之雅以其言男女之正鄭司農云田畯古之先教田者爾雅曰畯農夫也以此言之云吹豳雅謂籥吹之故其職掌土鼓豳籥杜子春云土鼓以瓦爲匡以革爲兩面可擊也鄭司農云豳籥豳國之地竹玄謂籥豳人吹籥之聲章是也祭田祖而幷祭田畯者以神農始造田法典田大夫以其法教民亦是先教田其祭幷及之先言祈年于田祖是此祭主祭田祖末言以樂田畯見其次及之故異其文也

曾孫來止以其婦子饁彼南畝田畯至喜攘其左右嘗其旨否箋云曾孫謂成王也攘讀當爲饟饁饟饋也田畯司嗇今之嗇夫也喜讀爲饎饎酒食也成王來止謂出觀農事也親與后世子行使知稼穡之艱難也爲農人之在南畝者設饋以勸之司嗇至則又加之以酒食饟其左右從行者成王親爲嘗其饋之美否示親之也○饁于輒反畯子峻反本又作畯後篇同喜毛如字鄭爲饎尺志反下篇同攘如羊反鄭讀爲饟式尚反王如字饋巨愧反從才用反

禾易長畝終善且有易治也長畝竟畝也○易以豉反徐以赤反曾孫不怒農夫克敏敏疾也箋云禾治而竟畝成王則無所責怒謂此農夫能自敏也

疏曾孫至克敏○毛以爲成王之時非直爲民報祭祈年又曾孫成王亦自來止親循畎畝以勸稼穡也君既勸之於上民又勸之於下農夫務事遂以其婦之與子並來饋饁於彼南畝之中家盡歡樂矣其田畯之官典田大夫既至見其勤勞則喜樂其事矣卽教農夫以閒暇之時攘除田之左右辟其草萊嘗其氣旨土地和美與否也故使禾生易而治理長而次列偏竟畝中終至成善且收而大有曾孫成王見其如此不有恚怒乃謂此農夫其田事既有工能而且敏疾故不怒之以是致黍稷茂盛而年豐矣今王不能然故刺之○鄭以爲曾孫成王之來止也則以其己之婦與子謂后與世子出觀農事使知稼穡之艱難也又以飲食而行饋餉彼在南畝之農人設食以勸之使其樂事也田畯之官至又加之酒食之饎以慰

其典田之勤也又饁其左右從己之行者以賞其行途之勞令喜於巡勸不厭也又親爲嘗其饁之美否示親而愛之故上下用命農畯勸樂餘同○箋曾孫至親之○正義曰以信南山準之故知曾孫成王也上言饁下言嘗皆飲食之事故攘讀當爲饟也釋詁云饁饟饋也舍人曰饟自家之野也此攘字在饁喜之下而先言之者以詩中未有其事故先明之田畯田。家在田司主稼穡故謂司嗇漢世亦有此官謂之嗇夫故言今之嗇夫也郊特牲曰蜡之祭也主先嗇而祭司嗇也注云先嗇若神農司嗇若后稷以神農始造其田后稷教民播種此二人有田事之大功者也蜡者爲田報祭故知謂此二人稷爲人臣教稼亦是田官故謂之司嗇此言田畯乃是當時主稼之人故以司嗇言之與郊特牲名同而實異也饁彼南畝田畯至喜此及大田文與七月正同故亦讀喜爲饎饎酒食也此爲田事而言曾孫之來故知成王來止謂出觀農事曾孫來止即言以其婦子明曾孫自以己之婦子故知親與后世子行也王之婦必是后知子唯世子者以將欲傳之國祚明其教戒尤深故知非餘子也稼穡之艱難尙書無逸周公戒成王之辭也此經曾孫之下而。公以其明以下皆曾孫之事故云爲農人之在南畝者設饋以勸之謂成王爲之設也言司嗇至則又加之以酒食則農人之饋無酒故云加之也其左右之行雖各有糧食王欲其勤農忘苦從行不厭故饟之也王之從者必有公卿大臣親爲嘗其饋之美否亦所以親之也此經毛不爲傳但毛氏於詩無破字者與鄭不得同王肅云曾孫來止親循畎畝勸稼穡也農夫務事使其婦子並饁饋也田畯之至喜樂其事教農以閒暇攘田之左右除其草萊嘗其氣旨土和美與否也傳意當然王肅又云婦人無閫外之事又帝王乃躬自食農人周則力不供不偏則爲惠不普玄說非也孫毓云古者婦人無外事送兄弟不踰閾唯王后親桑以勸蠶事又不隨天子而行成王出勸農事何得將婦兒自隨而云使知稼穡之艱難王后寧復與稼穡事者乎此與豳風同我婦子饁彼南畝田畯至喜之義皆同農人遽於其事婦子俱饟也田畯見其勤俛喜樂其事又王者從官自有常餼非獨於南畝之中乃饟左右而親爲之嘗又非人君待下之義皆以鄭說爲短斯不然矣此刺今思古之詩言古人之所難行以傷今之廢業也首章言輕其稅斂二章爲之祈報此章言恩澤深厚卒章言收穫弘多歷觀其次粲然有敘寧當於此甫說農人之家行饁之事又大田卒章上言曾孫下言禋祀並是成王之事不當以農人婦子輒廁其間也且言曾孫來止卽言以其婦子則是曾孫以之也上無農人之文何得爲農人婦子乎既言曾孫以其婦子則后之從行於文自見復何所言而云無事也若王后必無外事不當蠶於北郊王基以親蠶決之非無理矣衣食人之所資田蠶並爲急務蠶則后之所專故后當獨行田則王之所勸后從行耳此乃外內之別職司之義而孫毓反言親桑不當隨王非其難矣王者憂深思遠以世子者生於深宮之內長於婦人之手故與之俱行知稼穡之艱難欲其重國用而愛黎民保王業而全宗祀也以子所親莫過於母使之俱觀辛勤內相規諫此聖賢明訓可與日月俱懸豳風同我婦子事連於舉趾此云以其婦子文繫於曾孫辭既不同義固當異又安得皆爲農人婦子也田畯所喜當喜農人之勤事文在饁彼之下是則喜其饋食非復說其勤勞何有國史吟詠立文若是哉王者從官非無常餼直以同循稼穡共食旨甘與夫秦風所謂與子同袍亦復何異而云非待下之義乎此饋南畝之農人賜田畯以酒食者天子所省固無周偏值其所幸便卽賜之使天下知我王之愛農也則莫不盡力農人之見饁也則人各用心賞一勸百可使海內從風何必每地皆往農人盡賚而云力不供惠不普也王基因於不偏之言而引周語以此爲藉田之事謬矣然此詩止說豐年之義無刺廢藉之文箋之上下言不及藉下篇刺矜寡不能自存其文亦同於此豈令矜寡之人就藉田捃拾也又下章庾稼共此接連箋稱古之稅法非爲藉田明矣

曾孫之稼如茨如梁曾孫之庾如坻如京茨積也梁車梁也京高丘也箋云稼禾也謂有藁者也茨屋蓋也上古之稅法近者納總遠者納粟米庾露積穀也坻水中之高地也○茨徐私反庾羊主反坻直基反積如字又子賜反下皆同藁古老反總作孔反

乃求千斯倉乃求萬斯箱箋云成王見禾穀之稅委積之多於是求千倉以處之萬車以載之是言

年。豐收。入踰前也○委積如字又於僞反年收手又反又如字黍稷稻粱農夫之慶報以介福萬壽無疆箋云慶賜也年豐則勞賜農夫益厚既有黍稷加以稻粱報者爲之求福助於八蜡之神萬壽無疆竟也○疆居良反竟如字【疏】曾孫至無疆○毛以爲上言曾孫之親循畎畝此言稅穫之多曾孫成王所稅得禾穀之稼其積聚高大如屋茨如車梁也曾孫成王所稅得米粟之庾其唯高大如渚坻如丘京也成王既見禾稼之積粟庾之多於是乃求千倉以處其庾也乃求萬箱以載其稼也以其收入踰前故求倉廩車箱以載置之喜其收穫之廣慇念農夫之勤故以黍稷稻粱爲農夫之慶謂黨正飲酒加其饌食以稻粱也非直勞而息之又爲之求福於八蜡之神而報我農夫以大大之福使之得萬年之壽無有疆境今幽王不能然故刺之也二斯皆爲語助○鄭唯以介爲助餘同○傳茨積至高丘○正義曰墨子稱茅茨不翦謂以茅覆屋故箋以茨爲屋蓋傳言茨積非訓茨爲積也言其積聚高大如屋茨耳其意與箋同也孟子十二月車梁成梁謂水上橫橋橋有廣狹得容車渡則高廣者也故以比禾積釋丘云絶高爲之京是京高丘也○箋稼禾至高地○正義曰庾是平地委粟而與稼相對則知稼有藁草矣故云稼禾稼謂有藁者也此言曾孫所有則是稅而得之而有庾稼二種明是稅有兩法故言古之稅法近者納總謂并禾稼納之遠者納粟米謂路遠者唯納粟又遠者唯納米以運輸爲難故輕之也此文稼之庾相對而下言千倉萬箱是箱以載稼倉以納庾故知庾露地積穀也釋水云水中可居者曰洲小洲曰渚小渚曰沚小沚曰坻是水中之高地也此言禾庾當在畿內若畿外則采取美物以當邦賦不入穀矣畿內雖用貢法亦校其歲以爲率依稅法近郊十一遠郊二十而三甸稍縣都無過十二以禾及米貢入於王掌客有芻薪倍禾之言是明周法有禾稼之稅矣禹貢有納銍納秸周之有無無以言也依禹貢云五百里甸服百里賦納總二百里納銍三百里秸服四百里粟五百里米注云甸服者堯制賦其田使入穀禹弼其外百里者賦入總謂入刈禾也二百里銍銍斷去藁也三百里秸秸又。云穎也四百里入粟五百里入米者遠彌輕也

珍倣宋版印

甸服之制本自納總禹爲之差使百里者從之耳以此言之有輕遠之法故爲近者納總遠者粟米既無銍秸之文不知遠近以何爲差也若然後世之役宜繁於上代周止千里納穀唐虞則弼其外五百里爲方二千里是方千里者四納穀多於周者唐虞萬國諸侯歲朝其用或費於後代故納穀多也又鄭志答趙商云畿內四百國則周郊內亦封諸侯矣於周法十國而入其一於天子然則雖千里者四其稅猶少於周故使方二千里入粟米世代不同故異法也○箋年豐至疆竟○正義曰特牲少牢之祭皆無稻粱此特言黍稷稻粱故知勞賜農夫加以稻粱也報者自神之辭明求神而得報爲農夫之求神唯蜡祭耳故云爲之求助於八蜡之神以祭有尸祝故云萬壽無疆竟爲得福之辭與三章互相成也蜡在息農夫前而後言之者以祭者雖在前而福慶是將來之事故後言之以結篇也

定本疆。境字作竟。

甫田四章章十句

大田刺幽王也言矜寡不能自存焉幽王之時政煩賦重而不務農事蟲災害穀風雨不時萬民飢饉矜寡無所取活故時臣思古以刺之○矜古頑反注皆同字或作鰥

[疏]大田四章上二章章八句下二章章九句至自存焉○正義曰四章皆陳古善反以刺王之辭經唯言寡婦序幷言矜者以無妻爲矜無夫爲寡皆天民之窮故連言之由此而言孤獨老疾亦矜寡之類其文可以兼之矣○箋幽王至刺之○正義曰箋亦以序省略反取經意以明之經從首章盡二章上三句言成王教民治田百穀茂盛止役順時秀實成好反明幽王之時政煩賦重而不務農事也二章下五句言時無蟲災反明幽王之時蟲災害穀也三章上四句言雲雨安舒反明幽王之時風雨不時也三章下五句言收刈有餘寡婦獲利是下民豐盈矜寡得濟反明幽王之時萬民饑饉矜寡無所取活也詩皆公卿國史所作故云時臣思古以刺之序不言思古者楚茨至此文指相類承上篇而略之也

大田

多稼既種既戒既備乃事箋云大田謂地肥美可墾耕多爲稼可以授民者也將稼者必先相地之宜而擇其種季冬命民出五種計耦耕事脩耒耜具田器此之謂戒是既備矣至孟春土長冒橛陳根可拔而事之○種章勇反此注及下注擇種並同墾苦狠反相息亮反長張丈反冒莫報反橛其月反以我覃耜俶載南畝覃利也箋云俶讀爲熾載讀爲菑栗之菑時至民以其利耜熾菑發所受之地趨農急也田一歲曰菑○覃以冉反徐以廉反俶尺叔反始也載事也鄭讀爲熾菑熾音尺志反菑音緇栗音列鄭注周禮云讀如裂繻之裂播厥百穀既庭且碩曾孫是若庭直也箋云碩大若順也民既熾菑則種其衆穀衆穀生盡條直茂大成王於是則止力役以順民事不奪其時

疏大田至是若○毛以爲古者成王之時有大肥美之田可墾耕矣又多爲稼而以授民也民已受地相地求種之時已擇其種矣時王者又號令下民豫具田器既已戒勅之矣此受地擇種戒勅具器既已周備矣至孟春之月乃耕而事之矣用我覃然之利耜始設事於南畝而耕之以種其百種之衆穀其穀之生盡條直且又長而茂大民既勤力已專其務曾孫成王於是止力役以順民不奪其時令民得盡力於田今王不能然故刺之○鄭唯用利耜熾菑耕發其南畝所受之田爲異餘同○箋大田至事之○正義曰知大田非天下田者以文連多稼又云既種既戒皆謂田中之事不得爲天下之田故以爲肥美田之大田可墾耕者也舉肥美以與民則自然爲天下田矣地自山陵林麓川澤溝瀆城郭宮室塗巷其外皆可墾耕作者舉其年豐明田多故云大田地之肥美者謂可墾耕者皆肥美也言多爲稼可授民者以此方陳擇種豫戒是本之於初所授受之辭其實此地先在民矣言多爲稼者地官司稼注云種穀曰稼如嫁女有所生草人掌土化之法稻人掌稼下地秋官薙氏掌殺草月令云燒薙行水皆是爲稼也爲稼謂多爲此等之稼以糞其地故云多稼若其不然鄭則不宜言爲也此當在授民之後民自稼之言多爲稼乃授民者疾今之田萊多荒而本之初授不廢授民而稼之或公家令民稼之而後授故薙氏掌之

珍倣宋版印

也又云將稼者謂將稼種之與多爲稼者別也以別起此文明多爲稼者故非稼種矣以下經始說耕事則此未得下種故知既種爲相地之宜而擇其種也月令云善相丘陵土地所宜五穀所殖司稼云掌巡邦野之稼而辨其穜稑之種與其所宜注云知種所宜之地草人云物地相其宜而爲之種即分地之利是也以既知地所宜種故引月令幷云出五穀爲之種也計耦事者以耕必二耜相對共發一尺之地故計而耦之也耒耜之具別言田器則耘耔所用故彼注云鎡錤之屬命民即是戒之故云此之謂戒也既備者辭總上事故云是故備矣此在往年至春始用云乃者緩辭也孟春土長冒橛陳根可拔月令注引此言農書曰則此出於農書也漢書藝文志農書有七家不知出誰書也以冬土定故稼橛於地與地平孟春土氣升長而冒覆於橛則舊陳之根可拔於是乃耕故云而事之○傳覃利也○正義曰良耜云畟畟載芟云有略與此覃皆連耜言之明爲耜之利意故云覃利也傳不解俶載之文以毛不破字必不與鄭同王肅以俶爲始載爲事言用我之利耜始發事於南畝○箋俶讀至曰菑○正義曰此及載芟良耜皆於耜之下言俶載南畝是俶載者用耜於地之事故知當爲熾菑謂耜之熾而入地以菑殺其草故方言入地曰熾反草曰菑也連言菑栗之菑者弓人云凡鋸幹之道菑栗不迆則弓不發注云玄謂栗讀如裂繻之裂彼鋸弓幹以鋸菑而裂之猶耕者以耜菑而發之義理既同故讀從其文以見之也上云乃事是豫以待時之言故云時至以爲相連文次也田一歲曰菑釋地文郭璞曰今江東呼初耕地反草爲菑則是入地殺草之名故引爲證也○箋民既至其時○正義曰論語云長沮桀溺耦而耕即云耰而不輟注云耰覆種也是古者未解牛耕人耕即下種故云民既熾菑則種其衆穀此既庭及下章既方之等皆論天下之田宜爲普徧之辭故皆以既爲盡言穀生盡條直茂大也月令云毋聚大衆毋作大事以妨農事是止力役以順民事不奪其時

既方既皁既堅既好不稂不莠

實未堅者曰皁根童粱也莠似苗也箋云方房也謂孚甲始生而未合時也盡生房矣盡成實矣盡堅熟矣盡齊好矣而無稂莠擇種之善民力之專時氣之和所

致之○阜才老反稂音郎又音粱童○粱草也說文作蓈云稂或字也禾粟之莠生而不成者謂之童蓈也莠餘久反

去其螟螣及其蟊賊無害我田稺○食心曰螟食葉曰螣食根曰蟊食節曰賊箋云此四蟲者恒害我田中之稺禾故明君以正己而去之○去起呂反注同螟莫庭反螣字亦作蟘徒得反說文作蟘蟊本又作蛑莫侯反爾雅云隨所食為名郭云皆蝗類也稺又音稚下同

田祖有神秉畀炎火炎火盛陽也箋云螟螣之屬盛陽氣蠃則生之今明君為政田祖之神不受此害持之付與炎火使自消亡○秉如字執持也韓詩作卜卜報也畀必二反與也炎于沾反沈于凡反蠃音盈

【疏】既方至炎火○正義曰上言穀生茂大此言秀實之好云衆穀既秀穗上已有孚甲盡生房矣稍復結粒盡成實矣粒又稍成盡堅熟矣並無死傷盡齊好矣不有童粱之稂不有似苗之莠是其五穀大成也所以得然者由其明王能自正己去其食心葉之螟螣及食根節之蟊賊無害我田中之稺禾者由此而皆得大成也明所以能去四蟲者以其明君為政德當靈祇故云田祖有神不受此等之害持于炎火使自消亡今王不能然故刺之○傳實未至似苗○正義曰以此章承上苗長之後皆論秀實之事皁音為造訓為成也文在堅上皁成而未堅故云實未堅曰皁也稂童粱釋草文舍人曰稂一名童粱郭璞曰似莠是也仲虺之誥曰若苗之有莠若粟之有秕秕似粟莠似苗也○箋方房至致之○正義曰皁是未堅方文又在皁上初秀始欲結實之時故云方房也謂孚甲始生而未合時也謂一米外之房者言其孚甲米生於中若人之房舍然也孚者米外之粟皮故秠者一孚二米言一皮之內有兩米也甲者以在米外若鎧甲之在人表其種於地則開甲始生故月令孟春云其日甲乙注云物之孚甲始生謂開此孚甲生出也禾既有穗即生孚甲故云盡生房矣房生既成則有米實故云盡成實矣既已有實稍向熟成故云盡堅熟矣衆穗皆熟故云盡齊好矣稂莠苗既似禾實亦類粟若擇種去其細粒鋤禾除其非類則無復稂莠亦由時氣之和使然○傳食心至曰賊○正義曰皆釋蟲文李巡云食禾心為螟言其姦冥冥難知也食禾葉者言假貸無厭故曰

珍倣宋版印

。蟘也食禾節言貪很故曰賊也食禾根者言其稅取萬民財貨故云蟊也孫炎
曰皆政貪所致因以為名也郭璞曰分別蟲啖禾所在之名耳蟘與螣蟊與。蟦
古今字耳郭璞直以蟲食所在為名而李巡孫炎並因託惡政則災由政起雖
食所在為名而所在之名緣政所致理為兼通也陸機疏云螟似子方而頭不
赤螣蝗也賊似桃李中蠹蟲赤頭身長而細耳或說云蟊螻。蛄也食苗根為人
患許慎云吏犯法則生螟乞貸則生螣舊說螟螣蟊賊一種蟲也如言寇賊姦
宄內外言之耳故犍為文學曰此四種蟲皆蝗也實不同故分別釋之○箋此
四至去之○正義曰以特言田穉故云恆害我田中之穉禾蟲災之盛穉者亦
食以穉者偏甚故舉以言之以其由政而然故云明君正己而去之○傳炎火
盛陽○正義曰以言炎火恐其是火之實故云盛陽也陽而稱火者以南方為
火炎為甚之故云盛陽也知非實火者以四者所謂昆蟲得陰而藏得陽而生
故箋云盛陽氣羸則生之義無取於火之實故為盛陽也○箋螟螣至消亡○
正義曰解本言炎火之意以螟螣之屬四者盛陽氣羸則生之以得陽而生故
陽盛而為害月令仲夏行春令百螣時起是陽行而生陽盛則蟲起消之則付
於所生之本今明君為政田祖之神不受此害故持之付。于炎火使自消亡也
田祖所以受者以害由政起今明君為政害無由作故云田祖不受四蟲之害
若政能消之則本無可受而云田祖不受者以田祖主田之神託而言耳

有渰萋萋。興雨祈祈。雨我公田。遂及我私

渰。雲。興貌萋萋雲行貌。祈。祈徐也箋云古者陰陽和風雨時其來祈祈然而不
暴疾其民之心先公後私合天主雨於公田因及私田爾此言民怙君德蒙其
餘惠○渰本又作弇於檢反漢書作黤萋七西反興雨如字本或作
興雲非也祈巨移反雨我于付反注內主雨同一本主作注雨如字

彼有不穫穉此有不斂穧。彼有遺秉此有滯穗伊寡婦之利

秉把也箋云成王之時百穀
既多種同齊孰收刈促遽力
皆不足而有不穫不斂遺秉滯穗故聽矜寡取之以為利○穫戶郭反疏有渰
斂穧上力檢反下才計反又子計反穧穫也穗音遂把巴馬反矜音鰥至之

珍倣宋版印

利○正義曰言太平之時有渰然既起萋萋然行者雨之雲也此雲既行乃起其雨○澤祁祁然安徐而落不暴疾也民見雲行雨降歸之於君云此雨本主爲雨我公田因遂及我之私田雖作者廣見太平之時民心先公之義要雨無不偏天澤以時故得五穀大成由此民所收刈力皆不足而令彼處有不穫刈之穉禾此處有不收斂之穧束又彼處有遺餘之秉把此處有滯漏之禾穗此皆主不暇取維是寡婦之所利言捃拾取之以自利己今王不能然使矜寡無所資故刺之定本集注穧作積○傳渰雲興貌定本集注云渰陰雲貌○正義曰既言有渰即云興雨雨出於雲故知渰雲興貌雲既興而後行萋萋在渰之下故知雲行貌雲行然後雨落故萋萋之下言興雨也祁祁徐貌謂徐緩而降故箋云不暴疾也經興雨或作興雲誤也定本作興雨○箋成王至爲利○正義曰穧者禾之鋪而未束者秉刈禾之把也聘禮曰四秉曰筥注云此秉謂刈禾盈手之秉筥穧名也若今萊易之間刈稻聚把有名爲筥者即引此詩云彼有遺秉此有不斂穧是也彼注言此一秉者以對米秉爲異故掌客注云米禾之秉筥字同數異禾之秉手把耳筥謂一穧然則禾之秉一把耳米之秉十六斛禾之筥四把耳米之筥則五斗是有對故言此以別之王制及書傳皆云矜寡孤獨天民之窮而無告者皆有常餼地官遺人門關之委積以養老孤則官自有餼而須捃拾者以豐年矜寡捃拾足能自活王者恐其不濟或力不堪事乃餼之

曾孫來止以其婦子饁彼南畝田畯至喜箋云喜讀爲饎饎酒食也成王出觀農事饋食耕者以勸之也司嗇至則又加之以酒食勞倦之爾○饋食音嗣勞力報反

來方禋祀以其騂黑與其黍稷以享以祀以介景福騂牛也黑羊豕也箋云成王之來則又禋祀四方之神祈報焉陽祀用騂牲陰祀用黝牲○禋音因享許兩反徐又許亮反黝伊糾反黑也

【疏】曾孫至景福毛以爲曾孫成王之身自來止親循畎畝以觀稼穡也時耕者皆以其婦之與子同饁彼農人於南畝之中田畯之官至喜樂其事以勸其能勤故得成穫故成王之來乃於四方之神則禋敬而絜祀焉其祀之也以其騂赤之牛

黑之羊豕與其黍稷之粢盛用此以獻以祀四方之神爲歆饗而報以大大之福所以常得年豐今王不能然故刺之○鄭以爲曾孫來止則以其婦之與子出共觀之又設食饁彼南畝之農人以勸之其田畯又加之以酒食勞之故上下樂業穀得以成也曾孫之來則又於四方之神而往禋祀焉所祀者以其牲或赤或黑與其黍稷之粢盛以獻以祀四方之神神饗之而報以祐助與大福○傳騂牛黑羊豕○正義曰毛以諸言騂者皆牛故云騂赤牛也定本集注騂下無赤字是也上篇云以社以方而方社連文則方與社稷同用大牢故以黑爲羊豕通牛爲三牲也。目上。章言犧羊是方有羊明不特牛故爲太牢牢中色而色不同者毛意蓋以此四方既非望祀又非五方之帝故用是牲所以無方色之別○箋成王至騂牲○正義曰此以田事爲主成王出觀民事因卽祭祀故云成王之來則又禋祀四方之神祈報焉對出觀爲文也此出觀之祭則祭當在秋祈報並言者言其報以成之而祈後年也陽祀用騂牲陰祀用黝牲地官牧人文也彼注云陽祀南郊及宗廟陰祀北郊及社稷非四方之神而引以解此者以毛分騂黑爲三牲鄭以騂黑爲二色故引牧人騂黝以明騂黑爲別方之牲耳非謂四方之祭在陽祀陰祀之中也知方祀各以其方色牲者大宗伯云青圭禮東方赤璋禮南方白琥禮西方玄璜禮北方皆有牲幣各放其器之色注云以爲禮五天帝人帝而句芒等食焉是五官之神其牲各從其方色則宜五色獨言騂黑者略舉二方以韻句耳故易傳大宗伯職祀天乃稱禋五祀在血祭之中而言禋者此五官之神有配天之時配天則禋祀此祭雖不配天以其嘗爲禋祀故亦以禋言之五祀在血祭之中則用太牢矣故上篇云與我犧羊以社以方是方祭有羊孫毓以爲方用特牲非禮意也

大田四章二章章八句二章章九句

附釋音毛詩注疏卷第十四〔十四之二〕

# 毛詩注疏校勘記（十四之二）

阮元撰盧宣旬摘錄

○甫田

甫之言丈夫也 小字本相臺本同案此正義本也正義云故云甫之言丈夫也釋文云依義丈夫是也本又作大夫一本甫之言夫也又一本甫之言大也考文一本作大夫采釋文古本作夫丈誤

上地穀畝一鍾 小字本相臺本同閩本同明監本毛本鍾作鐘案鍾字是也正義標起止同正義下文作鐘者自爲文而易字耳閩本皆作鍾非

民得賒貰取食之 小字本相臺本同案正義云賒貰取而食之也又云定本及集注貸皆作貰義或然也釋文云貰音世

今言治田元辭 閩本明監本毛本同小字本相臺本元作互考文古本同案互字是也正義標起止不誤

禮使民鋤作耘耔 小字本相臺本同案釋文云鋤本或作助同仕魚反正義本是鋤字○按周禮耡訓助牀倨切作鋤仕魚切非也

以道藝相講肄 小字本相臺本同案釋文云肄以四反字亦作肆同正義本是肄字

等養之義也 閩本明監本毛本等作孝案此用孫毓評也下文引是孝字

或擁其根本 閩本明監本毛本擁作壅案壅字非也正義引食貨志之附根故易壅爲擁而說之

故令黍稷得薿薿然而茂盛 閩本明監本毛本令誤今

所以紓官之畜滯　閩本明監本毛本畜作蓄後畜積同案畜字是也以大東證之正義用畜爲今字

夫猶傅也　毛本同閩本明監本傅作傳案傳字誤也

可倚丈也　閩本明監本毛本丈作仗案仗乃俗字耳古秖用杖用丈

上孰其收自四　閩本明監本毛本孰誤熟下同

自三百五十碩　閩本明監本毛本同案三下浦鏜云脫四字是也自三者以三乘百五十碩也當得四百五十碩

孟子曰言三代稅法　閩本明監本毛本同案浦鏜云曰當衍字是也

方里而井九百畝　閩本明監本毛本重井字案所補是也

故鄭元通其率　閩本明監本毛本同案元當作互

其若合符　閩本明監本毛本同案其當作共

言農夫食陳　閩本明監本毛本夫作人案所改是也

注云因時施之　閩本明監本毛本同案浦鏜云困誤因是也

此卽義取其陳也　閩本明監本毛本同案浦鏜云我誤義是也

因隤其土　閩本明監本毛本隤誤墤

珍倣宋版印

比成壠盡而根深 閩本明監本毛本同案此不誤浦鏜云歲暑二字誤成非也當是正義所引自如此

用日少而畜德多 閩本明監本毛本畜誤蓄案浦鏜云漢志作畜是也

以之其能成五穀之功也 閩本明監本毛本上之字作報案所改是也

於孟冬又月 補 又當作之

至前孟春其以琴瑟 補 其當作月

共工氏有子曰句龍爲后土又曰后土則社 閩本明監本毛本同案十行本共至下后字剜添者四字當是衍又曰后土四字也則者今之卽字下引趙商問后土則社社則后土可證

后土爲社謂輔作社神 閩本明監本毛本同案十行本社至社剜添者一字當是衍謂字也輔當作轉下云後轉爲社又云後轉以配社又云后土轉爲社皆其證也

注云社祭也 閩本明監本毛本同案山井鼎云也當作地是也

社而祭之故曰 閩本明監本毛本同案曰下浦鏜云脱后土社三字從周禮大宗伯疏挍是也

亦可不須由此言 閩本明監本毛本同案此不誤須下浦鏜云脱言也二字非也此讀當於言字絕乃七字爲一句

檀弓曰以國亡大縣邑哭於后土 閩本明監本毛本同案以字當衍土下當有者字

蜡也蜡者索也 闔本明監本毛本同案浦鏜云蜡也下衍一蜡字

禁民飲食 闔本明監本毛本同案浦鏜云酒誤食是也

彼云設其社稷之壝 闔本明監本毛本同案浦鏜云壝誤壇是也

祁雨又宜早 闔本明監本毛本同案祁當作祈

成王則無所責怒 小字本相臺本同考文古本同闔本明監本毛本責作恚案正義云不有恚怒不知正義本字作恚或自為文也輒依以改者非

田畯田家 闔本明監本毛本同案家當作官

而公以其 闔本明監本毛本同案浦鏜云公當云字誤是也

近者納稯 小字本相臺本同考文古本同闔本明監本毛本稯作總案釋文云稯作孔反考此正義總字凡五見應是其本作總與釋文本不同

是言年豐收入踰前也 小字本相臺本同案釋文云年收手又反又如字考此箋當本云是言年收踰前也年下豐字收下入字皆衍年收即歲取也正義云以其收入踰前乃自為文耳或因此改箋又幷添豐字考文古本倒作豐年但欲使年收連文以為合於釋文耳

秸又云藾也 闔本明監本毛本同案浦鏜云去誤云是也

定本疆境字作竟閩本明監本毛本同案境竟二字當互易七月正義可證

○大田

是既備矣小字本相臺本同案正義云故云是故備矣當是其本作故字

至孟春土長冒橛相臺本同閩本明監本毛本同小字本橛作撅案橛字是也橛者陳稼之根橛在地中者也月令及此釋文皆作橛正義中字同皆可證○按禮記疏云以木槷置地上候之氣至則土冒槷上此云以冬土定故稼槷於地與地平稼字必誤當同月令疏作置非稼槷即下文陳根也舊挍殊誤今復正之

農書有七家閩本明監本毛本同案浦鏜云九誤七以漢志考之是也

稂童梁也小字本相臺本同閩本同明監本毛本梁作粱案粱字是也見下泉

無害我田穉閩本明監本毛本同小字本相臺本穉作稺唐石經初刻稺後磨改穉案稺字是也釋文云田穉音稚下同五經文字云稺穉幼禾也上說文下字林亦為長稺字載馳衆穉且狂唐石經同作穉者非谷風等箋長稚則多用稚又穉之今字也正義自為文長稚字亦當用之

盛陽氣贏則生之小字本同閩本明監本毛本同相臺本贏作嬴案六經正誤云作贏誤與國本作嬴相臺本依之改非也釋文云嬴音盈古盈縮字作嬴見於書傳多矣毛居正失考耳

故曰蟘也閩本蟘誤螟明監本毛本蟘作螣案正義下文以蟘與螣為古今字說此也作螣者誤

蟊與蝥古今字耳閩本明監本毛本同案蝥當作蟊集韻所載如此可證也依此此上所引李巡爾雅注是蟊字今作蝥者誤○按蟊今說文蟲部徐鉉曰上象其形非从矛書者多誤徐所云多誤者謂俗多上从矛耳

一穗蟲也閩本明監本同毛本穗作種案所改是也

故持之付于炎火閩本明監本毛本同案于當作與因寫者以予爲與之別體字而又譌爲于也付與是箋所以說經畀字者也

正義上文云持于炎火誤同

有渰萋萋唐石經小字本相臺本同案釋文云萋萋七西反正義云萋萋然行者段玉裁云當從說文玉篇廣韻作淒淒又呂氏春秋務本漢書食貨志後漢左雄傳皆作淒淒見經義雜記考文古本作淒采他書也

興雨祈祈小字本閩本明監本毛本同唐石經相臺本作祁祁考文古本同案祈祈誤也正義中字同釋文云興雨如字本或作興雲非也正義云經興雨或作興雲誤也定本作興雨考此經本作興雲顏氏家訓始以爲當作興雨釋文正義唐石經皆從其說也段玉裁云說文淒雨雲起也渰雨雲貌雨雲謂欲雨之雲凡大雨之來黑雲起而風生風生而雲行所謂有渰淒淒也已而風定白雲彌天雨隨之下所謂興雲祁祁雨公及私也作興雨於物理經訓皆失之詩經小學說同又呂氏春秋食貨志隸釋無極山碑韓詩外傳皆作興雲見經義雜記又鹽鐵論後漢書左雄傳作興雨當亦是後人以顏說改之耳

渰雲興貌小字本相臺本同案釋文渰下云雲興貌正義云傳渰與雲貌定本集注云渰陰雲貌顏氏家訓引毛傳云渰陰雲貌段玉裁從家

珍倣宋版印

訓定本集注考文一本作渰陰雲與貌采正義而誤幷二本爲一也

祁祁徐也小字本相臺本同案釋文祁祁下云徐也正義云祁祁徐貌謂徐緩而降段玉裁云家訓有貌考文一本作祁祁徐徐行貌也采正義而有誤

此有不斂穧唐石經小字本相臺本同案正義云定本集注穧作積以釋文正義考之積字非也或積當作𥢊以齊資得通用而借𥢊爲穧也

騂牛也小字本相臺本同案正義云故云騂赤牛也定本集注騂下無赤字是也是其本有赤字標起止無當是後改考文古本有采正義

以觀稼穡也閩本明監本毛本同案浦鏜云勸誤觀是也甫田正義可證

目上章言犧羊閩本明監本毛本目誤且案章當作篇

毛詩小雅　鄭氏箋　孔穎達疏

瞻彼洛矣刺幽王也思古明王能爵命諸侯賞善罰惡焉疏瞻彼洛矣三章章六句至罰惡焉○正義曰作瞻彼洛矣詩者刺幽王也以幽王不能爵命賞罰故思古之明王能爵命諸侯賞善罰惡焉以刺今之不能也爵命卽賞善之事但爵命之外猶別有賞賜故敘分之經三章皆言爵命賞善之事既能有賞必當有罰故連言罰惡耳於經無所當也此及裳裳者華桑扈鴛鴦亦是思古以刺今但與上四篇文勢不類故敘於起發不同耳上篇每言曾孫則所思爲成王此等不言曾孫不知思何時也故宜云古明王不指斥之

瞻彼洛矣維水泱泱興也洛宗周溉浸水也泱泱深廣貌箋云瞻視也我視彼洛水灌溉以時其澤浸潤以成嘉穀興者喻古明王恩澤加於天下爵命賞賜以成賢者○泱於良反溉古愛反浸子鴆反灌古亂反君子至止福祿如茨箋云君子至止者謂來受爵命者也爵命爲福賞賜爲祿茨屋蓋也如屋蓋喻多也韎韐有奭以作六師韎韐者茅蒐染草也一曰韎韐所以代韠也天子六軍箋云此諸侯世子也除三年之喪服士服而來未遇爵命之時時有征伐之事天子以其賢任爲軍將使代其卿士將六軍而出韎韐者茅蒐染也茅蒐韎韐聲也韎韐祭服之韠合韋爲之其服爵弁服紂衣纁裳也○韎音昧又壬界反韐音閤又古洽反奭許力反赤貌茅如字蒐所留反韠音畢任音壬將子匠反下同紂音緇纁許云反疏瞻彼至六師○正義曰言我視彼宗周之洛水矣維此洛水則泱泱然深而廣大能灌溉以時浸潤以成嘉穀以喻我視彼古昔之明王矣維此明王則仁而寬愛能爵賞以理賜命以成賢者是王恩之深厚也故君子諸侯之至止來見於王則王爵命之以福又賞賜之以祿其聚積多大如屋蓋之茨也又言諸侯世子初除父喪服士

服來至京師正值有征伐之事王以其賢命代卿士之任服韎韐之韍有奭然而赤以作六師之將其賢如是故得福祿也今王不能爵賞諸侯之賢者故舉
以刺之○傳洛宗周溉浸水○正義曰宗周鎬京也夏官職方氏。河西曰雍州其浸渭洛是洛爲宗周之浸水也禹貢云漆沮既從孔安國云漆沮一名洛水
洛水則漆沮是也與東都伊洛別矣○箋君子至喻多○正義曰上以水喻明王故知至止爲來至明王之所受爵命也凡言福者大慶之辭祿者吉祉之謂
善事皆是不必一定以此所思者止思爵命賞賜耳故言爵命爲福賞賜爲祿於此經對文爲然於他書散則通矣福祿非聚積之物而云如茨故云如屋蓋
以喻多也○傳韎韐至六軍○正義曰韎韐者衣服之名奭者赤貌傳解言奭之由以其用茅蒐之草染之其草色赤故也一曰韎韐所以代韠者案爾雅云
一染謂之縓再染謂之赬三染謂之纁此曰韎韐即一入曰韎韐是縓也定本云一入曰韎韐是以他服謂之韍祭服則謂之韎韐以此韎韐代他服之韠大
夫以上祭服謂之韍士無韍名謂之韎韐士言韎韐亦猶大夫以上之言韍也若然玉藻云一命緼韍黝珩注云侯伯之士一命則士亦名韍矣言韎韐者彼
注亦云子男大夫一命則一命緼韍以子男大夫爲文故言韍耳其實士正名韎韐士冠禮爵弁服韎韐不言韍是也天子六軍夏官序文○箋此諸侯至纁
裳○正義曰以序言爵命諸侯故知此謂諸侯世子也若在三年喪中則凶服不得有韎韐耳若已爵命則當服諸侯之赤韍不得服士服故知除三年之喪
服士服而來也王制云諸侯之世子未賜爵視天子之元士以君其國此。又言韎韐故知諸侯世子未賜爵命服士服也若然春官典命云凡諸侯之適子誓
於天子攝其君則下其君之禮一等未誓則以皮帛繼子男此以代父君國反服士服者周禮之文謂父在代父行禮故有執圭璧皮帛之禮未誓尚比卿今
此雖已除父喪非代父行禮不得復繼於父又不敢自成爲君故服士服也世子雖服士服待之同於正君雜記云君薨太子號稱子待猶君也彼注謂未踰
年者尚然況除服後乎待之固如成君何但下一等而已此詩大意皆言諸侯世子受王爵命今服士服故知是未遇爵命又云作六師故知有征伐之事天

珍倣宋版印

子以其賢任爲軍將使代卿士將六軍而出也以軍將命卿故知代卿士也天子六軍一卿將一軍言將六軍而出者舉六軍見天子之法其實六軍之中將一軍耳將軍之時猶未得命由是仍服韎韐也春秋之義諸侯踰年即位天子賜之以命圭則天子遣使就國賜之矣文元年天王使毛伯來錫公命是其事也此言除三年之喪自來受賜命者天子命諸侯之禮亡亦無明文春秋之義言踰年賜命者說者致之非傳辭也春秋之世魯文公晉惠公即位而賜之魯成公八年乃賜之齊靈公天子將昏於齊始賜之衞襄魯桓則既薨乃賜之是賜命時節無定限也由此而言蓋踰年賜命是其正其不得命則除喪乃自見天子此是踰年未得命者故自來也傳言韎韐茅蒐染故解之云茅蒐韎韐聲也言古人之道茅蒐其聲如韎韐故名此衣爲韎韐也士冠禮注云韎韐者縕韍而斆珩合韋爲之士染以茅蒐因以名焉今齊人名蒨爲韎韐又駮異義云韎草名齊魯之間言韎韐聲如茅蒐字當作韎陳留人謂之蒨蒨是古人謂蒨爲茅蒐讀茅蒐其聲爲韎韐故云茅蒐韎韐聲也又解代韠之意士朝服謂之韠祭服謂之韎韐駮異義云有韎韐無韠有韠無韎韐是韎韐必代韠也其體合韋爲之此韎韐是蔽膝之衣耳士冠禮陳服于房中云爵弁服纁裳純衣緇帶韎韐是韎韐配爵弁服也彼注云爵弁者冕之次也其色赤而微黑如雀頭然其布三十升纁裳淺絳裳也純衣絲衣餘衣皆用布唯冕與爵弁服用絲耳先裳後衣欲令下近緇明衣與帶同色此引之以衣在裳上故先云純衣耳、瞻

彼洛矣維水泱泱君子至止鞞琫有珌鞞容刀鞞也琫上飾珌下飾。珌。下。飾也天子玉琫而珧珌諸侯璗琫而璆珌大夫璙琫而。鏐珌士珕琫而珕珌箋云此人世子之賢者也既受爵命賞賜而加賜容刀有飾顯其能。制斷○鞞字或作琕補頂反說文云刀室也琫字又作鞛必孔反佩刀削上飾珌字又作琿賓一反佩刀下飾珧音遙以蜃者謂之珧璗徒黨反字又作瑒音同爾雅云黃金謂之璗璆音虯又巨瀏反又舊周反玉也沈舉彪反又與彪反又張疇反鐐音遼爾雅云白金謂之銀其美者謂之鐐徐何盧到反又力弔反本又作璙亦音遼又力小反說文云玉也字書力召反鏐

力幽反又力幼反沈又力虯反黃金之美者郭云紫磨金珕力計反說文云蜃屬斷丁亂反君子萬年保其家室箋云德如是則能長安其家室親家室親安之尤難安則無簒殺之禍也○簒初患反殺本亦作弒同音試疏君子至家室○正義曰言明王既有恩澤能爵命諸侯故君子諸侯至止於王之所王既爵命之又加賜以容飾之刀有鞞以盛之其鞞則有琫及其珌之飾賜之以顯其能制斷也君子諸侯為王所賜之以以其德如是則能萬年而長安其家室無危亡之禍矣今王不能爵賞諸侯故刺之○傳鞞容至珕珌○正義曰古之言鞞猶今之言鞘內則注遰刀鞞是也以公劉云鞞琫容刀故知鞞容刀鞞也又容者容飾此琫有珌郎容飾也琫上飾於鞞之形飾有上下耳其名為琫珌之義則未聞公劉傳曰琫上飾鞞下飾者以彼无珌文因琫為在上之飾下則指鞞之體故言鞞下飾也傳因琫珌歷道尊卑所用似有成文未知出何書也天子諸侯琫珌異物大夫士則同言尊卑之差也天子玉琫玉是物之至貴者也釋器說弓之飾曰以蜃者謂之珧郭璞曰珧似蜯說文云珧蜃甲所以飾物也釋器又云黃金謂之璗其美者謂之鏐白金謂之銀其美者謂之鐐郭璞曰此皆道金銀之別名及其美者也鏐即紫磨金也說文云公珕蜃而不及於蜃故天子用蜃士用珕也定本及集注皆以諸侯珌璆字從玉又以大夫鏐珌恐非也

瞻彼洛矣維水泱泱君子至止福祿既同箋云此人世子之能繼世位者也其爵命賞賜盡與其先君受命者同而已無所加也君子萬年保其家邦

瞻彼洛矣三章章六句

裳裳者華刺幽王也古之仕者世祿小人在位則讒諂並進棄賢者之類絕功臣之世焉古者古昔明王時也小人斥今幽王也○諂勑檢反疏裳裳者華四章章六句至之世焉○正義曰作裳裳者華詩者刺幽王也以其

珍倣宋版印

古之仕於朝者皆得世襲其祿今用小人幽王在於天子之位則有讒佞諂諛之人並進於朝既爲佞以蔽之王又進讒以害賢而王信受之棄去賢者之
類絕滅功臣之世嗣故時臣思古以刺之也此言古之仕者世祿及文王曰凡周之士不顯亦世皆謂仕宦於朝者朝者在官之總名公卿大夫皆是也經言
乘其四駱則仕者得乘四馬矣禮士乘兩馬則此詩所言不及士也古者有世祿復有世位世祿者直食其先人之祿而不居其位不賢尚當然子若復賢則
居父位矣三章箋云守我先人之祿位弁位言之見此意也類謂種類世謂繼世棄賢者之類絕功臣之世其理一也由其賢而得有功以舉類而當嗣世義
不異矣但指人身而稱賢者據祿位而言功臣耳經四章皆言思見明王以免讒諂並進令己棄絕之事也○箋古者至幽王○正義曰諸言在位者多謂臣
在於位此小人在位文對古者明王則在位謂幽王也

裳裳者華其葉湑兮

興也裳裳猶堂堂也湑盛貌箋云興者華堂堂於上喻君也葉湑然於下喻臣也明王賢臣以德相承而治道與則讒諂遠矣○湑思敘反治直吏反遠于萬反又如字

我覯之子我心寫兮我心寫兮是以有譽處兮

箋云覯見也之子是子也謂古之明王也言我得見古之明王則我心所憂寫而去矣我心所憂既寫是則君臣相與聲譽常處也憂者憂讒諂並進○覯古豆反

【疏】裳裳至處兮○正義曰詩人遇讒絕世傷今思古言彼堂堂然光明者華也在於上又葉湑然而茂盛兮在於下華葉相與共成榮茂以興顯著者君也在於上美德者臣也佐於下君臣相承共興國治古之明王政治如此我得見古之是子之明王則我心所憂讒諂之事寫除而去兮我心之憂既已寫兮則仕於彼朝君臣相得是以有聲譽之美而處之兮言常處此聲譽之美。兮己由讒見絕故憂而思之以刺今也○傳裳裳至盛貌○正義曰以華狀顯見故言猶堂堂也此葉與臣德盛故湑爲盛貌有杕之杜刺不親宗族故傳以湑爲枝葉不相比也○箋興者至遠矣○正義曰讒諂並進由君受之三章皆言華故以華喻君也華既喻君而復有葉故以喻臣言君之須臣爲輔猶華之須葉以盛故下章無葉以喻無臣

珍倣宋版印

也華葉之在於枝高下同耳言華上葉下者因文之上下以喻君臣上下耳

裳裳者華芸其黄矣

芸黄盛也箋云華芸然而黄興明王德之盛也不言葉微見無賢臣也○芸音云徐音運見賢遍反

我覯之子維其有章矣維其有章矣是以有慶矣

箋云章禮文也言我得見古之明王雖無賢臣猶能使其政有禮文法度政有禮文法度是則我有慶賜之榮也

疏○裳裳至有慶矣○正義曰既思君臣並賢而不得又思君明而無賢臣者言彼堂堂然光明者華也此華乃芸然而其色黄而盛矣以興顯著者君也此君其德彰而明矣華盛而不言其葉見君明而其臣不賢我得見是子明王雖無賢臣猶能使其政有禮文法度之章也維其政有禮文法度之章則能進用有德是以於我有慶賜之榮矣我所以欲得見之也○傳芸黄盛○正義曰芸是黄盛之狀故箋云華芸然而黄也此華赤以黄為盛謂草木之有黄華者也苕之華紫赤而繁黄則衰矣與此不同也○箋華芸至賢臣○正義曰類上章有葉而此無故云而不言葉者微見無賢臣也微謂不明言而理見是其微也

裳裳者華或黄或白

箋云華或有黄者或有白者興明王之德時有駁而不純○駁邦角反

我覯之子乘其四駱乘其四駱六轡沃若

言世祿也箋云我得見明王德之駁者雖無慶譽猶能免於讒諂之害守我先人之祿位乘其四駱之馬六轡沃若然○駱音洛沃若如字徐於縛反

疏箋華或至不純○正義曰喻取其象既以黄色興明王德純故以異色喻其不純或有黄者或有白者華自有雜色與純者二章各舉以喻非此華本黄而變白又非白即衰也華一時而黄白雜色以興明王亦一時而善惡不純非先盛而後衰為不純也故言時有駁而不純者言時有善多而惡少非善惡半也若惡與善等則是闇君不得為明王矣

左之左之君子宜之右之右之君子有之

左陽道朝祀之事右陰道喪戎之事箋云君子斥其先人也多才多藝有禮於朝有功於國○朝直遥反下及下篇同

維其有之是以似之

似嗣也箋云維我先人有

是二德故先王使之世祿子孫嗣之今遇讒諂並進而見絶。也。疏左之至似之○正義曰詩人既思明王又陳己所以宜嗣之意也言左之左之左陽道朝祀之事我先人君子則宜而行之右之右之右陰道喪戎之事我先人君子則能有而曉之此二德者我先人維其並能有之是以先王使其子孫嗣之今遇讒見絶故思古明王也左陽道嘉慶之事故言宜之右陰道爲憂凶之事不得言宜故變言有之二者皆君子之所能故下經總言有之明二者皆有也○傳左陽至之事○正義曰以天下之事多矣大總不過吉凶故舉左右以目之左陽道謂嘉慶之事朝者人所樂祀者吉之大故爲陽也右陰道謂憂凶之事喪者人所哀戎者有所殺故爲陰也以能事弘多故皆重言以見衆也

裳裳者華四章章六句

桑扈刺幽王也君臣上下動無禮文焉動無禮文舉事而不用先王禮法威儀也○桑扈音戶桑扈竊脂鳥也說文扈作雇疏桑扈四章章四句至禮文焉○正義曰以其時君臣上下升降舉動皆無先王禮法威儀之文焉故陳當有禮文以刺之卽上二章上二句是也三章言其君爲百辟所法而受福卒章言臣能燕飲得禮而不傲慢皆是君臣禮文之事故總之此與賓之初筵序皆言君臣上下以君臣卽有上下之禮故幷言以見義

交交桑扈有鶯其羽興也鶯然有文章箋云交交猶佼佼飛往來貌桑扈竊脂也興者竊脂飛而往來有文章人觀視而愛之喻君臣以禮法威儀升降於朝廷則天下亦觀視而仰樂之○鶯於耕反佼交卯反君子樂胥受天之祜胥皆也箋云胥有才知之名也祜福也王者樂臣下有才知文章則賢人在位庶官不曠政和而民安天予之以福祿○胥毛如字鄭徐思敘反祜音戶知音智下同疏交交至之祜○毛以爲佼佼然飛而往來者桑扈之鳥也有鶯然其羽之文章故人皆觀視而念愛之以興動而升降者王與羣臣也當有威儀禮法則天下亦觀視而樂仰

之君子既有禮文為下所愛盡得其所故能樂與天下所共是與天下皆樂而得受天之祜福也○鄭唯樂胥為異具在箋說○箋交交至樂之○正義曰黃鳥小宛傳曰交交小貌此云猶佼佼飛而往來者作者各有所取佼佼實飛而往來之貌也此喻升降舉動故取往來為義○傳胥皆○正義曰釋詁文孫毓曰與天下皆樂樂之大者天子四海之內無違命則天子樂矣諸侯四封之內無違命外內無故則諸侯樂矣大夫官府之內無違命者諮謀行於上則大夫樂矣士進以禮退以義則士樂矣庶人耕稼樹藝以養父母刑罰不加於身則庶人樂矣是述毛之義也○箋胥。皆至福祿○正義曰周禮每官之下皆有胥徒胥一人則徒十人是胥以才智之故而為十徒之長又有大胥小胥之官故知胥有才智之名易歸妹以須注亦云須有才智之稱天文有須女屈原之。妹名女須鄭志答冷剛云須才智之稱故屈原之妹以為名是胥為才智之士胥須古今字耳

交交桑扈有鶯其領

領頸也

君子樂胥萬邦之屏

屏蔽也箋云王者之德樂賢知在位則能為天下蔽捍四表患難矣蔽捍之者謂蠻夷率服不侵畔○屏卑郢反為于僞反捍音汗難乃旦反下患難同

【疏】君子樂胥萬邦之屏毛以為言君子王者既有禮文又能樂與天下皆共之能與天下皆樂則為萬邦之蔽捍天下皆得其樂無復侵伐之憂是為之蔽捍矣○鄭義具箋○箋王者至不侵畔○正義曰萬邦是中國之辭與中國為屏蔽明捍四夷可知也故云蠻夷率服不敢內侵外畔是蔽捍也

之屏之翰百辟為憲

翰。幹憲法也○箋云辟君也王者之德外能捍蔽四表之患難內能立功立事為之楨幹則百辟卿士莫不脩職而法象之

不戢不難受福不那

戢聚也不戢戢也不難難也那多也不多多也箋云王者位至尊天所子也然而不自斂以先王之法不自難以亡國之戒則其受福祿亦不多也○戢莊立反

【疏】之屏至不那○毛以為言王者之德外能蔽捍四表之患難內能立功立事為之楨幹則百辟卿士莫不脩職而法象之王能如此則天下之民不戢聚而歸之乎言戢聚而歸之也不畏難而順之乎言畏難而順之也民皆順之則為天

珍倣宋版印

所祜其受福豈不多乎言受福多也今王不能然故刺之○鄭以上二句與毛同下二句具在箋○傳翰榦憲法○正義曰釋詁云楨榦也舍人曰楨正也築牆所立兩木也榦所以當牆兩邊障土者也然則言楨榦者皆以築牆爲喻榦是牆之主善政亦民之主也憲法釋詁文○箋辟君至法象之○正義曰辟君釋詁文之屏因上文而轉故亦爲蔽捍四表之患難人君之所施爲唯功事而已故知立功立事爲之楨榦也百辟知卿士者以烈文百辟其刑之對四方其訓之故知爲卿士尊比諸侯故曰君也○箋王者至不多○正義曰言王位至尊天所子愛解其當自斂難之意斂者收攝之名故言斂以先王之法難者戒懼之辭故知難以亡國之戒不自斂以先王之法卽動無禮文也故序箋云動無禮文者舉事而不用先王禮法威儀是先王之法爲禮文也不自難以亡國之戒者卽不用賢也故首章箋云王者樂臣下有才智文章則賢人在位而庶官不曠政和而民安言用賢則民安是棄賢則亡國矣又彼文連言受天之祜彼由樂有賢智則受天之祜此不難以亡國之戒則受福不多是相配成也易傳者以順此文理切不假反言故也

兕觥其觩旨酒思柔箋云兕觥罰爵也古之王者與羣臣燕飲上下無失禮者其罰爵徒觩然陳設而已其飲美酒思得柔順中和與共其樂言不憮敖自淫恣也○兕徐履反觵名觥古橫反以兕角爲之觩音虯本或作斛樂音洛憮火吳反敖五報反下文同

彼交匪敖萬福來求箋云彼彼賢者也賢者居處恭執事敬與人交必以禮則萬福之祿就而求之謂登用爵命加以慶賜

疏箋彼賢至慶賜○正義曰以承上經而云彼是指思柔之人故云彼賢者也言交非敖則常恭敬故引論語居處恭執事敬爲不傲慢矣故明王招聘用之故云登用爵命加以慶賜也

桑扈四章章四句

鴛鴦刺幽王也思古明王交於萬物有道自奉養有節焉交於萬物有道謂順其性取之以時不暴

天也○鴛鴦於袁反沈又音溫下於崗反又於良反疏鴛鴦四章章四句至有節焉○正義曰作鴛鴦詩者刺幽王也以幽王殘害萬物奉養過度是以思古明王交接於天下之萬物鳥獸蟲魚皆有道不暴夭也其自奉養有節度不奢侈也今不能然故刺之交於萬物有道即上二章上二句是也自奉養有節即下二章上二句是也見明王急於萬物而緩於己故先言交萬物而後言自奉養也○箋交於至暴夭○正義曰天子以天下爲家萬物皆天子立制節其生殺與之交接故言交於萬物也有道者謂順其生長之性使之得相長養取之以時不殘暴夭絶其孩幼者是有道也不暴夭王制文

鴛鴦于飛畢之羅之興也鴛鴦匹鳥太平之時交於萬物有道取之以時於其飛乃畢掩而羅之箋云匹鳥言其止則相耦飛則爲雙性馴耦也此交萬物之實也而言興者廣其義也獺祭魚而後漁豺祭獸而後田此亦皆其將縱散時也○大音泰撿於檢反馴音巡又音脣獺勑轄反又他末反君子萬年福祿宜之箋云君子謂明王也交於萬物其德如是則宜壽考受福祿也疏鴛鴦至宜之○正義曰古太平之時交於萬物有道欲取鴛鴦之鳥必待其長大於其能飛乃畢掩而羅取之不於幼小而暴夭也非但於鳥獨然以興於萬物皆。耳至獺祭魚然後取魚豺祭獸然後捕獸皆待其成而取之也君子明王交於萬物之德如是則萬年之壽及福祿並皆宜歸之也今王不能然故舉以刺之○傳興也至羅之○正義曰以交於萬物則非止一鳥故云興也言舉一物以興其餘也又解正舉鴛鴦者以鴛鴦匹鳥也相匹耦而擾馴則易得也易得尚以。明萬物皆然故言太平之時交於萬物有道取之以時也又言於其飛乃畢掩而羅之此即取之以時之事也謂小者未能飛待其能飛而後取之釋器云鳥罟謂之羅此。月。令。云羅網畢翳注云罔小而柄長謂之畢以畢羅異器故各言之大東傳曰畢所以掩兔彼雖以兔爲文其實亦可取鳥故此鴛鴦言畢之也羅則張以待鳥畢則執以掩物故言畢掩○箋匹鳥至散時○正義曰申說匹鳥之意止則耦飛則雙性馴善而相耦則取之易得故詩特舉之鴛鴦即是萬物之一而傳以爲興故又解之此交於萬物之實而言與者欲廣其義故也箋又止言魚獸二事者以天之生物飛走而已經已言鳥又舉魚獸則可以兼諸水陸矣且因王制詩傳之成文也此豺獺祭時魚獸成就皆是魚獸放縱分散之時故於是可取之

鴛鴦在梁戢其左翼

言休息也箋云梁石絕水之梁戢斂也鴛鴦休息於梁明王之時人不驚駭斂其左翼以右翼掩之自若無恐懼○戢側立反韓詩云捷也捷其噣於左也恐丘勇反

君子萬年宜其遐福

箋云遐遠也遠猶久也

乘馬在廄摧之秣之

摧莝也秣粟也箋云摧今莝字也古者明王所乘之馬繫於廄無事則委之以莝有事乃予之穀言愛國用也以興於其身亦猶然齊而後三舉設盛饌恆日則減焉此之謂有節也○乘馬王徐繩證反四馬也鄭如字下同廄音救摧采臥反莝也秣音末穀馬也芻楚俱反莝采臥反韓詩云委也委紆僞反猶食也與音豫齊側皆反本亦作齋饌仕戀反減古攬反

疏箋鴛鴦至恐懼○正義曰言斂其左翼以右翼掩之舉雄者而言耳此舉鳥不恐懼亦廣與其義禮運曰龍以爲畜故魚鮪不淰鳳以爲畜故鳥不獝麟以爲畜故獸不狘是水陸飛走皆可擾馴也白華文與此同但彼言申后見黜故以陰陽相下爲義此與取自安故與此異也○箋摧今至有節○正義曰傳云摧莝轉古爲今而其言不明故辯之云此摧乃今之莝字也言古者明王所乘之馬繫之於廄者以王馬多矣而此言在廄明是王所乘馬天子之馬而不常與粟言愛國用也序言自奉養非王身上章爲興知此亦興故言以興於其身亦猶然也齊而後三舉設盛饌三舉節是設盛饌也恆日則減焉唯一舉也齊爲有事故三舉恆日無事而一此之謂有節天官膳夫云王日一舉注云殺牲盛饌曰舉又曰王齊則三舉是恆日則減焉因奉養先盛而倒言耳此不言朔月而玉藻云天子之食日少牢朔月太牢明朔必加於恆日不知爲同齊三太牢爲降二太牢也玉藻曰少牢與周禮日一舉不同者鄭志答趙商云禮記後人所定或以諸侯同天子或以天子與諸侯等所施不同故難據也王制之法與周異者多當以經爲正然則爲記有參差故不同也

君子萬年福祿艾之

艾養也箋云明王愛國用自奉

養之節如此故宜久爲福祿所養也○艾魚蓋反徐又音刈乘馬在廄秣之摧之君子萬年福祿綏之箋云綏安也○綏士果反又如字

鴛鴦四章章四句

頍弁諸公刺幽王也暴戾無親不能宴樂同姓親睦九族孤危將亡故作是詩也戾虐也暴虐謂其政教如雨雪也○頍弁缺婢反著弁貌說文云舉頭貌燕燕樂音洛卒章同燕又作宴雨于付反卒章同疏頍弁三章章十二句至是詩○正義曰作頍弁詩者時同姓之諸公刺幽王也以王之政教酷暴而戾虐又無所親不能燕樂其同姓親睦其九族孤特傾危將至喪亡故同姓諸公作是頍弁之詩以刺之爲不能燕樂同姓明諸公是同姓諸公也作詩者一人而已言諸公者以作者在諸公之中稱諸公意以刺之也九族亦同姓見諸公非一容九族之外故言同姓以廣之不能燕樂卽亦不能親睦親睦由於燕樂以經責王不燕樂。今不親睦故分而言之耳暴戾無親卽如彼雨雪先集維霰是也不能燕樂同姓親睦九族三章皆上六句是也孤危將亡卒章四句是也其首章二章上六句懼王危亡庶幾諫正亦是將亡之事也經序倒者序述論其事由暴虐無親故不能燕樂爲事之次經則主爲不能燕樂故先言之

有頍者弁實維伊何興也頍弁貌弁皮弁也箋云實猶是也言幽王服是皮弁之冠是維何爲乎言其宜以宴而弗爲也禮天子諸侯朝服以宴天子之朝皮弁以日視朝○朝服直遙反下皆同爾酒既旨爾殽既嘉箋云旨嘉皆美也女酒已美矣女殽已美矣何以不用與族人宴也言其知具其禮而弗爲也豈伊異人兄弟匪他箋云此言王當所與宴者豈有異人疏遠者乎皆兄弟與王無他言至親又刺其弗爲也蔦與女蘿施于松柏蔦寄生也女蘿菟絲松蘿也喻

珍倣宋版印

諸公非自有尊託王之尊箋云託王之尊者王明則榮王衰則微刺王不親九族孤特自特不知己之將危亡也○蔦音鳥說文音弔寄生草也爾雅云寓木宛童是也女蘿力多反在草曰兔絲在木曰松蘿又唐蒙施以豉反下同

未見君子憂心奕奕既見君子庶幾說懌

奕奕然無所薄也箋云君子斥幽王也幽王久不與諸公宴諸公未得見幽王之時懼其將危亡己無所依怙故憂而心奕奕然故言我若已得見幽王諫正王之則庶幾其變改意解懌也○奕音亦說音悅懌音亦本又作繹怙音戶解音蟹

【疏】有頍至說懌　毛以為有頍然者之皮弁實維伊何乎宜在於首以為表飾也以興有尊貴者之天王維如何乎宜君於上以正綱紀也爾王之酒既旨美矣爾王之殽既嘉善矣足能具禮何以不用與族人燕乎王所當與燕者豈伊更有異人踈遠者乎皆王宗族兄弟非有他人何不燕而親之令為輔助我所以欲王之親燕者以蔦與女蘿施于松柏之上非自有根依於松柏之根故松柏存而茂松柏殞而亡是存亡在松柏以興同姓與九族附於王者之側非自有尊託王之尊故王政明而榮王政衰而微是興衰由于王政所以欲王之明也下四句義具在箋○鄭以為王服是有頍然者皮弁之冠是維伊欲何為乎宜當服之以燕而王何以不為餘同○傳興也至皮弁○正義曰以頍文連弁故為弁貌弁者冠之大名稱弁者多矣但爵弁則士之祭服韋弁則服以即戎冠弁則服以從禽非常服也唯皮弁上下通服之故知皮弁也傳興理不明王肅云言無常也與有德者則戴頍然之弁矣下章肅又云言冕其在人之無期也其意以傷王无德將不戴弁孫毓以皮弁非唯王者所服雖陪臣卿大夫皆得服之不足以為王者廢興之喻以王說為非案昭九年左傳王使詹桓伯辭於晉曰我在伯父猶衣服之有冠冕僖八年穀梁傳曰弁冕雖舊必加於首周室雖衰必先諸侯然則王者之在上位猶皮弁之在人首故以為喻也○箋實猶至視朝○正義曰釋詁云寔是也實寔義同故實亦為是也言是維伊何問其所用之辭則此皮為燕之服天子皮弁以日視朝玉藻文燕禮者諸侯燕臣子之禮經云燕朝服諸侯用朝服燕則知天子亦自以朝服燕也且此詩

責王不燕而舉皮弁是天子燕用皮弁明矣若然王制云周人冕而祭玄衣而養老注云凡養老之服皆其時與羣臣燕之服周人循而兼用之玄衣素裳其冠委貌諸侯以天子之燕服爲朝服如彼注則天子之燕用玄衣此言皮弁者蓋天子燕服有二燕羣臣用玄冠親同姓用皮弁也賓之初筵三章箋云此祭末王與族人燕而經云側弁之俄是燕同姓用皮弁之事也○傳蔦寄至松蘿○正義曰蔦釋草無文寄生者毛以時事言之耳陸機疏云蔦一名寄生葉似當盧子如覆盆子赤黑恬美釋草云唐蒙女蘿女蘿菟絲毛意以菟絲爲松蘿故言松蘿也陸機疏云今菟絲蔓連草上生黃赤如金今合藥菟絲子是也非松蘿松蘿自蔓松上生枝正青與菟絲殊異事或當然○傳弈弈然無所薄○正義曰弈弈憂之狀憂則心遊不定故爲無所薄也下章傳曰怲怲憂盛滿言憂之多○箋君子至解懌○正義曰以王不燕樂而欲見之故知君子爲幽王也此悅懌文與下章有臧相值有臧冀王之善則此亦冀王意悅懌故云庶幾其變改意解懌言當開解而懌悅也

有頍者弁實維何期。箋云何期猶伊何也期辭也○期本亦作其音基王如字爾酒既旨爾殽既時時善也豈伊異人兄弟具來箋云具猶。來也蔦與女蘿施于松上未見君子憂心怲怲既見君子庶幾有臧怲怲憂盛滿也臧善也○怲兵命反

有頍者弁實維在首爾酒既旨爾殽既阜豈伊異人兄弟甥舅箋云阜猶多也謂吾舅者吾謂之。甥疏箋謂吾舅者吾謂之甥○正義曰釋親文也此諸公而及甥舅以甥舅王之外親皆是緣王興衰故亦欲從王燕之也如彼雨雪先集維霰霰暴雪也箋云將大雨雪始必微溫雪自上下遇溫氣而摶謂之霰久而寒勝則大雪矣喻幽王之不親九族亦有漸自微至甚如先霰後大雪○霰蘇薦反消雪也字亦作霓摶徒端反死喪無日無幾相見樂酒今夕君子維宴。箋云王政既衰我無所依怙死亡無有日數能復幾何與王相見也且今夕。喜樂此酒此

珍倣宋版印

乃王之宴禮也刺幽王將喪亡哀之也○喪息浪反幾居豈反注同樂音洛復扶又反疏如彼至維宴○正義曰言王政教暴虐如彼天之雨下大雪其雪必先集聚而摶維爲小霰而後成爲大雪是雪有漸也以與幽王之爲惡亦初爲小惡而成爲大惡亦惡有漸也王漸益惡今則大甚王若覆滅則己亦喪亡我等死與喪亡無有日數復無幾何與王相見永不得王之燕禮矣且自相與善樂此酒於今之夕以王必不燕己故自己酒維當王之燕禮○傳霰暴雪○正義曰以比幽王漸致暴虐且初爲霰者久必暴雪故言暴雪耳非謂霰即暴雪也○箋將大至大雪○正義曰先集者謂雪集聚也解雪當散下而言集意天將大雨雪其始必微溫暖雪自上下逢遇溫氣消釋集聚而摶謂之霰積久而雪之寒氣勝此溫氣則大雪散下是雪有漸故喻王惡自微至甚如先霰後雪大戴禮曾子云陽之專氣爲霰陰之專氣爲雹盛陽氣之在雨水則溫暖爲陰氣薄而脅之不相入則摶爲雹也盛陰之氣在雨水則凝滯而爲雪陽氣薄而脅之不相入則消散而下因水而爲霰是霰由陽氣所薄而爲之故言遇溫氣而摶也

頍弁三章章十二句

車舝大夫刺幽王也褒姒嫉妒無道並進讒巧敗國德澤不加於民周人思得賢女以配君子故作是詩也○舝胡瞎反車軸頭鐵也嫉音疾又音自妒丁故反敗必邁反又如字下注同疏車舝五章章六句至是詩○正義曰作車舝詩者周大夫所作以刺幽王也以當時褒姒在王后之位情性嫉妒由物類相感而小人道長故使無道之輩並進於朝讒佞巧言傾敗國家令王之德澤不加於民使致下民離散周人見其如此乃思得賢女以配君子幽王欲令代去褒姒教幽王改修德教故作是車舝之詩以刺之上言大夫下言周人見大夫所作述衆人之意故也此經五章皆以褒姒嫉妒思得賢女代之言思變季女是褒姒嫉妒也德音來括是民已離散者也令德

珍倣宋版印

來教欲王之改修德教是德澤不加於民也故皆反經而序之所以相發明也閒關車之舝兮思孌季女逝兮興也閒關設舝也孌美貌季女謂有齊季女也箋云逝往也大夫嫉褒姒之為惡故嚴車設其舝思得孌然美好之少女有齊莊之德者往迎之配幽王代褒姒也既幼而美又齊莊庶其當王意○孌力兗反齊側皆反下同少詩照反本亦作季女匪飢匪渴德音來括括會也箋云時讒巧敗國下民離散故大夫汲汲欲迎季女行道雖飢不飢雖渴不渴覲得之而來使我王更脩德教合會離散之人○括本又作佸音活徐古闊反覲音冀雖無好友式燕且喜箋云式用也我得德音而來雖無同好之賢友我猶用是燕飲相慶且喜○好呼報反注下並同

疏閒關至且喜○正義曰周人惡褒姒嫉妬讒佞在朝欲得賢女以代之故言己欲閒關然以設車之舝兮思得孌然美好齊莊之少女往迎之兮若有此女可得往迎其於行道雖飢非以為飢雖渴非以為渴所以然者覲望此女以令德善音來發教誨於王使施行德澤會合離散之人凡人之喜樂須賢友共之我若迎得此女雖無同好之賢友猶用是得賢女之故燕飲酒相慶而且喜樂疾褒姒之甚思賢女之幼雖無朋友亦將獨喜也○傳閒關至有齊季女○正義曰以連言舝兮故知閒關設舝貌舝無事則脫行乃設之故言設舝也有齊季女者采蘋經文也以其當為王后欲代嫉妬明其非直幼少而已是以箋述之云既美好而少又有齊莊之德庶其當王意也依彼平林有集維鷮辰彼碩女令德來教依茂木貌平林林木之在平地者也鷮雉也辰時也箋云在平林之木茂則耿介之鳥往集焉喻王若有茂美之德則其時賢女來配之與相訓告改脩德教○鷮音驕式燕且譽好爾無射箋云爾女女王也射厭也我於碩女來教則用是燕飲酒且稱王之聲譽我愛好王無有厭也○射音亦下同厭於豔反下同

疏依彼至無射○正義曰既思賢女欲以配王又欲王有美德致此賢女故言依然而茂盛者彼平林之木有往集之者維為鷮雉也此鷮雉乃耿介之鳥由平林之木茂故往集焉唯有茂美之德

者君子之身有來配之者維爲碩女也此碩女有齋莊之德由君子之身美則來配焉是美德能致碩女也如此則王若有茂美之德則其時彼有美大之賢女以令善之德來配於王與王相訓令王改脩德教我用是之故則燕而飲酒且稱王之聲譽又愛好汝王無有厭倦也○傳依茂至辰時○正義曰依林之狀以茂而致雉故知依爲茂木貌也周禮有山林林麓不在平地此云平林故爲林木之在平地也鷮雉釋鳥文說文云鷮長尾雉走鳴乘輿尾爲防釳著馬頭上陸機疏云鷮微小於翟也走而且鳴曰鷮鷮其尾長肉甚美故林麓山下人語曰四足之美有麃兩足之美有鷮麃者似鹿而小是也此鷮是雉中之別名雉性耿介故箋謂之耿介之鳥士相見注云贄用雉者取其耿介交有時別有倫雉必用死爲其不可生服是耿介也以雉有耿介之性喻碩女有貞專之德碩大也言美大之女

雖無旨酒式飲庶幾雖無嘉殽式食庶幾雖無德與女式歌且舞箋云諸大夫覲得賢女以配王於是酒雖不美猶用之。此燕飲殽雖不美猶食之。必皆庶幾於王之變改得輔佐之雖無其德我與女用是歌舞相樂喜之至也樂音洛疏箋諸大至之至○正義曰以言與汝是相與非一之辭故言諸大夫也人之飲食必樂其旨嘉今喜而用之故不待旨嘉經再言庶幾其意則同故箋於食之下總云皆庶幾於王之變改己得輔佐之也說燕樂之事而言無德者以人燕樂欲與賢德者同之若非賢德則燕不樂矣上云雖無好友以己爲主引人從己自他而言故云己無賢友此言無德與汝以彼爲主持己就人自己而言故云己身無德爲謙辭耳

陟彼高岡析其柞薪析其柞薪其葉湑兮箋云陟登也登高岡者必析其木以爲薪析其木以爲薪者爲其葉茂盛蔽岡之高也此喻賢女得在王后之位則必辟除嫉妬之女亦爲其蔽君之明○析星歷反柞子洛反湑思敘反茂盛也爲于僞反下亦爲同辟婢亦反又音壁

鮮我覯爾我心寫兮箋云鮮善覯見也善乎我得見。女如是則我心中之憂除去也○鮮息淺反徐音仙覯古候反女音汝行如是下孟反一本無行字疏陟彼

至寫兮○正義曰言有人登彼高岡之上當必析伐其柞木以爲薪析伐其柞木以爲薪者以此柞木其葉湑湑然茂盛兮爲其蔽岡之高故我伐而去之以興有賢女居彼王后之位則必辟除褒姒以爲賤辟除褒姒以爲賤者以此褒姒其惡衆多爲其蔽王之明故除而去之善乎我得見汝之新昬賢女辟除褒姒如是則我心中之憂寫除而去兮喜之至也○箋登高至之明○正義曰以析者是除去之辭又言湑兮爲茂盛故喻其蔽岡之高以喻取一象欲見其體而不得見之則爲蔽也言爲新是廢棄不用之辭故辟除嫉妬亦廢棄之也

高山仰止。景行行止。四牡騑騑，六轡如琴。景大也箋云景明也諸大夫以爲賢女既進則王亦庶幾古人有高德者則慕仰之有明行者則而行之其御羣臣使之有禮如御四馬騑騑然持其教令使之調均亦如六轡緩急有和也○仰止本或作仰之景行下孟反注有明行同牡茂口反騑芳非反調音條和胡卧反覯爾新昬以慰我心。慰安也箋云我得見女之新昬如是則以慰除我心之憂也新昬謂季女也○慰怨也於願反王申爲怨恨之義韓詩作以慍我心慍恚也本或作慰安也是馬融義馬昭張融論之詳矣

【疏】高山至我心○毛以爲若得賢女在王后之位則諫王使之爲善庶幾於古人有高顯之德如山者則慕而仰之有遠大之行者則法而行之既慕德行善則調御有法如善御者使四牡之馬騑騑行而不息進止有度執其六轡緩急調和如琴瑟之相應也喻王法仰高大善御羣臣使有禮法成其文章如六轡之御四馬也得賢女則令王如是我所以願見之也我若得見爾之新昬使王改修也如是則以安慰我心除其憂矣○鄭唯以景爲明爲異餘同○箋景明至有和○正義曰傳云景大釋詁文箋必易之爲明者以行須行之故以爲明見其明白可法明亦大也言高山者以山之高比人德之高故云古人有高德者則慕仰之也且仰是心慕之辭故爲高德德者在內未見之言行者已見施行之語德則慕仰多行則法行故仰之行之異其文也六轡以御四馬故以喻王御羣臣六轡如琴猶言執轡如組轉相比並以發明其意也四牡傳曰騑騑行不止此亦然也○傳慰安○正

義曰傳以慰爲安箋言慰除以憂除則心安非是異於傳也孫毓載毛傳云慰怨也王肅云新昏謂褒姒也大夫不遇賢女而後徒見褒姒讒巧嫉妬故其心怨恨徧檢今本皆爲慰安凱風爲安此當與之同矣此詩五章皆思賢女無緣末句獨見褒姒爲恨肅之所言非傳旨矣定本慰安也

車舝五章章六句

附釋音毛詩注疏卷第十四（十四之二）

毛詩注疏校勘記（十四之二）　阮元撰盧宣旬摘録

○瞻彼洛矣

此及裳裳者華　閩監本毛本及誤乃閩本不誤

故宜云古明王　閩本明監本毛本同案浦鏜云宜當直字誤是也

韎韐者茅蒐染草也　小字本相臺本同案草當作韋見下

一曰韎　小字本相臺本同案一下當有入字見下正義云定本云一入曰韎韐此讀當以韎字斷句韐字逗正義讀韎韐二字為連文者非亦見下

韎韐者茅蒐染也茅蒐韎韐聲也　小字本相臺本同案二韐字當衍見下韋昭晉語注引無二韐字左成十六年正義引亦無正義有二韐字當是其本誤

韎韐祭服之韠合韋為之　小字本相臺本同案一韎字當衍也段玉裁曰韎者韐之色也茅蒐染韋一入曰韎亦見說文及五經文字即一染謂之縓也韠韍也士無韍有韐故云韐所以代韠箋申之云韎者茅蒐染也茅蒐韎聲也韐祭服之韠合韋為之皆分析韎韐二字別義各本譌舛不可讀茅蒐韎聲者駁異義所云齊魯之閒言韎聲如茅蒐也

紂衣纁裳也　小字本相臺本同案此釋文本也釋文云紂音緇考士冠禮纁裳純衣緇帶注云純衣絲衣也鄭不破為紂正義引此經及注

珍倣宋版印

是其本當不誤今正義中字皆作紂者後人改之也又鄭彼注云先裳後衣者欲令下近緇明衣與帶同色亦經不讀爲紂之明證儀禮釋文此無音不誤也

河西曰雍州 閩本明監本毛本同案浦鏜云正誤河是也

此又言韎韐 閩本明監本毛本同案又當作文

琫上飾珌下飾珌下飾也 閩本同明監本毛本也誤者小字本相臺本不重珌下飾三字考文古本同案有者複衍也段玉裁云鞞刀室也即刀削削音肖削之上刀把其飾曰琫削末之飾曰珌有讀爲又言有鞞有琫又有珌也公劉傳下曰鞞上曰琫略舉上下之體而已釋名與毛所說各異戴震改此傳云琫上飾鞞下飾珌飾貌非也鞞不可言飾戴說見毛鄭詩考正據釋名也又陳啓源毛詩稽古編說與段玉裁合

諸侯璗琫而璆珌大夫鐐琫而鏐珌 小字本相臺本同案正義云天子諸侯琫珌異物大夫士則同尊卑之差也又云定本及集注皆以諸侯珌璆字從玉又以大夫鏐珌恐非也是正義本當作諸侯璗琫而鏐珌大夫鐐琫而鐐珌釋文本與定本集注同段玉裁云此從正義本考說文琫珌天子皆以玉則諸侯皆以金大夫皆以銀士皆以蜃爲有條理說文又云天子玉琫而珧珌

顯其能制斷 小字本相臺本同案釋文以能斷作音無制字正義云以顯其能制斷能制斷也不知正義本有制字或自爲文也制斷字在兎罝傳當以有者爲是

說文云公珕蜃而不及於蜃故天子用蜃 閩本同明監本毛本及誤別案十行本珕至末蜃剜添者三字

公瑒蜃山井鼎云作瑒蜃屬爲似是是也

○裳裳者華

兮已由讒見絕也閩本明監本毛本同案浦鏜云兮疑以字誤屬下爲句是

此華赤以黃爲盛閩本明監本毛本同案赤當作亦形近之譌

故言時有駁而不純者閩本明監本毛本同案駁當作駮

而見絕也閩本明監本毛本同小字本相臺本見下有棄字無也字考文古本棄字亦同案有者是也

○桑扈

箋胥皆至福祿閩本明監本毛本同案山井鼎云皆作有爲是是也

屈原之妹名女須閩本明監本毛本同案姊誤妹下同是也

翰榦也小字本相臺本榦作幹閩本明監本毛本同考文古本作榦案榦字是也此箋云爲之楨榦韓奕榦不庭方江漢召公維翰箋皆云楨榦可證此傳本是榦字也幹字說文所無文王文王有聲板崧高傳箋皆當同其正義云爲之楨幹者以榦幹爲古今字易而說之也餘同此釋文翰下云幹也亦是易爲今字耳崧高韓奕以楨榦作音則不用幹字矣爾雅楨翰儀榦也釋文云本又作幹五經文字木部云榦楨榦字○按幹乃俗字之尤者未必作正義者用之直轉寫之譌耳舊按非是

爲之楨榦也閩本明監本毛本榦作幹案所改是也此當易爲幹上標起止當作榦今誤

言不憮敖自淫恣也小字本同閩本明監本毛本同相臺本憮作幠案幠字是也

爲不傲慢矣閩本明監本毛本傲誤敖案敖傲古今字此正義易而說之也

○鴛鴦

以與於萬物皆耳閩本明監本毛本同案浦鏜云耳字當作爾是也

易得尙以閩本明監本毛本同案浦鏜云下當脫時取二字是也

月令云羅網畢翳閩本明監本毛本同案十行本月令云剜添者一字

摧莝也小字本相臺本同案此正義本也正義云傳云摧莝轉古爲今釋文摧下云芻也又芻也楚俱反是其本莝作芻與正義本不同也考此傳當本云摧芻也與下傳秣粟也相對故箋云摧今莝字所以申摧得訓爲芻之意非傳先已轉古爲今而箋又辨之如正義所云也當以釋文本爲長○按詩經小學言之詳矣傳本作摧挫也箋本作挫今莝字也毛用古字鄭恐人不解故申之後人轉寫譌誤耳莝乃是斬芻作芻未斬者不可以飼馬且摧挫音義皆相近

挫今莝字也小字本同閩本同相臺本挫作摧明監本毛本同案摧字是也釋文云摧采臥反讀依此箋也正義標起止云箋摧今○按小字本閩本是也

有事乃予之穀　小字本相臺本同案此正義本也正義云而不當與粟易予爲與也釋文云與於音豫是其本予之作與於與正義本不同考文一本予作與采正義釋文而不知其異

箋鴛鴦至恐懼　閩本明監本毛本同案浦鏜云至故與此異也百五字當在二章下是也此合併時分屬之如此耳

故與此異也　閩本明監本毛本同案浦鏜云此當彼誤是也

序言自奉養非王身　閩本明監本毛本同案非當作謂

亦猶然也齊而後三舉設盛饌三舉節是設盛饌也恆日則減焉唯一舉也　閩本明監本毛本同案十行本首也至末也剜添者七字浦鏜云節當即字是也

玉藻曰少牢　閩本明監本毛本同案浦鏜云日譌曰是也

○頍弁

不能宴樂同姓　唐石經小字本相臺本同案釋文云燕又作宴以鹿鳴等訂之序字當作燕又作宴者依經君子維宴字改也考文古本作燕采釋文

今不親睦　閩本明監本毛本同案浦鏜云今疑令字誤是也

則此皮爲燕之服　閩本明監本毛本同案浦鏜云皮下當脫弁字是也

周人循而兼用之 閩本明監本毛本同案今禮記循作脩

親同姓用皮弁也 閩本明監本毛本同案浦鏜云親疑燕字誤是也

赤黑恬美 閩本明監本毛本同案此不誤浦鏜云甜誤恬非也采苦正義引陸機云恬脆而美可證也恬卽甜字周禮注云如今恬酒矣

言當開解而懌悅也 閩本明監本毛本懌悅倒案所改是也

實維何期 唐石經小字本相臺本同案釋文云本亦作其音基辭也王如字考此箋云期辭也是以期其爲同字也毛氏詩當是經字本作期故王肅得如字讀之以異於鄭亦作本非也考文古本作斯誤甚

具猶來也 閩本明監本毛本同小字本相臺本來作皆考文古本同案來字誤也

吾謂之甥 相臺本同閩本明監本毛本同小字本甥下有也字

君子維宴 小字本相臺本同考文古本同唐石經初刻燕後改宴案初刻非也正義標起止云至維宴當是其本字作宴上下文云燕者亦易字之例也

且今夕喜樂此酒 小字本相臺本同案六經正誤云喜作善誤建本作喜考正義作喜者誤字耳毛居正非考文古本作善采正義

陽之專氣爲霰陰之專氣爲雹 閩本明監本毛本同案山井鼎云大戴禮上作霓下作霰是也此轉寫誤倒耳○按正義文不誤且以釋箋遇温气而摶謂之霓正相合不當以今之大戴禮相繩也疑今大戴正文誤

感陽氣之在雨水作之氣是也閩本明監本毛本同案山井鼎云以下文類之氣之當

○車舝

作車舝詩者閩本明監本毛本同案浦鏜云作字當衍文是也

往迎之配幽王同案有者是也閩本明監本毛本同小字本相臺本配上有以字考文古本

合會離散之人小字本相臺本同閩本明監本毛本亦同案正義云會合離散之人當是轉寫倒之耳考文古本作會合采正義而誤

思賢女之幼閩本明監本毛本同案幼當作切其誤因形近而涉上文也

辰彼碩女小字本相臺本同唐石經初刻季後改碩案初刻誤也正義可證

故林麓山下人語曰閩本明監本毛本同案浦鏜云慮誤麓是也

猶用之燕飲閩本明監本毛本之下衍此字小字本相臺本無考文古本無十行本初刻無後剜添

必皆庶幾於王之變改是也閩本明監本毛本同小字本相臺本必作人案人字

善乎我得見女如是小字本相臺本同案此正義本也正義云善乎我得見汝之新昏賢女辟除褒姒之惡如是釋文云行如是一本無行字考文古本有采釋文

高山仰止唐石經小字本相臺本同案釋文云仰止本或作仰之考正義云則仰而慕之下景行行止正義云則法而行之又云故仰之行之異其

文也是正義本二止字皆作之〇按正義本當是一作之一作止故云異其文也舊校非也

慰安也小字本相臺本同案此傳正義本作慰安也釋文本作慰怨也正義云孫毓載毛傳慰怨也又云徧檢今本皆爲慰安又云定本慰安也釋文云本或作慰安也是馬融義馬昭張融論之詳矣昭融所論今不傳釋文以王申爲怨恨之辭爲據正義則申鄭以難王當以正義本爲長

# 附釋音毛詩注疏卷第十四(十四之三)

(四五)

毛詩小雅　　鄭氏箋　　孔穎達疏

青蠅大夫刺幽王也蠅餘仍反　營營青蠅止于樊興也營營往來貌樊藩也箋云興者蠅之爲蟲汙白使黑汙黑使白喻佞人變亂善惡也言止于藩欲外之令遠物也○營如字說文作營云小聲也樊音煩藩方元反一本甫煩反汙汙辱之汙烏路反令力成反遠于萬反　豈弟君子無信讒言箋云豈弟樂易也○愷開在反悌音弟樂音洛易以豉反

疏營營至讒言○正義曰言彼營營然往來者青蠅之蟲也此蟲汙白使黑汙黑使白乃變亂白黑不可近之當去止於藩籬之上無令在宮室之內也以興彼往來者讒佞之人也詩人喻善使惡喻惡使善以變亂善惡不可親之當棄於荒野之外無令在朝廷之上也讒人爲害如此故樂易之君子謂當今之王者無得信受此讒人之言也○傳樊藩○正義曰釋言文也孫炎曰樊圃之藩然則圃園藩籬是遠人之物欲令蠅止之故箋云外之令遠物令使遠於近人之物又藩以細木爲之下章棘榛即是爲藩之物故下傳曰榛所以爲藩明棘亦然也此章言藩下章言所用之木互相足也

營營青蠅止于棘讒人罔極交亂四國箋云極猶已也　營營青蠅止于榛榛所以爲藩也○榛士中反又側巾反　讒人罔極構我二人箋云構合也合猶交亂也

疏箋構合合猶交亂○正義曰構者構合兩端令二人彼此相嫌交更惑亂與上章義同故云猶交亂也上言四國此云二人者二人謂人君與見讒之人也讒者每人讒之常構二人構之不已至交亂四國先多而後少故先四國也

青蠅三章章四句

賓之初筵，衛武公刺時也。幽王荒廢，媟近小人，飲酒無度，天下化之，君臣上下沈湎淫液，武公既入而作是詩也。淫液者，飲酒時情態也。武公入者，入爲王卿士。○筵音延。媟，息列反。近，附近之近。沈如字，直林反，字或作耽，都南反。湎，莫衍反，飲酒齊其色曰湎。徐又莫顯反。液音亦。態，他代反。

疏賓之初筵五章，章十四句。至是詩。○正義曰：賓之初筵詩者，衛武公所作以刺時也。以幽王政教荒亂而情廢，乃媟慢親近小人，與之飲酒無有節度，令使天下化而效之，致天下諸侯君臣上下亦效而行之，沈酗於酒，湎齊顔色，淫液不止，遂成風俗。衛武公既入爲王之卿士，見其如此而作是詩以刺之也。定本、集注並云「飲酒無度」，俗本作「飲食」，誤也。刺時者，卽幽王之時也。以幽王之文見於下，故言刺時以目之。案著云「刺時也」，時不親迎，鄭以爲直刺君身，則言時者，目其時之君。由可以目之，兼見於當時矣。此君臣上下文在天下化之之下，則是天下諸國之君臣也。沈湎淫液，卽飲酒無度之事。舉化者尚沈湎淫液，則王朝亦沈湎淫液可知矣。言武公既入者，言作詩之早晚耳。雅者言天下之事，形於四方之風，謂大夫尚得作詩以刺王，則在國亦得作，不要待入王朝也。沈湎者，尚書微子曰「用沈酗于酒，亂敗厥德于下」，蕩曰「天不湎爾以酒」，箋云「天不同爾顔色以酒」，酒誥注云「齊色曰湎」，然則沈湎者，飲酒過久，若沈沒然，使湎然俱醉，爾顔色齊同也。此經五章，毛以上二章陳古燕射之禮，次二章言今王燕之失；鄭以上二章陳古大射行祭之事，次二章言今王祭末之燕。俱以上二章陳古以駮今，次二章刺當時之荒廢，卒章乃言天下化之。三章、四章言賓屢舞號呶，是媟近小人，飲酒無度也。卒章言凡此飲酒，爲天下之辭，是天下化也。卒章無君臣淫泆之事者，此天下化之效，上所爲效者尚然，君臣可知，故經舉天下之民以明其君臣也。不醉反恥，是使齊醉也。其設戒童羖之言，出與不出之語，並爲沈湎之事也。或以爲君臣上下沈湎淫泆，倒本幽王之君臣，則天下化之宜居於下，非文之勢，理在不然。○箋「淫泆」至「情態」。○正義曰：樂記說樂之遲云「咏嘆之，淫泆之」，則淫泆，遲久之意也。小人未醉，身有惡態，强自收掩，及其

珍倣宋版印

醉酒則舊時情態皆出莊子說祭人之法曰醉之以酒以觀其態是久飲酒悉情態出也下箋云至於旅酬小人之態出亦謂久飲態出故舞不知止也定本集注態下皆無出字毛於首章傳曰有燕射之禮二章傳曰主人請射於賓則毛以上二章皆陳古者先行燕禮後爲燕射無祭祀之事也燕禮於旅酬之後云若射則大射正爲司射如鄉射之禮是燕射之法先行燕禮而後射也首章舉酬逸逸以上八句皆說燕事舉酬即旅酬也燕禮旅後乃射故舉酬之下說大侯既抗以下六句爲射事也燕必有樂故二章又重說燕事籥舞笙鼓是燕時之樂若燕樂之義得先祖之神悅故因論樂事遂引而致之言樂既和而奏之可以進樂先祖每事得禮則神降之福至子孫其湛以來六句說燕樂得宜可使明神降福之意燕樂得所則神明福之是不可不以禮燕射故下四句復說射事言賓主相耦入次取弓矢而又射也此兩章皆初論燕後論射而首章言籩豆二章言笙鼓者燕以飲食爲主作樂助其歡耳故先言酒殽而後言聲樂三章四章言今王燕飲初雖重慎後則失儀至於音聲號呶舞不休息卒章言下民化之亦荒於酒皆刺當時沈湎之事鄭以將祭而射謂之大射大射之初先行燕禮首章上八句言射初飲燕之事下六句言大射之事二章言作樂以祭盡章皆說祭時之事三章四章言今王祭末與族人私燕小人爲賓威儀昬亂唯卒章與毛同耳

賓之初筵左右秩秩秩秩然肅敬也箋云筵席也左右謂折旋揖讓也秩秩知也先王將祭必射以擇士大射之禮賓初入門登堂即席其趨翔威儀甚審知言不失禮也射禮有三有大射有賓射有燕射○秩直乙反鄭智也折之舌反知音智下同籩豆有楚殽核維旅楚列貌殽豆實也核加籩也旅陳也箋云豆實菹醢也籩實有桃梅之屬凡非穀而食之曰殽○肴核上戶交反下戶革反菹側俱反酒既和旨飲酒孔偕箋云和旨。酒調美也孔甚也王之酒已調美衆賓之飲酒又威儀齊一言主人敬其事而衆賓肅慎○偕音皆鍾鼓既設舉醻逸逸逸逸往來次序也箋云鍾鼓於是言既設者將射。故縣也○醻市由反縣音玄大侯既抗弓矢斯張大侯君侯也抗舉也有燕射之禮箋云舉者舉鵠而棲之於侯也周禮梓人張皮侯而棲鵠天子諸侯之射皆張三侯故君侯謂之大侯大侯張而弓矢亦張節也將祭而射謂之大射下章言烝衎烈祖其非祭與○抗若浪反斯張如字鵠戶沃反鵠鴿也說文云郎鵠也小而難中又云鵠者覺也直也射者直己志棲音西著也梓音子衎苦旦反祭與音餘本作乎又作也並非

射夫既同獻爾發功箋云射夫衆射者也獻猶奏也既比衆耦乃誘射者乃登射各奏其發矢中的之功○發如字餘音廢比毗志反中丁仲反

發彼有的以祈爾爵的質也祈求也箋云發發矢也射者與其耦拾發發矢之時各心競云我以此求爵○女爵射爵也射之禮勝者飲不勝所以養病也故論語曰下而飲其爭也君子○勺音的本亦作的同祈音其拾其劫反更也飲於鴆反下同爭爭鬬之爭

疏賓之至爾爵○毛以爲古之將行燕射先爲燕禮燕禮之時其賓之初入門以至於升筵其折旋揖讓隨其左右趨翔威儀甚肅敬而秩秩然而不失禮也其升筵之時則王之籩豆有楚然而陳列之矣又葅醢之殽與有核桃梅維旅而陳之於籩豆之上矣其王之酒既又和調旨美時衆賓之飲酒者威儀甚偕言其齊一而順禮也及其將射鍾鼓既已改設舉相酬之爵逸逸然往來而有次序也既旅之後止飲而行射事君之所射大侯既舉而張之其衆射之弓矢於斯舉侯之時又亦張之矣弓矢既張衆射之夫既同登於堂而在射位遂各呈奏爾之射者發矢中的之功此射者發矢射彼有的射與其耦拾發之時則各心競云我發必使中以求不飲汝此養病之爵今不能然故舉以刺之○鄭唯行燕至安賓之後而行大射爲異其文義則同○傳秩秩然肅敬○正義曰箋依釋訓云秩秩智也傳言肅敬者以序刺媟慢由有智而能肅敬理亦通也○箋筵席至燕射○正義曰春官司几筵注云筵亦席也鋪陳曰筵藉之曰席然其言之筵席通也左右謂折旋揖讓者以賓與主人爲禮隨其左右之宜其行或方折或迴旋相揖而辭讓也今大射禮諸侯與其臣行禮使宰夫爲主人案其經擯者納賓及庭公降一等揖之公○外席賓○列自西階主人從之賓右北面再拜賓答拜主人降洗賓降主

珍倣宋版印

人辭降主人取觚洗賓辭洗主人卒洗賓揖升筵前獻賓賓拜受爵於筵前然後賓升筵是賓初入門至卽筵以來每折旋揖讓之事也折旋揖讓則或左或右故知左右謂折旋揖讓也射義曰古者諸侯之射也必先行燕禮故此言升筵薦酒行燕禮也射義又曰天子將祭必先習射於澤宮澤者所以擇士也已射於澤宮然後於射宮射中者得與於祭不中者不得與於祭是先王將祭必射以擇士也先於澤宮後於射宮。是將祭再爲。射禮澤宮言習射則未是正射於射。宮乃行大射云公入鶩注云此公出而言入者大射於郊鄉射記曰於郊則閭中注云於郊謂大射於學則射宮者西郊之學也澤宮之所在則無明文言賓之初筵左右秩秩則從爲賓以至於卽筵皆秩秩也以其言廣故云大射之禮賓初入門登堂卽席其趨翔威儀甚審智言其不失禮也審智言其安審而有智與毛肅敬同也毛以此篇爲燕射鄭則爲大射因辨禮射之數言已不同之意也故云射禮有三有大射有賓射有燕射大射者將祭擇士於射宮賓射者謂諸侯來朝與之射於朝燕射者因燕賓客卽與射於寢此三者其處不同其侯亦別冬官梓人云張皮侯而棲鵠則春以功張五采之侯則遠國屬張獸侯則王以息燕三者別文皮侯卽大射也五采之侯賓射也獸侯燕射也不言鄉射者鄉射是州長與其民射於州序之禮天子諸侯無射之故不言也○傳楚列至旅陳○正義曰此言籩豆之設故知楚爲陳列貌也此經二句自相充配殽核卽籩豆所盛殽則實之於豆核則加之於籩故言殽豆實核加籩也先殽後核不依籩豆次者便其文耳祭禮有加豆加籩傳言加籩豆知非加豆籩者以此非祭無取加豆之義而又天官籩人加籩之實蔆。芡栗脯非核物且以殽豆實類之知加之於籩非爲籩加之也旅陳釋詁文楚是陳列之貌旅又爲陳者謂陳殽核於籩豆之上也○箋豆實至曰殽○正義曰天官醢人掌四豆之實非菹醢醢之等皆實之於豆。實謂菹醢籩人云饋食之籩其實棗栗桃乾蔆注云蔆乾梅也內則有桃諸梅諸是其乾者也桃梅有核之物申傳說加籩之義故云籩實有桃梅之屬故稱核也言之屬者以燕之物多非止桃梅故稱屬也既以豆實爲菹醢恐殽名唯施於此故云凡非穀實而食之曰殽明殽是

總名以此文殽核與籩豆相對故分之耳其實核亦爲殽魏風曰園有桃其實
之殽是以在籩之物亦爲殽也醢人云羞豆之實酏食糝食酏糝皆以稻米爲之
則豆實之殽亦有穀實矣言非穀實者穀實謂爲飯食者也今變爲雜用不同
穀實之限○箋主人至肅慎○正義曰偕者俱也言其俱相類故言衆賓之飲
酒又威儀齊一也言主人敬其事而衆賓肅慎明賓主皆得其宜所以爲美也
○傳逸逸往來次序○正義曰燕禮旅酬之後乃云若射此將射而言舉酬行
旅也旅者以長幼次序之言故知逸逸往來有次序也燕禮初則云樂人宿縣
注云縣鐘磬也國君無故不徹縣言縣者爲燕新之然則於此言鐘鼓既設者
亦爲將射改縣也以天子宮縣階間妨射位故改縣以避射也鄉射禮將射乃
云樂正命弟子贊工遷樂于下注云當避射位彼琴瑟之樂尚遷之明鐘鼓之
縣改之矣○箋鐘鼓至改縣○正義曰大射諸侯之禮云樂人宿縣厥明乃射
明天子亦然今至於舉酬始言鐘鼓既設故知將射改縣也大射不言改縣者
國君與臣行禮略三面而已不具軒縣東西縣在兩階之外兩階之間有二建
鼓耳東近東階西近西階又無鐘鼓不足以妨射不須改也大射注云國君於
其羣臣備三面耳無鐘磬有鼓而已其爲諸侯則軒縣是由階間無縣故不改
也鄭言諸侯爲諸侯則軒縣明天子於其臣備宮縣將射而改之故於此言既
設也○傳大侯至之禮○正義曰傳唯言大侯君侯不言侯之所用梓人云張
獸侯則王以息燕是燕射射獸侯則毛意亦當然矣燕射之禮自天子至士皆
一侯上下共射之無三侯二侯故鄉射記云天子熊侯白質諸侯麋侯赤質大
夫布侯畫以虎豹士布侯畫以鹿豕注云此所謂獸侯也燕射則張之鄉射及
賓射當張采侯二正而記此者天子諸侯之燕射各以其鄉射之禮而張此侯
是以云焉白質赤質者皆謂采其地不采者曰布也熊麋虎豹鹿豕皆正面畫
其頭象於正鵠之處君畫一臣畫二陽奇陰耦之數也燕射射熊虎豹不忘上
下相犯射麋鹿豕志在君臣相養也其畫之者皆毛物也又曰凡畫者丹質注
云賓射之侯燕射之侯皆畫雲氣於側以爲飾必先以丹采其地丹淺於赤又
曰鄉侯中十尺侯道五十弓弓二寸以爲侯中如此則天子燕射唯射一侯耳

珍倣宋版印

侯身一丈其中三分居一以白地畫熊於外則丹地畫以雲氣唯此一侯君臣共射而云大侯君侯者以君所射故謂之大傳解言大之意故以君侯釋之非謂與君臣別侯也大射禮云大侯九十弓彼張三侯其九十弓者最高大故云名大侯亦以君之所射故也言有燕射之禮者以上文謂燕此下說射故言禮有燕射之禮故此詩得言之若然燕禮言若射如鄉射之禮案鄉射初則張侯此舉酬之下始言大侯既抗者鄉射之初雖言張侯而以事未至經云不繫左下綱中掩束之至於將射以司正為司馬乃云司馬命張侯弟子脫束遂繫左下綱是將射始張之故於此言既抗也○箋舉者至祭與○正義曰案大射前射三日司馬命量人巾車張三侯夏官射人云若王大射則以貍步張三侯則天子亦前射三日其侯射人張之矣此將射而言大侯既抗明非始張侯體言舉鵠而棲之於侯中也知者鄭既云周禮梓人張皮侯而棲鵠是鵠在侯復別棲之棲即舉也彼注云皮侯以皮所飾之侯也其上文云梓人為侯廣與崇方三分其廣而鵠居一焉注云高廣等謂侯中天子射禮以九為節侯道九十弓弓二寸以為侯中高廣等則天子侯中一丈八尺諸侯於其國亦然鵠所射也以皮為之各如其侯也居侯中三分之一則此鵠方六尺唯大射以皮飾侯故言張皮侯而棲鵠也天官司裘注亦云以虎熊豹麋之皮飾其側又以方制之為質謂之鵠著於侯中所謂皮侯也又解名曰大侯之意天子諸侯之射皆張三侯故云君侯謂之大侯鄭以此為大射故云張三侯若燕射則張一侯而已無三侯也射人云王大射張三侯司裘王大射供虎侯熊侯豹侯設鵠天子之射張三侯也大射巾車張三侯是諸侯之射張三侯也司裘又曰諸侯供熊侯豹侯不三侯者注云諸侯謂三公及王子弟封於畿內者是畿內諸侯屈於天子故二侯也謂之侯與鵠者司裘注云謂之侯者天子中之則能服諸侯以下中之則得為諸侯謂之鵠者取名鳱鵠也鳱鵠小鳥而難中是以中之為儁也亦取名鵠之言較較者直也射所以直己志也大射注云或曰鵠鳥名也淮南子曰鳱鵠知來然則所云正者正也亦鳥名也齊魯之間名題肩為正正鵠皆鳥之捷。黠者也此因大射之鵠而又解賓射之正故言然也射人注云正之言正也射者內志正則能中焉是取鳥爲名又取正爲義亦猶鵠也既已棲鵠便即射之故云侯張而弓矢亦張節也解抗侯之下言張弓之意弓可言張而并言矢者矢配弓之物連言之耳既言大射之禮而毛以此爲燕射故破之云將祭而射謂之大射下章言烝衎烈祖其非祭乎既烝衎烈祖是爲祭事則此時祭爲大射明矣故難之也鄭異於毛多矣唯采蘋及此難之者出於當時之意耳王肅述毛云幽王飲酒無度故言燕禮之義其奏云言燕樂之義得則能進樂其先祖猶孝經說大夫士之行曰然後能守其宗廟而保其祭祀非唯祭之日然後能保而行之以此故言烝衎非實祭也孫毓以爲燕禮輕祭事重幽王無度無不慢也舉重可以明輕輕不足以明重又錫爾純嘏子孫其湛非燕飲之文所得及也一篇之旨箋義爲長○箋射夫至之功○正義曰大射所以擇士當助祭者莫不在焉既同非一之辭故知射夫衆射者也獻奏皆奉上之言以發矢能中是呈奏己功故以獻爲奏也大射禮選羣臣爲三耦若大夫不足以士充之三耦之外其餘衆士與射者各自取匹謂之衆耦射人說賓射之禮云王以六耦則天子大射亦六耦也故周禮夏官大司馬職云若大射則合諸侯之六耦此其義也射人云諸侯四耦大射唯三耦者賓射對鄰國之君尊故四耦大射與己之臣子卑故降之天子尊無與敵其與射者皆是諸侯來朝及在朝公卿無所差降明矣大射賓射但六耦之外亦當有衆耦矣言既比衆耦乃誘射者衆耦正謂王之六耦。之外衆耦也何者大射於司射誓射之下云遂比三耦司射命三耦取弓於次司射升堂誘射既誘射然後三耦登堂而射三耦既射乃云遂比衆耦是比衆耦在誘射之後今此箋云既比衆耦乃誘射射者乃登堂而射各奏其發矢中的之功言比衆耦文在誘射之上誘射之下始云登堂而射故知衆耦非如大射之衆耦也必知然者射以正耦爲主故禮定其尊卑之數其餘衆耦纔廁末而已鄭何當舍其正耦而言及衆乎正以六耦非一故稱衆也言誘射者大射注云誘教也夫子循循然善誘人○傳的質○正義曰毛氏於射侯之事正鵠不明唯猗嗟傳云二尺曰正亦不言正之所施周禮鄭衆馬融注皆云十尺曰侯四尺曰鵠二尺曰正四寸曰質則以爲侯皆一

珍倣宋版印

丈鵠及正質於一侯之中爲此等級則亦以此質爲四寸也王肅亦云二尺曰正四寸曰質又引爾雅云射張皮謂之侯侯中者謂之鵠鵠中者謂之正正方二尺也正中謂之槷方六寸也槷則質也舊云方四寸今云方六寸爾雅說之明宜從之此肅意唯改質爲六寸其餘同鄭馬也賈逵周禮注云四尺曰正正五重鵠居其內而方二尺以爲正正大於鵠鵠在正內雖內外不同亦共在一侯鄭於周禮上下檢之以爲大射之侯其中制皮爲鵠賓射之侯其中采畫爲正正大如鵠鵠皆居侯中三分之一其燕射則射獸侯侯中畫爲獸形即鄉射記所謂熊侯白質之類矣三射之侯皆不同也射人注說畫正之法云其外之廣居侯中三分之一中言二尺與毛傳二尺曰正同也射義云孔子曰循聲而發發而不失正鵠者其唯賢者乎詩云發彼有的以祈爾爵既言正鵠即引此的則詩人之意以的爲正鵠之謂也司裘注說皮侯之狀云以虎熊豹麋之皮飾其側又方制之以爲質謂之鵠是鄭意以侯中所射之處爲質也此傳唯言的質也不言質之大小不必同於諸儒四寸六寸也且的者明白之言若廣纔四寸不足以爲明矣蓋亦爲所射處與鄭同也毛以此爲燕射則的者謂熊侯白質者也○箋發發矢至君子○正義曰言射事故知發爲發矢大射禮曰上射既發挾矢而後下射射拾發以將乘矢是射者與其耦拾發也彼注云拾更也將行也然則四矢謂之乘言射者更代發以行此四矢使四矢偏射也上言獻爾發功謂其行射時此又本其發時之心故云發矢之時各心競云我以此求汝爵謂求不飲也射義引此詩即云祈求也求中以辭爵也酒者所以養老所以養病求中以辭養也注云欲求中之者以求不飲汝爵是矣故此云射之禮勝者飲不勝者所以養病是辭養也大射禮曰司射命設豐司宮士奉豐由西階升坐設於西楹西勝者之弟子洗觶升酌散南面坐奠于豐上司射命三耦及衆射者勝者皆袒決遂執張弓不勝者皆襲脫決拾卻左手右加弛弓於其上遂執弣勝者先升堂不勝者進北面坐取豐上之觶興少退立卒觶坐奠於豐下三耦卒飲衆皆繼飲射爵如三耦是飲射爵之禮故論語曰下而飲其爭也君子引此者明祈爾爵爲心中之爭也此飲於西階上言下而飲者謂飲射

爵時揖讓而升下意取而飲與爭故引彼文不盡耳射義又曰射者仁之道也射者求正諸己己正而後發發而不中則不怨勝己者反求諸己而已矣是各心爭之事也○籥舞笙鼓樂既和奏烝衎烈祖以洽百禮秉籥而舞與笙鼓相應箋云籥管也殷人先求諸陽故祭祀先奏樂滌蕩其聲也烝進衎樂烈美洽合也奏樂和必進樂其先祖於是又合見天下諸侯所獻之禮○籥余若反衎若旦反洽戶夾反應應對之應滌徒歷反樂音洛下樂其湛樂喜樂下文曰樂並同百禮既至有壬有林壬大林君也箋云壬任也謂卿大夫也諸侯所獻之禮既陳於庭有卿大夫又有國君言天下徧至得萬國之歡心○徧音遍錫爾純嘏子孫其湛嘏大也箋云純大也嘏謂尸與主人以福也湛樂也王受神之福於尸則王之子孫皆喜樂也○錫音析嘏古雅反湛答南反其湛曰樂各奏爾能賓載手仇室人入又手取也室人主人也主人請射於賓賓許諾自取其匹而射主人亦入于次又射以耦賓也箋云子孫各奏爾能者謂既湛之後各酌獻尸尸酢而卒爵也士之祭禮上嗣舉奠因而酌尸天子則有子孫獻尸之禮文王世子曰其登餕獻受爵則以上嗣是也仇讀也傚室人有室中之事者謂佐食也又復也賓手挹酒室人復酌爲加爵○能如字徐奴代反又奴來反仇毛音求匹也鄭讀爲㪺音俱謂挹取酒餕子峻反復扶又反下皆同挹一入反酌彼康爵以奏爾時酒所以安體也時中者也箋云康虛也時謂心所尊者也加爵之間賓與兄弟交錯相醻卒爵者酌之以其所尊亦交錯而已又無次也○中張仲反人無次也一本人作又

**疏**籥舞至爾時○毛以爲古之行燕禮也作樂以助歡心使人秉籥而舞與吹笙擊鼓音節相應樂既和奏之以音聲甚得其所既賓主有禮八音和樂如是則德當神明可以進樂其先有功烈之祖以合其酒食百衆之禮以獻之也祭有酒食聲樂可歆神因言合獻衆禮以是俱是事神之物即乘而言之此酒食百衆之禮既獻而至於祖時則有祭祀之大禮有孝子之人君可以當於神明爲神所歆祐賜汝孝子以大大之福令子孫其

珍倣宋版印

皆耽樂而歡喜也燕樂之和可使神明降福子孫耽樂其此耽者乃曰由燕飲之樂是燕之不可以已也故燕末將射賓則自取其匹耦以共發而居室之主人亦入於次故取弓矢又射以耦賓也賓主射畢而有勝否乃酌彼安體之養爵以奏進於汝之射中者令以飲其不中而行罰也此皆燕射之正禮疾今不行○鄭以爲既大射擇士與祭故於此言其祭事爲祭之初先秉籥而舞吹笙擊鼓聲音滌蕩節度相應其樂既和而俱奏詔告天地之間初進樂功烈之祖以合百國所獻之禮而薦之宗廟百國所獻之禮既至陳於庭又有卿大夫矣有諸侯君矣是天下之徧至得萬國之歡心所以事其先祖也先祖於是饗而祐之錫爾王大嘏之福令得保其家邦則王之子孫蒙神之福其皆耽而喜樂矣子孫所以其耽者曰由喜樂於神之福是子孫亦當敬事神明於嘏之後乃各奏見爾子孫奉進之能酌酒而獻尸以事神也子孫既獻於是賓則手自斟挹其酒室中佐食之人又入而酌爲加爵以獻尸也既加爵之後欲使神惠徧行而賓之弟子及己弟子酌彼空虛之爵以進汝之此時心中所尊敬者此皆先王祭祀之禮疾今幽王不能然至於洗酒而無度故舉以刺之○傳秉籥至相應之○正義曰簡兮云左手執籥右手秉翟是執籥以舞也舞在笙鼓之上明其與之相應樂器多矣燕之所用不止於此作者舉鼓舞而言耳此皆燕時樂也或以此爲節射之樂案射禮主於大射略於樂大射云司射一命曰不鼓不釋言不與鼓節相應不釋筭也樂正命大師曰請奏貍首間若一言調其疏數以節射射也然則射之樂者擊鼓作歌與射者爲節而已不必大作諸樂此云鼓舞相應非射樂矣且傳意以此樂和奏可以進樂先祖安得捨燕初之盛作而指節射之略者乎以此知不然矣○箋殷人至之禮○正義曰殷人先求諸陽郊特牲文以人死也體魄則降智氣在上祭義曰氣也者神之盛也魄也者鬼之盛也合鬼與神教之至也衆生必死死必歸土此之謂鬼其氣發揚于上神之著也又曰二端既立報以二禮注云二端既立謂氣也魄也由人死有二者故作樂揚其聲音之號使詔告天地之間令魂氣聞而以降此求諸陽之義陽謂魂氣分散者也又臭鬱合鬯以灌令體魄聞而以出是求諸陰之義陰謂體魄存在

者也祭者皆爲此二者但行之有先後耳故郊特牲曰殷人尚聲臭味未成滌蕩其聲樂三闋然後出迎牲聲音之號所以詔告於天地之間周人尚臭灌用鬯臭鬱合鬯臭陰達於淵泉灌以圭璋用玉氣也既灌然後迎牲致陰氣也凡祭愼諸此魂氣歸於天形魄歸于地故祭求諸陰陽之義也殷人先求諸陽周人先求諸陰注云此其所以先後異也由此言之殷周先後雖異皆行二禮殷人之臭味未成滌蕩其聲則成臭味而作樂臭味成而行祼其相去亦幾也宗廟當九闋殷於樂闋迎牲周既灌迎牲則殷之爲灌不可在迎牲之後當亦三闋之前矣以氣魄不甚相遠求之亦先後耳故知作樂與灌不得相懸也昭七年左傳稱人生始化曰魄既生魄陽曰魂則魂魄小異耳禮記注云復招魂復魄是魂魄相將之物也然人死精氣有遺而留者有發而升者相對故留者爲魄發者爲魂聖人制作二禮以求之此詩說祭祀之禮不言酒食唯言樂故解之由殷人先求諸陽故祭祀之禮先奏此樂滌蕩其聲以是之故此詩主言鼓舞而已此武公周之子孫而言殷禮者鄭志答趙商云衞殷之畿內君子行禮不求變俗祭祀之禮居喪之服哭泣之位皆如其國之法故衞稱殷禮是解武公言殷禮之事也鄭之此答皆下曲禮文案彼注云重本也謂去先祖之國居他國則是禮不變本國之俗而答志以爲不變民之俗者以禮記說大夫士去國之去故知不變父祖之俗至於人君則與民爲政故順民之俗以不變事同故取禮記爲言耳必知人君當不變民俗者以秦襄公居周之故地故蒹葭刺襄公未能用周禮將無以固其國定四年左傳命伯禽以商奄之民命康叔封諸殷墟皆啓以商政皆言因其故也行其舊俗故知武公行殷之禮故舉殷法而言也此因詩文唯言奏樂故解武公之意也其實詩人之作出於本情不必殷人皆言樂周人皆言祼也烈祖言既載清酤玄鳥云大糦是殷人之作言酒食也執競說武王之祭言鼓鐘管磬是周人之作言聲樂也以此知作者各言其志立文不常箋知以洽百禮合見天下諸侯所獻之禮者以下經云百禮既至是自外而至故知諸侯所獻之禮也○傳王大林君○正義曰釋詁文毛不解百禮之義載芟文與此同傳曰百禮言多則是君所進祭祀之禮多非諸國之所

珍倣宋版印

獻百禮宜爲所薦之酒食殽羞之百種也毛以此詩正論燕樂之和其言遂及先祖皆非賓祭之事則百禮既至不得爲諸侯非百國之禮自外至也然則有壬有林皆異於鄭當謂有祭祀之大禮有孝子之人君耳○箋任至心○正義曰鄭以此爲賓祭既至外來之辭則君爲諸侯之君君爲國君則任是君所任者故爲卿大夫也以百禮既至則禮從外來故云所獻之禮既陳於庭謂九州諸侯採其美物以當邦賦各獻國之所有而陳之王庭也禮器曰大饗其王事與三牲魚腊四海九州之美味也籩豆之薦四時之和氣也注云此饌諸侯所獻則王者之祭致遠物以助之故知陳天下諸侯獻之禮陳於庭其禮物之外又有卿大夫又有國君也國君之來臣必從焉亦有君不來朝使臣聘者故任林並言先任後林便其文耳必陳此物及卿大夫與國君者見天下偏至得萬國之歡心孝經曰故得萬國之歡心以事其先王是其事也經言百禮而箋云萬國者皆舉大數箋因成文耳○箋嘏謂至喜樂也○正義曰嘏言既與少牢特牲受嘏文同少牢之嘏有辭是皆尸假神意與主人故言尸與主人以福王受神之福於尸也以王之受嘏其辭有勿替引之是福及子孫故喜樂也○傳手取至耦賓○正義曰毛以此爲行燕射之禮故以手爲取言室人以對賓故云室人主人以主自居於室故謂之室人也大射云司射請於公卿射云司射請於賓則射法立司射以請之非主人自請此云主人請射於賓賓許諾者以詩之所陳略舉大綱非如記注禮儀曲言節數此總陳賓主之黨不獨陳主與正賓二人也禮從主人而起故主人請而賓許諾也又射禮耦者有司所比不是賓自取之也云賓自取匹者雖配之由於有司其技藝敵與不敵亦强弱素定自相牽引而爲耦也大射司射及三耦等皆云取弓矢於次此云主人亦入於次謂取弓矢也言耦又射以耦賓者賓爲上射主爲下射故言又射以耦賓也次者大射注云次若今更衣帳張席爲之○箋子孫至加爵○正義曰以此論祭事而云子孫各奏爾能故知謂既耽之後各酌獻尸也尸尊神之象子孫敢獻之是其能也禮獻必有酢故知尸酢而卒爵也以天子祭禮亡約士之祭禮有嗣子舉奠因酌尸天子則有子孫獻尸之禮特牲禮云上嗣舉奠入北面再拜

稽首注云上嗣主人將爲後者舉猶飲也使嗣子飲奠者將傳重累之也又曰尸執奠進受復位祭酒啐酒尸舉肝進受肝復位坐食肝卒觶是士之祭禮嗣子舉奠也又曰舉奠洗爵入尸拜受舉奠拜尸祭酒啐酒奠之舉奠出復位是因酌尸也言奠者謂迎尸之前親酌奠於鉶南嗣子於此乃舉而飲之故言舉奠自是以後因號嗣子爲舉奠也不引少牢禮者少牢無嗣子舉奠之事特牲注云大夫之嗣子無舉首奠避諸侯然則士卑故不嫌也特牲酌尸不卒爵又無酢直啐而奠之與此不同引之者以有洗酌入事其節相當故引之又引文王世子者與此相當故云其登引餕獻受爵則以上嗣彼據世子之禮正當此事故言是也不直引文王世子而先引士之禮者以文王世子記文無行事之次約士禮準之而後明故幷引之彼注云上嗣君之適長子以特牲少牢饋食禮言之受爵謂嗣子舉奠也獻謂舉奠洗爵入也餕謂宗人遣舉奠盥祝命之餕也言登以三者皆登堂行之文逆者便文且令受爵文承上嗣明受之者嗣子也鄭以特牲禮文有次故順而解之與經反也天子有奠斝諸侯有奠角在於饋獻之前至祭末世子乃舉奠也郊特牲云舉斝角詔妥尸彼謂陰厭之時設饌於奧奠斝鉶南迎尸主而入即席東面尸舉所奠之斝祭之至九獻之後嗣子舉所奠之斝飲而卒爵所謂受爵也既稱爲獻固當有酢而卒爵所以爲異故此云天子則有子孫獻尸之禮以明士禮無也以祭無取於四故曰仇讀曰斞斞謂斞挹取酒也室人有室中之事謂佐食者特牲注云佐食賓佐尸食者也謂於賓客之中取人令佐主人爲尸設饌食之人其名之曰佐食特牲佐食一人少牢佐食二人未知天子諸侯當幾人也特牲三獻之後長兄弟洗觚爲加爵又曰衆賓長爲加爵注云大夫三獻而禮成多之者爲加是賓手挹酒室人復酌爲加爵也特牲止有賓長爲加爵不及佐食此言賓與室人俱爲加爵者天子之禮大故佐食亦爲加也案特牲加爵在嗣子舉奠前此賓與室人文在各奏爾能之下者此因子孫其耽先言子孫之事令與上連故賓與室人在其後耳不以酌獻先後爲次也○傳酒至中○正義曰言酒所以安體者射義曰酒所以養病所以養老是由安體故可以養也上章言以祈汝爵慮其耦與

珍倣宋版印

已爵也言以奏爾中謂勝者之黨酌以進中者令以飲彼不中者也各從其所而言之故王肅云奏中者以飲不中者是也大射禮云勝者之弟子洗觶升酌散南面坐奠於豐上是豐上之觶勝者所酌又言養是自勝者往養不勝者之辭故知以奏爾中欲令飲不中者或以投壺云正爵既行請爲勝者立馬三馬既立請慶多馬謂此以奏爾中爲慶勝之爵知不然者大射鄉射皆射訖卽行飲酒之禮以至於終無慶勝之事故也○箋康至次○正義曰康虛釋詁文時者謂時而存在乎意故云心所尊者箋又解酌虛爵奏所尊之節故云加爵之閒賓與兄弟交錯相酬卒爵言自此以前爵未虛也特牲禮加爵之前賓酬長兄弟加爵之後長兄弟酬賓是加爵之閒賓與兄弟交錯其酬也酬賓之下云卒爵者實觶於篚是卒爵也於是以後爵乃虛矣又曰賓弟子及兄弟弟子各酌於其樽中庭北面舉觶於其長是奏所尊之事也故云酌以獻其所尊交錯而已無次序以旅末故知無次序也言交錯而已者謂弟子舉觶之交錯非上交錯其酬也特牲注云弟子後生者也

賓之初筵溫溫其恭箋云此復言初筵者既祭王與族人燕之筵也王與族人燕以異姓爲賓溫溫柔和也其未醉止威儀反反曰既醉止威儀幡幡舍其坐遷屢舞僊僊反反言重愼也幡幡失威儀也遷徙屢數也僊僊然箋云此言賓初卽筵之時能自敕戒以禮至於旅酬而小人之態出言王既不得君子以爲賓又不得有恆之人所以敗亂天下率如此也○反如字韓詩作昄昄音蒲板反善貌曰既音越下是曰皆同下章放此幡孚袁反舍音捨坐如字徐才臥反屢力具反注及下同本作婁僊音仙屢數音朔態他代反率音類又所律反其未醉止威儀抑抑曰既醉止威儀怭怭是曰既醉不知其秩抑抑愼密也怭怭媟嫚也秩常也○抑於力反怭毗必反又符筆反說文作佖媟嫚也媟息列反下音慢

疏○賓之至其秩○毛以爲幽王既不能如古之禮故陳其燕之失禮言幽王所與燕賓失禮之事其賓之初入門及登堂升筵矣於時尚溫溫然其貌和柔而恭敬也至飲酒旅前其未醉

止之時威儀猶能反反然重慎也至於旅酬之後曰既醉止之時威儀幡幡然失其所矣又舍其本坐遷嚮他處數數起舞僊僊然失所也此賓爲王所敬其失如此故武公疾之又重言之云此本旅前其未醉止尚守威儀抑抑然慎密至旅後曰已醉止乃威儀怭怭然而媟嫚至於旅末是曰既醉不自知其常禮言其昏亂禮無次也由此故民皆化之敗亂天下可疾之甚○鄭唯王祭末與族人燕爲異其文義則同○箋此復至和柔○正義曰此與上章雖古今不同而相承爲首尾再言賓之初筵故解之云此復言初筵者既祭王與族人燕之筵也卽楚茨所謂諸父兄弟備言燕私是也以文王世子云若公與族人燕則異姓爲賓明王亦然彼注云同宗無相賓客之道以是賓必異姓○傳反反至僊僊然○正義曰此言自重而謹慎與下抑抑慎密一也謂慎禮而密靜卽爲美之義故假樂傳曰抑抑美也幡幡失威儀亦由媟慢故下傳曰怭怭媟慢也僊僊舞貌也傳直云僊僊者是貌狀之辭下傲傲傞傞俱是貌狀亦宜然矣○箋此言至如此○正義曰鄭以章句相接故因上經言初筵之時能自勑戒以禮末醉之前謂獻酢酬之時也既醉謂至於旅酬而小人態出故失威儀也下章無算爵時故音聲號呶又甚於舍坐是爲失次也論語云聖人吾不得而見之得見君子者斯可矣又曰善人吾不得而見之得見有恆者斯可矣故言王既不得君子以爲賓又不得有恆之人卒章云凡此飲酒爲天下所化是由此賓之失而然故言所以敗亂天下率如此言率者非一之辭

賓既醉止載號載呶亂我籩豆屢舞僛僛是曰既醉不知其郵側弁之俄屢舞傞傞號呶號呼讙呶也僛僛舞不能自正也傞傞不止也箋云郵過側傾也俄傾貌此更言賓既醉而異章者著爲無算爵以後也○號胡毛反注同呶女交反僛起其反注本正或作止按下傞傞是舞不止此宜爲正說文云醉舞也鄭音尤俄五何反廣雅云哀傞素多反一音倉柯反呼火故反讙呼端反

既醉而出並受其福醉而不出是謂伐德飲酒孔嘉維其令儀箋云出猶去也孔甚令善也賓醉則出與主人

俱有美譽醉至若此是誅伐其德也飲酒而誠得嘉賓則於禮有善威儀武公見王之失禮故以此言箴之○箴之林反 疏 賓既至令儀○正義曰前章言燕初及旅酬之事此述無算爵之後言爵行無算賓既醉於酒止於是則號呼則讙呶而唱叫也錯亂我籩豆之行列數起舞僛僛然不能自正也又疾而重言之是此言賓曰既已醉則不自知其過失傾傾其弁使之俄然數起舞傞傞然又不能止以此荒醉敗亂天下故武公爲言陳作賓之禮若既醉而出則賓與主人並受其得禮之福賓則身爲知禮主則用得其人是並受其福也若至於醉而不出是謂誅伐其德醉前無失爲有德既醉爲愆以喪之是伐其德也戒王若飲酒而誠能得嘉善人之賓與之燕則維其於禮有善儀也王何不擇而賓之乎上言曰既醉止與此是曰既醉曰者斷絕更生事之辭言醉而復益醉也上言僊僊是舞之形貌猶能自正僛僛則不能自正傞傞則非徒不正又不能止爲差降也

凡此飲酒或醉或否既立之監或佐之史彼醉不臧不醉反恥立酒之監佐酒之史箋云凡此者凡此時天下之人也飲酒於有醉者有不醉者則立監使視之又助以史使督酒欲令皆醉也彼醉則已不善人所非惡反復取未醉者恥罰之言此者疾之也○令力呈反惡烏路反

式勿從謂無俾大怠匪言勿言匪由勿語箋云式讀曰慝勿猶無也俾使由從也武公見時人多說醉者之狀或以取怨致讎故爲設禁醉者有過惡女无就而謂之也當防護之無使顛仆至於怠慢也其所陳說非所當說無爲人說之也亦無從而行之也亦無以語人也皆爲其聞之將恚怒也○式徐云毛如字又云用也鄭讀作慝他得反惡也大音泰徐勑佐反語魚據反又如字故爲于僞反下同顛都田反本作傎仆何音赴一音蒲北反說文云頓也語魚據反恚一瑞反怒也

由醉之言俾出童羖羖羊不童也箋云女從行醉者之言使女出無角之羖羊脅以無然之物使戒深也羖羊之性牝牡有角○出如字徐尺遂反羖音古脅許業反

三爵不識矧敢多又箋云矧況又復也當言我於此醉者飲三爵之不知

況能知其多復飲乎三爵者疏凡此至多又○毛以爲言王燕失所故天下化獻也酬也酢也○矧失忍反之凡此天下之人聚共飲酒初時或有醉者或有不醉者復設法以逼之既立酒之監或復佐之爲史令催不醉之人亦使醉也彼醉者則已不善爲人所非惡不醉者此監與史反恥而罰之是使小大盡醉舉坐皆猶狂也俗既然矣武公無如之何故禁戒時人無令相說言用此醉時勿得從而謂之以言其醉狀又當防護醉者無使顛仆大至怠慢汝之所陳說者非所當言勿爲人言而又當自善非得見彼皆然遂從而行之亦勿以彼惡行而語他人以人性諱短聞將恚怒故教之言教之猶恐不從故又脅以重禁汝若從醉者之後言其過失我則使汝出童首無角之羖羊脅其無然之物欲使息也既禁其勿言恐人問之不已又教之云人若問汝彼醉之狀汝當云我於此醉者三爵之時已自不識知況敢能知其多而復飲乎但以此答彼問自息將慎其已然而爲之立大法也○鄭唯以式爲慝謂見醉者之過惡無就而謂之餘同○傳立酒之監佐酒之史○正義曰毛以經直云立監佐史不知是何監何史贊○其不足故言酒也立監是衆所推舉佐史是彼自佐之故立文不同此刺其立酒之監燕禮鄉射並立司正鄉射注云解倦失禮者立司正以監之察儀法也卽引詩云既立之監或佐之史則禮法自當立監此刺者彼則監其失禮此乃督之使醉名同而實異以其俱是監察故鄭於鄉射引此耳訓箋式讀曰慝○正義曰以上文未有醉惡之事而云勿從謂之故以式爲慝訓之爲惡毛不爲傳但毛無改字之理必不與鄭同王肅云用其醉時勿從而謂之傳意當然也○箋當言至酢酬○正義曰何知非己自飲之而云彼醉者飲三爵者以問彼之狀宜以彼飲答之且言矧敢多又是不敢知他之辭故知三爵者亦他飲也禮有獻酢與旅酬及無算爵旅與無算是不止三爵而已故知三爵是獻也酢也酬也若然禮主人獻賓賓飲而又酢主人主人飲而又酌以酬賓賓則奠之而不舉則賓主皆不飲三爵矣而指獻酢酬爲三爵者言於飲三爵禮之時非謂人飲三爵也

珍倣宋版印

賓之初筵五章章十四句

甫田之什十篇三十九章二百九十六句

附釋音毛詩注疏卷第十四（十四之三）

毛詩注疏校勘記(十四之三)　　阮元撰盧宣旬摘錄

○青繩

詩人喻善使惡　閩本明監本毛本詩作讒案所改是也

○賓之初筵

飲酒時情態也　小字本相臺本同案釋文淫液下云飲酒時情態也正義云定本集注態下皆無出字標起止云至情態當是合併時不知正義本有出而刪之耳考二章箋云至於旅酬而小人之態出當以有者為長

卒章無君臣淫泆之事者　閩本明監本毛本泆作液案所改是也以下皆當作液

和旨酒調美也　小字本同閩本明監本毛本同相臺本酒作猶考文古本同案猶字是也

下章言烝衎烈祖　小字本相臺本同閩本同明監本毛本烈誤列

其非祭與　小字本相臺本同案釋文云其非祭與音餘本作乎又作也並非考正義云故破之云云其非祭乎是其本作乎標起止云至祭與當是後改

我以此求爵女　小字本相臺本同閩本明監本毛本同案正義云故云發矢之時各心競云我以此求汝爵是其本作女爵考文古本有女字采正義但又以句末女字別屬下爵讀非也

公外席賓列自西階 闔本明監本毛本同案外字列字皆升字之誤山井鼎引儀禮元文公升下有卽字乃正義引不備耳

是將祭再爲射禮澤宮言習射則未是正射射於射宮乃行 闔本明監本毛本同案十行本上射至下宮剜添者二字此當云正射於射宮乃行句首仍脫一正字

傳言加籩豆 闔本明監本毛本同案豆字當衍

蔆茨栗脯 闔本明監本毛本同案浦鏜云芡誤茨是也

皆實之於豆實謂葅醢 闔本明監本毛本同案實上浦鏜云當脫故云豆三字是也

不忘上下相犯 闔本明監本毛本同案山井鼎云鄉射記註下作不誤也不是今本儀禮譌字耳

正鵠皆鳥之捷點者也 闔本明監本毛本捷誤棲案山井鼎云點恐黠誤是也今大射注作黠不誤

衆耦正謂王之六耦之外衆耦也 闔本明監本毛本同案浦鏜云六耦下當脫非謂六耦四字是也

又引爾雅云 闔本明監本毛本同案爾當作小此在孔叢小雅廣物

司射命設封 闔本明監本毛本同案山井鼎云大射禮封作豐浦鏜云豐誤封是也正義下文皆作豐

卒爵者酌之以其所尊 小字本相臺本同案當作酌以之其所尊倒者誤正義云故云酌之獻其所尊以義言之耳考文古本其上有獻字采正義而爲之

又無次也小字本相臺本同案釋文云人無次也一本人作又正義云以旅末故弁無次序也當是其本作又而以弁釋之也

郊特牲文以人死也閩本明監本毛本同案也字當在文字下

其相去亦幾也閩本明監本毛本同案亦當作無

有孝子之人君耳○箋任至心○閩本明監本毛本同案十行本有至下○剜添者二字此當云箋壬任至歡心仍脫二字

採其實物閩本明監本同毛本採作采案采字是也

故知陳天下諸侯獻之禮陳於庭閩本明監本毛本同案浦鏜云侯下脫所字是也知下陳字衍

次若今更衣帳張席爲之閩本明監本毛本同案山井鼎云彼注作次若今時更衣處帳張席爲之非也正義無時字處字引不備耳又今大射注帳張席作張幃席

又曰舉奠洗爵入閩本明監本毛本同案浦鏜云酌誤爵以特牲考之浦校是也

少牢無嗣子舉奠之事特牲注云大夫之嗣子無舉首奠閩本明監本毛本同案十行本上嗣至下子剜添者二字山井鼎云特牲注無作不無首字浦鏜云首衍字是也

故云其登引餕獻受爵閩本明監本毛本同案山井鼎云引字應刪是也

不直引文王世子 閩本明監本毛本同案十行本引文王剜添者一字此因初刻引字錯入上文而然也但上仍未刪耳

以特牲少牢饋食禮言之 閩本明監本毛本同案浦鏜云少牢二字衍是也

注云大夫三獻而禮成 閩本明監本毛本同案夫下浦鏜云脫士字是也

遷徙屢數也 小字本同閩本明監本毛本同相臺本無也字案無者誤也

僛僛舞不能自正 小字本相臺本同案釋文云注本正或作止又云此宜爲正正義本是正字考文古本作止采釋文

彼醉則己不善 小字本相臺本同案六經正誤云彼醉則己不善作已誤此毛居正誤改也箋意己字與下復字相對無取於己之義

匪由勿語 唐石經小字本相臺本同案段玉裁云觀箋亦無從而行之也鄭時經文作勿由勿語詳見詩經小學今考正義云非得見彼皆然遂從而行之是正義本已如此唐石經所自出也

鄭唯以式爲惡 閩本明監本毛本同案浦鏜云慝誤惡是也

珍倣宋版印

魚藻之什詁訓傳第二十二

毛詩小雅　鄭氏箋　孔穎達疏

魚藻刺幽王也言萬物失其性王居鎬京將不能以自樂故君子思古之武王焉萬物失其性者王政教衰陰陽不和羣生不得其所也將不能以自樂言必自是有危亡之禍〇藻音早鎬胡老反樂音洛篇內唯注八音之樂一字音岳餘並同疏魚藻三章章四句至武王焉〇正義曰作魚藻詩者刺幽王也言時王政既衰致令天下萬物失其生育之性而不得其所由此王居鎬京將有危亡之禍將不能以自燕樂故詩人君子覩微知著思古之武王焉以武王之時萬物得所能以自樂今萬物失性禍亂將起不以爲憂亦安而自樂故作此魚藻之詩陳武王之樂反以刺之幽王之詩思古多矣皆不陳武王此獨言之者此言將喪鎬京其居鎬京武王爲始刺王將喪其業故特陳武王也既言思古故反經以序之萬物失其性經三章上二句是也王居鎬京將不能以自樂三章下二句是也〇箋萬物至之禍〇正義曰言萬物所以失其性者由王政既衰以致陰陽不和水旱蟲災死喪疫病害加草木殃及飛走羣衆生長之物悉皆不得其所是萬物失其性也羣生不得其所易乾鑿度文將者未至之辭故云言必自是有危亡之禍謂從是得禍不復更能興也

魚在在藻有頒其首頒大首貌魚以依蒲藻爲得其性箋云藻水草也魚之依水草猶人之依明王也明王之時魚何所處乎處於藻既得其性則肥充其首頒然此時人物皆得其所正言魚者以潛逃之類信其著見〇頒符云反說文同韓詩云衆貌見賢遍反王在在鎬豈樂飲酒箋云豈亦樂也天下平安萬物得其性武王何所處乎處於鎬京樂八音之樂與羣

臣飲酒而已今幽王惑於褒姒萬物失其性方有危亡之禍而亦豈樂飲酒於鎬京而無悛心故以此刺焉○豈本亦作愷同苦在反樂也下同悛七全反改也沈又七旬反【疏】魚在至飲酒○正義曰言明王之時魚何所在乎在於藻也然藻者是水中之草乃是魚之常處既得其性故能肥充有頒然其大首也魚之潛逃尚得其性則水陸之物莫不盡然是萬物皆得其所矣既萬物得所天下無事爾時武王何所在乎在於鎬京樂此八音之樂與羣臣飲酒而已今幽王方有危亡之禍將以喪滅鎬京反亦愷樂飲酒故刺之○傳頒大至其性○正義曰釋詁云墳大也頒與墳字雖異音義同以序言萬物失其性則在藻依蒲爲得性也故探下章而總之云魚以依蒲藻爲得其性○箋魚之至著見○正義曰物之潛隱莫過魚顯見者莫過人經舉潛逃箋舉著見則萬物盡該之矣故以人類之魚之依水草猶人之依明王變武王言明王者見人人之所依取其明也又言人物者物即魚也

魚在在藻有莘其尾莘長貌○莘所巾反王在在鎬飲酒樂豈

魚在在藻依于其蒲王在在鎬有那其居箋云那安貌天下平安王無四方之虞故其居處那然安也○那乃多反王多也【疏】箋那安至然安○正義曰那然爲安之狀故那安貌也無四方之虞昭四年左傳文

魚藻三章章四句

采菽刺幽王也侮慢諸侯諸侯來朝不能錫命以禮數徵會之而無信義君子見微而思古焉幽王徵會諸侯爲合義兵征討有罪既往而無之是於義事不信也君子見其如此知其後必見攻伐將無救也○菽本亦作叔侮亡甫反朝直遙反篇內皆同數色角反音朔爲于僞反【疏】采菽五章章八句至思古焉○正義曰作采菽詩者刺幽王也以幽王侮慢諸侯來朝不

珍倣宋版印

能錫命以禮數徵召而會聚之而無誠信之義事無故召之而無信義後若賓有義事將召而不來詩人見其微知其著而思古昔明王焉故作采菽之詩言古之明王能敬待諸侯錫命以禮反以刺幽王也序皆反經為義侮慢諸侯首章上二句是也不能錫命以禮首章下四句是也其餘皆是錫命之事序總而略之君子見微而思古敘其作詩之意於經無所當也○箋幽王至無救○正義曰天子之會諸侯必為四方有不順服者將征討之乃會以為謀焉不然不會之也今幽王徵會諸侯若為合會義兵以征討有罪者故諸侯聞其召而皆會既而無此征討之義事是於義事不信故言無信義也以寇徵之而實無寇後實有寇徵將不來君子見其如此其後必見攻伐將無救之事未然而已知之是見微也易曰幾者動之微君子見幾而作是君子皆見微也周本紀曰褒姒不好笑幽王欲其笑萬方故不笑幽王為烽燧大鼓有寇至則舉烽火諸侯悉至至而無寇褒姒乃大笑幽王欲悅之數舉烽火其後不信益不至幽王之廢申后去大子申侯怒乃與繒西夷犬戎共攻幽王幽王舉烽火徵兵兵莫至遂殺幽王驪山下盡取周賂而去是義事不信見伐無救之事

采菽采菽筐之筥之

興也菽所以芼大牢而待君子也羊則苦豕則薇箋云菽大豆也采之者采其葉以為藿。三牲牛羊豕芼以藿王饗賓客有生。俎乃用鉶羹故使采之○筐音匡筥音舉芼亡報反薇音微藿火郭反鉶音刑羹古衡反

君子來朝何錫予之雖無予之路車乘馬

君子謂諸侯也箋云賜諸侯以車馬言雖無予之尚以為薄○乘繩證反下注車乘驂乘皆同

又何予之玄衮及黼

玄衮卷龍也白與黑謂之黼箋云及與也玄衮玄衣而畫以卷龍也黼黼黻謂絺衣也諸公之服自衮冕而下侯伯自鷩冕而下子男自毳冕而下王之賜維用有文章者○衮古本反玄衮冕服黼音斧徐又音補卷眷勉反下同本又作衮黻音弗絺知里反本又作黹同雉知反鷩必滅反冕也毳尺銳反

【疏】采菽至及黼○毛以為言古之明王待諸侯使人采此菽藿得菽藿則筐盛之筥盛之以為牛汁之芼筐筥所以受所采之菜以與牢禮所以待來朝諸侯故於此君子諸侯

之來朝也乃云有何物而當錫予之乎於時雖爲無可予之尚與之路車及所乘之駟馬其車馬之外又以何物予之又以玄衣而畫以衮龍下及黼冕之黼裳言無予之尚得車馬衮黼今王何以反侮慢之曾無錫命之禮乎故刺之○鄭唯以不與爲異其文義則同○傳與也至則微○正義曰傳既言羊則苦豕則薇則菽不總芼三牲而言菽所以芼太牢者舉牛之芼則羊豕之苦薇從之可知故云太牢以總之公食禮云鉶芼牛藿羊苦豕薇皆有滑注云藿豆葉也苦苦荼也滑堇荁之屬是也王述毛云筐筥受所采之菜牢禮所以待來朝諸侯○箋菽大豆至采之○正義曰以菽名指大豆之體而言采故云采其葉以爲藿言三牲牛羊豕者傳解言太牢之意明舉菽以見三牲牛不獨爲太牢也定本三牲之下無牛羊豕字王饗賓客則有牛俎謂以鼎實牛取其骨體置之於俎其汁則芼之以藿調以鹹酸乃盛之於鉶謂之鉶羹故言乃用鉶羹也即公食記鉶芼是也以草菜地之毛故謂之芼地官牛人云凡賓客之事共其牢禮積膳之牛又云饗食賓射共其膳羞之牛注引燕禮膳宰設折俎王之膳羞亦猶此知王饗賓客則有牛俎也彼食亦供牛獨云饗者以饗爲尊且舉饗而食可知矣○箋賜諸侯至爲薄○正義曰諸侯來朝而得車馬之賜是於禮事足矣而言雖無予之是古者明王其意猶以爲薄箋深歎今王薄亦不爲也其雖無予之言通及玄衮及黼爲文但以車服之別故分言之耳覲禮曰天子賜諸侯氏以車服注云賜車者同姓以金路異姓以象路服則衮也鷩也毳也是服同賜之矣○傳玄衮至之黼○正義曰玉藻云龍卷以祭卽卷龍也白與黑謂之黼冬官繢人文○箋玄衮至章者○正義曰傳雖云玄衮卷龍而義未明故申之玄衮者玄衣而畫以衮龍玉藻注云龍衮畫龍於衣卷字或作衮然則以龍首卷然謂之衮龍衮是龍之狀也黼黼黻者引類以明之非黼黻爲一也謂絺衣絺謂刺之言此黼黻絺刺之於衣衮衣黼之在衣也衮則畫之黼則刺之故言謂絺衣以對衮畫衣故也絺在裳言衣者衣總名也諸公之服自衮冕而下侯伯自鷩冕而下子男自毳冕而下皆春官司服職文引之者明衮黼非一衣君子總諸侯也故彼注云九章初一曰龍次二曰山次三曰華蟲次四曰火

珍倣宋版印

次五曰宗彝皆畫以爲繢次六曰藻次七曰粉米次八曰黼次九曰黻皆絺以爲繡則袞之衣五章裳四章凡九也鷩畫以雉謂華蟲也其衣三章裳四章凡七也毳畫虎蜼謂宗彝也其衣三章裳二章凡五也絺。衣粉米無畫也其衣一章裳二章凡三也玄冕者衣無文裳刺黻而已是以謂之玄焉凡冕服皆玄衣纁裳由此言毳冕絺冕其裳皆以黼爲首唯玄冕無文耳言子男自毳冕而下則通及絺冕此黼宜絺冕之裳矣箋言謂絺衣者自取絺繡之義非謂冕名但差失偶同耳。裁以爲衣舉袞裳一黼正是袞冕之服知不然者以經言及則非一之辭又君子來朝非獨上公一人何得獨言袞冕之龍之衣乎故知黼文下及絺冕之裳也賜法下不得兼上而上得兼下則五等所賜下皆及於絺冕矣所以獨言袞黼不及玄玄冕者鄭卽解之云王之賜服唯用有文章故也案終南美秦襄公之受顯服云黻衣繡裳是得玄冕也又曰錦衣狐裘是得皮弁服也然則天子之賜諸侯無文亦賜之言王賜唯用有文章者解詩人特舉袞黼之意諸侯之得王賜以有文章者爲榮故詩人言王之賜服唯用有文章者言之故其辭不及玄冕此解作者之意耳非謂玄冕以下王不賜之且作者黼亦取與莒馬爲韻也

觱沸檻泉言采其芹觱沸泉出貌檻泉正出也箋云言我也芹菜也可以爲菹亦所用待君子也我使采其水中芹者尚絜清也周禮芹菹鴈醢○觱音必沸音弗檻泉銜覽反徐下斬反爾雅云正出涌出也芹巨斤反菹側魚反清如字一音才性反○君子來朝言觀其旂其旂淠淠鸞聲嘒嘒載驂載駟君子所居淠淠動也嘒嘒中節也箋云居極也諸侯來朝王使人迎之因觀其衣服車乘之威儀所以爲敬且省禍福也諸侯將朝于王則驂乘四馬而往此之服飾君子法制之極也言其尊而王今不尊也○于旂巨機反淠匹弊反徐孚蓋反又芳計反嘒呼惠反驂七南反駟馬曰驂駟音四居音界中丁仲反諸侯將朝于王一本無于字皆以王字絕句一讀諸侯將朝絕句以王字下屬乘乘上音承證反下音繩○【疏】觱沸至所居○毛以爲觱沸然者是正出之檻泉我明王使人於此水中采其芹菜以爲菹以待諸侯以與富有者是王

家之府藏我明王使人於此府中取其財貨以爲車服以賜諸侯其君子諸侯至來朝之時我明王又使人迎之因觀其車服旗旂其此君子車服旗旂則淠淠然動得宜其車馬鸞鈴之聲又嘒嘒然鳴中節至於將朝王於是親自驂騑則乘四馬而往迎之未來則采菽爲菹以待之既來則乃使人在塗迎之既朝王則驂駟而見之是故明王於諸侯其所尊敬法制之極今王何以不尊乎〇鄭唯以不與爲異〇傳觱沸至正出〇正義曰以觱沸連檻泉言之故知泉出貌釋水云檻泉正出正出涌出也李巡曰水泉從下上出曰涌泉此章毛傳與事不明正以上章類之知此必爲與王肅云泉水有芹而人得采焉王者有道而諸侯法焉觀此上下止言王者之待諸侯不美王者與諸侯作法肅輒言之恐非毛旨必欲爲與不知以與車服賞賜故別爲毛說焉〇箋芹菜至鴈醢〇正義曰上章菽芼。美則此芹亦食之故知芹菜可以爲菹亦所以待君子也以菽爲牛之芼言菽芼見其有牛俎泉是芹所出言泉見其芹絜清不謂非泉即不絜也周禮芹菹鴈醢者醢人云加豆之實芹菹兔醢。箈菹鴈醢是也彼鴈醢與芹菹別文而連引之者因其尙絜清芹鴈俱是水物故連言之〇箋諸侯至不與尊〇正義曰上言采其芹爲我明王則此言觀其旂亦爲我明王故云王使迎之也此陳王尊諸侯既使人迎之又自親迎因見諸侯車服之得禮故言其旂鸞之事與下章相首引是一文而有二意故云因觀其衣服車乘之威儀也此直有車乘而兼云衣服者逆探下章是相互之意明皆因迎而觀之耳言觀則人迎可知案覲禮云至于郊王使人皮弁用璧勞注云郊謂近郊去王城五十里小行人職曰凡諸侯入王則逆勞于畿則郊勞者大行人也書傳略曰天子太子十八曰孟侯孟侯者於四方諸侯來朝迎於郊則小行人迎於畿大行人迎於郊此直云迎理兼於此也又解所以必使迎而觀其威儀者迎之所以爲敬觀之且以省察其禍福也成十四年左傳曰古之爲享食也以觀威儀省禍福也彼雖云饗理可相通故箋據而言之以諸侯至當行朝禮故言將朝於是王則驂乘駟馬而往迎之知驂駟非諸侯之物者以上云言采其芹又曰言觀其旂皆王於諸侯之事既言旂鸞乃云載驂載駟故知非諸侯所乘明王所乘

珍倣宋版印

以往也夏官齊僕云朝覲宗遇饗食皆乘金路各以其等爲車送逆之節注云謂王乘車迎賓客上公九十步侯伯七十步子男五十步是也又言此服飾君子法制之極者謂古者明王待君子諸侯法制所爲之至極言其可尊而今王不尊故刺之○

赤芾在股邪幅在下彼交匪紓天子所予諸侯赤芾邪幅幅偪也所以自偪束也紓緩也箋云芾大古蔽膝之象也冕服謂之芾其他服謂之韠以韋爲之其制上廣一尺下廣二尺長三尺其頸五寸肩革帶博二寸脛本曰股邪幅如今行縢也偪束其脛自足至膝故曰在下彼與人交接自偪束如此則非有解怠紓緩之心天子以是故賜予之○芾音弗股音古邪似嗟反注同幅音福紓音舒予音與偪彼力反大音泰韠音必廣光曠反下同長直亮反脛胡定反縢徒登反解古賣反

樂只君子天子命之樂只君子福祿申之申重也箋云只之言是也古者天子賜諸侯也以禮樂樂之乃後命予之也天子賜之神則以福祿申重之所謂人謀鬼謀也刺今王不然○樂只上音洛下音止重直用反下同樂樂上音岳下音洛

【疏】赤芾至申之○正義曰言古之諸侯非直鸞旂有禮又服赤芾在於股又著邪幅在於股之下而當膝彼古之諸侯與人交接服芾著幅自偪束如此則非有解怠舒緩之心天子由是之故所以賜予之車馬衣服也以諸侯偪束如此故又以禮樂樂之是君子諸侯天子乃命予之以禮樂樂是君子諸侯則神又以福祿申重之古之王者命賜諸侯如此今王不能然故刺之○傳諸侯至偪束○正義曰以赤芾對朱爲異故云諸侯赤芾也桓二年左傳曰帶裳幅舄內則亦單云偪則此服名偪而已杜鄭皆云今之行縢然則邪纏於足謂之邪幅故傳辨之云邪幅正是偪也名曰偪者所以自偪束也○箋芾太古至予之○正義曰箋本其有芾之由故言太古蔽膝之象易乾鑿度注云古者田漁而食因衣其皮先知蔽前後知蔽後後王易之以布帛而猶存其蔽前者重古道不忘本是亦說芾之元由也繫辭云包犧氏之王天下作結繩而爲網罟以佃以漁則佃漁而食伏犧時也禮運曰飲其血茹其毛衣其羽皮是因衣其皮也以人情而論在前爲形體之褻宜所先

蔽故先知蔽前後知蔽後且服芾於前明是重其先蔽而存之也禮運又曰後聖有作治其絲麻以爲布帛繫辭又云黃帝堯舜垂衣裳而天下治則易之以布帛自黃帝以後推此則太古蔽膝伏犧時也後王爲芾象太古之蔽膝故云芾太古蔽膝之象垂衣裳服布帛必始於黃帝其存此象未知起自何代也明堂位曰有虞氏服韍注云舜始作之以尊祭服言始尊祭服異其名未必此時始存象也知冕服謂之芾其他服謂之韠者以士之有爵弁猶大夫以上有冕也士有韎韐猶大夫以上有芾也士冠禮陳服於房中爵弁韎韐皮弁素韠玄端爵韠雜記云士弁而祭於公卽爵弁也士服爵弁以韎韐配之則服冕者以芾配之故知冕服謂之芾士服皮弁玄端皆服韠是他服謂之韠以冕爲主非冕謂之他也韍韠俱是蔽膝之象其制則同。俱尊祭服異其名耳古者衣皮此存其象故知以韋爲之故禮記玉藻韠君朱大夫素士爵韋上云韠下總以韋結之故知以韋上廣一尺下廣二尺長三尺其頸五寸肩革帶博二寸此玉藻文也彼論韠此言韍而引之者明此二者色異而制同也又言脛本曰股者明邪幅在下在股之下古今名異欲以今曉人故云邪幅如今行縢說文云縢緘也名行縢者言行而緘束之故云偪其脛也又解在下之義故云自足至膝故曰在下因在下之文從下而上言之故云自足足卽脚跗也彼交匪舒文在邪幅之下明非舒之義出於邪幅之下故云彼與人交接自偪束如此則非有解怠舒緩之心天子以其如此故賜予之言上章所得車服由諸侯非有舒緩故也此芾幅說諸侯服之而來非天子賜以芾幅也天子所賜之服亦必有芾幅隨之要此據諸侯自服爲文非天子所賜故云自偪束如此此芾幅之服禮之所制縱使心實解惰亦將服之而以其服幅卽云自偪束者作者欲美其事因其衣服而美之能依禮不失亦是自偪束矣○箋古者至不然○正義曰古者天子之賜諸侯必設饗禮則以禮作樂故云以禮樂樂之乃後命予之卽上車服是也天子既已賜之神則以福祿申重之謂使之君臣同心人安國治此則由神。祈祐是神申重之以福祿是神祐之辭故知申之者神也以天子賜之卽人謀神又重之卽鬼謀故言所謂繫辭也祭統曰古者明君爵有德而祿有功

珍倣宋版印

必賜爵祿於太廟示不敢專也則賜或在廟故神得福之言古能如是以刺今王不然維柞之枝其葉蓬蓬蓬蓬盛貌箋云此與也柞之幹猶先祖也枝猶子孫也其葉蓬蓬喻賢才也正以柞為興者柞之葉新將生故乃落於地以喻繼世以德相承者明也○柞子洛反又音昨木名蓬步公反注同○樂只君子殿天子之邦樂只君子萬福攸同殿鎮也○殿多見反注同鎮陟慎反又音珍本作填平平左右亦是率從平平辯治也箋云率循也諸侯之有賢才之德能辯治其連屬之國使得其所則連屬之國亦循順之○平婢延反韓詩作便便云閑雅之貌

疏維柞至率從○正義曰言維此柞木幹上之有枝條其生葉蓬蓬然茂盛新將生故乃落之於地以葉相承無衰落以與維此諸侯先祖之有子孫其有才智亦茂盛繼世以德相承無乏絶由其諸侯世賢如此是以古之明王以禮樂樂是君子則鎮撫天子之邦萬福所同聚而歸之由古者明王尊重之如此故諸侯之有賢才者乃平平然辯治其連屬左右之國使之得所此連屬之國亦如是相與循順而從之故天下所以安定今諸侯亦有繼世賢才者王不命賜使之辯治相從以安天子之國也故刺之○傳蓬蓬盛貌○正義曰述柞葉而言蓬蓬故知是盛貌毛於此章無異鄭之傳故為同也○箋此與至者明○正義曰箋以下云樂只君子是上列君子之美下所樂之故知此宜陳君子諸侯之事枝生於幹猶子孫生於先祖故云柞之幹猶先祖枝猶子孫也以陳諸侯可樂之美故以其葉蓬蓬喻賢才木枝莫不生葉正以柞為興者由柞葉新將生故乃落於地以其枝常有葉似前君賢者死後君賢者生。落君常有賢也以詩人舉柞葉相代為興知其意喻繼世以德相承者明也○又天保云如松柏之茂無不爾或承彼取葉相承為義故取柞為興亦然也○傳殿鎮○正義曰軍行在後曰殿取其鎮重之義故云殿鎮也天子以天下為家諸侯為天子守土故樂是諸侯則得鎮安天子之國也○傳平平辯治○正義曰堯典云平章百姓書傳作辯章則平辯義通而古今之異耳故云平平辯治服虔云平平辯治不絶之貌則平平是貌狀也○箋諸侯至循順之○正義曰箋以上云賢才相承故此云諸侯之有賢才之德能辯治連屬之國使得其所也諸侯來朝其連屬者亦至焉至則亦當賞之不唯連屬之長上獨言其賢才者賞以得賢爲貴故特舉賢而言不謂連屬小國至而不賞也襄十一年左傳說晉悼公受魏絳之謀先和戎狄霸功旣成以賜魏絳之樂卽引詩云樂只君子殿天子之邦樂只君子萬福攸同便蕃左右亦是率從雖引詩斷章彼以晉悼爲霸長連屬之國與此同也○

汎汎楊舟紼纚維之紼繂也纚綏也明王能維持諸侯也箋云楊木之舟浮於水上汎汎然東西無所定舟人以紼繫其綏以制行之猶諸侯之治民御之以禮法○汎芳劍反紼音弗爾雅云紼繂也繂音律纚力馳反韓詩云筰也筰音才各反綏如誰反○

樂只君子天子葵之樂只君子福祿膍之葵揆也膍厚也○葵其維反膍頻尸反韓詩作肶注同

優哉游哉亦是戾矣戾至也箋云戾止也諸侯有盛德者亦優游自安止於是言思不出其位

疏汎汎至戾矣○毛以爲汎汎然浮於水上者楊木之舟舟人以紼繩繫而維持之使不得東西也以興居於民上者諸侯之君也明王以禮法約而制御之使不得違叛也諸侯旣不得違叛供職順命故於來朝明王以禮樂樂是君子諸侯天子於是揆度其功德之多少而命賜之以禮樂樂之是君子諸侯又以福祿厚賜之明王旣以賜祿諸侯優饒之哉游縱之哉明王之德能如此亦如是至美矣古之明王賜諸侯所以爲美今王不能然故刺之○鄭云汎汎然浮之於水上者楊木之舟而舟人以紼繫而維持之使有所屬以興國中者諸侯之人而諸侯以禮教制御之使有所法中四句與毛同下二句言諸侯旣得賜祿故優柔哉遊息哉亦是於自安止矣而思不出其位無復擾叛今王何以不樂賜賢侯令之治人自安反侮慢不信而令之違叛乎故刺之○傳紼繂至諸侯○正義曰釋水云紼縭維之紼繂也縭綏也孫炎曰繂大索也李巡曰繂竹爲索所以維持舟者郭璞曰綏繫也孫炎曰舟止繫之於樹木戾竹爲大索然則紼訓爲繂繂是大緪縭訓爲綏綏又爲繫正謂舟之止息以緪繫而維持之以喻明王能維持諸侯定本及集注以毛云紼弗也與爾雅

不同○箋楊木至禮法○正義曰箋亦以下樂只君子明此言諸侯可樂故以舟喻人舟人喻諸侯以紼○喻禮法也舟人以紼繫舟而制行之喻人亦得依禮法而行不以舟止爲喻○傳葵揆○正義曰釋言文揆者以天子於諸侯命賜有多少或以恩或以功當須揆度多少而與之○箋戾止至其位○正義曰以承上言諸侯能治人以禮法是有威儀者也自安止是思不出其位故引論語以足之襄二十一年左傳叔向引詩云優哉游哉聊以卒歲下句與此不同則所引逸亡此非也鄭亦約彼優游爲居止自安之義故與毛不同

采菽五章章八句

角弓父兄刺幽王也不親九族而好讒佞骨肉相怨故作是詩也好呼報反 疏 角弓八章章四句至是詩○正義曰角弓詩者王之宗族父兄所作以刺幽王也以王不親九族之骨肉而好讒佞之人令骨肉之內自相憎怨使人傚之故父兄作此角弓之詩以刺之也此經八章上二章言王當親九族是爲不親而發言也既不親九族則疏遠賢者自然而好讒佞事勢所宜言於文無所當也骨肉相怨卽三章四章是也由其相怨故五章本其王慢族親宜燕食之事卽亦不親九族之經矣既相怨不親是上教之失故下三章言其可教而反之無使爲驕如蠻如髦也

騂騂角弓翩其反矣興也騂騂調利也不善紲檠巧用則翩然而反箋云興者喻王與九族不以恩禮御待之則使之多怨也○騂息營反沈又許營反說文作弲音火全反翩匹然反紲息列反弓鞁也檠音景弓匣也說文云榜也謂輔也 兄弟昏姻無胥遠矣箋云胥相也骨肉之親當相親信無相疏遠相疏遠則以親親之望易。以 疏 騂騂至遠矣○正義曰以王不親九族故先述御待之難言騂騂然調利者角弓此角弓雖則調利當善用之若不善置紲檠而巧用之則翩然而其體反。房矣是用角弓之難也以與和順者宗族也此宗族雖則和順當善待之若不善設食燕而恩御之則亦憤然而其心怨恨矣是待宗族之難也下二句義具在箋○傳騂騂至而反○正義曰騂騂文連角弓即是角弓之狀也故云調利也旣已調利復云翩其反矣不善用之可知故言不善紲檠巧。用翩然而。則反矣冬官弓人以六材爲弓謂幹角筋膠絲漆也又曰角之中恆當弓之隈杜子春云隈謂弓之淵角之中央與淵相當如彼文弓有用角之處不得即名角弓此言角弓蓋別有角弓如今北狄所用者於古亦應有之但弓人所不載耳今北狄角弓弛則體反若不紲檠則不復任用也檠者藏弓定體之器謂未成弓時內於檠中此弓已調利而言檠者蓋用訖內於竹閉之中恐損其體亦謂之檠紲即緄縢也傳言巧用明是既已成弓非未定體也故知檠義爲然不以恩禮御待定本待作侍○箋骨肉至成怨○正義曰骨肉謂族親也以其父祖上世同稟血氣而生如骨肉之相附。閉謂之骨肉然則骨肉唯謂同姓耳此經兼言昏姻箋通言骨肉者以昏姻之親與宗族同類弁云兄弟甥舅連言之是其同也孟子云兄弟關弓而射我我則涕泣而道之無他戚之也其親親之也是親親之望易以成怨○

爾之遠矣民胥然矣爾之教矣民胥傚矣箋云爾女女幽王也胥皆也言王女不親骨肉則天下之人皆如之見女之教令無善無惡所倚者天下之人皆學之言上之化下不可不慎○傚戶教反

【疏】箋爾女至胥皆○正義曰以言人傚之故知汝幽王也上章胥爲相此章胥爲皆者胥相皆並釋詁文也上以王於族親故爲相於之辭此言天下之人非一故爲皆觀文之勢而爲訓也○

此令兄弟綽綽有裕。不令兄弟交相爲瘉綽綽寬也裕饒瘉病也箋云令善也○綽處若反寬大也裕羊樹反。瘉羊主反

【疏】此令至爲瘉○正義曰上言人隨上化此又申言須化之由以人性有善惡其不善者須化之故言天下若此令善之人於兄弟恩義相與綽綽然有饒裕也其不善之人於兄弟則無恩義唯交更相詬病而已是天下善人少惡人多惡人相病須上化之故欲令王教之○

民之無良相怨一方箋云良善也民之意不獲當反責之於身思彼所以然者而怨之無善心之人則徙

珍倣宋版印

居一處怨恚之○處昌慮反恚一瑞反○受爵不讓至于已。斯亡爵祿不以相讓故怨禍及之比周而黨愈少鄙爭而名愈辱求安而身愈危箋云斯此也○比毗志反鄙爭爭鬬之爭○【疏】民之至斯亡○正義曰上既言惡人兄弟相病此【正】又申而。成之言天下之人無善心也不但於兄弟

相病又不能反之於己以情相怨徒然相怨於一方彼非可怨而怨之是小人之愚惑也此言無良之人不但遙則相怨又對面則受其官爵不以相讓由此爲彼所怨至於己身以此而致滅亡是不教之大禍也王何不親宗族以化之乎章首先言人之無良乃云相怨一方弁受爵不讓皆是無良之行末言以至於已斯亡以此二事而至亡也以人初不善兄弟又於外遙則相怨爵則不讓由此以亡○箋民之至怨恚○正義曰欲解無良之意先言良事以反之言人之善者其意有所不得於彼心則當反而求之於己身思彼所以於我而然者而以情怨之不卽相怨也其無善心之人有不獲於彼則徒居一方而相怨恚徒空也彼不可怨而怨之是空也○傳爵祿至愈危○正義曰由爵不讓而彼爲彼所怨是以禍及於己王制云使以德爵以功則己有功德當自受之而必須讓者以凡稟血氣皆有爭心在上者可量功校能受之者當先人後己故禮設辭讓之法禮記曰爵祿可辭又曰爵位相先文王之朝士讓爲大夫大夫讓爲卿舜命羣官禹讓稷契之類皆先聖典謨有相讓之法也論語注云士辭位不辭祿言爵祿可辭者以辭爵則祿亦辭之可知故弁言之傳又因述不可。讓之意爲阿黨比周而望黨援者而其黨愈益少也以人與正不與枉故曲比者黨少也爲鄙恥之爭而望榮名者而其名愈益辱也以鄙爭可恥故名辱也苟望求安於己而危他人者而其身愈益危也人各求安則彼以危己故身危也然則求黨求名在於不爭求安在於不安是猶求爵在於讓爵故言此以類之○

老馬反爲駒不顧其後已老矣而。孩童慢之箋云此喻幽王見老人反侮慢之遇之如幼稚不自顧念後至年老人之遇己亦將然○駒音拘孩本作咳戶才反許愼云小兒笑也稺音稚如食宜。饇如酌孔取饇飽也箋云王如食老者則宜令之飽如飲老者則當孔取孔

珍倣宋版印

取謂度其所勝多少凡器之孔其量大小不同老者氣力弱故取義焉王有族食族燕之禮○食音嗣注同宜如字本作儀注同韓詩云儀我也饇於據反徐又於具反取如字沈又音娶令力呈反飲於鴆反度待洛反勝音升量音亮○

【疏】老馬至孔取○正義曰此又言王之不怨言老馬反爲駒而用之猶王於老人反爲童而遇之王慢老如是則爲不復自顧其後已至年老人之遇己亦將然是猶王之不怨故天下傚之皆無良相怨也因教王尊老之宜言王如食老者之食則宜令之飽而已如酌老者之酒則當如孔之有取孔者器中之所受也器之所受有大小滿則止猶老者所勝有多少亦足則停是王於老者當節敬如是今王何以不然而反慢之○傳已老至慢之○正義曰此經舉馬以喻人故言已老矣而孩童慢之說文云咳小兒笑也內則云子生三月父咳而名之謂指其頤下令之笑而爲之名此言咳童慢之亦當然也此詩刺王不親九族所以偏言老者以老是王者所宜貴故祭義曰虞夏殷周天下之盛王也未有遺其年者況其宗族之老人乎故九族不宜慢之○箋王如至之禮○正義曰王如食老者食則令之飽謂有嘉味勸助之也經言酌當酌酒以與人是飲之酒也食則苦其不飽酒則唯恐過度故食言宜饇酒言孔取謂器中所勝容虛受物之處老子所謂埏埴以爲器當其無有器之用也以比於老人所勝氣力多少是如孔之取也言王有族食族燕之禮者解經所以有食酌之事食則族食酌即族燕矣以食禮無飲燕法無食故如二事也王於宗族大事亦有饗但經所不言食燕可以兼之也大宗伯以飲食之禮親宗族兄弟文王世子曰若公與族人燕則以異姓爲賓膳宰爲主人族食世降一等大傳云綴之以食而弗殊是王有族食族燕之禮也鄭知孔非物所由出言凡器之孔者以物所由出之孔於八飲酒容受之喻不宜又若一禮不可以喻多少故爲凡器之孔老子云孔德之容唯道是從亦謂器之受實爲孔也○

毋教猱升木如塗塗附猱猨屬塗泥附著也箋云毋禁辭猱之性善登木若教使其爲之必也附木桴也塗之性善者若以塗附其著亦必也以喻人之心皆有仁義教之則進

君子有徽猷小人與屬徽美也箋

云獸道也君子有美道以得聲譽則小人亦樂與之而自連屬焉今無良之人相怨王不教之疏毋教至與屬○毛以爲上言小人做上之化無良相怨此又言可反之使善王宜教之言王之不教小人如人之禁彼云無得教猱之升○不若教之升木則如以塗泥塗物必附著也何者猱之性善登木今教之使登必能登木矣又喻塗之性善附著以之塗物必著矣以與王自不教小人以仁義者若教小人以仁義則必從矣何者以人性皆有仁義因其性而道之故教之必從也又言小人所以易教者以君子之人有美道以得聲譽小人則慕樂之美其榮名欲得與之而自連屬也是天下之人皆樂善而棄惡但無人啓教耳王何不教之乎鄭唯以附爲木桴言以塗泥塗木桴則易著餘同○傳猱猨至附著○正義曰猱則猿之輩屬非猨也陸機疏云猱。獮猴也楚人謂之沐猴老者爲玃長臂者爲猨猨之白腰者爲獑胡獑胡猨駿捷於獮猴然則猱猨其類大同故樂記注云猨。獮猴也是其類故也傳言附著也是訓附爲著故王肅云教猱升木必也如以塗之必著○箋毋禁至則進○正義曰說文云毋止之也從女象有。好之者言止其。好而稱毋故毋爲禁辭以猱升木類之則附爲有形之物不得爲著故易傳以塗之易著必是物之。澀者故爲木桴桴謂木表之麤皮也以猱之性善登木泥之性善著物因其所善而教用之故言必也以顧下小人與屬故知喻人心皆有仁義教之則進此章先言人心易教王不教之下章乃言其樂善故言毋爲禁止之意言小人之易教故反辭以體之非禁王不聽教小人孫毓難鄭云若喻人心皆有仁義教之則進何爲禁之而云毋乎是未得立言之意耳

雨雪瀌瀌見晛曰消晛日氣也箋云雨雪之盛瀌瀌然至日將出其氣始見人則皆稱曰雪今消釋矣喻小人雖多王若欲與善政則天下聞之莫不曰小人今誅滅矣其所以然者人心皆樂善王不啓教之○雨于付反注及下同瀌符嬌反徐符彪反又方苗反雪盛貌見如字下文同韓詩作曣音於見反云曣見日出也晛乃見反曰音越下同韓詩作聿劉向同始見賢遍反又如字

莫肯下遺式居婁驕箋云莫無也遺讀曰隨式用也婁歛也今王不以善政啓小人之心則無肯謙

虛以禮相卑下先人而後己用此自居處斂其驕慢之過者○下遐嫁反注卑下同又如字遺王申毛如字鄭讀曰隨婁王力住反數也徐云鄭音樓斂也爾雅云裒鳩樓聚也沈力俱反

疏雨雪至婁驕○毛以爲上言人心易進此言易化之事言天之雨下此雪雖瀌瀌然而盛至於見天晛然之日氣人皆稱之曰此雪今消釋矣以興小人雖皆行此惡之甚至於見王之善政人皆言之曰小人今誅滅矣人惡小人而欲滅之是其心皆好善矣王何不教之乎必須教之者以此小人皆爲惡行莫肯自卑下而遺去其惡心者用此之故其與人居處數爲驕慢之行故須化之鄭唯以下二句爲異言小人不爲王所啓教故莫肯自謙虛以禮相卑下隨從於人者又無用此卑下隨從行自居處婁斂其驕慢之過者由王不教使然欲王教之也此莫肯之文幷統下句爲義○傳晛日氣○正義曰說文云晛日見也此詩之意言雪見之而消消雪者日也序又從日故○知晛是日氣也○箋雨雪至教之○正義曰以曰者人言之辭若日出則雪消不復須言矣明言者於日未出而言之故知至日將出其氣始見人則皆稱之曰雪今消釋矣以瀌瀌雪之盛貌故知喻小人之多也以日將出以比王政則王未有政故言王若興善政則天下聞之莫不皆曰小人今誅滅矣以雪比小人日能消雪故喻王誅小人也論語曰子爲政焉用殺而言誅小人者以王興政則天下有賞有罰天下喜王爲善而言小人誅滅見疾惡之情深有樂善之意耳非卽盡誅滅之也此上。成猱升木之事欲王之教人故言人心皆樂善王何不啓教之乎○箋遺讀至過者○正義曰箋以遺棄之義不與謙下相類故讀曰隨隨從於人先人後己以相卑下之義也釋詁云婁斂聚也俱訓爲聚則義得通故云婁斂也言用此者用此下隨之行自居處收斂其驕慢之過爲敬順謙恭也此二句毛不爲傳但毛無改字之理又婁之爲數乃常訓也故別爲毛說焉

雨雪浮浮見晛曰流浮浮猶瀌瀌也流流而去也

如蠻如髦我是用憂蠻南蠻也髦夷髦也箋云今小人之行如夷狄而王不能變化之我用是爲大憂也髦西夷別名武王伐紂其等有八國從焉○髦舊音毛尋毛鄭之意當與尚書同音莫侯反行下孟

反【疏】如蠻至用憂○正義曰言由王不以善政啓小人之心令如南國之荊蠻如西方之。我髦行如夷狄王不能變我是用爲大憂之欲令王與善政而不能由此以刺之也○傳蠻南蠻髦夷髦○正義曰爾雅八蠻在南故爲南蠻髦對而言之不在中國故爲夷髦髦雖在西夷總名也○箋今小至從焉○正義曰言如以比之是小人之行比如夷狄也傳言夷髦不辨其方之所在故云西夷之別名知者正以武王伐紂其等有八國從之其中有髳故知在西方也牧誓曰及庸蜀羌髳微盧彭濮人又曰逖矣西土之人是西方也彼髳此髦音義同也

角弓八章章四句

菀柳刺幽王也暴虐無親而刑罰不中諸侯皆不欲朝言王者之不可朝事也菀音鬱徐於阮反中丁仲反下注不中同朝直遙反篇內同【疏】菀柳三章章六句至朝事○正義曰經三章毛鄭雖有小異皆以上二章次二句爲暴虐下二句及卒章下二句爲刑罰不中其上二章上二句及卒章上四句言王無美德心無所至言王者不可朝事之意總三章之義也

有菀者柳不尚息焉興也菀茂木也箋云尚庶幾也有菀然枝葉茂盛之柳行路之人豈有不庶幾欲就之止息乎興者喻王有盛德則天下皆庶幾願往朝焉憂今不然上帝甚蹈無自暱焉蹈動暱近也箋云蹈讀曰悼上帝乎者愬之也今幽王暴虐不可以朝事甚使我心中悼病是以不從而近之釋己所以不朝之意○蹈音悼鄭作悼病也暱女栗反又女筆反徐又乃吉反俾予靖之後予極焉靖治極至也箋云靖謀俾使極誅也假使我朝王王留我使我謀政事王信讒不察功考績後反誅放我是言王刑罰不中不可朝事也○俾必爾反本作卑後皆同極毛如字鄭音棘

【疏】有菀至極焉○毛以爲有菀然者枝葉茂盛之柳行路之人見之豈不庶幾就之而息止焉誠欲就之而止息以興有道德茂美之王諸侯見之豈不庶

幾往之而朝事今諸侯不往朝王由無美德故也諸侯既不朝王又相戒曰上帝之王甚變動而其心不恆刑罰妄作汝諸侯無得自往親近之若自往親近之必將得罪又恨王者不任己以事言王之有事若使我治之於後則使我更至焉今有事不使我治之動輒加我以罪我所以不欲朝王治也○鄭以上二句與毛同言我不欲朝者以王暴逆故訴之于天言上帝乎今幽王行其暴虐不可朝事甚使人心中悼傷我是以無得從而近之由王爲惡故己不欲朝也非直暴虐如是刑罰不中假我朝王王留我有政事使我謀之王信讒不察功考績我雖無罪於後必罪我而誅放焉由此我所以不往朝事之也○箋不尚庶至不然○正義曰釋言云庶幾尚也以心所念尚郎是庶幾義相反覆也以行人之欲息於茂蔭似諸侯之。願朝於有德故以茂喻盛德而願往焉反陳古義以刺今故言憂今不然○傳蹈動暱近○正義曰蹈者踐履之名可以蹈善亦可以蹈惡故爲動言王心無恆數變動也故王肅孫毓述毛皆以上帝爲斥王矣暱近釋詁文毛於下章瘵焉病也言王者躁動無常行多逆理無得自往近之則爲王所病與此互相接也○箋蹈讀至之意○正義曰以上言庶幾朝之下句言無自暱焉是其蹈爲惡之狀故讀爲悼言使人心中悼病若蹈履則非惡之狀故易傳也言王無美德下訴其不可朝事於理爲切故以上帝爲天而訴之也序言王者不可朝事故云釋己所以不朝之意○傳靖治極至○正義曰並釋詁文此言王不可朝而云使我治之後我至焉則毛意以爲恨王不使己治事故後不至也此恨王不任己事則居以凶危是又恨王使己皆由王之無常有事不任之讒任郎加罪是不可朝事○箋靖謀至朝事○正義曰靖謀俾使皆釋詁文極誅釋言文以序云刑罰不中卒章云居以凶矜反以類此則極邁皆罪事故言假使我朝王王留我使謀政事王信讒反誅放我也以凶矜之文與此相類故易傳也

有菀者柳不尚愒焉 愒息也○愒欺例反徐丘麗反 上帝甚蹈無自瘵焉 瘵病也箋云。瘵接也○瘵側界反鄭音際 俾予靖之後予邁焉 箋云邁行也行亦放也春秋傳曰。予將行之

疏 箋瘵接○正義曰毛依釋詁云瘵病

珍倣宋版印

也鄭以上暱類之讀爲交際之際故言接也○箋邁行至行之○正義曰邁行釋言文以罪而使之行於外故言行亦放也引傳曰予將行之者昭元年左傳文時鄭之大夫游楚有罪子產將放之子大叔者游楚之宗傳曰將行子南子產咨於大叔大叔曰吉不能亢身焉能亢宗吉若獲戾子將行之何有於諸游是行爲放之義故引證之也吉大叔之名子南游楚之字

有鳥高飛亦傅于天彼人之心于何其臻箋云傅臻皆至也彼人斥幽王也鳥之高飛極至於天耳幽王之心於何所至乎言其轉側無常人不知其所居○傳音附曷予靖之居以凶矜曷害矜危也箋云王何爲使我謀之隨而罪我居我以凶危之地謂四裔也○裔延世反

疏有鳥至凶矜○毛以爲鳥飛無定之物人心有定之主今鳥有所至人心反無至故以喻之言有鳥高飛謂其終無所至亦至于天而止也今彼人幽王之心于何其所至乎言其心轉側無常人不知其所止乃鳥之不如由此不可朝事也我若朝王王使我治事旋即罪我故恨王云何由使我治之尋復居處我以凶危之地也使即罪之是刑罰不中不可朝事也○鄭唯以靖謀爲異餘同○傳曷害○正義曰傳雖曷爲害亦訓爲何故害澣害否皆爲何也○箋王何至四裔○正義曰以誅放類之故知凶危是凶危之地謂四方荒裔遠處即九州之外也文十八年左傳曰投諸四裔以禦螭魅是四裔之文即羽山東裔崇山南裔三危西裔幽州北裔是也九州之外而言幽州者以州界甚遠六服之外仍有地屬之故繫而言焉

菀柳三章章六句

附釋音毛詩注疏卷第十五（十五之二）

# 毛詩注疏校勘記（十五之二）

阮元撰盧宣旬摘錄

○魚藻

有那其居 小字本相臺本同唐石經那字磨改其初刻不可辨或與商頌同見彼下

○采菽

數徵會之 小字本相臺本同唐石經數字磨改其初刻不可辨

采其葉以爲藿 小字本相臺本同案正義云故云采其葉以爲藿釋文以爲藿作音段玉裁云藿當是芼

王饗賓客有生俎 閩本明監本毛本同小字本相臺本生作牛考文古本同案生字誤也正義可證

傳解言大牢之意 閩本明監本毛本同案浦鏜云傳解二字當誤倒是也

天子賜諸侯氏以車服 閩本明監本毛本同案浦鏜云諸衍字是也

是服同賜之矣 閩本明監本毛本同案是下當有車字

絺衣粉米 閩本明監本毛本同案浦鏜云刺誤衣是也

裁以爲衣舉衮 閩本明監本毛本同案浦鏜云裁當或字誤是也

諸侯將朝于王 小字本相臺本同案釋文云一本無于字皆以王字絕句一讀諸侯將朝絕句以王字下屬考正義云以諸侯至當行朝

禮故言將朝於是王則駿乘四馬而往迎之是正義本無于字讀朝字絕句與一讀同也

不知以與車服賞賜 閩本明監本毛本同案浦鏜云知當如字誤是也

上章菽芼美 閩本明監本毛本同案浦鏜云羹誤美是也

箈菹鴈醢 明監本毛本箈誤落閩本不誤○按康成以前正作落菹

邪幅幅偪也所以自偪束也 小字本相臺本同案正義云故傳辨之云邪幅正是偪也名曰偪者所以自偪束也是其本作邪幅偪也偪所以自偪束也各本皆誤

俱尊祭服 閩本明監本毛本同案浦鏜云俱當但字誤是也

此則由神祈祐 閩本明監本毛本同案浦鏜云祈疑所字譌是也

落君常有賢也 補 毛本落作其案其字是也

優哉游哉 明監本優誤優各本皆不誤

李巡曰𦆽竹爲索 閩本明監本毛本𦆽誤繂案依此正義引爾雅幷注皆當作𦆽今作繂者乃依此傳改耳

○角弓

騂騂調利也 小字本相臺本同考文古本同閩本明監本毛本利誤和正義中字同釋文騂騂下云調利也本亦或誤今正詳後考證

則以親親之望易以小字本相臺本閩本明監本毛本皆以下有成怨二字案此十行本誤脫

則翩然而其體反房矣閩本明監本毛本同案浦鏜云戾誤房是也

翩然而則反矣閩本明監本毛本同案則字當在翩字上浦鏜云譌在下是也

閑謂之骨肉閩本明監本毛本同案閑當作因形近之譌

綽綽有裕毛本裕誤裕明監本以上皆不誤餘同此

至于已斯亡小字本相臺本同閩本明監本毛本同唐石經已作己案己字是也音紀正義云至於己身以此而致滅亡可證坊記引此詩鄭彼注云以至亡己是鄭義自作己也己誤作已經注正義中所在多有考六經正誤則宋時固然唐石經二字無誤者餘同此

此又申而成之補案成當戒字之譌毛本正作戒

傳又因述不可讓之意閩本明監本毛本同案不可下浦鏜云疑脫不字是也

而孩童慢之小字本相臺本同案釋文云孩本作咳戶才反考正義云此言咳童慢之是其本作咳也

如食宜饇唐石經小字本相臺本同案釋文云宜如字本作儀注同正義本是宜字

老子所謂埏埴以爲器閩本明監本毛本同案浦鏜云挻誤埏是也

又若一禮閩本明監本毛本同案浦鏜云禮當孔字誤是也因禮作礼而致譌耳

若教使其爲之必也小字本同閩本明監本毛本同相臺本無之字必下有能字案相臺本誤也沿革例云依疏增一能字考此正義云必能登木矣乃自爲文非其本注有能字也下箋云其注亦必也二必字義同正義引王肅云教猱升木必也又云因其所善而教用之故云必也皆可證沿革例讀正義誤耳

無得教猱之升不若教之升木補案不當作木屬上句讀毛本不誤

猱彌猴也補考陸疏彌作獼毛本亦作獼彌字省譌也

故樂記注云猨獼猴也閩本明監本毛本同案猨當作獿正義引經籍有用其本書之字而不復言其字異義同者於所易知例如此也今每有爲人因經注不見其字而改去者此其比矣

必是物之翣者補閩本明監本毛本同案翣當作澀誤脫水旁

序又從曰閩本明監本毛本同案浦鏜云序當字字誤是也

此上成猱升木之事補毛本成作戒案戒字是也

如西方我髦補案我當是夷之譌傳髦夷髦也可證

菀柳

○菀茂木也小字本相臺本同案釋文菀柳下云木茂也是其本作木茂正義本今無可考

似諸侯之顯朝於有德 閩本明監本同毛本顯作願案所改是也

箋云瘵接也小字本同閩本明監本毛本同相臺本無瘵字案無者誤也○按箋卽際之假借也不言讀爲際者省文也

春秋傳曰予將行之也閩本明監本毛本同小字本相臺本予作子案予字誤○補案正義予將行之者同

子南游楚之子補案子當作字毛本同誤

# 附釋音毛詩注疏卷第十五（十五之二）



毛詩小雅　　鄭氏箋　　孔穎達疏

都人士周人刺衣服無常也古者長民衣服不貳從容有常以齊其民則民德歸壹傷今不復見古人也服謂冠弁衣裳也古者明王時也長民謂凡在民上倡率者也變易無常謂之貳從容謂休燕也休燕猶有常則朝夕明矣壹者專也同也○長張丈反注同貳音二從七容反復扶又反下注同倡率色類反朝夕直遙反【疏】都人士五章章六句至古人○正義曰都人士詩者周人所作刺其時人所著之服無常也以古者在上長率其民所衣之服不變貳雖從容休燕之處其容貌亦有常不但公朝朝夕而已身自行此以齊正其人則下民皆為一德謂其德如一與上齊同亦衣服不貳從容有常也傷今不復見古之人故作詩以刺之周人者謂京師畿內之人此及白華獨言周人者蓋敘者知畿內之人所作其人或微不足錄故言周人以便文無義例也不言刺幽王者此凡在人上服皆無常故下民亦不齊一此刺當時之服無常非指刺王身故序不言刺王然風俗不齊亦王者之過卽亦刺王也服謂在體之衣德謂身之所行德服非一在上衣服有常能使下民一德正謂服有常一也抑抑威儀維德之隅由德行有常故服不變既觀其服之不貳知其德之齊一不然則德在於心不可知其一否也經五章皆陳古者有德之人衣服不貳不言長民者敘言人德齊一之由故說長民不貳於經無所當也唯傷今不復見古之人是總敘五章之義民者兼男女故經有士女二事○傳服謂至同也○正義曰冠弁在首衣裳在身皆是體之所服直云衣服刺無常明其兼之也弁者古冠之大號也冠弁總謂在首者冕弁之類皆在其中也春官司服云凡田冠弁服謂委貌玄冠為冠弁對其餘弁冕而立名非總諸冠與此不同也以傷今而思之故知古者明王時也言長民則與民為長者皆是故謂

凡在人上倡率者謂爲官倡導帥領之人卽邑宰鄉遂之官言凡語廣雖上及天子諸侯皆是也衣服衆矣當各以其事服之今云衣服不貳明各於其事不得差貳故云變易無常謂之貳也此從容承衣服不貳之下以對之矣明爲私處舉動故知謂休燕閒暇之處宜自放縱猶尙有常則朝夕舉動亦有常明矣此休燕有常直謂進退舉動不失常耳卽經所云其容不改之類非據衣服故箋直云猶有常不言服明其非服也壹者齊一之義故爲事也同也言專爲一行服色齊同也

彼都人士狐裘黃黃其容不改出言有章彼彼明王也箋云城郭之域曰都古明王時都人之有士行者冬則衣狐裘黃黃然取溫裕而已其動作容貌旣有常吐口言語又有法度文章疾今奢淫不自責以過差○出如字士行下孟反下文行歸注操行同衣於旣反差初賣反又如字○行歸于周萬民所望周忠信也箋云于於也都人之士所行要歸於忠信其餘萬民寡識者咸瞻望而法傚之又疾今不然○望如字協韻音亡○○

【疏】箋城郭至過差○正義曰都者聚居之處故知城郭之域也定本城作域正舉都邑者以都邑之士近政化有道先被其德無道先化其淫此時奢淫巧僞都邑尤甚故舉古之都邑以較今之都邑也士者男子行成之大稱敘言則民一德是所陳者人也人而言士故知都人之有士行者非爵爲士也月令孟冬天子始裘故知冬則衣狐裘也以古之衣裘其上必有裼衣故知取其溫裕而已禮記緇衣引此詩彼注云黃衣則狐裘大蜡之服也詩人見而說焉以爲大蜡之裘則是有衣裼矣言取溫裕者以注記之時未詳此詩之意以狐裘黃者實大蜡時息民所服服則黃衣故以言焉至此觀經爲解故不與彼同也若然息民之祭服此狐裘則是尊貴之服矣庶人而得服之者彼狐之黃者多黃狐之衣非貴服也息人臘祭服之者於是草木黃落象其時物之色故服之耳郊特牲云野夫黃冠黃冠草服也注云言祭以息民服象其時物之色季秋草木黃落是順時而服非同於常祭其寶爲輕又不衣裼故庶人所得衣也若然玉藻云犬羊之裘不裼注云質略亦庶人無文飾則庶人止服犬羊此衣狐裘者以禮不下庶人其制不可得曲而

盡此言狐裘則庶人得衣狐裘明矣禮云犬羊舉一以言之七月云一之日于貉箋云于貉往捕貉以自爲裘是庶人又以貉裘而禮無明文禮之所記不能盡也七月又云取彼狐狸爲公子裘則非公子不得衣狐裘言庶人狐裘者以狐色不等若狐白非君不服狐青及小而美者則可以供公子而庶人避其文故言于貉若黃狐及麤惡者不廢庶人亦服之且孔子云狐貉之厚以居狐連貉言之貉既庶人所服狐亦服之明矣以庶人服犬羊不裼故此狐裘亦不裼取其溫裕而已或以書傳云古者必有命民得乘飾車駢馬衣文錦彼都人士爲命民故異於其餘庶民知不然者此則思古之服則古之都邑之士則當皆然也下言緇撮不異庶人則狐裘黃黃是庶人所當服矣此思古人之善以刺今人之惡故箋總之云疾今奢淫不自責以過差也以君子既有其服則常其容以出於言而後爲行故經以此爲文次也○箋都人士至今不然○正義曰以經言萬民所望明都人爲人所法傚也知寡識者以明王之時賞不遺才若深識當爲時所用今取法於都人故知寡識者以因前經故言又疾今不然襄十四年左傳引此二句服虔曰逸詩也都人士首章有之禮記注亦言今毛氏有之三家則亡今韓詩實無此首章時三家列於學官毛詩不得立故服以爲逸

彼都人士臺笠緇撮 臺所以禦暑笠所以禦雨也緇撮緇布冠也箋云臺夫須也都人之士以臺皮爲笠緇布爲冠古明王之時儉且節○也○臺如字爾雅作薹草名笠音立緇側其反撮七活反夫音符本亦作扶○

彼君子女綢直如髮 密直如髮也箋云彼君子女者謂都人之家女也其情性密緻操行正直如髮之本末無隆殺也○綢直留反密也致直置反本亦作緻隆俗本作降殺所界反又所側反○

我不見兮我心不說 箋云疾時皆奢淫我不復見今士女之然者心思之而憂也○我不見第二章作不見後三章作弗見一本四章同作不字說音悅

疏 彼都至不說○正義曰言彼明王之時都邑之人有士行者以臺草爲笠緇布爲冠以撮持其髮是儉而且節此都人之行如是則爲君子之人矣彼都人君子之家女其情性密緻操行正直如人之頭髮然其本末無隆殺言其性行終

始不變也今既不然士女淫泆我今不復得見古之都人士女德行如是今由此我心不歡說而憂心思古也○傳臺所至布冠○正義曰臺草名可爲笠則一也而傳分之者一笠本禦暑故良耜曰其笠伊糾因可以禦雨故傳分之以充二事焉以緇撮爲一知臺笠不二矣○箋以臺至且節○正義曰禹貢有島夷卉服彼卉者是草之總名但島夷居下濕而常服之此臺草之一名亦卉也郊特牲曰大羅氏天子之掌鳥獸者諸侯貢屬焉草笠而至尊野服也則草笠野人之服是賤者也前裘則冬所衣此笠則夏所用各舉其一而言之以臺皮爲笠緇布爲冠不用美物故云儉言撮此是小撮持其髻而已是且節也鄭知取此義者以上言狐裘即述其容貌言行此下不述言行故舉其冠笠以表節儉也此案郊特牲云大古冠布齊則緇之言冠而敝之可也注云此重古而冠之耳三代改制齊冠不復用布玉藻云始冠緇布冠自諸侯下達冠而敝之可也則此應始冠而敝之今都人以爲常服者士以上冠而敝之庶人則雖得服委貌因而冠之而儉者服緇布故詩人舉而美焉故論語今也純儉注云純當爲緇則緇亦得之爲紂帛何知非紂帛爲玄冠而言緇布者以緇雖古布帛兩名但字從才者爲帛從甾者爲布此言緇故知非帛且若是帛爲玄冠則有制度不得言撮故士冠禮云緇布冠頍項注云緇布冠無笄者著頍圍髮際結項中隅爲四綴以固冠也項中有繩亦由固頍爲之耳今未冠笄者著卷幘頍象之所生也是緇布冠制小故言撮以此益明非玄冠若然緇布冠制自當小頍言明王之時儉且節者解不著玄冠而著緇布之意故雖禮制之小亦由儉節而著之○傳密直如髮○正義曰傳變綢言密則以綢爲密也綢者綢緻之言故爲密也○箋彼君子至隆殺○正義曰文承於上故以彼君子女謂都人之家女也以密在於心故言情性直見於外故言操行謂所操持之行跡也能始終不虧故言本末無隆殺定本隆作降

彼都人士充耳琇實。琇美石也箋云言以美石爲瑱瑱塞耳○琇音秀徐又音誘瑱他見反○彼君子女謂之尹吉尹正也箋云吉讀爲姞尹氏姞氏周室婚姻之舊姓也人見都人之家女咸謂之尹氏姞氏之女言有禮法○吉毛如字鄭讀爲姞

珍倣宋版印

其吉反又其乙反我不見兮我心苑結箋云苑猶屈也積也○苑於粉反徐音鬱又於阮反疏彼都至苑結○毛以為言彼明王之時都人之有士行者充耳以琇之美石寶其耳是其有節制也彼都人有君子之德其家之女謂之正直而嘉善矣我今不見古之士女德服如是我心為之苑然槃屈如繩索之為結矣○鄭唯尹姞為異餘同○傳琇美石○正義曰淇奥傳曰琇瑩美石說文云琇美石次玉也然琇是美石之名耳而此傳俗本云琇寶美石者誤也今定本毛無寶字說文直云琇石次玉則寶非玉名故王肅云以美石為瑱塞實其耳義當然也淇奥說武公之服以琇為充耳此都邑庶人亦用琇者禮天子以純玉諸侯以下則玉石雜衞風自舉石言之其寶玉多而石少非全用石也此則庶人無玉用石而已其用之石則與諸侯之同名故俱言琇也○傳尹正○正義曰釋言文王肅云正而吉也易繫辭云吉人之辭寡○箋吉讀至禮法○正義曰言謂之者是指成事而謂之故易傳也尹既是姓則吉亦姓也故讀為姞美其人而謂之尹姞者以尹氏姞氏周室昬姻之舊姓也則知者節南山云尹氏大師常武經曰王謂尹氏昭二十三年尹氏立王子朝是其世為公卿明與周室為昬姻也韓奕云為韓姞相攸言汾王之甥是姞與周室為昬姻也又宣三年左傳云鄭石癸曰吾聞姬姞耦其子孫必蕃姞吉人也后稷之元妃也言姬姞耦明為舊姓以此知尹亦有昬姻矣既世貴舊姓昬連於王室家風不替是有禮法矣故見都人之女有禮法者謂之尹姞也孫毓云尹氏姞氏衰世舊姓豈必能賢案篇義思古之人則所言皆斥明王之時不得以衰世為難矣

彼都人士垂帶而厲彼君子女卷髮如蠆厲帶之垂者箋云而亦如也而厲如鞶厲也鞶必垂厲以為飾厲字當作裂蠆螫蟲也尾末揵然似婦人髮末曲上卷然○帶音帶本亦作帶厲毛如字鄭當作裂音列卷音權注及下同蠆勑邁反又勑界反蠆蟲也通俗文云長尾為蠆短尾為蠍蠍音虛伐反鞶薄寒反螫音釋本又作蠚呼莫反揵其言反又音虔漢書音義云舉也又渠偃反一音其蹇反上時掌反我不見兮言從之邁箋云言亦我也邁行也我今不見士

女此飾心思之欲從之行言己憂悶欲自殺求從古人○疏彼都至之邁○毛以為言彼明王之時都人之有士行者垂其帶之飾而有厲然言其服飾有常也彼都人君子之家女乃曲卷其髮末如蠆之尾言其容儀有法也今之士女皆奢淫不然我今不見古之士女如是儀飾以是故心中思之我欲從之其當自殺以行而求古人言己憂悶不能自勝也鄭唯以垂帶如鞶裂為異餘同○傳厲帶之垂者○正義曰毛以言垂帶而厲為絕句之辭則厲是垂帶之貌故以厲為帶之垂者○箋而亦至卷然○正義曰以言如蠆將外物以比髮曲則而厲亦將外物以比帶垂故云而亦如也以蠆已言如故言亦如也如厲如鞶厲者謂如桓二年左傳云鞶厲游纓也彼服虔以鞶為大帶也鄭意則不然內則云男鞶革女鞶絲注云鞶小囊盛帨巾者男用韋女用繒有飾緣之則是鞶裂與詩云垂帶如厲紀子帛名裂繻字雖今異意實同也以鄭彼注言之則鞶是囊之名但有飾緣之垂而下名之為裂鞶必垂裂以為飾言帶之垂似之也以紀子帛名裂繻故言厲字當作裂也昭四年左傳曰其父死於路已為蠆尾言蠆尾有毒也故以為螫蟲其末尾揵然似婦人髮末曲上卷然也禮斂髮無髢而有曲者以長者盡皆斂之不使有餘而短者若鬢傍不可斂則因曲以為飾故不同也定本及集本揵下皆無然字○箋我今至古人○正義曰上言帶髮故言士女此飾也以上章有我心此言從之邁故知心思之彼人已死而欲從之行故知憂悶欲自殺求從古人○匪伊垂之帶則有

餘匪伊卷之髮則有旟旟揚也箋云伊辭也此言士非故垂此帶也帶於禮自當有餘也女非故卷此髮也髮於禮自當有旟也旟枝旟揚起也○旟音餘揚也我不見兮云何盱矣箋云盱病也思之甚云何乎我今已病也○盱喜俱反疏匪伊至盱矣○正義曰此承上章之文故匪伊之上闕帶髮之文見於下句以法所當然是於禮有之也禮大帶垂三尺是矣此下二句初直不悅後更菀結故欲自殺而未能所以為病為事之次也

都人士五章章六句

采綠刺怨曠也幽王之時多怨曠者也怨曠者君子行役過時之所由也而刺之者譏其不但憂思而已欲從君子於外非禮也○思息嗣反下皆同疏采綠四章章四句至曠者○正義曰謂婦人見夫行役過時不來怨己空曠而無偶也婦人之怨曠非王政而錄之於雅者以怨曠者為行役過時是王政之失故錄之以刺王也經上二章言其憂思下二章恨本不從君子皆是怨曠之事欲從外則非禮故刺之○箋怨曠至非禮○正義曰婦人思夫情義之重禮所不責故知譏其不但憂思而已欲從君子於外非禮也禮婦人送迎不出門況從夫行役乎雖憂思之情可閔而欲從之語為非故作者陳其事而為是非自見也

終朝采綠不盈一匊興也自旦及食時為終朝兩手曰匊箋云綠王芻也易得之菜也終朝采之而不滿手怨曠之深憂思不專於事○匊弓六反注本或一手曰匊芻楚俱反草也易以豉反

予髮曲局薄言歸沐局卷也婦人夫不在則不容飾箋云言我也禮婦人在夫家笄象笄今曲卷其髮憂思之甚也有云君子將歸者我則沐以待之○局其玉反卷音權下同又眷勉反沈其言反○疏終朝至歸沐○毛以為言人有終朝采此綠葉而不能滿其一匊此采者由此人志在於他故也以興此婦人終日為此家務而不能成其一事者此婦人由志念於夫故也故言我之憂思不暇容飾今不洗沐其髮徒曲卷而已是憂思之甚也薄知我君子之將歸我則沐髮以待之今之不沐由無君子故也○鄭唯婦人身自采綠不與為異餘同○傳興也至曰匊○正義曰毛以婦人不當在外故以為興終朝者是終竟於朝故至食時也匊物必用兩手故曰兩手曰匊○箋綠至於事○正義曰綠若難得不盈是常今言其不盈故為易得而不滿是其憂思不專也以田漁之婦則庶人之妻可自親采故不從毛與也○箋禮婦至待之○正義曰解所以曲卷者禮婦人在夫家當笄此象骨之笄今曲卷其髮則去其笄而不用是憂思深也此訓言為我我君子也我則

沐以待之此我義勢所加非經言也終朝采藍不盈一襜衣蔽前謂之襜箋云藍染草也○藍盧談反沈力甘反襜尺占反郭璞云今之蔽膝五日爲期六日不詹詹至也婦人五日一御箋云婦人過於時乃怨曠五日六日者五月之日六月之日也期至五月而歸今六月猶不至是以憂思○詹音占○

【疏】終朝至不詹○毛以上二句與前同下二句言婦人五日一進御於夫言常時以五日爲御之期而望之至六日而不至尚以爲恨今日月長遠能無思乎舉近以喻遠也鄭以上二句爲賦也自與前同下二句言婦人本與夫以五月之日爲還期今六月之日而不至是爲行役過時所以怨曠憂思○傳衣蔽前謂之襜○正義曰衣蔽前衣蔽膝也○箋藍染草○正義曰以藍可以染青故淮南子云青出於藍月令仲夏無刈藍是可以染之草○傳婦人五日一御○正義曰內則云妾雖年未滿五十必與五日之御是傳之所據也傳以彼文不辨尊卑則通及庶人王肅云五日一御大夫以下之制傳意或然也其天子諸侯御之日數則傳無文焉婦人之思一夫必過時乃怨曠毛雖云五日一御不必夫行六日便即怨也當是假御之期日以喻過時耳孔晁曰傳因以行役過時刺怨曠也故先序家人之情而以行役者六日不至爲過期之喻非止六日毛意當然也鄭五日之御則不然故內則注云五日一御諸侯制也諸侯取九女姪娣兩兩而御則三日次兩媵則四日次夫人專夜則五日也是鄭以五日爲諸侯制非大夫以下御婦人之日限也其天子則天官九嬪掌婦學之法以教九御注云自九嬪以下九九而御於王凡羣妃御見之法月與后妃其象也卑者宜先尊者宜後女御八十一人當九夕世婦二十七人當三夕九嬪九人當一夕三夫人當一夕后當一夕亦十五日而偏云自望後反之孔子云日者天之明月者地之理陰契制故月上屬爲天使婦從夫故月紀是鄭差後宮之數爲天子御日之文也以御女八十一人而言九御知當九夕以數準之故九嬪以下皆九人當一夕也夫人自然三人當一夕是十五日一偏與望數相當故云然亦者亦望之日數以其相當故因引孔子之言以證之后皆取其盛者故知卑者宜先謂月初也望

珍倣宋版印

後則月光感故知反之是以內則之注亦先始娣從卑者起由準此也諸侯夫人則亦望前先卑望後先尊至望而夫人三進望後亦如之以此推之則大夫一妻二妾三日一御士有妾二日一御庶人多無妾其妻每夜而進之此所以與毛異也〇箋婦人至憂思〇正義曰箋解婦人所以怨曠之意由過時故也則此過時之言故不爲日數也雖言以日爲喻五日一御非庶人之禮又其喻懸而不愜故易傳云五日六日者五月之日六月之日是期至五月而歸今六月猶不至是過時所以爲憂思也〇

之子于狩言韔其弓之子于釣言綸之繩

箋云之子是子也謂其君子也于往也綸釣繳也君子往狩與我當從之爲之韔弓其往釣與我當從之爲之繩繳今怨曠自恨初行時不然〇狩尺救反韔勑亮反弢也沈治亮反本亦作鬯釣音弔綸音倫繳音灼亦作故同與音餘下同爲于僞反下同〇疏之子至之繩〇正義曰婦人既思夫不見悔本不隨之共行云我本應與之俱去若是子之夫往狩與我當與之韔其弓謂射訖與之弛弓納于韔中也是子之夫往釣與我當與之綸之繩謂釣竿之上須繩則己與之作繩今不見而思故悔本不然〇箋綸釣繳〇正義曰釋言云緍綸也則綸是繩名弋是繫繩於矢而射謂之繳射則釣繳者謂繫於釣竿也經云言綸之繩謂與之作繩此猶今人接綎謂之繳綎也說文云繳生絲縷也則釣與弋射其繩皆生絲爲之〇

其釣維何維魴及鱮維魴及鱮薄言觀者

箋云觀多也此美其君子之有技藝也釣必得魴鱮魴鱮是云其多者耳其衆雜魚乃衆多矣〇魴音防鱮音敘觀古玩反注同韓詩作覩技其綺反〇疏其釣至觀者〇正義曰既恨不從君子狩釣故此又說其釣之技上兼有狩此偏言釣者因上釣文在下接而申之耳此不從之行而知其獲多者言本在家之釣非謂役中時也俗本作觀觀誤也定本集注並作多

采綠四章章四句

黍苗刺幽王也不能膏潤天下卿士不能行召伯之職焉陳宣王之德召伯之功以刺幽王及其羣臣廢此恩澤事業也○膏古報反下同召上照反注及下同○【疏】黍苗五章章四句至之職焉○正義曰作黍苗詩者刺幽王也以幽王不能如陰雨膏澤潤及天下其下卿士又不能行召伯之職以勞來士衆臣之廢職由君失所任故陳召伯之事以刺之也膏潤者以君之恩惠及下似雨澤之潤於物然水之潤物又似脂膏故言膏潤也此敘君臣互文以相見言卿士不能行召伯之職則王不能膏潤天下謂不能如宣王也以經言召伯不言宣王故敘因而互文以見義也此皆反經而敘之首章上二句是宣王之能膏潤也下二句以盡卒章皆召伯之職也言卿士不能行則召伯時爲卿士矣故國語韋昭注云召公康公之後卿士也左傳服虔注云召穆公王卿士是也經言召伯亦作上公爲二伯以兼卿士耳○箋陳宣至事業○正義曰召伯之爲卿士宣王時也故知陳宣王之德召伯之功以刺幽王及其羣臣廢此恩澤事業也膏潤是恩澤召伯之職是事業故並言焉

芃芃黍苗陰雨膏之興也芃芃長大貌箋云興者喻天下之民如黍苗然宣王能以恩澤育養之亦如天之有陰雨之潤○芃蒲東反一音扶雄反長張丈反

悠悠南行召伯勞之悠悠行貌箋云宣王之時使召伯營謝邑以定申伯之國將。徒南行衆多悠悠然召伯則能勞來勸說以先之○勞力報反注及下篇注同營謝一本作營謝邑將徒役一本作將師旅來音賚說音悅又始說反【疏】芃芃至勞之○正義曰言芃芃長大者是黍苗也此黍苗所以得長大者天以陰雨之澤膏潤之故也以興宣王之時悅樂者是衆人也此衆人所以得悅樂者由王以恩惠之澤養育之故也以黍苗之仰膏雨猶衆人之仰恩惠是宣王能膏潤天下今王不能然故舉以刺之又其時之人在國則蒙君之恩澤其行又得臣之勞來故言悠悠衆多而南行者是營謝邑之人召伯則又能勞來勸悅以先之言知人之勞苦也今幽王之時人苦而臣不知又刺之○箋宣王至先之○正義曰以嵩高言王命召伯定申伯之宅又曰因是謝人與四章肅肅謝功相當

珍倣宋版印

故知此南行謂宣王之時使召伯營謝邑以定申伯之國將徒役南行也此言南行是舉其始去而勞之故言召伯則能勞來勸悦以先之謂閔其勤勞身先其苦也我行既集蓋云歸哉謂事訖而勞之○

我任我輦我車我牛我行既集蓋云歸哉

任者輦者車者牛者箋云集猶成也蓋猶皆也營謝轉。餫之役有負任者有輓輦者有將車者有牽傍牛者其所爲南行之事既成召伯則皆告之云可歸哉刺今王使民行役曾無休止時○任音壬注同輦力展反沈連典反餫音運輓音晚傍薄浪反爲于僞反

疏我任至歸哉○正義曰上言南行爲總此言行中之别從召伯之南行其轉運謂有我負任者我輓輦者我將車者我牽傍牛者我召伯所爲南行之事既成謂營謝畢召伯則皆告之云可歸哉言宣王之時功役有期臣司其職今王役無休止臣廢其事故刺之○傳任者至牛者○正義曰傳言此四者明任輦車牛則各有其人故事别歷言之○箋蓋猶至止時○正義曰蓋者疑辭亦爲發端孝經諸言蓋者皆示不敢專决禮記禮器云蓋道求而未之得也檀弓云蓋有受我而厚之是發端也此詩人指事而述非有可疑事在末句不爲發端而其上歷陳四事故爲皆也下章美召伯營謝之功任輦車牛是轉運所用故營謝邑轉運之役也有負任者謂器物人所負持生民云是任是負文别爲二故箋以任爲抱此一者以相對則任在前負在背此任謂人所提荷隨其所在總之皆爲任也輦車人輓以行故云輓輦者有將車者此轉運載任則是大車以駕牛者也有牽傍牛者秋官罪隸職云凡封國若家牛助爲牽傍鄭司農云車凡封國若家謂建諸侯立大夫家也玄謂牛助國以牛助轉徙也罪隸牽傍之在前曰牽在旁曰傍此營謝即封國也宜使罪隸牽其牛也既云將車者車中有牛而將之而别云牽傍牛者此牛在轅之外不在轅中故别牽傍之地官牛人云凡軍旅行役共其兵車之牛與其牽傍以載公任器注云牽傍在轅外輓牛也人御之彼雖非封國要牽傍亦在轅外以此知不與將車同也箋以召伯所勞當是勞人故歷言其事以表其。名自别人又以罪隸之。方參之知牛爲牽傍與車不同也此舉其歸反以刺今使人行役嘗無休止之時下章從此可

知故。故略焉○故我徒我御我師我旅我行既集蓋云歸處徒行者御車者師者旅者箋云步行曰徒召伯營謝邑以兵衆行其士卒有步行者有御兵車者五百人爲旅五旅爲師春秋傳曰諸侯之制君行師從卿行旅從○士卒尊忽反一本作士衆從才用反下同○疏傳徒行至旅者○正義曰傳亦見四事別而分以言之旅屬於師徒行御車還是師旅之人而經別之者以其所司各異故亦歷言以類上章也釋訓云徒御不驚以徒爲輦者也此上我輦異章故知徒行也○箋召伯至旅御○正義曰此言師旅故云以兵衆行其士卒有徒行者有御車者五百人爲旅五旅爲師夏官序文春秋傳曰君行師從卿行旅從定四年左傳文彼文無諸侯之制一句鄭亦以義言之明天子之卿與諸侯同故有師也彼傳君行師從謂嘉好之事服虔云謂會同杜預云謂朝會此雖作役非征伐故同嘉好之事也○

肅肅謝功召伯營之烈烈征師召伯成之謝邑也箋云肅肅嚴正之貌營治也烈烈威武貌征行也美召伯治謝邑則使之嚴正將師旅行則有威武也

原隰既平泉流既清召伯有成王心則寧土治曰平水治曰清箋云召伯營謝邑相其原隰之宜通其水泉之利此功既成宣王之心則安也又刺今王臣無成功而亦心安○治直吏反下同相息亮反○疏傳土治至曰清○正義曰此下傳亦然五土有十等獨言原隰者以其最利於人故特言之

黍苗五章章四句

隰桑刺幽王也小人在位君子在野思見君子盡心以事之。疏隰桑四章章四句至事之○正義曰君子在野經上三章上二句是也言小人在。位無德於民是亦小人在位之事也思見君子盡心以事之者即上三章下二句及卒章是也

隰桑

有阿其葉有難興也阿然美貌難然盛貌有以利人也箋云隰中之桑枝條阿阿然長美其葉又茂盛可以庇廕人興者喻時賢人君子不用

而野處有覆養之德也正以隰桑興者反求此義則原上之桑枝葉不能然以刺時小人在位無德於民○難乃多反庇必利反又彼備反蔭於鴆反

既見君子其樂如何箋云思在野之君子而得見其在位喜樂無度○樂音洛注下皆同

【疏】隰桑至如何○正義曰言隰中之桑枝條其阿然而長美其葉則。其難然而茂盛其下可以庇蔭人往息者得其涼也以興野中君子其身有美德可以覆養人事之者蒙其利也既隰中之桑盛如此則原上之桑不能然是不可以庇蔭也猶野中君子德如是則在位小人不能然為不能覆養也由小人在位而無德故今思見在野君子而尊事之若既得見在野之君子置之於位我則其為喜樂知復如何乎言其樂之甚也○傳阿然至利人○正義曰阿那是枝。葉條垂之狀故為美貌難為葉之茂沃言葉之柔幽是葉之色言桑葉茂盛而柔軟則其色純黑故三章各言其一也由葉茂而蔭厚所以庇蔭人息者得其涼之利故言難然有以利人言有此蔭涼以利人以喻君子之亦有德澤以利人也○箋隰中至於民○正義曰以有阿之下別言其葉則阿非葉狀故枝條長美菀柳云不尚息焉則知舉此茂美亦取庇蔭為喻故興在野君子有覆養之德也知反求此義者以序言小人在位君子在野為相對今舉隰而無原故知有反求之義以比小人無德於民矣詩中單言隰者多矣若隰有萇楚不必反以對原唯義所在故不同故夏書傳曰下濕曰隰桑非能水之木而言隰桑美者以桑不宜在停水之地宜在隰潤之所隰之近畔或無水而宜桑以今驗之實然者也

隰桑有阿其葉有沃沃柔也○沃烏酷反既見君子云何不樂

隰桑有阿其葉有幽幽黑色也○幽於糾反既見君子德音孔膠膠固也箋云君子在位民附仰之其教令之行甚堅固也○膠音交

心乎愛矣遐不謂矣中心藏。之何日忘之箋云遐遠謂勤藏善也我心愛此君子君子雖遠在野豈能不勤思之乎宜思之也我心善此君子又誠不能忘也孔子曰愛之能勿勞乎忠焉能勿誨乎○臧鄭子郎反王才郎反

【疏】箋孔子至誨乎○正義曰引論語者

彼以中心善之不能無誨此則中心善之故心不能忘其義略同故引以爲驗

隰桑四章章四句

白華周人刺幽后也幽王取申女以爲后又得褒姒而黜申后故下國化之以妾爲妻以孽代宗而王弗能治周人爲之作是詩也申姜姓之國也褒姒褒人所入之女姒其字也是謂幽后孽支庶也宗適子也王不能治己不正故也

疏○白華八章章四句至是詩○華音花取七與反孽魚列反爲于僞反適音的○正義曰白華詩者周人所作以刺幽王之后也幽王之后褒姒也以幽王初取申女以爲后後得褒姒而黜退申后褒姒妾也王黜申后而立之由此故下國諸侯化而傚之皆以妾爲妻以支庶之孽代本適之宗而幽王弗能治而正之使天下敗亂皆幽后所致故周人爲之而作白華之詩以刺之也申后之黜幽王所爲而刺褒姒者言刺褒姒則幽王之惡可知以褒姒媚惑以至使申后見黜故詩人陳申后之被疏遠以主刺后姒也帝王世紀云幽王三年納褒姒八年立以爲后則得在三年而黜申后在八年此詩之作在見黜之後經八章皆言王遠申后是得褒姒而黜申后之事也下國化之卽五章鼓鐘于宮聲聞于外是也此詩主刺王之遠申后但王爲此行則爲下國所化故經略文以見意序具述其事以明之○箋申姜至正故○正義曰欲明申爲國名故云姜姓之國褒姒褒人所入之女國語史記有其事褒國姒姓言姒其字者婦人因姓爲字也以申褒皆爲王后故辨之云是謂幽后以其被刺明褒姒矣孽者蘖也樹木斬而復生謂之蘖以適子比根幹庶子比支孽故孽支庶也中候曰無易樹子注云樹子適子玉藻云公子曰臣孽注云孽當爲枿文王曰本支百世是適子比樹本庶子比支孽也宗適子者以適子當爲庶子之所宗故稱宗也王以褒姒代申后下國化之正以妾爲妻耳幷言以孽代宗者旣以妾爲妻母愛者子伯服則妾之所生代

珍倣宋版印

適子故連言之鄭語云而變是女使至於爲后而生伯服又曰王欲殺太子必求之申是幽王亦以伯服代太子故爲下國所化也天子執生殺之柄所以不能治下國者以己不正故也昭四年左傳椒舉云無瑕者可以戮人是己不正不可以治人也

白華菅兮白茅束兮

興也白華野菅也已漚爲菅箋云白華於野已漚名之爲菅菅柔忍中用矣而更取白茅收束之茅比於白華爲脆興者喻王取於申申后禮儀備任。妃后之事而更納褒姒褒姒爲孽將至滅國○菅音奸漚烏候反柔也忍音刃脆七歲反又音毳任妃后音壬一本作任王后

之子之遠俾我獨兮

箋云之子斥幽王也俾使也王之遠外我不復答耦我意欲使我獨也老而無子曰獨後褒姒譖申后之子宜咎奔申○遠于願反下注遠善同又如字注及下皆同俾必爾反復扶又反譖側鴆反咎音柩

疏白華至獨兮○毛以爲言人刈白華已漚以爲菅又取白茅纏束之兮是二者以絜白相束而成用與婦人有德已納以爲妻兮又用禮道申束之兮是二者以恩禮相與而成嘉禮者即端成絜白之謂兮之子幽王遠外我申后不復答耦我意欲使我獨老而無子兮是不以絜白恩禮相申束使己菅茅之不如也○鄭以爲言人既刈白華已漚爲菅柔韌中用兮何爲更取白茅收束之兮以白茅代白華則人脆而不堪用也以興王既聘申女已立爲后禮儀充備兮何爲更納褒姒變寵之兮以褒姒代申后則妬而將滅國也寵褒姒以黜申后似取白茅而弃韌菅故以爲喻餘同○傳白華至爲菅○正義曰白華野菅釋草。云茅菅白華一名野菅郭璞曰茅屬也此白華亦是茅。之類也漚之柔韌異其名謂之爲菅因謂在野未漚者爲野菅也王肅云白茅束白華以興夫婦之道宜以端成絜白相申束然後成室家也傳意或然○箋白華至滅國○正義曰箋以序言得褒姒而黜申后明以菅茅相比故以韌脆爲喻以菅漚之明韌也茅不漚故脆也言取白茅收束之言收束以擬用非以束白華也茅雖比菅爲脆其實茅。亦不可用七月云晝爾于茅宵爾索綯是茅可以爲索興者以善惡相比爲喻耳○箋之子至奔申○正義曰遠是遠申后故之子斥幽王以遠即連言獨故以不復答耦解之也老而無子曰

獨王制文也其後褒姒譖申后之子宜咎宜咎奔申解其獨之意以申后雖有
子王用褒姒之讒使之奔申是王欲殺之而使申后無子探王此意故雖有子
亦名爲獨也　英英白雲露彼菅茅英英白雲貌露亦有雲言天地之氣無微不著無不覆養箋云白雲下露養彼可以爲菅之茅使與
白華之菅相亂易猶天下妖氣生褒姒使申后見黜○英如字韓詩作泱泱同　天步艱難之子不猶步行猶可也箋云猶圖也天行此艱
難之妖久矣王不圖其變之所由爾昔夏之衰有二龍之妖卜藏其漦周厲王發而觀之化爲玄黿童女遇之當宣王時而生女懼而棄之後褒人有獻而入王
之幽王幽王嬖之是謂褒姒○夏戶雅反漦士其反沫也又尸醫反爾雅云漦盝也盝音鹿黿音元嬖補悌反又必計反【疏】英英至不猶○毛以爲上既言
王不以禮已失菅茅申束之義故因言菅茅之蒙養英英然者是鮮潤之白雲下露潤彼菅之與茅使之得長是天地之氣無微不著無不覆養然天潤不遺物
尚養彼菅茅天何爲獨行艱難於我申后令之子幽王不可於我而見黜退不得覆養養是菅茅之不如也○鄭以爲英英之白雲降露潤養彼可以爲菅之白
茅使與白華之菅相亂易猶蒼天下妖氣生彼可以爲后之褒姒令與申后相換代也天生褒姒以惑亂周若雲之養茅以亂用則爲天下之妖然其妖本自夏
世以至於周時是天行此艱難之妖久矣之子幽王何故不圖其變之所由來而寵之以代后將至於滅國乎○傳英英至覆養○正義曰以英英連白雲故
爲白雲貌言露亦有雲者以雨必有雲言亦亦雨也以今觀之有雲則無露無雲乃有露言露亦有雲者露雲氣微不映日月不得如雨之雲耳非無雲也若
露濃霧合則清旦爲昏亦是露之雲也霜露所霑是天地之氣故言天地之氣無微不著謂養萌芽以成大無不覆養巨細皆潤之故菅茅悉蒙養也○箋白
雲至見黜○正義曰箋以上章言取茅而棄菅喻寵褒姒而黜申后故此章又申之言天養彼可以爲菅之茅使與白華相亂易猶天下妖氣生褒姒使申
后見黜退以此喻爲切故易傳也○傳步行猶可○正義曰舉足謂之步故爲行也猶可釋言文王肅云天行艱難使下國化之以倡爲不可故也侯苞云天

珍倣宋版印

行艱難於我身不我可也如肅之言與上章不類今以俟爲毛說○箋天行至褒姒○正義曰上既以露雲養茅喻天生褒姒褒姒從來爲遠故言天行艱難以結之言天行艱難之妖久矣責王不圖其變之所由也若然天故行妖以滅周則非所能拒而令王圖之者以天時人事理亦相符若人能改脩德行則可妖變爲祥太戊桑穀即其事也且王與滅實有天期要忠臣烈士不可委之上天默然不諫龍逢比干皆伏死以爭故詩人諷詠亦勸王之謀也昔夏之衰以下之事皆出外傳鄭語曰宣王之時童謠曰檿弧箕服實亡周國於是宣王聞之有夫婦鬻是器王使執而戮之府之小妾生女而非王子也懼而弃之此人也收以奔褒褒人有獄而以爲入天之命此久矣其何爲乎訓語有之曰夏之衰也褒人之神化爲二龍以同于王庭而言曰余褒之二君也夏后卜殺之與去之與止之莫吉卜請其漦而藏之吉乃布幣焉而策告之龍亡而漦在櫝而藏之及殷周莫之發也厲王之末發而觀之漦流於庭不可除王使婦人不幃而譟之化爲玄黿以入于王府府之童妾未既齓而遭之既笄而孕當宣王而生不夫而育故懼而弃之爲弧服者方戮在路夫婦哀其夜號也而取之以逸逃于褒褒人有獄而以爲入于王而嬖是女使至於爲后而生伯服此其文也彼韋昭注曰褒人褒君共處曰同二君二先君也漦龍所沫龍之精氣也厲王之末流彘之歲也裳正幅曰幃譟讙呼也黿或爲蚖蚖蜥蜴也毀齒曰齓未既齓毀未畢也女七歲而毀齒孕妊身也女十五而笄也由此言之昭以黿非陸地之物故云或爲蚖蜥蜴也以其言未故爲流彘之歲若流彘之後則越去王都不得復觀之矣帝王世紀以爲幽王三年嬖褒姒褒姒年十四若然則宣王立四十六年崩是先幽王之立十一年而生其生在宣王三十六年也厲王流彘之歲爲共和十四年而後宣王立自宣王三十六年上距流彘之歲爲五十年流彘時童妾七歲則生女時母年五十六凡在母腹五十年其母共和九年而笄年十五而孕自孕後尚四十二年而生作爲妖異故不與人道同

滮池北流浸彼稻田 滮流貌箋云池水之澤浸潤稻田使之生殖喻王無恩意於申后滮池之不如也豐鎬之間水北流○滮符彪皮休二反

浸子鴆反字亦作濅殖市力反鎬戶老反嘯歌傷懷念彼碩人箋云碩大也妖大之人謂褒姒也申后見黜褒姒之所為故憂傷而念之

〇歗音嘯本亦作嘯妖古卯反本又作姣一音於驕反〇疏箋池水至北流〇正義曰以浸者蒙潤之言稻又能水之物此刺申后見黜而以此喻之故知

池水之澤浸潤稻田使之生殖喻王無恩於申后滮池之水不如也言其北流是目所覩見此詩周人所作則此池是周地之水故云豐鎬之間水北流文王

有聲箋云豐在豐水西鎬在豐水東然則豐水之間唯豐水耳而謂之池者家語云今池水之大誰知非泉焉召旻曰池之竭矣不云自頻則池者下田畜水

之處且言浸者不得在豐水之中則此池在豐水之左右其池汙下引豐以漑灌故言浸彼稻田也池水當得停而亦言北流者以池上引豐水亦北流浸灌

既訖又決而入豐亦為北流鄭直云水北流不指言豐明池水亦北流也〇箋碩大至念之〇正義曰以此嘯傷而思之是念其不當然也又言彼以外之故

知謂褒姒褒姒而言大人故言為妖大之人王肅云碩人謂申后也孫毓云申后廢黜失所故嘯歌傷懷念之而勞心毛既不為之傳意當與鄭同〇樵

彼桑薪卬烘于煁卬我烘燎也煁烓竈也桑薪宜以養人者也箋云人之樵取彼桑薪宜以炊饔饎之爨以養食人桑薪薪之善者也我反

以燎於烓竈用炤事物而已喻王始以禮取申后禮儀備今反黜之使為卑賤之事亦猶是〇樵但焦反卬五綱反烘火東反徐又音洪說文巨凶甘凶二反

孫炎音恭煁市林反燎音了又力弔力召二反烓音恚又丘弭反郭云三隅竈也說文云行竈也呂沈同音口潁反何康瑩反顧野王口井烏攜二反炊昌垂

反注同饔於恭反饎尺志反爨七亂反食音嗣炤音照卑如字下又卑兮反幷注同維彼碩人實勞我心疏樵彼至我心〇正義曰有

人樵取於彼桑木之薪不以炊爨云我用之燎於煁竈炤物而已桑薪薪之善者宜以炊爨而養人今不以炊爨反燎于煁竈失其所也以興幽王娉納彼申

國之女不以為后反黜之使為卑賤之事而已申女之有德宜居王后之位而母養天下今不以當尊反黜為卑賤非其宜矣申后之見黜褒姒之由故惡褒

珍倣宋版印

姒言彼妖大之人褒姒由此而廢申后實勞病我之心○傳烘燎至養人○正義曰烘燎釋言文舍人曰烘以火燎也釋言又云煁烓也舍人曰煁烓竈也○郭璞曰今之三隅竈也然則烓者無釜之竈其上燃火謂之烘本爲此竈上亦燃火照物若今之火爐也以桑薪爲善比之申后言宜以養人猶申后宜以母養天下也○箋人之樵取至亦猶是○正義曰少儀云抱樵注云未。燃則樵者薪之一名但諸事皆反其名以名其事此樵彼桑薪猶薪是穫薪也此以燎煁爲不宜明其宜炊爨也故知。宜爨饎之爨爨以煑肉饎以炊餴雙言之也煑肉亦言炊者以炊燃火之名故可以通焉以爲美食故可以養人申毛義也以桑薪之善故喻申后之禮儀也申后爲后得以養人爲喻者以后正位於內則化行於外天下蒙澤而得其利是母而養之故爲喻也○

鼓鍾于宮聲聞于外有諸宮中必形見於外箋云王失禮於外而下國聞知而化之王弗能治如鳴鼓鍾於宮中而欲外人不聞亦不可止○聞音問見賢遍反○

念子懆懆。視我邁邁邁邁不說也箋云此言申后之忠於王也念之懆懆然欲諫正之王反不說於其所言○懆七感反說文七倒反云愁不申也亦作懆懆邁如字韓詩及說文並作怖怖孚吠反又孚葛反又匹代反韓詩云意不說好也許云很怒也說音悅下同○

疏鼓鍾至邁邁○正義曰言有人鼓擊其鍾于宮內其聲必聞于外擊鍾而欲外之不聞不可得也以興王既廢黜其后于宮內其化必流于天下廢后而使天下之不傚王亦不可得也言王之失德將化流天下何以廢申后乎又言申后之忠於王申后念子幽王之惡慘慘然欲諫正之是其可愍何爲王反視我申后邁邁然不悅其所言乎○箋此言至所言○正義曰邁邁是不悅之狀爲王所不悅者唯申后耳故以我爲申后反以相對故以子爲幽王慘慘非說順之辭故知欲諫正王惡是其忠也因諫而邁邁是不悅其所言也

有鶖在梁有鶴在林鶖禿鶖也箋云鶖也鶴也皆以魚爲美食者也鶖之性貪惡而今在梁鶴絜白而反在林興王養褒姒而餒申后近惡而遠善○鶖音秋鳥名鶴呼各反禿吐木反絜音結餒奴罪反近附近之近

維彼碩人實勞我

心疏有鶖至我心○正義曰有禿鶖之鳥在於魚梁之上有鳴鶴之鳥在於林木之中然鶖也鶴也皆以魚為美食鶖之性貪惡而今在梁以食魚鶴之鳥潔白而反在林中以飢困以。其有褒姒之身在於寵位有申后之身反在卑微然褒也申也皆以后為尊貴褒姒性邪佞今在位而得寵申后備禮儀反卑賤而飢餒言王近惡而遠善非其宜也以此維彼妖大之人實勞亂我之心曲矣○箋鶖也至遠善○正義曰此舉二鳥明喻二人易稱鳴鶴在陰是善鳥也故喻申后鶖實惡鳥以與褒姒今鶖言梁鶴言林是舉鶖在梁得魚對鶴在林無魚故知皆以魚為美食為喻也既以食為喻故知喻所養言王養褒姒而餒申后是近惡而遠善近者養之遠則餒之故又以近遠言之猶梁林非一處者也○

鶖鶖在梁戢其左翼箋云戢斂也斂左翼者謂右掩左也鳥之雌雄不。可別者以翼右掩左雄左掩右雌陰陽相下之義也夫婦之道亦以禮義相下以成家道○雄左別彼列反下段嫁反下同義之子無良二三其德箋云良善也王無答耦己之善意而變移其心志令我怨曠○令力成反疏鶖鶖至其德○正義曰以王非義黜后故以義責之言有鶖鶖之雄鳥在於魚梁尚斂其左翼是左翼斂在右翼之下為雄下雌之義故恩情相好以成匹耦以與夫妻聚居男當有屈下於女為陽下陰之義故能禮義相與以成家道今幽王何為不卑下申后以成夫婦乎之子幽王反無答耦我申后之善意秉心不一而二三其行以為於德變易其心志今我申后怨曠失鶖鶖斂翼相下之義也○箋斂左至家道○正義曰言斂其左翼是左翼在下故知謂右掩左也鳥之雌雄不可別者以。翼。知之右掩左雄左掩右雌皆釋鳥文也以陰陽相下故似夫婦之道亦以禮義相下以成家道也此經戢其左翼據雄者而言喻幽王當下申后耳故其言不及雌但鄭因右掩左而欲辨其雌雄故弁引爾雅而解之見夫婦皆當相下也男有下女之禮者即就而親迎之類是也周易艮下兌上咸為夫婦之卦其象曰止而說男下女也

有扁斯石履之卑兮扁扁乘石貌王乘車履石箋云王后出入之禮與王同其行登車。以履石申后始時亦然今。也黜而卑賤○扁邊顯反又必淺

珍倣宋版印

反○之子之遠，俾我疷。兮疷病也箋云王之遠外我欲使我困病○疷徐都禮反又祁支反○疏有扁至疷兮○正義曰作者以王黜申后故覩其昔日所乘之石而傷之言有扁扁然升之以乘車者此石也申后嘗履之今忽然見黜而卑不復得履之是其所以可傷也之子幽王之遠外我申后欲使我申后困病兮故傷之○傳扁扁至履石○正義曰有扁斯石文連履之故知扁乘石貌乘車之時履此石而上故謂此石為乘石上車履石之貌扁扁然也又言王乘車履石者言乘車之得履石唯王為然今申后履之是其貴時與王同故繫王言之夏官隸僕云王行則洗乘石鄭司農云乘石所登上車之石也。○箋此詩有扁斯石履之卑兮謂上車所登石是也

白華八章章四句

附釋音毛詩注疏卷第十五（十五之二）

毛詩注疏校勘記(十五之二)　阮元撰盧宣旬摘錄

○都人士

無隆殺也　小字本相臺本同案正義云定本隆作降釋文云俗本作降

士女淫慾　閩本明監本毛本同案慾當作恣

則草笠野□人之服　閩本明監本毛本不空案此當有脫字

琇美石也　小字本相臺本同案正義云俗本琇實美石者誤也今定本毛無實字考文古本有采正義

我不見兮　唐石經小字本相臺本同案釋文云第二章作不見後三章作弗見一本四章同作不字考文古本作弗采釋文但在我心菀結下未明屬何章也

我心菀結　唐石經小字本相臺本同閩本明監本毛本同案釋文云菀於粉反蘊結也詩我心菀結正義云我心為之菀然盤屈如繩索之為結矣又云後更菀結標起止云至菀結是其本亦作菀十行本正義中作菀不誤菀結卽素冠之蘊結以菀字為是考文古木作菀采釋文正義

則與諸侯之同名　閩本明監本毛本同案同名當作名同誤倒也

○采綠

妾雖年未滿五十　明監本毛本年下衍老字閩本剜入案此正義不備引也

九嬪九人當一夕三夫人當一夕閩本明監本毛本同案十行本上九至下人剜添者二字此當云女御八十一當九夕世婦二十七當三夕九嬪當一夕三夫人當一夕正義引鄭注如此所剜添者皆非

婦從夫故月紀明監本毛本同案山井鼎云故恐放誤是也

謂繫於釣竿也閩本明監本毛本繫下有繩字案所補是也

○黍苗

將徒南行補小字本相臺本徒下並有役字案釋文云一本作將師旅正義本當是徒役

營謝轉餫之役小字本相臺本同案釋文云餫音運本又作運正義云任輦車牛是轉運所用故營謝邑轉運之役也是其本作運依此大東箋有轉餫其本與此當同正義中亦是運字今本後人改也考文古本作運采釋文正義

以表其名自別人閩本明監本毛本同案浦鏜云名當各字誤是也下以其所司各異十行本誤與此同

又以罪隸之方參之補方各本皆作文案文字是也

故故略焉閩本明監本毛本不重故字案下故字當作箋輒刪者非

○隰桑

盡心以事之小字本相臺本同唐石經初刻之下有也字後磨去考文古本有偶合也

珍倣宋版印

言小人在位無德於民閩本明監本毛本位下有雖經無所當而首章箋反求此義則原上之桑不能然以刺時小人在位

案山井鼎云宋板脫此廿八字非也此不當有

枝條其阿然而長美閩本明監本毛本同案其當作甚形近之譌下則甚難然十行本誤同

阿那是枝葉條垂之狀閩本明監本毛本同案葉當作長下文可證

中心藏之小字本相臺本同唐石經初刻同後磨改藏作臧案釋文云臧之鄭子郎反善也王才郎反是唐石經依鄭義磨改也羣經音辨艸部云藏善也鄭康成讀宋時釋文舊本新本不同賈所見本字或作藏故云然考鄭訓善自當不從艸而藏字在說文新附即王義亦未必不仍爲臧有艸者非也考文古本作臧采釋文

○白華

庶子比支孽閩本明監本毛本同案浦鏜云孽當作蘖下支孽同是也

母愛者子伯服閩本明監本毛本同案伯服當作拖矣二字此未論伯服也伯服在下不知者所誤改也

任妃后之事小字本相臺本同案釋文云任妃后一本作任王后正義本無可考考文古本作妃后倒誤也

白華野菅釋草云閩本明監本毛本同案浦鏜云文誤云是也

亦是茅之類也閩本明監本毛本之作菅案菅字誤也爾雅疏即取此正作之

其實茅亦不可用　閩本明監本毛本同案亦當作非形近之譌

後褒人有獻　小字本同閩本明監本毛本同相臺本獻作獄考文古本同案獄字是也正義可證

漦龍所沫　閩本明監本毛本所下有吐字案所補是也

妖大之人　小字本相臺本同案此正義本也妖於驕反正義云褒姒而言大人故言為妖大之人箭今正義所引亦可證釋文本是姣大之人姣古卯反云本又作妖今各本釋文皆互誤毛居正易之是也此箋文承上箋故言其妖大無取姣義當以正義本為長

始以禮取申后禮儀備　閩本明監本毛本同小字本相臺本重申后二字考文古本同案有者是也

注云未燃則樵者　閩本明監本毛本燃下有曰樵二字案所補非也此正義不備引

故知宜饔饎之爨　閩本明監本毛本宜下有炊字案所補非也

念子懆懆　唐石經缺小字本相臺本同案釋文云懆懆七感反說文七倒反云愁不申也亦作慘慘正義云慘慘然欲諫正之是正義本作慘慘也考釋文於正月北山抑皆云慘慘七感反北山又云字亦作懆月出云慘七感反所以與此詳略互見也五經文字云懆千到反見詩乃依此釋文而定其字當用懆也月出正月抑三篇皆作懆乃得韻考文古本作慘采正義釋文

以其有褒姒之身　閩本明監本毛本同案其當作與形近之譌

烏之雌雄不可別者　小字本相臺本者誤也案釋文以不別作音是其本無可字正義本未有明文今無可考

珍倣宋版印

以翼知之閩本明監本毛本同案此不誤浦鏜云知之二字衍非也二字爾雅本無正義所添耳考文古本依以改箋則更誤

其行登車以履石也小字本同相臺本以作亦閩本明監本毛本同案亦字是

今也黜而卑賤小字本同閩本明監本毛本同相臺本也作見考文古本同案見字是也

俾我疷兮小字本相臺本同唐石經疷作疧案疧字是也見無將大車

卽此詩有扁斯石閩本明監本毛本同案卽當作引形近之譌

毛詩小雅　鄭氏箋　孔穎達疏

緜蠻微臣刺亂也大臣不用仁心遺忘微賤不肯飲食教載之故作是詩也微臣謂士也古者卿大夫出行士爲末介士之祿薄或困乏於資財則當賙贍之幽王之時國亂禮廢恩薄大不念小尊不恤賤故本其亂而刺之○緜蠻面延反下如字飲食上於鴆反下音嗣篇內皆同注如字介音界賙音周贍市豔反○【疏】緜蠻三章八句至是詩○正義曰緜蠻詩者周之微賤之臣所作以刺當時之亂也以時大臣卿大夫等皆不用仁愛之心而多遺棄忽忘微賤之臣至於共行不肯飲食教載之謂在道困乏渴則不與之飲飢則不與之食不教之以事不載之以車大不念小尊不恤賤是國政昏亂所致故作是緜蠻之詩以刺之也言刺亂者不爲己困而私以責人是王法爲失故言亂也大臣不用仁心遺忘微賤敘其爲亂之意於經爲總指而言之經三章上四句是也不肯飲食教載之爲三章下四句是也由其不然故經所以反而責之不言誨之者以教誨相對則爲二散則相兼故略之以便文○箋微臣至刺之○正義曰以微臣臣之微賤者唯士爲然府史則官長辟除不在臣例大夫則爵尊祿重是爲大臣故知臣謂士也士之作詩亦應多矣此篇獨言微臣者以爲此大臣遺忘微賤而刺之義取於微故言之也又解所以怨大臣遺忘之者以古者卿大夫出行士爲末介以士之祿薄或困乏資財則當賙贍之以不賙餼爲遺忘也知士爲末介者以爲賓而作介猶爲主而作擯以聘禮及聘義皆言士爲紹擯繼於卿大夫之末爲末擯故知出行作末介也王制說班祿之法下士食九人中士十八人上士三十六人公私雜費有不足故云士之祿薄或困乏於資財也言或容有不困者也大臣不用仁心非王身之過列於王雅而言刺亂故解其所由自幽王之時國亂禮廢以下是也

緜蠻黃鳥止於丘。

阿興也緜蠻小鳥貌丘阿曲阿也鳥止於阿人止於仁箋云止謂飛行所止託也興者小鳥知止於丘之曲阿靜安之處而託息焉喻小臣擇卿大夫有仁厚之德者而依屬焉○處昌慮反○

道之云遠我勞如何飲之食之教之誨之命彼後車謂之載之箋云在國依屬於卿大夫之仁者至於爲末介從而行道路遠矣我罷勞則卿大夫之恩宜如何乎渴則予之飲飢則予之食事未至則豫教之臨事則誨之車敗則命後車載之後車倅車也○罷音皮下同倅七對反副車○

疏緜蠻至載之○正義曰言緜蠻然而小者是黃鳥也此黃鳥飛行則止于丘阜之曲阿安靜之處者而自託息焉以興微賤者小臣也我小臣之動止亦當擇大臣有仁厚愛養之德者而自依屬焉既擇大臣之仁者依屬焉至於大臣聘使則爲末介從之而行其道路之上亦云遠矣我罷勞矣則卿大夫之恩宜如何乎渴則當飲之飢則當食之事未至則教之臨事則誨之車敗則命彼在後之倅車謂之使載之大臣之於小臣其義當然今大臣何爲遺忘己而不肯飲食教載之○傳緜蠻至於仁○正義曰緜蠻文連黃鳥黃爲小鳥故知緜蠻小貌釋丘云非人爲之丘李巡曰謂非人力所爲自然生爲丘也釋地云大陵曰阿則丘之與阿爲二物矣而以丘阿爲曲阿者以下丘側丘隅類之則丘阿非二物也卷阿云有卷者阿知丘阿是丘之曲中也此爲大臣無仁心而作故知鳥止於阿似人止于仁○箋止謂至屬焉○正義曰鳥必飛而後止故知止謂飛行所止託也以爲是有畏之物故知取安靜之處而託息焉大學注云鳥知擇岑蔚安閑而止處之與此同也此黃鳥刺大臣不用仁心故知喻小臣當擇卿大夫有仁厚之德者而依屬焉小臣而得擇大臣依之者以臣雖君之所置而貴賤不等小臣當依屬大臣論語云事其大夫之賢者友其士之仁者是得以己情擇而依之也然則此微臣自擇不得人而責之者以己本親之冀其恤己但當時國亂禮廢臣皆不仁己雖擇之猶不免困所以刺上也○箋在國至倅車○正義曰此微臣隨大臣而行言道之云遠是必聘使諸國故爲介從也聘問之介當是君所命遣而得自以己意在國依屬出則從行者或使主所自

珍倣宋版印

引或君知其依屬而遣之也言飲之食之教之誨之載之四者語使之當故隨文爲次教誨雖於人無費而無仁心亦不肯也故論語曰愛之能勿勞乎忠焉能勿誨乎是不愛則不誨也教誨一也別言之事有至與未至故箋因其文之先後而分以充之云事未至則豫教之臨事則誨之從行遠道不應初即無車故言車敗則載之以士無倅車故也後車倅車者明後爲副也夏官戎僕掌倅車之政道僕掌貳車之政田僕掌佐車之政是朝祀之副曰貳兵戎之副曰倅田獵之副曰佐此是聘問之事宜與朝祀同名當言貳車言倅者周禮以相對而異名其實貳倅皆副也散則義通故以倅言之

緜蠻黃鳥止于丘隅箋云丘隅丘角也豈敢憚行畏不能趨箋云憚難也我罷勞車又敗豈敢難徒行乎畏不能及時疾至也○憚徒旦反下同難乃旦反下同飲之食之教之誨之命彼後車謂之載之

緜蠻黃鳥止于丘側箋云丘側丘旁也○豈敢憚行畏不能極箋云極至也○極如字○飲之食之教之誨之命彼後車謂之載之

緜蠻三章章八句

瓠葉大夫刺幽王也上棄禮而不能行雖有牲牢饔餼不肯用也故思古之人不以微薄廢禮焉牛羊豕爲牲繫養者曰牢熟曰饔腥曰餼生曰牽不肯用者自養厚而薄於賓客○瓠戶故反牢老刀反雍於恭反字又作饔餼許氣反腥音星○

疏瓠葉四章章四句至廢禮焉○正義曰瓠葉詩者周大夫所作以刺幽王也以在上位者棄其養賓之禮而不能行雖有牲牢饔餼之物而不肯用之以行禮故作詩者思古之人不以菹羞微薄而廢其禮焉言古之人賤者尚不以微薄廢禮則當時貴者行之可知由上行其禮以化

下反較今上棄其禮而不行也今在上者尙棄禮不行卑賤者廢之明矣舉輕以見重是作者之深意也經四章皆上二句言葅羞之薄下二句言行禮之事是古之人不以微薄廢禮也○箋云牛羊豕至賓客○正義曰孝經云三牲之養則牲兼三畜故牛羊豕曰牲也公劉曰執豕于牢地官充人掌繫祭祀之牲牷祀五帝則繫於牢芻之三月牢者牲所居之處故繫養者爲牢也天官內外饔皆掌割亨之事亨人掌外內饔之爨亨煮肉之名故熟曰饔既爲熟則餼非熟矣僖三十三年左傳曰餼牽竭矣餼與牽相對是牲可牽行則餼是已殺殺又非熟故知腥曰餼謂生肉未煑者也既有饔餼遂因解牽使肉之別名皆盡於此此與牽饔相對故餼爲腥其實餼亦生哀二十四年左傳云晉師乃還餼臧石牛是以生牛賜之也論語及聘禮注云牲生曰餼而不與牽饔相對故爲生也凡言禮者皆與人行事經陳獻酢與賓客爲禮故知不肯用者自養厚而薄於賓客

幡幡瓠葉采之亨之君子有酒酌言嘗之

幡幡瓠葉貌庶人之菜也箋云亨熟也熟瓠葉者以爲飲酒之葅也此君子謂庶人之有賢行者也其農功畢乃爲酒漿以合朋友習禮講道藝也酒既成先與父兄室人亨瓠葉而飲之所以急和親親也飲食而曰嘗者以其爲之主於賓客賓客則加之以羞易兌之象曰君子以朋友講習○幡孚煩反亨普庚反注同葅莊魚反行下孟反兌徒外反易卦名也訓悅○

疏 幡幡至嘗之○正義曰幡幡然者是瓠之葉也我君子令人采取之既得而又亨煑之釀以爲飲酒之葅也庶人農功畢君子賢者有酒令人酌此酒我當與父兄室人嘗而飲之所以相親愛也言古者不以微薄而廢禮今人尙亨此瓠葉而用之今乃有牲牢饔餼而不肯用故以刺之也○傳幡幡至之菜○正義曰士禮有特牲豚豕此止言瓠葉與兎首明非有位之人故言庶人之菜七月云八月斷壺即言食我農夫彼雖瓠體與此爲類明亦農夫之菜故箋申之云庶人有賢行者○箋亨熟至講習○正義曰序云不以微薄廢禮下連君子有酒故知亨熟瓠葉者以爲飲酒之葅知爲葅者以禮飲酒有葅醢故也此美君子行禮而亨庶人之葉故知君子是庶人有賢行者也庶人而能爲酒以行禮者以其農功

珍倣宋版印

畢則閑而無事於此之時乃爲酒漿以合會朋友習行禮事講其道藝故也以民在田畝必無容暇故知農功畢而爲之以三時務農將闕於禮故爲酒會朋友以講習之此酒爲朋友而釀先言嘗之則未與朋友賓客飲也故知酒既成先與父兄室人亨瓠葉而飲之酒爲朋友所作而與父兄先飲是所以急和親親亦是爲行禮也又解飲酒而曰嘗者以其爲之主於賓客故也以此嘗之言故知爲酒將以會朋友也作酒本爲行禮和親亦是禮事欲見敬重賓客故言嘗以美之以此在獻前又無殺羞明與下章事別故知與父兄室人者卽家內之小大皆是也賓客則加之以羞者明重得兼輕此父兄直有菹賓客亦有菹又有兎爲之羞鄉飲酒及燕禮是爲大禮雖有牲殺尚有菹臨賓雖有羞亦有菹故云加之也引易兌象曰君子以朋友講習者以此與賓客卽朋友也所會朋友必爲講習以易有此言以著義故知此合朋友爲習禮講藝故引以證之講習必非農時故知農功畢意亦出於此文也〇**有兎斯首**

**炮之燔之君子有酒酌言獻之**毛曰炮加火曰燔獻奏也箋云斯白也今俗語斯白之字作鮮齊魯之間聲近斯有兎白首者兎之小者也炮之燔之者將以爲飲酒之羞也飲酒之禮既奏酒於賓乃薦羞每酌言言者禮不下庶人庶人依士禮立賓主爲酌名〇兎他故反下同斯首毛如字此也鄭作鮮音仙白首也炮本作炰白交反燔音煩近附近之近下遐嫁反

**疏**有兎至獻之〇毛以爲古人行禮有兎之斯首謂唯有一兎雖微耳禮尚弁毛而炮之加火而燔之以爲飲酒之羞君子之賢者有酒令酌之我當以此酒奏獻之於賓以行禮也古之人不以微薄廢禮今乃有牲牢而不用故刺之鄭唯斯首謂白頭爲異餘同〇傳毛曰至獻奏〇正義曰地官封人云毛炮之豚注云爓去其毛而炮之唯肉炮內則炮取豚若將編萑以苴之故。去毛炮之此述庶人之禮傳直言毛曰炮當是合毛而炮之未必能如八珍之食去毛炮之也毛無改字之理斯字當訓爲此王肅孫毓述毛云唯有一兎頭耳然案經有炮之燔之。臣有炙之則非唯一兎首而已既能有兎不應空用其頭若頭既待賓其肉安在以事量理不近人情蓋詩人之作以首表兎唯有一兎卽是不以微薄廢禮也爲肉至薄明是并毛炮之不可爛矣箋言鮮者毛炮之亦當然也加置於火上是燔燒之故言加火曰燔以獻酒者必奏進於賓故言獻奏也○箋斯白至酌名○正義曰鄭以斯首以見兔小與毛爲異斯爲兔首之色故言斯白也又解斯得爲白之意今俗斯白之字當作鮮以鮮明是絜白之義故也鮮而變爲斯者齊魯之間其語鮮斯聲相近故變而作斯耳宣二年左傳曰于思于思服虔云白頭貌字雖異蓋亦以思聲近鮮故爲白頭也畜獸小則毛悅長則色重故言有兔白首兔之小者明其微薄也炮之燔之者將以爲飲酒之羞羞進也謂既飲酒而進此兔之肉於賓也飲酒之禮既奏酒於賓乃薦羞者因此酒羞並有言先後之宜且辨經雖先爲羞進則在後也今禮鄉飲酒燕禮大射皆先進酒乃薦脯醢乃羞庶羞故知然也經言不以微薄廢禮故先述菹羞酒無厚薄之異故後言之四章皆云酌言言我也其意云酌酒我當用之若是禮合當然不應每事言我今每言我則是行用他法故解之言每酌言者以禮既不下及庶人而爲之制庶人依準士禮立賓主爲酌名以行之故每酌道我與賓相亢爲禮以行獻酢酬之名也不於上章解之者以前直言嘗之無獻酢之名此有獻之故就而言焉然則嘗之亦云酌言者以酒爲賓作嘗亦行禮故亦云酌言也禮不下庶人不制篇卷耳其庶人執鷙庶人見國君走亦往往見於禮焉

有兔斯首燔之炙之君子有酒酌言酢之

炕火曰炙酢報也箋云報者賓既卒爵洗而酌主人也凡治兔之宜鮮者毛炮之柔者炙之乾者燔之○炙音隻酢才洛反炕苦浪反何沈又苦郎反○【疏】傳炕火曰炙○正義曰炕舉也謂以物貫之而舉於火上以炙之○箋報者至燔之○正義曰申傳一酢報之義故言報者賓既卒爵洗而酌與主人是得主人之獻酌而報之也於一兔之上而經有三種故辨之言凡治兔之所宜若鮮明而新殺者合毛炮之若割截而柔者則臠貫而炙之若今炙肉也乾者謂脯腊則加之火上炙之若今燒乾脾也柔謂殺已多日而未乾也○

有兔斯首燔之炮之君子有酒酌言醻之

醻道飲也箋云主人既卒酢爵又酌自飲卒爵復酌進賓猶今俗之

勸酒○醻市周反道徒報反本亦作導同復扶又反俗之一本作俗人○疏傳醻道飲○正義曰以醻者欲以醻賓而先自飲以導之此舉醻之初其賓飲訖進酒於賓乃謂之醻也○箋主人至勸酒○正義曰傳以醻爲導飲嫌其謂主人自飲爲醻故辨之主人既卒酢爵又酌自飲卒爵復酌以進賓如此乃謂之醻猶今俗人勸酒者俗人亦先自飲而後勸人故云醻之箋皆準鄉飲酒燕禮而爲說也○

瓠葉四章章四句

漸漸之石下國刺幽王也戎狄叛之荊舒不至乃命將率東征役久病於外故作是詩也荊謂楚也舒舒鳩舒鄝舒庸之屬役謂士卒也○漸漸士銜反沈時銜反亦作嶄嶄下同翟徒歷反本或作狄叛音畔將率上子亮反下所類反注及後篇將率放此役久病於外一本作役人久病人衍字鄝音了本又作蓼士卒尊忽反下篇士卒同○疏漸漸之石三章章六句至是詩○正義曰漸漸之石詩者下國所作以刺幽王也以幽王無道西戎北狄共違叛之荊楚之羣舒又不來至乃命將率東行征伐之其役人士卒已久而疲病勞苦于外故作是漸漸之石詩以刺之下國諸侯之言對天子爲上故稱下國也言下國者此詩下國之人所作未必卽諸侯之身作之幽王之役人自病而下國作詩刺之者王師出征亦使諸侯從己諸侯之人亦病故刺之也定本集本役下無人字其箋注亦無人字俗本有者誤也毛以戎狄叛之經三章上四句是也荊舒不至下二句是也乃命將率東征役人久病于外副上戎狄叛之荊舒不至之言不至爲六句之總三方皆有征伐而久病獨言東征者以經有東征之文因言以廣之其實戎狄亦伐之也鄭以戎狄叛之經上二章上二句是也荊舒不至上二章次二句及卒章上四句是也乃命將率東征役人久病於外三章皆下二句是也以詩言命將東征無伐戎狄之事則不伐戎狄也言不至與叛之則明由叛而不至其義一也下篇言四夷交侵師旅並起用兵不息則戎狄

亦當伐之但自此篇不言之耳○箋荊謂至士卒○正義曰以楚居荊州故或以州言之春秋經賈氏訓詁云秦始皇父諱楚而改爲荊州亦以其居荊州故因諱而改之亦有本自作荊者非爲諱也春秋公羊穀梁皆言州不若國賤楚故以荊言之彼自春秋之例其外書傳或州或國自從時便非褒貶也殷武曰維汝荊楚已并言之是楚之稱荊亦已久矣魯頌亦曰荊舒是懲是隨時之名不定也以傳有舒鳩舒鄝舒庸又有舒龍謂之羣舒此直言舒不指一國箋又引舒國不盡故言之屬既言將率別云役人故知謂士卒也

漸漸之石維其高矣山川悠遠維其勞矣漸漸山石高峻箋云山石漸漸然高峻不可登而上喻戎狄衆彊而無禮義不可得而伐也山川者荊舒之國所處也其道里長遠邦域又勞勞廣闊言不可卒服○勞如字

武人東征不皇朝矣箋云武人謂將率也皇王也將率受王命東行而征伐役人罷病必不能正荊舒使之朝於王疏漸漸至朝矣○毛以爲此時戎狄已叛將率征之與其士卒伐而不息言戎狄之地有漸漸然險峻之山石維其高大矣又山之與川其間悠悠然路復長遠我等登此高山涉此遠路維其勞苦矣不但伐戎狄而已又其武人將率以役人東征征伐荊舒之國疲於軍役而病不暇脩禮而相朝矣○鄭以漸漸爲漸漸然險峻之山石維其高大不可登而上矣以與戎狄衆彊不可得而伐矣其荊舒所在之國山川其道路悠悠然而長遠維其邦域廣闊又勞勞然矣雖往征之難可卒服武人將率雖受命東征役人罷病必不能正之使朝於王矣故○傳漸漸山石高峻○正義曰以漸漸文連之石爲山石之狀又言維其高矣故知爲高峻貌此傳無異鄭之文正以漸漸乃是上句而於此釋之明以四句爲一事鄭以勞爲遼遼言廣闊之意毛無改字之理必不與鄭同勞矣當爲勞苦故王肅云言遠征戎狄戍役不息乃更漸漸之高石長遠之山川維其勞苦也孫毓云篇義言役人久病於外故經曰山川悠遠維其勞。病矣此皆以上四句並爲征戎狄而言俱是述毛爲說傳意或當然也下篇苕之華序曰西戎東夷交侵中國師旅並起何草不黃序曰四夷交侵用兵不息此序言戎狄叛之明其亦伐戎狄傳又總而注之則王孫之言非無理矣故據爲毛說若然卒章上四句毛則分之者以家之與月天地不同故分之則此山川事類故幷之○箋山石至卒服○正義曰以漸漸高不可上故喻戎狄彊不可伐也知非戎狄之國高山者以序唯言戎狄叛之不言征伐戎狄則不得歷其國之高山又荊舒之地山川悠遠而尚伐之不得言戎狄山高不可伐故以喻其衆彊也維其高矣還是漸漸之石高也則知維其勞矣是山川悠遠之勞勞也故曰山川者荊舒之國所處其道里長遠邦域又勞勞廣闊說此者言其不可卒服故下句言不能正之也廣闊遼遼之字當從遼遠之遼而作勞字者以古之字少多相假借詩又口之詠歌不專以竹帛相授一音既相近故遂用之此字義自得通故不言當作遼也毛幷注四句則是以爲一事箋分爲二者以下云武人東征不皇朝矣必上有難征之事乃可言不能正之不得不言荊舒故知山川悠遠是荊舒之地叅下事發端也不幷以四句爲下事之端者以序云戎狄叛之經亦當有其事不得全無所陳故以上二句充之也卒章不分之者以序云命將率東征則荊舒之惡爲甚是詩所主言而下章文勢接連上言涉波下言滂沱俱是水事明其共爲一喻故皆以爲荊舒焉○箋武人至於王○正義曰以序云命將率東征故知武人謂將率也皇王釋言文朝者諸侯見王之辭序云役久病於外明其所將之人罷病不能正之使朝故言將率受王命東行而征伐役人罷病必不能正荊舒使朝於王王肅云武人王之武臣征役者言皆勞病東行征伐東國以困病不暇脩禮而相朝此自王肅之說毛意無以見其爲然正以詩中諸言不皇多爲不暇故存其說代毛耳凡諸侯邦交有相朝之法此將率當是王之公卿不得有相朝之禮且受命出征務服前敵無暇相朝其常事不當以此爲怨而列於詠歌王氏之義不爲長矣自

漸漸之石，維其卒矣。山川悠遠，曷其沒矣。

卒竟沒盡也箋云卒者崔嵬也謂山巔之末也曷何也廣闊之處何時其可盡服○卒毛子卹反鄭在律反崔罪回反嵬五回反本作[illegible]處昌慮反下同

武人東征，不皇出矣。

箋云不能正之令出使聘問於王○疏漸漸至出矣○正毛以爲時遠征

戎狄。戍役罷勞言戎狄之地有漸漸然險峻之山石我等登之維其終竟言當偏歷此石也又山之與川其間悠悠然路復長遠我所登歷何時其可盡偏矣由行不可偏故久病勞苦也不但伐戎狄而已又其武人將率以役人東征疲於軍役而辛苦不暇出而相與爲禮。也○鄭以爲漸漸然險峻之山石維其崔嵬然不可登而上矣以與戎狄衆彊不可得而伐矣其荊舒所在之國山川其道里悠悠然而長遠雖往伐之其處廣闊何時其可盡服之矣由此故武人東征之不能正之使出聘問於王矣○傳卒竟沒盡○正義曰釋詁云卒終也終亦竟之義故云卒竟也釋詁又云泯盡也李巡云泯沒之盡泯沒義同故沒爲盡也此經卒沒之義略同而維其曷其文異者維其言已行當竟之曷其憂行不可盡勢相接也○箋卒者至盡服○正義曰箋以上高矣類之則卒亦石之形也故讀爲崒釋山云崒者厜㕒郭璞曰謂山峯頭巉巖者箋云崒者崔嵬謂山巔之末雖音字小異是取爾雅爲說也上章言勞勞廣闊此言不可盡服亦勢相接故上箋云言其不可卒服意取於此○

有豕白蹢烝涉波矣

豕豬也蹢蹄也。將久雨則豕進涉水波箋云烝衆也豕之性能水又唐突難禁制四蹄皆白曰駭則白蹄其尤躁疾者今離其。繒牧之處與衆豕涉入水之波漣矣喻荊舒之人勇悍捷敏其君猶白蹄之豕也乃率民去禮義之安而居亂亡之危賤之故比方於豕○蹢音的都歷反烝之丞反將久雨一本作天將雨能奴代反本又作耐駭戶楷反爾雅說文皆作豥古哀反躁子到反離力智反繒在陵反爾雅豕所寢曰繒方言作橧從木音同漣音連一本作瀾力安反悍下旦反○

月離于畢俾滂沱矣

畢噣也月離陰星則雨箋云將有大雨徵氣先見於天以言荊舒之叛萌漸亦由王出也豕既涉波今又雨使之滂沱疾王甚也○滂普郎反沱徒何反注同噣直角反又音畫本又作濁見賢遍反○

武人東征不皇他矣

箋云不能正之令其守職不干王命○宅音他

疏有豕至他矣○毛以爲此時征伐戎狄役人勞苦而有豕豬之白蹄進而涉入水之波漣之處矣是在地爲將雨之徵也又直月更離歷于畢之陰星在天爲將雨之候以此徵候果致大雨使其

水滂沱而威矣己等役人遇之尤以疲病不但久勞又逢大雨爲甚苦之辭也又王之武人將率以役人東征伐荊舒之國皆以勞病不暇更有他事矣故不得相朝爲禮也○鄭以爲荊舒之人似豕其君猶白蹢者豕之性能水又唐突難禁制以荊舒之人性好亂又勇悍難制服言有豕之白蹢者領其衆豕離其緇牧之處涉入於水波漣矣以興荊舒之君率其衆民去其禮義之安居於亂亡之危矣豕性本自能水月復離歷於畢星天又雨之使滂沱矣羣豕既得此水彌唐突而難制以喻荊舒本自好亂王又爲不善之政以加陵之矣荊舒既被此政彌彊梁而難服武人雖則東征不能正之使不爲他矣干犯王命是爲他事言不能正之使不干王命○傳豕豬至水波○正義曰豕豬釋獸文釋詁云烝進也言進涉是訓烝爲進也毛以下經月離於畢爲雨徵類之則此亦雨徵也故云天將大雨則豕進涉波水矣弁以二經爲雨徵言役人遇雨之勞苦也○箋烝衆至於豕○正義曰烝衆釋詁文豕之性能水言其自好涉波非雨徵也以唐突難禁制喻荊舒之難制服也釋獸釋豕云四蹢皆白豥孫炎曰蹢蹄也傳已訓蹢爲蹄故箋即以蹄言之經直云白蹢不云豥則白蹢亦不知幾蹄白而箋引此者以爾雅主爲釋詩詩中言豕白蹢唯此而已故知本以訓此也馬驚謂之駭則駭者躁疾之言白蹢名之爲駭是躁疾於餘豕故云則白蹄其中尤躁疾者也駭與豥字異義同釋獸於豕之下所寢檜舍人曰豕所寢草名爲檜某氏同臨淮之謂野豬所寢爲檜李巡曰豬臥處名檜檜是所居之處牧是所食之地故云離其檜牧之處與衆豕涉入水之波漣矣緇與檜音義亦同荊舒之人勇悍捷敏者謂土俗之民人勇而剽悍其舉動便捷敏速以其性輕故好叛難禁制也其君猶白蹢之豕言其民猶衆豕也乃率其臣民去禮義之安而居亂亡之危正謂叛也諸侯之朝天子上下相敬是禮義也叛違王命以致征討是亂亡也豕者言獸之尤穢今以荊舒比之故賤之比方於豕以其餘與喻立文猶隱此云有豕正是指斥辭有憎疾之旨故知有賤之意○傳月離至則雨○正義曰以畢爲月所離而雨是陰雨之星故謂之陰星月離于畢卽言俾滂沱矣故知月離陰星則雨也洪範曰星有好風星有好雨者卽此畢

是也春秋緯說云月離于箕風揚沙則好風者箕也所以箕好風畢好雨者鄭洪範注云風土也爲木妃雨木也爲金妃故星好焉推此而往南宮好陽北宮好燠中宮四季好寒也是由己所克而得其妃從其妃之所好故也鄭知然者以庶徵曰雨曰陽曰燠曰寒曰風而休徵肅時雨若乂時陽若哲時燠若謀時寒若聖時風若此肅乂哲謀聖本之五事則肅由貌也爲木乂由言也爲金哲由視也爲火謀由聽也爲水聖由思也爲土故五行傳以爲貌屬木言屬金視屬火聽屬水思屬土庶徵亦依此貌言視聽思爲次鄭由此故云雨木氣也春而施生故木氣爲雨也陽金氣也秋物成而堅故金氣爲陽也燠火氣也寒水氣也風土氣也凡氣非風不行猶金木水火非土不處故知土氣爲風以此知風土雨木皆從妃所好言好是好樂他辭非己性也此庶徵寒燠即晦明也加之以陰則爲六氣故五行傳陰屬皇極故曰皇之不極厥罰常陰是也而賈逵服虔因此及春秋緯之文即以風屬東方雨西方又云陰中央晦北方明南方唯天陽不變唯晦明所屬爲當餘甚謬矣失之於書傳也○箋將有至王甚○正義曰此與上經相接爲喻言豕性本自能水又加以滂沱之雨是豕彌得性益難禁制以喻荊舒本自好叛加以王之不善是彼彌得志益難威服本言滂沱之喻唯此而已但詩人言大雨更生一意言月離于畢然。從天爲大雨是滂沱之雨萌漸由離畢也言王爲不善然後荊舒背叛是叛之萌漸亦由王出也萌者事之初猶物之萌牙漸而成大也豕既涉波今又雨之使滂沱是疾此雨之甚言荊舒自好叛王又使之叛是疾王之甚鄭知然者正以言俾不然言雨足矣何須言使也○箋不能至王命○正義曰他者謂職分之外橫爲餘事棄其所守干犯王命是爲他矣故知不能正之令其守職不干王命即干王命是他也

漸漸之石三章章六句

苕之華大夫閔時也幽王之時西戎東夷交侵中國師旅並起因之以饑饉君

珍倣宋版印

子閔周室之將亡傷己逢之故作是詩也師旅並起者諸侯或出師或出旅以助王距戎與夷也大夫將師出見戎夷之侵周而閔之今當其難自傷近危亡○苕音條徐音部草名華音花距音巨難乃旦反下之難同近附近之近

【疏】苕之華三章章四句至是詩○正義曰言西戎東夷交侵中國不言南蠻北狄者下篇序曰西夷交侵中國則蠻狄亦侵序於上下相互以明耳言西戎東夷交侵中國師旅並起卽序首章上二句之事因之以饑饉卒章下二句是也閔周室之將亡卒章上二句是也傷己逢之卽首章下二句是也經序倒者序以由師旅饑饉致周室之亡所以傷之經則因文以弘義逢師旅而己傷乃覆言可傷之事故言因以饑饉於下明其瀰是可傷各自爲義次也○箋師旅並至危亡○正義曰以四夷在中國之外從外內侵則緣邊諸侯被侵矣又言師旅並起者非一之辭明其非獨王室故知諸侯或出師或出旅以助王距戎與夷也周禮制諸侯從王之法云大國三軍次國二軍小國一軍今俱出師旅者周禮言其極耳行則隨時多少不必盡然且於時諸侯衰弱或不能備軍故纔出師旅也知大夫將師出見戎狄之侵周者以序云傷己逢之經云知我如此不如無生若非身自當之不應如此深恨故知身自將師而出見戎狄交侵而發憤閔傷也且上下皆言下國明此亦下國大夫自將其國之師故二章箋云諸侯微弱而王之臣當出見也是於時王臣未出不得逢之也逢之是身見之辭故云今當其難自傷近危亡也

苕之華芸其黃矣興也苕陵苕也將落則黃箋云陵苕之華紫赤而繁興者陵苕之幹喻如京師也其華猶諸夏也故或謂諸夏爲諸華華衰則苕黃猶諸侯之師旅罷病將敗則京師孤弱○芸音云沈音運夏戶雅反下同罷音皮

心之憂矣維其傷矣箋云傷者謂國日見侵削

【疏】苕之華至傷矣○正義曰陵苕之英華本紫赤而繁多至今亦芸然其色黃而衰矣以興周室之諸夏本兵彊國盛今其師病而微矣陵華衰則將落落則苕幹特立矣諸侯師病則將敗敗則京師孤弱矣以周室之盛忽見如此之衰故我心爲之憂愁矣維其傷病矣傷其見侵削也○傳苕陵至則黃○正義曰釋

草云苕陵苕黃華蔈白華茇舍人曰苕陵苕也黃華名蔈白華名茇別華色之名也某氏曰本草云陵時一名陵苕陸機疏云一名鼠尾生下濕水中七八月中華紫似今紫草華可染皁煑以沐髮即黑如釋草之文則苕華本自有黃有白傳言將落則黃是初不黃矣箋云陵苕之華紫赤而繁陸機疏亦言其華紫色蓋就紫色之中有黃紫白紫耳及其將落則全變爲黃以裳裳者華言之則芸爲極黃之貌故將落乃然○箋陵苕至孤弱○正義曰紫赤而繁華衰則黃皆以時事驗知苕之幹喻京師華喻諸夏者以序云交侵中國即九州之諸夏也師旅並起是諸侯之師起而助王也華之衞幹如諸夏之衞京師故知幹如京師其華猶諸夏也又解不以葉喻之意以其諸夏本亦名諸華襄四年左傳魏絳諫晉侯曰諸華必叛昭三十年左傳子西諫楚王曰吳周之。冑裔也今而始大比於諸華是或謂諸夏爲諸華也謂之夏者夏大也以其中國有禮義之華可嘉大也論語曰不如諸夏之亡是也華黃落則苕幹衰故喻諸夏之師旅罷病將敗則京師孤弱也

苕之華其葉青青

華落葉青青然箋云京師以諸夏爲。障蔽今陵苕之華衰而葉見青青然喻諸侯微弱而王之臣當出見也○青青子零反注同鄭章亮反見賢遍反下同○注

知我如此不如無生

箋云我我王也知王之爲政如此則己之生不如不生也自傷逢今世之難憂閔之甚○

疏

苕之至無生○毛以爲上言華將落故於此言已落言陵苕之上黃華今已殞落矣唯有葉青青然獨在耳以興王室之外諸夏今已喪敗矣唯有其臣當出見耳是戎夷之彊侵敗諸夏藩衞既弱周室將亡大夫傷己逢之故言知我王政之如此不能撫和戎夷使諸夏喪敗不如己之本無生也自傷生逢今世○鄭唯以華衰爲異言陵苕之上黃華其色既已衰矣唯其葉見青青然以興周室之外諸夏其師既已罷矣獨王臣當出見華已衰而葉未殞猶諸夏已病而王臣未發明鄭蔽既衰出亦敗矣餘同○傳華落葉青。青○正義曰事必有漸物無兩盛上言將落則此已落矣又言其葉明唯葉在耳故言華落葉青青然則毛意以華喻所出之師上章以華喻師病此落喻已敗諸侯既敗則王臣當出天下諸侯衆矣尚不能禦之王兵

若出亦當敗矣故上章爲諸侯未敗此爲已敗下所以言亡爲事之漸也宣王之伐蠻狄皆出王室之兵此先諸夏後京師者王者彊盛則命將征討諸侯從之衰弱則諸侯先自禦寇王師大急乃出此則理之常也且此時戎狄從外而侵將內及王室詩人先云諸侯之敗見其危之漸耳○箋京師至出見○正義曰既言苕之華又言其葉華之映葉猶諸夏之蔽京師故言京師以諸夏爲鄣蔽華衰而葉見故喻諸侯微弱王臣當出也易傳者以經仍云苕之華則華猶未落且華喻諸夏時諸夏未爲皆亡不可以落喻故爲衰耳○箋我我至之甚○正義曰知我非詩人自我而以我爲我王者以逢時多難非己所爲詩人不當自責故知我爲王之政人莫不好生而云己不用生生非己所裁而以生爲恨故知己自傷逢今世也

牂羊墳首，三星在罶。

牂羊牝羊也墳大也罶曲梁也寡婦之笱也牂羊墳首言無是道也三星在罶言不可久也箋云無是道者喻周已衰求其復興不可得也不可久者喻周將亡如心星之光耀見於魚笱之中其去須臾也○牂子桑反墳扶云反罶音柳本又作霤牝頻忍反笱音苟復扶又反

人可以食，鮮可以飽。

治日少而亂日多箋云今者士卒人人於晏早皆可以食矣時饑饉軍興乏少無可以飽之者○鮮息淺反治直吏反

疏 牂羊至以飽○毛以爲諸侯既敗周室將亡今牂羊而責其大首終無是道也以興周衰而求其大與亦無此理也周不復興其亡亦速三星之光耀在於魚罶之中其去斯須不可久也以喻周室之亡期將至欲望其存亦不可久也人於亂世乏食而飢人於治世豐食而飽今亂日多故人可粗得食而治日少故少可以飽○鄭下二句爲異言時師旅既起因之以饑饉故言此士卒之人於宴早可以與之食但時乏少無可以飽之是所以可傷也○傳牂羊至可久○正義曰釋畜云羊牡羒牝牂故知牂羊牝羊也墳大釋詁文牝小羊也首必稱身小羊而責大首必無是道理也星隨天運晝夜一周魚笱之間蹔見心星之光曜須臾即過故言不可久也○箋無是至須臾○正義曰以此詩主論周衰故知喻求其復興不可得也序言閔周室之將亡故知不可久者喻周將亡其去須臾也○箋今者至飽之者○正

義曰鄭以幽王時恆多禍亂曾無治時何得云治日少乎所以易毛

苕之華三章章四句

何草不黃下國刺幽王也四夷交侵中國背叛用兵不息視民如禽獸君子憂之故作是詩也○背音佩疏何草不黃四章章四句至是詩○正義曰上言下國後云君子則作者下國君子也君子無尊卑之限國君以下有德者皆是也言四夷交侵中國背叛序其用兵之意於經無所當也用兵不息上二章是也視民如禽獸下二章是也經言虎兕及狐止有獸耳言禽以足句且散則獸亦名禽也

何草不黃何日不行箋云用兵不息軍旅自歲始草生而出至歲晚矣何草而不黃乎言草皆黃也於是之間將率何日不行乎言常行勞苦之甚

何人不將經營四方言萬民無不從役疏何草至四方○正義曰言天下之人於草生正月之時從役去時草始生耳今至十月何草而不黃乎言草皆黃矣去草生至於草黃於是之間將率何日而不行乎言常行是勞苦之甚也又言萬民何人而不為將率所將之以經營四方乎言皆為將之以經營也是非直將率為勞萬民又甚苦焉○箋用兵至之甚○正義曰言用兵不息是用之過久何草不黃是見黃而怨若草大始去或欲黃乃行不應見草之黃嗟怨若此明草有生死之期行者覩物而思故云軍旅自歲始草生而出謂正月二月之中也至歲晚矣何草而不黃乎草皆黃矣是九月十月之中也氣則時經寒熱物則華變死生日月長久征行不息是其所以怨也故云於是之間將率何日不行乎是其勞苦之甚也知此句謂將率者以言何日不行明行者有人下云何人不將為人所將則是士卒也下句既為士卒知此為將率也

何草不玄何人不矜箋云玄赤黑色始春之時草牙孽者將生必玄於此時也兵猶復行無妻曰矜從役者皆過時不得歸故謂之矜○矜古頑反注同孽魚列反

珍倣宋版印

復扶又反

哀我征夫，獨爲匪民。箋云征夫從役者也古者師出不踰時所以厚民之性也今則草玄至於黃黃至於玄此豈非民乎

疏何草至匪民○正義曰將率以草黃之時既不得歸又至明年之春言今何草不玄言衆草將生而皆玄之也於此之時何人而不爲矜耳言皆矜也久而不歸失夫婦之道而皆爲矜夫也既久役如此哀我征行之夫豈獨爲非民乎若亦是民當休息何爲使之從役久而不得歸也○箋玄赤至之矜○正義曰鄭於冬官鐘氏注差約之云玄色在緅緇之間其六入者與三入赤三入黑故云玄赤黑色春秋元命苞稽耀嘉皆云夏以十三月爲正物生色黑故知始春之時草牙孼者將生必玄也釋天云九月爲玄孫炎曰物衰而色玄也詩曰何草不玄與此始春之言不同者爾雅所言月名皆不以草色李巡曰九月萬物。草盡陰氣侵寒其色皆黑是陰而氣寒之黑不由草玄色孫炎之言謬矣無妻曰矜書傳及王制文彼言老宜爲六十之外禮六十不與服戎自六十以下不必皆老但行役過時久不得歸與無妻者同故謂之矜也舜年三十以無室家之端書亦謂之有鰥在下矜與鰥古今字○箋古者至民乎○正義曰隱五年穀梁傳曰古者征伐不踰時是古者師出不踰時也所以厚愛民之性命恐勞苦故也今草玄至於黃黃又至於玄朞年不歸是爲非民言其不厚之也

匪兕匪虎，率彼曠野。兕虎野獸也曠空也箋云兕虎比戰士也○兕徐履反

哀我征夫，朝夕不暇。

疏匪兕至不暇○正義曰言我此役人若是野獸可常在外今非是兕非是虎何爲久不得歸常循彼空野之中與兕虎禽獸無異乎時既視民如禽獸故哀我此征行之夫朝夕常行而不得閑暇○傳兕虎野獸○正義曰傳言野獸者解本舉此之意以役人不宜在野故言視民如禽獸也許慎云兕野牛其皮堅厚可爲鎧釋獸云兕似牛某氏曰兕牛千斤郭景純云一角青色重千斤是也○箋兕虎比戰士○正義曰序云視民如禽獸則直取在野以比之而下章以狐比有棧之車則比中各自取象故云兕虎比戰士取其猛也

有芃者狐，率彼幽草。有棧之車，行彼周道。芃小獸貌棧車役車也箋

云狐草行草止故以比棧車輂者〇芃薄紅反沈又扶東反棧士板反輂者一本作輂車【疏】有芃至周道〇正義曰有芃芃然而小者當狐也此狐本是草中之獸故可循彼幽草今我有棧之輂車人輓以行此人本非禽獸何爲行彼周道之上常在外野與狐在幽草同乎故傷之也〇傳芃小至役車〇正義曰彼以芃是狐之狀非大獸故言芃小獸貌也此言用兵不息明此車士卒供役之車故云棧車役車〇箋狐草至輂者〇正義曰以上言率彼曠野而此又云幽草明義取於草以狐草行草止故比輂者亦道行道止故以幽草與周道相對也故周官鄉師云大軍旅會同正治其徒役與其輂輦注云輂人輓行所以載任器止以爲蕃營是行止常依於道似狐之依於草也以循草比人故知比輂者也鄉師注引司馬法曰夏后氏謂輂曰余車殷曰胡奴車周曰輜輂輂一斧一斤一鑿一梩一鋤周輂加二板二築又曰夏后氏二十人而輂殷十八人而輂周十五人而輂是軍行必有輂皆人輓以行也春官巾車王后五路有輂雖載任與此不同亦人輓以行故謂之輂也若然巾車之言服車五乘有士乘棧車庶人乘役車注云服車者服事者之車棧車不革輓而漆之役車方箱可載任器以供役以此言之則彼自有棧車何知此非彼者以彼棧車士之所乘以服事非此軍旅徒役所當有以此知非巾車之棧車也若然傳云棧車役車則與彼庶人役車同又知非彼役車者以役車庶人之所乘但庶人賤以供役爲名耳非輂者也即唐蟋蟀言役車其休是矣彼不以人輓故知不與此同此謂從軍供役之輂車耳有棧是車狀非士所乘之棧名也

何草不黃四章章四句

魚藻之什十四篇六十二章三百二句

附釋音毛詩注疏卷第十五（十五之三）

毛詩注疏校勘記（十五之三）

阮元撰盧宣旬摘錄

○緜蠻

止於丘阿　閩本明監本毛本同唐石經小字本相臺本於作于案于字是也下二章皆作于可證此因傳作於而改經也靜女著權輿經皆有於字者用字不畫一之例

○瓠葉

掌外內饔之爨亨煑肉之名　閩本同明監本毛本外內誤倒案肉上浦鏜云當脫饔是煑三字是也

故熟曰饔既爲熟　閩本明監本毛本同案浦鏜云饔下當脫一饔字是也

飲食而曰嘗者　閩本明監本毛本同小字本相臺本食作酒考文古本同案酒字是也正義可證

而亨庶人之葉　閩本明監本毛本同案葉當作菜形近之譌

故去毛炮之　閩本明監本同毛本去作云案所改是也

臣有炙之　閩本明監本毛本同案臣當作且形近之譌

猶今俗之勸酒　閩本明監本毛本同小字本相臺本之作人案釋文云俗之一本作俗人正義云猶今俗人勸酒者是其本作人字考文古本俗下有人字采正義釋文而誤合之也

其賓飲訖閩本明監本毛本同案浦鏜云賓當實字誤

○漸漸之石

役久病於外唐石經小字本相臺本同考文古本同閩本明監本毛本於誤在案釋文云一本作役人久病人衍字正義本有正義云定本集注役下無人字其箋注亦無人字俗本有者誤也考文一本作役人人病於外更誤

皇王也相臺本同閩本明監本毛本同小字本王作正考文古本同案正字是也正義云皇王釋言文亦正字之誤

故經曰山川悠遠維其勞病矣閩本明監本毛本同案病字當衍也因衍此而下有脫故剜添之餘亦多此類

不皇出矣唐石經以下同考文古本皇作遑案鄭訓皇為正則經字自作皇王肅以不暇說不皇亦是就皇字而異其義耳不知者乃改經為遑誤之甚者也

戍役罷勞毛本同閩本明監本戍作戎案戎字是也

不暇出而相與為禮也閩本同明監本毛本也作矣案所改是也

將久雨小字本相臺本同案此釋文本也釋文云將久雨一本作天將雨考正義但云將雨不云久雨是其本作天將雨與一本同也

四蹄皆白曰駭按釋文作駭正義則作豥二家之本不同分按其書可了然矣正義以駭說豥文理甚明

今離其繒牧之處小字本相臺本同案釋文繒下云爾雅家所寢曰繒方言作橧從木正義引爾雅作橧云繒與橧音義同是鄭箋無

從木之本也說文木部無棤字爾雅釋文云舊本多作縉帛字是鄭讀爾雅自從糸後乃依方言改從木耳考文古本作棤采釋文正義中之字而未之考也

則白豥亦不知幾蹢白　閩本明監本毛本同案浦鏜云蹢誤豥是也

白蹢名之爲駭　閩本明監本毛本駭誤豥○按此作豥不誤觀上文引釋獸四蹢皆白豥下文駭與豥字異義同可見

某氏曰臨淮之　閩本明監本毛本同案山井鼎云爾雅疏之作人是也

然從天爲大雨　閩本明監本毛本同案浦鏜云從當後字誤是也

○苕之華

下篇序曰西夷　閩本明監本毛本同案浦鏜云四誤西是也

則苕幹特立矣　閩本明監本同毛本初刻幹後改榦下同案所改非也幹即正義今字

以諸夏爲障蔽　小字本相臺本同案釋文云鄣章亮反正義中字同考此字當用鄣見五經文字

三星在罶　唐石經小字本相臺本同案釋文云本又作霤誤字耳考文古本采之非也

○何草不黃

言萬民無不從役　小字本相臺本同案釋文不矜上以數起作音云所角反當在此上各本注皆無之未知其本何屬也於正義無文

當是其本無此不與釋文同矣

始春之時草牙孼者小字本同閩本同相臺本孼作蘖明監本同毛本牙誤芽正義中字同案釋文云牙蘖魚列反孼卽蘖字耳

九月萬物草盡閩本明監本毛本同案浦鏜云草疑畢字誤是也

故以比棧車輂者小字本相臺本同案釋文云輂者一本作輂車以正義考之其本作者者字是也一本誤考文古本采而倒之一本采之而去棧車二字皆非也

與其輂輂閩本明監本毛本同案山井鼎云上輂當輂字音九玉反是也

一梩一鋤閩本明監本毛本梩誤種

巾之言服車五乘閩本明監本毛本同案山井鼎云之當作車是也

珍倣宋版印